U0336798

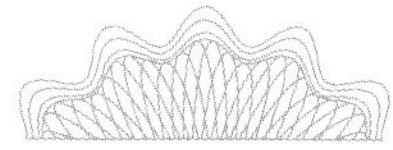

INVESTMENT BANKING

Valuation, LBOs, M&A, and IPOs

投资银行

估值、杠杆收购、兼并与收购、IPO

原书第3版

3rd Edition

[美] 乔舒亚·罗森鲍姆 (Joshua Rosenbaum)
乔舒亚·珀尔 (Joshua Pearl) ◎著

刘振山◎译

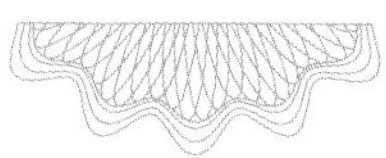

机械工业出版社
CHINA MACHINE PRESS

《投资银行：估值、杠杆收购、兼并与收购、IPO》（原书第3版）是一部使用十分便捷的权威性著述，专门论述了目前在华尔街普遍使用的主要估值方法——可比公司分析、先例交易分析、现金流折现分析和杠杆收购分析。这些方法用于确定杠杆收购、兼并与收购、首次公开发行等情形下上市公司和私有公司的估值。针对每种方法，本书作者给出了具体的分析步骤，帮助读者建立起基于时间线的知识基础，并在全书中诠释了关键性条款、金融概念和操作流程。

本书是金融理论与现实应用的完美组合，可作为投行分析师和金融专业人士的实用工具书和培训指南。

图书在版编目（CIP）数据

投资银行：估值、杠杆收购、兼并与收购、IPO：原书第3版/（美）乔舒亚·罗森鲍姆（Joshua Rosenbaum），（美）乔舒亚·珀尔（Joshua Pearl）著；刘振山译. —北京：机械工业出版社，2022.6（2023.11重印）

书名原文: Investment Banking：Valuation, LBOs, M&A, and IPOs 3rd Edition

ISBN 978-7-111-70883-4

Ⅰ. ①投…　Ⅱ. ①乔… ②乔… ③刘…　Ⅲ. ①投资银行　Ⅳ. ①F830.33

中国版本图书馆CIP数据核字（2022）第105371号

机械工业出版社（北京市百万庄大街22号　邮政编码100037）

策划编辑：李新妞　　　　责任编辑：李新妞　侯振锋

责任校对：薄萌钰　王　延　责任印制：郜　敏

三河市宏达印刷有限公司印刷

2023年11月第1版第2次印刷

180mm×250mm・31.25印张・1插页・499千字

标准书号：ISBN 978-7-111-70883-4

定价：199.00元

电话服务	网络服务
客服电话：010-88361066	机　工　官　网：www.cmpbook.com
010-88379833	机　工　官　博：weibo.com/cmp1952
010-68326294	金　　书　　网：www.golden-book.com
封底无防伪标均为盗版	机工教育服务网：www.cmpedu.com

谨以本书缅怀力量与无私的灵感源泉——罗尼·罗森鲍姆（Ronie Rosenbaum）。

——乔舒亚·罗森鲍姆

谨以本书缅怀我的祖父、幸免于第二次世界大战纳粹大屠杀的约瑟夫·珀尔（Joseph Pearl），感谢他激励我坚持不懈、励志成功。

——乔舒亚·珀尔[1]

[1] 作者的部分版权收入将捐赠给蓝卡基金（The Blue Card Fund），用以帮助那些在纳粹大屠杀中幸存下来的人们——www.bluecardfund.org。

补充材料

为方便读者进一步学习和掌握《投资银行：估值、杠杆收购、兼并与收购、IPO》（原书第 3 版）的内容，我们配套提供或出版了下列补充阅读材料[㊀]：

- 投资银行估值模型（可通过本书提供的网站下载）
- 投资银行：估值单元（可通过本书提供的网站下载）
- 《投资银行练习手册》
- 《投资银行精华讲义》

本课程讲师可从如下网址获得更多有关课程指导及学生学习的资源：

http://www.wiley.com/go/ib3eresources

估值模型（可通过本书提供的网站下载）

本书论述的各种估值方法的模型模板（以及完成版本）可通过 www.wiley.com/go/investmentbanking3e 下载获得 Excel 格式文件[㊁]。

该网站包含以下 6 种类型模板及已完成版本文件：

- 可比公司分析模板及完成版本
- 先例交易分析模板及完成版本
- 现金流折现（DCF）分析模板及完成版本
- 杠杆收购（LBO）分析模板及完成版本
- 并购分析模板及完成版本
- 首次公开发行（IPO）估值模板及完成版本

㊀ 本系列丛书均由机械工业出版社引进和出版。—— 译者注

㊁ 为方便国内读者学习，我们为本书提供了中文版参考模型，可通过 www.jinduoduo.net 免费下载，密码为 ibankingbook。—— 译者注

练习手册

《投资银行练习手册》既可以作为《投资银行：估值、杠杆收购、兼并与收购、IPO》(原书第3版)的配套学习材料，又可以独立学习。本书为读者提供了分步骤的案例分析练习，包括500余道多选题和简答题。同时，本书以教学方式提供了所有问题的详细解答及关键点。因此，每道题目的答案自身也是很好的学习工具。毫无疑问，完成本书的全部练习，将是读者专业及教育背景的又一个里程碑。

精华讲义

《投资银行精华讲义》是《投资银行：估值、杠杆收购、兼并与收购、IPO》(原书第3版)所讨论的基本技巧和概念的综合性、概括性回顾和总结。《投资银行精华讲义》既可以作为本书的配套学习材料，又自成体系。本书的全面概括既为读者提供了一站式学习材料，其条理性、易读性又为读者快速回顾有关内容提供了便利。

本书的目标是帮助读者巩固核心内容，因为真正的掌握通常要经历测验、提高、再测验的反复过程。本书也是学生、求职者及投资从业人员，包括培训机构及学校的最佳学习工具。

在线预备课程

www.efficientlearning.com/investment-banking

投资银行在线预备课程是进一步为本书配套提供的全面教程，并包括一些额外主题，如会计及财务建模等。通过在线课程，读者可以在任何地点、任何时间，使用电脑或手机等工具在网络上学习。

本课程具有如下特点：

- 本课程涵盖5个模块：会计、财务建模、估值、杠杆融资和并购。

- 课后提供的 500 多道题目可以用来进行测验及准备面试。
- 20 个小时以上的视频课程。
- 可视化的学习进度仪表盘及学习效果评价。
- 彩蛋：投资银行面试视频教程，包括常见技巧及行为表现问题等。
- 其他。

作者简介

乔舒亚·罗森鲍姆是加拿大皇家银行资本市场（RBC Capital Markets）公司的董事总经理，担任该公司旗下的工业及多元化服务集团的部门领导。他负责兼并与收购、企业融资和资本市场有关交易的发起、架构和咨询工作。之前，他曾就职于瑞银投资银行（UBS Investment Bank）和世界银行的直接投资部门——国际金融公司（International Finance Corporation）。他拥有哈佛大学的文学学士学位，并以贝克学者的身份获得哈佛商学院（Harvard Business School）的 MBA 学位。

乔舒亚·珀尔为婆罗门资本（Brahman Capital）公司的董事总经理。这是一家负责股票做多和做空的资产管理公司。他采用基于基本面的方法，专注于公共股本投资和一些特殊情况。之前，他在瑞银投资银行负责设计并实施了大量的杠杆收购、高收益债券融资及公司重组项目。他还曾就职于美驰集团（Moelis & Company）和德意志银行（Deutsche Bank）。他拥有印第安纳大学（Indiana University）凯利商学院（Kelley School of Business）的理学学士学位。

联系作者

如对本书有任何问题、意见或建议，敬请随时联系乔舒亚·罗森鲍姆和乔舒亚·珀尔，联系方式：josh@investmentbankingbook.com。

联系译者

如对本书翻译有任何问题、意见或建议，敬请随时联系刘振山，联系方式：252675606@qq.com，小红书账号：估值。

原版编者简介

约瑟夫·加斯帕罗（Joseph Gasparro）是瑞士信贷公司（Credit Suisse）资本服务部的副总裁，为另类资产管理经理提供募资和运营方面的建议。此前，他在该公司的投资银行部门负责并购和资本市场交易。在加入瑞士信贷之前，加斯帕罗曾就职于美银证券（BofA Securities）和瑞银投资银行（UBS Investment Bank）。他在葛底斯堡学院获得文学学士学位，在罗格斯商学院获得工商管理硕士学位。加斯帕罗两次获得由美国总统颁发的志愿者服务奖。

雷蒙德·阿齐兹（Raymond Azizi）是韦斯多战略顾问公司（Weiss Multi-Strategy Advisers）的投资组合经理，管理股权投资对冲基金。此前，他是雷曼兄弟商业银行（Lehman Brothers Merchant Banking）的一名投资专业人士，专注于杠杆收购和成长型资本投资，也曾在雷曼兄弟的投资银行部门工作。阿齐兹在罗格斯大学获得商业学士学位，在宾夕法尼亚大学沃顿商学院获得工商管理硕士学位。

序

因对正规教育持批评观点而久负盛名的马克·吐温（Mark Twain）曾经充满睿智地指出："我从来没让上学影响过我的教育。"

马克·吐温的这一句名言击中了投资银行业的靶心——在这里，在获得必要的知识和见解前，交易必须维系。新手在从事交易期间，必须度过一段艰难的时间。其中，估值、条款和谈判的复杂性在每个项目中都是独一无二的。真正出色的公司和交易掮客已有既定模式，并开发了学徒式文化，以一代传一代的方式传承知识和创造性。对满腔热忱欲投身其中的投资银行分析师和金融专业人士来说，由于这个行业要求全身心投入的性质及其不断变化的艺术性和科学性，自我学习这项任务变得更为繁杂。

因此，就我个人而言，乔舒亚·罗森鲍姆和乔舒亚·珀尔率先培训新一代投资银行分析师之举着实令人兴奋。他们以一种便捷的方式论述估值和交易流程的努力，更是一项重要贡献，因为投资银行业的许多内容都是无法传授的，即便是全世界最优秀的大学和商学院也徒叹奈何。罗森鲍姆和珀尔为满腔热忱欲投身其中的投资银行分析师，甚至是经验最老到的投资银行分析师，提供了一种独特的、非正规教室里的华尔街现实场景案例式务实教育——在这里，交易案例模拟如同身临其境。

历练式、边干边学式的社会实践大学，也就是马克·吐温的教室，需要有严格的纪律和以估值为核心的基本知识方面的领悟能力。它要求应用这些技能，以提高交易对于所有参与方而言的质量，从而使交易掮客可以避免犯下致命的、代价巨大的错误，并且规避不必要的风险。我自己超过 50 年的华尔街从业经验清晰无误地表明，估值是投资银行业的核心。任何一个称职的投资银行分析师都必须有能力以一种条理清晰、无懈可击的方式正确地对一个企业进行估值。这种逻辑性和条理性必须能同时说服客户及其合作方，同时将战略考量和内涵融入开展交易的艺术性中。

罗森鲍姆和珀尔成功地提供了一个系统性的方式，来解决任何并购、IPO或投资情形中的一个关键性问题——即某个企业或某笔交易价值的多少。他们还提出了一个框架，以帮助解决更加微妙的问题，比如花多少钱收购企业、如何完成交易。由于缺少估值方面的综合文字参考资料，这个行业的基本面和微妙之处常常在投资银行分析师之间、针对具体案例而进行口头传递。在归整投资银行业艺术性和科学性文献的过程中，本书作者采用用户友好型、分步骤实施主要估值方法的做法，将理论与实践结合在一起，从而将这一口述历史转换成一种便捷的框架。

许多久经沙场的投资银行分析师通常都会抱怨缺乏相关的、实用的“工具性”材料给新手们提供实践指导。现实情况是，有关估值和并购的大部分金融论述都是学术界编纂的。由从业者编写的那寥寥几本书，往往把重点放在跌宕起伏的战争故事和喧嚣浮华上，而不是用于完结交易的实用技能工具。罗森鲍姆和珀尔为正在从业的和跃跃欲试要进入这个领域的投资银行分析师、金融专业人士填补了这一空白。他们的这部著述，其结构设计足以方便不同基础和背景的读者入门，包括金融背景十分有限的读者。

诚然，我们生活在一个充满不确定性的动荡时代，一个已然摧毁或吞噬了若干最具传奇色彩的华尔街大腕机构的时代。然而，有一点是从长期来说必将保持不变的——对拥有丰富技术经验的高技能金融专业人士的需求。各公司将永远会寻求经验丰富的独立专业人士从事咨询、分析、交易结构设置、谈判和完结交易的工作，令他们在市场上游弋自如，并充分把握创造价值的机遇。罗森鲍姆和珀尔提倡回归尽职调查的基本面，在企业增长、营利性和风险估测方面运用有理有据的现实可行性假定条件。他们在为未来数代华尔街专业人士提供正确的技能组合和心态方面的努力，将作为一个坚实的基础，有助于创建一个更加光明的经济前景。

约瑟夫·R. 佩雷拉（Joseph R. Perella）

佩雷拉·温伯格合伙人公司（Perella Weinberg Partners）联合创始人

致谢

我们深深感谢许多同事和同行以及业内专家领袖为本书贡献了宝贵的建议，他们辛勤的付出和艰苦的工作，使本书得以顺利出版。

特别感谢约瑟夫·加斯帕罗（Joseph Gasparro）为本书第3次修订和出版做出的贡献。他的贡献是多方面的，他对本书持久的热情、洞察力和支持堪称典范。总之，他的工作理念、创造力、敢想敢干的态度以及对完美的追求都非常鼓舞人心。非常期待加斯帕罗先生在未来继续做出伟大的事情。

感谢加拿大皇家银行资本市场的杰出团队，感谢你们富有洞察力的建议和支持。副董事长拉里·格拉夫斯坦（Larry Grafstein）是一位真正的智者顾问，他对于并购见多识广，拥有独特的智慧和丰富的一线经验。杠杆融资董事总经理安德鲁·施瓦茨（Andrew Schwartz）帮助确保杠杆收购的章节内容代表了当前最先进的理念。随着并购市场的发展和壮大，并购部总经理汉克·约翰逊（Hank Johnson）就卖方流程内容提供了有益的意见。

我们要感谢来自瑞生国际律师事务所（Latham & Watkins）才华横溢的律师团队。作为世界领先的资本市场、并购和金融律师事务所，这个团队为我们提供了关于几个章节的重要见解和指导，包括关于资本市场和IPO、并购和杠杆收购。长期以来，瑞生国际律师事务所一直通过自己的出版物分享他们对法律和华尔街知识的集体智慧，他们在提供交易撮合者所重视的那种令人费解的解释方面经验丰富。马克·贾菲（Marc Jaffe）、格雷格·罗杰斯（Greg Rodgers）、本杰明·科恩（Benjamin Cohen）、阿拉什·阿米尼·巴加伊（Arash Aminian Baghai）和布列塔尼·鲁伊斯（Brittany Ruiz）被公认为资本市场领域的开拓者，尤其是在IPO、直接上市和可转换债券方面，他们在确保本书关于资本市场内容在出版时的准确性、及时性和必要性方面发挥了重要作用。克里斯托弗·德雷里（Christopher Drewry）看到和完成的交易比美国几乎任何一个团队都多，在书里分享了他对并购的丰富经验和深刻见解。塞内特·比肖夫（Senet Bischoff）同样用他领先的专业知识，为本书的杠杆收购内容做出了贡献。

在本书第3版中，罗宾·费纳（Robin Feiner）对IPO内容的贡献是无价的，分享了她领先的专业知识和交易经验。罗宾是温斯顿和斯特朗（Winston & Strawn）律师事务所的企业合伙人，曾担任企业高管，在企业融资和IPO方面拥有超过20年的经验。亚当·弗莱舍（Adam Fleisher）是克利里·戈特利布·斯蒂恩和汉密尔顿（Cleary Gottlieb Steen & Hamilton）律师事务所的合伙人，为传统IPO和直接上市的新篇章做出了宝贵贡献。佛罗里达大学沃灵顿商学院的杰伊·里特（Jay Ritter）教授拥有30多年的写作和教学经验，他帮助我们将上市的理论和实践结合起来。最后，我们想重点介绍一下轩尼诗资本的丹·轩尼诗（Dan Hennessy）和尼克·佩特鲁斯卡（Nick Petruska）对新增SPAC内容的见解，他们是该领域真正的领导者和创新者，并继续在创造成功的SPACs。

我们还要再次感谢那些为《投资银行》第1版和第2版的成功做出贡献的人。约瑟夫·迈斯纳（Joseph Meisner）在企业并购方面提供的买方、卖方技术分析非常宝贵，他把理论与现实相联系的能力也令人敬佩。杰弗里·格罗夫（Jeffrey Groves）为如何更新和扩充杠杆收购的内容提供了宝贵意见。他是一位有着丰富经验和熟练技术的杠杆融资专家，能准确地触摸到潜在客户的需求和市场的脉搏。丹尼尔·普莱克斯（Daniel Plaxe）在丰富杠杆收购内容方面提供了专业而又精准的建议。维杰·库马尔（Vijay Kumra）对并购的实务操作部分做出了宝贵的贡献，提供了实用的见解，帮助我们认知到更深层次的领域。

感谢弗吉尼亚大学的达尔顿商务出版社（Darden Business Publishing）董事史蒂夫·蒙佩尔（Steve Momper），如果没有他热情和明智的建议，这本书就不会出版。史蒂夫从一开始就对我们的书充满信心，并在整个过程中给予支持。最重要的是，他把我们介绍给了我们的出版商威利父子（John Wiley & Sons, Inc.）。我们要特别感谢赖安·德鲁克（Ryan Drook）、小米尔伍德·霍布斯（Milwood Hobbs, Jr.）、埃里克·克拉尔（Eric Klar）、詹姆斯·帕里斯（James Paris）、迈克尔·兰扎罗恩（Michael Lanzarone）、约瑟夫·布雷斯（Joseph Bress）和本杰明·霍克伯格（Benjamin Hochberg），感谢他们在编辑工作中提出的深刻见解。作为投资银行业和私募股权业的顶级专业人士，他们的经验和实用指南被证明是无价的。非常感谢斯蒂文·舍曼（Steven Sherman）、埃里克·莱克（Eric Leicht）、格雷格·普莱尔（Greg Pryor）、马克·格尔登（Mark Gordon）、詹妮弗·方纳·菲钦（Jennifer Fonner Fitchen）和安特·武奇（Ante Vucic），感谢他们竭尽全力协助处理本书的法律细节事宜。作为美国领先的公司律师事务所的合伙人，他们的细致审查确保了本书内容的准确性和及时性。

我们要感谢威利杰出的团队，他们是我们十多年来所有书籍的合作伙伴。我们的并购编辑比尔·法隆（Bill Falloon）将我们带入了威利家族，他对我们的信心和支持从未动摇。多年来，他在整个过程中起到了强有力的领导作用，并已成为我们的一位真正的朋友。我们的出版商马特霍尔特（Matt Holt）在国内外都支持我们的书。编辑制作团队的苏珊·塞拉（Susan Cerra）、史蒂文·克里茨（Steven Kyritz）、萨曼莎·恩德斯（Samantha Enders）、普尔维·帕特尔（Purvi Patel）努力工作，确保所有细节问题都得到解决，并促进了书籍顺利完成。埃文·伯顿（Evan Burton）、道格·塞尔维尼（Doug Salvemini）、克莱尔·布罗克（Claire Brock）、萨伊迪卡·萨拉里亚（Sadhika Salariya）和阿曼达·韦纳（Amanda Wainer）在WEL投资银行课程的制作和编辑过程中发挥了关键作用。我们的营销经理让-卡尔·马丁（Jean-Karl Martin）凭借他的创造力和远见卓识帮助我们实现了愿景。

我们还想向家人和朋友们致以难以言表的谢意，玛戈（Margo）、亚历克斯（Alex）、玛莎（Masha）、乔纳森（Jonathan）和奥利维亚（Olivia），非常感谢你们的支持、耐心和牺牲！当我们辛勤工作，写出一本让我们所有人都感到自豪的书时，你们一直在我们的心中和脑海中。

如果没有以下人员的努力和审阅，本书便无从面世：

Jonathan Ackerman, *Moda Midstream*

Mark Adler, *Piper Jaffray*

Kenneth Ahern, *University of Southern California, Marshall School Business*

Marc Auerbach, *LevFin Insights*

Raymond Azizi, *Weiss Multi-Strategy Advisers*

Arash Aminian Baghai, *Latham & Watkins LLP*

Carliss Baldwin, *Harvard Business School*

Kyle Barker, *APC Automotive Technologies*

Ronnie Barnes, *Cornerstone Research*

Joshua Becker, *Antares Capital*

Senet Bischoff, *Latham & Watkins LLP*

Christopher Blum, *BNP Paribas*

Bernard Bolduc, *Altrum*

Catherine Bolduc, *Altrum*

Louis-David Bourque, *Altrum*

Joseph Bress, *The Carlyle Group*

William Briganti, *Nasdaq*

Geoff Burt, *Latham & Watkins LLP*

Gabrielle Bustamante, *Nasdaq*

Stephen Catera, *Siris Capital Group*

Eric Coghlin, *Bank of America Merrill Lynch*

Benjamin Cohen, *Latham & Watkins LLP*

Thomas Cole, *Citigroup*

Lawrence A. Cook, CFA, CAIA, *Tippie College of Business - University of Iowa*

Ryan Corbett, *MP Materials, JHL Capital Group*

Lawrence Cort, *Jefferies Group*

Jason Cruise, *Latham & Watkins LLP*

Aswath Damodaran, *New York University, Stern School of Business*

Thomas Davidoff, *University of British Columbia*

Victor Delaglio, *Province Advisors*

Nicholas DeNovio, *Latham & Watkins LLP*

Jennifer Fonner DiNucci, *Cooley Godward Kronish LLP*

Michael Dirla, *Lightyear Capital*

Wojciech Domanski, *Coast2Coast Capital*

Diana Doyle, *Latham & Watkins LLP*

Christopher Drewry, *Latham & Watkins LLP*

Ryan Drook, *Deutsche Bank*

Chris Falk, *University of Florida, Warrington College of Business*

Ezra Faham, *Brahman Capital*

Robin Feiner, *Winston & Strawn LLP*

Bryan Fingeroot, *Raymond James*

Adam Fleisher, *Cleary Gottlieb Steen & Hamilton LLP*

Adam Friedman, *Seaport Global Holdings*

Heiko Freitag, *Anschutz Investment Company*

Mark Funk, *BBCA Compass*

Joseph Gasparro, *Credit Suisse*

Andrew Gladston, *MJM Capital Group*

Michael Goldberg, *RBC Capital Markets*

Peter D. Goodson, *University of California Berkeley, Haas School of Business*

Peter M. Goodson, *Eminence Capital*

Mark Gordon, *Wachtell, Lipton, Rosen & Katz*

Steven Gordon, *J. Goldman & Co.*

Larry Grafstein, *RBC Capital Markets*

Gary Gray, *Pennsylvania State University, Smeal School of Business*

Jailan Griffiths, *Nasdaq*

Michael Groner, *Millennium Partners*

Jeffrey Groves, *UBS Investment Bank*

David Haeberle, *Indiana University, Kelley School of Business*

Tim Hani, *Bloomberg*

John Haynor, *Solebury Capital*

Han He, *Oaktree Capital Management*

Dan Hennessy, *Hennessy Capital*

Milwood Hobbs, Jr., *Oaktree Capital Management*

Benjamin Hochberg, *Lee Equity Partners, LLC*

Alec Hufnagel, *Kelso & Company*

Jon Hugo, *BlackRock*

Cal Hunter, *Barnes & Noble*

Roger Ibbotson, *Yale School of Management, Zebra Capital Management*

Marc Jaffe, *Latham & Watkins LLP*

Cedric Jarrett, *Deutsche Bank*

Robert Jermain, *SearchOne Advisors*

Hank Johnson, *RBC Capital Markets*

John Joliet, *American Discovery Capital*

Mitchell Julis, *Canyon Partners*

Tamir Kaloti, *Deutsche Bank*

Michael Kamras, *Credit Suisse*

Kenneth Kim, *State University of New York at Buffalo, School of Management*

Eric Klar, *White & Case LLP*

Jennifer Klein, *Sequence Capital*

Kenneth Kloner, *UBS Investment Bank*

Philip Konnikov, *Three Keys Capital Advisors*

Kush Kothary, *BlackRock*

Vijay Kumra, *UBS Investment Bank*

Tracy Lacovelli, *Latham & Watkins LLP*

Alex Lajoux, *National Association of Corporate Directors*

Nathan Laliberte, *Brahman Capital*

Ian Lampl, *LoanStreet*

Michael Lanzarone, CFA, *Time Inc.*

Eu-Han Lee, *Baring Private Equity Asia*

Franky Lee, *Providence Equity Partners*

Eric Leicht, *White & Case LLP*

Shaya Lesches, *Young Jewish Professionals*

Marshall Levine, *GMT Capital*

Dan Levy, *Credit Suisse*

Jay Lurie, *International Finance Corporation (IFC)*

Christine Marron, *Nasdaq*

David Mayhew, *GE Ventures*

Coley McMenamin, *Bank of America Merrill Lynch*

Joseph Meisner, *RBC Capital Markets*

Jeff Mensch, *Deutsche Bank*

Brian Miller, *Altrum*

Steve Momper, *University of Virginia, Darden Business Publishing*

Kirk Murphy, *MKM Partners*

Joshua Neren, *Barron Point Advisors*

Peter Nieberg, *Altrum*

Paul Pai, *U.S. Bank*

James Paris, *Avant*

Dan Park, *Clutch*

Dom Petrosino, *Moelis & Company*

Nick Petruska, *Hennessy Capital*

Daniel Plaxe, *Pioneer Funding Group, LLC*

Gregory Pryor, *White & Case LLP*

Daniel Reichgott, *Federal Reserve Bank of New York*
Eric Ritter, *Needham & Company*
Jay R. Ritter, *University of Florida, Warrington College of Business*
Greg Rodgers, *Latham & Watkins LLP*
David Ross, *Credit Suisse*
Ashish Rughwani, *Dominus Capital*
Brittany Ruiz, *Latham & Watkins LLP*
David Sanford, *Hitchwood Capital*
Jeff Schachter, *Crawford Lake Capital*
Allan Schoenberg, *Nasdaq*
Arnold Schneider, *Georgia Tech College of Management*
Andrew Schwartz, *RBC Capital Markets*
Howard A. Scott, *Park Hill Group*
Mustafa Singaporewalla, *Amazon Web Services*
Steven Sherman, *Shearman & Sterling LLP*
Andrew Shogan, *CTSI Oncology Solutions*
Karen Snow, *Nasdaq*
Emma Squires, *Value Retail*
David Spalding, *Dean, Iowa State University College of Business*
Andrew Steinerman, *J.P. Morgan*
Diana Tas, *Nasdaq*
Suvir Thadani, *RBC Capital Markets*
Matthew Thomson, *RBC Capital Markets*
Robb Tretter, *Ropes & Gray LLP*
John Tripodoro, *Cahill Gordon & Reindel LLP*
Charles Vander Linden, *Sysco*
Ante Vucic, *Wachtell, Lipton, Rosen & Katz*
Siyu Wang, CFA, *TX Investment Consulting (China)*
Brian Weiss, *RBC Capital Markets*
Jeremy Weisstub, *Aryeh Capital Management*
Jack Whalen, *Kensico Capital*
Chris Wright, *Crescent Capital Group*

免责声明

本书中表达的所有观点均为作者截至发表之日的观点，不代表其各自现任或前任雇主的观点，也不代表作者过去、现在或将来所属的任何组织的观点。本书中表达的信息和观点可能随时更改，恕不另行通知。作者和出版方没有义务更新或更正本书中提供的任何信息。

本书仅供参考，无任何投资建议。本书中提供的信息仅供一般参考之用，不是也不应被视为“投资建议”、任何类型的“推荐”（无论是投资、财务、会计、税务还是法律）或任何类型的“营销材料”。本书没有就股票或投资方式是否适合具体个人的财务需求提供建议或观点。每个人的需求、目标和情况都是独一无二的，可能需要有执照的财务顾问的个性化建议。

参考文献和示例仅供说明，此处包含的所有示例仅用于说明目的，不构成任何类型的建议，也不旨在反映读者可以预期实现的结果。本书中提及的任何公司均为随机提及，也不应视为对任何股票、品牌或产品的认可。

尽管本书提供的信息或数据是从被认为可靠的来源获得或汇编的，但作者不能也不保证为任何特定目的向读者提供的信息或数据的准确性、有效性、及时性或完整性。如果出现错误、不准确或遗漏，作者和出版方均不承担任何责任，也不对读者造成的任何损失或损害承担任何责任。

风险投资涉及风险，包括可能的本金损失。投资者在投资前应仔细考虑自己的投资目标和风险。谁也无法保证投资会带来利润或不会造成损失。所有投资者都需要充分了解与所选择投资类型相关的风险。经济因素、市场条件和投资策略将影响投资组合的绩效，且无法保证其匹配优于任何特定基准。

对于因本书提供的信息、内容或读者对此类信息、内容的任何依赖而遭受的任何损害、费用或其他损失，无论是在合同、侵权行为（包括但不限于疏忽）或其他方面，作者概不负责。读者所做的任何投资都由其自行决定和承担风险。

免责声明适用于任何情况，作者、出版方以及各相关方均不对读者承担任何直接、间接、特殊、后果性、偶然性或其他任何形式的损害赔偿责任。

关于注册估值分析师（CVA）认证考试

CVA 考试简介

注册估值分析师（Chartered Valuation Analyst, CVA）认证考试是由注册估值分析师协会组织考核并提供资质认证的一门考试，旨在提高投融资及并购估值领域从业人员的专业分析与操作技能。CVA 考试从专业实务及实际估值建模等专业知识和岗位技能方面进行考核，主要涉及企业价值评估及项目投资决策（包括 PPP 项目投资）。考试分为实务基础知识和 Excel 案例建模两个科目，内容包括会计与财务分析、公司金融、企业估值方法、并购分析、项目投资决策、私募股权投资、Excel 估值建模共七个部分。考生可通过针对各科重点、难点内容的专题学习，掌握中外机构普遍使用的财务分析和企业估值方法，演练企业财务预测与估值建模、项目投资决策建模、私募股权投资、上市公司估值建模、并购与股权投资估值建模等实际分析操作案例，快速掌握投资估值基础知识和高效规范的建模技巧。

实务基础知识科目——专业综合知识考试，主要考查投融资、并购估值领域的理论和实践知识及岗位综合能力，考试范围包括会计与财务分析、公司金融与财务管理、企业估值方法、并购分析、项目投资决策、私募股权、信用分析。本科目由 120 道单项选择题组成，考试时长为 3 小时。

Excel 案例建模科目——财务估值建模与分析考试，要求考生根据实际案例中的企业历史财务数据和假设条件，运用 Excel 搭建出标准、可靠、实用、高效的财务模型，完成企业未来财务报表预测、企业估值和相应的敏感性分析。本科目为 Excel 财务建模形式，考试时长为 3 小时。

职业发展方向

CVA 资格获得者具备企业并购、项目投资决策等投资岗位实务知识、技能和高效规范的建模技巧，能够掌握中外机构普遍使用的财务分析和企业估值方法，可以熟练进行企业财务预测与估值建模、项目投资决策建模、上市公司估值建模、并购与股权投资估值建模等实际分析操作。

CVA 持证人可胜任企业集团投资发展部、并购基金、产业投资基金、私募股权投资、财务顾问、券商投行部门、银行信贷审批等金融投资机构的核心岗位工作。

证书优势

岗位实操分析能力优势——CVA 考试内容紧密联系实际案例，重视提高从业人员的实务技能并可以迅速应用到实际工作中，使 CVA 持证人达到高效、系统和专业的职业水平。

标准规范化的职业素质优势——CVA 资格认证旨在推动投融资估值行业的标准化与规范化，提高执业人员的从业水平。CVA 持证人在工作流程中能够遵循标准化体系，提高效率和正确率。

国际同步知识体系优势——CVA 考试采用的教材均为 CVA 协会精选并引进出版的国外最实用的优秀教材。CVA 持证人将国际先进的知识体系与国内实践应用相结合，推行高效标准的建模方法。

配套专业实务型课程——CVA 协会联合国内一流金融教育机构开展注册估值分析师的培训课程，邀请行业内资深专家进行现场或视频授课。课程内容侧重行业实务和技能实操，结合真实典型案例，帮助学员快速提升职业化、专业化和国际化水平，满足中国企业“走出去”进行海外并购的人才需求。

企业内训

CVA 协会致力于帮助企业培养具备国际视野的投资专业人才，构建实用、系统、有效的专业知识体系。CVA 企业内训紧密联系实际案例，侧重于提高从业人员的实务技能并可以迅速应用到实际工作中，使企业人才具备高效专业的职业素养和优秀系统的分析能力。

- 以客户为导向的人性化培训体验，独一无二的特别定制课程体系。
- 专业化投融资及并购估值方法相关的优质教学内容，行业经验丰富的超强师资。
- 课程采用国内外优秀教材，提供科学的培训测评与运作体系。

考试安排

CVA 考试于每年 4 月、11 月的第三个周日举行，具体考试时间安排及考前报名，请访问 CVA 协会官方网站 www.cncva.cn。

CVA 协会简介

注册估值分析师协会（Chartered Valuation Analyst Institute）是全球性及非营利性的专业机构，总部设于香港，致力于建立全球金融投资及并购估值的行业标准，在亚太地区主理 CVA 资格认证考试、企业人才内训、第三方估值服务、出版发行投融资专业书籍以及进行 CVA 协会事务运营和会员管理。

CVA 协会于 2021 年起正式成为国际评估准则理事会（the International Valuation Standards Council，简称 IVSC）的专业评估机构会员。CVA 协会将依靠 IVSC 的权威影响力与专业支持实现自身更快更好发展，同时遵照国际标准和专业精神，与其他成员开展广泛的交流与协作，共同推进全球估值行业的进步。

联系方式

官方网站：http://www.cncva.cn　电话：4006-777-630

E-mail：contactus@cncva.cn　新浪微博：注册估值分析师协会

协会官网二维码

微信平台二维码

目录

第二部分　杠杆收购

第三部分　兼并与收购

第四部分　首次公开发行（IPO）

前言

在不断发展的金融世界里，牢固的专业技术基础是成功的关键。然而，鉴于这个世界的快节奏本质，谁都没能花时间去编纂金融投资家工作中的命脉部分，即估值和交易。2009 年，我们针对这一需求写了本书的第 1 版。当时我们正试图打入华尔街，那时我们就希望这本书存在了。

《投资银行：估值、杠杆收购、兼并与收购、IPO》（原书第 3 版）是由投资银行家撰写的一部使用十分便捷的权威性著述，它解释了如何针对金融世界的核心进行估值工作。本书填补了当代金融文献的空白，因为那些文献往往把重点放在理论上，而不是实际应用上。

随着金融界适应后大衰退时代的新常态，我们需要重新审视本书第 2 版的内容，以适应当今的环境。虽然并购（M&A）、资本市场、杠杆收购（LBO）、首次公开发行（IPO）及其他公共投资机会的估值和关键尽职调查的基本面保持不变，但环境正在不断演变。其中包含在对待风险及各种价值驱动因素时进行更加现实的假定，如预计财务绩效、贴现率、乘数、杠杆水平和融资条件等。虽然估值工作永远涉及大量的“艺术性”，而不仅仅是经过时间考验的“科学性”，但是“艺术性”必须适应不断变化的市场发展和条件。因此，我们有针对性地更新了这本大众广泛传阅的书籍，同时增加了两章关于 IPO 的内容。

撰写本书的想法源自我们在学生时代意欲闯入华尔街的个人经历。由于我们两人都单独经历过申请投资银行和其他金融机构助理职位和分析师职位的严格面试过程，我们意识到课堂的体验与现实世界实施估值和金融分析的方法脱了节。这一点在面试中的技术部分体现得尤其明显，而这一点常常是招聘者从数百名合格应聘者中进行遴选的甄别点。

面对这一现实，我们四处搜寻有关华尔街采用的主要估值方法的实用工具型指南，却徒劳无获。茫然之余，我们转而开始整理从各个渠道收集到的点滴资料和已经在投资银行业工作的朋友、熟人与我们随机交谈的内容。显而易见的是，我们感觉自己的准备程度并未达到希望的那么充分。虽然我们十分幸运地得到了工作，但是应聘过程给我们留下了深刻印象。事实上，我们在继续完善当初作为学生为投行面试而准备的材料，而那些材料成了这本书的基础。即使到了今天，我们仍在继续提炼和扩充这些材料，以适应新的发展。

进入华尔街后，我们两人都经历了强制性培训，包括财务会计方面的速成课程，旨在学习作为合格投资银行分析师所必备的技能组合。然而，入职几个月后，该培训的局限性就暴露了出来。实际客户情况和交易的复杂性，加上变幻莫测的市场形势、会计准则和科技，都超越了我们已有的知识和技能。在这种情形下，我们不得不请教资深的老同事，但是，由于投行工作的高强度性质，常常是谁都没法及时施以援手。鉴于这些现实情况，如果有一本可靠的手册，整理出多年的“最佳实务”和交易经验，益处恐怕是难以估量的。

由此，我们相信，对于那些立志要投身华尔街或者刚刚开始华尔街职业生涯的人们来说——从决心闯入金融界的大学生、研究生，到半路转行人士——这本书都是价值无量的。对于已入行的专业人士来说，本书也是重要的参考资料。我们的经验已经表明，由于诸多金融职位的高度专业化性质，技能组合上还存在着需要填补的空白。此外，许多专业人士都在继续努力巩固自己的技能，同时在知识的深度和广度上下工夫。本书还会令华尔街各机构的培训师和学员大获裨益，无论是正规培训课程还是非正规的在岗培训计划。

为我们审稿的私募股权公司和对冲基金公司也非常需要有一本实用型估值手册，以给他们的投资专业人士和投资组合公司的主要高管参考。许多此类专业人士都有咨询或实业经营背景，但是没有金融血统。另外，绝大部分买方投资公司并没有公司内部的培训计划，而是大量依赖在岗培训。因此，对于加入这类机构或者希望在这类机构中谋职的人来说，本书是一部很有帮助的参考指南。

本书还能为各大公司的专业人士提供基本工具，包括业务开发部门、公司金融部门和财务部门的专业人士。这些专业人士的日常工作就是负责企业融资、企业价值评估和企业股权交易转手。他们还和投资银行家一起开展并购交易

（包括杠杆收购和相关融资），以及首次公开发行、公司重组和其他资本市场交易项目。同时，本书也旨在面向专门从事并购、企业融资和其他交易咨询服务的更大范围的律师、顾问和会计师。

鉴于金融界的日趋全球化，本书的内容设计足以在北美之外的地区通用。通过研究跨境交易，包括快速发展中的市场，如亚洲、欧洲、拉丁美洲、印度和中东，我们发现了全世界对高技能人才资源的巨大需求。因此，作为上述市场中金融专业人士宝贵的培训材料和可靠手册，本书满足了这一重要需求。

本书的结构

本书重点论述了目前在华尔街普遍使用的主要估值方法，即可比公司（comparable companies）分析、先例交易（precedent transactions）分析、现金流折现（discounted cash flow, DCF）分析和杠杆收购（leveraged buyout, LBO）分析。这些方法用来确定并购交易、杠杆收购、首次公开发行、公司重组和投资决策情形下的上市公司和私有公司的估值，同时也构成了独立评估某公司的基础，包括评测某个具体上市公司是价值高估还是价值低估。因此，这些基本的方法不但适用于投资银行，也适用于私募股权机构和对冲基金。我们通过一步一步地传授如何应用每种方法，为读者建立起基于时间线的知识基础，并在全书中诠释了关键性条款、金融概念和操作流程。

我们还通过全面描述杠杆收购、并购和首次公开发行的基本原理，提供了各种估值方法的应用背景。对这些核心交易类型进行了详尽的分析和讨论，并以示例的方式逐步说明投行分析师在实践中是如何分析的。同时，我们还为读者提供了大量的详细信息，包括主要参与者的情况、融资渠道和条件、战略、里程碑设置，以及法律和市场营销文件等。

本书内容源自我们两人各自经手大量交易项目后的经验汇总，以及众多投资银行分析师、私募股权公司和对冲基金公司的投资专业人士、律师、公司高管、作家同行和大学教授提供给的宝贵意见。我们通过总结自己的交易经验和课堂经验，以及大范围业内专业人士和学术界专家的经验，弥合了学术界和业界在金融理论与现实应用之间的差距。我们这一努力的成果可以面向广大的读者群——包括金融背景有限的读者——并且足够详尽、全面，可以用作金融专业人士的主要参考工具和培训指南。

本书由四个部分组成，具体归纳如下。

第一部分：估值（第一章至第三章）

第一部分重点论述最常用的三种估值方法，也是全面估值工具箱的核心——可比公司分析（第一章）、先例交易分析（第二章）和现金流折现分析（第三章）。每一章都采用了用户友好型方式，介绍如何实施相应估值方法，同时定义关键性条款、详解各种计算过程、诠释高级金融概念。我们在每章的最后，用分步骤方式按照相关估值方法对目标公司（“价值公司”集团，ValueCo）的估值范围进行了实例演算。表0–1～表0–3详列了作为本书估值工作基本案例的“ValueCo”的财务数据。

此外，本书所用的所有估值模型和输出页面都可以从网站上访问：www.wiley.com/go/investmentbanking3e

第一章：可比公司分析。第一章综合讲解了可比公司（或可比交易）分析，即用来评估给定目标公司、分部、企业或资产组合（“目标”）的主要方法之一。可比公司分析能够提供一个市场基准，从而投资银行分析师可以依照该基准来确定某个私有公司的估值，或分析某个上市公司在任何一个时间点的价值。可比公司分析的用途十分广泛，最显著的用途是各种并购情形、首次公开发行、公司重组和投资决策。

可比公司分析的基础建立在这样一个认识上，即类似公司能为评估某个给定目标提供一个相关性很强的参考点，因为这些类似公司表现出相同的关键性业务和财务特征、绩效驱动因素和风险。因此，可以通过确定目标在同行中的相对定位来设定其估值参数。该分析的核心在于选定目标的一个可比公司系列（“可比系列”）。这些同行公司以各个财务数据和比率数为基础，进行彼此之间以及与目标基准的比较。接着，我们计算可比系列的交易乘数——把某个价值衡量数用作分子，把某个经营数字用作分母。这些乘数构成了推演目标估值范围的基础。

第二章：先例交易分析。第二章的重点是先例交易（或交易对比）分析。

跟可比公司分析一样，先例交易分析也是用基于乘数的方式来推断出目标的隐含估值范围。先例交易分析的基础是先前交易中支付给可比公司的乘数。它的应用范围很广，最显著的用途是帮助确定某公司或某公司的一部分在并购或重组交易中的潜在出售价格范围。

进行先例交易分析的基础是选择一个合适的可比收购交易系列。最佳可比收购交易一般都涉及在基本面上与目标相似的公司。通常来说，最近的交易（即发生在过去 2 ～ 3 年的交易）最具相关性，因为这些交易发生时的市场条件很可能与正在考虑之中的交易相似。潜在的买家和卖家都会紧密关注可比交易估值乘数的市场水平。因而，投资银行分析师和投资专业人士都应当对他们重点关注行业领域的交易乘数了如指掌。

第三章：现金流折现分析。第三章讨论的是现金流折现分析（“DCF 分析”或“DCF”），是投资银行分析师、公司高管、学术界、投资人和其他金融专业人士广为应用的一种基本面估值方法。DCF 分析的应用范围很广，包括各种并购情形、IPO、公司重组和投资决策时的评估。它所依据的原理是，目标的价值可以从其预计自由现金流（free cash flow, FCF）的现值中推断出来。一个公司的预计 FCF 是从有关其预计未来财务绩效的大量假定和判断中推断产生的，包括销售增长率、利润率、资本性支出和净流动资金需求等。

通过 DCF 分析得出的某目标隐含估值也叫作其内在价值（intrinsic value），而相对应的是它的市场价值，后者是市场在某个给定时间认定的价值。因此，DCF 分析成为基于市场的评估方法的一个重要替代分析方法；而基于市场的评估方法，如可比公司分析和先例交易分析，有可能因多个因素而扭曲，包括市场失常（如次贷危机后的信贷紧缩）。由此，DCF 分析起到一个宝贵作用，可以从另一个侧面来对比某个上市公司的当前市场估值。另外，在“单纯完美型”同行公司或可比收购交易十分有限或者根本不存在的情况下，DCF 分析就十分关键了。

第二部分：杠杆收购（第四章和第五章）

第二部分的重点是杠杆收购（LBO）。杠杆收购是资本市场和并购领域的重头戏，其原因是私人投资工具（如私募股权和对冲基金）的普及及其相当雄厚的资金力量，以及结构性信贷工具的普及。我们从第四章开始，首先论述 LBO

的基础知识，包括主要参与者综述、LBO对象的突出特征、LBO的财务测算、退出策略，以及关键的融资渠道和条件。建立起这一框架后，我们就在第五章采用分步骤实用型方式来构建一个LBO模型，并以ValueCo为目标进行LBO分析。LBO分析是投资银行分析师和私募股权专业人士都采用的一种核心工具，用来确定杠杆收购的融资结构和估值。

第四章：杠杆收购。第四章综合论述了杠杆收购的基础知识。LBO即收购方为了进行收购，通过大量举债的方式来解决大部分收购资金的方法。收购资金的剩余部分则通过财务投资者（“投资者”）的股权出资来解决。本章综合论述了LBO的财务测算，以及如何使用这些工具和方法来为财务投资者产生收益。还用很大篇幅讨论了LBO的融资渠道，尤其是各种债务工具及其条款。

投资者使用LBO方式进行收购的范围很广，既包括上市公司，也包括私有公司，以及这些公司的分部和子公司。一般来说，拥有稳定且可预测的现金流和可观资产的公司都是很有吸引力的LBO候选对象。然而，投资者往往十分灵活，交易的关键往往取决于预计投资收益率能否满足他们所要求的最低门槛。在LBO交易中，目标所承担的高额债务水平是由其预计FCF和资产基础作借贷抵押的，从而投资者可以投入相对于收购价格而言很少的股权出资。这一点又反过来能让投资者在退出的时候——通常都是通过出售目标或者目标的IPO来退出——实现可以接受的股权投资收益率。

第五章：LBO分析。第五章揭开了围绕LBO分析的谜团，这种分析工具用来评测LBO在不同情景下的融资结构、投资收益和估值。这些技能还能同时被公司债务发行者用来评测再融资机会和公司重组替代方案。与本书第一部分论述的分析方法相比，LBO分析更为复杂，因为它要求有财务建模、杠杆债务资本市场、并购和财会等方面的专业知识。LBO分析的核心是财务模型，构建后可以对给定目标在多种融资结构和不同经营状况下的情景进行分析。

与第一部分介绍的各种方法一样，LBO分析是综合评估工具箱里的一个主要组成部分。从债务融资的角度来说，LBO分析用来帮助搭建目标公司的可行融资结构，其基础是目标在预计时间段内产生的现金流量、债务偿还、信用比率和投资收益等情况。投资者与融资方（如投资银行）密切合作，以确定某个具体交易的理想融资结构。在并购咨询项目中，LBO 分析提供了一个基础，用来根据某个可接受投资收益率水平，确定给定目标在 LBO 出售交易中的潜在估值范围。

第三部分：兼并与收购（第六章和第七章）

第三部分对并购进行了全面介绍，包括交易过程、策略、交易结构和分析。并购也是包括公司或其分部、子公司出售、收购及整合的全过程。伴随市场形势、行业趋势或股东要求的变化，并购为公司实现持续增长、演变或再聚焦提供了便利。并购咨询是投行的核心业务之一，传统上也是投行的公司金融部门年度收入的重要来源。此外，大多数并购交易的买方也需要通过发债或发行股票来为收购进行融资。

第六章的重点内容是并购的卖方出售过程，包括一次成功并购出售过程中的关键流程节点和阶段，以及市场中成功的并购出售所采用的方法或手段。这里的论述也是为本书前几部分讨论的话题提供一个更大范围的背景，因为理论上的估值方法需要根据买方为某个企业或资产组合实际付出多少价钱来进行检验。本章还描述了如何应用估值分析来框定卖方的价格预期，设定可接受的报价范围，评估已收到的报价，并为最后的收购价格谈判提供指导。

第七章重点论述了买方并购。这部分是在本书前面几章介绍的估值方法的基础上，以 ValueCo 为示例，从战略买方的视角来说明如何进行详细的估值及并购结果分析。顾名思义，并购结果分析的侧重点在于从买方的视角对既定交易目标进行合并后的假设情景模拟。

第六章：卖方并购。一个公司、分部、企业或资产组合的出售，是其所有人（股东）、管理层、雇员和其他利益相关人的重大事件。这是一个利益攸关的紧张而耗时的过程，通常都要几个月时间。因此，卖方一般都会聘请某个投资银行（“卖方顾问”）及其训练有素的专业团队来确保能够实现主要目标的最优组合，即价值最大化、执行速度、完结交易的确定性，以及具体交易中考虑的其他因素。潜在买方常常也会聘请某个投资银行（“买方顾问”）开展估值工作、与卖方交涉、负责谈判及其他关键性任务。

卖方顾问负责首先理清卖方的优先考虑因素，然后依此量身定做出售流程。

从分析的角度来说，卖方的任务需要用本书论述的方法来全面评估目标。然而，最根本的决定可能会涉及是进行无针对性或有针对性竞价，还是采取协议出售的方式。一般来说，和单独与某一方通过谈判进行出售相比，竞价的做法要求提前开展组织、市场营销、流程节点和渠道方面的工作。因此，本章的重点是介绍竞价的过程。

第七章：买方并购。本章以讨论买方的并购战略、动机、交易逻辑及协同效应为开篇，对融资方式、交易结构等买方并购的关键组成部分进行了分析。然后，从战略买方的视角出发，采用本书第1～3章及第5章所讲述的估值方法，如可比公司、先例交易、现金流折现及LBO等方法，对ValueCo进行了全面的估值和并购结果分析。为方便比较及分析，我们将各种估值分析方法获得的结果列在了一张足球场式的图表中。

此外，全面的买方并购估值分析通常需要进行变动价格（AVP）分析及贡献率分析（通常用于换股交易）。变动价格分析也称为估值矩阵，按设定间隔显示不同交易价值及报价（针对上市目标公司）所支付的隐含乘数。贡献率分析在不考虑交易调整因素的情况下（如协同效应等），分析了收购方和目标公司对模拟实体的财务“贡献”状况。然后，我们进行了详尽的并购结果分析，以调整最终的收购价格、交易结构及融资方式。通过这一分析，我们可以掌握模拟交易后对买方财务绩效的影响，其中对每股收益的影响称为增厚（摊薄）[⊖]（accretion/dilution）分析，对信用比率指标的影响也即资产负债表效应。

第四部分：首次公开发行（第八章和第九章）

第四部分深入探讨了首次公开发行（IPO）的错综复杂之处。首先在第八章讨论了上市决定的概况、主要IPO候选者的特征、主要参与者和关键条款，以及围绕双轨运行过程的细微差别。此外，我们还关注特殊目的收购公司（SPAC）和直接上市的市场开发。一旦解决了发行的基本问题，接下来的重点则为IPO过程的各个阶段，包括与交易结构和估值相关的关键分析。自始至终，投资银行都会为IPO的方方面面提供建议，从而最终做出启动决定。

第八章：首次公开发行（IPO）。第八章概述了首次公开发行的基本原理。首次公开发行代表着一家公司首次向公众投资者出售股票。对于这家公司、它

⊖ 也可以称为每股收益的增量（稀释）分析，此处采用券商常用的说法。——译者注

的所有者和员工来说，这是一个变革性的事件。公司及其运营方式将不再是原来的样子。公司上市后，其股票每日会在公开市场上进行交易，买家和卖家可以实时确定其当前的股权价值。同时，其详细的商业和财务信息也会公之于众，以便于大众了解。公司管理层将召开季度收益电话会议，并回答卖方分析师的问题。他们还将定期与现有和潜在的新投资者交谈。

虽然即将 IPO 的公司在行业、规模和财务状况方面差异很大，但它们都需要具备一个特点：足以说服公众投资者的业绩和增长属性。公司及其潜在市场是否足够大，并值得关注？它是市场领先者吗？增长机会有多令人兴奋？周期进入点有吸引力吗？管理团队的能力有多强？同时市场条件也必须是有利的。在特定的一段时间内，IPO 的数量与整个股市的表现密切相关。市场越好，IPO 的渠道就越多。

第九章：IPO 流程。与并购卖方一样，IPO 过程既紧张又耗时，对公司及其利益相关者来说风险很高。也许准备活动和工作提前几年就开始了，但典型的 IPO 过程仍要持续几个月的时间。一旦做出 IPO 的决定，公司就会组建由投资银行、律师、会计师和其他关键顾问组成的团队。与其他有组织的过程类似，团队合作和文化契合有助于确保效率、质量和成功。因此，让正确的团队预先就位是至关重要的。

IPO 过程由多个阶段组成，每个阶段都有不同的里程碑。这种特点注定 IPO 过程会出现许多变化，允许簿记管理人根据特定情况进行适当的定制。如果公司有长期的投资银行伙伴关系，也有公共审计的财务机构（如公共债券发行商），那么准备阶段可以快速推进。而有些公司则可能会花费数月甚至数年的时间为其组织的 IPO 做准备。其中包括合适的管理和内部支持，以及让财务部门做好准备。恰当的公司定位是团队的首要职责之一，尤其在选择投资银行的过程中。这一点会影响 IPO 结构和估值。要做到这一点，需要有全面深入的思考、分析和市场洞察力。因此，选择对公司、行业和股票市场有深刻理解的投资银行，是重中之重的一步。

VALUECO 财务信息摘要

表 0-1 ～表 0-3 显示的是 ValueCo 的历史和预计财务信息。这些财务数

据——各种估值乘数、财务术语，以及贯穿本书的其他财务数据——完全是为了举例说明，并假设可以体现正常的经济和市场形势。

表 0-1 ValueCo 历史经营数据摘要

（单位：百万美元）

ValueCo历史经营数据摘要	财务年度截止日为12月31日			LTM①
	2016	2017	2018	9/30/2019
销售收入	**$2 600.0**	**$2 900.0**	**$3 200.0**	**$3 385.0**
增长率	*NA*	*11.5%*	*10.3%*	*NA*
销货成本	1 612.0	1 769.0	1 920.0	2 030.0
毛利	**$988.0**	**$1 131.0**	**$1 280.0**	**$1 355.0**
毛利率	*38.0%*	*39.0%*	*40.0%*	*40.0%*
销售、管理及行政费用	496.6	551.0	608.0	655.0
EBITDA	**$491.4**	**$580.0**	**$672.0**	**$700.0**
利润率	*18.9%*	*20.0%*	*21.0%*	*20.7%*
折旧和摊销	155.0	165.0	193.0	200.0
EBIT	**$336.4**	**$415.0**	**$479.0**	**$500.0**
利润率	*12.9%*	*14.3%*	*15.0%*	*14.8%*
资本性支出	114.4	116.0	144.0	152.3
占销售收入%	*4.4%*	*4.0%*	*4.5%*	*4.5%*

注：出于建模目的（如DCF分析和LBO分析），“折旧和摊销”从“销货成本”和“销售、管理及行政费用”中剥离出来，作为单列项目。

① LTM为Last Twelve Month的缩写，即过去12个月。——译者注

表 0-2 ValueCo 预计经营数据摘要

（单位：百万美元）

ValueCo预计经营数据摘要	财务年度截止日为12月31日					
	2019E①	2020E	2021E	2022E	2023E	2024E
销售收入	**$3 450.0**	**$3 708.8**	**$3 931.3**	**$4 127.8**	**$4 293.0**	**$4 421.7**
增长率	*7.8%*	*7.5%*	*6.0%*	*5.0%*	*4.0%*	*3.0%*
销货成本	2 070.0	2 225.3	2 358.8	2 476.7	2 575.8	2 653.0
毛利	**$1 380.0**	**$1 483.5**	**$1 572.5**	**$1 651.1**	**$1 717.2**	**$1 768.7**
毛利率	*40.0%*	*40.0%*	*40.0%*	*40.0%*	*40.0%*	*40.0%*
销售、管理及行政费用	655.0	704.1	746.4	783.7	815.0	839.5
EBITDA	**$725.0**	**$779.4**	**$826.1**	**$867.4**	**$902.1**	**$929.2**
利润率	*21.0%*	*21.0%*	*21.0%*	*21.0%*	*21.0%*	*21.0%*
折旧和摊销	207.0	222.5	235.9	247.7	257.6	265.3
EBIT	**$518.0**	**$556.9**	**$590.3**	**$619.8**	**$644.6**	**$663.9**
利润率	*15.0%*	*15.0%*	*15.0%*	*15.0%*	*15.0%*	*15.0%*
资本性支出	155.3	166.9	176.9	185.8	193.2	199.0
占销售收入%	*4.5%*	*4.5%*	*4.5%*	*4.5%*	*4.5%*	*4.5%*

① 这里的E是Estimate的缩写，即预计值；同样，A是Actual的缩写，即实际值。——译者注

表 0-3 **ValueCo 资产负债表历史数据摘要**

（单位：百万美元）

ValueCo资产负债表历史数据摘要	财务年度截止日为12月31日			截至	财务年度
	2016	**2017**	**2018**	**9/30/2019**	**2019E**
现金和现金等价物	$627.1	$392.8	$219.8	$183.1	$250.0
应收账款	317.0	365.5	417.4	441.5	450.0
存货	441.6	496.8	556.5	588.4	600.0
预付款和其他流动资产	117.0	142.1	162.3	171.7	175.0
流动资产合计	**$1 502.7**	**$1 397.1**	**$1 356.0**	**$1 384.8**	**$1 475.0**
固定资产净值	2 571.1	2 565.6	2 564.6	2 501.3	2 500.0
商誉	1 000.0	1 000.0	1 000.0	1 000.0	1 000.0
无形资产	1 018.3	974.8	926.8	891.8	875.0
其他资产	150.0	150.0	150.0	150.0	150.0
资产合计	**$6 242.1**	**$6 087.5**	**$5 997.4**	**$5 927.8**	**$6 000.0**
应付账款	189.9	189.0	199.4	210.8	215.0
应计负债	221.0	237.8	255.1	269.8	275.0
其他流动负债	75.4	84.1	92.8	98.1	100.0
流动负债合计	**$486.3**	**$510.9**	**$547.2**	**$578.8**	**$590.0**
长期负债	2 500.0	2 150.0	1 800.0	1 500.0	1 500.0
其他长期负债	410.0	410.0	410.0	410.0	410.0
负债合计	**$3 396.3**	**$3 070.9**	**$2 757.2**	**$2 488.8**	**$2 500.0**
非控股股东权益	-	-	-	-	-
所有者权益	2 845.8	3 016.6	3 240.2	3 439.1	3 500.0
负债和所有者权益合计	**$6 242.1**	**$6 087.5**	**$5 997.4**	**$5 927.8**	**$6 000.0**
平衡检验	0.000	0.000	0.000	0.000	0.000

第一部分

估　　值

第一章

可比公司分析

可比公司（亦称“可比交易”，或者简称“Comps”）分析是用来评估给定目标公司、分部、企业或资产组合（“目标”）的主要方法之一。它能提供一个市场基准，从而投资银行分析师可以依照该基准来确定某个私有公司或上市公司在任何一个时间点的估值。可比公司分析的用途十分广泛，最显著的用途是各种并购（mergers & acquisition, M&A）情形、首次公开发行（initial public offerings, IPOs）、公司重组和投资决策。

可比公司分析的基础建立在这样一个认识上，即类似公司能为评估某个给定目标提供一个相关性很强的参考，因为事实上这些类似公司会表现出相同的关键性业务和财务特征、绩效驱动因素和风险。因此，投资银行分析师可以通过确定目标在可比公司中的相对定位来设定其估值参数。这种分析的核心在于选定目标的一个可比公司系列（“可比系列”）。首先，以财务数据和财务比率为基础，在可比公司之间以及可比公司与目标公司之间进行比较。然后，分别计算可比公司的交易乘数，并确定目标公司适用的乘数范围。最后，通过将确定的乘数范围乘以目标公司的相关财务数据，计算出目标公司的估值区间。

虽然估值指标依行业不同会有所区别，但本章的重点是使用最广泛的交易乘数，如企业价值对息税折旧摊销前利润（enterprise value-to-earnings before interest, taxes, depreciation, and amortization, EV/EBITDA）的比值和市盈率（price-to-earnings, P/E）。这些乘数都是把某个价值衡量数作为分子，把某个财务指标作为分母。虽然 P/E 是华尔街之外使用最为普遍的比率数，但投资银行最常使用的是基于企业价值的乘数，因为该乘数不受资本结构和与业务经营无关的其他因素的影响（例如因税务政策和会计政策不同而产生的差异）。

可比公司分析的设计目的是要根据市场形势和投资者情绪现状来反映“当前”估值。因而，在多数情况下，可比公司分析与市场的相关性超过了内在估值（intrinsic valuation）分析，比如现金流折现分析（见本书第三章）。但是，市场交易水平有可能受到非理性投资人情绪的影响，导致估值过高或过低。此外，任何两家公司都不会完全相同，因此，依据类似公司的交易价值来设定估值的做法可能无法准确反映目标公司的真实价值。

因此，可比公司分析应该结合本书论述的其他估值方法一起使用。如果出现各种方法推算出的估值范围差异较大的情形，可能就表明关键性假设条件或计算需要重新审视。或是从另外一个角度来说，你发现了市场上的估值套利机会。所以，在进行可比公司分析（或任何其他估值/财务分析工作）的时候，必须毫不偷懒地标注出关键性假设条件的来源，既是为了审查，也是为了证明所得出的结论。

本章提供了实施可比公司分析的非常实用的分步骤操作过程，与这一评估方法在现实中的应用方式一致（见表1-1）。在建立了这一框架之后，用目标公司 ValueCo 来具体展示如何进行可比公司分析（参阅本书的前言）。

表 1-1　可比公司分析步骤

第一步：选择可比公司系列
第二步：找出必要的财务信息
第三步：制表计算关键性数据、比率数和交易乘数
第四步：进行可比公司的基准比较
第五步：确定估值

可比公司分析步骤简要说明

- 第一步：选择可比公司系列。为目标选择可比公司系列是开展可比公司分析的基础。虽然在有些行业这一工作可能相当简单，凭直觉就能完成，但是在另一些行业，哪些公司属于同行却不是一眼就能看出来的。为了识别业务和财务特征相似的公司，首先有必要对目标及其行业有个扎扎实实的了解。

刚着手的时候，投行分析师一般都会咨询同行或资深同事，了解一下内部是否已经存在一组可比公司。如果是从零开始，分析师就会广撒网，尽可能多地审视潜在的可比公司。这张大网最后会收缩，从可比公司的长名单中进一步提炼出“最接近可比公司”的短名单。识别潜在可比公司的良好起点通常是调查目标的竞争对手（特别是已上市公司）。

- 第二步：找出必要的财务信息。在确定了初步的可比公司系列后，投行分析师就会找出必要的财务信息，以分析所选定的可比公司并计算（“制表计算”）[㊀] 关键性财务数据、比率数和交易乘数（请见“第三步”）。用于这些计算的主要数据都是从各个渠道收集来的，包括公司在美国证监会（SEC）[㊁] 的申报备案文件（SEC filings）、市场普遍预期（consensus research estimates）、股票研究报告（equity research reports）和新闻公告（press releases）。
- 第三步：制表计算关键性数据、比率数和交易乘数。投行分析师此时已经准备好制表计算可比公司系列的关键性数据、比率数和交易乘数。这里涉及计算市场估值计量数，比如企业价值和股权价值，以及利润表中的关键性内容，如 EBITDA 和净利润。衡量营利能力、增长率、投资回报和信用级别的各种比率数和其他指标数。然后，选定财务数据，用来计算可比公司的交易乘数。

  作为这一过程的一部分，投行分析师需要运用各种财务概念和技术，包括过去 12 个月（last twelve months, LTM）[㊂] 财务数据的计算、公司财务数据的日历化（calendarization）和非经常项目（non-recurring items）的调整。要想同时在绝对层面和相对层面准确衡量可比公司，这些计算都是必不可少的（请见“第四步”）。
- 第四步：进行可比公司的基准比较。下一个分析层面要求深入审视可比公司，以便确定目标的相对排名和最接近可比公司。为了完成这部分工作，投行分析师通常都会把计算出来的可比公司的财务数据和比率数

㊀ 制表计算是指在类似 Excel 的电子表格程序中进行的计算。

㊁ 美国证券与交易委员会（Securities and Exchange Commission，SEC）是美国《1934 年证券交易法案》（*Securities Exchange Act of* 1934）创建的联邦机构，监管美国的证券业。SEC 申报备案文件可以从 www.sec.gov 在线获得。

㊂ 公司过去四个季度的财务业绩表现汇总，也常称为“最近 12 个月”（trailing twelve months，TTM）。

（也就是第三步中的计算结果）与目标公司的相应数据平行放在电子表格中以方便比较（见表1-36和表1-37）。这项工作叫作基准比较。

基准比较的目的是要确定可比公司彼此之间，以及可比公司与目标公司之间的相对实力强弱。可比公司与目标之间在规模、增长率、利润率和杠杆率等方面的相似性和差异性都要仔细审视。这一分析提供了一个基础，便于设定目标的相对排名，确定最适合框定其估值的可比公司。同时，为了基准比较的目的，交易乘数也同样以电子表格格式呈现（见表1-2和表1-38）。这时候，有可能十分明显的是，某些数据异常的公司需要被剔除出去，或者可比公司应该进一步分出层次（比如按照规模、行业板块或与目标相似的程度由上到下排列）。

- 第五步：确定估值。可比公司的交易乘数起到推算目标估值范围的基础作用。投资银行分析师通常首先用相关交易乘数（比如EV/EBITDA）的平均数或中位数作为推演初步估值范围的基础。可比公司系列的最高乘数和最低乘数在预计目标的潜在封顶、封底价值区间方面提供了进一步的指引。然而，获得最紧凑、最合适范围乘数的关键是要以最接近可比公司的乘数为指导。最后，只有几个经过精心挑选的可比公司可以用作估值的最终基础，而范围更大的可比公司系列则起到额外参考点的作用。由于这一过程涉及的“艺术性”与“科学性”旗鼓相当，因而在最终决定最接近可比公司时，资历较浅的分析师通常要向资深分析师进行咨询。最后，选定的可比乘数范围应用于目标公司相应的财务数据，便可得出隐含估值区间。

第一步：选择可比公司系列

选择目标的可比公司系列是进行可比公司分析的基础。要想识别业务和财务特征相似的公司，首先有必要对目标及其行业有非常深入的理解。从根本上说，确定可比公司的方法凭借的是直觉。处在同一个行业领域（如果是同一个“子领域”则更好）、规模又相近的公司往往是很好的可比公司。虽然这一工作对于有些行业板块的公司来说有可能相当简单，但对于那些找同行不那么一目了然的公司来说，有可能颇具挑战性。

表 1-2　可比公司分析——交易乘数汇总页

ValueCo公司
可比公司分析
（单位：100万美元，每股数据除外）

公司名称	代码	当前股价	52周高点%	股权价值	企业价值	企业价值/LTM销售收入	企业价值/2019E销售收入	企业价值/2020E销售收入	企业价值/LTM EBITDA	企业价值/2019E EBITDA	企业价值/2020E EBITDA	企业价值/LTM EBIT	企业价值/2019E EBIT	企业价值/2020E EBIT	LTM EBITDA利润率	总债务/EBITDA	股价/LTM EPS	股价/2019E EPS	股价/2020E EPS	长期EPS增长率
分层1：特殊化工																				
BuyerCo公司	BUY	$70.00	91%	$9 800	$11 600	1.8x	1.7x	1.6x	8.0x	7.8x	7.3x	9.1x	8.8x	8.2x	22%	1.5.x	11.5x	11.1x	10.3x	7%
舍曼公司	SHR	40.00	76%	5 600	8 101	1.4x	1.4x	1.3x	7.7x	7.7x	7.2x	10.8x	10.7x	10.1x	18%	3.0.x	11.0x	10.6x	9.7x	9%
珍珠公司	PRL	68.50	95%	5 172	5 856	1.4x	1.4x	1.3x	7.0x	7.0x	6.5x	9.4x	9.4x	8.7x	20%	1.8.x	13.1x	12.2x	11.1x	11%
盖斯帕公司	JDG	50.00	80%	5 000	6 750	1.4x	1.4x	1.3x	7.5x	7.1x	6.6x	9.3x	8.8x	8.2x	19%	2.1.x	10.7x	9.8x	9.1x	12%
卡姆热公司	KUM	52.50	88%	4 852	5 345	1.7x	1.7x	1.5x	8.0x	7.9x	7.4x	10.6x	10.4x	9.7x	21%	1.3.x	15.8x	13.6x	11.8x	10%
平均值						**1.5x**	**1.5x**	**1.4x**	**7.7x**	**7.5x**	**7.0x**	**9.8x**	**9.6x**	**9.0x**	**20%**	**1.9x**	**12.4x**	**11.5x**	**10.4x**	**10%**
中位值						**1.4x**	**1.4x**	**1.3x**	**7.7x**	**7.7x**	**7.2x**	**9.4x**	**9.4x**	**8.7x**	**20%**	**1.8x**	**11.5x**	**11.1x**	**10.3x**	**10%**
分层2：日用化工/多元化工																				
法伦集团	FLN	$31.00	87%	$7 480	$11 254	1.0x	1.0x	0.9x	6.9x	7.0x	6.7x	10.8x	11.0x	10.5x	14%	2.5.x	13.3x	12.4x	10.8x	5%
顾德森公司	GDS	64.00	83%	4 160	5 660	1.2x	1.2x	1.1x	7.4x	7.5x	7.2x	10.8x	11.0x	10.4x	16%	2.9.x	16.1x	15.4x	13.5x	9%
普瑞尔工业	PRI	79.00	88%	3 926	4 166	1.1x	1.2x	1.1x	7.3x	7.4x	7.1x	9.9x	10.1x	9.6x	15%	1.1.x	14.3x	13.9x	12.7x	10%
兰茨环球	LNZ	32.25	95%	3 230	3 823	1.0x	1.0x	1.0x	6.6x	6.7x	6.4x	8.9x	9.0x	8.6x	16%	1.3.x	11.5x	10.7x	9.7x	8%
麦克米伦公司	MCM	33.50	80%	3 193	3 193	1.0x	0.9x	0.8x	9.0x	8.4x	7.5x	14.2x	13.1x	11.8x	11%	1.2.x	22.2x	19.3x	16.8x	12%
平均值						**1.1x**	**1.1x**	**1.0x**	**7.4x**	**7.4x**	**7.0x**	**10.9x**	**10.8x**	**10.2x**	**14%**	**1.8x**	**15.5x**	**14.3x**	**12.7x**	**9%**
中位值						**1.0x**	**1.0x**	**1.0x**	**7.3x**	**7.4x**	**7.1x**	**10.8x**	**11.0x**	**10.4x**	**15%**	**1.3x**	**14.3x**	**13.9x**	**12.7x**	**9%**
分层3：小型化工																				
蒙佩尔公司	MOMP	$28.00	95%	$2 240	$2 921	1.4x	1.4x	1.2x	7.7x	7.4x	6.7x	9.9x	9.5x	8.6x	18%	2.6.x	14.2x	14.4x	13.4x	5%
艾德全球	ADL	10.50	80%	1 217	1 463	0.9x	1.0x	0.9x	6.0x	6.1x	5.8x	8.0x	8.1x	7.7x	16%	1.6.x	11.3x	12.2x	11.3x	7%
沙克特父子	STM	4.50	89%	1 125	1 674	1.0x	0.9x	0.8x	7.0x	6.5x	5.7x	9.8x	9.1x	7.9x	14%	2.5.x	12.2x	11.3x	10.0x	11%
歌新控股	MGP	50.00	67%	1 035	1 298	0.8x	0.8x	0.7x	7.3x	6.8x	6.1x	11.5x	10.7x	9.7x	11%	1.8.x	16.5x	15.6x	14.2x	8%
克里斯潘全球	MCR	27.00	80%	872	1 222	0.8x	0.8x	0.7x	6.4x	6.0x	5.4x	9.2x	8.6x	7.7x	13%	2.1.x	11.8x	11.6x	10.5x	6%
平均值						**1.0x**	**1.0x**	**0.9x**	**6.9x**	**6.6x**	**5.9x**	**9.7x**	**9.2x**	**8.3x**	**14%**	**2.1x**	**13.2x**	**13.0x**	**11.9x**	**7%**
中位值						**0.9x**	**0.9x**	**0.8x**	**7.0x**	**6.5x**	**5.8x**	**9.8x**	**9.1x**	**7.9x**	**14%**	**2.1x**	**12.2x**	**12.2x**	**11.3x**	**7%**
合计																				
平均值						**1.2x**	**1.2x**	**1.1x**	**7.3x**	**7.2x**	**6.6x**	**10.1x**	**9.9x**	**9.2x**	**16%**	**2.0x**	**13.7x**	**12.9x**	**11.7x**	**9%**
中位值						**1.1x**	**1.2x**	**1.1x**	**7.3x**	**7.1x**	**6.7x**	**9.9x**	**9.5x**	**8.7x**	**16%**	**1.8x**	**13.1x**	**12.2x**	**11.1x**	**9%**
高点						**1.8x**	**1.7x**	**1.6x**	**9.0x**	**8.4x**	**7.5x**	**14.2x**	**13.1x**	**11.8x**	**22%**	**3.0x**	**22.2x**	**19.3x**	**16.8x**	**12%**
低点						**0.8x**	**0.8x**	**0.7x**	**6.0x**	**6.0x**	**5.4x**	**8.0x**	**8.1x**	**7.7x**	**11%**	**1.1x**	**10.7x**	**9.8x**	**9.1x**	**5%**

数据来源：公司申报备案文件、彭博社、市场普遍预期

备注：最近12个月数据以2019年9月30日为基准。预计年度财务数据依据日历年。

如果目标没有显而易见的可比上市公司，投行分析师就会在目标的核心行业领域之外寻找在某个基本层面上业务和财务特征相似的公司。比如，中等规模的住宅窗户制造商，从产品角度来说真正直接的可比上市公司——也就是生产窗户的同行公司——有可能十分有限或者压根儿没有。然而，如果将这个系列范围扩大，把生产建筑产品、服务于房屋建筑商或者住宅相关体系的公司包含在内，找到业务驱动因素相似的公司的可能性就会增大。在这个例子中，潜在可比公司的名单可以扩展至包含相关建筑产品的制造商，比如地板、屋顶材料、墙板、门和橱柜的制造商。

研究目标

了解目标深层“故事”应该是个周全详尽的过程，因为对于选定合适可比公司的相关决策来说，这一信息是关键。为此，投资银行分析师应当尽可能大量地阅读、研究具体公司和行业的资料。挑选可比公司的实际工作只有在这一调研完成之后才能开始。

如果目标是公开注册公司㊀（public registrant），年度（10-K）和季度（10-Q）SEC申报备案文件、市场普遍预期、股票与固定收益债券研究报告、新闻公告、业绩说明（盈利）、电话会议记录、投资者简报㊁以及公司网站，都会提供关键性业务和财务信息。私人公司的挑战更大，因为投资银行分析师不得不依赖公司网站、行业调研报告、新闻报道和行业期刊等渠道来获得其基本资料。但如果私人公司的竞争对手有公开注册的公司，那么其竞争对手的SEC申报备案文件、研究报告和投资者简报也有可能是获取私人公司信息不错的来源。然而，在有组织的私人公司并购出售过程㊂中，投资银行分析师会收到有关目标的详细业务和财务信息（见本书第六章）。

为比较目的找出目标公司的关键性特征

表1-3显示的是研究目标公司、挑选可比公司的一个简单框架。这个框架虽说并非极尽周全，但却是通过概述、比较关键性业务和财务特征，专为确定

㊀ 公开上市或公开交易公司是指在某个公开证券交易所上市并可以在该交易所交易其股票的公司。但是，公开注册公司（public registrant）有可能包括发行公开债券的私有公司，因而也适用SEC的披露规定。

㊁ 在投资大会上的演示文件或定期业绩报告，一般都会在该公司的网站上公布。投资者简报也可能因为重大并购事件或作为“条例FD”（regulation FD）的一部分而要求发布。这些报告通常都在该公司网站上“投资者关系”栏目里进行公告，并通过8-K申报备案（当前报告）。

㊂ 目标出售给潜在买家的过程，通常由某投资银行团队来运作。请见本书第六章。

与其他公司之间的共性而设计的。

表 1-3　业务和财务概况框架

业务概况	财务概况
■ 所属行业领域	■ 规模
■ 产品与服务	■ 营利能力
■ 客户与终端市场	■ 增长概况
■ 销售渠道	■ 投资回报率
■ 地理位置	■ 信用概况

业务概况

核心业务特征相同的公司往往可以作为很好的可比公司。这些核心业务特征包括所属行业领域、产品与服务、客户与终端市场、销售渠道和地理位置。

所属行业领域

所属行业领域是指公司所属的行业或市场（如消费品、金融、保健、工业产品和科技）。公司的所属行业领域可以进一步细分为多个子领域，从而便于识别目标的最接近可比公司。比如，在工业产品领域，子领域就多得不胜枚举，如航空航天与国防、汽车、建筑产品、化工以及纸张与包装等。甚至这些子领域还可以继续细分，比如化工可以细分为特殊化工和日用化工。对于业务分类十分清晰的公司来说，可比公司按照子领域进行分类，有可能是估值的关键。

一方面，一个公司的所属行业领域能够传达有关其关键驱动因素、风险和机会的大量信息。例如，像油气这样的周期性领域，其收益波动性截然不同于消费必需品。另一方面，周期性或高度细分的领域表现出的增长机会有可能是比较稳定或综合性比较强的领域所望尘莫及的。对目标所在行业领域和子领域的正确识别和分类，是找出可比公司的关键一步。

产品与服务

一个公司的产品和服务是其商业模式的核心。因此，生产类似产品或提供类似服务的公司一般可以作为很好的可比公司。产品是一个公司创造、生产或提炼的商品或增值货物。常见产品的例子有计算机、木材、石油、处方药和钢铁等。服务是一个实体为了另一个实体的利益而做出的行为或发挥的职能。常见服务的例子有银行服务、建筑安装、酒店住宿、物流和交通运输等。许多公司向它们的顾客既提供产品又提供服务，而有些公司则只提供其中之一。同理，有些公司提供多样化的产品或服务系列，而有些公司则比较专一。

对于给定的领域或子领域，可比公司根据它们的产品或服务可能会继续分组。比如，在化工领域，特殊化工品生产商相比日用化工品生产商的股票交易价格持续保持溢价水平。所以，相对更广泛的化工类可比公司，如果目标公司从事的是特殊化工品的生产和销售，那么生产和销售特殊化工品的公司通常会归在最接近的可比公司范围内。

客户与终端市场

客户。一个公司的客户是指其产品和服务的购买者。客户群体相似的公司往往共有类似的机会和风险。例如，为汽车制造商供货的公司都遵循某些制造和销售规定，受制于汽车购买周期和趋势。

一个公司的客户数量和多样性都十分重要。有些公司服务于很广泛的客户群，而有些公司则可能定位于市场的一个专业或细分领域。虽然从风险管理的角度说，客户集中度较低一般是好事，但同样可喜的是，如果拥有一个稳定的核心客户群，那么在未来销售收入方面的表现则会十分明确和令人愉悦。

终端市场。一个公司的终端市场是指它在其中销售自己产品和服务的广泛的末端市场，也就是销售的最后一个出口。例如，塑料制造商可能会面向数个终端市场销售产品，包括汽车、建筑、消费品、医疗设施和包装等。终端市场必须与客户区分开来。例如，一个公司的销售目标有可能是住宅终端市场，但其产品却是销售给零售商或供应商，而不是直接面向住宅建筑商。

一个公司的绩效一般都与影响其终端市场的经济因素和其他因素挂钩。产品卖给住宅终端市场的公司受制于影响整体住宅周期的宏观经济因素，如利率和失业率水平。因此，产品和服务卖给相同终端市场的公司一般都有相似的绩效展望，而这一点对于确定合适的可比公司是十分重要的。

销售渠道

销售渠道是公司将其产品和服务卖给终端用户的途径。因此，销售渠道是经营策略、绩效和最终价值的一个关键性驱动因素。例如，主要面向批发商的公司，其组织架构和成本结构常常迥然不同于直接面向零售商或终端用户的公司。面向超市或零售商要求有配套的实体基础设施、销售队伍和物流，而这些在面向专业或批发渠道时可能并不需要。

有些公司同时在几个不同层次的渠道进行销售，比如批发、零售和直销给客户。例如，地板制造商有可能通过其选择的批发经销商和零售商销售自己的产品，也有可能直接卖给住宅建筑商和终端用户。

地理位置

总部设在（并且销售面向）世界不同地区的公司，在基本业务驱动因素和特征方面常常与其他公司截然不同，包括增长率、宏观经济环境、竞争态势、市场路径、组织架构和成本结构，以及潜在机会和风险。这种差异——其成因包括当地人口统计数据、经济驱动因素、监管制度、消费者购买模式和偏好，以及文化习俗——有可能因国家或地区的不同而大相径庭，特别是在不同大陆板块[㊀]的情况下。所以，全球不同地区或辖区的相似公司常常会表现出估值的差异性[㊁]。因此，在确定可比公司的时候，投资银行分析师往往把来自（或重点在）美国的公司与来自欧洲或亚洲的公司归于不同的分类里，即便这些公司的基本商业模式都相同。

例如，为一家美国零售商寻找可比公司的投资银行分析师会把重点放在美国的公司，而美国之外的相关公司只是提供外围参考。这种地理位置分类方式略微不适合真正的全球化行业，如石油和铝，其所在地的意义逊色于全球商品价格和市场形势。然而，即便在这种情形下，不同地理位置出现的估值差异常常也十分显著。

财务概况

关键性财务特征也必须审视。它既是理解目标公司的一个途径，也是识别最佳可比公司的一个方法。

规模

规模的衡量一般都是依据市值（如股权价值和企业价值）及关键性财务数据（如销售收入、毛利润、EBITDA、EBIT 和净利润）。在某个给定行业领域里，规模类似的公司与规模差异巨大的公司相比，更有可能表现为相似的乘数。这一点反映的事实是，规模类似的公司在其他方面也很有可能非常类似（如规

㊀ 例如亚欧板块、非洲板块、美洲板块、印度洋板块等。——译者注

㊁ 其他因素如当地资本市场条件，包括交易量、流动性、透明度、股东基础、投资者观念及政治风险等，也是造成这种差异的部分原因。

模经济、购买力、定价影响力、客户、增长前景及其股票在股市上的交易流动性）。

因此，规模的不同常常会导致估值的差异。因而，可比公司常常按照规模类别来分层。例如，股权价值（或企业价值、销售收入）低于50亿美元的公司有可能分在一个类别中，而大于50亿美元的公司则分在另一个类别。当然，这种分层方式是假定有足够数量的可比公司，从而有理由将该系列公司进一步进行类别分组。

营利能力

一个公司的营利能力衡量的是它把销售收入转化为利润的能力。营利能力比率（利润率）将一个利润衡量指标用作分子，比如毛利润率、EBITDA、EBIT或净利润率，把销售收入用作分母㊀。一般来讲，对于同一个行业领域的公司来说，在所有其他条件都相同的情况下，利润率越高，估值越高。因此，确定一个公司相对于其同行而言的营利能力是基准分析的一个核心内容（见“第四步”）。

增长状况

一个公司的增长状况由其历史财务绩效和预期财务绩效来确定，是估值的一个重要驱动因素。相比增长率低的同行公司，股票投资者更愿意为高增长率公司支付较高的交易乘数。他们同时还要分辨这种增长是内生的，还是受收购所驱动的，投资者通常更为看重内生性增长。在评测一个公司增长状况的时候，各种财务数据（如销售收入、EBITDA和每股收益）的历史增长率和预计未来增长率都要按照选定的时间周期进行审视。对于成熟的上市公司来说，每股收益的增长率一般更有意义。然而，如果是利润甚微或者没有利润的早期阶段公司或新兴公司，销售收入或EBITDA的增长趋势可能更具相关性。

投资回报率

投资回报率（return on investment, ROI）衡量的是一个公司向其资本供应者提供回报（或收益）的能力。投资回报率以衡量营利能力的指标（如EBIT、NOPAT㊁或净利润）作为分子、以衡量资本的指标（如投资资本、股东权益或总资产）作为分母。最常用的投资回报率衡量指标是投入资本回报率（return on

㊀ 根据行业领域的不同，营利能力也可以用单位计量来计算（如每吨或每磅）。

㊁ 税后净营业利润（net operating profit after taxes），也叫扣除税收影响的EBIT（tax-effected EBIT）或息前税后利润（earnings before interest after taxes，EBIAT）。

invested capital, ROIC）、净资产收益率[一]（return on equity, ROE）和总资产收益率（return on assets, ROA）。另一个收益衡量指标是股息收益率，衡量的是公司股东收到的每股红利。

信用概况

一个公司的信用概况是指它作为借款方的信用可靠性。其衡量指标通常与公司的总体债务水平（杠杆率）以及它支付利息的能力（保障比率或称覆盖比率）有关，反映的是具体到公司和行业领域的收益和风险。提供公司信用概况正式评级的三大独立信用评级机构是穆迪投资者服务公司（简称为"穆迪"）（Moody's Investor Service, Moody's）、标准普尔（简称为"标普"）（Standard & Poor's, S&P）和惠誉评级（简称为"惠誉"）（Fitch Ratings, Fitch）。

筛选可比公司

在调查、理解了目标公司的基本业务和财务特征之后，投资银行分析师就会使用各种资源来筛选潜在可比公司。在最初阶段，重点是要找出具有相似业务形态的公司。虽然基本财务信息（如销售收入、企业价值或股权价值）应该及早进行评测，但更加详细的财务基准比较是在第四步时进行的。

投资银行一般都按行业板块建立可比公司名单，包含相关乘数和其他财务数据，每个季度会定期更新并根据具体公司的事件进行更新。然而，更常见的情况是投资银行分析师筛选可比公司的工作需要从零起步。在这种情况下，最佳着手点通常是审视目标竞争对手中的上市公司。一般来说，竞争对手都有相同的关键性业务和财务特征，容易受到类似机会和风险的影响。上市公司通常在它们的10-K文件、年度委托声明书（DEF14A）[二]或投资者简报中提及其主要竞争对手。此外，股票研究报告——特别是那些所谓的首次覆盖股票研究报告（initiating coverage）[三]常常会明确列出分析师对目标可比公司或主要竞争对手的观点。如果目标公司是非上市公司，竞争对手（上市公司）备案披露的10-K文件、委托声明书、投资者简报、调研报告以及更加宽泛的行业报告常常都是有用的数据来源。

[一] 净资产收益率，又称为股权收益率、股本收益率或股东回报率。——译者注

[二] 公司的年度委托声明书一般都提供一个建议的可比公司同行名单，用于基准比较。

[三] 首次覆盖股票研究报告是指开始研究某个具体公司的股票研究分析师发表的第一份报告。该报告常常提供综合业务描述、行业板块分析和评论。

寻找可比公司的另一个途径是业内近期并购交易的委托声明书[一]（即“兼并委托书”，merger proxy），因为它包含公平意见（fairness opinion）的摘要内容。顾名思义，公平意见是从财务角度衡量收购方提供的购买价格和交易条件的“公平性”（见本书第六章）。公平意见的依据是关于目标公司估值及各种估值方法的详尽综述，这些方法一般都包含可比公司分析、先例交易分析（precedent transactions analysis）、现金流折现分析（DCF analysis）及杠杆收购分析[二]（LBO analysis）。公平意见的可比公司分析摘要通常都提供用于评估并购目标的可比公司名单和用于估值分析的选定的乘数范围。

投资银行分析师还可能使用标准工业分类（standard industrial classification, SIC）、北美工业分类系统（north American industry classification system, NAICS）或其他分类编码[三]在目标所在行业领域中筛选可比公司。一般来说，使用这种筛选方法，要么是为了建立一个宽泛的可比公司系列，要么是为了确保不会忽略任何潜在的公司。信用评级机构（如穆迪、标普和惠誉）发表的行业领域报告也可能提供有用的同行可比公司名单。

除了上述来源外，资深投资银行分析师也许是确定可比公司系列最有价值的渠道。鉴于他们的行业领域知识和对目标公司的熟知，一次简短的交谈往往就足以让他们为资历尚浅的投资银行分析师提供一个强有力的起点。在这一过程即将结束的时候，也就是资历尚浅的投资银行分析师已经完成了起草、完善可比公司有效名单的苦力活之后，资深投资银行分析师常常会在名单增减调整方面提供最后的修正意见。

在此阶段，可能已经有了足够的信息来剔除初选范围中的某些公司，或者根据规模、业务重点或地理位置等来给选定的可比公司分出层次。

第二步：找出必要的财务信息

这一步将提供找出必要财务信息的相关渠道综述，以便计算所选定可比公

[一] 最初在SEC表格PREM14A（初步股东委托声明书），然后在DEFM14A（并购类股东委托确认声明）中备案的股东投票征集。

[二] 并非所有公司都是杠杆收购（LBO）对象。请见本书第四章。

[三] 标准工业分类（SIC）是美国政府设定的一个系统，用数字编码对一个公司的主要经营业务进行分类。有些投资银行分析师喜欢用更新的北美工业分类系统（NAICS），而不是SIC编码。不过，SEC还是使用SIC编码。

司的关键性财务数据、比率数和乘数（请见“第三步”）。上市公司财务资料的最常见出处是 SEC 申报备案文件（如 10-K、10-Q 和 8-K），以及盈利公告、投资者简报、股票研究报告、市场普遍预期、新闻公告。表 1-4 提供了一个在哪里能够找到关键性财务数据的汇总清单。

表 1-4　财务数据主要来源汇总

信息内容	来　源
利润表数据	
销售收入 毛利润 EBITDA[①] EBIT 净利润 / 每股收益	最新 10-K、10-Q、8-K、新闻公告
研究预测	彭博社预期，路孚特的 IBES，标准普尔的 Capital IQ，Thomson First Call 及股票研究报告
资产负债表数据	
现金余额 负债余额 股东权益	最新 10-K、10-Q、8-K，新闻公告
现金流量表数据	
折旧与摊销 资本性支出	最新 10-K、10-Q、8-K，新闻公告
股票数据	
基本普通股数	10-K、10-Q 或委托声明书，以最新数据为准
股票期权和认股权证	10-K、10-Q，以最新数据为准
市场数据	
股票价格数据	财经信息服务商
信用评级	评级机构的网站

① 作为一种非 GAAP（通用会计准则，generally accepted accounting principles）财务指标，EBITDA 并不出现在上市公司申报备案的利润表中。然而，它可以作为补充数据在上市公司的申报备案文件中披露。

在可比公司分析中，估值的驱动基础是历史绩效（如 LTM 财务数据）和预期未来绩效（如未来几年的市场普遍预期）这两个方面。然而，根据所在行业领域和周期位置的不同，财务预测数据往往更有意义。未来年度财务绩效预测一般都来自于市场普遍预期[一] 以及各个券商（或股票分析师）的股票研究报告。相比之下，对于并购或债务融资等交易，更多的重点是在 LTM 财务绩效上。LTM 财务信息是以上市公司申报备案文件中的数据为基础来计算的（请见图 1-13 和表 1-12）。

SEC申报备案文件：10-K、10-Q、8-K和委托声明书

一般来讲，投资银行分析师都用 SEC 申报备案文件来寻找可比公司的历史财务资料。该财务资料用来确定历史销售收入、毛利润、EBITDA、EBIT、净利润和每股收益，包括年度和 LTM 两方面的数据。SEC 申报备案文件也是其他关键性财务内容的主要来源，如资产负债表数据、资本性支出（capital expenditures, 简称“capex”）、基本普通股数、股票期权 / 认股权证数据以及非经常性项目的资料。SEC 申报备案文件可以通过众多媒介获取，包括该公司的网站（一般都通过“投资者关系”栏目链接）以及电子数据收集、分析、检索系统（electronic data gathering, analysis and retrieval, EDGAR）[二] 和其他金融信息服务机构。

10-K（年度报告）。10-K 是公开注册公司在 SEC 申报备案的年度报告，提供公司及其上年绩效的全面综述[三]。它要求包含披露内容的详尽清单，包括但不仅限于一份详细的业务综述、管理层讨论与分析[四]（management, discussion & analysis, MD&A）、经过审计的财务报表[五] 和补充资料、未偿付的债务细节、基本普通股数和股票期权 / 认股权证数据。它还包含与公司及其行业领域相关的大量其他信息，如业务层面细节、客户、终端市场、竞争、针对重大机会（和挑战与风险）的认识、最近重大事件和收购信息。

10-Q（季度报告）。10-Q 是公开注册公司在 SEC 申报备案的季度报告，提供最近一个季度和本年迄今（year to date, YTD）期间的综述[六]。10-Q 的申报截

[一] 例如彭博预期（bloomberg estimates）、路孚特的 IBES（机构经纪人预测系统，institutional brokers estimate system）、标准普尔的 capital IQ，而 Thomson First Call 则提供了分析师对数千家上市公司的一致预期。

[二] EDGAR 系统是自动收集、验证、检索、接受和转发由各公司和要求在 SEC 申报备案文件的其他公司所提交材料的系统。

[三] 10-K 申报截止日期根据公司流通股的规模不同，通常在其财务年度结束后 60 ~ 90 天。

[四] 公司申报备案的 10-K 和 10-Q 文件的一部分，提供上一个报表阶段财务绩效的描述和分析。它还包含已知或未知事件、形势和趋势对未来可能影响的前瞻性信息。

[五] 10-K 文件中的财务报表要经过注册会计师（certified public accountant，CPA）审计和认证，以满足 SEC 的要求。

[六] 10-Q 文件申报截止日期根据公司流通股的规模不同，通常在其财务季度结束后 40 ~ 45 天。在第四个财务季度结束后，公司需要申报 10-K 文件来代替 10-Q。

止日期根据上市公司公众持股的规模不同，通常在其财务季度结束后 40 ~ 45 天。它虽不如 10-K 那么全面，但是会提供财务报表，以及公司最近一个季度和 YTD 期间与上一年同期财务绩效的比较以及相关的 MD&A㊀。10-Q 还提供最新股数信息，可能包含最新股票期权 / 认股权证数据。如要获取公司财务年度最后一个季度的详细财务信息，投资银行分析师会参考包含第四季度盈利新闻公告的 8-K 文件，它一般都会早于 10-K 文件申报。

8-K（当期报告）。8-K，即当期报告，是公开注册公司申报备案的报告，报告所发生的、对于股东或证券持有人㊁而言十分重要的重大公司事件或变化（即触发事件，triggering event）。从进行可比公司分析的角度说，关键性触发事件包括但不限于盈利公告、最终收购 / 出售协议的签署㊂、资产收购或处置的完成、资本市场交易，投资者日㊃以及 FD 条例㊄要求披露的事件。报告这些事件的 8-K 文件常常包含计算公司更新财务数据、比率数和交易乘数所必需的重要信息，而这些信息有可能并不反映在最近的 10-K 或 10-Q 文件中（请见本章后面的“最近事件调整”）。

委托声明书（proxy statement）㊅。委托声明书是上市公司在股东大会之前发送给股东的一份文件，包含与股东投票事宜有关的重大信息。它还会用表 14A（schedule 14A）在 SEC 申报备案。从制表计算可比公司的角度说，年度委托声明书有可能提供了比最新的 10-K 或 10-Q 文件中所含内容更新的基本普通股数据。如前所述，年度委托声明书为了基准比较的目的，一般还包含一个建议的同行业可比公司名单。

股票研究

股票研究报告。股票研究报告提供分析师个人对公司未来绩效预测的财务数据，可以用来计算前瞻性乘数。这种报告一般都包括对销售收入、EBITDA/

㊀ 公司 10-Q 文件中的财务报表要经过 CPA 的审阅，但不是审计。

㊁ 根据具体触发事件的不同，8-K 文件一般都在事件发生后 4 个工作日内申报。

㊂ 收购 / 出售双方之间的法律合同，包含并购交易的详细条款。详见本书第六章。

㊃ 上市公司会经常举办投资者日活动，直接向股东和潜在投资者宣讲公司的投资故事。投资者日对上市公司来说是非常重大的活动，通常会持续几个小时，包括产品演示及设施参观活动（如果在现场举办）。投资者日活动由上市公司高管来主持，部门领导及负责业务发展的高管通常也会参加。

㊄ FD 条例（公平披露信息法规，fair disclosure）规定，当上市公司向某些人披露 SEC 定义内的重大非公开信息时，必须公开披露该信息，一般都是通过 8-K 文件申报备案。

㊅ proxy statement，也可译为股东委托书、股东代理委托书，本书统一译为委托声明书。——译者注

EBIT的预测，以及对未来几个季度的EPS和未来2～3年每年的EPS预测。如果是更为全面的报告，则还提供通过分析师的财务模型得出的额外的预计财务信息，包括利润表、资产负债表和现金流量表中的关键性内容。这种报告还可能提供分部门/业务的财务预测数据，比如集团下不同业务部门或产品部门的销售收入和EBIT。

股票研究报告常常会提供有关非经常性项目以及最近并购交易和资本市场交易的评论，有助于对预估数据进行调整和财务数据常规化。报告还可能提供有益的行业板块信息和市场信息，并清晰地列出分析师对相关可比公司的观点。首次股票研究覆盖报告往往比正常的中期报告更加全面。因而，从这种报告中挖掘出财务、市场和竞争方面的观点，是十分有益的。

股票研究报告可以通过各种订阅式财务资讯服务来获取。如果你当前在投资银行工作，那么你应该可以通过接入公司内部系统来获得股票研究报告。如果你仅仅是本书的读者，也可以尝试联系个人的开户经纪券商，因为大多数经纪券商都为客户提供内部或加盟机构的股票研究报告。

市场普遍预期。投资银行分析师通常将最新财务数据的市场普通预期作为计算可比公司前瞻性交易乘数的基础。一致预期信息的主要来源是彭博预期、路孚特的IBES、标准普尔的Capital IQ、Thomson First Call及其他财务资讯服务商。投资银行通常会选择其中一家作为信息来源渠道，这样可以在分析过程中保持数据的一致性[⊖]。

新闻公告和新闻报道

一个公司在有重要事宜向公众报告的时候，会发布新闻公告。标准的新闻公告包括盈利公告、派息通告和管理层变化，以及并购交易和资本市场交易事项。通过8-K申报备案的盈利公告一般都在10-K或10-Q申报备案之前发布。因此，投资银行分析师会依靠盈利公告中的财务数据来及时更新可比公司分析。公司还可能在发布其季度盈利电话会议记录时发表投资者简报，这些材料有助于找出关键性财务信息，获取额外资讯和评述。假如盈利公告没有提供某些财

⊖ 一旦选定了某个市场普遍预期信息来源渠道，很重要的一点是要从具体预估数字中筛选出过时数据和极端数字。例如，如果某个公司最近完成了转折性的收购交易，有些分析师可能会相应地修订自己的预估，而有些分析师可能没有更新。彭博社和其他渠道都允许投资银行分析师审阅每一个分析师的预估数字（以及数据公布的日期），这样就能找出并适当地剔除不一致的预估数字。

务信息，投资银行分析师就必须等到 10–K 或 10–Q 文件申报备案后才能获取完整信息。公司的新闻公告和最近新闻文章可以在其网站上找到。

财务资讯服务

正如本节多处所述，财务资讯服务是获取 SEC 申报备案文件、股票研究报告、市场普遍预期、新闻公告以及其他信息的一个关键性渠道，也是公司当前和历史股票价格信息的主要来源，是计算股权价值、确定公司当前股价为其 52 周高点百分比的基础。公司信用评级也可以从各个财务资讯服务机构获取信息。然而，如果现实可行的话，我们建议直接从穆迪、标普和惠誉的官方网站获取信用评级信息，并注明信息的原始出处㊀。

财务数据主要来源汇总

表 1-4 提供的是财务数据主要来源汇总，用来获取必要的财务信息，以开展可比公司分析。

第三步：制表计算关键性数据、比率数和交易乘数

一旦找到了每个可比公司的必要财务信息，就可以将这些信息填入一个输入页面㊁（见表 1-5）。这个输入页面样本的目的是帮助投资银行分析师计算可比公司的关键性财务数据、比率数和乘数㊂。输入页面的数据继而又链接到输出页面，用来进行可比公司的基准比较（见表 1-36 ～表 1-38）。

在后面的几节内容中，要论述在样本输入页面中显示的财务数据以及背后的计算方式。还将描述 LTM 财务数据的计算、公司财务数据的日历化以及非经常性项目和最近事件调整的方式方法。

关键性财务数据和比率的计算

我们将根据第一步中所述的财务概况框架，简要介绍关键性财务数据、比

㊀ 进入这些信用评级公司网站获得信息通常需要订阅服务。

㊁ 为了建模 / 数据输入的目的，手动输入内容通常都用蓝色字体和黄色背景，而含有公式的单元格（计算结果）通常都用黑色字体。关于财务模型的通用惯例，请参阅注册估值分析师协会的配套图书《投资银行：Excel 建模分析师手册》或“财务建模规范指南”，后者可在 CVA 协会官网或公众号 cvainstitute 后台回复“财务建模规范”下载。——译者注

㊂ 该模板可以根据具体的公司 / 行业板块情况予以适当调整（见表 1-16）。

表 1-5 可比公司输入页面示例

公司A (纳斯达克:AAA)
输入页面

（单位：100万美元，每股数据除外）

业务综述

[待填]

一般信息	
公司名称	公司A
代号	AAA
交易所	纳斯达克
财务年度截止日	12/31
穆迪评级	NA
标准普尔评级	NA
预期Beta	1.00
边际税率	25.0%

精选市场数据		
当前股价	2000/1/1	–
占52周股价高点%		NA
52周股价高点	2000/1/1	–
52周股价低点	2000/1/1	–
每股股利（最近季度）		–
全面稀释普通股数量		–
股权价值		–
加：有息债务		–
加：优先股		–
加：非控股股东权益		–
减：现金及现金等价物		–
企业价值		–

交易乘数	LTM 2019/9/30	NFY 2019E	NFY+1 2020E	NFY+2 2021E
EV /销售收入	NA	NA	NA	NA
数值	–	–	–	–
EV / EBITDA	NA	NA	NA	NA
数值	–	–	–	–
EV / EBIT	NA	NA	NA	NA
数值	–	–	–	–
P/E	NA	NA	NA	NA
数值	–	–	–	–
P / FCF	NA	NA	NA	NA
FCF收益率	*NA*	*NA*	*NA*	*NA*
数值	–	–	–	–

LTM投资回报率	
投入资本回报率	–
净资产收益率	–
总资产收益率	–
隐含年度每股股利	NA

LTM信用比率	
有息负债/投入资本	–
有息负债/EBITDA	–
净负债/EBITDA	–
EBITDA/利息费用	–
(EBITDA-资本性支出)/利息费用	–
EBIT/利息费用	–

增长率	销售收入	EBITDA	FCF	EPS
历史				
1年	–	–	–	–
2年复合增长率	–	–	–	–
预计				
1年	–	–	–	–
2年复合增长率	–	–	–	–
长期				NA

已披露利润表	财务年度截止日12月31日 2016A	2017A	2018A	上年同期 2018/9/30	本年迄今 2019/9/30	LTM 2019/9/30
销售收入	–	–	–	–	–	–
销货成本（含折旧和摊销）	–	–	–	–	–	–
毛利润	–	–	–	–	–	–
销售、管理及行政费用	–	–	–	–	–	–
其他费用/(收入)	–	–	–	–	–	–
息税前利润	–	–	–	–	–	–
利息费用	–	–	–	–	–	–
税前利润	–	–	–	–	–	–
所得税	–	–	–	–	–	–
非控股股东损益	–	–	–	–	–	–
优先股股利	–	–	–	–	–	–
净利润	–	–	–	–	–	–
有效税率	*NA*	*NA*	*NA*	*NA*	*NA*	*NA*
加权平均普通股数量	–	–	–	–	–	–
稀释每股收益	NA	NA	NA	NA	NA	NA

调整后利润表	2016A	2017A	2018A	2018/9/30	2019/9/30	LTM 2019/9/30
已披露毛利润	–	–	–	–	–	–
销货成本的非经常性支出	–	–	–	–	–	–
调整后毛利润	–	–	–	–	–	–
利润率	*NA*	*NA*	*NA*	*NA*	*NA*	*NA*
已披露息税前利润	–	–	–	–	–	–
销货成本的非经常性支出	–	–	–	–	–	–
其他非经常性支出	–	–	–	–	–	–
调整后的息税前利润	–	–	–	–	–	–
利润率	*NA*	*NA*	*NA*	*NA*	*NA*	*NA*
折旧和摊销	–	–	–	–	–	–
调整后的EBITDA	–	–	–	–	–	–
利润率	*NA*	*NA*	*NA*	*NA*	*NA*	*NA*
已披露净利润	–	–	–	–	–	–
销货成本的非经常性支出	–	–	–	–	–	–
其他非经常性支出	–	–	–	–	–	–
非经营性非经常性支出	–	–	–	–	–	–
所得税调整	–	–	–	–	–	–
调整后的净利润	–	–	–	–	–	–
利润率%	*NA*	*NA*	*NA*	*NA*	*NA*	*NA*
调整后的稀释每股收益	–	–	–	–	–	–

现金流量表数据	2016A	2017A	2018A	2018/9/30	2019/9/30	LTM 2019/9/30
经营性现金流	–	–	–	–	–	–
资本性支出	–	–	–	–	–	–
占销售收入%	*NA*	*NA*	*NA*	*NA*	*NA*	*NA*
自由现金流	–	–	–	–	–	–
利润率%	*NA*	*NA*	*NA*	*NA*	*NA*	*NA*
FCF / 每股	–	–	–	–	–	–
折旧和摊销	–	–	–	–	–	–
占销售收入%	*NA*	*NA*	*NA*	*NA*	*NA*	*NA*

资产负债表数据	2018A	2019/9/30
现金及现金等价物	–	–
应收账款	–	–
存货	–	–
预付款及其他流动资产	–	–
流动资产合计	–	–
固定资产净值	–	–
商誉及无形资产	–	–
其他资产	–	–
资产合计	–	–
应付账款	–	–
应计负债	–	–
其他流动负债	–	–
流动负债合计	–	–
负债	–	–
其他长期负债	–	–
负债合计	–	–
非控股股东权益	–	–
优先股	–	–
股东权益	–	–
负债及所有者权益	–	–
平衡检验	*0.000*	*0.000*

全面稀释普通股计算	
基本普通股数量	–
加：实值期权普通股数量	–
减：回购普通股数量	–
期权新增普通股数量	–
加：可转债普通股数量	–
全面稀释普通股数量	–

期权/认股权证

批次	股份数量	行权价格	实值期权数量	收入
批次1	–	–	–	–
批次2	–	–	–	–
批次3	–	–	–	–
批次4	–	–	–	–
批次5	–	–	–	–
合计	–		–	–

可转债

	金额	转股价格	转股比例	新增股数
发行1	–	–	–	–
发行2	–	–	–	–
发行3	–	–	–	–
发行4	–	–	–	–
发行5	–	–	–	–
合计				–

备注

(1) [待填]
(2) [待填]
(3) [待填]
(4) [待填]
(5) [待填]

率和其他指标的计算方法。

- 规模（市值：股权价值和企业价值；关键性财务数据：销售收入、毛利润、EBITDA、EBIT 和净利润）
- 营利能力（毛利润率、EBITDA 利润率、EBIT 利润率和净利润率）
- 增长状况（历史增长率和预计增长率）
- 投资回报［投入资本回报率（ROIC）、净资产收益率（ROE）、总资产收益率（ROA）和股息收益率］
- 信用概况（杠杆率、债务对 EBITDA 之比、债务对资本总额比、偿付比率和信用评级）

规模：市值

股权价值。股权价值（市值）是公司已发行普通股加上实值股票期权㊀、认股权证㊁ 和可转换证券——统称“全面稀释已发行普通股”——所代表的数值。它的计算方法是用公司的当前股票价格㊂ 乘以公司的全面稀释已发行普通股数（见图 1-1）。

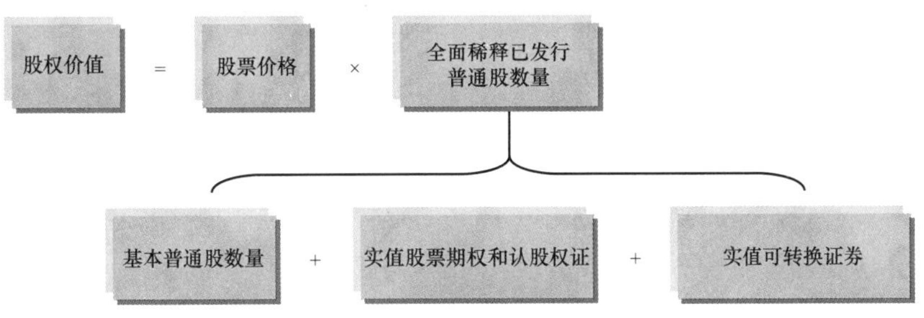

图 1-1　股权价值的计算方式

在与其他公司进行比较的时候，股权价值只是提供一个相对规模的指标。因此，为了深入了解绝对和相对市场表现——这对于理解乘数、框定估值范围

㊀ 股票期权是发给员工的一种非现金补偿。它赋予的是在某个给定时间段内以一个固定价格（“行权价”或“履约价”）购买（看涨）公司普通股股票的权利。员工股票期权受限于根据某个固定时刻表约定的可供行权股票数量的等待期（vesting periods）。等待期过后，期权就可以转换成普通股股票（可行使期权）。当标的公司的股票价格高于期权的行权价时，期权就被称作实值期权。

㊁ 认股权证一般是与一种债务工具一并发行的一种证券，赋予该工具的购买者在某个给定时间段内以一个固定价格购买发行公司普通股股票的权利。在这种情形下，认股权证的作用是通过提升该证券的总收益，诱导投资者投资于（通常是作为一种剥离式奖励性权益）风险程度较大的证券品种，比如非投资级债券和夹层融资债务。

㊂ 在进行可比公司分析时，投资银行分析师一般都用上一日的收盘价格作为公司的股票价格，以此作为股权价值和交易乘数的计算基础。

来说有重要的价值——投资银行分析师会把公司的当前股票价格除以其52周高点的百分比来看。这是一种普遍采用的指标，能提供透视估值的一个视角，判定具体公司及其更大范围的行业板块的当前市场心态和未来展望。如果某个公司的该比例数与其同行相比差之千里，通常表明存在涉及该公司（而不是涉及具体行业板块）的问题。例如，可能某个公司在最近的（几个）季度里未实现盈利预期或业绩表现不如同行，也可能存在涉及管理、经营或具体市场的更深层问题。

全面稀释已发行普通股的计算方法。一个公司的全面稀释普通股数的计算方法是其实值股票期权、认股权证和实值可转换证券所代表的股票数量加上其基本普通股数[㊀]。一个公司的最新基本普通股数量一般都源自其10-K或10-Q文件（以最新的为准）的首页。然而，在有些情况下，最新的委托声明书有可能比10-K或10-Q包含更新的数据，因而应予采用。最新的股票期权和认股权证信息可以从公司最新的10-K文件或在某些情况下从其最新的10-Q文件中获取。

一个公司的实值股票期权和认股权证所代表的额外股票数，是按照库存股票法（treasury stock method, TSM）来计算的。一个公司的实值可转换证券和股票关联证券（equity-linked securities）所隐含的这些股票，要视情况根据假设转换法（if-converted method）或净股结算法（net share settlement, NSS）进行计算。

股票期权和认股权证——库存股票法。TSM假定所有批次的实值股票期权都按照其加权平均行权价格行使了期权，由此产生的期权收入以公司的当前股票价格全部用于回购普通股。实值股票期权和认股权证的行权价格都低于标的公司股票的当前市场价格。由于行权价格低于当前市场价格，回购股票的数量少于因行使股票期权而产生的股票。这就造成了股票新增的净发行量，因此会稀释每股收益。

在表1-6中，我们举例说明如何用TSM来计算全面稀释普通股数量。

如表1-6所示，500万股股票期权为实值期权，因为18美元的行权价格低于当前的股票价格20美元。这代表期权持有者有权以18美元/股的价格购入股票，并以20美元/股的价格卖出股票，从而获得每股价差2美元。用TSM方法，

㊀ 在进行可比公司分析的时候，投资银行和金融专业人士关于是采用“已发行”还是包括“可行权”实值股票期权和认证股权来计算全面稀释普通股数，可能做法各不相同。出于保守考虑（即假设稀释每股收益最严重的情形），很多分析师都采用所有已发行而非仅仅是可行权实值股票期权和认股权证，因为所有已发行股票期权或认股权证都代表着对公司的未来诉求。

假定公司获得的每股 18 美元的潜在收入全部用来回购当前以每股 20 美元的价格进行交易的股票。因而，回购的股票数量为发行股票期权的 90%（18 美元 /20 美元），即一共回购 450 万股（90% × 500 万股）。为了计算净新增股票数量，回购的 450 万股需从发行的 500 万股股票期权中减去，结果为净新增 50 万股。这些新股加到公司已发行的普通股中，得出全面稀释普通股数量为 1.005 亿股。

表 1-6　用 TSM 计算全面稀释普通股数量的方法

（单位：100万美元，每股数据除外；股数单位:100万股）

假设		说明
当前股价	$20.00	
基本普通股数量	100.0	
实值期权	5.0	
加权平均行权价格	$18.00	
库存法计算全面稀释普通股数量		
行权收入	$90.0	= 实值期权数量×行权价格 = 500万×18美元
/当前股价	$20.00	
用行权收入回购股份	**4.5**	= 行权收入/当前股票价格 = 9000万美元/20美元
实值期权发行股份	5.0	当前股价20美元>行权价格18美元
减：行权收入回购股份	(4.5)	
期权行权净增股份数量	**0.5**	= 实值期权发行股份−回购股份数量 = 500万−450万
加：基本普通股数量	100.0	
全面稀释普通股数量	**100.5**	= 期权行权净增股份数量+基本普通股数量 = 50万+1亿

可转换证券和股票关联证券。已发行可转换证券和股票关联证券也必须纳入全面稀释普通股的计算公式中。可转换证券和股票关联证券填补了传统债务与股票之间的鸿沟，将两者的特征都凸现了出来。这类证券包含很多种金融工具，比如传统型现金支付可转换债券、可转换混合证券、永久可转换优先股和强制可转换证券[㊀]。

本节的重点是论述传统型现金支付可转换债券，因为它是最为“常规”的结构。现金支付可转换债券（“可转换债券”）代表的是一种直接负债工具和一种内嵌式股票看涨期权，允许可转换债券在某种情形下转换成发行公司固定数量的普通股股票。内嵌式股票看涨期权的价值可使发行公司支付低于相同信用的直接负债工具的息票。股票看涨期权的行权价格（“转换价格”）代表的是如果债券进行转换的话发行给债券持有人的股票价格，一般都会基于债券发行时的公司股票价格设定一个合适的溢价水平。

㊀ 虽然发行的可转换证券和股票关联证券的总量远远小于直接负债工具，但是它们在某些行业中却相对很常见。

根据可转换证券的特征有多种结算机制。最简单的“实物交易”方式就是以股票的形式全部进行转换，同时以现金支付不足转换的部分。另一种适用范围更广的结算方式（有时称为X工具）是发行人可以自由决定股票和现金的结算支付比例。最后一种方式即“净股结算”机制，要求发行人以现金支付证券的本金部分，可转换价值超过本金部分的金额以股票进行结算。

从进行可比公司分析的目的出发，为了计算全面稀释普通股的数量，标准的做法是，首先确定公司已发行的可转换证券是否为实值，也就是说，当前的股票价格是否高于转换价格。实值现金支付可转换证券视情况根据假设转换法或净股结算法转换为额外的股票。相比之下，虚值可转换证券仍然视为负债。要想妥善处理可转换证券，就必须细致研究公司10-K文件的相关注解或该证券的招股说明书。

假设转换法。根据假设转换法，在进行可比公司分析的时候，实值可转换证券转换成额外股票的方法是用可转换证券的可转换金额除以其转换价格[⊖]。转换之后，可转换证券就视为股票，包含在公司全面稀释已发行普通股和股权价值的计算之中。可转换证券所代表的股权价值是用转换后产生的新增股票数量乘以公司当前股票价格而计算得出的。相应地，可转换证券必须从公司负债总额的计算中剔除出来。

如表1-7所示，由于公司当前股票价格20美元大于转换价格15美元，确定1.5亿美元的可转换证券为实值。因此，可转换证券的发行金额直接除以转换价格，得出为1 000万股新股（1.5亿美元/15美元）。然后，转换后产生的新股票与公司的基本普通股1亿股和实值股票期权中50万股新增股票相加，得出全面稀释普通股数量为1.105亿股。

实值可转换证券进行股票转换后，需要向上调整公司的净利润，以在利润表中体现已剔除可转换证券息票相关的利息费用。它必须为调整的税后金额，然后才能加回到净利润中。因此，虽然由于发行额外的股票而稀释了每股收益，

⊖ 出于GAAP的报表目的（例如，涉及EPS和全面稀释普通股的报表内容），假设转换法要求发行公司通过双向测试来衡量可转换证券对稀释每股收益的影响程度。第一，发行公司必须假定该证券为其资产负债表里的负债而对其进行测试，其承担的利息费用要体现在净利润中，标的可转换的股票要从股票总数中剔除。第二，发行公司必须假定它在财务报告期初（或是证券发行的日期）已转换成股票而对其进行测试，其中涉及要将可转换证券的利息费用从净利润中剔除，将该证券转换后的股票包含在股票总数的计算中（如果证券是在报告期间内发行，则采用加权平均的方式计算股票数量）。在完成了这两项测试后，发行公司必须采用这两种方法中对每股收益稀释更为严重的方法。

但是净利润从绝对数值来看实际上是增加了。

表 1-7　用假设转换法计算全面稀释已发行普通股数量的方法

（单位：100万美元，每股数据除外；股数单位：100万股）

假设	
公司	
当前股价	$20.00
基本普通股数量	100.0
可转换证券	
可转换金额	$150.0
转换价格	$15.00

假设转换法		说明
可转换金额	$150.0	
/转换价格	$15.00	
新增股份数量	**10.0**	= 可转换金额/转换价格 = 1.5亿美元/15美元
加：期权净增股份数量	0.5	表1-6中计算得出
加：基本普通股数量	100.0	
全面稀释普通股数量	**110.5**	= 可转债新增股票数量 + 期权净增股票数量 + 基本普通股数量 = 1 000万+50万+1亿

净股结算法。净股结算法是成熟、大型的资本机构经常使用的方式[㊀]。这种结算方式可以限制转换的稀释效应，发行公司可以采用 TSM 会计处理方法。例如，在净股结算方式下，只有当前股票价格大于转换价格的价差部分所代表的金额才可以用额外发行股票来结算，这样就减少了新增股票的发行数量[㊁]。

如表 1-8 所示，使用假设转换法的计算结果是新增 1 000 万股股票，而使用净股结算法（NSS）计算新增产生的股票只有 250 万股。净股结算法是首先用转换后的 1 000 万股隐含股票数量乘以公司当前股票价格 20 美元，得出隐含转换价值 2 亿美元。然后，转换价值与票面价值之间的 5 000 万美元差额（2 亿美元 – 1.5 亿美元）除以当前股票价格，得出转换后新增 250 万股的新增股票数[㊂]（5 000 万美元 /20 美元）。转换后原 1.5 亿美元票面值继续处理为负债，因为事实上发行公司在债券到期后需要以现金方式结算这一数额。

㊀ 财务会计标准委员会（financial accounting standards board，FASB）颁布生效的新 NSS 会计指南，适用于 2008 年 12 月 15 日以后的会计年度。这些变化有效地将 NSS 可转换证券分解为负债和股票的组成部分，导致所计算的负债成本提高，报表中的利息费用上升。然而，新指南并没有改变按照 TSM 计算普通股的公式。另外，2019 年 7 月，FASB 建议取消这种双重会计。因此，关于带有 NSS 特征的实值可转换证券如何进行会计处理的问题，应该咨询资本市场专家。

㊁ 基于净股结算法的特征，也可以通过结构设计让发行公司选择用现金来结算额外转换价值。

㊂ 随着公司的股票价格上涨，新增普通股的数量也因为转换价值与票面价值差额加大而增加。

表 1-8　假定转换法与净股结算法所产生的新增股票数

（单位：100万美元，每股数据除外；股数单位：100万股）

假设转换法		净股结算法	
可转换金额	$150.0	可转换金额	$150.0
/转换价格	$15.00	/转换价格	$15.00
新增股份数量	**10.0**	**新增股份数量**	**10.0**
		×当前股价	$20.00
		转换价值合计	**$200.0**
		减：可转换金额面值	(150.0)
		超过面值价值	**$50.0**
		/当前股价	$20.00
新增股份数量–假设转换法	**10.0**	**新增股份数量–净股结算法**	**2.5**

= 超过面值金额/当前股价
= 5 000万美元/20美元

= 可转换金额价值合计–可转换金额面值
= 2亿美元–1.5亿美元

= 新增股份×当前股价
= 1 000万股×20美元

= 可转换金额/转换价格
= 1.5亿美元/15美元

企业价值。企业价值（“企业总值”或“公司价值”）是公司核心经营价值的体现，包括所有债务持有人及股票所有人对公司资产要求的权益之和。正如图1-2中所描绘的，它的定义是：股权价值＋债务合计＋优先股＋非控股股东权益⊖－现金及现金等价物。其中股权价值部分是按照全面稀释情形计算得出的。

图 1-2　企业价值的计算公式

从理论上说，企业价值被认为是独立于资本结构的，也就是说，一家公司的资本结构变化并不影响它的企业价值。例如，如果一家公司筹措了额外的债务，作为现金保持在资产负债表里，那么它的企业价值就保持不变，因为新的负债被增加的现金抵消了（即净负债保持不变，见表1-9中的情形一）。同理，如果一家公司发行了股票并用其发行收入偿还了债务，则额外增加的股权价值被减少的债务分文不差地抵消了⊜（见表1-9中的情形二）。因此，这些交易并不

⊖ 非控股股东权益（noncontroling interest）过去叫作少数股东权益（minority interest），是另一个公司或一个投资人持有的重要但不占多数的公司表决权股权（少于50%）。从2008年12月15日以后的会计年度起，FAS 160修改了少数股东权益——现在称作非控股股东权益——会计和报表规定，这一科目可以从公司资产负债表中的股东权益一栏下找到。在利润表中，非控股股东权益持有者的损益部分从净利润中剔除。

⊜ 这些情形图示忽略了与债务发行和股票发行相关的融资费用，以及与债务偿还相关的潜在违约成本。有关更多信息，请见本书第四章“杠杆收购”。

改变企业价值。

表 1-9　资本结构变化对企业价值的影响

（单位：100万美元）

情形一：发行债务	实际 2018	调整 +	调整 -	备考 2018
股权价值	$750			$750
加：债务总额	250	100		350
加：优先股	35			35
加：非控股股东权益	15			15
减：现金及现金等价物	(50)		(100)	(150)
企业价值	**$1 000**			**$1 000**

情形二：发行股权偿还债务	实际 2018	调整 +	调整 -	备考 2018
股权价值	$750	100		$850
加：债务总额	250		(100)	150
加：优先股	35			35
加：非控股股东权益	15			15
减：现金及现金等价物	(50)			(50)
企业价值	**$1 000**			**$1 000**

无论是情形一还是情形二，虽然公司的资本结构发生了变化，但企业价值都保持不变。因此，类似的公司尽管资本结构不同，也可以预计其企业价值乘数保持不变。一个显著的例外情形是杠杆率很高的公司，其交易乘数相对低于同行，是因为它陷入财务困境的风险[㊀] 和增长受限的潜在风险较大。

规模：关键性财务数据

- 销售收入（或收入）是利润表上第一行的内容，也叫作“首行”。销售收入代表的是一家公司在一个给定时间段内通过出售其产品和服务而实现的总金额。销售规模和趋势是确定一家公司在同行中的相对定位的关键因素。在其他条件都相同的情况下，销售收入较高的公司往往受益于规模、市场份额、购买力和较低风险特性，相对于规模较小的同行来说，常常能够获得市场的估值溢价。
- 毛利润，其定义为销售收入减去销货成本[㊁]（COGS），指的是一家公司扣除与产品和服务的生产直接相关的成本后赚取的利润。因此，它是经营效率和定价能力的一个关键指标，一般都表现为销售收入的百分比，

㊀ 如果一家公司出现没有能力或者很难履行其信贷责任的情形，通常会造成业务混乱、无力偿债或破产。随着预计的陷入财务困境风险的增大，股权价值一般都会相应下跌。

㊁ COGS（cost of goods sold）在利润表中体现，视具体申报备案公司的不同，有可能包括或不包括折旧与摊销。如果折旧与摊销没有包括在内，则会作为利润表中单独的一行内容。

以便进行分析（毛利率，见图 1-3）。例如，如果一家公司产品的价格为 100 美元，而产品的材料成本、制造成本和直接人工成本为 60 美元，那么产品的毛利润就是 40 美元，毛利率为 40%。

- EBITDA（息税折旧摊销前利润）是衡量营利能力的一个重要指标。由于 EBITDA 是一项非 GAAP 财务指标，上市公司财报一般都不会单独披露。它通常的计算方法是用 EBIT（即利润表中的营业利润，也称为息税前利润）加上从现金流量表中可以找到的折旧与摊销[㊀]。很多分析师普遍将 EBITDA 作为经营性现金量的代表，因为它是扣除公司生产其产品和服务的总现金经营成本后的净值。此外，EBITDA 也具有“同类可比”性（apples-to-apples），可以用来较为公平地比较同行业板块中的不同公司，因为它独立于因为资本结构不同（也即利息费用）和税制不同（也即税项费用）而产生的差异。
- EBIT（息税前利润）常常与一家公司的 SEC 申报备案文件中利润表里的营业利润或经营利润[㊁]相同。跟 EBITDA 一样，EBIT 独立于税制，可以用作比较资本结构各不相同的公司时的一个有用指标。然而，它在代表经营现金流方面不如 EBITDA，因为它包含非现金支出的折旧与摊销费用。此外，折旧与摊销或因公司资本性支出、折旧政策以及过往收购（摊销）等不同而有显著差异。
- 净利润（“收益”或“底线”）是彻底扣除一家公司的所有费用之后的剩余利润。净利润也可以看成是公司的所有债务责任（供货商、销售商、服务供应商、员工、市政、租赁、租借、州和地方财务费用）履行完毕后可以分配给股票所有人的收益。华尔街往往从每股的角度来审视净利润（即每股收益，earnings per share 或 EPS）。

营利能力

- 毛利润率（即“毛利率”）衡量的销售收入是扣除销货成本（COGS）后剩余的比例（见图 1-3）。它的驱动因素是一家公司的直接单位成本，比如生产过程中涉及的材料、制造和直接人工成本。这些成本通常可变性

㊀ 如果一家公司将折旧与摊销作为单独的一行内容体现在利润表中（即从 COGS 和 SG&A 中单独剥离出来），那么 EBITDA 可以用销售收入减去 COGS 再减去 SG&A 来计算得出。

㊁ EBIT 有可能不同于营业利润，因为它包含了一家公司经常性业务之外所产生的收入（其他收入）。

都很大，而不像本身比较固定的公司管理费用[⊖]。各公司的理想目标都是通过改善外包 / 原材料采购工作、增强定价能力，以及提高生产设备和工艺的效率等综合努力，来提高自己的毛利润率。

图 1-3　毛利润率

- EBITDA 利润率和 EBIT 利润率是衡量一家公司经营营利能力的公认标准（见图 1-4）。因此，这两个指标被用来衡量同行之间以及整个行业内的相对业绩表现。

图 1-4　EBITDA 利润率和 EBIT 利润率

- 净利润率衡量的是一家公司的总体营利能力，而不是它的经营营利能力（见图 1-5）。它扣除了利息费用，因而会受到资本结构的影响。因此，经营毛利率相似的公司有可能因为杠杆率的不同而表现出截然不同的净利润率。此外，因为净利润受税率的影响，经营毛利率相似的公司也可能会因为税率的不同而导致截然不同的净利润率。

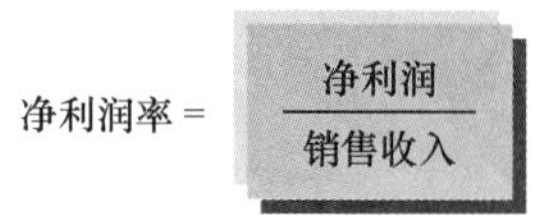

图 1-5　净利润率

增长状况

一家公司的增长状况是价值的关键驱动因素。在评测一家公司增长状况的时候，投资银行分析师一般都会研究历史和预计未来增长率，以及经过挑选的部分财务数据的年均复合增长率（compound annual growth rates, CAGR）（见表 1-10）。

⊖ 可变成本根据货物生产量的多少而发生变化，其包含的内容有：材料成本、直接人工成本、交通运输成本和水电等公用设施费用。固定成本则不论生产数量多少而相对保持不变，其包含的内容有：租赁费用、广告和市场营销费用、保险费用、公司管理成本和行政工资等。这些成本通常都涵盖在利润表的销售管理及行政费用（SG&A）（或类似的）中。

表 1-10　历史和预计稀释 EPS 增长率

	财务年度截至12月31日						
	2016A	2017A	2018A	CAGR ('16 – '18)	2019E	2020E	CAGR ('18 – '20)
稀释每股收益	$1.00	$1.20	$1.40	18.3%	$1.60	$1.80	13.4%
增长率		*20.0%*	*16.7%*		*14.3%*	*12.5%*	
长期增长率							*12.5%*

=（期末值/期初值）^(1/（期末值-期初值））-1

资料来源：市场普遍预期

历史年度 EPS 数据一般都可以从公司的 10-K 或以 SEC 申报备案文件为来源的某个财务资讯服务机构那接获取。跟任何财务数据的计算一样，历史年度 EPS 必须经过非经常性项目的调整后才有意义。预计公司未来一年、两年和长期[⊖] EPS 增长率计算基础的数据，通常都是从市场普遍预期中获取。

投资回报

- 投入资本回报率（ROIC）衡量的是一家公司的所有投入资本所产生的收益。因此，ROIC 用息前收益数据做分子，比如 EBIT 或税后净营业利润（也叫 NOPAT 或 EBIAT），用体现债务和股权两方面的计量做分母（见图 1-6）。分母一般都按平均值计算（例如，截至上年度和最近会计期数值的平均值）。

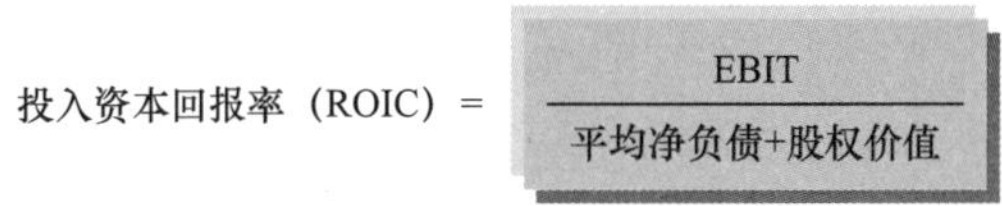

图 1-6　投入资本回报率

- 净资产收益率（ROE）衡量的是股东提供给一家公司的股权所产生的收益。因此，ROE 用扣除利息费用后的收益计量（比如净利润）做分子，平均股东权益做分母（见图 1-7）。ROE 是一个重要的绩效指数，因为很多公司都把股东回报当作坚定不移的重点。

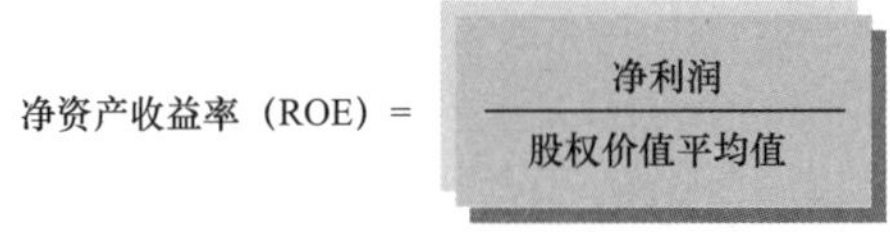

图 1-7　净资产收益率

- 总资产收益率（ROA）衡量的是公司总资产所产生的收益，因而是企业资产效率的晴雨表。ROA 一般用净利润做分子，平均总资产做分母（见图 1-8）。

⊖ 指未来 3 ~ 5 年的 EPS 年增长率预估，由股票分析师提供。

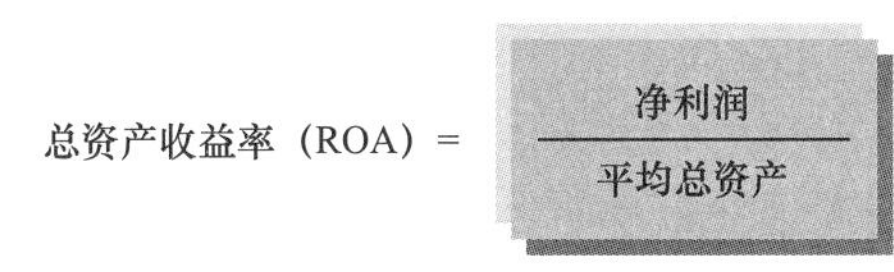

图 1-8　总资产收益率

- 股息收益率是衡量股东获得回报的一个指标，但计量的角度不同于以利润为基础的比率数。股息收益率衡量的是一家公司派发给其股东的每股年度红利（可以用现金也可以用额外股数进行分配），用股票价格的百分比来表示。股息一般按季度派发，因而必须进行年化后才能计算隐含股息收益率[㊀]（见图 1-9）。例如，如果一家公司派发的季度股息为每股 0.05 美元（年化后为每股 0.2 美元），而其当前股票交易价格为 10 美元，那么股息收益率就是 2%（0.05 美元 ×4/10 美元）。

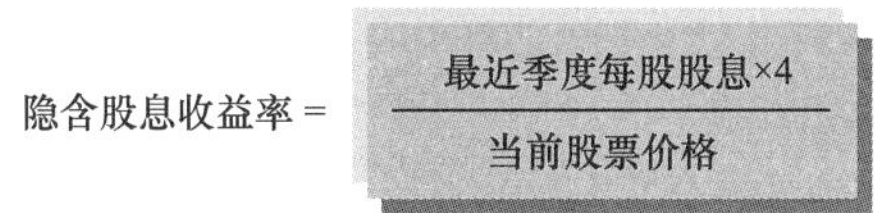

图 1-9　隐含股息收益率

信用概况

- 杠杆率指的是一家公司的负债水平。它的衡量指标一般是 EBITDA 的乘数（比如债务对 EBITDA 之比，debt-to-EBITDA），或者是资本总额的一个比例数（比如债务对资本总额之比，debt-to-total ～ capitalization）。债务投资者和股权投资者都会密切关注一家公司的杠杆率，因为它能反映有关公司财务政策、风险概况和增长能力方面的大量信息。一般来讲，一家公司的杠杆率越高，由于其利息费用和本金偿还方面的压力，它陷入财务窘境的风险就越大。

- 债务对 EBITDA 之比表现的是一家公司的债务对其 EBITDA 的比值，乘数越大意味着杠杆率越高（见图 1-10）。它一般都以过往 12 个月（LTM）的财务数据为计算基础。这个比率计算有数个变化形式，包括总债务对 EBITDA 之比（total debt-to-EBITDA）、优先有担保债务对 EBITDA 之比（senior secured debt-to-EBITDA）、净债务对 EBITDA 之

㊀ 并非所有公司都选择向自己的股东派发股息。

比（net debt-to-EBITDA）和总债务对扣除资本性支出后的EBITDA之比[total debt-to-（EBITDA less capex）]。由于EBITDA常常笼统地被用来替代经营现金流，因此该比率可以被看作一个衡量公司需要多少年的现金流来偿还债务的指标。

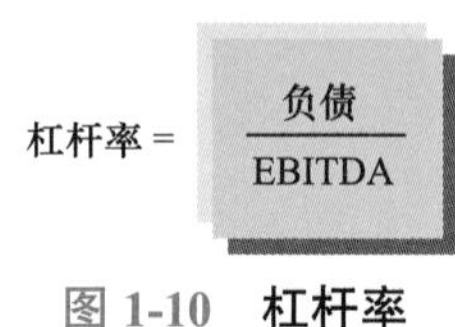

图 1-10　杠杆率

- 债务对资本总额比衡量的是一家公司的债务对其资本总额（负债 + 优先股 + 非控股股东权益 + 股本）的比率数（见图 1-11）。这个比率数视情况不同可以按照账面值计算，也可以按照市值计算。与债务对EBITDA之比率一样，债务对资本总额的比率越大，意味着债务水平和陷入财务窘境的风险越高。

图 1-11　债务对资本总额比

- 偿付比率（也称覆盖比率）是个广义术语，指的是一家公司履行（“偿还”）其利息费用义务的能力。偿付比率的通常构成是用代表经营现金流的财务数据（比如LTM EBITDA）做分子，用LTM利息费用做分母。偿付比率有数个变化形式，包括EBITDA对利息费用比（EBITDA-to-interest expense）、扣除资本性支出后EBITDA对利息费用比[（EBITDA less capex）-to-interest expense]和EBIT对利息费用比（EBIT-to-interest expense）（见图 1-12）。从直观上说，偿付比率越高，公司履行其债务义务的状况就越好，因而其信用状况也就越好。

图 1-12　利息偿付比率

- 信用评级是某个独立评级机构对一家公司完全、及时地偿付其债务义务中应付数额的能力和意愿的评测[一]。对于希望在资本市场进行债务融资的公司来说，一般都要求有信用评级，因为只有很有限的一批投资人会在没有针对新发债务进行信用评级的情况下参与企业融资发行[二]。

三大主要信用评级机构为穆迪、标普和惠誉。几乎每一家公开发行债务的公司都会获得穆迪、标普或惠誉的一个评级。穆迪采用字母数字量表，标普和惠誉都采用字母体系，同时辅以加号和减号来评定某家公司的信用等级。主要信用评级机构的评级量表如表 1-11 所示。

表 1-11　主要信用评级机构的评级量表

	穆迪	标普	惠誉	定义
投资级	Aaa	AAA	AAA	最高级
	Aa1	AA+	AA+	非常高级
	Aa2	AA	AA	
	Aa3	AA–	AA–	
	A1	A+	A+	高级
	A2	A	A	
	A3	A–	A–	
	Baa1	BBB+	BBB+	中级
	Baa2	BBB	BBB	
	Baa3	BBB–	BBB–	
非投资级	Ba1	BB+	BB+	投机级
	Ba2	BB	BB	
	Ba3	BB–	BB–	
	B1	B+	B+	高度投机
	B2	B	B	
	B3	B–	B–	
	Caa1	CCC+	CCC+	重大风险
	Caa2	CCC	CCC	
	Caa3	CCC–	CCC–	
	Ca	CC	CC	特别投机 / 违约风险
	C	C	C	
	–	D	D	

其他财务概念和计算公式

LTM（过往 12 个月）财务数据计算。美国的公开备案公司需要每个季度提

[一] 信用评级机构只是提供观点，并不进行审计。

[二] 评定信用的对象为发行公司（企业信用评级）和具体的债务工具（债务工具评级）。

供财务绩效，包括财务年度结束时申报备案的全年报表。因此，为了衡量最近年度或LTM期间的财务绩效，要把公司过去四个季度的财务结果相加。该财务信息可以视情况从公司最新的10–K或10–Q文件中获取。然而，如前文所述，在提交10–K或10–Q文件备案之前，各公司一般都会在8–K文件中发布一份详尽的盈利新闻公告，其中包含有助于计算LTM业绩的必要财务数据。因此，合适的做法可能是用公司的盈利公告来及时更新可比公司分析。

如图1-13中的公式所示，LTM财务数据一般的计算方法是用整个上一财务年度的财务数据加上本年迄今YTD财务数据（“当年累计”，current stub），然后再减去上年同期财务数据（“上年累计”，prior stub）。

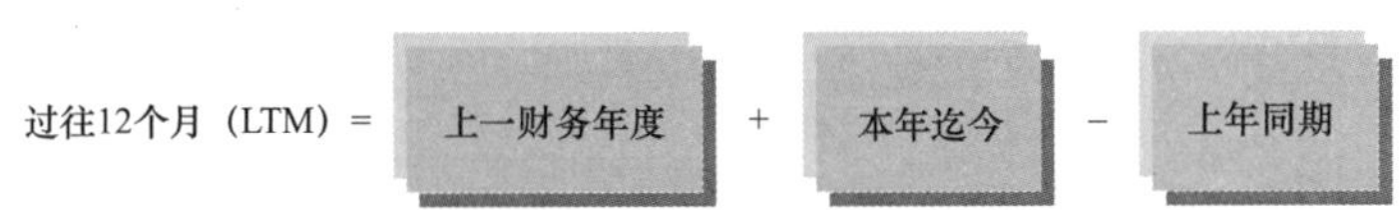

图1-13　LTM财务数据的计算公式

如果最近的季度正好是一家公司财务年度（简称“财年”）的第四个季度，就没有必要计算LTM了，因为整个上一财务年度（已披露）就是LTM期间。表1-12用图示的方式表现了如何计算某家公司截至2019年9月30日期间的LTM销售收入。

表1-12　截至2019年9月30日的LTM销售收入计算公式

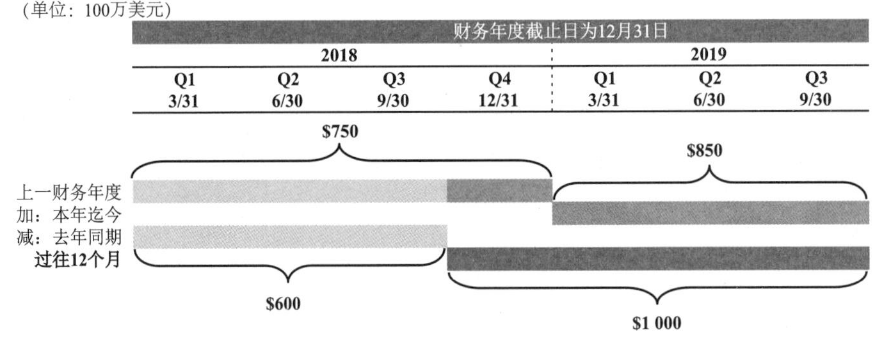

财务数据的日历化。美国大多数公开备案公司都按照截止日期与日历年（calendar year, CY）结束日相吻合的12月31日为财务年度（fiscal year, FY）来报告自己的财务绩效。然而，有些公司却采用不同的时间表（比如截止日期为4月30日的财务年度）。出于基准比较的目的，各可比公司之间财务年度截止日期的任何不同都必须予以处理解决。否则，交易乘数就会依据不同期间的财

务数据，因而并非真正的“可比”。

为了解决各可比公司之间财务年度截止日期不同的问题，每个公司的财务数据都要调整为统一的日历年结束日，以便打下比较“干净”的财务数据基础——这一过程叫作“日历化”。这是一道相对比较直接的数学题，利用图 1-14 中的公式，可以将一家公司的财务年度销售收入日历化，从而产生一个日历年销售收入预测[⊖]。

图 1-14　财务数据日历化

注：“月份数”是指该公司财务年度结束的那个月份（例如，财务年度截止日期为 4 月 30 日的公司，其“月份数”就是 4）。FYA = 实际财务年度；NFY = 下一个财务年度。

表 1-13 列示了一家公司 2019 年日历年预计销售收入的日历化计算方法，假设财务年度的截止日期为 4 月 30 日。

表 1-13　销售收入的日历化

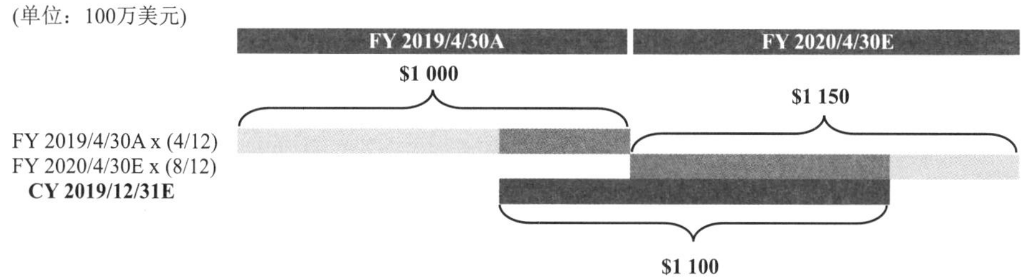

非经常性项目调整。要想评测一家公司“常规化”情形下的财务绩效，标准的做法是针对已披露财务数据进行非经常性项目调整，这一过程叫作财务数据的“洗刷”或“净化”。如果不这么做，就可能造成误导性比率数和乘数的产生，从而反过来扭曲估值。这种调整涉及分别添加或剔除一次性费用和收益，以便更能说明公司在常规经营情形下的可持续业绩情况。通常这些费用包括重组事件（例如，店铺 / 工厂关张、裁员）发生的费用、资产出售亏损、会计准则变化、存货跌价、商誉损失、债务清偿以及诉讼和解损失等。通常这些收益包括资产出售收益、有利诉讼和解以及税项调整等。

非经常性项目常常在公司公开备案文件（例如 10-K 或 10-Q）的 MD&A

⊖　如果能获得季度预测数据的话，那么该数据应该用作财务预测日历化的基础。

栏、财务注解以及盈利公告中进行描述。这些项目常常被明确无误地描述为“非经常”“非寻常”“偶然”或“一次性”。因此，投资银行分析师最好通过搜索这些形容词，来梳理一下公司公开备案文件和盈利公告的电子版。非经常性费用或收益常常在公司已披露的利润表和/或现金流量表中单独列出。研究报告对识别此类项目也会提供很大的帮助，同时还能提供有关这些项目发生原因的精彩评论。

然而，在很多情况下，投资银行分析师必须自行裁断具体某项费用或收益究竟为非经常性项目还是正常经营业务的一部分。这种裁断有时具有相对主观性，因为某些项目对于某一家公司来说可以看成非经常性项目，而对另一家公司来说却可以看成常态事件，从而令情形更为复杂。例如，普通制药公司可能常常因为专利问题被大型制药厂告上法庭。在这种情况下，与官司相关的费用就不一定必须视为非经常性项目，因为这些法律费用是当前业务运作的正常部分。虽然财务资讯服务机构能够提供详细的调整建议，有助于识别潜在的非经常性项目，但是投资银行分析师最终还得自己做出专业判断。

对非经常性项目进行调整时，很重要的一点是要区别税前和税后金额。例如，遇有税前重组费用，在计算调整后EBIT和EBITDA时只需将其全额加回去。然而，若要计算调整后净利润，税前重组费用在加回去之前必须做税务影响处理[1]。相反，如果是税后金额，所披露的金额只需简单加回到净利润，但必须按公司的税率（t）“计算总和”［即在加回到EBIT和EIBTDA之前除以（$1-t$）］。

表1-14提供了10–K文件中可能呈现的2018年财务年度利润表的示例。我们假设这些财务数据的相应注释提到该公司已经记录与一笔存货跌价[2]（500万美元税前）和裁减销售队伍所产生重组费用（1 000万美元税前）相关的一次性费用。只要能够认定这些费用确实为一次性性质，就需要针对这些项目把公司的收入数据相应地进行常规化处理，从而得出调整后的EBIT、EBITDA和稀释EPS数据。

[1] 如果SEC申报备案文件的注释没有提供这种调整的税后金额细节，投资银行分析师一般都采用边际税率。美国公司的边际税率为要求支付联邦、州和地方税款的税率。2017税收减免及工作法案将美国公司的最高联邦企业所得税率从35%降低至21%，而州和地方税率一般在此基础上另加2%～5%或者更高（取决于各州税率）。大多数上市公司都在其10-K的财务报表注释中披露自己的联邦、州和地方税率。在本书中，我们在所有分析中统一假设联邦企业所得税率为21%、有效所得税率为25%。

[2] 存货跌价准备对应的是资产负债表科目，存货跌价（Inventory Write-down）通过利润表的资产减值损失科目反映。——译者注

表 1-14　已披露利润表

（单位：100万美元，每股数据除外）

已披露利润表	已披露
	2018
销售收入	$1 000.0
销货成本	625.0
毛利润	**$375.0**
销售、管理及行政费用	230.0
重组费用	10.0
息税前利润（EBIT）	**$135.0**
利息费用	35.0
税前利润	**$100.0**
所得税	25.0
净利润	**$75.0**
加权平均稀释普通股数量	30.0
稀释每股收益	$2.50

如表 1-15 所示，为了计算调整后的 EBIT 和 EBITDA，加回了全额税前费用 500 万美元和 1 000 万美元（合计 1 500 万美元）。这样调整后的 EBIT 和 EBITDA 分别为 1.5 亿美元和 2 亿美元。然而，为了计算调整后净利润和稀释 EPS，增加的 1 500 万美元税前收益的税项费用必须扣减。假设边际税率为 25%，我们计算出税项费用为 375 万美元，额外利润为 1 125 万美元（1 500 万美元 –375 万美元）。这 1 125 万美元加到已披露净利润中，得出调整后净利润为 8 625 万美元。接着，我们用这 8 625 万美元除以加权平均全面稀释普通股 3 000 万股，计算得出调整后稀释 EPS 为 2.88 美元[⊖]。

表 1-15　调整后利润表

（单位：100万美元，每股数据除外）

利润表	已披露 2018	调整项 +	调整项 −	调整后 2018	说明
销售收入	$1 000.0			$1 000.0	
销货成本	625.0		(5.0)	620.0	存货减值
毛利润	**$375.0**			**$380.0**	
销售、管理及行政费用	230.0			230.0	
重组费用	10.0		(10.0)	–	由于裁减销售人员产生的重组费用
息税前利润（EBIT）	**$135.0**			**$150.0**	
利息费用	35.0			35.0	
税前利润	**$100.0**			**$115.0**	
所得税	25.0	3.8		28.8	=(存货减值+重组费用) × 边际税率 =(500万+1 000万) × 25%
净利润	**$75.0**			**$86.3**	
息税前利润（EBIT）	$135.0	15.0		$150.0	加回非经常性支出1 500万
折旧和摊销	50.0			50.0	折旧来源于现金流量表，有时利润表也会提供细项分解
EBITDA	**$185.0**			**$200.0**	
加权平均稀释普通股数量	30.0			30.0	
稀释每股收益	$2.50			$2.88	

⊖ 此处计算结果是因为数据四舍五入的原因。——译者注

最近事件调整。在常规化处理一家公司的财务数据时，投资银行分析师还必须针对最近事件进行调整，比如并购交易、融资活动、可转换证券的兑换、股票分拆，或两个报表期之间的股票回购。因此，在进行可比公司分析之前，投资银行分析师要核查公司的SEC申报备案文件（如8-K、注册说明书/招股说明书㊀）和自最新报表期以来的新闻公告，以确定该公司是否公告了这类活动。

例如，如果有最近公告的并购交易，该公司的财务报表就必须做出相应调整。资产负债表针对交易影响做出调整——加入收购价格中的融资部分（包括所有再融资的债务或承担的债务），同时LTM利润表针对目标的额外销售收入和利润进行调整。股票分析师一般都会在并购交易公布之后立刻更新自己对一家公司未来财务绩效的预期。因此，投资银行分析师可以采用更新的市场普遍预期，结合预计资产负债表，来计算前瞻性乘数㊁。

关键性交易乘数的计算

在关键性财务数据制表之后，投资银行分析师就可以开始着手计算可比系列的相关交易乘数了。虽然诸多行业可能都会采用专业性的或针对具体行业的估值乘数（见表1-16），但采用最为普遍、广泛的乘数是用衡量市值的指标做分子（如企业价值、股权价值），用衡量财务绩效的指标做分母（如EBITDA、净利润）。如果是企业价值乘数，分母采用的是同时归属于债务持有人和股票所有人的财务数据，如销售收入、EBITDA和EBIT。如果是股权价值（或股票价格）乘数，分母必须是仅仅归属于股票所有人的财务数据，如净利润（或稀释EPS）。在这些乘数中，最为常见的是EV/EBITDA和P/E。

下面综合描述了最为常用的股权价值乘数和企业价值乘数。

㊀ 注册说明书/招股说明书是发行者在注册/发行上市证券时编制的报送文件，包括债务和股票的注册/发行。SEC注册说明书表格主要有S-1、S-3和S-4；招股说明书要依照规则424（Rule 424）报备。一家公司要想在SEC注册证券，就必须报送注册说明书。在注册说明书中，有一份初步招股说明书（preliminary prospectus）。在注册说明书被认为有效之后，公司就要报送最终招股说明书（final prospectus），作为一份424文件（包括最终定价和其他关键性条款）。

㊁ 如前所述，投资银行分析师在采用之前需要提前确认预测数字是否已根据公布的交易进行了调整。另外，有些分析师可能仅仅更新"按贡献度的"预测数据，即体现交易在财务年度剩余期间所产生的额外收益（而不是增加全年预计的利润数）。

表 1-16　部分行业性估值乘数

估值乘数	行业
企业价值 /	
广播行业现金流（Broadcast Cash Flow, BCF）	■ 媒体 ■ 电信
息税折旧摊销和租金前利润（EBITDAR）	■ 餐馆 ■ 零售
息税折旧折耗摊销和勘探费用前利润（EBITDAX)	■ 自然资源 ■ 油气
总体参数（POP）	■ 金属矿业 ■ 自然资源 ■ 油气 ■ 纸及林产品
储量	■ 金属矿业 ■ 自然资源 ■ 油气
平方呎数	■ 房地产 ■ 零售
订户数	■ 媒体 ■ 电信
股权价值（价格）/	
账面值（每股）	■ 金融机构 ■ 房屋建筑
可分配现金（每股）	■ 房地产
可支配现金流（每股）	■ 自然资源
经营性现金流（FFO）（每股）	■ 房地产
净资产值（NAV）（每股）	■ 金融机构 ■ 采矿（业） ■ 房地产

股权价值乘数

市盈率 / 股权价值对净利润乘数。用当前股票价格除以稀释 EPS（或者股权价值除以净利润）计算得出的市盈率是最为广泛认可的交易乘数。假设股票数量不变，那么市盈率就相当于股权价值对净利润之比。这些比率数也可以看成是投资人愿意为一家公司的每1美元当前或未来收益支付多少钱。市盈率计算通常基于前瞻性1年或2年的EPS（forward year EPS）（偶尔也会看到基于LTM EPS的市盈率计算），因为投资者关注的是未来增长。P/E值高于同行的公司往往拥有较高的盈利增长预期。

对于有能力持续提高盈利的成熟公司来说，市盈率特别具有相关性。然而，虽然市盈率被广泛使用和接受，但它也有一些局限性。例如，它对于收益很少或者完全没有收益的公司来说不具有相关性，因为此时的分母数小到可以忽略不计，或者为零，甚至是负数。此外，如前所述，净利润和EPS是扣除利息费用后的净值，因而它取决于资本结构。结果，两个在规模和营业毛利方面相似的公司，因为杠杆率的不同，其净利润率有可能差异巨大（进而市盈率也会有显著差异）。同理，会计准则方面的差异，比如折旧或者税项方面的不同，也可能会导致各个可比公司之间出现重大的市盈率差异。

计算市盈率的两个公式（结果相同，假设股票数量不变）如图1-15所示。

图1-15 股权价值乘数

企业价值乘数

由于企业价值代表的是债务持有人和股票持有人双方的权益，因此它被用作无杠杆财务数据的一个乘数，如销售收入、EBITDA和EBIT。最为广泛、普遍使用的企业价值乘数是EV/EBITDA、EV/EBIT和EV/销售收入（见图1-16和图1-17）。跟市盈率一样，企业价值乘数除了基于LTM的数据外，往往还注重前瞻性预期，用于框定估值区间。

企业价值对EBITDA和企业价值对EBIT乘数。EV/EBITDA是大部分行业的估值标准。它独立于资本结构和税项以及因为各公司之间折旧和摊销（D&A）的不同可能产生的任何失真。例如，一家公司可能在最近几年花费了大量资金购买新机器新设备，导致当前和未来几年的D&A增加，而另一家公司可能将资本支出推迟到了未来某个时期。此时，这一差异将会造成这两家公司 EBIT 利润率的巨大差异，而这种差异却不会反映在 EBITDA 利润率中。

由于以上原因，以及与收购活动相关的摊销带来的潜在差异，EV/EBIT 的应用不如 EV/EBITDA 普遍。然而，如果 D&A 数据无法获得（例如在评估上市公司的各个部门时）或者公司的资本性支出较大，EV/EBIT 可能很有帮助。

图 1-16　企业价值对 EBITDA 和企业价值对 EBIT

企业价值对销售收入乘数。EV/ 销售收入也是一个估值衡量指标，虽然它的相关性小于上述其他乘数。销售收入可以作为规模的衡量指标，但不一定能够解读为营利能力或现金流的产生能力，而后两者都是关键性的价值驱动因素。因而，EV/ 销售收入多数时候用作对上述基于盈利乘数的一种健全性检验。

然而，对于某些行业以及盈利很少或者完全没有盈利的公司来说，EV/ 销售收入可以当成估值的一个有意义的参考点。例如，EV/ 销售收入可以用来评估销售收入正处于高速增长期但尚未实现盈利的早期阶段科技公司。

图 1-17　企业价值对销售收入

行业性乘数。许多行业采用具体的估值乘数——除了前文论述的传统指标外，或者完全不采用传统指标。这些乘数用市值的某个指标做分子，用一个关键性的并针对具体行业的财务、经营或产量 / 产能的数据做分母。表 1-16 列举了一些这样的例子。

第四步：进行可比公司的基准比较

一旦完成了可比公司系列的遴选和关键性财务数据、比率数和交易乘数的制表计算后，投资银行分析师就可以进行基准比较工作了。基准比较工作的核心任务是就各个可比公司彼此之间及与目标公司进行分析、比较，其最终任务是要确定目标公司的相对排名，以便相应地框定估值范围。虽然整个可比公司系列能够提供一个非常有用的视角，但是投资银行分析师通常都会锁定一组经过挑选的、最为接近的可比公司，作为设定目标公司隐含估值范围的基础。最为接近的可比公司一般是指在业务和财务特征方面与目标最相似的公司。

我们将基准比较工作分解为两个阶段。首先，针对目标及其可比公司的关键性财务数据和比率数进行基准比较，以便确定相对排名位置，其重点是找出最接近或者“最佳”可比公司，标出潜在的外围异常型可比公司。然后，分析、比较可比公司系列的交易乘数，重点落在“最佳”可比公司上。

财务数据和比率数的基准比较

基准比较分析第一阶段工作涉及的是目标与可比公司系列在关键性财务绩效指标方面的比较。在第一步和第三步论述的财务概况框架中得出的指标包括规模、营利能力、增长率、回报率和信用强度。这些指标是核心价值驱动因素，一般都能直接转化成相对估值。基准比较工作的结果显示在电子表格的输出页面上，以一种易于比较的方式展示每个公司的数据（见表1-36和表1-37）。这些页面还显示可比公司系列中经过挑选的财务数据和比率数的平均数、中位数、最大（最高）数值和最小（最低）数值。

周全的基准比较分析不仅仅是可比公司财务指标的量化对比。为了真实测定目标公司的相对实力，投资银行分析师必须真正理解每个可比公司的故事。例如，公司增长率高或低、利润率大或小的原因是什么？公司处于市场领先还是落后？公司正在获得还是失去市场份额？公司是否成功兑现了公告的战略举措或实现了预期的盈利目标？公司是否公告过任何最近的并购交易或重大的所有权/管理层变化？解读这些问题的能力，结合上述财务分析，是测定可比公司业绩、确定目标公司相对排名位置的关键。

交易乘数的基准比较

可比公司系列的交易乘数也显示在电子表格输出页面上，以便于比较和分析（见表 1-38）。这样，投资银行分析师就能审视整个乘数范围，测定每个可比公司的相对估值。跟财务数据和比率数一样，乘数范围的平均数、中位数、最高值和最低值也都可以计算得出并显示出来，为设定目标公司的估值范围提供一个初步的参考点。

交易乘数经过分析后，投资银行分析师就要进一步甄选可比系列。根据输出结果，有些外围异常型可比公司很显然应该被排除在分析之外，或者可比公司很显然必须进一步分出层次（例如，根据规模、所在行业板块或者接近程度进行排序）。最佳可比公司的交易乘数也要标注出来，因为这些公司的交易乘数在框定估值范围时一般都要给予更多重视。

第五步：确定估值

可比公司的交易乘数是推演出目标公司恰当估值范围的基础。投资银行分析师一般首先用该行业最具相关性的乘数（例如 EV/EBITDA 或 P/E）的平均值和中位值，推演出站得住脚的乘数范围。可比公司系列的最大乘数和最小乘数能提供进一步的指引。然而，最佳可比公司的乘数往往是可依赖的路标，以选定最紧凑、最恰当的范围。

结果，常常是经过精心挑选后仅剩的两三家可比公司成了估值的最终基础，而更大范围的可比公司提供的是参考点。于是，经过挑选的乘数范围通常都比简单选用可比公司系列最大和最小乘数后所隐含的估值范围更为紧凑。作为这项工作的一部分，投资银行分析师还必须确定哪个期间的财务数据对于计算交易乘数来说最具相关性。根据所在行业、所在业务周期时间点以及与市场普遍预期的契合度的不同，可比公司的交易基础有可能是 LTM、前瞻性一年预期或是两年预期的财务数据。

如表 1-17 中的示例，目标公司有三个最接近的可比公司，其交易范围大约为 6.5 ~ 7.5 倍 2019E㊀ 的 EBITDA，对应最大值 / 最小值范围的 5.5 ~ 8.5 倍、平均值的 7 倍和中位值的 6.8 倍。

㊀ E 代表预期，即 Estimate，2019E 代表 2019 年度预期。——译者注

表 1-17 选定的企业价值对 EBITDA 乘数范围

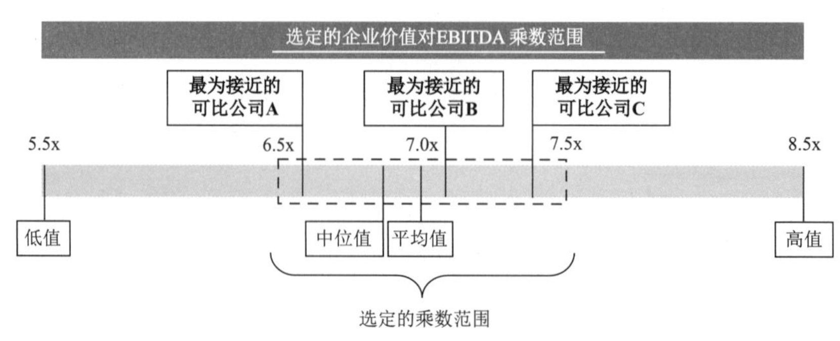

选定的乘数范围继续应用到目标公司对应的财务数据中，以得出隐含的估值范围。

EV/EBITDA隐含的估值

表 1-18 显示了某个给定的 EV/EBITDA 乘数范围如何转化为企业价值、股权价值和股票价格的隐含范围。在这些计算过程中，假设净负债㊀为 5 亿美元，全面稀释普通股为 1 亿股㊁。

表 1-18 EV/EBITDA 隐含的估值

（单位：100万美元，每股数据除外）

EBITDA	财务指标	乘数范围			隐含企业价值			减：净负债	隐含股权价值			全面稀释普通股	隐含股价		
LTM	$200	7.0x	~	8.0x	$1 400	~	$1 600	(500)	$900	~	$1 100	100	$9.00	~	$11.00
2019E	215	6.5x	~	7.5x	1 398	~	1 613	(500)	898	~	1 113	100	$8.98	~	$11.13
2020E	230	6.0x	~	7.0x	1 380	~	1 610	(500)	880	~	1 110	100	$8.80	~	$11.10

在 2019E 的 EBITDA 乘数范围 6.5 ~ 7.5 倍的情况下，两端终点数乘以目标公司 2019E 的 2.15 亿美元 EBITDA，得出企业隐含的估值范围为 13.98 亿 ~ 16.13 亿美元。

为了计算隐含股权价值，我们从企业价值中减去净负债 5 亿美元，得出 8.98 亿 ~ 11.13 亿美元的估值范围。如果是上市公司，隐含股权价值接着要除以全面稀释普通股数量，从而得出股票价格。股权价值范围两端终点数值除以 1 亿股全面稀释普通股数量后，得出隐含股票价格范围为 8.98 ~ 11.13 美元。接着，可以用选定的 EV/LTM EBITDA 和 EV/2020E EBITDA 乘数范围进行相同的计算。

㊀ “净负债”常常定义为包括优先于普通股的所有债务，有息并减去现金及现金等价物。

㊁ 为了更好地示例，我们假设每一个示例的股权价值中其全面稀释普通股数量保持不变。然而，正如我们将在本书第三章“现金流折现分析”中论述的那样，假设存在股票期权，由 TSM 确定的全面稀释普通股的数量取决于股票价格，而股票价格反过来依赖的则是股权价值和普通股数量（见表 3-7）。因此，全面稀释普通股数量和隐含股票价格根据其股票期权数量及其加权平均行权价格的不同而不同。

P/E隐含的估值

表 1-19 和表 1-20 显示了 P/E 比率数如何转化为隐含股票价格和企业价值的范围。与表 1-18 中的例子一样，假设净负债为 5 亿美元，静态全面稀释普通股数量为 1 亿股。

隐含股票价格。如果是上市公司，投资银行分析师一般从净利润入手，然后过渡到隐含股权价值。隐含股权价值除以全面稀释普通股数量，以便计算隐含股票价格。比如，P/E 乘数范围为 12.0 ~ 15.0 倍，乘以目标公司 2019 年度预期净利润 7 500 万美元后，得出股权价值范围为 9 亿 ~ 11.25 亿美元。这个估值区间范围数除以 1 亿股全面稀释普通股，得出隐含股票价格区间范围为 9 ~ 11.25 美元。

表 1-19　P/E 隐含的估值——股票价格

（单位：100万美元，每股数据除外）

净利润	财务指标	乘数范围			隐含股权价值			全面稀释普通股	隐含股价		
LTM	$70	13.0x	~	16.0x	$910	~	$1 120	100	$9.10	~	$11.20
2019E	75	12.0x	~	15.0x	900	~	1 125	100	$9.00	~	$11.25
2020E	80	11.0x	~	14.0x	880	~	1 120	100	$8.80	~	$11.20

隐含企业价值。为了根据以上假设条件来计算隐含企业价值范围，相同的 12 ~ 15 倍 P/E 乘数范围要乘以 2019E 的净利润 7 500 万美元，以得出隐含股权价值范围为 9 亿 ~ 11.25 亿美元。净负债 5 亿美元要加到隐含股权价值范围的最大和最小的两端终点数，计算出企业价值范围为 14 亿 ~ 16.25 亿美元。

表 1-20　P/E 隐含的估值——企业价值

（单位：100万美元，每股数据除外）

净利润	财务指标	乘数范围			隐含股权价值			加：净负债	隐含企业价值		
LTM	$70	13.0x	~	16.0x	$910	~	$1 120	500	$1 410	~	$1 620
2019E	75	12.0x	~	15.0x	900	~	1 125	500	1 400	~	1 625
2020E	80	11.0x	~	14.0x	880	~	1 120	500	1 380	~	1 620

最后一个考虑因素是，有必要分析一下推演出的目标估值范围、检测关键性假设条件和结论。投资银行分析师还应该用可比公司法中产生的估值来比较一下其他方法，比如先例交易分析法、DCF 分析法和 LBO 分析法（如果适用的话）。如果出现重大差异，有可能表明存在错误假设、错误判断，甚至数学计算错误，从而促使投资银行分析师重新检查每种方法中的输入数据和假设条件。可比公司分析的常见错误一般都涉及纳入或者过度重视了不恰当的可比公司、

错误的计算（例如，全面稀释股权价值、企业价值、LTM财务数据或日历化），以及未能根据非经常性项目和最近事件来准确调整财务数据。

主要利与弊

利

- 基于市场：用于产生目标估值的信息是以实际公开的市场交易数据为基础的，因而反映了市场的增长预期和风险预期，以及总体市场心态
- 相关性：方便计量和与其他公司的比较
- 快捷方便：依据少数几个易于计算的输入项就可以确定估值
- 实时性：估值依据的是普遍认可的当前市场交易数据，可以每日（或者实时）更新

弊

- 基于市场：完全基于市场的估值有可能在非理性牛市或熊市阶段出现扭曲
- 缺乏相关可比公司："单纯完美型"可比公司有可能很难找到，甚至根本不存在，尤其是如果目标公司是在利基市场（niche market）[⊖] 运营的话，那么此时可比公司分析所隐含的估值有可能就没有那么大的意义
- 与现金流的潜在背离性：基于当下市场主流预期的估值与预计公司未来现金流产生情况（例如DCF分析）所隐含的估值有可能出现严重背离的情形
- 公司的具体情况：目标公司的估值是基于其他公司的估值，从而有可能未能体现具体目标公司的优势、弱势、机遇和风险

ValueCo的可比公司分析示例

本节内容是一个详尽的分步示例，演示如何用可比公司分析法来设定示

⊖ 利基市场（国内翻译五花八门：缝隙市场、壁龛市场、针尖市场，目前较为流行的音译加意译为利基市场，哈佛大学商学院案例分析的中文版也是采用这种译法），指向那些被市场中的统治者或有绝对优势的企业忽略的某些细分市场，指企业选定一个很小的产品或服务领域，集中力量进入并成为领先者，从当地市场到全国市场再到全球市场，同时建立各种壁垒，逐渐形成持久的竞争优势。——译者注

例目标 ValueCo 的估值范围。为便于本书第一章至第六章的演示，我们假定 ValueCo 是一家私有公司，且贯穿全书的财务数据和估值乘数都代表着常规状态下的经济和市场形势。

第一步：选择可比公司系列

研究目标。我们的第一个任务是要尽可能详细地了解 ValueCo 的“故事”，以便为寻找可比公司提供一个参考框架。由于 ValueCo 是一家私有公司，出于分析练习的目的，假设它正在通过一个组织有序的并购出售流程（请见本书第六章）进行出售。因此，我们获得了该公司有关行业、产品、客户、竞争对手、销售渠道、终端市场以及历史财务绩效和预测数据等方面的大量信息。我们是从机密信息备忘录（confidential information memorandum, CIM）（见图 6-2）、管理层陈述（见图 6-3）和由 Datasite（原美林公司）提供的资料室（见图 6-4）获得的资料[㊀]。

为比较目的找出目标公司的关键性特征。这项工作涉及根据表 1-3 中简要介绍的框架来审查 ValueCo 的关键性业务和财务特征。该表为我们提供了一个系统性的方法，可以用来找出与 ValueCo 共有关键性相似点的公司。

筛选可比公司。搜寻可比公司的工作，首先是审视 ValueCo 竞争对手中的上市公司，最初是通过细致审阅 CIM 和经过选择的行业报告来寻找的。接着，通过这些上市公司的股票研究报告，寻找分析师们有关可比公司的观点，从中找出需要评估的更多公司。还需要审阅委托声明书，寻找涉及 ValueCo 所在行业公司的最近并购交易，从所附的公平意见摘要中获得更多潜在的可比公司名单。为了确保没有遗漏任何潜在的可比公司，我们用与 ValueCo 所在行业相对应的 SIC/NAICS 编码来进行筛选。

这些渠道提供了大量的信息，足以编制一个扎实可靠的可比公司初步名单（见表 1-21）。我们还用财务资讯终端提供的数据编制了财务汇总信息，以便对这些公司的财务概况有个基本了解。

㊀ 有关组织出售流程中的关键性文件和信息渠道的综述，见本书第六章“并购出售流程”。

表 1-21　可比公司初步名单

（单位：100 万美元）

可比公司初步名单						
公司	代码	业务描述	股权价值	企业价值	LTM 销售收入	LTM EBITDA
BuyerCo 公司	BUY	生产乙酰基、醋酸、醋酸乙烯乳液、工程聚合物等化学品和先进材料	$9 800	$11 600	$6 560	$1 443
法伦集团	FLN	制造差别化和商用的化工产品，包括粘合剂、航空航天、汽车和消费品	7 480	11 254	11 835	1 636
舍曼公司	SHR	生产化学品和塑料制品，包括涂料、黏合剂、特种聚合物、油墨及中间体、高性能聚合物	5 600	8 101	5 895	1 047
珍珠集团	PRL	为建筑、食品、消费品、石油提炼以及建筑行业提供特种化工、建筑和货柜产品	5 172	5 804	4 284	839
盖斯帕公司	JDG	生产用于农作物保护、医药及电子器件的各种化工品	5 000	6 750	4 725	900
卡姆热公司	KUM	生产溴化阻燃剂、炼油催化剂、精细化工产品	4 852	5 345	3 187	665
顾德森公司	GDS	制造和销售基本化学品、乙烯基、聚合物和制成品	4 160	5 660	4 769	763
普瑞尔工业	PRI	为各种终端用户开发和制造特种化学品，包括航空航天、塑料、涂料和采矿业	3 926	4 166	3 682	569
兰茨环球	LNZ	制造塑料和其他化学物质，包括聚氨酯聚合物、阻燃剂、种子处理和石油添加剂	3 230	3 823	3 712	578
麦克米伦公司	MCM	制造热塑性化合物、特种树脂、特种聚合物配方、工业胶片和添加剂	3 193	3 193	3 223	355
蒙佩尔公司	MOMP	制造氯、苛性钠、亚硫酸氢钠、盐酸、漂白剂产品和氢氧化钾	2 240	2 921	2 077	378

（续）

可比公司初步名单						
公司	代码	业务描述	股权价值	企业价值	LTM 销售收入	LTM EBITDA
艾德全球	ADL	生产用于油漆、塑料、油墨、化妆品的二氧化钛颜料	1 217	1 463	1 550	245
沙克特父子	STM	制造和销售化工和塑料产品，包括电子化工、甲醇和芳香化学品	1 125	1 674	1 703	238
歌新控股	MGP	制造碳化合物和木材处理	1 035	1 298	1 606	177
克里斯潘全球	MCR	生产工程聚合物和苯乙烯嵌段共聚物，用于黏合剂、涂料、消费品以及个人护理产品	872	1 222	1 443	190

第二步：找出必要的财务信息

在第二步中，我们致力于找出必要的财务信息，以便制表计算 ValueCo 的每一家可比公司的关键性财务数据和比率数。例如，关于 ValueCo 的最为接近可比公司之一盖斯帕公司（代码 JDG），其信息来自于它最新的 SEC 申报备案文件、市场普遍预测和股票研究报告。其他财务信息从财务资讯终端获取。

10–K 和 10–Q。我们用盖斯帕公司分别对应截止日期为 2018 年 12 月 31 日和 2019 年 9 月 30 日的最新 10–K 和 10–Q 文件，作为历史财务数据的主要来源。具体来说，这些申报备案文件提供了计算 LTM 数据所必需的上一年的财务年度数据，以及当前年度迄今和上一年度同期的财务数据。这些文件同时还是最新普通股数量、股票期权 / 认股权证数据，以及资产负债表和现金流量表等信息的来源渠道。MD&A（管理层讨论和分析）和财务数据注释是找出非经常性项目的关键（见表 1-30）。

盈利公告和盈利电话会议记录。我们审阅了最新盈利公告和盈利电话会议记录，以便进一步认识盖斯帕公司的财务绩效和展望。

8K/ 新闻公告。通过搜索盖斯帕公司的网站，我们确认了自最新的 10–K 文件申报备案后，没有季度新闻公告、8–K 或其他 SEC 申报备案文件披露出将会影响相关财务数据的新的并购活动、资本市场活动或其他活动。

市场普遍预期和股票研究。市场普遍预期构成了 2019E 和 2020E 利润表的基础，即销售收入、EBITDA、EBIT 和 EPS。我们还要审阅具体的股票研究报告，以便更深入地了解驱动盖斯帕公司增长预期的因素以及有关非经常性项目的观点。

财务资讯服务机构。使用财务资讯终端的数据以掌握盖斯帕公司在2019年12月20日（我们的分析日）的收盘股价，以及它52周的最高和最低股价数据。

穆迪和标普网站。从相应信用评级机构的网站上获取盖斯帕公司的穆迪和标普信用评级。

第三步：制表计算关键性数据、比率数和交易乘数

在找到了选定可比公司的必要财务信息之后，我们创建了每个公司的输入页面，如表1-22显示的盖斯帕公司的输入页面。这些输入页面数据直接链接到用于可比系列基准比较的输出页面（见表1-36～表1-38）。

下面，我们分解说明表1-22中输入页面的每一栏内容。

一般信息。在输入页面的“一般信息”一栏中，填入公司的各项基本数据（见表1-23）。盖斯帕公司，代码JDG，是一家来自美国的公司，在纳斯达克证券交易所挂牌上市。盖斯帕公司按照截止日为12月31日的财务年度披露其财务数据，穆迪和标普给出的公司信用评级分别为Ba2和BB。根据Barra的资料（见本书第三章），盖斯帕公司的预期杠杆 β 系数为1.3。我们还从盖斯帕公司的10–K中披露的税率资料确定其边际税率为25%。

精选市场数据。在“精选市场数据”一栏中，我们填入了盖斯帕公司的股票价格信息以及最近一个季度（MRG）支付的每股0.25美元的红利（来源为最新的10–Q，请见表1-24）。盖斯帕公司股票2019年12月20日的市场收盘价格为50美元，为其52周股价高点的80%。正如交易乘数基准比较输出页面所显示的那样（见表1-38），这个比例数与大部分可比公司的比例数一致，表明市场预期盖斯帕公司的表现基本上与其同行相同。

在填入了适当的普通股、股权价值和最新资产负债表数据（见表1-25 ~ 表1-28）后，这一栏还计算了股权价值和企业价值。

全面稀释普通股数量计算。根据其最新10–Q文件第一页的资料，盖斯帕公司的最新基本普通股数量为9 850万股。我们搜索了最近的新闻公告和SEC申报备案文件，以确保在最新10–Q文件申报备案后未发生股票分拆、后续发行或大规模股票回购事件。我们还确认了盖斯帕公司没有发行可转换证券。然而，盖斯帕公司有几个批次的股票期权，必须按照TSM方法体现在全面稀释普通股的计算中。

表 1-22　可比公司分析——交易乘数输入页面

盖斯帕公司（纳斯达克 :JDG）
输入页面
（单位：100万美元，每股数据除外）

业务综述

开发用于农作物保护、制药和电子应用的各种化学产品

一般信息

公司名称	盖斯帕公司
代码	JDG
证券交易所	纳斯达克
财务年度截止日	12/31
穆迪评级	Ba2
标准普尔评级	BB
预期贝塔	1.30
边际税率	25.0%

精选市场数据

当前股价	2019/12/20	$50.00
占52周股价高点%		*80.0%*
52周股价高点	2019/7/19	62.50
52周股价低点	2019/4/5	40.00
每股股利（最近季度）		0.25
全面稀释普通股数量		100.000
股权价值		**$5 000.0**
加：有息债务		1 850.0
加：优先股		-
加：非控股股东权益		-
减：现金及现金等价物		(100.0)
企业价值		**$6 750.0**

交易乘数

	LTM 2019/9/30	NFY 2019E	NFY+1 2020E	NFY+2 2021E
EV/销售收入	1.4x	1.4x	1.3x	1.2x
数值	$4 725.0	$5 000.0	$5 350.0	$5 625.0
EV/EBITDA	7.5x	7.1x	6.6x	6.3x
数值	$900.0	$950.0	$1 025.0	$1 075.0
EV/EBIT	9.3x	8.8x	8.2x	7.8x
数值	$725.0	$765.0	$825.0	$865.0
P/E	10.7x	9.8x	9.1x	8.7x
数值	$4.69	$5.10	$5.50	$5.75
FCF收益率	*6.3%*	*7.5%*	*8.3%*	*9.1%*
数值	$3.15	$3.75	$4.15	$4.55

LTM投资回报率

投入资本回报率	*21.1%*
净资产收益率	*28.2%*
总资产收益率	*9.5%*
隐含股息收益率	*2.0%*

LTM信用比率

有息负债/投入资本	*51.7%*
有息负债/EBITDA	2.1x
净负债/EBITDA	1.9x
EBITDA/利息费用	9.0x
(EBITDA-资本性支出)/利息费用	7.0x
EBIT/利息费用	7.3x

增长率

	销售收入	EBITDA	FCF	EPS
历史				
1年	*8.4%*	*5.1%*	*13.2%*	*6.4%*
2年复合增长率	*9.5%*	*8.2%*	*14.2%*	*11.6%*
预计				
1年	*11.1%*	*15.2%*	*25.0%*	*24.1%*
2年复合增长率	*9.0%*	*11.5%*	*17.6%*	*15.7%*
长期				*12.0%*

已披露利润表

	2016A	2017A	2018A	去年同期 2018/9/30	本年迄今 2019/9/30	LTM 2019/9/30
	财务年度截止日12月31日					
销售收入	$3 750.0	$4 150.0	$4 500.0	$3 375.0	$3 600.0	**$4 725.0**
销货成本（含折旧和摊销）	2 450.0	2 700.0	2 925.0	2 200.0	2 350.0	3 075.0
毛利润	**$1 300.0**	**$1 450.0**	**$1 575.0**	**$1 175.0**	**$1 250.0**	**$1 650.0**
销售、管理及行政费用	750.0	830.0	900.0	675.0	720.0	945.0
其他费用/(收益)	–	–	–	–	–	–
息税前利润	**$550.0**	**$620.0**	**$675.0**	**$500.0**	**$530.0**	**$705.0**
利息费用	110.0	105.0	102.0	75.0	73.0	100.0
税前利润	**$440.0**	**$515.0**	**$573.0**	**$425.0**	**$457.0**	**$605.0**
所得税	110.0	128.8	143.3	106.3	114.3	151.3
非控股股东损益	–	–	–	–	–	–
优先股股利	–	–	–	–	–	–
净利润	**$330.0**	**$386.3**	**$429.8**	**$318.8**	**$342.8**	**$453.8**
有效税率	*25.0%*	*25.0%*	*25.0%*	*25.0%*	*25.0%*	*25.0%*
加权平均普通股数量	100.0	100.0	100.0	100.0	100.0	100.0
稀释每股收益	**$3.30**	**$3.86**	**$4.30**	**$3.19**	**$3.43**	**$4.54**

调整后利润表

	2016A	2017A	2018A	2018/9/30	2019/9/30	LTM 2019/9/30	
已披露毛利润	$1 300.0	$1 450.0	$1 575.0	$1 175.0	$1 250.0	$1 650.0	
销货成本的非经常性支出	–	–	–	–	30.0	30.0	(1)
调整后毛利润	**$1 300.0**	**$1 450.0**	**$1 575.0**	**$1 175.0**	**$1 280.0**	**$1 680.0**	
利润率	*34.7%*	*34.9%*	*35.0%*	*34.8%*	*35.6%*	*35.6%*	
已披露息税前利润	$550.0	$620.0	$675.0	$500.0	$530.0	$705.0	
销货成本的非经常性支出	–	–	–	–	30.0	30.0	
其他非经常性支出	–	–	(25.0)	–	15.0	(10.0)	(2) (3)
调整后的息税前利润	**$550.0**	**$620.0**	**$650.0**	**$500.0**	**$575.0**	**$725.0**	
利润率	*14.7%*	*14.9%*	*14.4%*	*14.8%*	*16.0%*	*15.3%*	
折旧和摊销	155.0	165.0	175.0	125.0	125.0	175.0	
调整后的EBITDA	**$705.0**	**$785.0**	**$825.0**	**$625.0**	**$700.0**	**$900.0**	
利润率	*18.8%*	*18.9%*	*18.3%*	*18.5%*	*19.4%*	*19.0%*	
已披露净利润	$330.0	$386.3	$429.8	$318.8	$342.8	$453.8	
销货成本的非经常性支出	–	–	–	–	30.0	30.0	
其他非经常性支出	–	–	(25.0)	–	15.0	(10.0)	
非经营性非经常性支出	–	–	–	–	–	–	
所得税调整	–	–	6.3	–	(11.3)	(5.0)	
调整后的净利润	**$330.0**	**$386.3**	**$411.0**	**$318.8**	**$376.5**	**$468.8**	
利润率	*8.8%*	*9.3%*	*9.1%*	*9.4%*	*10.5%*	*9.9%*	
调整后的稀释每股收益	$3.30	$3.86	$4.11	$3.19	$3.77	$4.69	

现金流量表数据

	2016A	2017A	2018A	2018/9/30	2019/9/30	LTM 2019/9/30
经营性现金流	400.0	450.0	500.0	360.0	380.0	520.0
资本性支出	170.0	185.0	200.0	150.0	155.0	205.0
占销售收入%	*4.5%*	*4.5%*	*4.4%*	*4.4%*	*4.3%*	*4.3%*
自由现金流	**$230.0**	**$265.0**	**$300.0**	**$210.0**	**$225.0**	**$315.0**
利润率	*6.1%*	*6.4%*	*6.7%*	*6.2%*	*6.3%*	*6.7%*
FCF / 每股	**$2.30**	**$2.65**	**$3.00**	**$2.10**	**$2.25**	**$3.15**
折旧和摊销	155.0	165.0	175.0	125.0	125.0	175.0
占销售收入%	*4.1%*	*4.0%*	*3.9%*	*3.7%*	*3.5%*	*3.7%*

资产负债表数据

	2018A	2019/9/30
现金及现金等价物	$75.0	$100.0
应收账款	625.0	650.0
存货	730.0	750.0
预付款及其他流动资产	225.0	250.0
流动资产合计	**$1 655.0**	**$1 750.0**
固定资产净值	1 970.0	2 000.0
商誉及无形资产	775.0	800.0
其他资产	425.0	450.0
资产合计	**$4 825.0**	**$5 000.0**
应付账款	275.0	300.0
应计负债	450.0	475.0
其他流动负债	125.0	150.0
流动负债合计	**$850.0**	**$925.0**
负债	1 875.0	1 850.0
其他长期负债	500.0	500.0
负债合计	**$3 225.0**	**$3 275.0**
非控股股东权益	–	–
优先股	–	–
股东权益	1 600.0	1 725.0
负债及所有者权益合计	**$4 825.0**	**$5 000.0**
平衡检验	*0.000*	*0.000*

全面稀释普通股数量计算

基本普通股数量	98.500
加：实值期权普通股数量	2.750
减：回购普通股数量	(1.250)
期权新增普通股数量	**1.500**
加：可转债普通股数量	–
全面稀释普通股数量	**100.000**

股票期权/认股权证

批次	发行数量	行权价格	实值期权数量	收入
批次1	1.250	$10.00	1.250	$12.5
批次2	1.000	30.00	1.000	30.0
批次3	0.500	40.00	0.500	20.0
批次4	0.250	60.00	–	–
批次5	–	–	–	–
合计	**3.000**		**2.750**	**$62.5**

可转债

	数量	转股价格	转股比例	新发行数量
发行1	–	–	–	–
发行2	–	–	–	–
发行3	–	–	–	–
发行4	–	–	–	–
发行5	–	–	–	–
合计				–

备注

（1）2019年第二季度，盖斯帕公司记录了一笔和产品废弃有关的税前3000万美元的存货减值损失（见2019第二季度10-Q报告管理层讨论和分析，第14页）

（2）2018年第四季度，盖斯帕公司实现了一笔和处置公司非核心业务有关的税前收益2500万美元（见2018 10-K报告管理层讨论和分析，第45页）

（3）2019年第三季度，盖斯帕公司确认了一笔和关闭生产设施有关的1500万美元税前重组费用。（见2019第三季度10-Q报告管理层讨论和分析，第15页）

表 1-23　一般信息栏内容

一般信息	
公司名称	盖斯帕公司
代码	JDG
证券交易所	纳斯达克
财务年度截止日	12/31
穆迪评级	Ba2
标准普尔评级	BB
预期贝塔	1.30
边际税率	*25.0%*

表 1-24　精选市场数据栏内容

（单位：100万美元，每股数据除外）

精选市场数据		
当前股价	2019/12/20	$50.00
占52周股价高点%		*80.0%*
52周股价高点	2019/7/19	62.50
52周股价低点	2019/4/5	40.00
每股股利（最近季度）		0.25
全面稀释普通股数量		–
股权价值		–
加：有息债务		–
加：优先股		–
加：非控股股东权益		–
减：现金及现金等价物		–
企业价值		–

= 2019年12月20日收盘价格

= 收盘价格/52周股价高点

如表 1-25 所示，在“股票期权 / 认股权证”标题下，盖斯帕公司有 4 个批次的期权，每个批次都有一个具体股票数量和相应的加权平均行权价格。例如，第 1 个批次所代表的一组期权合计拥有按 10 美元的加权平均行权价格购买 125 万股股票的权利。这一批次被认为是实值期权，因为盖斯帕公司的当前股价 50 美元高于这个加权平均行权价格。行使这一批次期权就会产生 1 250 万美元（125 万股 ×10 美元）的收入，并假设这笔钱将用来按照当前股价 50 美元回购盖斯帕公司的股票。

与此相同，我们将这一方法用于期权的其他各个批次。然而，第 4 批次的加权平均行权价格为 60 美元（高于 50 美元的当前股票价格），因而被认为是虚值期权。因此，第 4 批次的期权被排除在全面稀释普通股数量的计算之外。

综合起来，来自实值期权的 275 万股股票共产生收入 6 250 万美元。按照盖斯帕公司 50 美元的当前股票价格，这些收入可以用于回购 125 万股股票（6 250 万 / 50 美元）。回购的股票数量需要从 275 万股实值股票数量中扣除，得到净增新股 150 万股，如表 1-25 中“期权新增普通股数量”一行所示。这些额外的股票加进盖斯帕公司的基本股票数量中，计算出全面稀释普通股数量为 1 亿股。

表 1-25 全面稀释普通股数量计算栏内容

（单位：100万美元，每股数据除外）

全面稀释普通股计算				
基本普通股数量				98.500
加：实值期权普通股数量				2.750
减：回购普通股数量				(1.250)
期权新增普通股数量				**1.500**
加：可转债普通股数量				–
全面稀释普通股数量				**100.000**
股票期权/认股权证				
批次	**发行数量**	**行权价格**	**实值期权数量**	**收入**
批次1	1.250	$10.00	1.250	$12.5
批次2	1.000	30.00	1.000	30.0
批次3	0.500	40.00	0.500	20.0
批次4	0.250	60.00	–	–
批次5	–	–	–	–
合计	**3.000**	–	**2.750**	**$62.5**
可转债				
	数量	**转股价格**	**转股比例**	**新发行数量**
发行1	–	–	–	–
发行2	–	–	–	–
发行3	–	–	–	–
发行4	–	–	–	–
发行5	–	–	–	–
合计	–	–	–	–

= 实值期权数量合计

= 期权收入合计/当前股票价格
= 6 250万美元/50美元

= IF（加权平均行权价格<当前股票价格，显示股票数量，否则显示0）
= IF(10<50, 1.25,0)

= IF（实值期权数量>0，实值期权数量×加权平均行权价格，否则显示0）
= IF（1.25>0,1.25×10,0）

股权价值。全面稀释普通股数量 1 亿股的结果输入“精选市场数据”一栏中，然后乘以盖斯帕公司的当前股票价格 50 美元，得出股权价值为 50 亿美元（见表 1-26）。这一计算得出的股权价值结果将作为计算企业价值的基础。

表 1-26 股权价值

（单位：100万美元，每股数据除外）

精选市场数据		
当前股价	2019/12/20	$50.00
占52周股价高点%		*80.0%*
52周股价高点	2019/7/19	62.50
52周股价低点	2019/4/5	40.00
每股股利（最近季度）		0.25
全面稀释普通股数量		100.000
股权价值		**$5 000.0**
加：有息债务		–
加：优先股		–
加：非控股股东权益		–
减：现金及现金等价物		–
企业价值		–

= 当前股票价格×全面稀释普通股数量
= 50美元×10 000万股

资产负债表数据。在“资产负债表数据”一栏中，我们填入了直接从盖斯帕公司的10–Q文件中摘取的截至2018年12月31日的上一个财年和截至2019年9月30日的最近一个季度的资产负债表数据（见表1-27）。

表1-27　资产负债表数据栏内容

（单位：100万美元）

资产负债表数据	2018A	2019/9/30
现金及现金等价物	\$75.0	\$100.0
应收账款	625.0	650.0
存货	730.0	750.0
预付款及其他流动资产	225.0	250.0
流动资产合计	**\$1 655.0**	**\$1 750.0**
固定资产净值	1 970.0	2 000.0
商誉及无形资产	775.0	800.0
其他资产	425.0	450.0
资产合计	**\$4 825.0**	**\$5 000.0**
应付账款	275.0	300.0
应计负债	450.0	475.0
其他流动负债	125.0	150.0
流动负债合计	**\$850.0**	**\$925.0**
负债	1 875.0	1 850.0
其他长期负债	500.0	500.0
负债合计	**\$3 225.0**	**\$3 275.0**
非控股股东权益	–	–
优先股	–	–
股东权益	1 600.0	1 725.0
负债及所有者权益	**\$4 825.0**	**\$5 000.0**
平衡检验	*0.000*	*0.000*

企业价值。我们用精选的资产负债表数据，特别是债务总额和现金总额的数据，加上之前计算的股权价值，来计算盖斯帕公司的企业价值。如表1-28所示，截至2019年12月20日，盖斯帕公司的未偿债务总额为18.5亿美元，现金及现金等价物为1亿美元。净债务余额17.5亿美元加上股权价值50亿美元，计算得出企业价值为67.5亿美元。

已披露利润表。在“已披露利润表”一栏中，我们填入了直接摘自盖斯帕公司的最新10–K和10–Q文件中的历史利润表项目。根据上一个财务年度数据和上年同期及当前年度迄今财务数据，LTM栏自动计算出了盖斯帕公司的LTM财务数据（见表1-29）。

表 1-28　企业价值

（单位：100万美元，每股数据除外）

精选市场数据		
当前股价	2019/12/20	$50.00
占52周股价高点%		*80.0%*
52周股价高点	2019/7/19	62.50
52周股价低点	2019/4/5	40.00
每股股利（最近季度）		0.25
全面稀释普通股数量		100.000
股权价值		**$5 000.0**
加：有息债务		1 850.0
加：优先股		-
加：非控股股东权益		-
减：现金及现金等价物		(100.0)
企业价值		**$6 750.0**

= 股权价值+有息债务-现金及现金等价物
= 50亿美元+18.5亿美元-1亿美元

表 1-29　已披露利润表

（单位：100万美元，每股数据除外）

已披露利润表	财务年度截止日12月31日			去年同期	本年迄今	LTM
	2016A	2017A	2018A	2018/9/30	2019/9/30	2019/9/30
销售收入	$3 750.0	$4 150.0	$4 500.0	$3 375.0	$3 600.0	**$4 725.0**
销货成本（含折旧和摊销）	2 450.0	2 700.0	2 925.0	2 200.0	2 350.0	3 075.0
毛利润	**$1 300.0**	**$1 450.0**	**$1 575.0**	**$1 175.0**	**$1 250.0**	**$1 650.0**
销售、行政及管理费用	750.0	830.0	900.0	675.0	720.0	945.0
其他费用/（收益）	–	–	–	–	–	–
息税前利润	**$550.0**	**$620.0**	**$675.0**	**$500.0**	**$530.0**	**$705.0**
利息费用	110.0	105.0	102.0	75.0	73.0	100.0
税前利润	**$440.0**	**$515.0**	**$573.0**	**$425.0**	**$457.0**	**$605.0**
所得税	110.0	128.8	143.3	106.3	114.3	151.3
非控股股东损益	–	–	–	–	–	–
优先股股利	–	–	–	–	–	–
净利润	**$330.0**	**$386.3**	**$429.8**	**$318.8**	**$342.8**	**$453.8**
有效税率	*25.0%*	*25.0%*	*25.0%*	*25.0%*	*25.0%*	*25.0%*
加权平均普通股数量	100.0	100.0	100.0	100.0	100.0	100.0
稀释每股收益	**$3.30**	**$3.86**	**$4.30**	**$3.19**	**$3.43**	**$4.54**

= 上一财务年度+本年迄今-去年同期
= 45亿美元+36亿美元-33.75亿美元

调整后利润表。在填入已披露利润表内容后，我们在“调整后利润表”一栏中做了适当调整，调整依据为我们认定的非经常性项目（见表 1-30），即：

- 2018 年第四季度售出一笔非核心业务后收入 2 500 万美元税前收益
- 2019 年第二季度与产品淘汰相关的税前存货跌价损失 3 000 万美元
- 2019 年第三季度与遣散费相关的税前重组费用 1 500 万美元

作为基于主观判断的非经常性项目调整，我们对判定和出处做了细致的注释。

表 1-30　调整后利润表栏内容

（单位：100万美元，每股数据除外）

调整后利润表

	财务年度截止日12月31日			去年同期	本年迄今	LTM	
	2016A	2017A	2018A	2018/9/30	2019/9/30	2019/9/30	
已披露毛利润	$1 300.0	$1 450.0	$1 575.0	$1 175.0	$1 250.0	$1 650.0	
销货成本的非经常性支出	–	–	–	–	30.0	30.0	(1)
调整后毛利润	**$1 300.0**	**$1 450.0**	**$1 575.0**	**$1 175.0**	**$1 280.0**	**$1 680.0**	
利润率	*34.7%*	*34.9%*	*35.0%*	*34.8%*	*35.6%*	*35.6%*	
已披露息税前利润	$550.0	$620.0	$675.0	$500.0	$530.0	$705.0	
销货成本的非经常性支出	–	–	–	–	30.0	30.0	
其他非经常性支出	–	–	(25.0)	–	15.0	(10.0)	(2) (3)
调整后的息税前利润	**$550.0**	**$620.0**	**$650.0**	**$500.0**	**$575.0**	**$725.0**	
利润率	*14.7%*	*14.9%*	*14.4%*	*14.8%*	*16.0%*	*15.3%*	
折旧和摊销	155.0	165.0	175.0	125.0	125.0	175.0	
调整后的EBITDA	**$705.0**	**$785.0**	**$825.0**	**$625.0**	**$700.0**	**$900.0**	
利润率	*18.8%*	*18.9%*	*18.3%*	*18.5%*	*19.4%*	*19.0%*	
已披露净利润	$330.0	$386.3	$429.8	$318.8	$342.8	$453.8	
销货成本的非经常性支出	–	–	–	–	30.0	30.0	
其他非经常性支出	–	–	(25.0)	–	15.0	(10.0)	
非经营性非经常性支出	–	–	–	–	–	–	
所得税调整	–	–	6.3	-	(11.3)	(5.0)	
调整后的净利润	**$330.0**	**$386.3**	**$411.0**	**$318.8**	**$376.5**	**$468.8**	
利润率	*8.8%*	*9.3%*	*9.1%*	*9.4%*	*10.5%*	*9.9%*	
调整后的稀释每股收益	$3.30	$3.86	$4.11	$3.19	$3.77	$4.69	

备注

（1）2019年第二季度，盖斯帕公司记录了一笔和产品废弃有关的税前3 000万美元的存货减值损失（见2019 第二季度10-Q报告管理层讨论和分析，第14页）

（2）2018年第四季度，盖斯帕公司实现了一笔和处置公司非核心业务有关的税前收益2500万美元（见2018 10-K报告 管理层讨论和分析，第45页）

（3）2019年第三季度，盖斯帕公司确认了一笔和关闭生产设施有关的1 500万美元税前重组费用。（见2019 第三季度10-Q报告 管理层讨论和分析，第15页）

出售非核心业务的收益

存货重估（减值）

重组费用

= 出售资产税前收益调整×边际税率
= −2 500万美元×25%

= 加回税前存货和重组费用×边际税率
= （−3 000万美元+1 500万美元）×25%

如表1-30所示，我们在“本年迄今2019/9/30”栏下的“销货成本的非经常性支出”一行里，填入了加回的3 000万美元非经常性存货跌价损失；我们还将1 500万美元的重组费用加回到了“本年迄今2019/9/30”栏下的“其他非经常性支出”一行中。然而，资产出售的2 500万美元收益却从“2018A”栏下的“已披露息税前利润”中剔出（作为负数填入）。这些计算的结果是LTM EBIT和EBITDA分别为7.25亿美元和9亿美元。

为了计算分别加回3 000万美元和1 500万美元的全部非经常性费用、减去出售所得2 500万美元后的LTM调整后净利润，我们在税务调整一行中做了税务调整。这些调整的计算公式是用每笔数额乘以盖斯帕公司的边际税率 25%。由此便分别产生了 4.688 亿美元的调整后净利润和 4.69 美元的稀释 EPS。接着，调整后的财务数据用作计算基准比较分析中所采用的各种 LTM 营利能力比率、信用数据和交易乘数（见表 1-36 ~ 表 1-38）。

现金流量表数据。盖斯帕公司的历史经营性现金流按照非经常性项目调整后，折旧和摊销以及资本性支出照搬其 10–K 和 10–Q 文件中的数据直接填到输入页面（见表 1-31）。我们也计算了各年度的自由现金流，即从经营性现金流中减去资本性支出，并接着计算出了自由现金流占销售收入的比率为 6.7%，2019/9/30 的 LTM 每股自由现金流为 3.15 美元。

表 1-31　现金流量表数据栏内容

（单位：100万美元，每股数据除外）

现金流量表数据	财务年度截止日12月31日			去年同期	本年迄今	LTM
	2016A	2017A	2018A	2018/9/30	2019/9/30	2019/9/30
经营性现金流	400.0	450.0	500.0	360.0	380.0	520.0
资本性支出	170.0	185.0	200.0	150.0	155.0	205.0
销售收入	*4.5%*	*4.5%*	*4.4%*	*4.4%*	*4.3%*	*4.3%*
自由现金流	**$230.0**	**$265.0**	**$300.0**	**$210.0**	**$225.0**	**$315.0**
利润率	*6.1%*	*6.4%*	*6.7%*	*6.2%*	*6.3%*	*6.7%*
FCF/每股	**$2.30**	**$2.65**	**$3.00**	**$2.10**	**$2.25**	**$3.15**
折旧和摊销	155.0	165.0	175.0	125.0	125.0	175.0
占销售收入%	*4.1%*	*4.0%*	*3.9%*	*3.7%*	*3.5%*	*3.7%*

LTM 投资回报率

投入资本回报率。我们计算的投入资本回报率为 21.1%（见表 1-32），公式是盖斯帕公司的 7.25 亿美元 LTM 2019/9/30 调整后 EBIT（由表 1-30 计算得出）除以该公司截至 2018 年 12 月 31 日和 2019 年 9 月 30 日期间的平均净债务和股东权益之和：7.25 亿美元 / {[（18.75 亿美元 – 0.75 亿美元 +16 亿美元）+（18.5 亿美元 – 1 亿美元 +17.25 亿美元）] /2）}。

净资产收益率。我们计算的净资产收益率为 28.2%，公式是盖斯帕公司的 4.688 亿美元 LTM 2019/9/30 调整后净利润（表 1-30 计算得出）除以该公司截至 2018 年 12 月 31 日和 2019 年 9 月 30 日期间的平均股东权益：4.688 亿美元 / [（16 亿美元 + 17.25 亿美元）/ 2]。

总资产收益率。我们计算的总资产收益率为 9.5%，公式是盖斯帕公司的 4.688 亿美元 LTM 2019/9/30 调整后净利润除以该公司截至 2018 年 12 月 31 日和2019年9月30日期间的平均资产总额：4.688亿美元/［（48.25亿美元+50亿美元）/2］。

股息收益率。为了计算股息收益，我们将盖斯帕公司最近一个季度派发的每股红利0.25美元（见表1-24）做了年化处理，隐含年红利派发额为每股1美元。我们核查了最近的新闻公告，以确保在申报10-Q文件后红利政策没有发生变化。接着，隐含的年化红利每股1美元除以盖斯帕公司的当前股票价格50美元，计算得出隐含年股息收益率为2%。

表1-32　LTM投资回报率栏

LTM投资回报率	
投入资本回报率	21.1%
净资产收益率	28.2%
总资产收益率	9.5%
隐含年股息收益率	2.0%

= LTM 调整后EBIT/（2018年（负债-现金+所有权权益）与2019年9月30日（负债-现金+所有者权益）的平均值）
= 7.25亿美元/{[18.75亿美元-0.75亿美元+16亿美元）+（18.50亿美元-1亿万美元+17.25亿美元]/2}

= LTM 调整后净利润/（2018年所有权权益与2019年9月30日所有者权益的平均值）
= 4.688亿美元/[（16亿美元+17.25亿美元）/2]

= LTM 调整后净利润/（2018年总资产与2019年9月30日总资产的平均值）
= 4.688亿美元/[（48.25亿美元+50亿美元）/2]

=（季度股利×4）/当前股票价格
=（0.25美元×4）/50美元

LTM信用统计

债务对资本总额比。计算债务对资本总额比时，用盖斯帕公司截至2019年9月30日的负债18.50亿美元除以该公司同期的负债和股东权益之和：18.5亿美元/（18.5亿美元+17.25亿美元）。计算得出债务对资本总额比为51.7%（见表1-33）。

债务对EBITDA比。计算债务对EBITDA比时，用盖斯帕公司的负债18.5亿美元除以该公司9亿美元LTM 2019/9/30调整后EBITDA。计算得出总杠杆乘数为2.1倍（净债务乘数为1.9倍）。

EBITDA对利息费用比。计算EBITDA对利息费用比时，用盖斯帕公司的9亿美元LTM 2019/9/30调整后EBITDA除以该公司同期的利息费用1亿美元。计算得出比率数9倍。计算得出盖斯帕公司的（EBITDA-资本性支出）对利息费用比和EBIT对利息费用比分别为7倍和7.3倍。

表 1-33 LTM 信用统计数据栏

LTM信用比率	
负债/投入资本	*51.7%*
负债/EBITDA	2.1x
净负债/EBITDA	1.9x
EBITDA/利息费用	9.0x
(EBITDA-资本性支出)/利息费用	7.0x
EBIT/利息费用	7.3x

= 2019年9月30日负债/（2019年9月30日负债+2019年9月30日所有者权益）
= 18.5亿美元/(18.5亿美元+17.25亿美元）

= 2019年9月30日负债/LTM EBITDA
= 18.5亿美元/9亿美元

=（2019年9月30日负债-现金）/LTM调整后 EBITDA
=（18.5亿美元-1亿美元）/9亿美元

= LTM 调整后EBITDA/LTM 利息费用
= 9亿美元/1亿美元

交易乘数

在“交易乘数”一栏中，我们填入了市场对盖斯帕公司 2019E、2020E 和 2021E 的销售收入、EBITDA、EBIT 和 EPS 的普遍预期（见表 1-34）。这些预期数以及计算得出的企业价值和股权价值，用于计算前瞻性交易乘数。盖斯帕公司的 LTM 调整后财务数据也与这一栏内容相连，用于计算 LTM 交易乘数。

企业价值乘数。计算企业价值对 LTM EBITDA 之比时，我们用盖斯帕公司的 67.5 亿美元企业价值除以该公司 9 亿美元的 LTM 2019/9/30 调整后 EBITDA，得出乘数为 7.5 倍。计算企业价值对 2019E EBITDA 比时，我们同样用 67.5 亿美元的企业价值除以盖斯帕公司的 9.5 亿美元 2019E EBITDA，计算得出乘数为 7.1 倍。这一方法还用在了企业价值对 2020E EBITDA 和 2021E EBITDA 比的计算上，以及 LTM、前瞻性销售收入和 EBIT 企业价值乘数的计算中。

市盈率。计算市盈率的方法与企业价值对 EBITDA 比的计算方法相同。我们用盖斯帕公司的当前股票价格 50 美元除以分别为 4.69 美元、5.10 美元、5.50 美元和 5.75 美元的 LTM、2019E、2020E 和 2021E 的每股收益。计算结果得出的市盈率分别为 10.7 倍、9.8 倍、9.1 倍和 8.7 倍。

自由现金流收益率（FCF Yield）。自由现金流是决定估值的重要因素。自由现金流也是公司是否有足够现金给股东提供回报或偿还债务的重要指标。因此，很多投资者非常看重自由现金流收益率，其计算方法是用（经营性现金流 – 资本性支出）/ 股票市值，或者每股自由现金流 / 每股价格。根据计算，盖斯帕公司 LTM、2019E、2020E 和 2021E 的自由现金流收益率分别是 6.3%、7.5%、8.3% 和 9.1%。

表 1-34 交易乘数栏

（单位：100万美元，每股数据除外）

交易乘数	LTM 2019/9/30	NFY 2019E	NFY+1 2020E	NFY+2 2021E
EV/销售收入	1.4x	1.4x	1.3x	1.2x
数值	$4 725.0	$5 000.0	$5 350.0	$5 625.0
EV/ EBITDA	7.5x	7.1x	6.6x	6.3x
数值	$900.0	$950.0	$1 025.0	$1 075.0
EV/EBIT	9.3x	8.8x	8.2x	7.8x
数值	$725.0	$765.0	$825.0	$865.0
P/E	10.7x	9.8x	9.1x	8.7x
数值	$4.69	$5.10	$5.50	$5.75
FCF收益率	*6.3%*	*7.5%*	*8.3%*	*9.1%*
数值	$3.15	$3.75	$4.15	$4.55

= 企业价值/LTM 销售收入
= 67.5亿美元/47.5亿美元

= 企业价值/2019E EBITDA
= 67.5亿美元/9.5亿美元

= 当前每股价格/2020E每股收益
= 50/5.5

= 2021E每股自由现金流/每股价格
= 4.55/50

增长率

在“增长率”一栏中，我们计算了各个时期盖斯帕公司的历史和预期销售收入、EBITDA 和 EPS 增长率。在历史数据方面，采用了调整后利润表 1-30 中的财务数据。如表 1-35 所示，盖斯帕公司的 EPS 比上年增长了 6.4%（一年历史增长率），两年历史复合增长率为 11.6%。

在前瞻性增长率方面，采用了“交易乘数”栏中的市场普遍预期数据。以前瞻性一年为基础，盖斯帕公司从 2018A 到 2019E 的预计 EPS 增长率为 24.1%，预计从 2018A 到 2020E 的年复合增长率为 15.7%。我们采用了市场普遍预期中的盖斯帕公司长期 EPS 增长率 12%，该比率数依据的是以股票分析师的预期为基础的市场普遍预期。

第四步：进行可比公司的基准比较

完成了第一步至第三步的工作后，我们便做好了为 ValueCo 进行可比公司基准比较的准备。

表 1-35　增长率栏内容

增长率	销售收入	EBITDA	FCF	EPS
历史				
1年	*8.4%*	*5.1%*	*13.2%*	*6.4%*
2年复合增长率	*9.5%*	*8.2%*	*14.2%*	*11.6%*
预计				
1年	*11.1%*	*15.2%*	*25.0%*	*24.1%*
2年复合增长率	*9.0%*	*11.5%*	*17.6%*	*15.7%*
长期				*12.0%*

= 2019年销售收入/2018年销售收入-1
= 50亿美元/45亿美元-1

=（2020E EBTDA/2018年调整后EBITDA）^[1/(2020E–2018A)]–1
=（10.25亿美元/8.25亿美元）^(1/2)–1

前两张基准比较输出页面的重点是可比公司的财务特征，让我们有能力确定 ValueCo 在关键性价值驱动因素方面在同行中的排名位置（见表 1-36 和表 1-37）。这种基准比较分析，结合关键性业务特征的研究（见表 1-3），也能识别出与 ValueCo 最接近的可比公司——在这里就是 BuyerCo 公司、盖斯帕公司和舍曼公司。这些最接近的可比公司是帮助我们框定最终估值范围的途径。

同理，基准比较分析能帮我们识别出外围异常型公司，比如麦克米伦公司和艾德全球公司，这两家公司因为规模和营利能力的差异被认定相关性较小。在这个案例中，没有完全剔除外围异常型公司。相反，我们选择根据可比公司的子领域和规模分为三个组——特殊化工、日用化工 / 多元化工和小型化工。位于“特殊化工”组的公司在关键业务特征、财务特征方面更接近 ValueCo，因而更具相关性。然而，属于“日用化工 / 多元化工”和“小型化工”组的公司则作为更加周全分析的一部分为我们提供进一步的参考视角。

我们用表 1-38 中的输出页面来分析、比较 ValueCo 的可比公司的交易乘数。如前所述，财务绩效一般都直接转化为估值（即业绩最佳者往往会获得超越其同行的估值溢价，而业绩落后者往往会折价交易）。因此，我们把重点放在 ValueCo 的最接近可比公司的乘数上，作为框定估值范围的基础。

表 1-39 展示了某些股票分析师和投资者喜欢的可比公司分析的输出页面格式。很多分析师重点关注自由现金流的产生能力，来作为估值和投资决策的重要参考指标。

表 1-36　ValueCo：基准比较分析——财务指标和比率（第 1 页）

ValueCo公司

基准比较分析——财务指标和比率，第1页

（单位：100万美元，每股数据除外）

		市值		最近12个月财务指标					最近12个月盈利比率				增长率						
										EBITDA	EBIT		销售收入		EBITDA		EPS		
公司	代码	股权价值	企业价值	销售收入	毛利润	EBITDA	EBIT	净利润	毛利率(%)	利润率(%)	利润率(%)	净利率(%)	历史1年	预计1年	历史1年	预计1年	历史1年	预计1年	预计长期
ValueCo公司	NA	–	–	$3 385	$1 155	$700	$500	$300	34%	21%	15%	9%	10%	9%	15%	9%	NA	NA	NA
分层1：特殊化工																			
BuyerCo公司	BUY	$9 800	$11 600	$6 560	$2 329	$1 443	$1 279	$853	36%	22%	20%	13%	14%	8%	22%	8%	27%	9%	7%
舍曼公司	SHR	5 600	8 101	5 895	1 945	1 047	752	507	33%	18%	13%	9%	10%	7%	10%	7%	11%	11%	9%
珍珠集团	PRL	5 172	5 804	4 284	1 585	839	625	393	37%	20%	15%	9%	10%	7%	10%	7%	10%	15%	11%
盖斯帕公司	JDG	5 000	6 750	4 725	1 680	900	725	469	36%	19%	15%	10%	8%	11%	5%	15%	6%	24%	12%
卡姆热公司	KUM	4 852	5 345	3 187	922	665	506	306	29%	21%	16%	10%	10%	8%	10%	8%	11%	20%	10%
平均值									34%	20%	16%	10%	10%	8%	11%	9%	13%	16%	10%
中位值									36%	20%	15%	10%	10%	8%	10%	8%	11%	15%	10%
分层2：日用化工/多元化工																			
法伦集团	FLN	$7 480	$11 254	$11 835	$3 373	$1 636	$1 044	$563	29%	14%	9%	5%	5%	4%	5%	4%	5%	18%	5%
顾德森公司	GDS	4 160	5 660	4 769	1 431	763	525	258	30%	16%	11%	5%	10%	5%	10%	5%	17%	16%	9%
普瑞尔工业	PRI	3 926	4 166	3 682	1 178	569	421	275	32%	15%	11%	7%	5%	5%	5%	5%	2%	11%	10%
兰茨环球	LNZ	3 230	3 823	3 712	854	578	430	282	23%	16%	12%	8%	5%	5%	4%	5%	4%	16%	8%
麦克米伦公司	MCM	3 193	3 193	3 223	903	355	226	144	28%	11%	7%	4%	5%	15%	5%	15%	7%	20%	12%
平均值									28%	14%	10%	6%	6%	7%	6%	7%	7%	16%	9%
中位值									29%	15%	11%	5%	5%	5%	5%	5%	5%	16%	9%
分层3：小型化工																			
蒙佩尔公司	MOMP	$2 240	$2 921	$2 077	$457	$378	$295	$158	22%	18%	14%	8%	5%	11%	5%	11%	7%	8%	5%
艾德全球	ADL	1 217	1 463	1 550	387	245	183	108	25%	16%	12%	7%	5%	5%	5%	5%	7%	8%	7%
沙克特父子	STM	1 125	1 674	1 703	426	238	170	92	25%	14%	10%	5%	11%	15%	11%	15%	16%	19%	11%
歌新控股	MGP	1 035	1 298	1 606	273	177	112	63	17%	11%	7%	4%	5%	15%	5%	15%	11%	15%	8%
克里斯潘全球	MCR	872	1 222	1 443	390	190	133	74	27%	13%	9%	5%	5%	15%	4%	14%	5%	10%	6%
平均值									23%	14%	10%	6%	6%	12%	6%	12%	9%	12%	7%
中位值									25%	14%	10%	5%	5%	15%	5%	14%	7%	10%	7%
总计																			
平均值									29%	16%	12%	7%	8%	9%	8%	9%	10%	15%	9%
中位值									29%	16%	12%	7%	5%	8%	5%	8%	7%	15%	9%
高点									37%	22%	20%	13%	14%	15%	22%	15%	27%	24%	12%
低点									17%	11%	7%	4%	5%	4%	4%	4%	2%	8%	5%

数据来源：公司申报备案文件、彭博社、市场普遍预期。

备注：最近12个月数据以2019年9月30日为基准，预计年度财务数据依据日历年。

表 1-37 **ValueCo：基准比较分析——财务指标和比率（第 2 页）**

ValueCo 公司

基本比较分析—— 财务指标和比率，第2页

（单位：100万美元，每股数据除外）

公司	代码	预测年末	预测贝塔	ROIC (%)	ROE (%)	ROA (%)	隐含股利收益率 (%)	负债/投入资本 (%)	负债/EBITDA (x)	净负债/EBITDA (x)	EBITDA/利息费用 (x)	（EBITDA-资本性支出）/利息费用 (x)	EBIT/利息费用 (x)	穆迪	标普
	一般资料			投资回报率				最近12个月杠杆比例			最近12个月保障比率			信用评级	
ValueCo 公司	NA	Dec-31	NA	10%	9%	5%	NA	30%	2.1x	1.9x	7.0x	5.5x	5.0x	NA	NA
分层1：特殊化工															
BuyerCo公司	BUY	12月31日	1.35	30%	35%	11%	0%	47%	1.5x	1.2x	10.1x	8.8x	9.0x	Baa3	BBB−
舍曼公司	SHR	12月31日	1.46	16%	22%	7%	2%	57%	3.0x	2.4x	13.8x	10.7x	9.9x	Ba1	BB+
珍珠集团	PRL	12月31日	1.28	20%	17%	9%	0%	37%	1.8x	0.8x	8.4x	7.1x	6.2x	Ba1	BB+
盖斯帕公司	JDG	12月31日	1.30	21%	28%	10%	2%	52%	2.1x	1.9x	9.0x	7.0x	7.3x	Ba2	BB
卡姆热公司	KUM	12月31日	1.50	17%	12%	7%	2%	25%	1.3x	0.6x	11.0x	8.7x	8.4x	Ba1	BB+
平均值			1.38	21%	23%	9%	1%	44%	1.9x	1.4x	10.5x	8.4x	8.2x		
中位值			1.35	20%	22%	9%	2%	47%	1.8x	1.2x	10.1x	8.7x	8.4x		
分层2：日用化工/多元化工															
法伦集团	FLN	12月31日	1.39	16%	17%	5%	3%	55%	2.5x	2.2x	5.7x	3.8x	3.6x	Ba3	BB
顾德森公司	GDS	12月31日	1.53	15%	13%	5%	1%	52%	2.9x	2.0x	4.2x	3.0x	2.9x	Ba2	BB−
普瑞尔工业	PRI	12月31日	1.26	14%	10%	6%	1%	19%	1.1x	0.4x	11.1x	8.9x	8.2x	Ba2	BB
兰茨环球	LNZ	12月31日	1.28	17%	14%	7%	0%	27%	1.3x	1.0x	10.7x	7.9x	7.9x	Ba3	BB−
麦克米伦公司	MCM	12月31日	1.34	12%	8%	5%	1%	18%	1.2x	0.0x	10.6x	8.2x	6.7x	Ba2	BB−
平均值			1.36	15%	12%	6%	1%	34%	1.8x	1.1x	8.5x	6.4x	5.9x		
中位值			1.34	15%	13%	5%	1%	27%	1.3x	1.0x	10.6x	7.9x	6.7x		
分层3：小型化工															
蒙佩尔公司	MOMP	12月31日	1.50	19%	17%	7%	4%	50%	2.6x	1.8x	4.5x	3.7x	3.5x	Ba1	BB
艾德全球	ADL	12月31日	1.46	12%	8%	4%	4%	22%	1.6x	1.0x	6.2x	5.0x	4.7x	Ba2	BB
沙克特父子	STM	12月31日	1.40	12%	10%	4%	1%	38%	2.5x	2.3x	5.0x	3.2x	3.6x	Ba3	BB−
歌新控股	MGP	12月31日	1.55	13%	11%	5%	3%	34%	1.8x	1.4x	6.3x	4.7x	4.0x	Ba3	BB−
克里斯潘全球	MCR	12月31日	1.70	10%	8%	5%	0%	28%	2.1x	1.8x	5.7x	4.4x	3.9x	Ba3	B+
平均值			1.52	13%	11%	5%	2%	35%	2.1x	1.7x	5.5x	4.2x	3.9x		
中位值			1.50	12%	10%	5%	3%	34%	2.1x	1.8x	5.7x	4.4x	3.9x		
总计															
平均值			1.42	16%	15%	7%	1%	37%	2.0x	1.4x	8.2x	6.3x	6.0x		
中位值			1.40	16%	13%	6%	1%	37%	1.8x	1.4x	8.4x	7.0x	6.2x		
高点			1.70	30%	35%	11%	4%	57%	3.0x	2.4x	13.8x	10.7x	9.9x		
低点			1.26	10%	8%	4%	0%	18%	1.1x	0.0x	4.2x	3.0x	2.9x		

数据来源：公司申报备案文件、彭博社、市场普遍预期。

备注：最近12个月数据以2019年9月30日为基准，预计年度财务数据依据日历年。

表 1-38　可比公司分析——交易乘数汇总页

ValueCo公司
可比公司分析
（单位：100万美元，每股数据除外）

						企业价值/											股价/			
公司	代码	当前股价	52周高点%	股权价值	企业价值	LTM销售收入	2019E销售收入	2020E销售收入	LTM EBITDA	2019E EBITDA	2020E EBITDA	LTM EBIT	2019E EBIT	2020E EBIT	LTM EBITDA利润率	债务/EBITDA	LTM EPS	2019E EPS	2020E EPS	EPS长期增长率
分层1：特殊化工																				
BuyerCo公司	BUY	$70.00	91%	$9 800	$11 600	1.8x	1.7x	1.6x	8.0x	7.8x	7.3x	9.1x	8.8x	8.2x	22%	1.5.x	11.5x	11.1x	10.3x	7%
舍曼公司	SHR	40.00	76%	5 600	8 101	1.4x	1.4x	1.3x	7.7x	7.7x	7.2x	10.8x	10.7x	10.1x	18%	3.0.x	11.0x	10.6x	9.7x	9%
珍珠集团	PRL	68.50	95%	5 172	5 856	1.4x	1.4x	1.3x	7.0x	7.0x	6.5x	9.4x	9.4x	8.7x	20%	1.8.x	13.1x	12.2x	11.1x	11%
盖斯帕公司	JDG	50.00	80%	5 000	6 750	1.4x	1.4x	1.3x	7.5x	7.1x	6.6x	9.3x	8.8x	8.2x	19%	2.1.x	10.7x	9.8x	9.1x	12%
卡姆热公司	KUM	52.50	88%	4 852	5 345	1.7x	1.7x	1.5x	8.0x	7.9x	7.4x	10.6x	10.4x	9.7x	21%	1.3.x	15.8x	13.6x	11.8x	10%
平均值						**1.5x**	**1.5x**	**1.4x**	**7.7x**	**7.5x**	**7.0x**	**9.8x**	**9.6x**	**9.0x**	**20%**	**1.9x**	**12.4x**	**11.5x**	**10.4x**	**10%**
中位值						**1.4x**	**1.4x**	**1.3x**	**7.7x**	**7.7x**	**7.2x**	**9.4x**	**9.4x**	**8.7x**	**20%**	**1.8x**	**11.5x**	**11.1x**	**10.3x**	**10%**
分层2：日用化工/多元化工																				
法伦集团	FLN	$31.00	87%	$7 480	$11 254	1.0x	1.0x	0.9x	6.9x	7.0x	6.7x	10.8x	11.0x	10.5x	14%	2.5.x	13.3x	12.4x	10.8x	5%
顾德森公司	GDS	64.00	83%	4 160	5 660	1.2x	1.2x	1.1x	7.4x	7.5x	7.2x	10.8x	11.0x	10.4x	16%	2.9.x	16.1x	15.4x	13.5x	9%
普瑞尔工业	PRI	79.00	88%	3 926	4 166	1.1x	1.2x	1.1x	7.3x	7.4x	7.1x	9.9x	10.1x	9.6x	15%	1.1.x	14.3x	13.9x	12.7x	10%
兰茨环球	LNZ	32.25	95%	3 230	3 823	1.0x	1.0x	1.0x	6.6x	6.7x	6.4x	8.9x	9.0x	8.6x	16%	1.3.x	11.5x	10.7x	9.7x	8%
麦克米伦公司	MCM	33.50	80%	3 193	3 193	1.0x	0.9x	0.8x	9.0x	8.4x	7.5x	14.2x	13.1x	11.8x	11%	1.2.x	22.2x	19.3x	16.8x	12%
平均值						**1.1x**	**1.1x**	**1.0x**	**7.4x**	**7.4x**	**7.0x**	**10.9x**	**10.8x**	**10.2x**	**14%**	**1.8x**	**15.5x**	**14.3x**	**12.7x**	**9%**
中位值						**1.0x**	**1.0x**	**1.0x**	**7.3x**	**7.4x**	**7.1x**	**10.8x**	**11.0x**	**10.4x**	**15%**	**1.3x**	**14.3x**	**13.9x**	**12.7x**	**9%**
分层3：小型化工																				
蒙佩尔公司	MOMP	$28.00	95%	$2 240	$2 921	1.4x	1.4x	1.2x	7.7x	7.4x	6.7x	9.9x	9.5x	8.6x	18%	2.6.x	14.2x	14.4x	13.4x	5%
艾德全球	ADL	10.50	80%	1 217	1 463	0.9x	1.0x	0.9x	6.0x	6.1x	5.8x	8.0x	8.1x	7.7x	16%	1.6.x	11.3x	12.2x	11.3x	7%
沙克特父子	STM	4.50	89%	1 125	1 674	1.0x	0.9x	0.8x	7.0x	6.5x	5.7x	9.8x	9.1x	7.9x	14%	2.5.x	12.2x	11.3x	10.0x	11%
歌新控股	MGP	50.00	67%	1 035	1 298	0.8x	0.8x	0.7x	7.3x	6.8x	6.1x	11.5x	10.7x	9.7x	11%	1.8.x	16.5x	15.6x	14.2x	8%
克里斯潘全球	MCR	27.00	80%	872	1 222	0.8x	0.8x	0.7x	6.4x	6.0x	5.4x	9.2x	8.6x	7.7x	13%	2.1.x	11.8x	11.6x	10.5x	6%
平均值						**1.0x**	**1.0x**	**0.9x**	**6.9x**	**6.6x**	**5.9x**	**9.7x**	**9.2x**	**8.3x**	**14%**	**2.1x**	**13.2x**	**13.0x**	**11.9x**	**7%**
中位值						**0.9x**	**0.9x**	**0.8x**	**7.0x**	**6.5x**	**5.8x**	**9.8x**	**9.1x**	**7.9x**	**14%**	**2.1x**	**12.2x**	**12.2x**	**11.3x**	**7%**
总计																				
平均值						**1.2x**	**1.2x**	**1.1x**	**7.3x**	**7.2x**	**6.6x**	**10.1x**	**9.9x**	**9.2x**	**16%**	**2.0x**	**13.7x**	**12.9x**	**11.7x**	**9%**
中位值						**1.1x**	**1.2x**	**1.1x**	**7.3x**	**7.1x**	**6.7x**	**9.9x**	**9.5x**	**8.7x**	**16%**	**1.8x**	**13.1x**	**12.2x**	**11.1x**	**9%**
高点						**1.8x**	**1.7x**	**1.6x**	**9.0x**	**8.4x**	**7.5x**	**14.2x**	**13.1x**	**11.8x**	**22%**	**3.0x**	**22.2x**	**19.3x**	**16.8x**	**12%**
低点						**0.8x**	**0.8x**	**0.7x**	**6.0x**	**6.0x**	**5.4x**	**8.0x**	**8.1x**	**7.7x**	**11%**	**1.1x**	**10.7x**	**9.8x**	**9.1x**	**5%**

数据来源：公司申报备案文件、彭博社、市场普遍预期。

备注：最近12个月数据以2019年9月30日为基准，预计年度财务数据依据日历年。

表 1-39　可比公司分析——股票分析师 / 股票投资人交易乘数汇总页

ValueCo 公司

可比公司分析

（单位：100万美元，每股数据除外）

公司	代码	当前股价	52周高点%	股权价值	企业价值	EV/EBITDA 2019E	EV/EBITDA 2020E	EBITDA利润率 2019E	LTM债务/EBITDA	LTM利息费用/EBITDA	P/E 2019E	P/E 2020E	EPS长期增长率	股利收益率	现金流收益率 2019E	现金流收益率 2020E
分层1: 特殊化工																
BuyerCo公司	BUY	$70.00	91%	$9 800	$11 600	7.8x	7.3x	22%	1.5x	10.1x	11.1x	10.3x	7%	0.0%	8.6%	8.9%
舍曼公司	SHR	40.00	76%	5 600	8 101	7.7x	7.2x	18%	3.0x	13.8x	10.6x	9.7x	9%	1.8%	10.4%	11.5%
珍珠集团	PRL	68.50	95%	5 172	5 804	6.9x	6.5x	20%	1.8x	8.4x	12.2x	11.1x	11%	0.0%	9.4%	10.4%
盖斯帕公司	JDG	50.00	80%	5 000	6 750	7.1x	6.6x	19%	2.1x	9.0x	9.8x	9.1x	12%	2.0%	7.5%	8.3%
卡姆热公司	KUM	52.50	88%	4 852	5 345	7.9x	7.4x	21%	1.3x	11.0x	13.6x	11.8x	10%	1.5%	7.1%	7.8%
平均值						**7.5x**	**7.0x**	**20%**	**1.9x**	**10.5x**	**11.5x**	**10.4x**	**10%**	**1.1%**	**8.6%**	**9.4%**
中位值						**7.7x**	**7.2x**	**20%**	**1.8x**	**10.1x**	**11.1x**	**10.3x**	**10%**	**1.5%**	**8.6%**	**8.9%**
分层2: 日用化工/多元化工																
法伦集团	FLN	$31.00	87%	$7 480	$11 254	7.0x	6.7x	14%	2.5x	5.7x	12.4x	10.8x	5%	2.6%	8.4%	9.2%
顾德森公司	GDS	64.00	83%	4 160	5 660	7.5x	7.2x	16%	2.9x	4.2x	15.4x	13.5x	9%	1.0%	6.8%	7.4%
普瑞尔工业	PRI	79.00	88%	3 926	4 166	7.4x	7.1x	15%	1.1x	11.1x	13.9x	12.7x	10%	0.8%	8.1%	8.8%
兰茨环球	LNZ	32.25	95%	3 230	3 823	6.7x	6.4x	16%	1.3x	10.7x	10.7x	9.7x	8%	0.0%	8.9%	9.7%
麦克米伦公司	MCM	33.50	80%	3 193	3 193	8.4x	7.5x	11%	1.2x	10.6x	19.3x	16.8x	12%	1.2%	6.2%	6.8%
平均值						**7.4x**	**7.0x**	**14%**	**1.8x**	**8.5x**	**14.3x**	**12.7x**	**9%**	**1.1%**	**7.7%**	**8.4%**
中位值						**7.4x**	**7.1x**	**15%**	**1.3x**	**10.6x**	**13.9x**	**12.7x**	**9%**	**1.0%**	**8.1%**	**8.8%**
分层3: 小型化工																
蒙佩尔公司	MOMP	$28.00	95%	$2 240	$2 921	7.4x	6.7x	18%	2.6x	4.5x	14.4x	13.4x	5%	3.7%	8.0%	8.7%
艾德全球	ADL	10.50	80%	1 217	1 463	6.1x	5.8x	16%	1.6x	6.2x	12.2x	11.3x	7%	4.0%	9.6%	10.5%
沙克特父子	STM	4.50	89%	1 125	1 674	6.5x	5.7x	14%	2.5x	5.0x	11.3x	10.0x	11%	0.8%	6.7%	7.3%
歌新控股	MGP	50.00	67%	1 035	1 298	6.8x	6.1x	11%	1.8x	6.3x	15.6x	14.2x	8%	2.8%	8.1%	8.9%
克里斯潘全球	MCR	27.00	80%	872	1 222	6.0x	5.4x	13%	2.1x	5.7x	11.6x	10.5x	6%	0.0%	10.4%	11.3%
平均值						**6.6x**	**5.9x**	**14%**	**2.1x**	**5.5x**	**13.0x**	**11.9x**	**7%**	**2.2%**	**8.6%**	**9.3%**
中位值						**6.5x**	**5.8x**	**14%**	**2.1x**	**5.7x**	**12.2x**	**11.3x**	**7%**	**2.8%**	**8.1%**	**8.9%**
总计																
平均值						**7.2x**	**6.6x**	**16%**	**2.0x**	**8.2x**	**12.9x**	**11.7x**	**9%**	**1.5%**	**8.3%**	**9.0%**
中位值						**7.1x**	**6.7x**	**16%**	**1.8x**	**8.4x**	**12.2x**	**11.1x**	**9%**	**1.2%**	**8.1%**	**8.9%**
高点						**8.4x**	**7.5x**	**22%**	**3.0x**	**13.8x**	**19.3x**	**16.6x**	**12%**	**4.0%**	**10.4%**	**11.5%**
低点						**6.0x**	**5.4x**	**11%**	**1.1x**	**4.2x**	**9.8x**	**9.1x**	**5%**	**0.0%**	**6.2%**	**6.8%**

数据来源：公司申报备案文件、彭博社、市场普遍预期。

备注：最近12个月数据以2019年9月30日为基准，预计年度财务数据依据日历年。

第五步：确定估值

特殊化工可比公司系列的平均值和中位值有助于设定ValueCo公司的一个初步估值范围，而高点和低点数值能够提供进一步的视角参考。我们还从日用化工/多元化工和小型化工可比公司中寻找外围的指引。然而，为了精准调整估值范围，我们重点关注的是在业务和财务特征方面被认定与ValueCo公司最为接近的那些可比公司——即BuyerCo公司、盖斯帕公司和舍曼公司，以及次重点关注的顾德森公司和蒙佩尔公司。

身处ValueCo公司所在行业的公司往往以前瞻性EV/EBITDA乘数为基础进行交易。因此，我们以ValueCo公司的最接近可比公司的前瞻性EV/EBITDA乘数为基础来框定其估值，挑选的范围是6.75～7.75倍的2019E EV/EBITDA和6.5～7.5倍的2020E EBITDA。我们还按照7～8倍的LTM EBITDA范围研究了隐含估值。

表1-40中选择的乘数范围转化为隐含估值范围大约为49亿～58.5亿美元。该隐含估值范围通常都以图1-18所示的格式（叫作“足球场”）来显示，便于与我们在本书后面几章将要论述的其他估值方法做最终比较。

表1-40 **ValueCo：隐含估值范围——企业价值**

ValueCo公司
隐含估值范围
（单位：100万美元，截止2019年9月30日，最近12个月）

EBITDA	数值	乘数范围			隐含企业价值		
LTM	$700.0	7.00x	–	8.00x	$4 900.0	–	$5 600.0
2019E	725.0	6.75x	–	7.75x	4 893.8	–	5 618.8
2020E	779.4	6.50x	–	7.50x	5 065.9	–	5 845.3

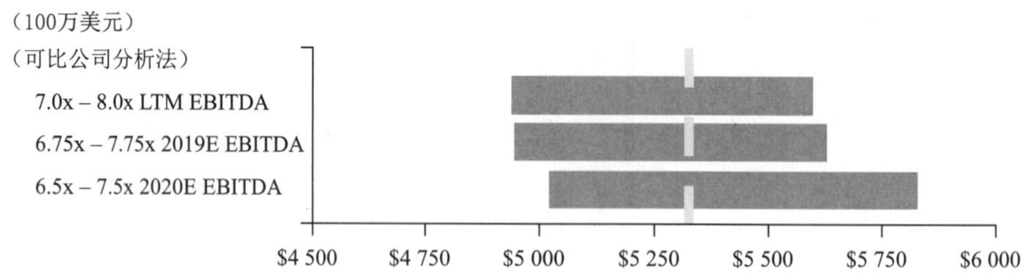

图1-18 **ValueCo足球场式显示可比公司分析法**

第二章

先例交易分析

先例交易（亦称“交易比较”）分析跟可比公司分析一样，是用一种基于乘数的方式来确定某个给定公司、部门、企业或资产组合（即“目标”）的一个隐含估值范围。它的基础是在过去的并购交易中支付给可比公司的乘数。先例交易分析的应用范围很广，其中最显著的是帮助确定一家公司或公司的一部分在并购交易或重组中的潜在出售价格范围。

选择合适的可比收购案例系列是进行先例交易分析的基础。这一过程嵌入了与确定可比公司系列时类似的方式。最佳可比收购案例一般都涉及在某个基本层面与目标相似的公司（即本书第一章所列的关键性业务和财务特征相似，请见表 1-3）。

与可比公司分析一样，获得一个坚实有力的可比收购案例系列，常常颇具挑战性。这一工作有可能要求投资银行分析师具备创新能力和坚韧不拔的精神。例如，并非罕见的做法是，要考虑的交易涉及所在行业不同但却属相关行业，同时在终端市场、分销渠道或财务特征方面可能相似的公司。一般来讲，最近的交易（也即发生在过去 2 ~ 3 年内的交易）最具相关性，因为这些交易发生时的市场形势很可能与考虑之中的交易相似。然而，在有些情况下，更早发生的交易可能也适合估值——如果发生在与目标公司的商业周期时点或宏观经济环境相似的时候。

在正常的市场形势下，先例交易分析给出的乘数范围往往大于可比公司分析，其中主要原因有两个。第一，买方在收购另一家公司的时候通常都会支付“控制权溢价”（control premium）。作为这一溢价的回报，收购方有权控制有关目标的业务及其潜在现金流的决策。第二，战略收购方常常有机会实现协同优势，从而支撑其具有支付较高收购价格的能力。协同优势是指因为两家企业的合并而产生的预计成本缩减、增长机会和其他财务利益。

潜在收购方会细致分析可比收购案例的实际支付乘数。因此，投资银行分析师和投资专业人士都需要了解其所在行业重点领域的交易乘数。与本书第一章一样，本章采用分步骤的方式进行先例交易分析（见表2-1），然后是针对ValueCo公司的演示性分析。

表2-1　先例交易分析步骤

第一步：选择可比收购案例系列
第二步：找出必要的与交易相关的信息和财务信息
第三步：制表计算关键性数据、比率数和交易乘数
第四步：进行可比收购案例的基准比较
第五步：确定估值

先例交易分析步骤简要说明

- 第一步：选择可比收购案例系列。识别可比收购案例系列是进行先例交易分析的第一步。这项工作与确定可比公司系列一样，常常可能颇具挑战性，它要求对目标公司及其所在行业有深入的理解。作为一个起点，投资银行分析师一般都会咨询同行或者资深同事，看看内部是否已经存在一组相关的可比收购案例。假如投资银行分析师是从零开始做这项工作，我们建议通过并购数据库进行搜寻，研究目标及其可比公司的并购历史，同时通过审阅可比公司的并购委托声明书来找出公平意见中披露的精选可比收购案例名单。目标公司（如果是上市公司的话）、它的可比公司和整个所在行业的股票与固定收益债券研究报告也可能提供了可比收购案例名录，包括相关财务数据（仅用于参考目的）。

  作为这一步工作的一部分，投资银行分析师要努力尽可能多地了解每笔交易的具体情形和交易细节。对于精挑细选可比收购案例系列并最终浓缩提炼出“最佳”可比收购案例来说，这一点尤其重要。
- 第二步：找出必要的与交易相关的信息和财务信息。这一步的重点是找出与并购交易相关的交易信息和财务信息，无论涉及的是上市公司还是私有公司。对于找寻可比收购案例的信息这项工作，因为SEC披露要求的缘故，如果是涉及上市公司（包括有公开注册债务证券的私有公司）的交易当然就比较方便。然而，由于竞争的原因，上市收购方有时会保护这些细节信息，只披露法律或法规要求披露的信息。如果并购交易涉及的是私有公司，要想获得确定其交易乘数所必需的全部或者任何财务信息，常常会十分艰难，有时甚至毫无可能。

- 第三步：制表计算关键性数据、比率数和交易乘数。在找到了与交易相关的信息和财务信息后，投资银行分析师就已经准备好制表计算每一笔选定的交易了。这项工作要在输入页面输入与收购价格相关的关键性交易数据、对价形式（form of consideration）和目标财务数据，并在该页面计算每笔交易的相关乘数。用于先例交易分析的关键性乘数与可比公司分析完全相同（例如，企业价值对 EBITDA 之比和股权价值对净利润之比）。跟可比公司分析一样，有些行业可能还要依赖额外或其他指标来得出估值（请见本书第一章表 1-16）。最显著的差别是，用于先例交易分析的乘数常常反映出收购方为获取控制权和潜在协同优势而支付的溢价。此外，用于先例交易分析的乘数通常都以实际 LTM 财务数据（交易宣布时可获得该数据）为基础进行计算。
- 第四步：进行可比收购案例的基准比较。与可比公司分析一样，下一个层面的分析涉及深入研究可比收购案例，以便找出对于目标公司的估值来说最具相关性的收购案例。作为基准比较分析工作的一部分，投资银行分析师要审视相似被收购公司的关键性财务数据和比率数，重点关注对目标公司而言最具可比性的数据。与本书第一章表 1-36 和表 1-37 所示相同的输出页面能够实现这一分析。其他相关的交易情形和细节也要研究。每个选定的可比收购案例的交易乘数都与输出页面链接，从而方便进行彼此之间和与整个系列的基准比较（请见表 2-2）。每一笔先例交易都要进行细致研究，以便对该系列做最终提炼，识别出最佳可比交易、剔除显然异常的外围对象。最后，要咨询某个经验丰富的行业投资银行分析师，以便帮助确定最佳可比系列。
- 第五步：确定估值。在先例交易分析中，选定的可比收购案例系列的乘数用来推算出目标公司的隐含估值范围。投资银行分析师通常都会用该系列乘数的平均值和中位值，作为设定目标初步估值范围的基础，并用高点数和低点数作为参考点。这些计算常常是更深入分析之前的一个

表 2-2 先例交易分析输出页面

ValueCo 公司
先例交易分析
（单位：100万美元）

交易宣布日期	收购方	目标方	交易类型	收购对价	股权价值	企业价值	企业价值/LTM销售收入	企业价值/LTM EBITDA	企业价值/LTM EBIT	LTM EBITDA利润率	股权价值/LTM净利润	支付溢价 未受影响的交易日前 1	7	30
2019/11/4	珍珠公司	罗森鲍姆实业	上市/上市	现金	$2 500	$3 825	1.6x	8.5x	11.2x	19%	13.7x	35%	33%	37%
2019/7/22	顾德森公司	施耐德公司	上市/上市	现金/股票	5 049	6 174	1.4x	8.1x	10.3x	18%	12.7x	29%	32%	31%
2019/6/24	德曼斯资本	爱科曼实业	财务投资/上市	现金	8 845	9 995	1.7x	8.0x	10.2x	21%	13.1x	35%	37%	39%
2019/4/15	浩博集团	沃伦公司	财务投资/私有	现金	1 250	1 350	1.9x	7.5x	9.6x	26%	12.6x	NA	NA	NA
2018/8/8	都东实业	高登集团	上市/上市	股票	2 620	3 045	1.5x	9.0x	12.2x	17%	16.8x	47%	44%	49%
2018/7/9	优汉资本	日瓦国际	财务投资/上市	现金	3 390	4 340	1.6x	7.8x	9.4x	21%	11.4x	38%	40%	43%
2018/3/20	兰茨环球	福柯塞斯	上市/私有	现金	8 750	10 350	1.7x	8.4x	10.5x	21%	13.3x	NA	NA	NA
2017/11/9	美恩特全球管理	卡姆瑞斯	财务投资/私有	现金	1 765	2 115	1.5x	7.9x	9.3x	19%	11.4x	NA	NA	NA
2017/6/22	普瑞尔	帕科	上市/私有	现金	6 450	8 700	1.1x	7.0x	7.9x	16%	9.8x	NA	NA	NA
2017/4/17	雷驰特	布瑞斯	上市/上市	股票	12 431	12 681	1.5x	8.2x	12.1x	19%	16.3x	29%	36%	34%
平均值							**1.6x**	**8.0x**	**10.3x**	**19%**	**13.1x**	**36%**	**37%**	**39%**
中位值							**1.6x**	**8.0x**	**10.3x**	**19%**	**12.9x**	**35%**	**36%**	**38%**
高点							**1.9x**	**9.0x**	**12.2x**	**26%**	**16.8x**	**47%**	**44%**	**49%**
低点							**1.1x**	**7.0x**	**7.9x**	**16%**	**9.8x**	**29%**	**32%**	**31%**

数据来源：公司申报备案文件。

前奏——投资银行分析师用最具相关性的交易乘数来锁定最终的估值范围。投资银行分析师常常会把重点仅仅放在两三笔最相似的交易上。在咨询某个经验丰富的投资银行分析师以最终确定所选乘数范围后，用该乘数区间乘以目标公司对应的 LTM 财务数据，就可以得出隐含估值范围。跟可比公司分析一样，在得出目标公司的隐含估值范围后，接着还要进行健全性检验，与通过其他估值方法得出的结果进行比较。

第一步：选择可比收购案例系列

识别可比收购案例系列是进行先例交易分析的第一步。这项工作与可比公司分析中确定可比公司系列一样，常常可能颇具挑战性，它要求对目标及其所在行业有扎扎实实的理解。投资银行一般都有内部的并购交易数据库，包含重点关注行业的相关乘数和其他财务数据，该数据库会根据新近宣布的交易进行及时更新。然而，投资银行分析师常常需要从零起步。

在实际可行的情况下，投资银行分析师会咨询拥有相关交易第一手信息的同行或资深同事。资深投资银行分析师在划定基本情形方面可能颇有帮助——识别某个给定行业里的关键性交易。在筛选过程即将结束的时候，经验丰富的投资银行分析师的指点非常有利于最终的可比收购案例系列的提炼。

筛选可比收购案例

筛选可比收购案例的初步目标是要找出相关的、最近一个时间段里尽可能多的潜在交易案例，然后进一步提炼这个系列。以下是创建可比收购案例初步名单的几点建议。

- 搜索财务资讯服务商的并购数据库，这种数据库允许通过多个搜索条件筛选并购交易，包括行业、交易规模、对价形式、时间段和地理位置等。
- 研究目标的并购历史，分别确定企业在收购和出售时支付和获得的乘数。
- 重新审视（本书第一章所确定的）目标公司的可比公司系列，研究每个可比公司的并购历史。
- 搜索可比收购案例的并购委托声明书，因为这些委托声明书一般都包含公平意见摘要，其中有经过财务顾问分析的精选交易清单。

- 审阅目标（如果是上市公司的话）及其可比公司和行业的股票与固定收益债券研究报告，因为此类研究报告有可能提供可比收购案例清单，包括相关的财务数据（仅用作参考目的）。

研究其他因素

在选定了初步可比收购案例列表后，对于投资银行分析师来说，很重要的一点是要更好地了解每一笔交易的具体动态细节和情景。虽然这些因素一般都不会改变需要研究的可比收购案例清单，但是了解每笔交易背后的“故事”有助于投资银行分析师更好地解读所支付的收购乘数，以及它与正在评估的目标之间的相关性。这一更深层次的分析涉及研究市场形势和交易动态细节等因素。

市场形势。市场形势是指某个给定交易发生时的业务环境和经济环境，以及资本市场的主流状态。这种形势必须结合具体行业和周期（例如住宅、钢铁和科技等）的情形一并研究。这些条件直接影响着收购融资的可获得性和融资成本，因而影响着收购方愿意或者能够支付的价格水平。同时受影响的，还有买方对标的公司增长前景以及实施交易的信心。

例如，在20世纪90年代末和21世纪初的科技泡沫巅峰时期，许多科技公司和电信公司都以前所未有的乘数被收购。股权融资在那个时期遍地开花，因为各公司都把自己的股票——其估值达到创纪录水平——当作收购货币来使用。董事会的信心也是空前高涨，为考虑之中的并购活动提供了支持。在这一泡沫破灭、市场形势调整之后，并购活动大幅度减速，各公司易手时的乘数仅仅是短短几年前估值水平的皮毛。这个时期支付给各公司的乘数对于其后时期的估值来说很快变得毫无相关性。

同理，在21世纪初创纪录的低利率债务融资环境下，收购方（尤其是财务投资者）有能力支付超过历史高点的收购价，因为市场愿意以优惠的条件提供充足而廉价的债务融资。然而，在始于2007年下半年的信贷紧缩形势下，债务融资变得稀少、昂贵，从而大幅度地改变了价值预期。结果，整个并购形势发生了变化，LBO交易也紧急刹车，市场整体交易量和估值水平都急剧下降。

交易动态细节。交易动态细节是指围绕某个给定交易案例的具体情形。例如：

- 收购方是战略买家还是财务投资者?
- 买卖双方的交易动机是什么?
- 目标是通过竞卖过程（auction process）还是协议出售（negotiated sale）而得以出售的? 交易的性质是属于善意还是恶意?
- 收购对价形式是什么（例如，是否是现金与股票混合型）?

这些信息能够提供对有可能影响到收购方所支付价格的各项因素的考虑。

战略买家与财务投资者。从传统上说，战略买家有能力比财务投资者支付更高的收购价格，其中一个缘故是因为他们有潜力通过交易实现协同优势，包括较低的资本成本和投资回报门槛。然而，在信贷市场强劲时期，比如在21世纪初期，财务投资者有融资能力赋予目标更高的杠杆率，从而能够在收购价格上与战略买家竞争。在随之而来的2008年和2009年信贷紧缩时期，优势转回到了战略买家身上，因为只有最强大和最有信用的公司才能够获得并购融资。

动机。买方动机和卖方动机在解读收购价格方面有可能也起着重要作用。例如，如果存在重大的协同优势，或者拟收购资产对于其战略计划来说极为关键（"稀缺价值"），那么战略买家就可能会"勉为其难"地为该资产付出较高价格。同理，如果通过把目标与某个现有投资组合中的公司结合在一起能够实现协同优势，那么财务投资者就有可能在价格上表现得更强势。从卖方的角度说，动机因素也可能会影响到收购价格。例如，需要现金的公司正在出售一项非核心业务，则有可能更加看重执行速度、完结交易的确定性和其他结构因素，从而导致产生低于纯粹的价值最大化战略的估值。

出售过程与交易本质。出售过程的类型和交易的本质也应该悉心研究。例如，将目标推销给多个潜在买家的竞卖过程，其设计目的是竞争态势最大化，目标是获得尽可能高的最佳报价。恶意情形是目标主动寻找某个特定买家提出的收购方案之外的替代机会，也可能会产生更高的收购价格。另一方面，在对等兼并（merger of equals）情形中，双方可能都放弃了溢价，因为大家共同分享随着时间推移而产生的利益（例如增长和协同优势）。

收购对价。如果把股票用作收购对价的一个重要部分，往往会产生相对于全部现金交易而言较低的估值（按照乘数和所支付溢价来衡量）。出现这一情形的一个主要解释是，当目标股东获得股票的时候，他们保留了在合并实体中的股东权益，因而是期望分享（增长和实现协同优势所驱动下的）利益的。目标股东还保留了今后某个时间通过再次出售公司而获得控制权溢价的机会。结果，目标股东有可能要求低于全部现金交易时的前期补偿，而在全部现金交易情形下，他们就不能分享因为两家公司合并而在未来产生的价值增长。

第二步：找出必要的与交易相关的信息和财务信息

这一步的重点是找出与并购交易相关的交易信息和财务信息，无论涉及的是上市公司还是私有公司。对于找寻可比收购案例的信息这项工作，因为SEC披露要求的缘故，如果是涉及上市公司（包括有公开注册债务证券的私有公司）的交易当然就比较方便。

如果是涉及私有目标的并购交易，充足信息的可获得性一般都取决于并购融资中是否涉及上市证券。在很多情况下，要想获得在这种交易中的交易乘数所必需的全部或者任何财务信息，常常十分艰难——有时甚至毫无可能。由于竞争的原因，甚至作为上市公司的收购方有时也会保护这些细节信息，只披露法律或法规要求披露的必要信息。尽管如此，足智多谋的投资银行分析师还是会通过新闻报道和各种数据库来搜寻私有交易的信息。在有些情况下，这种搜索努力会产生足够的数据来确定收购价格和关键性目标财务数据；而在有些情况下，根本就无从获取足够的相关信息。

现在，我们把制表计算可比收购案例所必需的与交易相关的信息和财务信息的来源渠道，按照上市目标和私有目标这两个类别分别介绍如下。

上市目标

委托声明书。在一步式兼并交易[⊖]中，目标公司通过股东会议投票的方式获得其股东的批准。在投票之前，目标公司要通过一份委托声明书向股东做适当披露。委托声明书包含交易的背景和条件的摘要、突出财务顾问公平意见的财务分析的描述、最终收购/出售协议（“最终协议”，definitive agreement）的复印件，以及财务数据摘要和财务数据模拟预测（如果适用的话，取决于对价形

⊖ 目标为上市公司的一种并购交易，由股东根据相关州法律在一次正式股东会议上审批该交易。更多信息，请参阅本书第六章“并购出售流程”。

式）。因而，这是寻找用于制表计算某个先例交易的关键性信息的主要来源。该委托声明书根据准则 PREM 14A（初步）和准则 DEFM 14A（最终）在 SEC 申报备案。

假如收购方是上市公司，为收购融资需要发行等于或超过交易前已发行股票数量 20% 的新股㊀，那么它就必须向其股东申报一份委托声明书，就建议中的交易进行投票。此外，如果上市申请要求中的豁免条件不存在的话，还必须向 SEC 提交申请上市注册表，以注册股票的买卖㊁。

表 TO/ 表 14D–9。在要约书中，收购方提出直接从目标股东那里购买股票的要约㊂。作为这一过程的一部分工作，收购方要将收购要约（offer to purchase）邮寄给目标公司的股东，并申报一份表 TO。作为对收购要约的回复，目标公司要在 10 个工作日内申报一份表 14D–9。表 14D–9 含有目标公司董事会关于股东如何回复收购要约的建议，一般都包括一份公平意见。表 TO 和表 14D–9 在委托声明书所列的交易条件方面，含有相同类型的信息。

上市注册表 / 招股说明书（S–4，424B）。当一个上市收购方发行股票，作为收购目标（上市公司）支付对价的一部分时，一般都要求收购方申报一份上市注册表 / 招股说明书，以便目标公司的股东们可以自由地交易这些股票。同理，如果收购方发行上市债务证券（或者准备注册的债务证券）㊃，以便为收购筹措资金，它也必须申报上市注册表 / 招股说明书。上市注册表 / 招股说明书包含发行的条款、交易的实质性条款和收购价格详情，还可能包含收购方和目标公司的财务信息，包括备考（pro forma）性质地反映交易完成后的状况（如果适用的话，取决于交易的重要性）㊄。

㊀ 对股东就此情形进行投票的要求，源自纽约股票交易所和纳斯达克股票市场的上市规则。如果准备发行的股票数量少于交易前水平的 20%，或者如果兼并对价完全是由现金或债务组成，那么收购方的股东一般并没有权利就交易进行投票。

㊁ 当收购方和目标都被要求提交委托声明书 / 上市注册表时，双方一般都会将表格合并在一份联合披露文件中。

㊂ 要约书是现金收购股票的要约。收购方也可以实行股权交换（exchange offer），即目标的股票交换收购方的股票。

㊃ 根据《1933 年证券法》准则 144A，债务证券最初一般都通过私募的方式出售给合格机构投资者（qualified institutional buyers，QIBs），然后在发行后一年内在 SEC 注册，以便在交易所公开交易。这么做的目的是加快债务证券的销售，因为 SEC 注册——其中包含 SEC 对上市注册表的审查——有可能需要花费数个星期或者数个月。SEC 的文件审查结束后，发行者要负责进行转换，投资者依此用未注册债券来交换已注册债券。

㊄ 联合委托声明书 / 上市注册表一般都包含收购方和目标公司作为财务信息来源引用的 10-K 和 10-Q 文件的内容。

表13E-3。根据交易性质的不同，“私有化”[一]交易有可能要求更多的披露。例如，如果某上市公司的LBO交易涉及的某个“关联人”（比如，公司高管或者重要股东）是收购买方中的一员，那么SEC则要求在表13E-3中更大范围地披露用于决策过程的信息。表13E-3中披露的内容包括财务顾问向目标公司董事会所做的实际公平意见演示支持等材料。

8-K。除了上述SEC申报备案文件外，关键性交易信息也可以从交易宣布后即申报备案的8-K文件中获取。一般来说，上市公司被要求在交易宣布后4个工作日内申报备案8-K文件。如果某个上市公司要出售其规模相当大的一个子公司或者分公司的话，母公司通常要在宣布交易时就申报备案8-K文件。上市收购方也被要求在重大交易宣布后即申报备案8-K文件[二]。私有收购方不需要申报8-K文件，因为它不受制于SEC的披露要求。在对并购交易内容进行申报备案时，8-K文件中包含该交易的一个简要描述，以及作为附件的相应新闻公告和最终协议。

在宣布时，申报备案的新闻公告通常都包含一份有关交易条款的摘要、交易理由，以及对目标公司和收购方的描述。如果在最初宣布后出现了交易条款的重大变化，投资银行分析师就可以把8-K文件的最终宣布交易（以及所附新闻公告）用作计算收购交易乘数的基础。当出现两家或者更多家参与竞购目标公司的竞争性情形时，这种情况往往很常见。

10-K和10-Q。目标公司的10-K和10-Q文件是找到计算其相关LTM财务数据所必需信息的主要来源，包括非经常性项目调整和重大最近事件调整。截至宣布日期间的最新10-K和10-Q文件，一般都作为计算目标LTM财务数据的必要信息和资产负债表数据的来源。在有些情况下，投资银行分析师可能会使用收购事项宣布后的申报备案文件——如果其财务信息被认为更具相关性的话。10-K和10-Q文件也是提供有关目标普通股数量以及股票期权和认股权证等信息[三]时所依赖的信息来源。

股票与固定收益证券研究报告。股票与固定收益证券研究报告常常能够提

[一] 当一个公司从事的某些交易导致其股票从证券交易所除名时，这便是“私有化”。此外，根据具体情形的不同，当某个上市公司的公众股东数量减少到不足300时，它可能不再被要求向SEC申报备案报告。

[二] 一般来说，当收购交易中目标的资产、收入或价值为收购方的10%或以上时，该收购交易就被要求以8-K文件申报。此外，如果是更大规模的交易，目标公司的资产、收入或价值为收购方的20%或以上时，收购方必须在完成收购交易后75天内申报备案8-K文件，其内容必须包含目标的历史财务信息和备考财务信息。

[三] 委托声明书有可能包含比10-K或10-Q文件更新的股票数量信息。

供有益的交易观点，包括有关预计调整和预期协同优势方面的信息。此外，研究报告通常都能提供交易动态和其他方面的细节内容。

私有目标

私有目标公司（即非上市注册公司）只要不受制于 SEC 的披露规定，就不被要求公开申报备案并购交易的文件。因此，私有目标的相关信息的来源取决于收购方或收购融资的性质。

当上市收购方收购私有目标（或上市公司的一个分公司 / 子公司）时，它可能被要求申报备案某些披露文件。例如，如果收购方用上市证券作为私有目标收购对价的一部分，它就需要申报备案上市注册表 / 招股说明书。此外，如果收购方准备发行的股票超过了其交易前股票的 20%，就必须在 SEC 申报备案委托声明书并邮寄给股东，以便股东评估该交易方案并投票。如前所述，无论是什么类型的融资，收购方都要在宣布、完结重大交易时申报备案 8–K 文件。

如果是私有目标的 LBO，必要信息的可获得性取决于上市债务证券（一般为高收益债券）是否作为融资的一部分发行。在这种情况下，S–4 文件就包含有关收购价格和目标财务数据的相关资料，以便制表计算先例交易。

涉及非公开融资的私有收购方 / 私有目标之间的交易（包括 LBO）是获取信息最为困难的交易，因为 SEC 对此没有披露要求。在这种情形下，投资银行分析师必须依赖不那么正规的渠道来获得交易信息，比如新闻公告、新闻报道。这些新闻材料可以通过搜索公司网站找到，也可以通过像彭博、道琼斯、路透社这样的信息服务机构来获取。投资银行分析师还必须从相关具体行业的行业期刊中寻找潜在披露信息。然而，所提供的有关这些纯私有交易的任何信息都取决于所涉各方的选择性信息披露。结果，在很多情况下，可以信赖的甚至是最基本的交易信息都无从获取，从而导致这些交易无法用于估值的推算。

SEC主要并购交易申报备案文件汇总

表 2-3 提供了一个 SEC 主要申报备案文件清单，可以用来找寻与交易有关的数据和目标财务信息，以便实施先例交易分析。一般来说，如果适用的话，最终委托声明书或者收购要约文件应该用作交易相关数据的主要来源。

表 2-4 提供了上市公司和私有公司交易中信息来源渠道的一个概览。

表 2-3　并购交易中 SEC 主要申报备案文件——美国发行商

SEC 申报备案文件	描　述
委托声明书和其他信息披露文件	
PREM14A/DEFM14A	与并购交易相关的初步 / 最终委托声明书
PREM14C/DEFM14C[①]	与并购交易相关的初步 / 最终信息说明书
表 13E–3	为报告某些发行商或其附属机构发起的私有化交易而申报备案
收购要约	
表 TO	收购方开始要约时申报备案
表 14D–9	目标董事会关于股东应当如何回应要约的建议
上市注册表 / 招股说明书	
S–4	与业务合并或股权交换相关而发行证券的上市注册声明。有可能包含收购方 / 上市目标的委托声明书
424B	招股说明书
当前和阶段性报表	
8–K	收购交易情形下申报备案时，用于披露公司或某个分公司 / 子公司实质性收购或出售的信息
10–K 和 10–Q	目标公司适用的年度和季度报表

① 在有些情形下，发送给股东的不是委托声明书，而是信息说明书（information statement）。如果一个或多个股东构成大多数、可以通过书面许可来批准交易，就会出现这种情形。在这个时候，就不需要股东投票。信息说明书一般都包含与委托声明书相同的信息。

表 2-4　各目标类型的交易信息

	目标类型	
信息内容	上市公司	私有公司
宣布日	■ 8–K / 新闻公告	■ 收购方 8–K / 新闻公告 ■ 新闻报道
关键性交易条款[①]	■ 8–K / 新闻公告 ■ 委托声明书 ■ 表 TO ■ 14D–9 ■ 上市注册表 / 招股说明书（S–4、424B） ■ 13E–3	■ 收购方 8–K / 新闻公告 ■ 收购方委托声明书 ■ 上市注册表 / 招股说明书（S–4、424B） ■ 并购数据库 ■ 新闻报道 ■ 行业刊物

（续）

信息内容	目标类型 上市公司	私有公司
目标描述和财务数据	■ 目标 10–K / 10–Q ■ 8–K ■ 委托声明书 ■ 上市注册表 / 招股说明书（S–4、424B） ■ 13E–3	■ 收购方 8–K ■ 收购方委托声明书 ■ 上市注册表 / 招股说明书（S–4、424B） ■ 并购数据库 ■ 新闻报道 ■ 行业刊物
目标历史股价数据	■ 财务资讯服务商	

① 应当根据最终协议书或新收购方情形下的新最终协议书的修订内容而予以更新。

第三步：制表计算关键性数据、比率数和交易乘数

在找到了相关的、与交易有关的信息和财务信息后，投资银行分析师就做好了制表计算每一笔选定交易的准备。这里涉及在一个输入页面填入与收购价格、对价形式和目标财务资料相关的关键性交易数据，如表 2-5 所示。该表计算了每笔交易的相关乘数。每个可比收购案例都要创建一个输入页面，而该输入页面的数据又链接到摘要性输出页面，用于基准比较分析。在后面的内容里，我们将解释在输入页面上显示的财务数据及其计算方式。

关键性财务数据和比率数的计算

先例交易关键性财务数据和比率数的制表计算过程与本书第一章中描述的可比公司的制表计算相似（参见表 1-36 和表 1-37）。因而，我们这一节的重点是，先例交易在不同情景下计算股权价值和企业价值的某些微妙细节。我们还将论述支付溢价和协同优势的分析。

股权价值。在先例交易中上市目标的股权价值（“股权收购价格”或“要约价值”）的计算方法与可比公司相似。然而，它依据的是宣布的要约每股价格，而不是某个给定日期的股票收盘价格。要计算上市并购目标的股权价值，要约每股价格需乘以按照给定的要约价格时目标的全面稀释普通股数。

表 2-5　先例交易输入页面示例

收购方收购目标公司
输入页面
（单位：100万美元，每股数据除外）

一般资料	
目标	目标公司
代码	TRGT
财务年度截止日	12/31
边际税率	–
收购方	收购方
代码	ACQR
财务年度截止日	12/31
交易宣布日	2000-1-0
交易生效日	2000-1-0
交易类型	NA
收购对价	NA

股权价值和企业价值计算		
要约每股价格		
每股现金要约价格		–
每股股票要约价格		–
换股比例	–	
收购方股票价格	–	
要约每股价格		–
全面稀释普通股数量		
隐含股权价值		–
隐含企业价值		
加：有息负债		–
加：优先股		–
加：非控股股东权益		–
减：现金及现金等价物		–
隐含企业价值		–

LTM 交易乘数	
EV/销售收入	NA
数值	–
EV/EBITDA	NA
数值	–
EV/EBIT	NA
数值	–
P/E	NA
数值	

支付溢价		溢价
交易宣布日		
1日前	–	NA
未受影响股票价格		
1日前	–	NA
7日前	–	NA
30日前	–	NA

文件来源	日期	备案日期
目标公司 10-K	2000-1-0	2000-1-0
目标公司 10-Q	2000-1-0	2000-1-0
目标公司 8-K		2000-1-0
目标公司 DEFM14A		2000-1-0
收购方 424B		2000-1-0
收购方 8-K		2000-1-0

已披露利润表	财务年度	去年同期	本年迄今	LTM
	2000/1/10	2000/1/10	2000/1/10	2000/1/10
销售收入				–
销货成本				–
毛利润	–	–	–	–
销售、管理及行政费用				–
其他（收益）/费用	–	–	–	–
EBIT				–
利息费用				–
税前利润				–
所得税				–
非控股股东损益	–	–	–	–
优先股红利	–	–	–	–
净利润	–	–	–	–
有效税率	*NA*	*NA*	*NA*	*NA*
平均加权稀释普通股数量				–
稀释每股收益	NA	NA	NA	NA

调整后利润表	财务年度	去年同期	本年迄今	LTM
已披露毛利润	–	–	–	–
销货成本中非经常性项目	–	–	–	–
调整后毛利润	–	–	–	–
利润率%	*NA*	*NA*	*NA*	*NA*
已披露 EBIT	–	–	–	–
销货成本中非经常性项目	–	–	–	–
其他非经常性项目	–	–	–	–
调整后 EBIT	–	–	–	–
利润率%	*NA*	*NA*	*NA*	*NA*
折旧和摊销	–	–	–	–
调整后 EBITDA	–			
利润率%	*NA*	*NA*	*NA*	*NA*
已披露净利润	–	–	–	–
销货成本中非经常性项目	–	–	–	–
其他非经常性支出	–	–	–	–
非经营性非经常性支出	–	–	–	–
所得税调整	–	–	–	–
调整后净利润				
利润率%	*NA*	*NA*	*NA*	*NA*
调整后稀释每股收益	–	–	–	–

现金流量表数据	财务年度	去年同期	本年迄今	LTM
折旧和摊销	–	–	–	–
占销售收入%	*NA*	*NA*	*NA*	*NA*
资本性支出	–	–	–	–
占销售收入%	*NA*	*NA*	*NA*	*NA*

备注

（1）待填
（2）待填
（3）待填
（4）待填
（5）待填

目标描述

待填

收购方描述

待填

备注

待填

全面稀释普通股数量计算	
基本普通股数量	–
加：实值期权股票数量	–
减：期权发行收入回购股票数量	–
期权净增股票数量	–
加：可转换证券增加股票数量	–
全面稀释普通股数量	–

股票期权/认股权证

批次	股票数量	行权价格	实值期权	收入
批次1	–	–	–	–
批次2	–	–	–	–
批次3	–	–	–	–
批次4	–	–	–	–
批次5	–	–	–	–
合计	–		–	–

可转换证券

	金额	转换价格	转换比例	新增股份
发行1	–	–	–	–
发行2	–	–	–	–
发行3	–	–	–	–
发行4	–	–	–	–
发行5	–	–	–	–
合计				–

例如，如果收购方向目标公司股东给出的要约价格为每股 20 美元，而目标公司有 5 000 万股全面稀释普通股（依据按照该价格的 TSM 计算），那么股票收购价格就是 10 亿美元（20 美元 / 股 ×5 000 万股）。当收购方要收购的股票少于目标公司普通股数量的 100% 时，必须按比例计算整个公司的隐含股权价值。

在计算先例交易的全面稀释股票时，所有已发行实值股票期权和认股权证都必须按照其加权平均行权价格进行转换，无论是否行权㊀。跟计算可比公司分析中全面稀释普通股一样，虚值股票期权和认股权证将不进行转换。如果是可转换权益相关证券，投资银行分析师必须确定其是否为实值，并根据其上市注册表 / 招股说明书中详细阐明的条款和控制权变更（change of control）规定进行转换。

如果是目标为私有公司的并购交易，那么股权价值就等于企业价值减去所担负或再融资的净债务。

收购对价。收购对价是指收购方向目标公司股东提出的现金、股票或其他证券的组合情况。在有些情况下，对价的形式有可能会影响到目标公司股东对收购要约中蕴含的价值的认识。例如，有些股东可能因其有保障的价值缘故更喜欢现金支付形式，而不是股票。另一方面，有些股东可能会倾向于股票支付形式，以便分享公司合并后的增长潜力。税收影响和其他问题也可能在引导股东倾向性方面起到决定性作用。

针对目标公司要约收购的三种主要对价形式是：全现金、以股换股以及现金 / 股票组合。

全现金交易。顾名思义，在全现金交易中，收购方发出的要约是用现金收购目标公司的全部或部分普通股（见图 2-1）。这样，股权价值的计算就很简单，即用要约每股现金价格乘以全面稀释普通股数量。现金代表着给予所有股东的最干净的货币形式和确定无疑的价值。然而，这种对价的收取一般都会引发应税情形，相比之下，股票交换或者支付，如果结构设置合理的话，并非应税项目，直至最终股票卖出时。

㊀ 假定所有未兑现股票期权和认股权证都在控制权变更时兑现（一般都是实际情形的反映），且不存在比 10-K 或 10-Q 中所述行权价格详细条款更优的条件。

俄亥俄州克利夫兰，2019年6月10日，收购公司和目标公司宣布，两家公司已经签署最终协议，由收购公司以全现金交易形式收购挂牌上市的目标公司，收购价格约为10亿美元，即每股20.00美元。该收购行为需要目标公司股东和监管部门的批准、需要满足其他常规交易完结的条件，并预计将在2019年第四季度完结交易。

图2-1　全现金交易新闻公告摘要

以股换股交易。在以股换股交易中，股权价值的计算要么基于固定兑换比率（fixed exchange ratio），要么基于浮动兑换比率（floating exchange ratio）（“固定价格”）。兑换比率的计算公式是：要约每股价格除以收购方的股票价格。固定兑换比率，是指多少股收购方股票兑换每股目标公司股票的比率。在浮动兑换比率中，多少股收购方股票兑换目标公司股票是浮动不定的，以确保目标公司股东的固定价值不变。

固定兑换比率。固定兑换比率决定着多少股收购方的股票兑换每股目标公司股票。如图2-2所示，如果收购公司同意用其0.5股兑换每股目标公司股票，那么兑换比率就是0.5。

俄亥俄州克利夫兰，2019年6月10日，收购公司宣布了一份最终协议，以全股票交易方式按10亿美元价格收购目标公司。根据已经双方董事会批准协议的条款规定，目标公司股东将以固定兑换比率，每一股目标公司普通股票获得0.5股收购公司股票。按照收购公司2019年6月7日的40美元股票价格计算，这就意味着每股目标公司普通股票的价格为20美元。

图2-2　固定兑换比率结构的新闻公告摘要

在先例交易分析中，要约每股价格的计算方法是兑换比率乘以收购方的股票价格，一般都是宣布之前一日的股票价格（见图2-3）。

在固定兑换比率结构下，要约每股价格（目标公司获得的价值）随着收购方的股票价格浮动。然而，所获取的收购方股票的数量却不变（见图2-4）。例如，假设目标公司有5 000万股全面稀释普通股，它将获得2 500万股收购公司的股票。目标公司收到的股票数量以及在收购方和目标公司中所占各权益比例都保持不变，无论从最终协议签署日（“签订”）到交易完结日（假设无论收购方还是目标公司都没有结构保护限制，比如上下限㊀ 规定）股票价格出现什么变动。

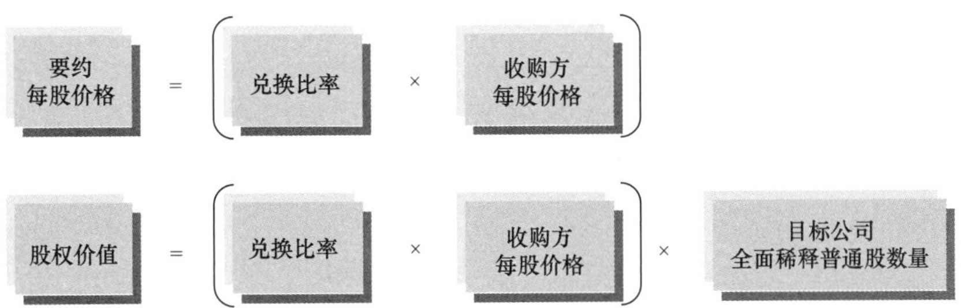

图 2-3　固定兑换比率结构下要约每股价格和股权价值的计算

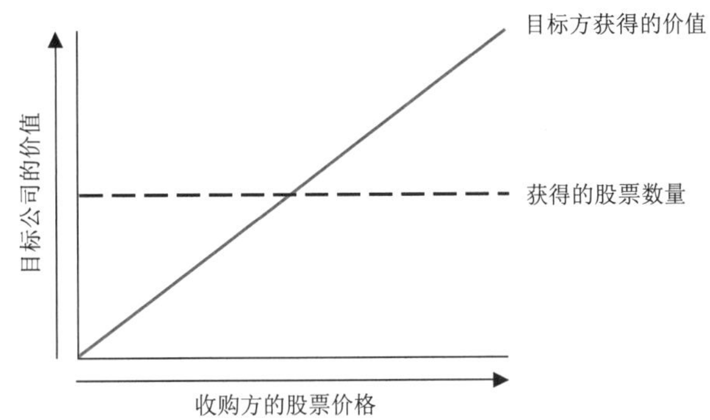

图 2-4　固定兑换比率——目标公司获得的价值和获得的股票数量

伴随着交易的宣布，市场立刻开始传播公开披露的信息。由此一来，目标公司和收购方的股票价格开始按照市场的认知而进行交易㊁。因此，目标公司承担着收购方股票价格下跌的风险，但是也保留着分享价格上扬的潜在利益的可能，包括当前的利益和随着时间的推移而产生的利益。固定兑换比率的应用比浮动兑换比率更为常见，因为它“关联”着双方的股票价格，从而允许双方共享交易宣布后价格变动的风险或机会。

浮动兑换比率。浮动兑换比率代表的是一个确定的每股股价，即收购方同意以收购方股票的形式为每股目标公司股票支付的金额。如图 2-5 所示，目标

㊀ 在固定兑换比率交易中，上下限可以用来为目标公司的股东们担保一个价格范围。例如，目标公司可能同意按照 1 比 2 的兑换比率，20 美元的要约每股价格，同时用上下限来担保股东们在交割时将会获得不低于 18 美元、不高于 22 美元的价格，无论从协议签署到交易完结期间收购方的股票交易价格如何变化。

㊁ 在评估建议交易时，市场考虑的因素包括战略优势、交易的经济利益、协同优势，以及交易完成的可能性。

公司股东们将获得他们拥有的每股目标公司股票换取的价值 20 美元的收购公司股票。

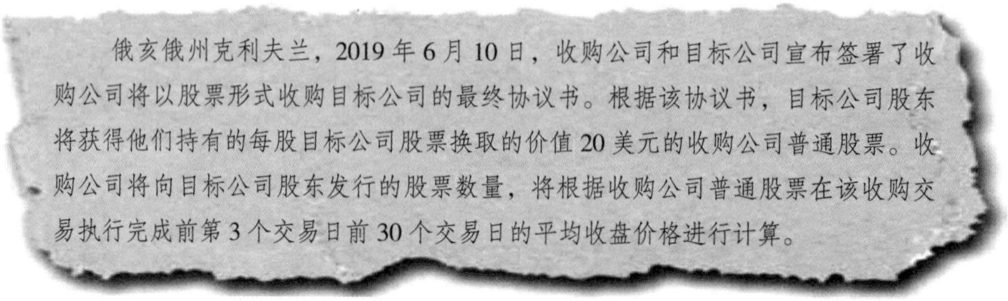

俄亥俄州克利夫兰，2019 年 6 月 10 日，收购公司和目标公司宣布签署了收购公司将以股票形式收购目标公司的最终协议书。根据该协议书，目标公司股东将获得他们持有的每股目标公司股票换取的价值 20 美元的收购公司普通股票。收购公司将向目标公司股东发行的股票数量，将根据收购公司普通股票在该收购交易执行完成前第 3 个交易日前 30 个交易日的平均收盘价格进行计算。

图 2-5　浮动兑换比率结构的新闻公告摘要

在浮动兑换比率结构下，与固定兑换比率不同的是，要约每股价格（目标公司获得的价值）是确定的，而兑换的股票数量根据收购方股票价格的变化而波动（请见图 2-6）。

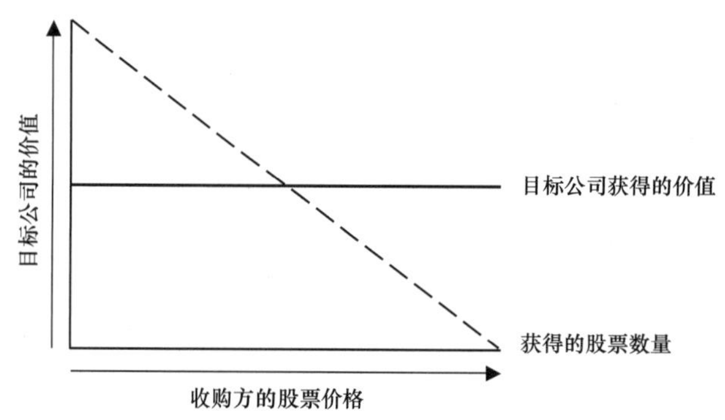

图 2-6　浮动兑换比率——目标公司获得的价值和获得的股票数量

要兑换的股票数量通常都依据交易完成之前一个具体时间段里的收购方平均股票价格进行计算。这一结构为目标公司股东提供了所获得价值方面的更大确定性，因为收购方承担了其股票价格下跌的全部风险（假设收购方没有结构保护限制）。一般来说，浮动兑换比率在收购方规模远远大于目标公司的时候使用。它在这种情况下使用是合情合理的，因为收购方的规模可以承担目标公司业务出现重大变化的下行风险，反之则不是这样的情形。

现金加股票交易。在现金加股票交易中，收购方提出的收购对价要约是现金和股票的组合（请见图 2-7）。

> 俄亥俄州克利夫兰，2019 年 6 月 10 日，收购公司和目标公司宣布，双方签订了最终协议，收购公司将以现金和公司股票混合的形式以约 10 亿美元的价格收购目标公司。根据已获得两家公司董事会一致批准的协议规定，目标公司股东每股将获得 10 美元的现金和 0.25 股收购公司的普通股票。根据收购公司股票 2019 年 6 月 7 日 40 美元的收盘价格，收购公司在该交易中将发行累计约 1250 万股普通股票，并合计支付约 5 亿美元现金。

图 2-7　**现金加股票交易的新闻公告摘要**

要约的现金部分代表着目标公司股东获得的每股固定价值。要约的股票部分可以根据固定兑换比率或浮动兑换比率来确定。在现金加股票交易中，要约每股价格和股权价值的计算（假设采用固定兑换比率）如图 2-8 所示。

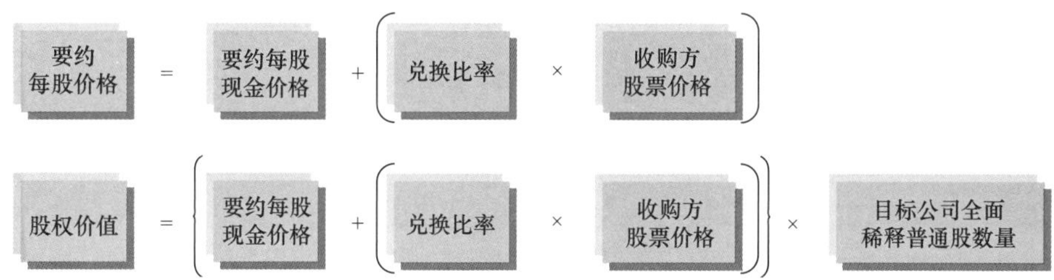

图 2-8　**现金加股票交易中要约每股价格和股权价值的计算**

企业价值。企业价值（“交易价值”）是收购方为目标公司股本权益提供的价值以及承担或再融资的目标公司净债务的总价值之和。它在先例交易中的计算方法与可比公司中的相同，是股权价值、有息负债、优先股和非控股股东权益之和减去现金及现金等价物。图 2-9 展示了企业价值的计算方式，其中股权价值的计算是要约每股价格（目标公司“未受影响”股票价格加上支付溢价，请见“支付溢价”）乘以目标公司的全面稀释普通股数量。

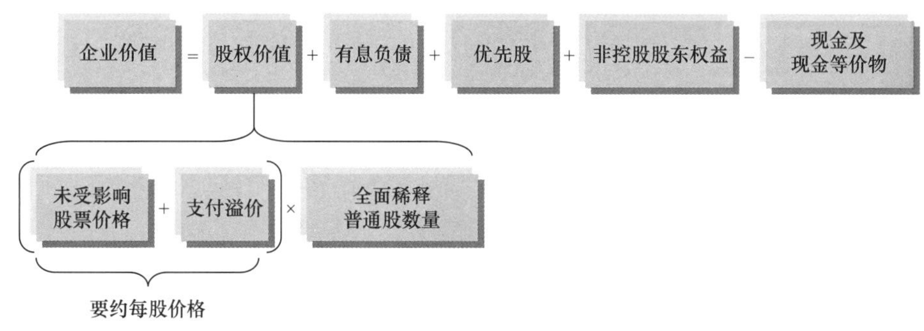

图 2-9　**企业价值的计算**

关键性交易乘数的计算

先例交易分析中使用的交易乘数与可比公司分析完全相同。目标公司要约价格所代表的股权价值常用净利润的乘数（或者要约每股价格作为稀释EPS的乘数），企业价值（或交易价值）常用EBITDA、EBIT和较少使用的销售收入的乘数。在先例交易分析中，这些乘数一般都大于可比公司分析，原因是含有为控制权和协同优势而支付的溢价。

先例交易的乘数一般都按照宣布时可获得的实际LTM财务数据来计算。收购方用来框定其收购价格决策的完整预测，一般来说并不会公开，且受制于保密协议㊀。因此，虽然股票研究有可能提供对某个上市目标公司未来业绩的看法，但要想找到收购方在做出收购决策时采用的实际预测数字，往往是不现实的。此外，买方常常不愿意在预测财务绩效方面全盘信任卖方，因为买方担负着实现预测的风险。

如前所述，只要有可能，投资银行分析师都会从SEC申报备案文件和其他主要公开渠道直接找到必要的信息来计算目标公司的LTM财务数据。与可比公司分析一样，LTM财务数据必须针对非经常性项目和最近事件来做调整，以便计算出反映目标公司常规化业绩的纯净乘数。

股权价值乘数

要约每股价格对LTM EPS股权价值对LTM净利润。应用最广的股权价值乘数是市盈率，即要约每股价格除以LTM稀释每股收益（或股权价值除以LTM净利润），见图2-10。

图2-10 股权价值乘数

企业价值乘数

企业价值对LTM EBITDA、LTM EBIT和LTM销售收入。与可比公司分析

㊀ 买卖双方签订的法律合同，制约着机密公司信息的分享事宜。更多信息请见本书第六章。假如进行先例交易分析的投资银行分析师了解有关某个选定可比收购案例的非公开信息，则该投资银行分析师必须避免使用该信息，以便恪守客户保密规定。

一样，在计算同时适用于债务持有人和股票持有人的财务数据乘数时，企业价值作为分子。最常用的企业价值乘数如图 2-11 所示，其中最常用的是 EV/LTM EBITDA。然而，正如本书第一章中论述的那样，有些行业可能会依赖额外或其他指标来推算估值（请见表 1-16）。

图 2-11　企业价值乘数

支付溢价。支付溢价是指收购方支付的相对于目标公司未受影响股票价格而言额外的每股金额，表达形式为百分比。因此，它只适用于目标为上市公司的情形。在计算相对于某个给定日期而言的支付溢价时，很重要的一点是要采用目标公司未受影响的股票价格，从而剥离出收购要约的真实影响。

正式宣布交易之前那天的股票收盘价格一般都可用作未受影响的股票价格。然而，为了剥离因为有关该交易的传言或信息泄露而导致的市场波动和潜在股价"诡异"的影响，投资银行分析师要依据目标公司股票在交易宣布之前多个不同时间段的价格（例如，1 个交易日之前的价格、7 个日历日之前的价格和 30 个日历日或更长时间段之前的价格[㊀]）来研究要约每股价格中的溢价。

如果出现卖方公开宣布寻求"战略替代方案"的意图或者交易宣布前出现重大泄露的情形，那么目标公司的股票价格有可能因为对潜在兼并的预期而上涨。这个时候，目标公司的股票在交易正式宣布前一天或数天的价格就不是真正未受影响的。因此，合适的做法是研究相对于交易宣布前或消息泄露前目标公司股票在各个时间段的价格的支付溢价。

计算支付溢价百分比的公式，通过举例说明，如图 2-12 所示。在这个例子中，我们计算得到 35% 的溢价水平——假设目标公司股东获得的要约是每股 67.5 美元，而当时未受影响的股票交易价格为 50 美元。

协同优势。协同优势是指因为两个企业的合并而产生的预计成本缩减、增长机会和其他经济利益。因而，对于战略买家收购从事相关行业的目标交易来说，最具相关性的就是协同优势的评估。

㊀ 60、90、180 或者交易宣布之前一个确定日历天数的平均数，以及 52 周的最高点和最低点，都可能在研究范围之内。

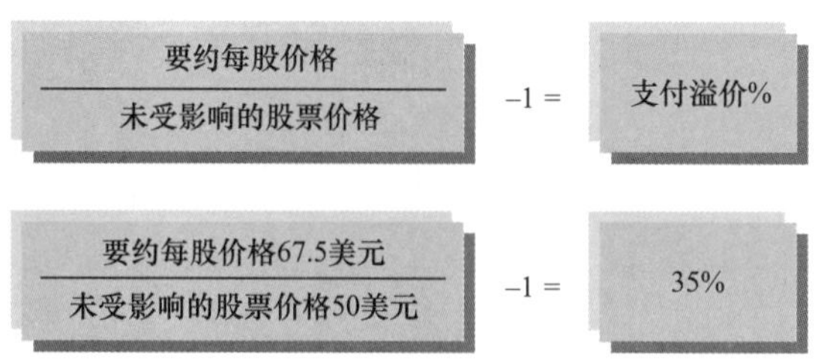

图 2-12　支付溢价的计算

协同优势代表着收购方获得的有形价值，其形式是远超目标公司独自能够实现的未来现金流和收入水平。因此，实现潜在协同优势的规模和可能性大小，对于收购者框定某个具体目标的收购价格来说，起着重要的作用。从理论上说，协同效应越大，转化成收购方可以支付的收购价格就越高。在分析某个给定的可比收购案例时，宣布的协同优势的数额大小，是决定收购价格和支付乘数的重要因素。

在宣布实质性收购行为后，上市收购方常常会立刻提供有关预计协同优势的性质和数额的指南。这种信息的传递途径一般是宣布交易行为的新闻公告（见图 2-13 的演示性新闻公告摘要），以及潜在的投资者简报。

俄亥俄州克利夫兰，2019 年 6 月 10 日，收购公司和目标公司宣布，双方签订了两家公司的最终合并协议……该计划交易预计将会为合二为一的公司股东们提供重大利益和可观的价值创建——已经识别的可能实现的协同优势在交易完结后第一年为 2 500 万美元，且从 2021 年起为每年 5 000 万美元。随着设施和经营活动的合并，很大一部分成本协同优势和资本性支出缩减预计将会因为规模的增加而产生。由于公司合并后员工职能的合并和大量销售、管理及行政费用（SG&A）的削减，预计还会产生更多节支。

图 2-13　战略收购中论述协同优势的新闻公告摘要

股票研究报告也可能会就预计协同优势的价值提供有益的评述，包括实现该协同优势的可能性。根据情况的不同，投资者对宣布的协同优势的认同程度各不相同，从而反映在收购方交易宣布后的股票价格中。在先例交易分析中，在能够获得这种信息的情况下，一个有益的做法是关注每个交易宣布的预计协同优势。然而，交易乘数往往依据目标公司已披露的 LTM 财务信息来显示（即没有针对协同优势进行调整）。要想更深入地理解某个具体的收购乘数，投资银行分析师可能要计算能够反映预计协同优势的调整后乘数。这项工作一般都涉及要在分母的某个收入指标数值（例如 EBITDA 或 EPS）中加上预计年运营成本缩减协同优势的影响（剔除实现该优势的成本）。

图 2-14 显示了在考虑预计协同优势之前和之后如何计算 EV/LTM EBITDA 交易乘数。假设收购价格为 12 亿美元，LTM EBITDA 为 1.5 亿美元，协同优势为 2 500 万美元。

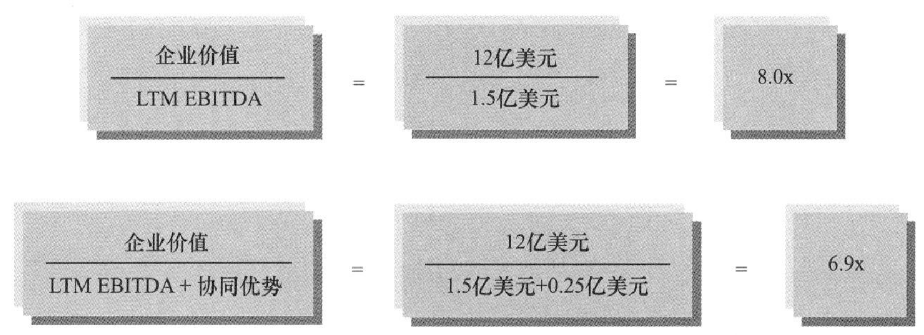

图 2-14　协同优势调整后乘数

第四步：进行可比收购案例的基准比较

与可比公司分析一样，下一个层次的分析涉及深入研究已选可比收购案例，以便确定其中哪些与评估目标最具有相关性。作为这一分析工作的一部分，投资银行分析师要重新审视每个被收购公司的业务特征、设定其关键性财务数据和比率数基准，重点是识别出对于目标公司来说最具可比性的案例。输出页面与本书第一章中表 1-36 和表 1-37 所示的一样，以便于进行这一分析。

每个选定的收购案例的交易乘数和交易信息同时也链接到一个输出页面，以便彼此之间以及与更大系列范围之间的基准比较（请见表 2-18）。每个可比收购案例都要作为最终提炼该可比系列的一部分而进行细致研究，识别出其中的最佳可比交易、剔除显著的外围异常型对象。可以预计的是，若有最近完结的交易，涉及一个财务特征相似的直接竞争对手，那么该交易的相关性一般都会超过——比如说——不同业务周期或信贷周期，或者涉及业内某个无名小卒的较早期交易。深思熟虑的投资银行分析师会结合目标公司的业务和财务特征，掂量其他考虑因素，比如市场形势和交易动态。

第五步：确定估值

在先例交易分析中，已选可比收购案例系列的乘数被用来推算目标公司的隐含估值范围。虽然各行业标准各异，但先例交易分析中驱动估值的关键性乘数往往都是企业价值对 LTM EBITDA 和股权价值对净利润（或者要约每股价格对 LTM 稀释 EPS，如果是上市公司的话）。因此，投资银行分析师一般都会采用可比系列的平均数和中位数来设定目标公司的初步估值范围，同时把高点和低点用作参考点。

如前所述，估值工作需要的不仅仅是科学性，还需要大量的艺术性。因此，虽然平均乘数和中位乘数能够提供很有意义的指南，但投资银行分析师常常会把重点放在（第四步中识别的）两三个最佳交易案例上来设定估值。例如，如果投资银行分析师计算得出可比收购案例系列的平均 EV/LTM EBITDA 乘数为 7.5 倍，而已完结的最具相关性交易案例的乘数范围在 8 ~ 8.5 倍，那么更合适的范围恐怕是 7.5 ~ 8.5 倍。这就把更多的重点放在了最佳交易案例上。所选择的乘数范围用于目标的 LTM 财务数据，以推算出目标的隐含估值范围，采用的方法与本书第一章中所述相同（请见表 1-18 ~ 表 1-20）。

跟其他估值方法一样，设定了目标的估值范围后，很有必要分析一下输出结果并检验最终结论。先例交易分析的一个常见红色警报是其隐含估值范围远远低于采用可比公司分析而得出的范围。这个时候，投资银行分析师必须重新审视选择可比收购案例系列和可比公司系列时的假设条件，以及各乘数的计算方法。然而，很重要的一点，需要注意的是，这种情况不一定总是表明出现了分析漏洞。比如，如果某个具体行业正“如日中天”或者得益于一个周期性高点，那么可比公司分析所得出的隐含估值范围就有可能高于先例交易分析得出的范围。投资银行分析师还必须单独审视分析结果，依靠自己的最佳判断力以及某个资深同事的指导，来确定分析结果是否合理。

主要利与弊

利

- 基于市场：分析的基础是支付给类似公司的实际收购乘数和溢价

- 实时性：最近交易往往能反映当前的并购形势、资本市场形势和总体经济形势
- 相关性：从乘数角度入手能提供跨越各个行业和时间段的直截了当的参考点
- 简单性：几个甄选的交易案例的关键性乘数可以锁定估值范围
- 客观性：以先例交易为基础，避免了针对某个公司的未来绩效做出假设

弊

- 基于市场：由于交易发生时资本市场或经济环境的缘故，乘数有可能是扭曲的
- 时间滞后：先例交易顾名思义是发生在过去的交易，因而有可能未必真实反映当下市场形势（例如，20 世纪初期的 LBO 热与随后 2008 年和 2009 年降临的信贷紧缩）
- 可比收购案例是否存在：在有些情况下，有可能很难找到有力的先例交易系列
- 信息的可获得性：信息有可能不足以确定众多可比收购案例的交易乘数
- 收购方的估值基础：买方支付的乘数有可能依据的是对目标公司未来财务绩效的预期（该信息一般都不公开披露），而不是已披露报表中的 LTM 财务信息

ValueCo 的先例交易分析示例

这一节内容是一个详尽的分步示例，演示如何应用先例交易分析来计算我们的示例目标 ValueCo 的估值范围。

第一步：选择可比收购案例系列

筛选可比收购案例。筛选可比收购案例的工作首先是搜寻并购数据库中那些在行业和规模方面与 ValueCo 相似的公司的过去交易案例。初步筛选重点是发生在过去 3 年内的交易，企业价值在 10 亿～ 150 亿美元之间。与此同时，我

们研究了 ValueCo（本书第一章所确定的）的可比公司的收购历史，以寻找相关交易。

可比公司的公开申报备案文件（包括兼并委托声明书）有助于识别、分析相关企业的历史收购和出售情况。针对具体公司的研究报告以及行业报告也提供了宝贵的信息。总体而言，这些渠道产生了一个规模可观的潜在先例交易案例清单。进一步细致审阅后，我们剔除了目标规模或业务模式与 ValueCo 显著不同的几个交易案例。

审视其他考虑因素。针对每一个选定的交易案例，我们都审视了具体的交易情形，包括市场形势和交易动态因素。例如，我们研究了收购案例是发生在目标所在行业的周期性高点还是低点，以及当时的资本市场形势。我们还确定了收购方是战略买家还是财务投资者，并且标注了目标是通过竞拍程序还是协商/友好交易过程实现出售的，或是属于恶意收购。对价形式（即现金还是股票）也在这一步工作中进行了分析。虽然这些交易考虑因素并没有改变可比收购案例清单，但其细节情形可以促使我们更好地解读、比较交易乘数和支付溢价。

到第一步工作结束的时候，我们已经确定了一个有力的可比收购案例初步清单，以便进一步分析。表 2-6 显示的是选定交易案例和目标公司的基础数据，以方便进行比较。

第二步：找出必要的与交易相关的信息和财务信息

在第二步中，我们着手找出相关的、与交易有关的信息和财务信息，以便进行每个可比收购案例的制表计算。为了演示这项工作，我们重点研究了珍珠集团（以下简称“珍珠”）收购罗森鲍姆实业公司（以下简称“罗森鲍姆”）的案例，这也是我们清单上最近的交易[1]。由于这笔交易涉及的是一家上市收购公司和上市目标公司，必要的信息通过相关 SEC 申报备案文件就可轻松获取。

8-K/新闻公告。在搜索相关交易信息时，首先找到了交易宣布时申报备案的 8-K 文件。该文件包含宣布交易的新闻公告，以及作为附件的最终协议书复印件。新闻公告综合介绍了交易的基本条件，包括要约每股价格、企业价值、收购对价、收购方和目标的介绍以及交易合理性的一个简要描述（见图 2-15）。最终协议书包含了该交易的详细条款及交易条件。

[1] 珍珠也是 ValueCo 的一个可比公司（请见本书第一章表 1-36 ~ 表 1-38）。

表 2-6 可比先例交易初步清单

（单位：100万美元）

可比先例交易初步清单								
交易宣布日期	收购方	目标方	交易类型	目标业务描述	股权价值	企业价值	LTM销售收入	LTM EBITDA
2019/11/4	珍珠集团	罗森鲍姆实业	上市/上市	从事化学品、塑料和纤维的制造和销售	$2 500	$3 825	$2 385	$450
2019/7/22	顾德森公司	施耐德公司	上市/上市	提供水处理和工艺化学品	5 049	6 174	4 359	764
2019/6/24	德曼斯资本	爱科曼实业	财务投资/上市	提供技术和生产添加剂、成分、树脂和化合物的特种化学品	8 845	9 995	5 941	1 248
2019/4/15	浩博集团	沃伦公司	财务投资/私有	世界上最大的烷基胺和衍生物生产商	1 250	1 350	700	180
2018/8/8	都东实业	高登集团	上市/上市	清洁、消毒、食品安全和感染预防产品和服务的供应商	2 620	3 045	1 989	340
2018/7/9	优汉资本	日瓦国际	财务投资/上市	为全球制造、建筑、汽车、化学加工和其他行业提供产品	3 390	4 340	2 722	558
2018/3/20	兰茨环球	福柯塞斯	上市/私有	制造用于个人护理、制药、口腔护理和机构清洁应用的特种化学品和功能成分	8 750	10 350	5 933	1235
2017/11/9	美恩特全球管理	卡姆瑞斯	财务投资/私有	制造和销售基本化学品、乙烯基聚合物和装配式建筑产品	1 765	2 115	1 416	269
2017/6/22	普瑞尔	帕科	上市/私有	提供用于消费品的常用化学品和解决方案	6 450	8 700	7 950	1 240
2017/4/17	雷驰特	布瑞斯	上市/上市	从事食品配料、酶和生物基解决方案的开发、生产和销售	12 431	12 681	8 250	1 550

俄亥俄州克利夫兰，2019 年 11 月 4 日，特殊化工品生产商珍珠集团（NYSE 代码：PRL）宣布，它已经签订了最终协议，拟收购塑料和纤维产品制造商罗森鲍姆实业公司（NYSE 代码：JNR），总计对价约 38.25 亿美元，包括现金支付每股普通股 20 美元、承担净债务 13.25 亿美元。珍珠和罗森鲍姆的战略性业务合并将导致诞生北美一流的建筑产品领先供应商。交易完结后，珍珠预计合并后的公司将得益于范围更广的产品系列、互补性经销渠道和机构精简带来的高效率。

图 2-15 珍珠 / 罗森鲍姆交易的新闻公告摘要

我们还核查了原始交易是否因为任何新宣布的条款而出现过变更。如前所述，在出现两家或更多方竞标争夺某个给定目标的情形下，这种变更是相对常见的现象。

委托声明书（DEFM14A）。由于罗森鲍姆是家上市公司，其董事会通过委托声明书的形式获得了罗森鲍姆股东对交易的批准。委托声明书的内容包括罗森鲍姆最新的基本股票数量、合并交易的详细背景介绍、支付溢价的说明和公平意见的摘要等。背景介绍描述了交易宣布前的各个关键性事件，并为我们提供了有关交易考虑因素的有益观点，有利于解读收购价格，包括买方 / 卖方动态细节（见图 2-16 中的摘要）。

2019 年 6 月 3 日，罗森鲍姆的首席执行官获知一个财务投资者有兴趣考虑提出收购要约并要求获得额外信息，以便给出正式报价。这一主动表示出的要约收购兴趣促使罗森鲍姆的董事会成立了一个特别委员会，并聘请一家投资银行和法律顾问来探索战略替代方案。在与罗森鲍姆的顾问接触后，该投资人提交了一份书面购买意向，包含每股 15 ~ 17 美元的初步估值范围，并列出了尽职调查程序的建议方案内容。结果，有些媒体报道说罗森鲍姆的出售已近在眼前，促使该公司于 2019 年 8 月 15 日公开宣布其探讨战略性替代方案的决定。

一个星期后，战略买方珍珠发给罗森鲍姆一份书面收购意向，价格范围为每股 17 ~ 18 美元。此外，罗森鲍姆的顾问还联系了其他 5 家战略买方、5 家财务投资者，但是这些机构最终并没有参与到收购过程中。接着，报价的财务投资者和珍珠都被邀请参加管理层陈述会、进行尽职调查。之后，该财务投资者和珍珠提交了正式报价书，分别报价每股现金 18 美元和 20 美元。珍珠的报价因现金要约价格最高而被接受。

图 2-16 罗森鲍姆的委托声明书摘要

这一背景介绍突出描写了过程中涉及的竞争动态细节，有助于解释为什么支付给罗森鲍姆的乘数高于选定可比收购案例的平均数（见表 2-18）。

罗森鲍姆的 10-K 和 10-Q。罗森鲍姆的交易宣布前阶段的 10-K 和 10-Q 文件为我们提供了计算 LTM 财务数据所必需的财务资料，以及股权价值和企业价值（基于要约每股价格）。我们还审阅了 MD&A 和财务数据的注解，以便进一步认识罗森鲍姆的财务绩效，并获取潜在非经常性项目和最近事件方面的信息。这些公开申报备案文件提供了计算交易乘数所需要的剩余信息。

研究报告。我们还审阅了交易宣布后有关珍珠和罗森鲍姆的研究报告，以便更进一步了解交易情形，包括珍珠集团的战略合理性和预计协同优势。

投资者简报。此外，珍珠集团还在其公司网站的“投资人关系”栏目中公布了一份投资者简报，确认了表 2-7 中的财务信息和计算的乘数。

财务资讯服务机构。我们用财务资讯终端来获取罗森鲍姆的关键性历史每股价格信息。这些数据点包括实际交易宣布日之前一日的股票价格、未受影响的股票价格（即罗森鲍姆宣布寻求战略替代方案之前一日）以及未受影响的股票价格之前各个时间段的股票价格。该股票价格信息构成了表 2-17 中支付溢价计算的基础。

第三步：制表计算关键性数据、比率数和交易乘数

在找到了选定可比收购案例的必要的、与交易有关的信息和财务信息后，我们创建了每笔交易案例的输入页面，如表 2-7 所示的珍珠 / 罗森鲍姆交易的输入页面。

下面分解说明表 2-7 中输入页面的每一栏内容。

一般资料。在输入页面的“一般资料”栏中，我们输入了公司基本信息和交易信息，比如目标公司和收购方的名称和财务年度截止日期，以及交易宣布日期和完结日期、交易类型和收购对价。如表 2-8 所示，罗森鲍姆实业公司（NYSE 代码：JNR）被珍珠集团（NYSE 代码：PRL）以全现金交易方式收购。两家公司的财务年度截止日期都是 12 月 31 日。交易于 2019 年 11 月 4 日宣布。

股权价值和企业价值计算。在“股权价值和企业价值计算”栏中，我们首先填入了珍珠提交给罗森鲍姆股东的要约现金每股价格 20 美元，正如 8-K 文件和随附的宣布该交易的新闻公告所披露的（见表 2-9）。

表 2-7　珍珠集团收购罗森鲍姆实业公司交易的输入页面

珍珠集团收购罗森鲍姆实业公司
输入页面
（单位：100万美元，每股数据除外）

一般资料	
目标公司	罗森鲍姆实业公司
代码	JNR
财务年度截止日	12/31
边际税率	25.0%
收购方	珍珠集团
代码	PRL
财务年度截止日	12/31
交易宣布日	2019/11/4
交易生效日	待定
交易类型	上市/上市
收购对价	现金

股权价值和企业价值计算		
要约每股价格		
每股现金要约价格		$20.00
每股股票要约价格		–
换股比例	–	
珍珠集团股价	–	
要约每股价格		$20.00
全面稀释普通股数量		125.000
隐含股权价值		$2 500.0
隐含企业价值		
加：有息负债		1 375.0
加：优先股		–
加：非控股股东权益		–
减：现金及现金等价物		(50.0)
隐含企业价值		$3 825.0

LTM交易乘数	
EV/销售收入	1.6x
数值	$2 385.0
EV/EBITDA	8.5x
数值	$450.0
EV/EBIT	11.2x
数值	$343.0
P/E	13.7x
数值	$1.46

支付溢价		
交易宣布日		**溢价**
前1日	$17.39	15.0%
未受影响的股票价格 (2)		
前1日	$14.81	35.0%
前7日	15.04	33.0%
前30日	14.60	37.0%

文件来源	日期	备案日期
罗森鲍姆实业公司 10-K	2018/12/31	2019/2/14
罗森鲍姆实业公司 10-Q	2019/9/30	2019/10/30
罗森鲍姆实业公司 8-K		2019/11/4
罗森鲍姆实业公司 DEFM14A		2019/12/15

已披露利润表	财务年度 2018/12/31	去年同期 2018/9/30	本年迄今 2019/9/30	LTM 2019/9/30
销售收入	$2 250.0	$1 687.5	$1 822.5	$2 385.0
销货成本	1 500.0	1 125.0	1 215.0	1 590.0
毛利润	$750.0	$562.5	$607.5	$795.0
销售、行政及管理费用	450.0	337.5	364.5	477.0
其他费用/（收益）	–	–	–	–
EBIT	$300.0	$225.0	$243.0	$318.0
利息费用	100.0	75.0	75.0	100.0
税前利润	$200.0	$150.0	$168.0	$218.0
所得税	50.0	37.5	42.0	54.5
非控股股东损益	–	–	–	–
优先股红利	–	–	–	–
净利润	$150.0	$112.5	$126.0	$163.5
有效税率	*25.0%*	*25.0%*	*25.0%*	*25.0%*
加权平均稀释普通股数量	125.0	125.0	125.0	125.0
稀释每股收益	$1.20	$0.90	$1.01	$1.31

调整后利润表	财务年度	去年同期	本年迄今	LTM
已披露毛利润	$750.0	$562.5	$607.5	$795.0
销货成本中非经常性项目	–	–	–	–
调整后毛利润	$750.0	$562.5	$607.5	$795.0
利润率	*33.3%*	*33.3%*	*33.3%*	*33.3%*
已披露 EBIT	$300.0	$225.0	$243.0	$318.0
销货成本中非经常性项目	–	–	–	–
其他非经常性项目	25.0	–	–	25.0 (1)
调整后 EBIT	$325.0	$225.0	$243.0	$343.0
利润率	*14.4%*	*13.3%*	*13.3%*	*14.4%*
折旧和摊销	100.0	75.0	82.0	107.0
调整后 EBITDA	$425.0	$300.0	$325.0	$450.0
利润率	*18.9%*	*17.8%*	*17.8%*	*18.9%*
已披露净利润	$150.0	$112.5	$126.0	$163.5
销货成本中非经常性项目	–	–	–	-
其他非经常性支出	25.0	–	–	25.0
非经营性非经常性支出	–	–	–	-
所得税调整	(6.3)	–	–	(6.3)
调整后净利润	$168.8	$112.5	$126.0	$182.3
利润率	*7.5%*	*6.7%*	*6.9%*	*7.6%*
调整后稀释每股收益	$1.35	$0.90	$1.01	$1.46

现金流量表数据	财务年度	去年同期	本年迄今	LTM
折旧和摊销	100.0	75.0	82.0	107.0
占销售收入%	*4.4%*	*4.4%*	*4.5%*	*4.5%*
资本性支出	105.0	75.0	85.0	115.0
占销售收入%	*4.7%*	*4.4%*	*4.7%*	*4.8%*

备注

（1）2018年第四季度，罗森鲍姆实业公司记录了一笔有关诉讼和解的2500万美元税前支付（见2018年10-k报告管理层讨论与分析，第50页）。

（2）2019年8月15日，罗森鲍姆实业公司公司宣布针对战略替代选择方案成立特殊委员会。

目标公司业务描述

从事化学品、塑料和纤维的制造和销售

收购方业务描述

制造和销售高性能材料和特殊化学品

备注

合并后的公司将受益于更广泛的产品供应、互补的分销渠道及精简带来的效率。该交易还会将收购方的业务范围扩展到新兴市场。预计到2021年年底，每年可产生约1亿美元的成本协同效应。

全面稀释普通股数量计算	
基本普通股数量	123.000
加：实值期权股票数量	3.750
减：期权发行收入回购股票数量	(1.750)
期权净增股票数量	2.000
加：可转换证券增加股票数量	-
全面稀释普通股数量	125.000

股票期权/认股权证

批次	股票数量	行权价格	实值期权	收入
批次1	1.500	$5.00	1.500	$7.5
批次2	1.250	10.00	1.250	12.5
批次3	1.000	15.00	1.000	15.0
批次4	–	–	–	–
批次5	–	–	–	–
合计	3.750		3.750	$35.0

可转换证券

	数量	转换价格	转换比例	新增股份
发行1	–	–	–	–
发行2	–	–	–	–
发行3	–	–	–	–
发行4	–	–	–	–
发行5	–	–	–	–
合计				–

表 2-8　一般资料栏内容

一般资料	
目标公司	罗森鲍姆实业公司
代码	JNR
财务年度截止日	12/31
边际税率	*25.0%*
收购方	珍珠集团
代码	PRL
财务年度截止日	12/31
交易宣布日	2019/11/4
交易生效日	待定
交易类型	上市/上市
收购对价	现金

表 2-9　股权价值和企业价值计算栏内容

（单位：100万美元，每股数据除外）

股权价值和企业价值计算		
要约每股价格		
每股现金要约价格		$20.00
每股股票要约价格		–
换股比例	–	
珍珠集团股价	–	
要约每股价格		**$20.00**
全面稀释普通股数量		–
隐含股权价值		–
隐含企业价值		
加：有息负债		–
加：优先股		–
加：非控股股东权益		–
减：现金及现金等价物		–
隐含企业价值		–

＝现金要约每股价格+股票要约每股价格
＝20美元+0美元

全面稀释普通股数量计算。根据从最新委托声明书中获取的资料，罗森鲍姆的基本普通股数量为 1.23 亿股。罗森鲍姆还有三个“批次”的股票期权，如其最新 10–K 所列细节（见表 2-10 中“股票期权 / 认股权证”标题下的内容）。按照 20 美元的要约价格，三个批次的股票期权都是实值。在计算先例交易分析的全面稀释普通股数量时，所有已发行实值股票期权和认股权证都要按照其加权平均行权价格进行转换，无论其是否行权。这三个批次代表着 375 万股，按照各自行权价格能够产生总收入 3 500 万美元。根据 TSM 方法，这些收入被假定用于按每股 20 美元的要约价格回购 175 万股（3 500 万美元 /20 美元），从而产生净新股 200 万股。这些额外股票加回到罗森鲍姆的基本股票数量中，以计算得出全面稀释普通股为 1.25 亿股。

表 2-10　全面稀释普通股数量计算栏内容

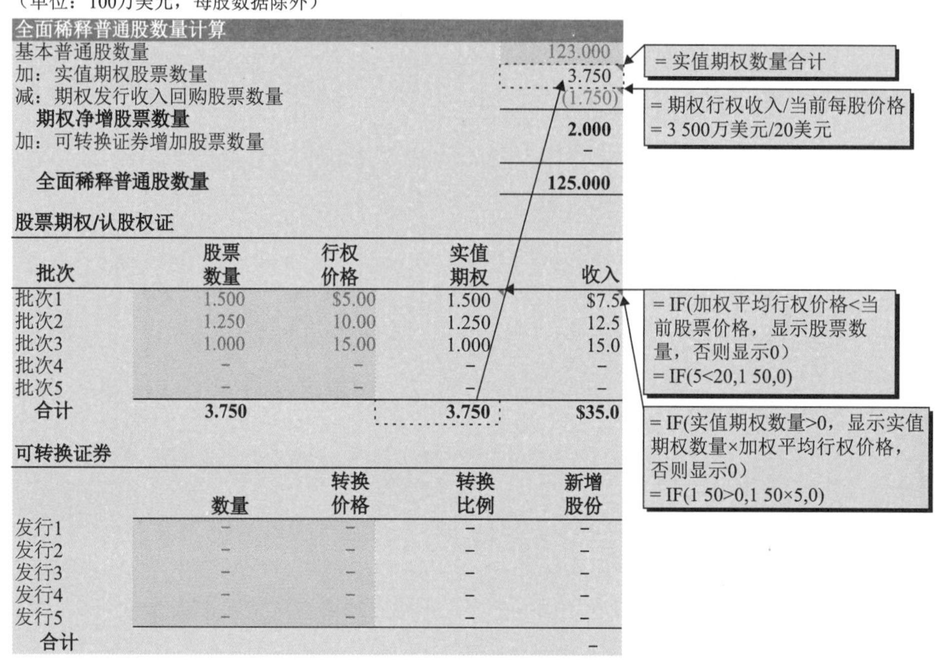

（单位：100万美元，每股数据除外）

全面稀释普通股数量计算				
基本普通股数量				123.000
加：实值期权股票数量				3.750
减：期权发行收入回购股票数量				(1.750)
期权净增股票数量				**2.000**
加：可转换证券增加股票数量				–
全面稀释普通股数量				**125.000**

股票期权/认股权证

批次	股票数量	行权价格	实值期权	收入
批次1	1.500	$5.00	1.500	$7.5
批次2	1.250	10.00	1.250	12.5
批次3	1.000	15.00	1.000	15.0
批次4	–	–	–	–
批次5	–	–	–	–
合计	3.750		3.750	$35.0

可转换证券

	数量	转换价格	转换比例	新增股份
发行1	–	–	–	–
发行2	–	–	–	–
发行3	–	–	–	–
发行4	–	–	–	–
发行5	–	–	–	–
合计				–

股权价值。1.25亿股全面稀释普通股引入到“股权价值和企业价值计算”栏中，乘以要约每股价格20美元后，得出股权价值为25亿美元（见表2-11）。

表 2-11　股权价值

（单位：100万美元，每股数据除外）

股权价值和企业价值计算		
要约每股价格		
每股现金要约价格		$20.00
每股股票要约价格		–
换股比例	–	
珍珠集团股价	–	
要约每股价格		**$20.00**
全面稀释普通股数量		125.000
隐含股权价值		**$2 500.0**

= 要约每股价格×全面稀释普通股数量
= 20美元×12 500万股

企业价值。罗森鲍姆的企业价值是通过净债务与计算得出的股权价值相加后确定的。我们根据罗森鲍姆截至2019年9月30日期间的10-Q文件资料，从债务总额13.75亿美元中减去现金及现金等价物5 000万美元后，计算得出净债务为13.25亿美元。这13.25亿美元加上计算得出的股权价值25亿美元，得出企业价值为38.25亿美元（见表2-12）。

表 2-12　企业价值

（单位：100万美元，每股数据除外）

股权价值和企业价值计算		
要约每股价格		
每股现金要约价格		$20.00
每股股票要约价格		–
换股比例	–	
珍珠集团股价	–	
要约每股价格		**$20.00**
全面稀释普通股数量		125.000
隐含股权价值		**$2 500.0**
隐含企业价值		
加：有息负债		1 375.0
加：优先股		–
加：非控股股东权益		–
减：现金及现金等价物		(50.0)
隐含企业价值		**$3 825.0**

= 股权价值+有息负债-现金
= 25亿美元+13.75亿美元-5 000万美元

已披露利润表。接着，我们在罗森鲍姆的利润表中输入了分别取自其最新 10–K 和 10–Q 文件的上年度 2018 年全年、2018 年同期和 2019 年迄今这几个时间段的信息（见表 2-13）。我们还针对非经常性项目做了适当调整（见表 2-14）。

表 2-13　罗森鲍姆的已披露利润表内容

（单位：100万美元，每股数据除外）

已披露利润表	财务年度	去年同期	本年迄今	LTM
	2018/12/31	2018/9/30	2019/9/30	2019/9/30
销售收入	$2 250.0	$1 687.5	$1 822.5	$2 385.0
销货成本	1 500.0	1 125.0	1 215.0	1 590.0
毛利润	**$750.0**	**$562.5**	**$607.5**	**$795.0**
销售、行政及管理费用	450.0	337.5	364.5	477.0
其他费用/（收益）	–	–	–	–
EBIT	**$300.0**	**$225.0**	**$243.0**	**$318.0**
利息费用	100.0	75.0	75.0	100.0
税前利润	**$200.0**	**$150.0**	**$168.0**	**$218.0**
所得税	50.0	37.5	42.0	54.5
非控股股东损益	–	–	–	–
优先股	–	–	–	–
净利润	**$150.0**	**$112.5**	**$126.0**	**$163.5**
有效税率	*25.0%*	*25.0%*	*25.0%*	*25.0%*
加权平均稀释普通股数量	125.0	125.0	125.0	125.0
稀释每股收益	$1.20	$0.90	$1.01	$1.31

表 2-14 罗森鲍姆的调整后利润表内容

法律诉讼和解

（单位：100万美元，每股数据除外）

调整后利润表				
已披露毛利润	$750.0	$562.5	$607.5	$795.0
销货成本中非经常性项目	–	–	–	–
调整后毛利润	**$750.0**	**$562.5**	**$607.5**	**$795.0**
利润率	*33.3%*	*33.3%*	*33.3%*	*33.3%*
已披露 EBIT	$300.0	$225.0	$243.0	$318.0
销货成本中非经常性项目	–	–	–	–
其他非经常性项目	25.0	–	–	25.0
调整后 EBIT	**$325.0**	**$225.0**	**$243.0**	**$343.0**
利润率	*14.4%*	*13.3%*	*13.3%*	*14.4%*
折旧和摊销	100.0	75.0	82.0	107.0
调整后 EBITDA	**$425.0**	**$300.0**	**$325.0**	**$450.0**
利润率	*18.9%*	*17.8%*	*17.8%*	*18.9%*
已披露净利润	$150.0	$112.5	$126.0	$163.5
销货成本中非经常性项目	–	–	–	–
其他非经常性支出	25.0	–	–	25.0
非经营性非经常性支出	–	–	–	–
所得税调整	(6.3)	–	–	(6.3)
调整后净利润	**$168.8**	**$112.5**	**$126.0**	**$182.3**
利润率	*7.5%*	*6.7%*	*6.9%*	*7.6%*
调整后稀释每股收益	$1.35	$0.90	$1.01	$1.46

（1）

备注
（1）2018年第四季度，罗森鲍姆实业公司记录了一笔有关诉讼和解的2 500万美元税前支付（见2018年10-k报告管理层讨论与分析，第50页）

= 法律诉讼和解支付的税前收益调整×边际税率
= –（25百万美元×25%）

调整后利润表。审阅罗森鲍姆的财务报表和 MD&A 后发现，它在 2018 年第四季度发生了一笔有关诉讼和解的 2 500 万美元税前付款。因此，我们把这一费用加回到罗森鲍姆已披露的财务数据中，得出调整后 EBITDA、调整后 EBIT 和调整后每股收益分别为 4.5 亿美元、3.43 亿美元和 1.46 美元。这些调整后的财务数据构成了表 2-16 中计算罗森鲍姆交易乘数的基础。

现金流量表数据。罗森鲍姆的折旧和摊销以及资本性支出信息直接取自其现金流量表，与 10–K 和 10–Q 文件中的资料相同（见表 2-15）。

LTM 交易乘数。为计算罗森鲍姆的交易乘数，我们将企业价值和要约每股价格用于相应的调整后 LTM 财务数据中（见表 2-16）。接着，这些乘数链接到显示整个系列乘数的先例交易分析的输出页面（见表 2-18）。

表 2-15　现金流量表数据栏内容

（单位：100万美元）

现金流量表数据	2018/12/31	2018/9/30	2019/9/30	LTM 2019/9/30
折旧和摊销	100.0	75.0	82.0	107.0
占销售收入%	*4.4%*	*4.4%*	*4.5%*	*4.5%*
资本性支出	105.0	75.0	85.0	115.0
占销售收入%	*4.7%*	*4.4%*	*4.7%*	*4.8%*

表 2-16　LTM 交易乘数栏内容

（单位：100万美元，每股数据除外）

LTM 交易乘数	
EV/销售收入	1.6x
数值	$2 385.0
EV/EBITDA	8.5x
数值	$450.0
EV/EBIT	11.2x
数值	$343.0
P/E	13.7x
数值	$1.46

= 企业价值/LTM 2019/9/30 EBITDA
= 38.25亿美元/4.5亿美元

经过预计 1 亿美元的协同效应调整后，LTM EV/EBITDA 乘数约为 7 倍（38.25 亿美元 /5.5 亿美元）。

企业价值对 LTM EBITDA。为计算 EV/LTM EBITDA，我们用罗森鲍姆的企业价值 38.25 亿美元除以其 LTM 2019/9/30 调整后 EBITDA 4.5 亿美元，得出乘数为 8.5 倍。我们用同样的方法计算了 LTM EV/ 销售收入（市售率）和 EV/EBIT 乘数。

要约每股价格对 LTM 稀释后每股收益。为计算市盈率，我们用要约每股价格 20 美元除以罗森鲍姆的 LTM 稀释后每股收益 1.46 美元，得出乘数为 13.7 倍。

支付溢价。先例交易的支付溢价分析在评估 ValueCo 这样的私有公司时并不适用。然而，由于罗森鲍姆是家上市公司，我们出于演示目的进行了这一分析（见表 2-17）。

表 2-17　支付溢价

支付溢价		
交易宣布日		**溢价**
前1日	$17.39	*15.0%* (2)
未受影响的股票价格		
前1日	$14.81	*35.0%*
前7日	15.04	*33.0%*
前30日	14.60	*37.0%*

= 要约每股价格/交易宣布前1日股票价格−1
= 20美元/17.39美元−1

备注

（2）2019年8月15日，罗森鲍姆实业公司宣布针对战略替代选择方案成立特殊委员会。

20美元的要约每股价格构成了进行支付溢价分析的基础，代表着交易宣布前1日17.39美元罗森鲍姆股票价格15%的溢价水平。然而，如图2-17所示，罗森鲍姆的股票价格因为2019年8月15日宣布其正在寻求战略替代选择方案的缘故而受到了直接影响（尽管实际交易在2019年11月4日才宣布）。因此，我们还根据罗森鲍姆股票在2019年8月15日前1日、7日和30日的收盘价格14.81美元/股、15.04美元/股和14.60美元/股，分析了未受影响的支付溢价。由此，分别得出了支付溢价为35%、33%和37%，而这些数字更加趋于吻合传统的上市公司并购溢价水平。

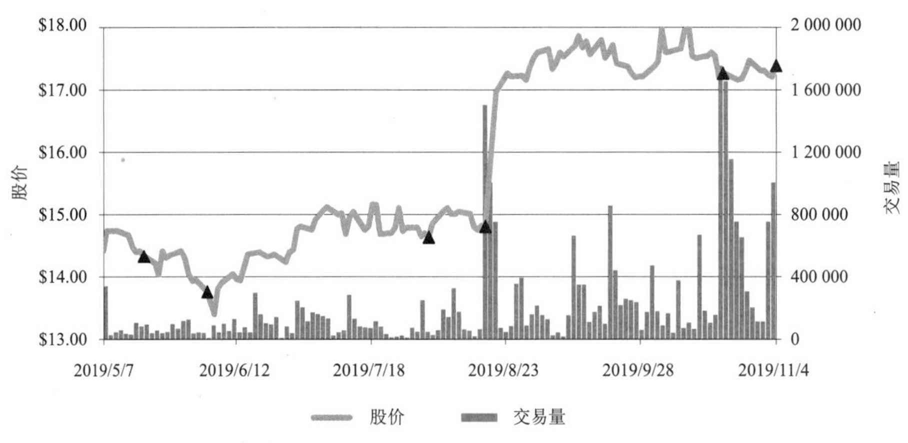

Δ日期	事件
2019/5/15	罗森鲍姆公布截至2019年3月31日第一季度财务表现
2019/6/3	罗森鲍姆首席执行官收到财务投资人要约报价
2019/7/13	媒体报道罗森鲍姆可能出售
2019/8/15	罗森鲍姆公布截至2019年6月30日第二季度财务表现
2019/8/15	**罗森鲍姆董事会成立关于战略替代选项的特别委员会**
2019/10/18	媒体报道罗森鲍姆接近交易签署
2019/11/4	罗森鲍姆公布截至2019年9月30日第三季度财务表现
2019/11/4	珍珠公司签署收购罗森鲍姆的最终协议书

图2-17　罗森鲍姆的价量注释图

第四步：进行可比收购案例的基准比较

在第四步，我们将（第三步计算得出的）目标公司的关键性财务数据和比率数链接到用于基准比较目的的输出页面（其通用模板请见本书第一章表 1-36 和表 1-37）。基准比较页面有助于从财务的角度确定那些对于 ValueCo 而言最具可比性的目标，即罗森鲍姆实业公司、施耐德公司和日瓦国际。与此同时，第一步的分析为我们提供了足够的信息，来确认这些公司从业务的角度来说对于 ValueCo 而言具有很强的可比性。

每一家可比收购案例的相关交易乘数和交易信息也都链接到输出页面。如表 2-18 所示，ValueCo 所在行业在 2017 年至 2019 年间经历了强劲的并购活动热潮，为我们提供了可用于分析的充足的相关数据。考虑到市场形势和每笔所选交易的其他交易动态细节因素，都进一步支持我们选择珍珠集团 / 罗森鲍姆实业公司、顾德森公司 / 施耐德公司和优汉资本 / 日瓦国际的并购交易为最具可比性收购案例。这些乘数构成了我们为 ValueCo 选择合适的乘数范围的主要基础。

第五步：确定估值

在 ValueCo 所在行业，各公司基本上都以 EV/EBITDA 乘数为基础进行估值。因此，我们在通过先例交易分析法对 ValueCo 进行估值的时候采用了 LTM EV/EBITDA 乘数的方法。重点关注的是那些被认为最具可比性的交易案例，也即罗森鲍姆实业公司、施耐德公司和日瓦国际的收购案例，以便框定估值范围（如第四步所述）。

通过这一方法，我们设定了乘数范围为 7.5 ~ 8.5 倍。接着，用这个乘数范围的两端终点数乘以 ValueCo 的 LTM 2019/9/30 EBITDA 7 亿美元，得出隐含企业价值范围大约为 52.5 亿 ~ 59.5 亿美元（见表 2-19）。

表 2-18　先例交易分析输出页面

ValueCo公司
先例交易分析
（单位：100万美元）

交易宣布日期	收购方	目标方	交易类型	收购对价	股权价值	企业价值	企业价值/			LTM EBITDA利润率	股权价值/	支付溢价		
							LTM销售收入	LTM EBITDA	LTM EBIT		LTM净利润	未受影响的交易日前 1	7	30
2019/11/4	珍珠集团	罗森鲍姆	上市/上市	现金	$2 500	$3 825	1.6x	8.5x	11.2x	19%	13.7x	35%	33%	37%
2019/7/22	顾德森公司	施耐德公司	上市/上市	现金/股票	5 049	6 174	1.4x	8.1x	10.3x	18%	12.7x	29%	32%	31%
2019/6/24	德曼斯资本	爱科曼实业	财务投资/上市	现金	8 845	9 995	1.7x	8.0x	10.2x	21%	13.1x	35%	37%	39%
2019/4/15	浩博集团	沃伦公司	财务投资/私有	现金	1 250	1 350	1.9x	7.5x	9.6x	26%	12.6x	NA	NA	NA
2018/8/8	都东实业	高登集团	上市/上市	股票	2 620	3 045	1.5x	9.0x	12.2x	17%	16.8x	47%	44%	49%
2018/7/9	优汉资本	日瓦国际	财务投资/上市	现金	3 390	4 340	1.6x	7.8x	9.4x	21%	11.4x	38%	40%	43%
2018/3/20	兰茨环球	福柯塞斯	上市/私有	现金	8 750	10 350	1.7x	8.4x	10.5x	21%	13.3x	NA	NA	NA
2017/11/9	美恩特全球管理	卡姆瑞斯	财务投资/私有	现金	1 765	2 115	1.5x	7.9x	9.3x	19%	11.4x	NA	NA	NA
2017/6/22	普瑞尔	帕科	上市/私有	现金	6 450	8 700	1.1x	7.0x	7.9x	16%	9.8x	NA	NA	NA
2017/4/17	雷驰特	布瑞斯	上市/上市	股票	12 431	12 681	1.5x	8.2x	12.1x	19%	16.3x	29%	36%	34%
平均值							**1.6x**	**8.0x**	**10.3x**	**19%**	**13.1x**	**36%**	**37%**	**39%**
中位值							**1.6x**	**8.0x**	**10.3x**	**19%**	**12.9x**	**35%**	**36%**	**38%**
高点							**1.9x**	**9.0x**	**12.2x**	**26%**	**16.8x**	**47%**	**44%**	**49%**
低点							**1.1x**	**7.0x**	**7.9x**	**16%**	**9.8x**	**29%**	**32%**	**31%**

数据来源：公司申报备案文件。

表 2-19 ValueCo 的隐含估值范围

ValueCo公司 隐含估值范围 （单位：100万美元，LTM 2019年9月30日）							
EBITDA	数值	乘数范围			隐含企业价值		
LTM	$700	7.50x	~	8.50x	$5 250	~	$5 950

作为最后一步，我们比较了从先例交易分析中得出的估值范围和通过可比公司分析法得出的估值范围。如图 2-18 中的足球场图例所示，通过先例交易分析法得出的估值范围与通过可比公司分析法得出的估值范围相对一致。前者略微高于后者的溢价部分，可以归因于并购交易中的支付溢价。

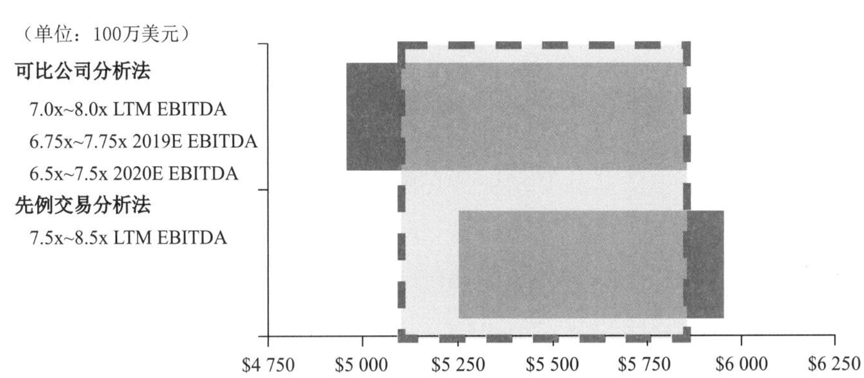

图 2-18 ValueCo 足球场显示可比公司分析法和先例交易分析法

第三章

现金流折现分析

现金流折现分析（简称“DCF 分析”或“DCF”）是投资银行、公司高管、大学教授、投资人和金融界其他专业人士广泛采用的一种基本估值方法。它所依据的原则是，一家公司、分部、企业或资产组合（“目标”）的价值可以从其预计自由现金流（free cash flow，FCF）的现值推演出来。一家公司的预计 FCF 是从有关它的预计财务绩效的大量假设和判断中推演出来的，包括销售收入增长率、利润率、资本性支出和净流动资金（net working capital，NWC）需求。DCF 的应用范围很广，包括各类并购情形、IPO、公司重组和投资决策的估值。

通过 DCF 得出的目标隐含估值也叫作内在价值（intrinsic value），而不是市场认定的某个时间点的价值，即市场价值。因而，在进行综合估值时，DCF 是基于市场法估值技术的一个重要替代方案，而那些基于市场法的估值技术，比如可比公司分析和先例交易分析，有可能因为多个因素而扭曲，包括市场异常情形（比如次贷危机后的信贷紧缩）。因此，DCF 扮演的一个重要角色就是检验一家上市公司的当前市场估值。DCF 的宝贵之处还体现在单一经营同行公司或可比收购案例非常有限或者完全不存在的时候。

在 DCF 分析中，一般是对一家公司的 FCF 进行 5 年期的预测。然而，由于公司所在行业和发展阶段的不同，以及财务绩效的可预测性不同，这个预测期有可能更长。因为准确预测一家公司在一个长期阶段（并且经过不同商业周期和经济周期）的财务绩效本身就困难重重，终值（terminal value）用来描述目标在预测期外的价值，即它的“持续经营”（going concern）价值。

预测的 FCF 和终值都要按照目标的加权平均资本成本（weighted average cost of capital, WACC）进行折现计算，而该折现率与其业务和财务风险相吻合。

FCF 的现值和终值的现值相加就可以得出企业价值，构成了 DCF 估值的基础。WACC 和终值的假设数字一般都会对最终结果产生重大影响，稍许变化就会导致估值的显著差异。由此，DCF 计算结果应该是基于关键性假设的变动范围而产生的估值区间，而不是一个简单的绝对数字。这些估值的假设数字所产生的影响要用敏感性分析（sensitivity analysis）来进行检验。

驱动 DCF 的假设数据相对基于市场法的估值技术而言有利有弊。有利的一面是，有关财务预测、WACC 和终值等合理假设的应用有助于防止目标的估值受到阶段性发生的市场扭曲因素的影响。此外，DCF 分析方法可以灵活地通过改变输入的假设数据来检验所产生的影响，并可以提供目标在不同情形下的估值结果。不利的一面是，DCF 分析方法的有效性与其假设高度相关。因而，假设数字如果没能充分捕捉目标所面临的机会和风险，也就无法产生有意义的估值。

本章提供了分步骤 DCF 操作，也就是它的科学性内容（见表 3-1）。与此同时，本章还提供了掌握 DCF 的艺术性工具，即依据对目标及其关键性绩效驱动因素的深入分析、进行合理假设的能力。在设定了这一框架后，我们用目标公司 ValueCo 来具体演示如何进行 DCF 分析。

表 3-1　现金流折现分析的步骤

步骤
第一步：研究目标、确定关键性绩效驱动因素
第二步：预测自由现金流
第三步：计算加权平均资本成本
第四步：确定终值
第五步：计算现值、确定估值

现金流折现分析步骤简要说明

- 第一步：研究目标、确定关键性绩效驱动因素。跟任何一种估值方法一样，进行 DCF 分析的第一步就是尽可能多地研究、了解目标及其行业。在尽职调查这个至关重要的领域里，走捷径有可能会产生以后阶段的误导性假设和估值的扭曲。这项工作涉及确定财务绩效的关键性驱动因素（特别是销售增长率、营利能力和 FCF 产生能力），能让投资银行分析师针对目标设定（或者支持）一整套合理的预测。如果是评估一家上市公司，而不是一家私有公司，第一步工作当然就会比较容易，因为从SEC申报备案文件（比如10-K、10-Q和8-K）、股票研究报告、盈利电话会议记录和投资者简报等渠道都能够获得信息。

如果是私有、非公开注册公司，投资银行分析师常常依赖公司管理层提供包含基本业务和财务信息在内的相关材料。在一个有组织的并购出售流程中，这种信息一般都以机密信息备忘录（CIM）的形式提供（请见本书第六章）。如果没有这些信息，就必须通过其他渠道（例如公司网站、行业期刊和新闻报道文章，以及有关竞争对手中的上市公司、客户和供应商的SEC申报备案文件和调研报告）来了解公司基本信息，并构成前提假设以便产生财务预测数据的基础。

- 第二步：预测自由现金流。对目标的无杠杆FCF（unlevered FCF）的预测构成了DCF的核心。无杠杆FCF，我们在本章简单地称之为FCF，它是一家公司支付了所有现金营运费用和税款，以及资本性支出和流动资金投入后，但在支付任何利息费用前产生的现金[⊖]。目标的预计FCF是由描绘其未来财务绩效的假设数字所驱动产生的，包括销售增长率、利润率、资本性支出和流动资金需求。历史绩效情况，加上第三方或管理层的指导，有助于做出这些假设。使用符合实际的FCF预测数据至关重要，因为它对DCF法的估值产生的影响最大。

  在DCF分析中，一般会预测一家公司5年期的FCF。然而，由于公司所在行业、发展阶段的不同，及其FCF的可预测性不同，这个预测期有可能更长。但是，5年时间一般都足以跨越至少一个商业周期或者经济周期，足以成功实现进行之中或者计划之中的措施。其目标是预测FCF到未来的某个时间点，此目标的财务绩效被认为已经达到了一个“稳定状态”，可以用作终值计算的基础（请见“第四步”）。

- 第三步：计算加权平均资本成本。在DCF分析中，WACC是用来将目标的预计FCF和终值进行折现的比率数。它的设计目的是要公正地反映目标的业务和财务风险。WACC代表着某家给定公司所要求的投入资本回报率（传统上的债务与股权）的“加权平均”。它还常常被称为

⊖ 有关可用于偿付债务的杠杆自由现金流或现金的论述，请见本书第四章“杠杆收购”和第五章“LBO分析”。

"折现率"或"资本成本"。债务和股权部分通常都具有迥然不同的风险特征和税务影响，因此 WACC 也取决于资本结构。

- 第四步：确定终值。DCF 估值方法的基础是确定目标所产生的未来 FCF 的现值。有鉴于预测目标未来 FCF 的艰巨性，终值被用来量化目标在预测阶段之后的剩余价值。终值一般都在目标的 DCF 分析中占有一个重要比例。因此，很重要的一点是，目标预测期的最后一年（"最终年份"）的财务数据代表着一个稳定状态或者正常化水平的财务绩效，而不是某个周期的高点或者低点。

  用于计算一家公司终值的常用方法有两个，即退出乘数法（exit multiple method, EMM）和永续增长法（perpetuity growth method, PGM）。EMM 是按照目标最终年份 EBITDA（或 EBIT）乘数计算得出目标在预测期后的剩余价值。PGM 是把目标的最终年份 FCF 按照某个假定比率永续增长而计算得出的终值。

- 第五步：计算现值、确定估值。目标的预计 FCF 和终值要进行折现、相加，以计算它的企业价值。隐含股权价值和股票价格（如果相关的话）接着可以从计算得出的企业价值中推演出来。现值的计算方法是预测期内每年的 FCF 以及终值乘以其相应的折现因子（discount factor）。折现因子代表的是假设某个给定折现率、在某个未来给定日期的每 1 美元代表的当前价值㊀。

  由于 DCF 归集了关键性绩效驱动因素、WACC 和终值的无数假设，因而它用来产生一个估值范围，而不是一个单一的数值。通过改变关键性输入数据从而产生估值范围的工作叫作敏感性分析。DCF 估值的核心驱动因素，比如 WACC、退出乘数或永续增长率、销售增长率和利润率，是最常见的敏感性输入数据。DCF 隐含的估值范围一旦确定，作为一种健全性检验，应该与其他估值方法所产生的估值范围进行比较，比如可比公司分析、先例交易分析和 LBO 分析（如果适用的话）。

  在完成了以上简述的各个步骤后，最终的 DCF 输出页面应该与表 3-2 所示相似。

㊀ 例如，假设折现率为 10%，时间为 1 年，那么折现因子就是 0.91（1/（1+10%）^1），意味着未来 1 年后得到的 1 美元的价值相当于今天的 0.91 美元。

表 3-2 DCF 分析输出页面

ValueCo 公司

现金流折现分析

（单位：100万美元，财务年度截止日为12月31日）

经营情景 基准方案

经营情景	1										
年中折现	Y										
	历史期			CAGR		预测期					CAGR
	2016	2017	2018	('16 - '18)	2019	2020	2021	2022	2023	2024	('19 - '24)
销售收入	$2 600.0	$2 900.0	$3 200.0	10.9%	$3 450.0	**$3 708.8**	**$3 931.3**	**$4 127.8**	**$4 293.0**	**$4 421.7**	5.1%
增长率	*NA*	*11.5%*	*10.3%*		*7.8%*	*7.5%*	*6.0%*	*5.0%*	*4.0%*	*3.0%*	
EBITDA	**$491.4**	**$580.0**	**$672.0**	16.9%	**$725.0**	**$779.4**	**$826.1**	**$867.4**	**$902.1**	**$929.2**	5.1%
利润率	*18.9%*	*20.0%*	*21.0%*		*21.0%*	*21.0%*	*21.0%*	*21.0%*	*21.0%*	*21.0%*	
折旧和摊销	155.0	165.0	193.0		207.0	222.5	235.9	247.7	257.6	265.3	
EBIT	**$336.4**	**$415.0**	**$479.0**	19.3%	**$518.0**	**$556.9**	**$590.3**	**$619.8**	**$644.6**	**$663.9**	5.1%
利润率	*12.9%*	*14.3%*	*15.0%*		*15.0%*	*15.0%*	*15.0%*	*15.0%*	*15.0%*	*15.0%*	
所得税	84.1	103.8	119.8		129.5	139.2	147.6	154.9	161.1	166.0	
息前税后利润	**$252.3**	**$311.3**	**$359.3**	19.3%	**$388.5**	**$417.6**	**$442.7**	**$464.8**	**$483.4**	**$497.9**	5.1%
加：折旧和摊销	155.0	165.0	193.0		207.0	222.5	235.9	247.7	257.6	265.3	
减：资本性支出	(114.4)	(116.0)	(144.0)		(155.3)	(166.9)	(176.9)	(185.8)	(193.2)	(199.0)	
减：流动资金增加/（减少）						(47.6)	(41.0)	(36.2)	(30.4)	(23.7)	
无杠杆自由现金流						**$425.6**	**$460.7**	**$490.6**	**$517.4**	**$540.5**	
加权平均资本成本	11.0%										
折现期						0.5	1.5	2.5	3.5	4.5	
折现因子						0.95	0.86	0.77	0.69	0.63	
自由现金流现值						**$404.0**	**$393.9**	**$377.9**	**$359.1**	**$338.0**	

企业价值	
自由现金流累计现值	**$1 872.9**
终值	
终值年EBITDA (2024E)	$929.2
退出乘数	7.5x
终值	**$6 969.0**
折现因子	0.59
终值现值	**$4 135.8**
企业价值占比	*68.8%*
企业价值	**$6 008.7**

隐含股权价值和股票价格	
企业价值	$6 008.7
减：债务总额	(1 500.0)
减：优先股	–
减：非控股股东权益	–
加：现金及现金等价物	250.0
隐含股权价值	**$4 758.7**
全面稀释普通股数量	80.0
隐含股票价格	**$59.48**

隐含永续增长率	
终值年自由现金流 (2024E)	$540.5
加权平均资本成本	11.0%
终值	$6 969.0
隐含永续增长率	**2.6%**

隐含 EV/EBITDA	
企业价值	$6 008.7
LTM 2019/9/30 EBITDA	700.0
隐含EV/EBITDA	**8.6x**

企业价值

加权平均资本成本 \ 退出乘数	6.5x	7.0x	7.5x	8.0x	8.5x
10.0%	5 665	5 953	6 242	6 530	6 819
10.5%	5 560	5 842	6 124	6 406	6 688
11.0%	5 457	5 733	**$6 009**	6 284	6 560
11.5%	5 357	5 627	5 897	6 166	6 436
12.0%	5 260	5 524	5 787	6 051	6 315

隐含永续增长率

加权平均资本成本 \ 退出乘数	6.5x	7.0x	7.5x	8.0x	8.5x
10.0%	0.6%	1.2%	1.7%	2.2%	2.6%
10.5%	1.0%	1.6%	2.2%	2.7%	3.1%
11.0%	1.4%	2.1%	**2.6%**	3.1%	3.5%
11.5%	1.9%	2.5%	3.1%	3.5%	4.0%
12.0%	2.3%	2.9%	3.5%	4.0%	4.4%

第一步：研究目标、确定关键性绩效驱动因素

研究目标

跟任何一种估值方法一样，进行 DCF 分析的第一步就是要尽可能多地研究、了解目标及其行业。扎扎实实地理解目标的商业模型、财务特征、客户价值主张、终端市场、竞争对手和关键风险，这是构建估值框架的根本。投资银行分析师需要有能力对目标设定（或者支持）一整套合理的预测，以及 WACC 和终值假设。如果是评估一家上市公司而不是私有公司的话，因为信息可获得性的缘故，这一工作当然就比较容易。

如果是上市公司㊀，只要仔细审阅它最新的 SEC 申报备案文件（例如 10-K、10-Q 和 8-K）、盈利电话会议记录和投资者简报，就能获得有关其业务和财务特征的充分介绍。如要确定关键性绩效驱动因素，最新 10-K 和 10-Q 文件里的 MD&A 栏是一个重要的信息来源，因为这里面提供了该公司在上一个报表期间财务和经营绩效的一个梗概，以及管理层对公司的展望。股票研究报告提供了额外的内容和观点，同时还会包含对未来两到三年期间的财务绩效预测。

如果是私有的、非公开注册公司或者上市公司的较小分部（未提供其分类信息），常常需要依赖公司管理层来提供包含基本业务和财务信息在内的材料。在一个组织有序的并购出售流程中，这种信息一般都以 CIM 的形式提供。在无法获得该信息的情况下，必须使用其他渠道，比如公司网站、行业期刊和新闻报道文章，以及上市竞争对手、客户和供应商的 SEC 申报备案文件和调研报告。如果是曾经公开注册过的私有公司，或者是作为某个公开注册公司的一个子公司，通过审阅以前申报备案过的文件或调研报告，也有可能会获得不少信息。

确定关键性绩效驱动因素

下一个层面的分析涉及确定一家公司的关键性绩效驱动因素（特别是销售增长率、营利能力和 FCF 产生能力），目标是要设定（或者支持）一套合理的 FCF 预测数据。这些驱动因素有可能既有内部的（比如新设施或店铺的开张、新产品的开发、新客户合同的签订以及流动资金或流动资金效率的提高），又有外部的（比如收购项目、终端市场趋势、消费者购买习惯、宏观经济因素，甚

㊀ 包括那些发行了经过注册的债务证券但没有上市交易股票的公司。

至是立法或监管方面的变化）。

一个给定公司的增长特征有可能大大不同于它的业内同行，其某些商业模式和管理团队可能更加注重或者更有能力进行扩张。在一个给定行业内，各公司的营利能力也可能因诸多因素表现得大不相同，包括管理因素、品牌因素、客户群因素、经营重点因素、产品组合因素、销售/营销策略因素、规模因素和科技因素。同理，在FCF产生能力方面，同行之间常常会出现较大的差异，比如在资本性支出（例如扩张项目、采购设备或是租赁设备）和流动资金效率方面等。

第二步：预测自由现金流

通过研究目标并确定了关键性绩效驱动因素后，投资银行分析师就做好了预测FCF的准备。如前所述，FCF是指一家公司在支付了所有现金经营费用和相关税费，以及资本性支出和流动资金投入以后，但在支付任何利息费用之前所产生的现金（见表3-3）。FCF独立于资本结构，因为它代表的是所有资本供应者（包括债务持有人和股票持有人）可以获得的现金。

表3-3　自由现金流的计算

息税前利润
减：所得税（以边际税率为基准）
息前税后利润
加：折旧与摊销
减：资本性支出
减：净流动资金增加（减少）额
自由现金流

预测自由现金流的考虑因素

历史绩效。对于产生合理假设以便预测FCF来说，历史绩效能够提供宝贵的预测基础。历史的增长率、利润率和其他比率数通常都是未来绩效的可靠指标，尤其对于非周期性行业内的成熟公司而言。虽然审阅尽可能久远的历史数据能够提供大量信息，但一般来说，过去3年期数据（如果有的话）是预测未来财务绩效的一个良好基础。

因此，正如表3-2的输出页面所展示的那样，DCF分析一般首先都是罗列目标过去 3 年期的历史财务数据。该历史财务数据的来源是目标的财务报表，经过了非经常性项目和最近事件的适当调整，以便提供预测财务绩效的一个正常化基础。

预测期年限。根据所在行业、发展阶段和财务绩效可预测性的不同，一般来说，投资银行分析师都预测目标公司 5 年期限的 FCF。如第四步所述，关键是要预测目标的财务绩效达到稳定或者正常化水平的一个未来时间点的 FCF。对于成熟行业内的成熟公司来说，5 年时间足以让一家公司达到其稳定状态。5 年的预测期一般都能横跨至少一个商业周期，给出了足够的时间来成功实现正在进行中或者正在计划中的举措。

然而，如果目标公司处于快速增长的早期阶段，更加合适的做法是建立一个时间周期更长的预测模型（例如 10 年或者更长期），从而让目标公司达到现金流的稳定状态。此外，更长的预测期常常用于收入来源为长期、契约性质的行业内的企业，比如自然资源、卫星通信或公用事业。

其他情形。无论是为一个有组织的并购出售流程的买方还是卖方提供咨询，投资银行分析师一般都会收到目标的 5 年期财务预测，通常都标注为“管理层情形”（management case）。与此同时，投资银行分析师必须要有足够的把握来支持、合理解释这些假设数字。投资银行分析师常常会调整管理层的预测，纳入一些被认为更有可能的假设数据，叫作“基准情形”（base case），同时还会设定乐观情形和悲观情形（upside and downside cases）。

各种其他情形的设定要求扎实理解公司的具体绩效驱动因素及行业趋势。投资银行分析师把驱动这些情形的各种假设数据输入假设页面（请见本书第五章表 5-51 和表 5-52），而这些假设页面内容接着又链接到输出页面（请见表 3-2）。通过模型中的“转换”或“切换”功能，投资银行分析师只要在一个单元格里输入一个数字或者字母（对应某个具体假设情景方案）就可以在不同情形中切换，而不需要重新输入财务数据。

无管理层指导下的财务绩效预测。在很多情况下，DCF 分析是在没有收到初步预测数据的情况下进行的。如果是上市公司，有关财务数据的市场普遍预期，比如销售收入、EBITDA 和 EBIT（通常都提供未来两到三年期间的预测数据），就构成设定一套预测数据的基础。具体分析师的股票研究报告也可能提供额外的财务细节信息，包括（在有些情况下）一个全方位的两年期（或更长时间）财务预测模型。如果是私有公司，稳健的DCF分析常常取决于从公司管理层收到财务预测数据。然而，在实践中，这一点并非总能实现。因此，投资银行分析师必须具备综合技能，以便在没有管理层预测数据的情况下合理预估财务绩效。在这种情况下，投资银行分析师一般都依赖历史财务绩效、行业趋势和上市可比公司的市场普遍预期数据来得出合理的预测。本节剩余的内容将详细讨论FCF的各个主要部分，以及在没有现成预测数据或管理层指导的情况下预测FCF的实用方法。

销售收入、EBITDA和EBIT的预测

销售收入预测。如果是上市公司，投资银行分析师常常会从市场普遍预期中获取首行（top line）[㊀]头两三年期间的预测数据。同理，如果是私有公司，同行公司的市场普遍预期可以用来代替预计销售收入增长率，只要增长趋势与历史绩效和行业展望是一致的。

由于股票研究报告一般都不提供超过未来两三年期间的预测数据（首次覆盖报告除外），因此投资银行分析师必须从其他渠道得出更远年份的增长率。在没有管理层指导意见的情况下，这一工作涉及的艺术性一般都会超过科学性。通常，行业报告和咨询研究报告都会提供更长期的行业趋势和增长率。在没有可靠指导的情况下，投资银行分析师一般都会逐步降低预测期中较远年份的增长率，以便得出最终年份的合理长期增长率（例如2% ~ 4%）。

然而，如果是周期性很强的企业，比如钢铁或者木材公司，销售水平就需要遵循隐含商品周期的变化轨迹。结果，销售趋势一般都更具波动性，有可能因为预测期起点时公司所在周期位置不同的缘故而出现跌宕起伏。无论预测期开始时公司处于什么周期位置，关键的问题是最终年份的财务绩效要能代表一个正常化水平，而不是周期性高点或者低点。否则，公司的终值——在DCF分析中它一般都构成总体价值的一个主要部分，往往就会发生扭曲。因此，如果是周期性公司的DCF，首行预测数字有可能在预测期的早期年份为高峰（或者低谷）数字，然后再逐步下降（或者上升），最后回归到最终年份时的一个正常化水平。

设定了首行预测数据后，很关键的一点是要对其进行健全性检测——比较目标的历史增长率以及同行的预期和行业/市场展望。即便是在从市场普遍预

㊀ top line，利润表的首行，即销售收入；对应于利润表的bottom line，即净利润。——译者注

期中获得信息的情况下，每一年的增长率假设数据都必须进行合理论证，其基础可以是市场份额提升 / 减少、终端市场趋势、产品组合变化、需求变化、价格上涨或者收购项目。此外，投资银行分析师必须确保销售预测数据与 DCF 分析中的其他相关假设相一致，较高的首行增长率通常都会要求较高水平的资本性支出和流动资金支撑。

COGS 和 SG&A 的预测。如果是上市公司，投资银行分析师一般都会依赖历史 COGS㊀（毛利率）和 SG&A 水平（占销售收入的百分比），或可获得的研究报告中的各渠道预测数据，以便得出预测期最初几年的数据。对于预测期的更远年份，常见的做法是使毛利率和 SG&A 占销售收入的比例保持不变，虽然在公司趋势或者行业 / 市场展望证明合理的情况下，投资银行分析师会假定一个略微提升或者下降的比例。同理，如果是私有公司，投资银行分析师一般都会依赖历史趋势来得出毛利率和 SG&A 预测数据，通常都会把利润率保持在之前历史年份的水平。与此同时，投资银行分析师也可能会研究同行公司的研究报告预测数据，以便帮助设定（支持）假设数据、提供有关趋势的观点。

在有些情况下，DCF 可能仅仅以 EBITDA 和 EBIT 预测数据为基础构建，从而剔除 COGS 和 SG&A 一行的内容细节。这种做法一般都要求 NWC 作为销售收入的一个百分比计算得出，因为作为驱动存货和应付账款的 COGS 细节无法获取（见图 3-4 ~ 图 3-6）。然而，如果将 COGS 和 SG&A 包含在内，投资银行分析师就能以毛利率或 SG&A 水平为基础对多种经营情形进行情景分析。

EBITDA 和 EBIT 的预测。如果是上市公司，未来两三年期间的 EBITDA 和 EBIT 预测数据一般都源自市场普遍预期（或者以市场普遍预期为基准计算得出）㊁。这些预测数据本身就同时体现了毛利润绩效和 SG&A 费用。预测较远年份的 EBITDA 和 EBIT 的一个常见做法是把其毛利率保持在市场普遍预期所提供的上一年所代表的水平㊂（如果该水平能代表一个稳定状态时的水平）。然而，如前所述，模型假设也可以考虑营利能力在整个预测期内逐渐上升或者下降，其

㊀ 当 COGS 可以按单位量 / 成本得出时，COGS 一般都按照预计售出数量和单位成本来预测。有关预计售出数量和单位成本的假设数据可以从历史水平、产能或行业趋势中推演得出。

㊁ 如果模型是以 COGS 和 SG&A 细节为基础建立的，投资银行分析师就必须确保 EBITDA 和 EBIT 的市场普遍预期与这些假设数据相吻合。这一工作有可能要求在不同数字中进行推演，以便确保其一致性。

㊂ 例如，分析师需要预测第三年和第四年的财务数据，那么通常会将市场普遍预期所提供的第二年的毛利率保持不变，作为第三年和第四年的毛利率水平（市场普遍预期通常仅提供两年的财务预测）。——译者注

原因可能是产品组合的变化、周期性、经营杠杆率[一]或定价能力/压力。

如果是私有公司，投资银行分析师会审阅历史趋势以及同行公司的市场普遍预期，以获取有关预期毛利率的观点。在没有足够信息证明毛利率改善或者恶化的合理性的情况下，投资银行分析师可能会简单地把毛利率保持在上一年的历史水平上，作为假设数据系列的基准方案。

自由现金流的预测

在DCF分析中，EBIT一般都作为计算FCF的出发点（见表3-4）。要想从EBIT计算得出FCF，有几个额外的内容需要确定，包括边际所得税率、折旧与摊销、资本性支出和流动资金净额的变化。

表3-4 从EBIT到FCF

EBIT
减：所得税（以边际税率为基准）
EBIAT（息前税后利润）
加：折旧与摊销
减：资本性支出
减：流动资金的增加（减少）额
FCF

所得税的预测。从EBIT计算得出FCF的第一步是减除预计税款。其结果是扣除税收影响的EBIT，也叫息前税后利润（EBIAT）[二]或NOPAT。该计算公式涉及EBIT×（1−t），其中t是目标的边际税率。一般建模时都采用25%的假定边际税率，但公司过去年度的实际税率（有效税率）也可以作为一个参考点[三]。

折旧与摊销的预测。折旧是一项非现金费用，是一家公司长期固定资产或物业、厂房和设备（PP&E）在其预计使用年限期内账面值逐年减小的近似数，并减少报表利润。摊销跟折旧一样，也是一项非现金费用，减少一家公司有限

[一] 销售增长的幅度带来了经营利润水平的增长，这是因为成本中包括固定成本和可变成本的组合（销售增加，单位固定成本下降，经营利润上升）。——译者注

[二] EBIAT，为earnings before interest after tax的首字母缩写；NOPAT，为net operating profit after tax的首字母缩写。——译者注

[三] 很重要的一点需要理解，一家公司的有效税率，也即它实际支付的所得税的比率，常常不同于边际税率，因为它可能使用了所得税抵免、不可扣除费用（比如政府罚款）、资产价值重估形成的递延所得税和其他的具体公司的赋税政策。

年限无形资产的价值，也会减少报表利润[一]。

有些公司在其利润表中将折旧与摊销合并成单独一行内容，但是这些费用更常见的做法是包含在 COGS 中（尤其是商品制造商），也有很少一部分包含在 SG&A 中[二]。尽管如此，折旧与摊销在一家公司的现金流量表以及财务报表注释中会予以明确披露。由于折旧与摊销是一项非现金费用，它在计算 FCF 中被加回到了 EBIAT 中（请见表 3-4）。因而，虽然折旧与摊销减少一家公司的报表利润，但它却并不减少 FCF。

折旧。折旧费用一般都按照公司各个资产类别相应的使用年限计提数年。直线折旧法（straight-line depreciation）假定在一项资产的预计使用年限内折旧费用每年相同。例如，如果一项资产以 1 亿美元购置，确定使用年限为 10 年，那么就假定 10 年内每年的折旧费用均为 1 000 万美元。大部分其他折旧方法都属于加速折旧（accelerated depreciation）范畴，即假定一项资产在其使用年限内的早些年份将损失其大部分价值（也即该资产按照加速的时间表进行折旧，从而允许早期发生更大扣减）。

出于 DCF 建模的目的，折旧常常被预测为基于历史水平的销售收入或者资本性支出的一个百分比，因为它与公司的资本支出直接相关，而资本支出反过来往往又会支撑销售收入增长。另一个做法是根据公司的现有可折旧 PP&E 净额和额外资本性支出预测来设定一个详细的 PP&E 计划表[三]。这一做法涉及针对现有可折旧 PP&E 净额假定一个平均剩余年限，并为新的资本性支出假设一个折旧期。尽管听上去好像这种方法比把折旧预测为销售收入或者资本性开支的一个比例数这种“快餐式”做法更有技术含量，但是一般说来，详细测算 PP&E 计划表的做法并不会导致迥然不同的结果。

如果 DCF 分析的结构是以 EBITDA 和 EBIT 预测数字为基础，那么折旧（和摊销）就可以简单地计算为两者之差。但是在这种情形下，投资银行分析师必须确保隐含 D&A 与历史水平和资本性支出预测数字相一致[四]。无论采

㊀ GAAP 准测下的折旧与摊销一般不同于实际报联邦所得税的计算。例如，联邦政府税则一般都允许公司以比 GAAP 准则更快的加速折旧方法来折旧资产。这种差异造成了递延所得税负债。由于计算税务 D&A 的复杂性，投资银行分析师一般都采用 GAAP D&A 来代替税务 D&A。

㊁ 这一部分折旧主要是涉及管理、销售和行政等形成的固定资产，如销售人员的办公桌椅等，金额通常很小。——译者注

㊂ 以年度资本性支出（增加）和折旧（减少）为基础，确定一家公司在预测期内每年 PP&E 的计划安排。预测期内具体某一年的 PP&E 等于上一年的 PP&E 加上预测年的资本性支出减去预测年的折旧。

㊃ 在使用 EBITDA 和 EBIT 的市场普遍预期数字时，两者之差有可能隐含无法证实其合理性的 D&A 水平。特别是报告 EBITDA 的分析师人数不同于报告 EBIT 的分析师人数时，这种情形尤其常见。

用的是哪种方法，投资银行分析师常常都会简单地假定折旧和资本性支出在预测期的最终年份是一致的，以便确保公司的PP&E基数最终保持稳定。否则，公司的估值就会受到PP&E基数增减的影响，从而无法代表一个稳定状态的企业。

摊销。摊销与折旧的不同之处在于，它减少有限年限无形资产的价值，而不是有形资产的价值。有限年限无形资产包括合约权利，例如不竞争条款、版权、许可证、专利权、商标权或其他知识产权，以及信息技术和客户名录等。这些无形资产按照一个确定的年限或者使用年限进行摊销[㊀]。

跟折旧一样，摊销可以预测为销售收入的一个百分比，或者根据一家公司的现有无形资产情况通过设定一个详细计划表来预测。然而，摊销常常跟折旧结合为一体，表现为一家公司的财务报表上的一行内容。因此，更为常见的做法是简单地将摊销与折旧一并考虑。

假设折旧和摊销合并成为同一行内容，D&A便根据以上“折旧”标题下所述的某一种方法进行预测（比如，作为销售收入或者资本性支出的一个百分比，或设定一个详细的计划表，或计算EBITDA和EBIT之差）。

资本性支出的预测。资本性支出是指一家公司用来购买、改善、扩张或者更换实物资产的资金，比如建筑物、设备、设施、机械和其他资产。资本性支出是相对于费用的一种支出。该支出一旦支付后就要在资产负债表上资本化，然后作为折旧在其使用年限期间通过公司的利润表列支。与折旧不同的是，资本性支出代表的是实际现金流出，因而必须在计算FCF时从EBIAT中扣除（在投资实施的年度）。

历史资本性支出在公司的现金流量表中投资活动栏直接披露，同时还在上市公司的10-K和10-Q文件的MD&A栏中说明。历史水平一般都用作预测未来资本性支出的一个可靠指标。然而，资本性支出的预测数据有可能由于公司的战略、行业或者经营阶段的缘故而不同于历史水平。比如，正在扩张模式下的公司有可能在预测期的有些阶段出现资本性支出水平提高，而处于收缩或者控制现金模式下的公司则可能限制自己的资本性支出。

如果是上市公司，未来计划性资本支出常常在它的10-K的MD&A里描述。

㊀ 无限年限无形资产最显而易见的例子是商誉（所支付价值超过资产的账面值），它是不予摊销的；相反，商誉会保持在资产负债表上，并且每年进行商誉减值测试。

研究报告也可能提供未来两三年期间的资本性支出预测。在没有具体指引的情况下，资本性支出一般都根据历史水平数表述为销售收入的一个比例数，因为首行的销售收入增长一般都需要得到相对应的公司资本性支出的支撑。

流动资金净额变化的预测。流动资金净额一般都定义为非现金流动资产（“流动资产”）减去不带息流动负债（“流动负债”）。它衡量的是一家公司需要多少现金用于其持续性经营。用来确定一家公司的 NWC[⊖] 的所有必要组成部分都可以在其资产负债表上找到。表 3-5 所示的是流动资产和流动负债栏的主要组成部分。

表 3-5 流动资产和流动负债的主要组成部分

流动资产	流动负债
■ 应收账款（A/R）	■ 应付账款（A/P）
■ 存货	■ 应计负债
■ 预付款和其他流动资产	■ 其他流动负债

NWC 的计算公式如图 3-1 所示。

NWC ＝ （应收账款+存货+预付款和其他流动资产）－（应付账款+应计负债+其他流动负债）

图 3-1 净流动资金的计算

NWC 每年的变化对于计算 FCF 来说非常重要，因为它代表的是公司每年的现金来源或现金使用情况。一个给定阶段的 NWC 的增加（即流动资产的增加额大于流动负债的增加额时）是现金的使用（现金流出）。对于一个正在成长中的公司来说，这是典型表现——这种公司往往要增加存货方面的支出，以支撑销售收入的增长。同理，应收账款往往会随着销售收入的增长而增长，意味着现金的使用，因为那是尚未收讫的额外现金。相反，应付账款的增加意味着现金的来源，因为那是公司应该支付但仍然保留在账户上未支付的钱。

因为 NWC 的增加是现金的使用，在计算 FCF 的时候它要从 EBIAT 中减去。如果 NWC 的变化净额为负数（现金来源），那么该数额就要加回到 EBIAT 中。NWC 的同比（year-over-year, YoY）变化计算公式如图 3-2 所示。

⊖ NWC，为 net working capital 的首字母缩写，即净流动资金，或称为净营运资本。——译者注

$$\Delta NWC = NWC_n - NWC_{(n-1)}$$

其中：n——最近年度；

$(n\text{-}1)$——上一年度。

图 3-2　**NWC 同比变化的计算**

预测 NWC 同比变化的一个“快餐式”捷径涉及把 NWC 参照历史水平而预测为销售收入的一个百分比，然后依此计算同比变化。当一家公司的详细资产负债表和 COGS 信息无法获得、流动资金比率无法确定的时候，一般都会采用这种方式。更加详尽、值得推荐的做法（在可能的情况下）是预测在预测期内每一年的流动资产和流动负债的各个组成部分。然后，根据预测结果来计算 NWC 和同比变化。

一家公司的流动资产和流动负债的比率通常依据上一年或者三年平均水平得出的历史比率数来进行预测。在有些情况下，公司的趋势线、管理层指引或者行业趋势有可能表明流动资金比率数的上升或者下降，从而影响到 FCF 的预测。在没有这种指引的情况下，投资银行分析师一般都会假定整个预测期内流动资金比率数与历史水平相同[1]。

流动资产

应收账款。应收账款是指已售产品和服务赊销而欠公司的金额。应收账款通常都按应收账款天数（days sales outstanding, DSO）来预测，如图 3-3 所示。

$$DSO = \frac{应收账款}{销售收入} \times 365$$

图 3-3　**DSO 的计算**

DSO 通过计算一家公司在产品或者服务售出后需要多少天才能回款，来衡量该公司在管理其应收账款（A/R）回款方面的表现。比如，如果 DSO 为 30，表明该公司平均来说在最初销售完成后 30 天的时候收到付款。一家公司的 DSO 越小，它从赊销中收取现金的速度就越快。

应收账款（A/R）的增加表明现金的使用。因而，各公司都努力实现 DSO 的最小化，以便加快回收现金。一家公司的 DSO 上升，有可能是多种因素所

[1] 出于 DCF 分析的目的，流动资金比率数一般都按年度衡量。

致，包括客户杠杆率或条款重新商议、客户信用状况恶化、回款系统低效，或者产品组合变化等。现金周期的延长会降低短期流动性，因为公司手头用于支撑短期业务运作、满足流动债务义务的现金减少了。

存货。存货是指公司原材料、在制品和产成品的价值。存货通常都按存货周转天数（days inventory held，DIH）来预测，如图 3-4 所示。

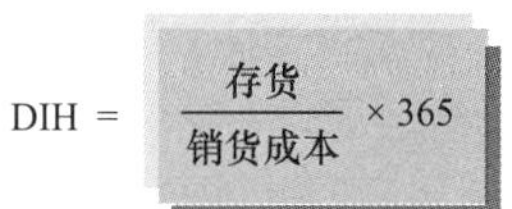

图 3-4 DIH 的计算

DIH 衡量的是一家公司售出其存货所需要的天数。比如，如果 DIH 为 90，表明该公司平均而言需要 90 天来周转其存货（即每年的“存货周转次数”大约为 4 次，详见后文叙述）。存货的增加意味着现金的使用，因此，各公司都努力实现 DIH 的最小化，尽快周转自己的存货，以实现存货所占现金额的最小化。此外，积压存货容易受损、失窃或者因为产品更新或科技进步的缘故而惨遭淘汰。

衡量一家公司售出其存货效率的另一个指标是存货周转比率。如图 3-5 所示，存货周转次数衡量的是公司在一个给定年度里周转存货多少次。跟 DIH 一样，存货周转次数要结合销货成本一起使用，来预测未来存货水平。

存货周转次数 = 销货成本/存货

图 3-5 存货周转次数的计算

预付款和其他流动资产。预付款是一家公司在卖方产品交付或者服务兑现之前所支付的款项。比如，保费一般都是提前支付，虽然保障的是一个较长的时间段（比如 6 个月或者 1 年时间）。预付款和其他流动资产一般都按照历史水平数预测为销售收入的一个百分比。跟应收账款（A/R）和存货一样，预付款和其他流动资产的增加意味着现金的使用。

流动负债

应付账款。应付账款是指一家公司已经购买产品和服务所欠下的款项。应付账款（A/P）通常都按应付账款天数（days payable outstanding，DPO）来预测，如图 3-6 所示。

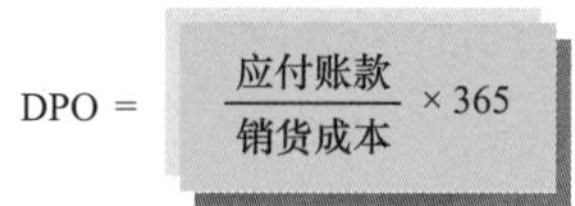

$$DPO = \frac{应付账款}{销货成本} \times 365$$

图 3-6　**DPO 的计算**

DPO 衡量的是一家公司用多少天时间来支付已购商品和服务的欠款。比如，如果 DPO 为 45，表明该公司平均用 45 天时间向其供应商付款。一家公司的 DPO 越高，表明它在支付未付账单前手头拥有可用于各项业务的现金的时间就越长。

应付账款（A/P）的增加代表的是现金来源。因此，跟 DSO 不同的是，各公司都致力于实现其 DPO 的最大化或者“推延”（在合情合理的范围内），以便提高短期流动性。

应计负债和其他流动负债。应计负债是指一家公司已经发生但尚未支付的费用，例如薪水、租金、利息和税款。跟预付款和其他流动资产一样，应计负债和其他流动负债一般都按照历史水平预测为销售收入的一个比例数。跟应付账款（A/P）一样，应计负债和其他流动负债的增加代表的是现金来源。

自由现金流的预测。在以上各项内容预测完成后，预测期间的年度 FCF 根据表 3-3 中最先介绍的公式就相对容易计算了。然而，预测期 FCF 只代表目标价值的一部分。剩余部分体现在第四步将要论述的终值中。

第三步：计算加权平均资本成本

加权平均资本成本（WACC）是被普遍认可的用作折现率的标准，用来计算一家公司的预计 FCF 和终值的现值。它代表着某家给定公司所要求的投入资本（传统上的债务与股权）回报率的加权平均。由于债务和股权部分通常具有不同的风险特征和税务影响，因此 WACC 取决于目标公司的资本结构。

WACC 也可以看成是资本的机会成本，或者说一个投资者在另外一个风险特征相似的投资中预期能够获得的回报。涉足业务多样化的公司有可能表现出各项业务资本成本不同的情况。在这种情况下，可取的做法是用“分部加总”[⊖] 的方法进行 DCF 分析，即针对每一个不同业务类别（每个类别都有自己的 WACC）分别进行 DCF 分析。然后，每个业务类别的数值相加，得出整个公

⊖ 即 sum of the parts，SOTP，分部加总。——译者注

司的隐含企业估值。

WACC 的计算公式如图 3-7 所示。

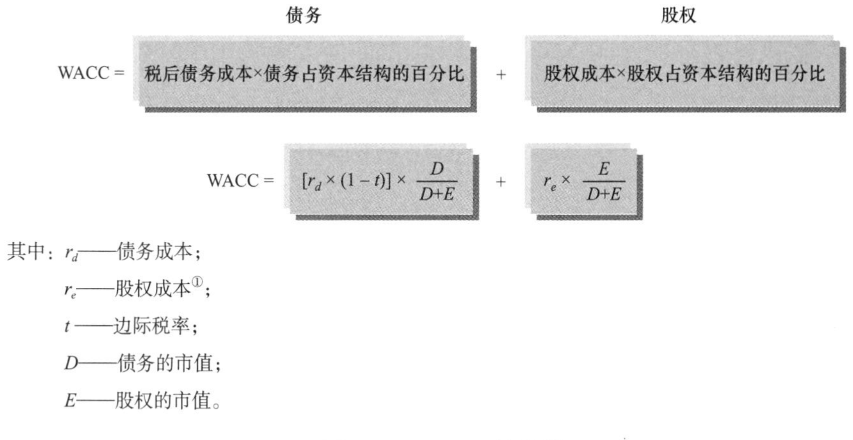

图 3-7　WACC 的计算

① 股权成本，也称为股本成本或权益成本。——译者注

一个公司的资本结构或资本总额有两个主要组成部分，即债务和股权（用 $D+E$ 表示）。两个比率数 r_d（债务收益率）和 r_e（股权收益率），分别代表公司的债务和股权的市场成本。顾名思义，加权平均资本成本就是按照假定的或者“目标”资本结构，公司债务成本（税后）和股权成本的加权平均。

下面我们来展示一下计算 WACC 的分步过程，如表 3-6 所示。

表 3-6　WACC 的计算步骤

第三（a）步：确定目标资本结构
第三（b）步：预测债务成本（r_d）
第三（c）步：预测股权成本（r_e）
第三（d）步：计算 WACC

第三（a）步：确定目标资本结构

WACC 的基础是为公司选择一个与其长期战略相一致的目标资本结构。该目标资本结构的代表是债务对资本总额［$D/(D+E)$］和股权对资本总额［$E/(D+E)$］的比例（请见图 3-7）。在没有明确的目标资本结构的情况下，投资银行分析师要研究公司当前和历史上的债务对资本总额比率，以及它的同行的资本结构情况。上市可比公司可以为目标资本结构提供一个有意义的基准，因为可以假定其管理团队都在致力于股东价值最大化。

在实务工作中，用来确定一家公司的目标资本结构的做法可能因企业的不同而不同。如果是上市公司，现有资本结构一般都可以用作其目标资本结构，只要它稳稳地处于可比公司的范围之内。假如处在该范围的边缘位置或者出了该范围，那么可比公司的平均值或中位值可能更能代表目标资本结构。如果是私有公司，一般可以采用可比公司的平均值或者中位值。一旦选择了目标资本结构，可以假定它在整个预测期内保持不变。

图3-8所示是资本结构对一个公司的WACC的影响。当资本结构中没有债务的时候，WACC等于股权成本。随着债务在资本结构中所占比例的上升，因为债务成本及利息费用的抵税缘故，WACC逐步降低。WACC将继续降低，直到达到最优资本结构（optimal capital structure）点[⊖]。一旦过了这一点，潜在财务困境成本（即杠杆率过度的资本结构的负面影响，包括无力偿债可能性的提高）就开始超过债务的抵税优势。结果，债务投资者和股权投资者都会要求因其增加的风险而获得更高的收益，从而驱动WACC上升而超越最优资本结构门槛。

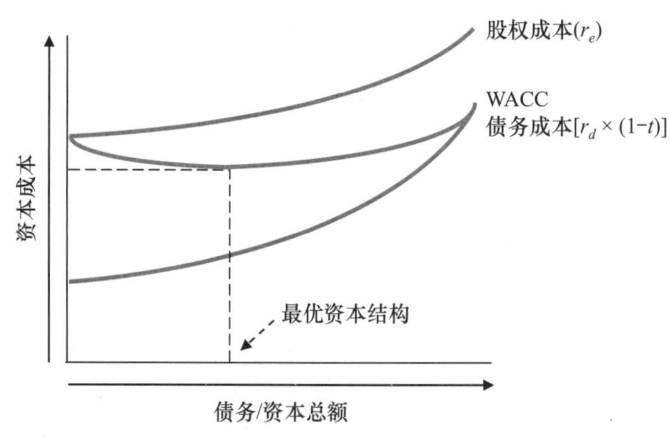

图3-8　最优资本结构

第三（b）步：预测债务成本（r_d）

一家公司的债务成本反映了它在目标资本结构中的信用特征，其基础为多重因素，包括规模、所在行业、前景展望、周期性、信用评级、信用数据、现金流产生能力、财务政策和收购策略等。假设该公司目前处于目标资本结构，

⊖　导致WACC最小化的资本结构组合，即代表公司理论价值的最大化。

债务成本一般都从其已发行债务工具的混合收益中产生，有可能包括公共债务和私人债务的混合。假如公司目前不属于目标资本结构，那么债务成本就必须从同行公司中推算。

如果是上市交易的债券，债务成本可以以所有已发行系列债务的当前收益率[㊀]（current yield）为基础来确定。如果是私人债务，比如周转信用贷款（revolving credit facilities）和定期贷款[㊁]（term loans），投资银行分析师一般会咨询内部的债务资本市场（debt capital markets，DCM）专家来确定当前收益率。分析师通常青睐这些基于市场的做法，因为一家公司已发行债务的当前收益率是其预计债务成本的最佳指数，能够反映违约的风险。

在没有当前市场数据的情况下（例如其债务交易不活跃公司的数据），另一个方法是根据当前期限品种的发行息票来计算公司的加权平均债务成本。然而，这一做法并非总是那么准确，因为它是追溯性质，不一定体现在当前市场形势下公司募集债务资本的成本。在这种情况下，理想的做法（虽然更耗时间）是计算它在目标资本结构下当前（或者隐含）的信用评级和可比信用评级条件下债务成本的近似数，一般都要参考内部 DCM 专业人士的指导意见。

债务成本得以确定后，要按照公司的边际税率计算其税务影响，因为利息支付是可抵税项目。

第三（c）步：预测股权成本（r_e）

股权成本是一家公司的股权投资者预期获得的必要年收益率（包括红利）。跟债务成本不同（债务成本可以从一家公司已发行债务到期品种进行推算），一家公司的股权成本并不是可以从市场上一眼就观察得到的。为了计算一家公司股权的预计收益，投资银行分析师一般都会采用一个公式，叫作资本资产定价模型（capital asset pricing model，CAPM）。

资本资产定价模型。CAPM 所依据的前提是，股权投资者必须为其承担的系统性风险获得补偿，其形式是风险溢价（risk premium），也即超过无风险利

㊀ 理论上说，一种债券的当前收益率的计算公式是债券面值的年息票除以债券的当前价格。然而，可赎回债券（callable bond）的收益率一般都以最差收益率（Yield-To-Worst，YTW）报价。可赎回债券有一个赎回时间表（由债券契约定义），列出数个赎回日期及其相应的赎回价格。YTW 是按照债券的最初要约价格或者当前的债券交易价格，比较债券赎回时间表上所有可能的赎回收益率后，计算得出的最低收益率。

㊁ 有关定期贷款和其他债务工具的更多信息，请参阅本书第四章“杠杆收购”。

率的市场收益额。系统性风险是指与整体市场相关的风险，也叫不可分散风险（non-diversifiable risk）。一家公司的系统性风险水平取决于它的股价与整体市场走向之间的协方差，用贝塔系数（β）来衡量（本节后文论述）。

相比之下，非系统性风险或“特有”风险是指公司或者行业特有的风险，可以通过多样化来避免。因此，股权投资者并不会因此得到（以风险溢价的形式）补偿。一般来讲，公司的规模越小、提供的产品的特定性越强，其非系统性风险就越高。

计算 CAPM 的公式如图 3-9 所示。

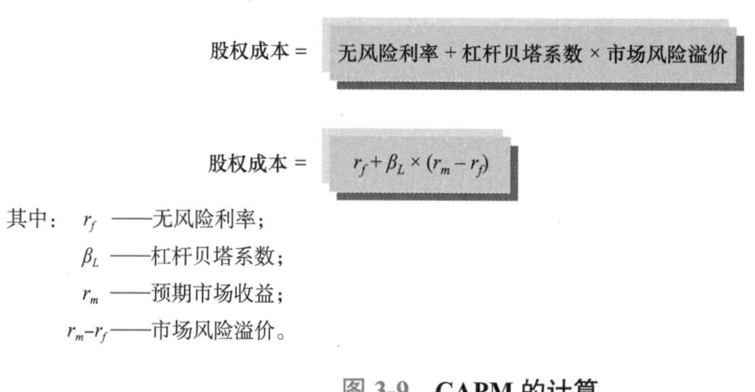

图 3-9　**CAPM 的计算**

无风险利率（r_f）。无风险利率是指通过投资于一种“无风险”证券而获得的预计收益率。美国政府证券，比如短期国库券（T-bill）、国库票据（T-note）和长期国库券（T-bond）㊀ 被市场认可为“无风险”，因为支撑这些证券的是美国联邦政府的信用。政府证券的内插收益㊁（interpolated yield）可以在彭博金融终端㊂ 以及美国财政部等网站㊃ 找到。CAPM 中使用的实际无风险利率随着所选证券的当前收益率不同而各不相同。

各投资银行有可能采用不同的无风险利率标准，理论上，采用期限最长的债务工具较为理想，因为可以匹配公司的预计寿命（假设持续经营）。在实务中，考虑到债券的流动性及信息的可获得性，经常采用 10 年期美国国库票据的

㊀ 短期国库券是无息证券，发行价格是面值的一个折扣价，期限为 3 个月、6 个月和 12 个月。相比之下，国库票据和长期国库券有标明的息票，每半年付息。国库票据发行的期限从 1 年到 10 年不等，而长期国库券发行的期限是 10 年以上。

㊁ “固定期”名义国库券收益率是以美国财政部非通胀指数挂钩国库证券的日收益率曲线插入法计算而得。该曲线将证券的收益率与其到期前剩余时间关联起来，依据的是场外交易市场活跃交易的国库证券的收盘市场出价收益率（market bid yield）。

㊂ 彭博功能：“ICUR{# 年数 }<GO>”。例如，10 年期国库票据的内插收益可以从彭博金融终端获取，方法是键入“ICUR10”，然后按 <GO>。

㊃ www.treasury.gov/resources-center/data-chart-center/Pages/Index.aspx 位于“Daily Treasury Yield Curve Rates”标题下。

收益率作为无风险利率。由于30年期国库债券已经暂停发行，30年期国库券十分稀缺，道衡公司（Duff & Phelps）把20年期国库债券的内插收益率用作无风险利率的基础[一]。

市场风险溢价（r_m–r_f或mrp）。市场风险溢价是指预计市场收益率[二]超过无风险利率的差额。金融专业人士以及学术界，在选择哪个历史时期对于观察市场风险溢价来说最具相关性的问题上，常常各持己见。有些人相信最近的历史阶段更加合适，比如过去的10年或者第二次世界大战至今，有些人则喜欢研究从大萧条之前一直到现在的情况[三]。

道衡公司跟踪的股权风险溢价数据可追溯到1926年。根据参考的时间段的不同，市场收益与无风险利率之间的溢价（r_m–r_f）有可能迥然不同。道衡公司计算的市场风险溢价为7.0%[四]。

许多投资银行都有针对市场风险溢价的公司政策，以便确保各个不同项目和部门的估值工作的一致性。华尔街采用的市场风险溢价一般在5% ~ 8%的范围内。因而，对于投资银行分析师来说，非常重要的一点是要咨询资深人士，就在计算CAPM的公式中采用哪个合适的市场风险溢价寻求指导。

贝塔系数（β）。贝塔系数是一家公司股票的收益率与整体市场收益率之间的协方差的计量（系统性风险），其中标普500传统上都被用作代表市场的指标数。由于标普500的贝塔系数为1.0，如果一只股票的贝塔系数为1.0，则它的预计收益应该与市场收益相同。贝塔系数小于1.0的股票，其系统性风险小于市场；而贝塔系数大于1.0的股票，其系统性风险大于市场。从数学上说，这一点体现在CAPM里，其中贝塔系数较高的股票表现出较高的股权成本，反之亦然。

一家上市公司的历史贝塔系数可以从财务信息渠道获取，比如彭博终端[五]，

㊀ 2020年初，美国财政部表示将发行20年期债券。在此期间，虽然目前市场上还没有财政部发行的20年期债券，但只要市场上还有剩余到期年限为20年的国库债券，就可以作为20年国库债券的替代收益率。

㊁ 标普500一般都被用作市场收益率的指标数。

㊂ 为满足国内专业人士的估值工作需要，注册估值分析师协会（CNCVA）每年发布《中国企业资本成本参数》报告，提供适用于中国的无风险利率和市场风险溢价研究成果。欲获取报告请访问www.cncva.cn或关注公众号cncva，回复资本成本参数。——译者注

㊃ 证券的预计市场风险溢价依据的是1926年到2019年期间历史算术平均收益差。算术年收益率各年份之间互不相干。几何年收益率依赖于上一年的收益率。

㊄ 彭博终端功能键为<Equity>BETA<GO>。

Factset或者汤姆森路透。然而，最近历史净资产收益率（即过去2～5年）也许未必是未来收益率的一个可靠指标。因此，许多投资银行分析师只要有可能都喜欢使用一种预计贝塔系数（比如MSCI Barra㊀）提供的前瞻性贝塔系数。

如果要计算一家私有公司的WACC，就要从一组彼此之间或者与目标公司的资本结构有可能相似或不相似的上市同行公司那里推算出贝塔系数。为了消除不同资本结构的影响（即剥离杠杆率的影响），投资银行分析师必须对同行公司组中每家公司的贝塔系数进行去杠杆化（unlever），以取得资产贝塔系数（asset beta），即无杠杆贝塔系数（unlevered beta）。

去杠杆化的公式如图3-10所示。

$$\beta_U = \frac{\beta_L}{1+\frac{D}{E}\times(1-t)}$$

其中：β_U——无杠杆贝塔；

β_L——杠杆贝塔；

D/E——债务对股权（debt-to-equity）比率；

t——边际税率。

图3-10 贝塔系数的去杠杆化

计算了每家公司的无杠杆贝塔系数后，投资银行分析师就要确定同行公司组的平均无杠杆贝塔系数㊁。接着，这个平均无杠杆贝塔系数用公司的目标资本结构和边际税率进行再杠杆化（relevered）。再杠杆化的公式如图3-11所示。

$$\beta_L = \beta_U\times[1+\frac{D}{E}\times(1-t)]$$

其中：D/E——目标债务对股权比率。

图3-11 贝塔系数的再杠杆化

计算得出的杠杆贝塔系数用作以CAPM计算私有公司股权成本的贝塔系数。同理，如果是一家上市公司，目前未达到其目标资本结构，则必须计算它的资产贝塔系数，然后再按照目标D/E进行再杠杆化。

㊀ MSCI Barra，摩根士丹利资本国际是领先的投资决策支持工具、上市公司预测贝塔系数及其他产品和服务的提供商。MSCI Barra使用专有的多因子模型，也称为Multiple-Horizon U.S. Equity Model，依据市场信息、基础数据、回归分析、历史日收益率及其他风险因素来预测贝塔。MSCI Barra的预测贝塔值可用从财务资讯服务商及Alacra获得。

㊁ 平均无杠杆贝塔系数可以以市值加权基础来计算。

规模溢价（size premium，SP）。规模溢价概念的基础是实证依据，表明规模越小的公司风险越大，因而股权成本应该更高。这在某种程度上与 CAPM 相矛盾的是：规模较小的公司的风险没有完全体现在它的贝塔系数中，因为其股票的交易量有限，因而协方差的计算不准确。因此，投资银行分析师有可能选择为规模较小的公司在 CAPM 公式中加上规模溢价，以便体现感知中的较高风险，进而体现较高的预计收益（见图 3-12）。道衡公司根据各公司的市值（按十分位数分出层次）提供规模溢价参考。

$$r_e = r_f + \beta_L \times (r_m - r_f) + \text{SP}$$

其中：SP——规模溢价。

图 3-12　经过规模溢价调整的 CAPM 计算公式

第三（d）步：计算WACC

在完成了以上所有步骤后，各项组成部分便立刻填入图 3-13 的公式中，以计算公司的 WACC。由于在确定一家公司的 WACC 时涉及大量的假设条件，且 WACC 对估值具有重大影响，因此它的关键性输入项都要进行敏感性分析，以得出 WACC 的范围（见图 3-13）。然后，该范围与其他敏感性分析输入项（比如退出乘数）一并使用，得出目标的一个估值范围。

$$\text{WACC} = r_d \times (1-t) \times \frac{D}{D+E} + r_e \times \frac{E}{D+E}$$

图 3-13　WACC 的计算公式

第四步：确定终值

估值的 DCF 分析法依据的是确定一家公司所产生的所有未来 FCF 的现值。由于无限期预测一家公司的 FCF 是不可行的，投资银行分析师会用终值（terminal value）来体现该公司在预测期之后的价值。终值，顾名思义一般来说其计算基础是公司在预测期的最后一年的 FCF（或其替代指标，例如 EBITDA）。

终值一般都占了 DCF 分析中公司价值的一大部分，有时高达 3/4 或者更多。

因此，非常重要的一点是，公司的最终年份财务数据能够代表一个稳定的财务绩效状态，而不是一个周期性高点或者低点。同理，计算终值所采用的假设条件必须经过仔细检查并进行敏感性分析。

被广为接受且用于计算一家公司终值的方法有两种——退出乘数法和永续增长法。根据具体的形势和被评估公司的特有情形，投资银行分析师可以选择其一或者两种方法并用，以起到相互检验的作用。

退出乘数法

退出乘数法（EMM）计算的是根据一家公司最终年份的EBITDA（或EBIT）的乘数估值，也是该公司在预测期结束后FCF所产生的剩余价值。该乘数一般都基于可比公司的当前LTM交易乘数。由于该乘数有可能受到行业或经济周期的影响，很重要的一点是要同时采用常规化的交易乘数和EBITDA。如果采用了高峰或者低谷乘数或者一个非常规化的EBITDA水平，就可能产生扭曲结果。对于从事周期性行业的公司来说，这一点尤其重要。

由于退出乘数是终值，因而也是DCF分析中总体价值的一个关键性驱动因素，投资银行分析师都会对此进行敏感性分析。例如，如果所选的基于可比公司的退出乘数范围为7 ~ 8倍，常见的做法是按照退出乘数为6.5倍、7倍、7.5倍、8倍和8.5倍来创建一个估值输出表（见图3-25）。用退出乘数法计算终值的公式如图3-14所示。

终值 =

其中：n——预测期的最终年份。

图3-14 退出乘数法

永续增长法

永续增长法（perpetuity growth method，PGM）计算终值的方法是把一家公司的最终年份FCF视为按照一个假设比率永续增长。如图3-15所示，这个方法依赖第三步中进行的WACC计算，要求投资银行分析师针对公司的长期、可持续增长率（“永续增长率”）作出假设。永续增长率一般都根据公司的预计长期行业增长率来选择，行业增长率一般都在2% ~ 4%的范围内（即名义GDP增长率）。跟退出乘数一样，永续增长率也要进行敏感性分析，以得出估值范围。

$$终值 = \frac{FCF_n \times (1+g)}{(r-g)}$$

其中：FCF——无杠杆自由现金流；

n——预测期的最终年份；

g——永续增长率；

r——WACC。

图 3-15　永续增长法

PGM 常常与 EMM 一并使用，以起到相互检验的作用。例如，如果隐含永续增长率按照 EMM 法的推算过高或者过低［见图 3-16（a）和图 3-16（b）］，有可能表明退出乘数的假设不现实。

$$隐含永续增长率 = \frac{[(终值^{(a)} \times WACC) - 自由现金流_{终值年}]}{[终值^{(a)} + 自由现金流_{终值年}]}$$

图 3-16（a）　隐含永续增长率（年末贴现）

$$隐含永续增长率 = \frac{[(终值^{(a)} \times WACC) - 自由现金流_{终值年} \times (1+WACC)^{0.5}]}{[终值^{(a)} + 自由现金流_{终值年} \times (1+WACC)^{0.5}]}$$

其中（a）的终值按 EMM 法计算。

图 3-16（b）　隐含永续增长率（年中贴现，请见图 3-20）

同理，如果用 PGM 法得出的隐含退出乘数［见图 3-17（a）和图 3-17（b）］偏离目标或其同行的正常交易乘数，那么永续增长率就必须重新审视。

$$隐含退出乘数 = \frac{终值^{(a)}}{EBITDA_{终值年}}$$

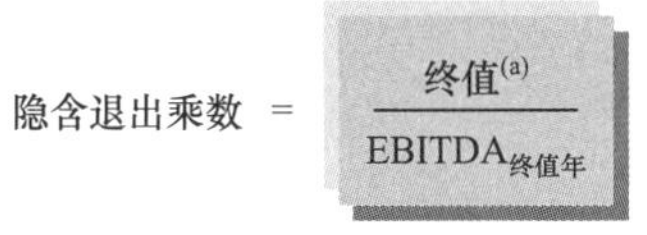

图 3-17（a）　隐含退出乘数（年末贴现）

$$隐含退出乘数 = \frac{终值^{(a)} \times (1+WACC)^{0.5}}{EBITDA_{终值年}}$$

其中（a）的终值按 PGM 法计算。

图 3-17（b）　隐含退出乘数（年中贴现，请见图 3-20）

第五步：计算现值、确定估值

计算现值

计算现值工作的核心概念是，今天的1美元比明天的1美元价值更大，这个概念叫作货币的时间价值。这是因为事实上1美元可以通过投资（资本升值）和利息（例如货币市场基金）来挣钱。在DCF分析中，一家公司的预计FCF和终值根据货币的时间价值要按照该公司的WACC折现至当前。

现值的计算方法是用预测期间每年的FCF和终值乘以相应的折现因子。折现因子是个分数值，代表按照假定的折现率在未来某个日期收到的每1美元的现值。例如，假设折现率为10%，在一年年底收到的1美元的折现因子是0.91（见图3-18）。

$$折现因子 = \frac{1}{(1+\text{WACC})^n}$$

$$0.91 = \frac{\$1.00}{(1+10\%)^1}$$

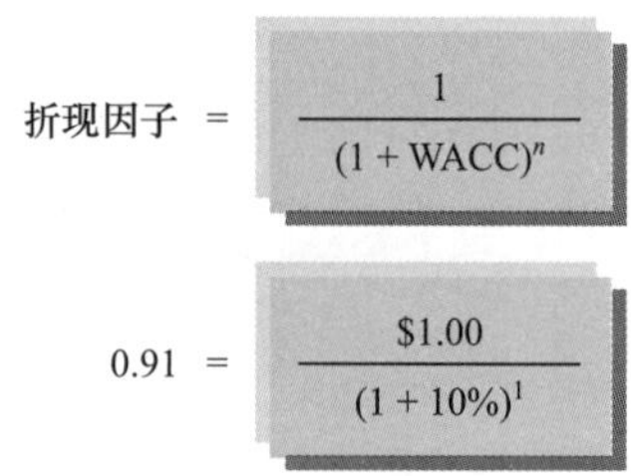

其中：n——预测期内的年份。

图3-18　折现因子

折现因子用于某个给定的未来财务数据，以确定其现值。例如，假设WACC为10%，一家公司预测期的第一年年底（年份1）的1亿美元FCF，今天的价值为9 100万美元（见图3-19）。

$$自由现金流现值 = \text{FCF}_n \times 折现因子_n$$

$$9\,100万美元 = 1亿美元 \times 0.91$$

其中：n——预测期内的年份。

图3-19　用年末折现因子计算现值

年中折现。考虑到事实上每年的FCF一般都是在全年过程中而不是在年末得到的，因此一般都按照年中（mid-year convention）进行折现。年中惯例假设一家公司的FCF是在一年过程中均匀得到的，因而更接近一种稳定的（更为现实的）FCF产生情况[⊖]。

⊖ 不一定适合季节性很强的企业。

使用年中折现会产生略微高于年末折现的估值，因为FCF得到的时间提前了。如图3-20所示，如果1美元是在预测期的第一年期间均匀得到的，而不是在年底得到的，那么计算得出的折现因子就是0.95（假设折现率为10%）。因而，在整个年份1期间得到的1亿美元，按照年中折现，今天的价值就是9 500万美元，而采用图3-19的年末方法，其现值为9 100万美元。

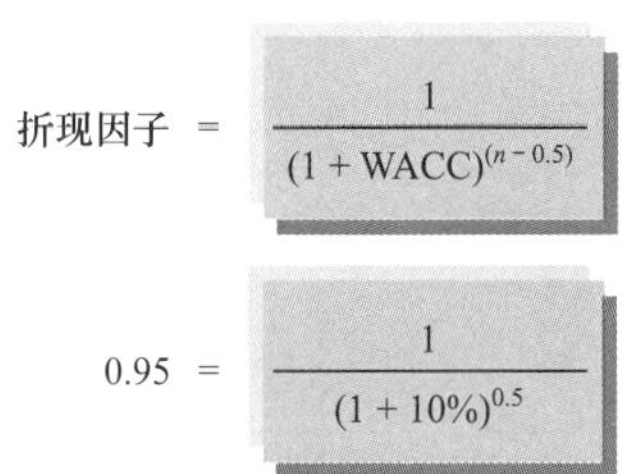

其中：n ——预测期内的年份；

0.5——根据年中折现从 n 中减除。

图 3-20 用年中折现计算折现因子

终值考虑因素。在采用预测期年中折现时，年中折现同样使用按PGM法计算的终值，因为投资银行分析师要依据假定在全年过程中得到的永续未来FCF。然而，一般都基于可比公司日历年底EBITDA（或EBIT）LTM交易乘数的EMM，则是采用年末贴现。

确定估值

计算企业价值。一家公司的预计FCF和终值要分别折现并相加，以得出企业价值。图3-21描绘了采用年中折现和EMM方法计算一家公司预测期为5年的企业价值的过程。

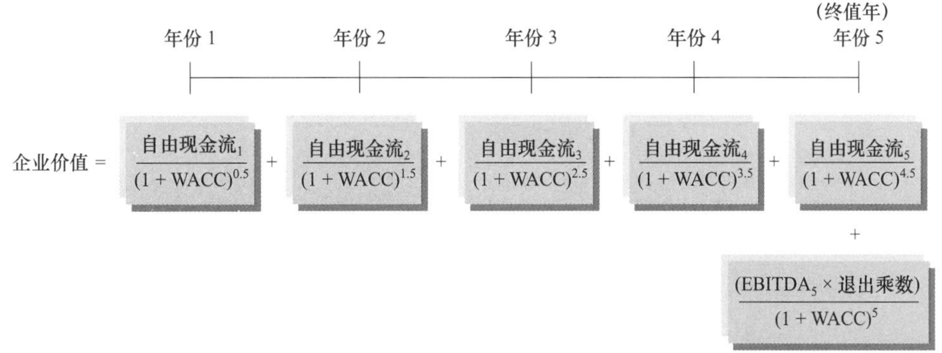

图 3-21 用年中折现计算企业价值

推算隐含股权价值。要想推算隐含股权价值，公司的净债务、优先股和非控股股东权益需要从计算得出的企业价值中减去（请见图 3-22）。

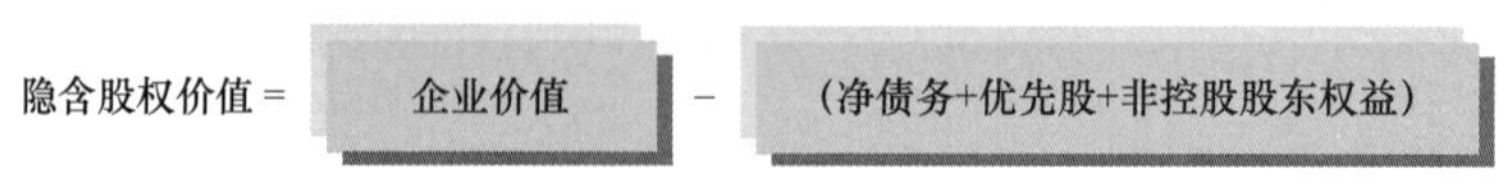

图 3-22　隐含股权价值

推算隐含股票价格。如果是上市公司，隐含股权价值要除以该公司的全面稀释普通股数量，以计算隐含股票价格（请见图 3-23）。

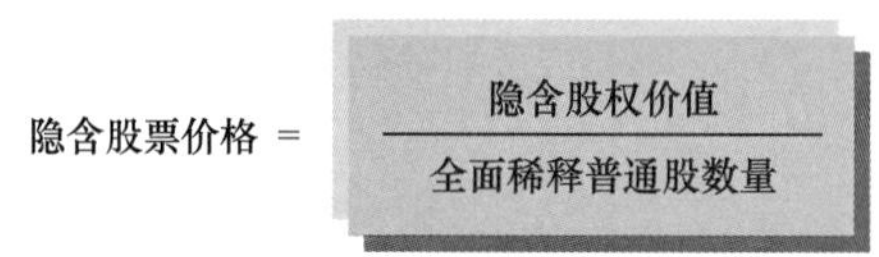

图 3-23　隐含股票价格

然而，如果存在实值股票期权和认股权证，就会在公司的全面稀释普通股数量和隐含股票价格之间出现图 3-23 所示基本公式里的循环引用（circular reference）。换句话说，每股股权价值取决于全面稀释普通股数量，而该数量反过来又取决于隐含股票价格。这一问题可以在激活微软 Excel 电子表格的迭代（iteration）功能的模型后得以修正（见图 3-24）。

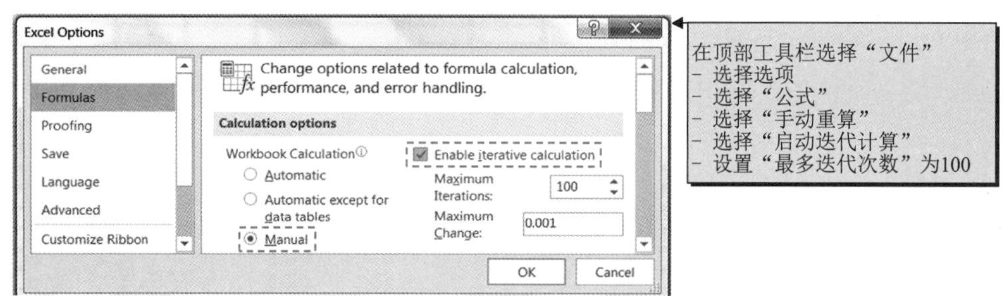

图 3-24　微软 Excel 电子表格的迭代功能

激活了迭代功能后，模型就能在确定公司隐含股票价格的单元格（见表 3-7 中的阴影区域 A）和确定每批次期权是否属于实值的那些单元格（见表 3-7 中的阴影区域 B）之间进行迭代。假设企业价值为 60 亿美元，隐含股权价值为 45 亿美元，基本普通股数量为 8 000 万股，股票期权数据如表 3-7 所示，我们计算得出隐含股票价格为 55 美元。

表 3-7　隐含股票价格的计算

（单位：100万美元，每股数据除外）

计算隐含股票价格	
企业价值	**$6 000.0**
减：债务总额	(1 650.0)
减：优先股	–
减：非控股股东权益	(100.0)
加：现金及现金等价物	250.0
隐含股权价值	**$4 500 .0**

股票期权/认股权证

批次	股票数量	行权价格	实值数量	收入
批次1	2.250	$25.00	2.250	56.25
批次2	1.000	30.00	1.000	30.0
批次3	0.750	45.00	0.750	33.75
批次4	0.500	57.50	–	–
批次5	0.250	75.00	–	–
总计	**4.750**		**4.000**	**$120.0**

基本普通股数量	80.000
加：实值期权股票数量	4.000
减：回购股票数量	(2.182)
期权净增股票数量	**1.818**
加：可转债转换股票数量	–
全面稀释普通股数量	**81.818**
隐含股票价格	**$55.00**

B

A

实值期权数量取决于隐含股票价格

= IF(行权价格<隐含股票价格，显示股票数量，否则显示0）
= IF(25美元<55美元,2.25,0)

= 行权价格×实值期权股票数量
= 45美元×0.75

= –期权行权收入/隐含股票价格
= –1.2亿美元/55美元

股票回购数量取决于隐含股票价格

= 隐含股权价值/全面稀释普通股数量
= 45亿美元/8181.8万股

隐含股票价格取决于实值股票期权数量

进行敏感性分析

DCF 分析中纳入了大量的假设条件，每个假设都可能对估值有着重大影响。因此，DCF 分析的结果应该看成是基于一系列关键性假设输入项的一个估值范围，而不是一个估值数。通过变化关键性输入项来推算估值范围的工作叫作敏感性分析。

敏感性分析切实证明了“估值工作的艺术性不亚于科学性”的观点。关键性估值驱动因素，比如 WACC、退出乘数和永续增长率，是 DCF 分析中最常见的敏感性输入项。投资银行分析师也有可能针对关键性财务绩效驱动因素进行额外的敏感性分析，比如销售增长率和毛利率（例如 EBITDA 或 EBIT）。敏感性分析得出的系列估值一般都在一个数据表中显示，如图 3-25 所示。

图 3-25 中敏感性表格的中间阴影区域显示企业价值范围为 56.27 亿 ~ 64.06 亿美元，假设 WACC 范围为 10.5% ~ 11.5%、退出乘数范围为 7 ~ 8 倍。随着退出乘数的上升，企业价值相应提高；相反，随着折现率的上升，企业价值相应下降。

跟可比公司分析和先例交易分析一样，通过 DCF 确定估值范围后，就应该立刻与其他方法得出的估值范围进行比较。如果输出结果显著不同，建议重新审视假设条件，有必要的话进行微调和优化。有可能导致 DCF 估值发生扭曲的常见失误包括：使用了不现实的财务预测数[⊖]（一般都会产生最大影响）、WACC 或终值假设数据。然而，如果 DCF 分析法得出的隐含估值迥然不同于其他方法，也不一定表明该分析有缺陷。基于乘数的估值方法有可能无法纳入可以反映更高或更低估值的公司特有因素。

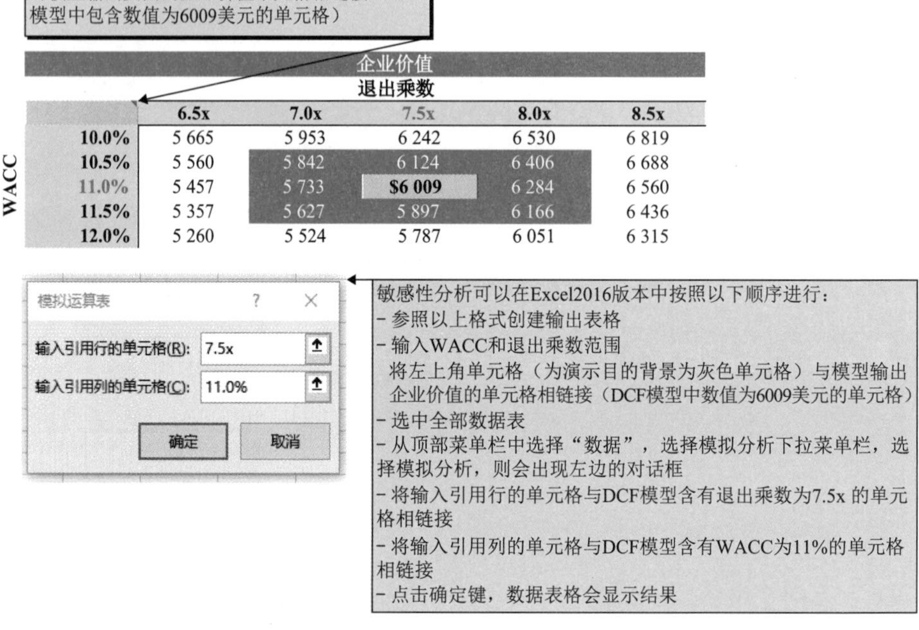

企业价值

WACC \ 退出乘数	6.5x	7.0x	7.5x	8.0x	8.5x
10.0%	5 665	5 953	6 242	6 530	6 819
10.5%	5 560	5 842	6 124	6 406	6 688
11.0%	5 457	5 733	$6 009	6 284	6 560
11.5%	5 357	5 627	5 897	6 166	6 436
12.0%	5 260	5 524	5 787	6 051	6 315

图 3-25　敏感性分析

主要利与弊

利

- 基于现金流——反映预测 FCF 的价值，代表着比基于乘数的方法更加偏向基本面的估值方法
- 独立于市场——更加免受市场异常情形的影响，比如泡沫或紧缩阶段
- 自给自足——在框定估值时并不完全依赖有可能存在或不存在的真正可比公司或可比交易案例；当拟评估公司的可比“完美单纯型”上市公司

⊖ 如果采用了管理层的预计数据（“管理层情形”）而没有针对其背后的假设条件进行独立的分析和检验，这就是常见的陷阱。

非常有限或者完全不存在的时候，DCF 尤显重要
- 灵活性——允许投资银行分析师运行多种财务绩效方案的情景分析，包括提高或者下降增长率、利润率、资本性支出要求和流动资金效率

弊

- 依赖财务预测数据——准确预计财务绩效非常困难，特别是在预测期延长的情况下
- 假设条件的敏感性——即使关键性假设条件相对变化很小，比如增长率、利润率、WACC 或退出乘数，也有可能产生差异甚大的估值范围
- 终值——终值的现值有可能占到 DCF 估值中高达 3/4 或者更大比重，从而降低了预测期内年度 FCF 的相关性
- 假设资本结构不变——DCF 分析法并不提供可以在预测期内改变公司资本结构的灵活性

ValueCo 的现金流折现分析示例

这一节内容是一个详尽的分步示例，演示如何用 DCF 分析法来计算示例目标 ValueCo 的估值范围。正如前言中所说的，ValueCo 是一家私有公司，我们获得了它的详细历史财务信息。但是，出于演示 DCF 分析的目的，我们假设管理层预测未予提供，以便锻炼我们使用有限信息开发出财务预测数据的能力。不过，我们假设获得了有关 ValueCo 业务运营的基本信息。

第一步：研究目标、确定关键性绩效驱动因素

第一步工作是审阅所提供的有关 ValueCo 的基本公司信息。这一基础反过来又使得我们有能力更为详细地研究 ValueCo 所在行业，包括识别关键性竞争对手（以及可比公司）、客户和供应商。各种业内期刊和行业研究报告，以及上市可比公司的 SEC 申报备案文件和研究报告，在这方面起到了重要作用。

从财务的角度来说，ValueCo 的历史财务数据提供了一个基础，让我们得以针对未来绩效做出初步假设并预测 FCF。我们用上市可比公司的市场普遍预期数据作为进一步的指引，以预测 ValueCo 在“基准情形”下的增长率和利润率趋势。

第二步：预测自由现金流

历史财务绩效

在预测 ValueCo 的 FCF 时，我们首先列出了它在过去三年历史期间和 LTM 期间直至 EBIT 的部分利润表内容（请见表 3-8）。我们还填入了 ValueCo 的历史资本性支出和流动资金数据。历史时期数据为我们开发合理的“基准情形”下预测期财务数据提供了一个重要参考。

表 3-8　ValueCo 历史营运和流动资金数据摘要

（单位：100万美元，财务年度截止日为12月31日）

ValueCo公司历史经营和资产负债表数据	历史期			CAGR	LTM
	2016	2017	2018	(2016～2018)	2019/9/30
经营数据					
销售收入	**\$2 600.0**	**\$2 900.0**	**\$3 200.0**	*10.9%*	**\$3 385.0**
增长率	*NA*	*11.5%*	*10.3%*		*NA*
销货成本	1 612.0	1 769.0	1 920.0		2 035.0
占销售收入%	*62.0%*	*61.0%*	*60.0%*		*60.1%*
毛利润	**\$988.0**	**\$1 131.0**	**\$1 280.0**	*13.8%*	**\$1 350.0**
利润率	*38.0%*	*39.0%*	*40.0%*		*39.9%*
销售、行政和管理费用	496.6	551.0	608.0		650.0
占销售收入%	*19.1%*	*19.0%*	*19.0%*		*19.2%*
EBITDA	**\$491.4**	**\$580.0**	**\$672.0**	*16.9%*	**\$700.0**
利润率	*18.9%*	*20.0%*	*21.0%*		*20.7%*
折旧	116.0	121.5	145.0		150.0
占销售收入%	*4.5%*	*4.2%*	*4.5%*		*4.4%*
摊销	39.0	43.5	48.0		50.0
占销售收入%	*1.5%*	*1.5%*	*1.5%*		*1.5%*
EBIT	**\$336.4**	**\$415.0**	**\$479.0**	*19.3%*	**\$500.0**
利润率	*12.9%*	*14.3%*	*15.0%*		*14.8%*
				3年平均	
资本性支出	114.4	116.0	144.0		152.3
占销售收入%	*4.4%*	*4.0%*	*4.5%*	*4.3%*	*4.5%*
资产负债表数据					
流动资产					
应收账款	317.0	365.5	417.4		
应收账款周转天数（DSO）	*44.5*	*46.0*	*47.6*	*46.0*	
存货	441.6	496.8	556.5		
存货周转天数（DIH）	*100.0*	*102.5*	*105.8*	*102.8*	
预付费用及其他	117.0	142.1	162.3		
占销售收入%	*4.5%*	*4.9%*	*5.1%*	*4.8%*	
流动负债					
应付账款	189.9	189.0	199.4		
应付账款周转天数（DPO）	*43.0*	*39.0*	*37.9*	*40.0*	
应计负债	221.0	237.8	255.1		
占销售收入%	*8.5%*	*8.2%*	*8.0%*	*8.2%*	
其他流动负债	75.4	84.1	92.8		
占销售收入%	*2.9%*	*2.9%*	*2.9%*	*2.9%*	

如表 3-8 所示，ValueCo 的历史阶段数据包括 2016 ~ 2018 年和 LTM 2019/9/30 的财务数据。该公司的销售收入和 EBITDA 在 2016 ~ 2018 年期间的 CAGR 增长率分别为 10.9% 和 16.9%。此外，ValueCo 在此期间的 EBITDA 利润率在 18.9% ~ 21% 的范围内，而平均资本性支出占了销售收入的 4.3%。

历史流动资金水平和比率也在表 3-8 中得以显示。从 2016 年到 2018 年，ValueCo 的平均 DSO、DIH 和 DPO 分别为 46、102.8 和 40 天。在 LTM 阶段，ValueCo 的 EBITDA 利润率为 20.7%，资本性支出占销售收入的 4.5%。

销售收入、EBITDA 和 EBIT 的预测

销售收入的预测。我们以上市可比公司的市场普遍预期为基础，预测了 ValueCo 预测期头三年的首行增长率。我们采用了 ValueCo 的最接近可比同行的平均预计销售收入增长率，得出 2020 年、2021 年和 2022 年的 YoY 增长率分别为 7.5%、6% 和 5%，与它的历史增长率吻合㊀，见表 3-9。这些假设的增长率以及我们所有模型输入项的假设数字构成了“基准情形”下的预测基础，并填入了驱动 DCF 模型的一个假设条件页面（请见本书第五章表 5-51 和表 5-52）。

正如预测数字所表明的那样，华尔街预计 ValueCo 的同行们（由此推论，我们同样预计 ValueCo）的增长率将逐步下降直到 2022 年。在 2022 年之后，由于缺乏具体公司的额外信息或指引，我们把 ValueCo 预测期剩余阶段的增长率降低到可持续的长期增长率 3%。

表 3-9　ValueCo 的历史和预计销售收入

（单位：100万美元，财务年度截止日为12月31日）

	历史期			CAGR		预测期					CAGR
	2016	2017	2018	(2016 ~ 2018)	2019	2020	2021	2022	2023	2024	(2019 ~ 2024)
销售收入	$2 600.0	$2 900.0	$3 200.0	*10.9%*	$3 450.0	**$3 708.8**	**$3 931.3**	**$4 127.8**	**$4 293.0**	**$4 421.7**	*5.1%*
增长率	*NA*	*11.5%*	*10.3%*		*7.8%*	*7.5%*	*6.0%*	*5.0%*	*4.0%*	*3.0%*	

COGS 和 SG&A 的预测。如表 3-10 所示，我们让 COGS 和 SG&A 保持与过去的历史水平一致，即分别为销售收入的 60% 和 19%。因此，ValueCo 的毛利率在整个预测期内都保持在 40%。

㊀ 基于 2019 年第三季度末的时间节点，我们还列出了 ValueCo 全年的 2019E 财务数据，我们对此理由充分而且相当自信。出于 DCF 估值的目的，我们把 2019E 作为第一个全年预测。一个替代做法是纳入预测期的“迄今”期 FCF（比如 2019E 第四季度）并就一个季度折现进行调整。

表 3-10　ValueCo 的历史和预计 COGS 和 SG&A

（单位：100万美元，财务年度截止日为12月31日）

	历史期			CAGR		预测期					CAGR
	2016	2017	2018	(2016～2018)	2019	2020	2021	2022	2023	2024	(2019～2024)
销售收入	$2 600.0	$2 900.0	$3 200.0	*10.9%*	$3 450.0	**$3 708.8**	**$3 931.3**	**$4 127.8**	**$4 293.0**	**$4 421.7**	*5.1%*
增长率	*NA*	*11.5%*	*10.3%*		*7.8%*	*7.5%*	*6.0%*	*5.0%*	*4.0%*	*3.0%*	
销货成本	1 612.0	1 769.0	1 920.0		2 070.0	2 225.3	2 358.8	2 476.7	2 575.8	2 653.0	
占销售收入%	*62.0%*	*61.0%*	*60.0%*		*60.0%*	*60.0%*	*60.0%*	*60.0%*	*60.0%*	*60.0%*	
毛利润	**$988.0**	**$1 131.0**	**$1 280.0**	*13.8%*	**$1 380.0**	**$1 483.5**	**$1 572.5**	**$1 651.1**	**$1 717.2**	**$1 768.7**	*5.1%*
利润率	*38.0%*	*39.0%*	*40.0%*		*40.0%*	*40.0%*	*40.0%*	*40.0%*	*40.0%*	*40.0%*	
销售、行政和管理费用	496.6	551.0	608.0		655.0	704.1	746.4	783.7	815.0	839.5	
占销售收入%	*19.1%*	*19.0%*	*19.0%*		*19.0%*	*19.0%*	*19.0%*	*19.0%*	*19.0%*	*19.0%*	

EBITDA 的预测。在缺乏 EBITDA 的指引或管理层预测的情况下，我们简单地让 ValueCo 整个预测期的毛利率保持与过去历史年度水平一致。这些比率不变，毛利率数据自然就生成了，因为我们把 COGS 和 SG&A 所占销售收入比例锁定为 2018 年[⊖] 的水平。如表 3-11 所示，ValueCo 在整个预测期的 EBITDA 利润率保持在 21% 不变。我们还研究了 ValueCo 同行公司组的市场普遍预期，从而确信不变的 EBITDA 利润率的假设是站得住脚的。

表 3-11　ValueCo 的历史和预计 EBITDA

（单位：100万美元，财务年度截止日为12月31日）

	历史期			CAGR		预测期					CAGR
	2016	2017	2018	(2016～2018)	2019	2020	2021	2022	2023	2024	(2019～2024)
销售收入	$2 600.0	$2 900.0	$3 200.0	*10.9%*	$3 450.0	**$3 708.8**	**$3 931.3**	**$4 127.8**	**$4 293.0**	**$4 421.7**	*5.1%*
增长率	*NA*	*11.5%*	*10.3%*		*7.8%*	*7.5%*	*6.0%*	*5.0%*	*4.0%*	*3.0%*	
销货成本	1 612.0	1 769.0	1 920.0		2 070.0	2 225.3	2 358.8	2 476.7	2 575.8	2 653.0	
占销售收入%	*62.0%*	*61.0%*	*60.0%*		*60.0%*	*60.0%*	*60.0%*	*60.0%*	*60.0%*	*60.0%*	
毛利润	**$988.0**	**$1 131.0**	**$1 280.0**	*13.8%*	**$1 380.0**	**$1 483.5**	**$1 572.5**	**$1 651.1**	**$1 717.2**	**$1 768.7**	*5.1%*
利润率	*38.0%*	*39.0%*	*40.0%*		*40.0%*	*40.0%*	*40.0%*	*40.0%*	*40.0%*	*40.0%*	
销售、行政和管理费用	496.6	551.0	608.0		655.0	704.1	746.4	783.7	815.0	839.5	
占销售收入%	*19.1%*	*19.0%*	*19.0%*		*19.0%*	*19.0%*	*19.0%*	*19.0%*	*19.0%*	*19.0%*	
EBITDA	**$491.4**	**$580.0**	**$672.0**	*16.9%*	**$725.0**	**$779.4**	**$826.1**	**$867.4**	**$902.1**	**$929.2**	*5.1%*
利润率	*18.9%*	*20.0%*	*21.0%*		*21.0%*	*21.0%*	*21.0%*	*21.0%*	*21.0%*	*21.0%*	

EBIT 的预测。为了产生 EBIT 预测，我们将折旧与摊销所占销售收入的比例保持在 2018 年的水平，即 6%。我们确信该 D&A 数据是合适的，因为历史数据以及我们的资本性支出预测（请见表 3-14）都与之吻合。然后，我们从 EBITDA 中减去 D&A，以计算预测期内每一年的 EBIT（见表 3-12）。如前所述，一个替代方法是以 EBITDA 和 EBIT 的预测数据为基础来计算 D&A（从 EBITDA 中简单地减去 EBIT）。

自由现金流的预测

税务的预测。我们按照 ValueCo 的边际税率 25% 计算了每年的税项费用。

⊖ 英文原版此处为 2017 年，疑有误。——译者注该税率以年度为基础用于 EBIT，得出了 EBIAT（见表 3-13）。

表 3-12　**ValueCo 的历史和预计 EBIT**

（单位：100万美元，财务年度截止日为12月31日）

	历史期			CAGR		预测期					CAGR
	2016	2017	2018	(2016～2018)	2019	2020	2021	2022	2023	2024	(2019～2024)
销售收入	$2 600.0	$2 900.0	$3 200.0	*10.9%*	$3 450.0	**$3 708.8**	**$3 931.3**	**$4 127.8**	**$4 293.0**	**$4 421.7**	*5.1%*
增长率	*NA*	*11.5%*	*10.3%*		*7.8%*	*7.5%*	*6.0%*	*5.0%*	*4.0%*	*3.0%*	
销货成本	1 612.0	1 769.0	1 920.0		2 070.0	2 225.3	2 358.8	2 476.7	2 575.8	2 653.0	
占销售收入%	*62.0%*	*61.0%*	*60.0%*		*60.0%*	*60.0%*	*60.0%*	*60.0%*	*60.0%*	*60.0%*	
毛利润	**$988.0**	**$1 131.0**	**$1 280.0**	*13.8%*	**$1 380.0**	**$1 483.5**	**$1 572.5**	**$1 651.1**	**$1 717.2**	**$1 768.7**	*5.1%*
利润率	*38.0%*	*39.0%*	*40.0%*		*40.0%*	*40.0%*	*40.0%*	*40.0%*	*40.0%*	*40.0%*	
销售、行政和管理费用	496.6	551.0	608.0		655.0	704.1	746.4	783.7	815.0	839.5	
占销售收入%	*19.1%*	*19.0%*	*19.0%*		*19.0%*	*19.0%*	*19.0%*	*19.0%*	*19.0%*	*19.0%*	
EBITDA	**$491.4**	**$580.0**	**$672.0**	*16.9%*	**$725.0**	**$779.4**	**$826.1**	**$867.4**	**$902.1**	**$929.2**	*5.1%*
利润率	*18.9%*	*20.0%*	*21.0%*		*21.0%*	*21.0%*	*21.0%*	*21.0%*	*21.0%*	*21.0%*	
折旧和摊销	155.0	165.0	193.0		207.0	222.5	235.9	247.7	257.6	265.3	
占销售收入%	*6.0%*	*5.7%*	*6.0%*		*6.0%*	*6.0%*	*6.0%*	*6.0%*	*6.0%*	*6.0%*	
EBIT	**$336.4**	**$415.0**	**$479.0**	*19.3%*	**$518.0**	**$556.9**	**$590.3**	**$619.8**	**$644.6**	**$663.9**	*5.1%*
利润率	*12.9%*	*14.3%*	*15.0%*		*15.0%*	*15.0%*	*15.0%*	*15.0%*	*15.0%*	*15.0%*	

表 3-13　**ValueCo 的预计所得税**

（单位：100万美元，财务年度截止日为12月31日）

	历史期			CAGR		预测期					CAGR
	2016	2017	2018	(2016～2018)	2019	2020	2021	2022	2023	2024	(2019～2024)
EBIT	**$336.4**	**$415.0**	**$479.0**	*19.3%*	**$518.0**	**$556.9**	**$590.3**	**$619.8**	**$644.6**	**$663.9**	*5.1%*
利润率	*12.9%*	*14.3%*	*15.0%*		*15.0%*	*15.0%*	*15.0%*	*15.0%*	*15.0%*	*15.0%*	
所得税率25%						139.2	147.6	154.9	161.1	166.0	
息前税后利润						**$417.6**	**$442.7**	**$464.8**	**$483.4**	**$497.9**	*5.1%*

资本性支出的预测。我们依据 ValueCo 的历史水平预测了其资本性支出所占销售收入的比例。如表 3-14 所示，这一方法促使我们将整个预测期的资本性支出保持在销售收入 4.5% 的不变水平。根据这一假设，资本性支出从 2020E 的 1.669 亿美元上升到了 2024 年的 1.99 亿美元。

表 3-14　**ValueCo 的历史和预计资本性支出**

（单位：100万美元，财务年度截止日为12月31日）

	历史期			CAGR		预测期					CAGR
	2016	2017	2018	(2016～2018)	2019	2020	2021	2022	2023	2024	(2019～2024)
销售收入	$2 600.0	$2 900.0	$3 200.0	*10.9%*	$3 450.0	**$3 708.8**	**$3 931.3**	**$4 127.8**	**$4 293.0**	**$4 421.7**	*5.1%*
增长率	*NA*	*11.5%*	*10.3%*		*7.8%*	*7.5%*	*6.0%*	*5.0%*	*4.0%*	*3.0%*	
资本性支出	114.4	116.0	144.0		155.3	166.9	176.9	185.8	193.2	199.0	
占销售收入%	*4.4%*	*4.0%*	*4.5%*		*4.5%*	*4.5%*	*4.5%*	*4.5%*	*4.5%*	*4.5%*	

流动资金净额变化的预测。跟 ValueCo 的其他财务绩效指标数一样，历史流动资金水平一般都是未来绩效水平的可靠指引。上一年的直接比率数通常都最具说明性，因为它与历史水平相吻合。ValueCo 的 2018 年流动资金比率数正是这一情况，因而我们保持其在整个预测期内不变（见表 3-15）。

表 3-15 ValueCo 历史及预计流动资金

ValueCo公司
流动资金预测
（单位：100万美元，财务年度截止日为12月31日）

	历史期				预测期				
	2016	2017	2018	2019	2020	2021	2022	2023	2024
销售收入	$2 600.0	$2 900.0	$3 200.0	$3 450.0	$3 708.8	$3 931.3	$4 127.8	$4 293.0	$4 421.7
销货成本	1 612.0	1 769.0	1 920.0	2 070.0	2 225.3	2 358.8	2 476.7	2 575.8	2 653.0
流动资产									
应收账款	317.0	365.5	417.4	450.0	483.8	512.8	538.4	560.0	576.7
存货	441.6	496.8	556.5	600.0	645.0	683.7	717.9	746.6	769.0
预付款及其他	117.0	142.1	162.3	175.0	188.1	199.4	209.4	217.8	224.3
流动资产合计	**$875.6**	**$1 004.4**	**$1 136.2**	**$1 225.0**	**$1 316.9**	**$1 395.9**	**$1 465.7**	**$1 524.3**	**$1 570.0**
流动负债									
应付账款	189.9	189.0	199.4	215.0	231.1	245.0	257.2	267.5	275.6
应计负债	221.0	237.8	255.1	275.0	295.6	313.4	329.0	342.2	352.5
其他流动负债	75.4	84.1	92.8	100.0	107.5	114.0	119.6	124.4	128.2
流动负债合计	**$486.3**	**$510.9**	**$547.2**	**$590.0**	**$634.3**	**$672.3**	**$705.9**	**$734.2**	**$756.2**
净流动资金	**$389.4**	**$493.5**	**$589.0**	**$635.0**	**$682.6**	**$723.6**	**$759.8**	**$790.2**	**$813.9**
占销售收入%	*15.0%*	*17.0%*	*18.4%*	*18.4%*	*18.4%*	*18.4%*	*18.4%*	*18.4%*	*18.4%*
流动资金（增加）/减少		($104.1)	($95.5)	($46.0)	($47.6)	($41.0)	($36.2)	($30.4)	($23.7)
假设条件									
流动资产									
应收账款周转天数	44.5	46.0	47.6	47.6	47.6	47.6	47.6	47.6	47.6
存货持有天数	100.0	102.5	105.8	105.8	105.8	105.8	105.8	105.8	105.8
预付款及其他占销售收入%	4.5%	4.9%	5.1%	5.1%	5.1%	5.1%	5.1%	5.1%	5.1%
流动负债									
应付账款周转天数	43.0	39.0	37.9	37.9	37.9	37.9	37.9	37.9	37.9
应计负债占销售收入%	8.5%	8.2%	8.0%	8.0%	8.0%	8.0%	8.0%	8.0%	8.0%
其他流动负债占销售收入%	2.9%	2.9%	2.9%	2.9%	2.9%	2.9%	2.9%	2.9%	2.9%

= (销售收入$_{2020E}$/365 × 应收账款周转天数
= (3708.8/365) × 47.6

= (销货成本$_{2020E}$/365) × 存货持有天数
= (2 225.3/365) ×105.8

= 销售收入$_{2020E}$×占销售收入%
= 3708.8×5.1%

= (销货成本$_{2020E}$/365) × 应付账款周转天数
= (2 225.3/365)×37.9

= 销售收入$_{2020E}$×占销售收入%
= 3 708.8×8%

= 销售收入$_{2020E}$×占销售收入%
= 3 708.8×2.9%

= 流动资产合计$_{2020E}$−流动负债合计$_{2020E}$
= 1 316.9−634.3

= 净流动资金$_{2019E}$−净流动资金$_{2020E}$
= 635−682.6

= (应收账款$_{2018}$/销售收入$_{2018}$) × 365
= (417.4/3 200)×365

= (存货$_{2018}$/销货成本$_{2018}$) × 365
= (556.5/1 920)×365

= 其他流动负债$_{2018}$/销售收入$_{2018}$
= 92.8/3 200

= 应计负债$_{2018}$/销售收入$_{2018}$
= 255.1/3 200

= (应付账款$_{2018}$/销货成本$_{2018}$) × 365
= (199.4/1 920)×365

= 预付款及其他流动资产$_{2018}$/销售收入$_{2018}$
= 162.3/3 200

应收账款、存货和应付账款的比率数分别是 DSO 47.6、DIH 105.8 和 DPO 37.9。预付款与其他流动资产、应计负债和其他流动负债所占销售收入比例分别为 5.1%、8.0% 和 2.9%。在 ValueCo“基准情形”的财务预测方面，我们保守地假设在预测期内流动资金效率没有出现改善的情况。

正如表 3-15 中的标注所描绘的那样，我们用 ValueCo 2018 年的比率数，预测 2019E 的 NWC 为 635.0 亿美元。为了确定 2020E 的 NWC YoY 变化，我们接着从 ValueCo 2020E 的 6.826 亿美元 NWC 中减去 6.35 亿美元，得出的 4 760 万美元就是现金的使用，因而从 EBIAT 中减去，得出 ValueCo 2020E FCF 的减少金额。因此，它在表 3-16 中显示为负值。

表 3-16　ValueCo 的预计流动资金净额变化

（单位：100万美元，财务年度截止日为12月31日）

		预测期				
	2019	2020	2021	2022	2023	2024
流动资产合计	\$1 225.0	\$1 316.9	\$1 395.9	\$1 465.7	\$1 524.3	\$1 570.0
减：流动负债合计	590.0	634.3	672.3	705.9	734.2	756.2
净流动资金	**\$635.0**	**\$682.6**	**\$723.6**	**\$759.8**	**\$790.2**	**\$813.9**
流动资金（增加）/减少		**(\$47.6)**	**(\$41.0)**	**(\$36.2)**	**(\$30.4)**	**(\$23.7)**

= 流动资产合计$_{2019E}$−流动负债合计$_{2019E}$
= 1 225−590

= 净流动资金$_{2019E}$−净流动资金$_{2020E}$
= 635−682.6

确定 ValueCo 2019E NWC 的方法接着用于预测期的每一年。NWC 的每个年度变化额加到相应年度的 EBIAT（其中 NWC 的增加额用负数表示），以便计算年度 FCF。

表 3-15 和表 3-16 所列详细方法的一个潜在捷径是跳过具体流动资金各个组成部分的预测，简单地用符合历史水平、占销售收入的比例数来预测 NWC。例如，我们完全可以用 ValueCo 2018 年 NWC 占销售收入的比例 18.4% 来预测它在预测期每一年的 NWC。接着，我们完全可以简单地计算 ValueCo NWC 的 YoY 变化，然后相应地从 EBIAT 中减去。

自由现金流的预测。在确定了所有以上各行的内容后，我们计算了 ValueCo 的年预计 FCF，得出它从 2020E 的 4.256 亿美元增加到了 2024E 的 5.405 亿美元（见表 3-17）。

表 3-17　ValueCo 的预计 FCF

（单位：100万美元，财务年度截止日为12月31日）

	历史期			CAGR		预测期					CAGR
	2016	2017	2018	(2016～2018)	2019	2020	2021	2022	2023	2024	(2019～2024)
销售收入	$2 600.0	$2 900.0	$3 200.0	*10.9%*	$3 450.0	**$3 708.8**	**$3 931.3**	**$4 127.8**	**$4 293.0**	**$4 421.7**	*5.1%*
增长率	*NA*	*11.5%*	*10.3%*		*7.8%*	*7.5%*	*6.0%*	*5.0%*	*4.0%*	*3.0%*	
销货成本	1 612.0	1 769.0	1 920.0		2 070.0	2 225.3	2 358.8	2 476.7	2 575.8	2 653.0	
占销售收入%	*62.0%*	*61.0%*	*60.0%*		*60.0%*	*60.0%*	*60.0%*	*60.0%*	*60.0%*	*60.0%*	
毛利润	**$988.0**	**$1 131.0**	**$1 280.0**	*13.8%*	**$1 380.0**	**$1 483.5**	**$1 572.5**	**$1 651.1**	**$1 717.2**	**$1 768.7**	*5.1%*
利润率	*38.0%*	*39.0%*	*40.0%*		*40.0%*	*40.0%*	*40.0%*	*40.0%*	*40.0%*	*40.0%*	
销售、行政和管理费用	496.6	551.0	608.0		655.0	704.1	746.4	783.7	815.0	839.5	
占销售收入%	*19.1%*	*19.0%*	*19.0%*		*19.0%*	*19.0%*	*19.0%*	*19.0%*	*19.0%*	*19.0%*	
EBITDA	**$491.4**	**$580.0**	**$672.0**	*16.9%*	**$725.0**	**$779.4**	**$826.1**	**$867.4**	**$902.1**	**$929.2**	*5.1%*
利润率	*18.9%*	*20.0%*	*21.0%*		*21.0%*	*21.0%*	*21.0%*	*21.0%*	*21.0%*	*21.0%*	
折旧和摊销	155.0	165.0	193.0		207.0	222.5	235.9	247.7	257.6	265.3	
占销售收入%	*6.0%*	*5.7%*	*6.0%*		*6.0%*	*6.0%*	*6.0%*	*6.0%*	*6.0%*	*6.0%*	
EBIT	**$336.4**	**$415.0**	**$479.0**	*19.3%*	**$518.0**	**$556.9**	**$590.3**	**$619.8**	**$644.6**	**$663.9**	*5.1%*
利润率	*12.9%*	*14.3%*	*15.0%*		*15.0%*	*15.0%*	*15.0%*	*15.0%*	*15.0%*	*15.0%*	
税收						139.2	147.6	154.9	161.1	166.0	
EBIAT						**$417.6**	**$442.7**	**$464.8**	**$483.4**	**$497.9**	*5.1%*
加：折旧和摊销						222.5	235.9	247.7	257.6	265.3	
减：资本性支出						(166.9)	(176.9)	(185.8)	(193.2)	(199.0)	
减：流动资金增加/（减少）						(47.6)	(41.0)	(36.2)	(30.4)	(23.7)	
无杠杆自由现金流						**$425.6**	**$460.7**	**$490.6**	**$517.4**	**$540.5**	

第三步：计算加权平均资本成本

下面，我们逐步演示 ValueCo 的 WACC 的计算过程。我们确定它为 11%。

第三（a）步：确定目标资本结构。第一步是确定 ValueCo 的目标资本结构。如果是私有公司，目标资本结构一般都通过同行公司推断。由于 ValueCo 的同行们平均 D/E 为 42.9%［或债务对资本总额 D/（D+E）为 30%］，我们用它作为 ValueCo 的目标资本结构（见表 3-19）。

第三（b）步：预测债务成本。我们根据 ValueCo 现有定期贷款和优先票据的当前收益率㊀（见表 3-18）预估该公司的长期债务成本。出于演示的目的，假设该定期贷款正以面值进行交易，定价为 LIBOR㊁ 加 350 个基点㊂（basis points, bps）（L + 350 bps）。基于 LIBOR 的利率为 185 基点，预计 ValueCo 公司定期贷款的债务成本为 5.35%。假设优先票据按照面值进行交易，票面利率为 8%。按照 ValueCo 的资本结构及平均债务成本，我们预估 ValueCo 的债务成本为 6.5%（税后约为 4.9%）。

㊀ 一个替代方法是从同行公司那里推断出 ValueCo 的债务成本。我们用 ValueCo 现有定期贷款的当前收益率感觉很可靠，因为它的当前资本结构与其同行公司吻合。

㊁ 伦敦银行同业拆借利率（London InterBank Offered Rate，LIBOR）是银行在伦敦银行同行市场上可以从其他银行规模借款的利率。

㊂ 基点是一个计量单位，等于 1% 的百分之一（100 bps = 1%）。

表 3-18　**ValueCo 的资本总额**

（单位：100万美元）

	金额	占资本总额%	期限日	息票
现金及现金等价物	$250.0			
周转信用贷款	–	– %	6年	L+325 bps
定期贷款	1 000.0	20.0%	7年	L+350 bps
有担保贷款	**$1 000.0**	**20.0%**		
优先票据	500.0	10.0%	8年	8.000%
债务合计	$1 500.0	30.0%		
股东权益	3 500.0	70.0%		
资本总额	**$5 000.0**	**100.0%**		
净负债	$1 250.0			
债务/权益	42.9%			
债务/资本总额	30.0%			

第三（c）步：预测股权成本。我们按照图 3-26 所示的 CAPM 公式计算 ValueCo 的股权成本。

$$r_e = r_f + \beta_L \times (r_m - r_f) + SP$$

图 3-26　**CAPM 公式**

确定无风险利率和市场风险溢价。根据推算出来的 20 年国债利率假设无风险利率（r_f）为 2.5%。市场风险溢价（$r_m - r_f$），我们按照道衡公司（从 1926 ~ 2019 年期间）的数据采用了 7% 的算数平均数。

确定 ValueCo 的可比公司的平均无杠杆贝塔系数。由于 ValueCo 是家私有公司，我们从它的最接近可比公司（请见本书第一章）那里推算贝塔系数。首先找出了 ValueCo 的每家可比公司的预期杠杆贝塔系数㊀。出于简便的目的，我们假设债务的市值等于其账面值。接着，填入每家可比公司的债务和股权的市值，并相应计算 D/E 比率数。有了这一信息，结合边际税率的假设数，就能对具体各个贝塔系数去杠杆化、计算同行公司组的平均无杠杆贝塔系数（见表 3-19）。

例如，按照舍曼公司的预计杠杆贝塔系数 1.46、D/E 56.3% 和边际税率 25%，我们计算得出其无杠杆贝塔系数为 1.03。我们照此方法计算了每一家选定的可比公司，然后算出该公司组的平均无杠杆贝塔系数为 1.08。

㊀ 一个替代方法是使用历史贝塔系数（比如从彭博终端获取的数据），或者历史贝塔系数和预计贝塔系数一并使用，然后显示一个结果范围。

表 3-19　平均无杠杆贝塔系数

= 预测杠杆贝塔/[1+(债务/权益)×(1−t)]
= 1.46/[1+(56.3%)×(1−25%)]

（单位：100万美元）

可比公司无杠杆贝塔						
公司	**预测杠杆贝塔**	**债务市值**	**权益市值**	**债务/权益**	**边际税率**	**无杠杆贝塔**
BuyerCo公司	1.35	$2 200.0	$9 800.0	22.4%	25%	1.16
舍曼公司	1.46	3 150.0	5 600.0	56.3%	25%	1.03
盖斯帕公司	1.30	1 850.0	5 000.0	37.0%	25%	1.02
顾德森公司	1.53	2 250.0	4 160.0	54.1%	25%	1.09
蒙佩尔公司	1.50	1 000.0	2 240.0	44.6%	25%	1.12
平均值	**1.43**			**42.9%**		**1.08**
中位值	**1.46**			**44.6%**		**1.09**

按照 ValueCo 的资本结构对平均无杠杆贝塔系数再杠杆化。接着，我们按照 ValueCo 之前确定的目标资本结构 42.9% D/E，用其 25% 的边际税率，对平均无杠杆贝塔系数 1.08 进行再杠杆化。由此，我们得出再杠杆贝塔系数为 1.43[㊀]（见表 3-20）。

表 3-20　ValueCo 的再杠杆化贝塔系数

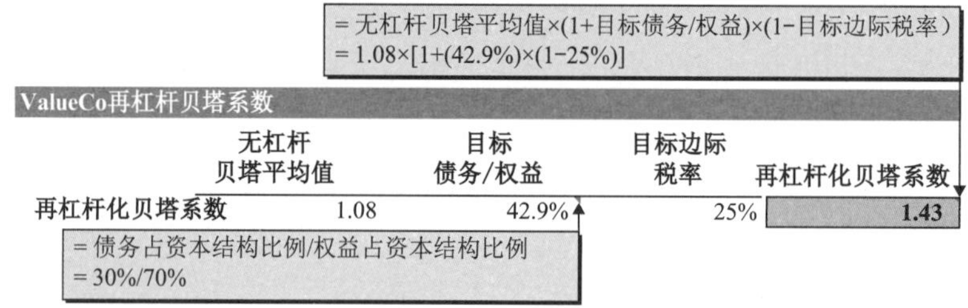

= 无杠杆贝塔平均值×(1+目标债务/权益)×(1−目标边际税率)
= 1.08×[1+(42.9%)×(1−25%)]

ValueCo再杠杆贝塔系数				
	无杠杆贝塔平均值	**目标债务/权益**	**目标边际税率**	**再杠杆化贝塔系数**
再杠杆化贝塔系数	1.08	42.9%	25%	**1.43**

= 债务占资本结构比例/权益占资本结构比例
= 30%/70%

计算股权成本。我们用 CAPM 计算得出 ValueCo 的股权成本为 13.6%（见表 3-21），高于市场的预计收益率（按照无风险利率 2.5% 和市场风险溢价 7% 计算为 9.5%）。造成股权成本较高的原因是再杠杆化贝塔系数为 1.43，而不是市场总体贝塔系数 1.0 以及规模溢价 1.1%[㊁]。

表 3-21　ValueCo 的股权成本

股权成本	
无风险利率	2.5%
市场风险溢价	7.0%
杠杆贝塔	1.43
规模溢价	1.1%
股权成本	**13.6%**

= 无风险利率+(杠杆化贝塔系数×市场风险溢价)+规模溢价
= 2.5%+(1.43×7%)+1.1%

㊀ 原版此处数字为 1.29，疑有误。——译者注

㊁ 道衡公司预估市值十分位第四级类别公司的规模溢价为 0.85%，十分位第五类别公司的规模溢价为 1.28%，我们使用了两者的均值。

第三（d）步：计算 WACC。现在，我们已经确定了计算 ValueCo 的 WACC 所必需的所有组成部分。把这些输入项填入图 3-7 的公式中，得出 WACC 为 11%。表 3-22 显示了确定 ValueCo 的 WACC 时的每一项假设和计算过程。

表 3-22　**ValueCo 的 WACC 计算**

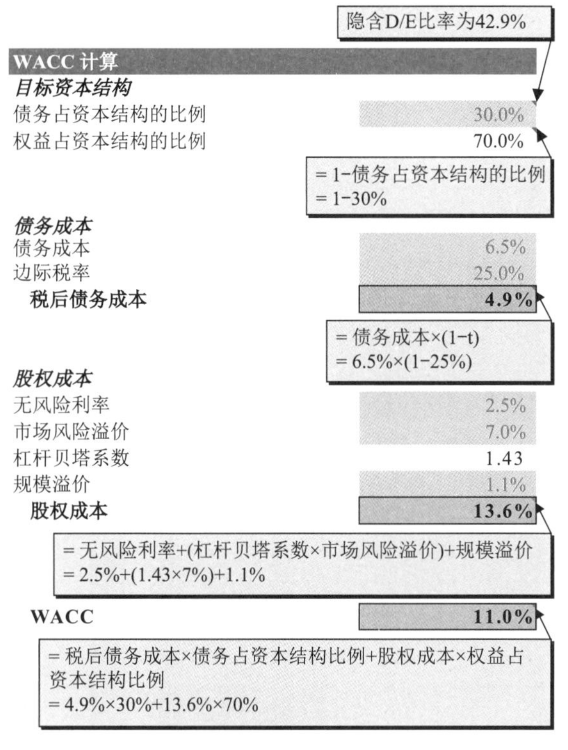

WACC 计算	
目标资本结构	
债务占资本结构的比例	30.0%
权益占资本结构的比例	70.0%
债务成本	
债务成本	6.5%
边际税率	25.0%
税后债务成本	**4.9%**
股权成本	
无风险利率	2.5%
市场风险溢价	7.0%
杠杆贝塔系数	1.43
规模溢价	1.1%
股权成本	**13.6%**
WACC	**11.0%**

如前所述，DCF 对 WACC 的变化非常敏感，而 WACC 的计算又依据目标资本结构、债务成本和股权成本等诸多假设。因此，对于 WACC 的关键参数进行敏感性分析而得出 WACC 的取值范围是典型的做法。如表 3-23 所示，我们对目标资本结构和税前债务成本进行了敏感性分析，得出 ValueCo 的 WACC 的范围为 10.5% ~ 11.5%。

第四步：确定终值

退出乘数法。我们把 ValueCo 的最接近可比公司的 LTM EV/EBITDA 交易乘数当作按照 EMM 计算终值的基础。这些公司往往都在 LTM EBITDA 7 ~ 8 倍的范围内交易。用 ValueCo 9.292 亿美元的最终年份 EBITDA 乘以这个范围的中位数 7.5 倍，得出了终值为 69.69 亿美元（见表 3-24）。

表 3-23 ValueCo 公司的加权平均资本成本分析

ValueCo 公司
加权平均资本成本分析
（单位：100万美元）

WACC 计算	
目标资本结构	
债务占资本结构的比例	30.0%
权益占资本结构的比例	70.0%
债务成本	
债务成本	6.5%
边际税率	25.0%
税后债务成本	**4.9%**
股权成本	
无风险利率①	2.5%
市场风险溢价②	7.0%
杠杆化贝塔	1.43
规模溢价③	1.1%
股权成本	**13.6%**
WACC	**11.0%**

可比公司无杠杆贝塔

公司	预测杠杆化贝塔	债务市值	权益市值	债务/权益	边际税率	无杠杆贝塔
BuyerCo公司	1.35	$2 200.0	$9 800.0	22.4%	25%	1.16
舍曼公司	1.46	3 150.0	5 600.0	56.3%	25%	1.03
盖斯帕公司	1.30	1 850.0	5 000.0	37.0%	25%	1.02
顾德森公司	1.53	2 250.0	4 160.0	54.1%	25%	1.09
蒙佩尔公司	1.50	1 000.0	2 240.0	44.6%	25%	1.12
平均值	**1.43**			**42.9%**		**1.08**
中位值	**1.46**			**44.6%**		**1.09**

ValueCo再杠杆化贝塔

	无杠杆贝塔平均值	目标债务/权益	目标边际税率	再杠杆贝塔
再杠杆化贝塔	1.08	42.9%	25%	**1.43**

WACC敏感性分析

债务占资本总额的比例	税前债务成本 **5.50%**	**6.00%**	6.50%	**7.00**	**7.50%**
10.0%	12.7%	12.7%	12.7%	12.8%	12.8%
20.0%	11.7%	11.8%	11.9%	11.9%	12.0%
30.0%	10.8%	10.9%	**11.0%**	11.1%	11.2%
40.0%	9.8%	10.0%	10.1%	10.3%	10.4%
50.0%	8.9%	9.1%	9.2%	9.4%	9.6%

①为20年美国国库券收益率，来源于美国财政部。
②来源于道衡公司年度估值手册。
③为道衡公司市值十分位数的4分位和5分位混合。

表 3-24　退出乘数法

（单位：100万美元）

用退出乘数法计算终值	
终值年EBITDA（2024E）	$929.2
退出乘数	7.5x
终值	**$6 969.0**

= 终值年EBITDA×退出乘数
= 9.292亿美元×7.5x

接着，我们求出了按照退出乘数 7.5 倍 EIBTDA 所隐含的永续增长率。在已知最终年份 FCF 为 5.405 亿美元和所选 WACC 范围中位值为 11%，并且经过了 PGM 终值年中折现的调整后，我们计算得出隐含永续增长率为 2.6%（见表 3-25）。

表 3-25　隐含永续增长率

（单位：100万美元）

隐含永续增长率	
终值年自由现金流 (2024E)	$540.5
加权平均资本成本	11.0%
终值	**$6 969.0**
隐含永续增长率	**2.6%**

= [退出乘数法终值×WACC−$FCF_{终值年}$×$(1+WACC)^{0.5}$]/[退出乘数法终值+$FCF_{终值年}$×$(1+WACC)^{0.5}$]
= [6969×11%−540.5×$(1+11\%)^{0.5}$]/[6969+540.5×$(1+11\%)^{0.5}$]

永续增长法。我们选用永续增长率范围为 2% ~ 4%，用 PGM 来计算 ValueCo 的终值。用永续增长率中位值 3%、WACC 中位值 11% 和最终年份 FCF 5.405 亿美元，计算得出 ValueCo 的终值为 69.589 亿美元（见表 3-26）。

表 3-26　永续增长率

（单位：100万美元）

用永续增长法计算终值	
终值年自由现金流2024E	$540.5
加权平均资本成本	11.0%
永续增长率	3.0%
终值	**$6 958.9**

= 终值年自由现金流×(1+永续增长率) / (加权平均资本成本−永续增长率)
= 5.405亿美元×(1+3%)/(11%−3%)

用 PGM 计算得出的终值 69.589 亿美元对应使用 EMM 年末折现调整后的 7.9 倍退出乘数（见表 3-27）。它与我们在表 3-24 中使用 EMM 方法的假设相吻合。

表 3-27 隐含退出乘数

（单位：100万美元）

隐含 EV/EBITDA	
企业价值	$6 958.9
终值年 EBITDA(2024E)	929.2
加权平均资本成本	11.0%
隐含EV/EBITDA	**7.9x**

= 永续增长法终值×$(1+WACC)^{0.5}$/EBITDA终值
= 69.589亿美元×$(1+11\%)^{0.5}$/9.292亿美元

第五步：计算现值、确定估值

计算现值

ValueCo 的预计年度 FCF 和终值用选定的 WACC 中位值 11% 进行了折现（见表 3-28）。我们将预计年度 FCF 用年中折现。然而，在用 EMM 计算终值时，我们采用了年末折现。

表 3-28 计算现值

（单位：100万美元）

计算现值						
		预测期				
		2020	2021	2022	2023	2024
无杠杆自由现金流		**$425.6**	**$460.7**	**$490.6**	**$517.4**	**$540.5**
加权平均资本成本	11.0%					
折现期		0.5	1.5	2.5	3.5	4.5
折现因子		0.95	0.86	0.77	0.69	0.63
自由现金流的现值		**$404.3**	**$393.9**	**$377.9**	**$359.1**	**$338.0**

=$1/((1+WACC)^{(n-0.5)})$
=$1/[(1+11\%)^{(4.5)}]$
备注：采用年中折现

= 无杠杆FCF_{2020E}×折现因子
= 4.256亿美元×0.95

终值	
终值年EBITDA (2024E)	$929.2
退出乘数	7.5x
终值	**$6 969.0**
折现因子	0.59
终值的现值	**$4 135.8**

= 退出年EBITDA×退出乘数
= 9.292亿美元×7.5x

= $1/[(1+WACC)^n]$
= $1/[(1+11\%)^5]$
备注：年中折现不适用退出乘数法

确定估值

计算企业价值。预计 FCF 和终值的现值计算结果相加后，得出 ValueCo 的企业价值为60.087亿美元（见表3-29）。企业价值的构成为预计FCF的现值18.729亿美元和终值的现值41.358亿美元。这就意味着ValueCo的终值占了企业价值的68.8%。

表 3-29　企业价值

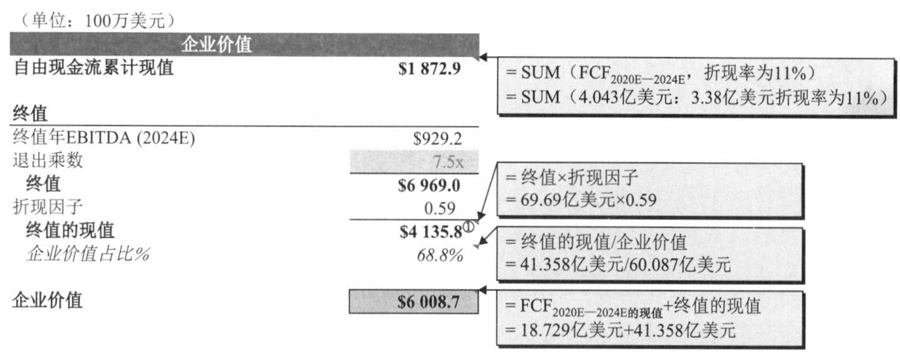

（单位：100万美元）

企业价值	
自由现金流累计现值	**$1 872.9**
终值	
终值年EBITDA (2024E)	$929.2
退出乘数	7.5x
终值	**$6 969.0**
折现因子	0.59
终值的现值	**$4 135.8**①
企业价值占比%	*68.8%*
企业价值	**$6 008.7**

① 此处数据计算似有误，应为4111.7，为避免影响其他数据的计算，暂且保留不改。

推算股权价值。接着，我们从ValueCo的企业价值60.087亿美元中减去其债务净额12.5亿美元（15亿美元债务–2.5亿美元现金），计算出隐含股权价值为47.587亿美元（见表3-30）。假如ValueCo是一家上市公司，就可以用隐含股权价值除以其全面稀释普通股数，确定隐含股票价格（见表3-2和表3-7）。

表 3-30　股权价值

（单位：100万美元）

隐含股权价值和每股价格	
企业价值	$6 008.7
减：债务总额	(1 500.0)
减：优先股	–
减：非控股股东权益	–
加：现金及现金等价物	250.0
隐含股权价值	**$4 758.7**

= 企业价值-债务总额+现金及现金等价物
= 60.087亿美元-15亿美元+2.5亿美元

DCF输出页面。表3-31显示了采用EMM的ValueCo典型输出页面。

进行敏感性分析

接着，我们针对WACC和退出乘数对关键性财务数据做了一系列的敏感性分析，包括企业价值、隐含股权价值、隐含永续增长率、隐含EV/LTM EBITDA和终值的现值占企业价值的百分比（见表3-32）。

表 3-31 ValueCo DCF 分析结果输出页面

ValueCo公司
现金流折现分析
（单位：100万美元，财务年度截止日为12月31日）

经营情景 基准方案

经营情景	1											
年中折现	Y											
	历史期			CAGR		预测期					CAGR
	2016	2017	2018	(2016～2018)	2019	2020	2021	2022	2023	2024	(2019～2024)
销售收入	$2 600.0	$2 900.0	$3 200.0	10.9%	$3 450.0	**$3 708.8**	**$3 931.3**	**$4 127.8**	**$4 293.0**	**$4 421.7**	5.1%
增长率	*NA*	*11.5%*	*10.3%*		*7.8%*	*7.5%*	*6.0%*	*5.0%*	*4.0%*	*3.0%*	
销货成本	1 612.0	1 769.0	1 920.0		2 070.0	2 225.3	2 358.8	2 476.7	2 575.8	2 653.0	
毛利润	**$988.0**	**$1 131.0**	**$1 280.0**	13.8%	**$1 380.0**	**$1 483.5**	**$1 572.5**	**$1 651.1**	**$1 717.2**	**$1 768.7**	5.1%
利润率	*38.0%*	*39.0%*	*40.0%*		*40.0%*	*40.0%*	*40.0%*	*40.0%*	*40.0%*	*40.0%*	
销售、行政和管理费用	496.6	551.0	608.0		655.0	704.1	746.4	783.7	815.0	839.5	
EBITDA	**$491.4**	**$580.0**	**$672.0**	16.9%	**$725.0**	**$779.4**	**$826.1**	**$867.4**	**$902.1**	**$929.2**	5.1%
利润率	*18.9%*	*20.0%*	*21.0%*		*21.0%*	*21.0%*	*21.0%*	*21.0%*	*21.0%*	*21.0%*	
折旧和摊销	155.0	165.0	193.0		207.0	222.5	235.9	247.7	257.6	265.3	
EBIT	**$336.4**	**$415.0**	**$479.0**	19.3%	**$518.0**	**$556.9**	**$590.3**	**$619.8**	**$644.6**	**$663.9**	5.1%
利润率	*12.9%*	*14.3%*	*15.0%*		*15.0%*	*15.0%*	*15.0%*	*15.0%*	*15.0%*	*15.0%*	
所得税	84.1	103.8	119.8		129.5	139.2	147.6	154.9	161.1	166.0	
EBIAT	**$252.3**	**$311.3**	**$359.3**	19.3%	**$388.5**	**$417.6**	**$442.7**	**$464.8**	**$483.4**	**$497.9**	5.1%
加：折旧和摊销	155.0	165.0	193.0		207.0	222.5	235.9	247.7	257.6	265.3	
减：资本性支出	(114.4)	(116.0)	(144.0)		(155.3)	(166.9)	(176.9)	(185.8)	(193.2)	(199.0)	
减：流动资金增加/（减少）						(47.6)	(41.0)	(36.2)	(30.4)	(23.7)	
无杠杆自由现金流						**$425.6**	**$460.7**	**$490.6**	**$517.4**	**$540.5**	
加权平均资本成本	11.0%										
折现期						0.5	1.5	2.5	3.5	4.5	
折现因子						0.95	0.86	0.77	0.69	0.63	
自由现金流现值						**$404.3**	**$393.9**	**$377.9**	**$359.1**	**$338.0**	

企业价值

自由现金流累计现值	**$1 872.9**
终值	
终值年EBITDA (2024E)	$929.2
退出乘数	7.5x
终值	**$6 969.0**
折现因子	0.59
终值的现值	**$4 135.8**
企业价值占比	*68.8%*
企业价值	**$6 008.7**

隐含股权价值和每股价格

企业价值	$6 008.7
减：债务总额	(1 500.0)
减：优先股	–
减：非控股股东权益	–
加：现金及现金等价物	250.0
隐含股权价值	**$4 758.7**

隐含永续增长率

终值年自由现金流(2024E)	$540.5
加权平均资本成本	11.0%
终值	$6 969.0
隐含永续增长率	**2.6%**

隐含 EV/EBITDA

企业价值	$6 008.7
LTM 2019/9/30 EBITDA	700.0
隐含EV/EBITDA	**8.6x**

企业价值

加权平均资本成本 \ 退出乘数	6.5x	7.0x	7.5x	8.0x	8.5x
10.0%	5 665	5 953	6 242	6 530	6 819
10.5%	5 560	5 842	6 124	6 406	6 688
11.0%	5 457	5 733	**$6 009**	6 284	6 560
11.5%	5 357	5 627	5 897	6 166	6 436
12.0%	5 260	5 524	5 787	6 051	6 315

隐含永续增长率

加权平均资本成本 \ 退出乘数 (0.0)	6.5x	7.0x	7.5x	8.0x	8.5x
10.0%	0.6%	1.2%	1.7%	2.2%	2.6%
10.5%	1.0%	1.6%	2.2%	2.7%	3.1%
11.0%	1.4%	2.1%	**2.6%**	3.1%	3.5%
11.5%	1.9%	2.5%	3.1%	3.5%	4.0%
12.0%	2.3%	2.9%	3.5%	4.0%	4.4%

表 3-32　ValueCo 的敏感性分析

ValueCo公司
敏感性分析

（单位：100万美元，财务年度截止日为12月31日）

企业价值

WACC \ 退出乘数	6.5x	7.0x	7.5x	8.0x	8.5x
10.0%	5 665	5 953	6 242	6 530	6 819
10.5%	5 560	5 842	6 124	6 406	6 688
11.0%	5 457	5 733	$6 009	6 284	6 560
11.5%	5 357	5 627	5 897	6 166	6 436
12.0%	5 260	5 524	5 787	6 051	6 315

隐含股权价值

WACC \ 退出乘数	6.5x	7.0x	7.5x	8.0x	8.5x
10.0%	4 415	4 703	4 992	5 280	5 569
10.5%	4 310	4 592	4 874	5 156	5 438
11.0%	4 207	4 483	$4 759	5 034	5 310
11.5%	4 107	4 377	4 647	4 916	5 186
12.0%	4 010	4 274	4 537	4 801	5 065

隐含永续增长率

WACC \ 退出乘数	6.5x	7.0x	7.5x	8.0x	8.5x
10.0%	0.6%	1.2%	1.7%	2.2%	2.6%
10.5%	1.0%	1.6%	2.2%	2.7%	3.1%
11.0%	1.4%	2.1%	2.6%	3.1%	3.5%
11.5%	1.9%	2.5%	3.1%	3.5%	4.0%
12.0%	2.3%	2.9%	3.5%	4.0%	4.4%

隐含企业价值 / LTM EBITDA

WACC \ 退出乘数	6.5x	7.0x	7.5x	8.0x	8.5x
10.0%	8.1x	8.5x	8.9x	9.3x	9.7x
10.5%	7.9x	8.3x	8.7x	9.2x	9.6x
11.0%	7.8x	8.2x	8.6x	9.0x	9.4x
11.5%	7.7x	8.0x	8.4x	8.8x	9.2x
12.0%	7.5x	7.9x	8.3x	8.6x	9.0x

终值的现值占企业价值的百分比

WACC \ 退出乘数	6.5x	7.0x	7.5x	8.0x	8.5x
10.0%	66.2%	67.8%	69.3%	70.7%	71.9%
10.5%	65.9%	67.6%	69.1%	70.4%	71.7%
11.0%	65.7%	67.3%	68.8%	70.2%	71.4%
11.5%	65.4%	67.1%	68.6%	70.0%	71.2%
12.0%	65.2%	66.8%	68.3%	69.7%	71.0%

我们还对关键性财务假设进行了敏感性分析，比如销售收入增长率和EBIT利润率，以便分析它们对企业价值的影响。该敏感性分析可以帮助我们更好地认识假设条件，并使得我们能够研究相对于基准情形下的财务预测而言，因为超出预期或者低于预期绩效而产生的价值创建或价值侵蚀。如表3-33所示，如果ValueCo的年销售收入增长率和EBIT利润率各上涨50个bps，就会导致企业价值从60.09亿美元提升至61.96亿美元，增加了1.87亿美元。

表3-33 销售收入增长率和EBIT利润率的敏感性分析

企业价值						
		年度销售收入增长率/(降低率)				
		(1.0%)	(0.5%)	0.0%	0.5%	1.0%
年度EBIT利润率增加/（减少）	(1.0%)	5 646	5 767	5 890	6 016	6 143
	(0.5%)	5 704	5 826	5 949	6 076	6 204
	0.0%	5 761	5 884	$6 009	6 136	6 265
	0.5%	5 819	5 942	6 068	6 196	6 326
	1.0%	5 877	6 001	6 127	6 256	6 387

完成了敏感性分析后，接着开始确定ValueCo的最终DCF估值范围。为了推算出该范围，我们把重点放在退出乘数/WACC数据表的阴影部分（见表3-32的左上角）。按照7～8倍的退出乘数范围和10.5%～11.5%的WACC范围，计算得出ValueCo的企业价值范围大约为56.27亿～64.06亿美元。

接着，将这个价值范围添加到我们的“足球场”上，并用它来比较在本书第一章和第二章通过可比公司分析、先例交易分析和现金流折现分析法得出的估值范围（见图3-27）。

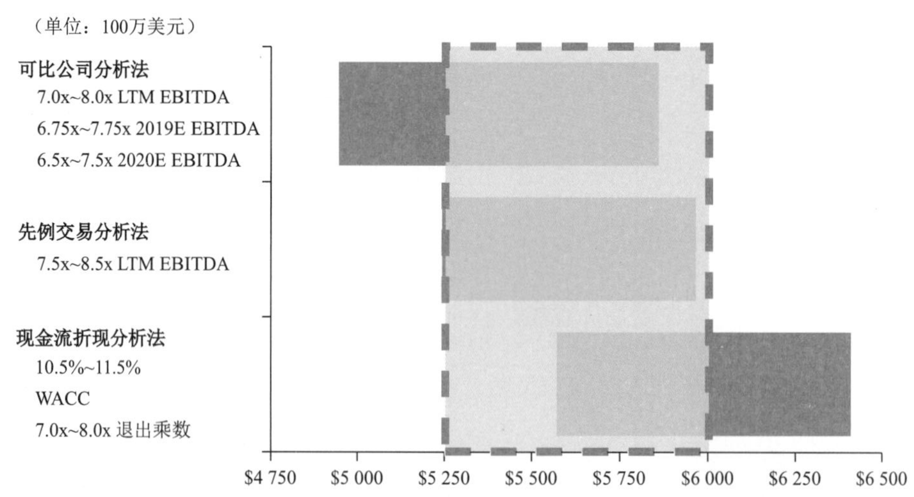

图3-27 ValueCo足球场显示可比公司分析法、先例交易分析法和现金流折现分析法

第二部分

杠杆收购

第四章

杠杆收购

杠杆收购（LBO）是指收购价格中的大部分资金以债务的方式来收购一家公司、分部、企业或者资产组合（“目标”）。收购资金的其余部分通过某个财务投资者（“投资者”）的股权投资来提供。投资者可用 LBO 方式收购各类企业，包括上市公司和私有公司，以及这些公司的分部和子公司。投资者的最终目标是在退出时实现一个可以接受的股权投资收益率，一般都是通过目标的出售或者 IPO 来实现的。从历史上说，投资者一直在寻求 15% ~ 20% 的年化收益率和 5 年内投资退出。私募股权基金的规模从几千万美元到几百亿美元不等，有些投资者同时管理数只基金。

在传统的 LBO 中，债务一般都占到融资结构的 60% ~ 70%，股权构成剩余的 30% ~ 40%（见图 4-7）。目标公司之所以可以承担很高比例的债务，是因为它的预计自由现金流[⊖] 和资产基础可以支持的缘故，从而投资者可以提供相对于收购资金而言较小的股权投资。而较低股权比例的杠杆化能力对于投资者实现可接受的收益率来说十分重要。因为利息费用可以抵税的缘故，杠杆的使用提供了实现节税的额外益处。

现金流稳定且容易预测、同时拥有大量资产的公司一般都是很有吸引力的 LBO 并购目标，因为这种公司有能力支撑较大规模的债务。要想实现阶段性利息偿付，并在投资期内降低债务水平，就需要强有力的现金流支持。此外，强大的资产基础能够提高借款方可以获得的银行债务（bank debt）的数量（最便宜的债务融资渠道），万一出现破产情形，在收回本金的可能性问题上让贷款方感到比较安心。然而，在信贷市场繁荣的时候，信贷供应者越来越愿意把重点更多地放在现金流产生能力上，较少关注资产基础的优势。

⊖ 在 LBO 分析中使用的“自由现金流”（“杠杆自由现金流”或“可供偿还债务的现金”）一词不同于 DCF 分析中使用的“无杠杆自由现金流”，因为它包含了杠杆的影响。

从投资者收购目标公司，直到它退出（“投资期限”），现金流主要用来还本付息，从而增大资本结构中的股权部分。与此同时，投资者的期望目标是实现财务绩效的改善和现有业务的增长［包括通过未来的“补强”（bolt-on）收购来实现］。不论是贷款的偿还还是现金流的增长，都可以提高企业价值，进一步提升潜在收益。合适的LBO融资结构必须在目标还本付息的能力方面与目标公司用现金流来管理、扩展业务的需求和收购方面实现平衡。另外，投资者也寻求可以满足投资回报率要求的融资结构，包括股利支付及贷款偿还等不同方式。

LBO能否成功地完结交易，取决于投资者收购目标公司所需的融资能力。投资银行[㊀]传统上在这方面扮演着至关重要的角色，主要是作为为收购提供资金的债务安排方/承销方。另外，取决于交易的规模和性质，信贷机构可能提供全部或部分债务。投资银行及其他信贷机构往往会相互竞争，以具有法律约束力的函件（“融资”或“承诺”文件）形式为投资者青睐的融资结构提供融资承诺。承诺函允诺为收购的债务部分提供资金，以换取各种服务费用，同时设置一些具体条件，包括投资者需要实际现金股本出资的最低比例[㊁]。

LBO中使用的债务是通过发行各种类型的贷款、证券和其他金融工具融资获得的，而这些发行品种分类依据的是其担保（security）地位及其在资本结构中的优先性（seniority）。当下资本市场的条件在确定杠杆水平及融资成本和关键性条款方面起着关键性的作用。融资结构的股权部分一般都来自投资者管理的资金池（“资金”）。

由于私人投资载体（例如私募股权公司、家族办公室、对冲基金和养老基金）大量出现及其可观的资金量，LBO已经成为资本市场和并购领域越来越重要的角色。从事LBO融资咨询业务的投资银行分析师，都负有职责来帮助策划出受市场青睐的融资结构，让投资者和贷款人都可以实现其投资目标和收益率门槛，同时为目标公司提供业务运营和发展所需要的充足的财务弹性和储备。投资银行还为投资者提供LBO交易中买方和卖方的并购咨询服务。此外，LBO为投资银行提供了大量的后续机会，以便在最初交易完结后提供其后续服务，其中最显著的就是未来买方并购活动、剥离、再融资机会和传统的退出活动，

㊀ “投资银行”一词被广泛用来指那些开展企业融资和并购咨询服务以及资本市场承销活动的金融中介。

㊁ 这种信函一般都要在投资者、提供融资的银行以及各自法律顾问之间经过大量谈判之后才会签署。

比如目标的出售或IPO。

本章提供杠杆收购的基本知识综述，如表4-1中所示的主要内容。

表4-1 LBO的基础知识

■ 主要参与角色
■ LBO目标的突出特征
■ LBO经济学
■ 主要退出/变现策略
■ LBO融资：结构
■ LBO融资：主要渠道
■ LBO融资：部分主要条款
■ LBO融资：确定融资结构

主要参与角色

本节是LBO中主要参与角色的综述（见表4-2）。

表4-2 主要参与角色

■ 财务投资者
■ 投资银行
■ 银行和机构贷款人
■ 债券投资者
■ 私人信贷基金
■ 目标管理层

财务投资者

所谓“财务投资者”是指传统的私募股权公司、家族办公室、投资银行的商业银行业务、对冲基金、风险投资基金、基础设施基金、养老基金和特殊目的收购公司（special purpose acquisition companies,SPACs），以及其他投资载体。私募股权公司、对冲基金和风险投资基金所募集的投资资本大部分来自第三方投资者，包括公共基金和企业年金基金、保险公司、捐赠基金和基金会、主权财富基金，以及富有家族和高净值个人。投资者的合伙人和投资专业人士有可能还用自己的资金投资于具体的投资机会。

该资金被纳入通常作为有限合伙制公司成立的基金中。有限合伙制公司一般都按照固定期限及具体承诺投资金额的载体结构设置，其普通合伙人[⊖]（general partner,GP，也即投资者）负责基金的日常管理，而有限合伙人（limited partners,LP）是被动投资者。这些载体被认为是“盲池”，即有限合伙人在并不具体知悉投资者计划进行的投资项目的情况下认购[⊜]。然而，投资者常常受制于可投资到任何单一项目中的资金使用规模，因此一般都不超过基金总额的10% ~ 20%。

各投资者在基金规模、投资重点和投资策略方面差异甚大。基金的规模从数千万到数百亿美元不等（根据其资金募集能力），这有助于决定它的投资特征。有些公司专门从事具体行业（比如工业、技术、消费品或媒体），而有些公司的重点则为具体的情形［比如困境/扭亏型（distressed company/turnarounds）、整合型（roll-ups）或企业资产剥离（corporate divestitures）］。很多公司干脆属于通吃，囊括多个行业和采用多种投资策略，进行大范围的撒网。这些公司都配备有与其策略相吻合的投资专业人士，其中很多都曾是投资银行分析师或管理咨询专家。它们一般还雇用公司运营专业人士和行业专家（或者购买他们的服务），比如前CEO和其他公司高管，请他们就具体交易为投资者提供咨询服务或参与收购后的公司管理。

在评估某个投资机会时，投资者要进行详尽的目标尽职调查，一般都要通过有组织的并购出售流程（请见本书第六章）。尽职调查就是尽可能多地了解目标公司各方面情况（例如，业务、行业、财务、会计、税务、法律、监管和环境等）的过程，以便发现、确认或者否决对于投资者的投资决策至关重要的信息。关于目标公司的详细信息，通常都按类别保存在线上电子资料室，例如Datasite（见图6-4）提供的方式。投资者用尽职调查的结果来构建一个财务模型、支持收购价格假设（包括理想的融资结构），并且常常会在这一过程中聘用会计师、咨询顾问和行业及其他职能专家。规模较大或专业性较强的投资者一般都会聘用运营专家，其中很多都曾经是资深行业高管，以

⊖ 作为对普通合伙人管理基金工作的酬金，有限合伙人一般都会每年支付承诺资金的1% ~ 2%作为管理费。此外，一旦有限合伙人收回了全部承诺资金加上要求的投资收益门槛，投资者（GP）一般都会收取所有投资利润的20%“分成”（carried interest）。关于私募股权投资的更多常识介绍，请参阅《精通私募股权》（清华大学出版社）。——译者注

⊜ 有限合伙人继续持有他们承诺投资于某只指定基金的资金，直至按照普通合伙人的要求根据某个具体投资项目的落实而实际投入该资金。

此来帮助开展尽职调查，或者将来可能加入所收购的公司，成为高管或董事会成员。

投资银行

投资银行在 LBO 中扮演着一个关键角色，既是融资的供应方，又是战略并购顾问。投资者紧密依靠投资银行来帮助开发、推销、优化融资结构。它们还可能聘请投资银行担任买方并购顾问，以换取其寻找交易机会的服务或其经验、关系网和内部资源。在卖方角度，投资者一般都会聘请投资银行分析师担任并购顾问［以及潜在的捆绑融资（stapled financing）供应方㊀］，以便通过有组织的出售流程将公司推销给潜在买方。

投资银行要进行彻底的 LBO 目标尽职调查（通常都与其投资者客户一起）并实施全面的内部信用审查流程，以便验证目标的商业计划。它们还必须确信目标有能力支撑一个高度杠杆化的资本结构，并且投资银行有能力将该结构推销给合适的投资者。投资银行与其投资者客户密切合作，以确定某个特定交易的合适的融资结构㊁。这个过程也是一个不断迭代的过程，投资者致力于寻求最优惠的条件（包括利率、期限、提前还款的额外费用及灵活性）。即使在贷款环境相对宽松的情形下，投资银行也希望相关条款具有足够的舒适空间，可以成功组建银团贷款。一旦投资者选定了某个 LBO 项目的理想融资结构，投资银行交易团队就会把它提交给内部信贷委员会进行最终审批。

获得信贷委员会批准后，投资银行就能给出融资承诺，以支持投资者的要约。融资承诺通常包括一封提供周转及定期贷款的承诺函（a commitment letter），在适用的情形下，还包括过桥贷款（在计划发行债券失败的情形下，由借款人提供短期融资）；一封聘用书（an engagement letter），即投资者聘请投资银行代表发行人来承销融资计划中的债券；一封费用函（a fee letter），其中包括了涉及融资而需要支付给投资银行的各项费用。传统上，投资者在签署股权收购协议的时候，要向卖方证明交易融资的确定性，并会将已经签署好的融资承诺函提供给卖方。

㊀ 运作竞拍流程的投资银行（或者有时是“合伙”银行）有可能提交一个事先打包的融资结构（一般都提供给潜在财务买方），以支持正在出售的目标。通常这就是所谓的捆绑融资（“捆绑”）。有关更多信息，请见本书第六章“并购出售流程”。

㊁ 另外一个替代办法是，投资者会要求投资银行对已经设计出来的融资结构做出融资承诺。

融资承诺函是指在设定的一些具体的前提条件下，为交易提供的债务资金［包括最坏情形下的最高利率（“上限”，caps）及结构的灵活性㊀］以换取各种银行取费㊁和角色㊂。融资函通常设置的前提条件包括投资者需要认缴可接受水平的现金股权以及目标公司所必须维持EBITDA的最低水平。这也叫作承销（underwritten）融资，传统上一直是对LBO的要求，因为有必要为卖方提供交易完结的确定性（包括融资）。这些承诺函一般还规定了营销期，即银行在投资者结束交易前，努力将其承诺的融资金额推销给其他潜在借款机构而共同组成辛迪加。

投资银行提供的有担保融资部分通常包括周转信用贷款和定期贷款，周转信用贷款部分通常由投资银行持有，定期贷款部分通常以辛迪加银团贷款的形式出售给不同的机构。债务融资的无担保部分，投资银行通常会以高收益债券的形式出售给其他投资人，从而和定期贷款的性质一样，在交易结束以后不会出现在投资银行自身的资产负债表上。

然而，受制于某些证券法律或监管约束，作为购买高收益债券承诺的替代方案，投资银行会承诺提供过桥贷款（相同金额）给投资者和目标公司。这也保证了在投资银行不能完全出售债券的情形下，投资者仍然有足够的融资来完成交易。通常情形下，过桥贷款只有在债券发行失败（不论是因为市场恶化或是债券投资人对条款不满意而不愿意购买）的情形下才会提款。投资银行承担了从签约到交易完成期间的债券和过桥贷款的市场风险，并且需要为交易预留资本，所以，即使在债券成功发行而不需要提款的情形下，投资银行仍然会要求投资者支付过桥贷款的承诺费用。

银行和机构贷款人

银行和机构贷款人是LBO融资结构中银行债务的资金供应方。虽然两者常

㊀ 为对潜在借款人更具吸引力，允许投资银行修改发行人/借款方在寻找辛迪加贷款过程中的融资结构及关键条款，通常包括改变契约条件、利率提升至上限、改变贷款提前偿还的支付费用、不同级别上的债务分配［有担保与无担保的金额比例，经营公司层面（OpCo）与控股公司层面（HoldCo）的金额比例］。

㊁ 与融资承诺相关的费用是补偿银行的承销工作，以及与允诺在推销给外部投资者的努力无法实现的情况下为交易提供资金相关的风险。

㊂ 在债券辛迪加的发行过程中，投资银行会竞争担任的角色或部分职能。牵头行通常会负责债务市场营销，包括准备市场营销材料并组织整个辛迪加贷款流程，也称为牵头安排行（lead arranger）。其他参与的投行则会称为联合安排行或联合账簿管理人（joint lead arranger 或 joint bookrunners）。例如，在高收益债券的承销中，牵头投资银行称为第一账簿管理人（left lead bookrunner），其他投行则称为联合账簿管理人（joint bookrunner）或联合经理（co-manager）。不同的角色及职能决定了投资银行之间的收费标准及在承销过程中的影响力。牵头安排行和第一账簿管理人是在辛迪加贷款或交易中发挥最重要作用的银行，之所以称为left lead，是因为在招股说明书文件中，最重要的银行通常列在文件左上角的第一个。

常互有重叠，但是传统上的银行贷款人提供的是循环周转资金和分期还款型定期贷款（amortizing term loan），而机构贷款人提供的则是更长期限、有限分期还款型的定期贷款。银行贷款人一般包含商业银行、信用储蓄机构、财务公司和担任经办人的投资银行。机构贷款人主要有对冲基金、养老基金、共同基金、保险公司和结构性载体，比如担保债务基金㊀（collateralized loan obligation funds, CLOs）。

跟投资银行一样，贷款人在参与 LBO 融资之前要进行尽职调查，并运行内部信用审查流程。虽然贷款行的尽职调查范围非常有限，常常聚焦在业务及财务方面。这项工作涉及分析目标的业务和信用情况（重点是预计现金流产生情况和信贷数据），以便确信能够收到未来全部利息支付和到期时的本金偿还。贷款人还要努力通过契约限制和抵押担保来消弭不利风险。与特定公司、行业或投资者的先前经历也要纳入参与融资的决定之中。然而，贷款人在很大程度上依赖的是担任牵头安排行角色的投资银行进行的尽职调查和准备的材料。

作为尽职调查过程的一部分，潜在贷款人要参加一个集体会议，叫作“银行会议”（lender meeting），由牵头安排行组织召开㊁。在银行会议上，目标的高级管理层团队会针对其公司和投资优势做一个详细的幻灯片展示，然后是牵头安排行的债务要约综述和问题解答。在该银行会议上，潜在贷款人会收到一份展示文件的纸质复印件，以及管理层和牵头安排行编制的一份机密信息备忘录（CIM）或“银行簿册”（bank book）㊂。在贷款人运行其内部信贷流程、做出最终投资决定时，它们还会进行后续尽职调查——常常涉及要求公司提供额外信息和分析。另外，比较常见的做法是，在银行会议上正式发布融资文件之前，牵头安排行会预先为几家规模较大、较为积极的机构投资人安排并主持一个小型会议，来提前获取针对融资文件的反馈意见。

㊀ CLOs 是资产抵押型证券品种，通常是某种债务类型。当资产池的利益为贷款时，该载体就叫作担保贷款凭证（collateralized loan obligation，CLO）。当资产池的利益为债券时，该载体就叫作担保债券凭证（collateralized bond obligation，CBO），CLO 和 CBO 都可以统称为 CDO。

㊁ 如果交易规模特别大、复杂性特别高，目标管理层有可能要一对一地向贷款人做展示。

㊂ 银行簿册是指一份综合文件，包含交易、投资亮点、公司和行业的详细介绍，以及初步条款和历史财务数据。如果要约中包含有考虑公开注册的债券，通常就要准备两个版本的 CIM：一个公开版本，一个私密版本（或私密补充文本）。私密版本包含有财务预测数字，因为它是供仅仅投资于公司未注册债务（也即银行债务）的投资人使用的，这些投资人并无意图参与公司股权或债券投资（例如高收益债券）。银行会议展示材料和银行簿册一般都可以通过网上媒介获取。

债券投资者

债券投资者是指作为LBO融资结构的一部分而发行的高收益债券的购买者。债券投资者一般包括高收益共同基金、对冲基金、养老基金、保险公司和担保债务凭证（collateralized debt obligations, CDOs）。

作为投资评估和决策过程的一部分工作内容，债券投资者会参加一对一的会议，叫作“路演演示”（roadshow presentations）。在这些会议上，高管演示公司的投资优势和提议的交易项目。路演一般都持续3～5天（根据交易规模和范围的不同），此时牵头安排行的投资银行分析师们（还有通常来自投资者团队的某个成员）会陪着目标公司的管理层与潜在投资者会面。也可以通过早餐或午宴与不同的投资者交流。常见的美国路演包含前往纽约、波士顿、洛杉矶和旧金山这样规模较大的金融中心，以及美国各地的较小城市㊀进行演示㊁。

在路演会晤之前，债券投资者会收到一份初步发行备忘录（offering memorandum, OM）。该法律文件包含目标公司的业务、所在行业和银行簿册中所含财务信息的大部分内容。然而，初步OM必须满足更大程度上的法律监督和披露要求（包括风险因素㊂以及主要合同的摘要）。跟银行债务不同的是，大部分债券最终都要在SEC注册（这样债券就可以在交易所进行交易），因而受制于《1933年证券法案》和《1934年证券法案》的监管㊃。因此，OM文件中包括与公开上市发行招股说明书里相同的披露内容并且受到同样的监管要求。初步OM还包含债券的详细信息，包括条款书和注释说明（description of notes, DON㊄），但是不包括具体的价格信息（例如利率、赎回费用、具体的到期日期和利息支付日期）。路演结束、债券定价后，最终定价条款便插入文件中，然后作为最终OM发送给债券投资者。

私人信贷基金

私人信贷基金以有担保的形式为杠杆收购提供直接贷款债务，尤其是第一

㊀ 例如，按照承销商认为什么地方存在有兴趣的投资者，路演的行程安排常常包括费城、巴尔的摩、明尼阿波利斯、密尔沃基、芝加哥、休斯敦以及新泽西和康涅狄格各个城市。

㊁ 欧洲路演的主要站点包含伦敦、巴黎和法兰克福，次要站点通常包含米兰、爱丁堡、苏黎世和阿姆斯特丹。

㊂ 有关导致发行具有投机性或风险性的最重要因素的描述。

㊃ 这些法律规定了对在公开交易所挂牌的证券的要求，包括注册和阶段性披露财务状态等。

㊄ DON包含有关债券契约主要规定的综述，包括关键性定义、期限和条款。

和第二留置权贷款。与投资银行不同，私人信贷基金持有这些贷款作为投资，而不是以辛迪加承销的方式售出。传统上它们主要是为规模较小的借款人保留的，但从21世纪20年代中后期开始，为了在低利率的市场环境中追求更高的收益，私人信贷基金开始在市场上崭露头角。如今，它们在杠杆融资中占了相当大的比例，通常提供对借款人有吸引力的量身定制的解决方案。私人信贷基金主要活跃在第二留置权贷款市场（见本章后面），这些贷款产品的规模往往较小，也更有针对性。

私人信贷基金往往从大型机构投资者那里获取资金，包括养老基金、保险公司和另类资产管理公司可用于持有非流动性证券的稳定资金。它们提供的融资条件可以直接与投资人协商。这与银团贷款或发行高收益债券不同，即首先由投资银行承销，然后向广泛的债务投资者进行出售。一方面，对于借款人来说，与贷款机构直接进行量身定制谈判的确定性和简单性，无须花费时间进行路演，并广泛披露它们的财务状况，或者因“灵活性”而承担条款更改的风险，这都很具吸引力。另一方面，在融资条款方面，特别是价格和契约限制条件，可能比市场上主流的交易条款更具惩罚性。借款人可能也担心当它们的债务集中掌握在一个持有者手中时，贷款方就会有显著的“持有价值”（话语权），因为它们是唯一的可以允许或拒绝契约条款修改的机构。

目标管理层

管理层在将目标推销给潜在买家（请见本书第六章）和贷款方方面扮演着至关重要的角色。他们与投资银行分析师密切合作，编制营销材料和财务信息。管理层是公司的核心群体，必须向这些决策者详细描述交易的投资优势。结果，在LBO中，一个强有力的管理团队有可能促成有利的融资条款和定价，并且促使投资者放心大胆地提高估值，从而创造出实实在在的价值。

从结构设置的角度说，管理层通过其现有股权的“展期”或者与投资者一起在交易完结时投资于企业，或是基于成功的股权补偿机制，通常都在LBO完成后的公司持有相当大的股权。不同层级的管理团队一般还有机会参与（交易完结后）基于期权的补偿方案，通常都与事先认可的公司财务目标挂钩。这一结构为管理层提供了改善公司绩效的重要经济动力，因为他们可以分享股权升值的好处。结果，管理层和投资者的利益在追求超凡绩效方面达成一致。与上市公司的所有权结构相比，上述的大范围股权奖励方案常常是一个关键性的差异化因素。

管理层收购。由某家目标公司的现有管理团队发起并领导的LBO叫作管理层收购（management buyout, MBO）。MBO常常是在某个股权合伙人的帮助下实施的，比如财务投资者，他们通过已经建立的投资银行关系提供资金支持、获得债务融资。MBO的根本出发点是，管理团队相信自己能够在运作公司时创造出高于当前所有制结构下的价值。MBO结构还能消弭管理层与董事会和股东会之间的矛盾，因为兼有主人身份的管理者可以按照自己认为合适的方式来运作公司。

上市公司管理层的动力来源有可能是相信公司的价值正被市场低估、SEC和萨班斯—奥克斯利法案㊀（Sarbanes-Oxley, SOX）的合规责任负担成本太高（尤其对于规模较小的公司来说），或者公司作为一个私有实体运作起来可能更加高效。具有相当规模的管理层所有权的LBO目标，通常也是很有潜力的MBO目标。另一种常见的MBO情形涉及某家较大公司集团的一个分部或者子公司的管理层的收购行为，他们相信自己能在脱离母公司的情况下把企业做得更好。

LBO目标的突出特征

财务投资者作为一个整体，非常灵活，他们寻求横跨各个行业、地理位置和各类情形下的诱人投资机会。虽然这方面几乎不存在牢不可破的规则，但是传统的LBO目标还是表现出了一些常见特征，如表4-3所示。

表4-3　LBO目标的突出特征

- 强大的现金流产生能力
- 领先而稳固的市场地位
- 增长机会
- 效率提升机会
- 较低的资本性支出要求
- 强大的资产基础
- 经过考验的管理团队

㊀《2002年萨班斯—奥克斯利法案》，在公司治理和财务报表方面，对管理上市公司及其高管、董事的证券法规做了重大修改。最显著的是，SOX的第404节要求公开注册者建立并维持“内部控制和程序”，这就可能会消耗大量的内部资源、时间、投入和费用。

在尽职调查时，投资者要研究、评估 LBO 目标的关键性优势和风险。LBO 目标常常产生于较大型公司集团的非核心或者绩效偏差的分部，被忽略或者处于困境但有扭亏为盈潜力的公司，或者身处分散市场、作为滚动策略[㊀]（roll-up strategy）平台的公司。在其他情况下，目标仅仅是某家绩效稳固的公司，有令人信服的业务模型、坚固的竞争性地位以及强有力的增长机会。如果 LBO 目标是上市公司，投资者有可能认为目标被市场低估，或者看到了当前管理层没有善加利用的高效增长的机会。无论是哪一种情形，只有当收购目标的价格和融资结构能够提供足够的回报、并有可行的退出策略时，才代表有吸引力的 LBO 机会。

强大的现金流产生能力

有鉴于高度杠杆化的资本结构，产生强大且可预见现金流的能力对于 LBO 目标来说至关重要。债务投资者要求目标公司有清晰的商业模式，以证明其有能力在贷款有效期内定期支付利息和偿还本金。具备可预测的强大现金流的业务特征将提高公司作为 LBO 目标的吸引力。例如，许多典型的 LBO 目标都活跃在某个成熟或者利基业务领域，有着稳定的顾客需求和终端市场。它们经常表现出有强势品牌、稳定的客户群或者长期销售合同，这些都起到提高现金流可预测性的作用。在尽职调查期间，潜在买家和融资方都会试图确认某个特定 LBO 目标产生现金流的潜力，以达到对目标管理层的预测感到放心的程度。现金流预测通常要根据历史波动性、潜在未来业务和经济形势进行压力测试（敏感性分析），以确保有能力支撑艰难情形下的 LBO 融资结构。

领先而稳固的市场地位

领先而稳固的市场地位通常体现为牢固的客户关系、品牌的认知、卓越的产品和服务、有利的成本结构以及规模优势等各种特质。这些特质都会构筑进入壁垒，提高一家公司现金流的稳定性和可预测性。为此，投资者在尽职调查过程中会投入大量时间来确认目标公司的市场地位十分稳固（并且有扩张的潜力）。根据投资者对所在行业的熟悉程度，有可能会聘请咨询顾问进行独立的调

㊀ 滚动策略涉及整合某个给定市场或行业的多家公司，以创建一个在企业大小、业务规模和效率方面都得以改善的实体。

查研究，分析市场份额和进入壁垒等情况。

增长机会

投资者寻找的是具有增长潜力的公司，无论是有机增长㊀，还是通过潜在的未来“补强”收购行为的增长。如果利润增长率高于市场水平，就有助于驱动超常收益，产生可供偿债的更多现金流，同时提高 EBITDA 和企业价值。增长还能提升退出机会出现的速度和可选择性。例如，如果投资方希望最终通过 IPO 退出，那么目标公司强劲的增长特征就尤显重要。

具有强劲增长特征的公司更有可能在投资者的投资期内推动 EBITDA“乘数扩大”㊁，从而进一步提高收益。此外，正如本书第一章所论述的那样，目标公司往往得益于其规模、市场份额、购买力和较低风险特征，并且在所有其他条件相当的情况下常常会获得超过同行的估值溢价。在有些情况下，投资者在收购的时候倾向于避免债务融资金额达到最大化。这样就有了追求增长策略的灵活性，因为追求增长策略有可能要求未来增加债务，以便进行收购活动或者筹建新设施。

效率提升机会

虽然理想的 LBO 目标应该具备一个非常有吸引力的基本商业模式，但投资者还会寻找能够提高经营效率、产生节支的机会。传统的节支措施包括降低企业费用、简化业务流程、减少用工人数、合理化供应链，包括精益制造或六西格玛（Six Sigma）过程㊂。投资者还可能寻求与现有供应商和客户签订新的（或者商谈出更好的）合同条款。这些举措是咨询顾问们的重点，他们受聘于投资者来协助尽职调查工作、评测通过设定目标“最佳管理实践”后所代表的机会。成功实施这些措施，往往能实现较大幅度的价值增加，进而带来数倍于所节省

㊀ 有机增长（organic growth）是指公司依托现有资源和业务，通过提高产品质量、销量与服务水平，以及拓展客户、扩大市场份额、推进创新和提高生产效率等途径，而获得的销售收入及利润的自然增长。——译者注

㊁ 在退出时以更大 EBITDA 乘数卖出目标（例如，以 7.0 倍 EBITDA 收购目标，然后以 8.0 倍 EBITDA 卖出目标）。

㊂ 精益制造是指在生产过程中实施的一种经营理念，包括最大限度地减少浪费。六西格玛是指通过识别和降低缺陷及变异来提高最终产品的质量。六西格玛管理法是一种统计评估法，核心是追求零缺陷生产，防范产品责任风险，降低成本，提高生产率和市场占有率，提高顾客满意度和忠诚度。六西格玛的中心思想是，如果你能“测量”一个过程有多少个缺陷，你便能系统地分析出怎样消除它们和尽可能地接近“零缺陷”。——译者注

的每一美元的股权价值[⊖]（假定最终退出的话），从而进一步提高收益。

与此同时，投资者必须非常小心，不能毁掉现有的销售收入或诱人的增长机会。例如，市场营销、资本性开支或研发方面的全面削减，有可能会伤害到客户留存率、新产品开发或其他增长措施。此类动作有可能令公司面临销售收入和营利能力受损的风险。

较低的资本性支出要求

在所有其他条件相当的情况下，较低的资本性支出要求能够提高一家公司的现金流产生能力。因此，最佳 LBO 目标的新增资本投资需求往往都很有限。然而，有着较大资本性支出需求的公司有可能仍然是很有吸引力的投资机会，如果它具有强劲的增长特征、很高的毛利率，且其商业策略在尽职调查期间得到投资者认可的话。

在尽职调查期间，投资者及其咨询顾问会着重区分出被认为是继续业务经营活动所必需的开支［“维护性资本性支出”（maintenance capex）］与扩张性质的开支［“增长性资本性支出”（growth capex）］。维护性资本性支出是指现有资产（一般为 PP&E）维持在其当前产量水平所需要的资金。增长性资本性支出主要用来购买新资产或者扩大现有资产基础。因此，在出现经济形势或者经营绩效下跌的情形时，增长性资本性支出有减少或者取消的潜在可能。

强大的资产基础

用于抵押贷款的强大的资产基础有利于投资者，因为它增加了出现破产或清算情形时收回本金的可能性。这一点反过来又加大了为目标公司提供债务的意愿。所谓强大是指资产的规模基础（例如固定资产占总资产的比例）和资产的基础质量。鉴于其流动性，应收账款和存货通常被视为质量较高的资产，相对于厂房、设备及土地等长期性资产，它们更易于快速变现。

目标的资产基础在杠杆贷款市场尤其重要，因为在这个市场上，资产价值有助于决定可提供银行债务的数额（更多信息，请参阅“LBO 融资”题下各节的内容）。一个强大的资产基础因为需要大量资本投资的缘故，常常代表着强大

⊖ 按照乘数估值，如果 PE 乘数为 10，那么每增加 1 美元利润，就会带来 10 美元的股权价值提升。——译者注

的进入壁垒，从而有助于阻止新入市者进入目标市场。与此同时，一家公司如果资产很少或者完全没有资产，只要它能产生足够的现金流，就仍然有可能成为诱人的LBO目标。

经过考验的管理团队

一个经过考验的管理团队有助于增加LBO目标的吸引力和价值。在LBO情形中，才华横溢的管理层十分关键，因为需要在高度杠杆化的资本结构下运营并实现雄心勃勃的业绩目标。在此类情形下运作的过往经历，以及在收购整合或重组举措实施方面的成功经验，都是投资者十分看重的。

如果LBO目标拥有强大的管理团队，投资者通常都会寻求在收购结束后保留现有团队。常规的做法是让管理层保留，投资或者被授予有意义的股权，以使他们在新的股权结构下的利益与投资者一致。另一种做法是，假如目标公司的管理层很弱，那么投资者就会致力于现有团队的重大变更或者引进一个全新团队来运作公司，以实现公司的增值。无论是哪种情形，强大的管理团队对于驱动公司绩效持续发展和帮助投资者实现其投资目标，都是至关重要的。

LBO经济学

投资回报分析——内部收益率

内部收益率（internal rate of return，IRR）是投资者衡量一个潜在LBO的吸引力大小及其现有投资项目绩效的一个主要指标。IRR衡量的是投资者股权投资的总收益，包括在投资期内任何额外的股权出资或者收到的红利。IRR是投资绩效考量的动态指标（考虑了时间价值因素），在同等退出金额的条件下，投资者持有的期限越短，则IRR越高；相反，如果投资者的投资收益需要更长的时间才能实现，那么IRR将会相应降低。

IRR被定义为在投资期内使投资者现金流出和现金流入净现值为零的折现率。虽然IRR可以用金融计算器或者微软Excel的IRR功能来计算，但十分重要的一点是要理解其数学计算公式。图4-1所示是假设投资期为5年时的IRR计算公式。

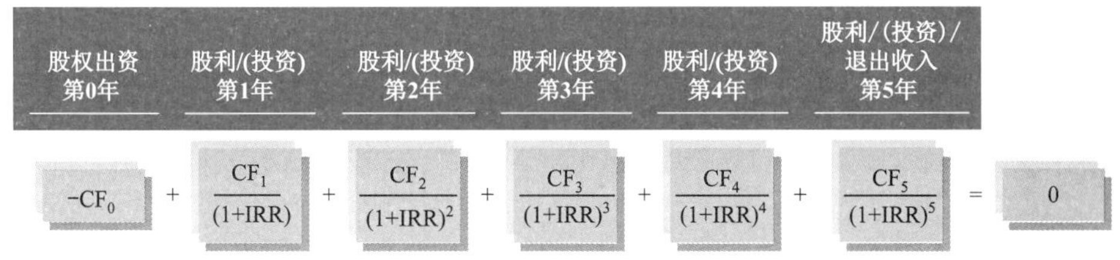

图 4-1　**IRR 时间线**

虽然有多种因素会影响投资者最终决定是否进行潜在收购，但满足可接受的 IRR 门槛至关重要。投资者的目标是为其基金的有限合伙人提供超额收益，参照的是历史上广泛遵守的“经验法则”，即持有期为 5 年和 15% ~ 20% 的 IRR 门槛。然而，这一门槛有可能根据市场形势、投资风险和具体情形中的其他特定因素而提高或者降低。目标回报率和持有期可能会因基金类型、行业重点和投资者基础等因素而有所不同。IRR 的主要驱动因素包括目标的预期财务绩效㊀、收购价格、融资结构（特别是股权出资的规模），以及退出乘数和年份。不言而喻的是，投资者致力于支付价格和股权出资的最小化，同时对目标公司未来的财务绩效和以更高估值退出的能力有很大的信心。

在图 4-2 中，我们假设某投资者在第 0 年末投入了 5 亿美元股权（现金流出），作为 LBO 融资结构的一部分，然后在第 5 年末售出股权后获得了 12.5 亿美元股权收益（现金流入）。这一情形产生了 20% 的 IRR，即 NPV 为零时的折现率。

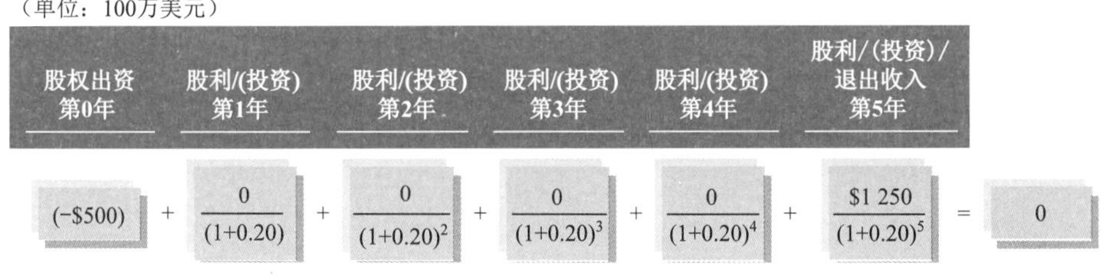

图 4-2　**IRR 时间线示例**

投资回报分析——现金收益

除了 IRR 以外，投资者还要研究以其现金投资乘数为参照的收益［“现金收益”（cash return）］。例如，假设投资者投入 5 亿美元股权，在投资期结束时收到 12.5 亿美元股权收益，那么现金收益就是 2.5 倍（假设在此期间没有额外

㊀ 根据投资者的模型。更多信息，请参阅本书第五章“LBO 分析”。

的投资或者分红）。然而，跟IRR不同的是，现金收益方法并不考虑资金的时间价值。对私募股权投资行业来说，现金收益是一种日益流行的度量标准。现金收益也常用缩写词MOIC（multiple on invested capital，现金收入乘数）和CoC（cash on cash）来表示。

LBO如何产生收益

LBO通过偿债和企业价值增长两方面的共同作用来产生收益。图4-3描绘了每一个此类情形是如何单独提高股权价值的——假设投资者以10亿美元的价格收购一家公司，用了7亿美元的债务融资（占收购价格的70%）和3亿美元的股权出资（占收购价格的30%）。在每种情形中，无论是IRR还是现金收益方式，收益都是相同的。

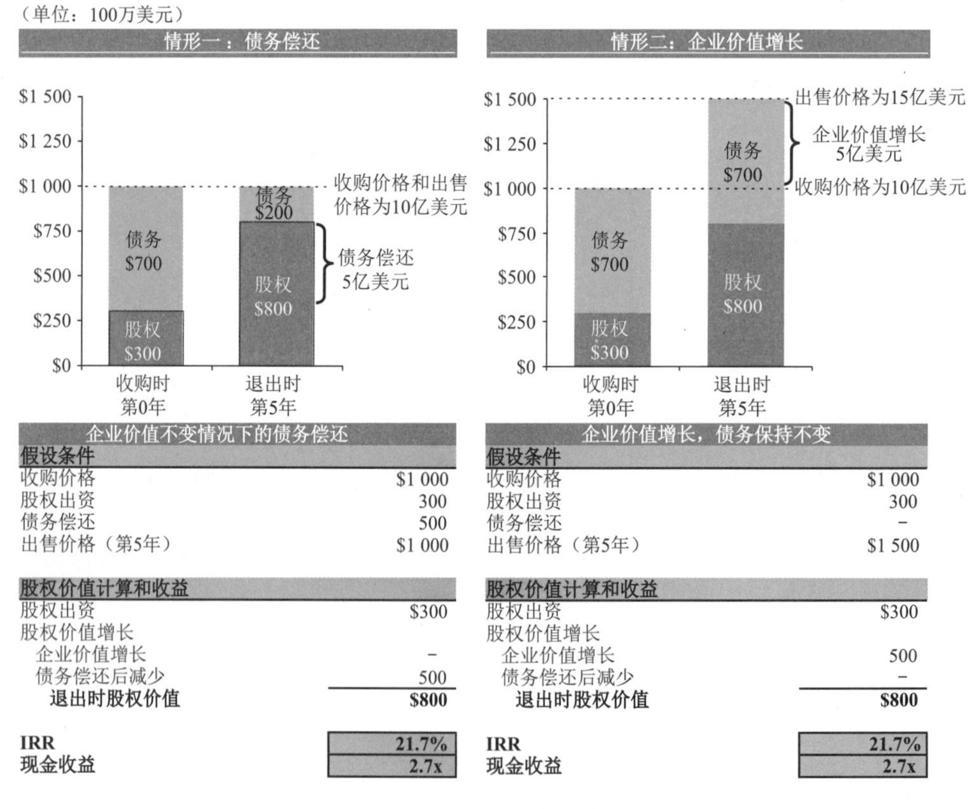

企业价值不变情况下的债务偿还	
假设条件	
收购价格	$1 000
股权出资	300
债务偿还	500
出售价格（第5年）	$1 000
股权价值计算和收益	
股权出资	$300
股权价值增长	
企业价值增长	–
债务偿还后减少	500
退出时股权价值	**$800**
IRR	**21.7%**
现金收益	**2.7x**

企业价值增长，债务保持不变	
假设条件	
收购价格	$1 000
股权出资	300
债务偿还	–
出售价格（第5年）	$1 500
股权价值计算和收益	
股权出资	$300
股权价值增长	
企业价值增长	500
债务偿还后减少	–
退出时股权价值	**$800**
IRR	**21.7%**
现金收益	**2.7x**

图4-3 **LBO如何产生收益**

情形一。在情形一中，我们假设目标公司累计产生自由现金流5亿美元，在投资期内用来偿还债务。尽管并不改变企业价值，但是债务的偿还实打实地提高了股权价值。假设投资者在退出时以 10 亿美元的价格出售目标公司，投资者的股权投资价值就从收购时的 3 亿美元提高到了 8 亿美元，尽管公司的企业价值并没有增长。这一情形产生的 IRR 为 21.7%（假设是 5 年投资期），现金收益为 2.7 倍。

情形二。在情形二中，我们假设目标公司在投资期内并不偿还任何债务。相反，目标公司所产生的所有现金（在支付利息费用后）都用于业务的再投资，而投资者在 5 年后以 15 亿美元卖出目标公司，实现了 50% 的企业价值增长。这种企业价值的增长可以通过 EBITDA 的增长（例如有机增长、收购行为或者运营程序的简化）或 EBITDA 乘数的扩大来实现。

由于债务代表着对企业固定金额的利益要求，额外的 5 亿美元企业价值完全归属于股权价值。跟情形一一样，投资者的股权投资从 3 亿美元上升到 8 亿美元，但此时却没有任何的债务偿还。结果，情形二所产生的 IRR 和现金收益与情形一相同（即分别为 21.7% 和 2.7 倍）。

杠杆如何用来提高收益

利用杠杆来提高收益的概念是理解 LBO 的根本。假设退出时的企业价值不变，采用融资结构中较高比例的债务（以及相应较小的股权出资比例）就能产生更高的收益。图 4-4 通过分析用 30% 债务和 70% 债务进行融资的 LBO 的相对收益，来演示这一原理。由于较高利息费用的抵税缘故，债务水平越高，提供的可实现节税益处就越大。

虽然更高杠杆率可以产生更大收益，但也有一些很明显的弊端。正如本书第三章所论述的那样，杠杆率的提高也使公司的风险特征以及陷入财务窘境的可能性上升，限制了财务的灵活性，导致公司更容易陷入业务或经济跌势。

情形三。在情形三中，我们假设某投资者以 10 亿美元的价格收购了目标公司，使用了 3 亿美元债务（占收购价格的 30%），投入了 7 亿美元股本（占收购价格的 70%）。5 年以后，目标公司以 15 亿美元售出，从而企业价值增加了 5 亿美元（15 亿美元出售价格 –10 亿美元收购价格）。

在 5 年的投资期内，我们假设目标公司在支付年利息费用后产生的自由现金流为 6 000 万美元（累计 3 亿美元），用来偿还债务。如表 4-4 中的时间线所示，目标公司在第 5 年年末完全还清了 3 亿美元债务。

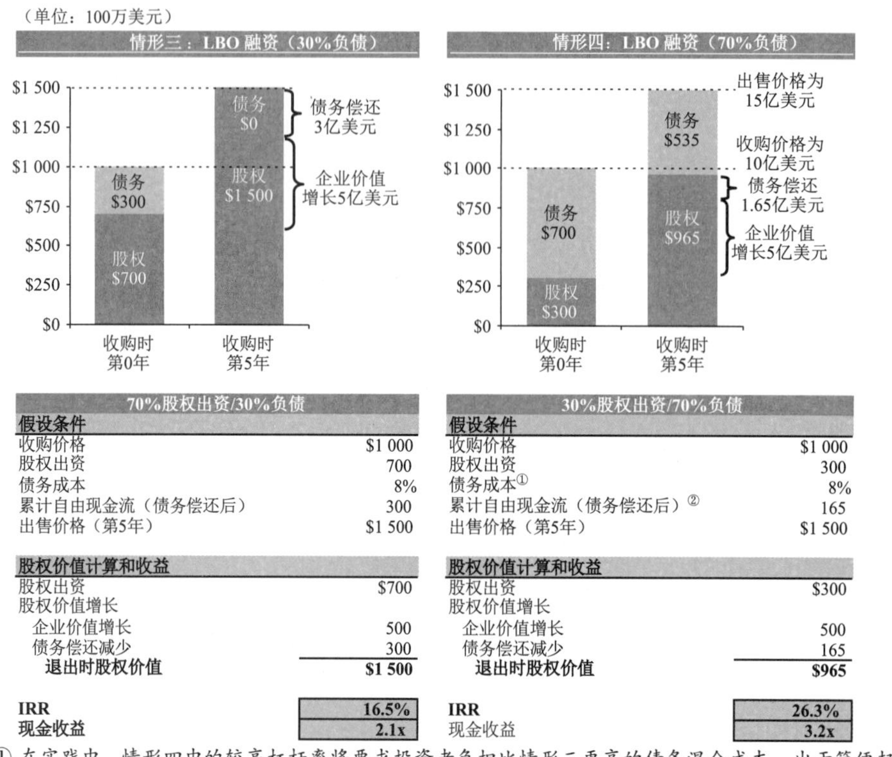

70%股权出资/30%负债	
假设条件	
收购价格	$1 000
股权出资	700
债务成本	8%
累计自由现金流（债务偿还后）	300
出售价格（第5年）	$1 500
股权价值计算和收益	
股权出资	$700
股权价值增长	
企业价值增长	500
债务偿还减少	300
退出时股权价值	**$1 500**
IRR	**16.5%**
现金收益	**2.1x**

30%股权出资/70%负债	
假设条件	
收购价格	$1 000
股权出资	300
债务成本①	8%
累计自由现金流（债务偿还后）②	165
出售价格（第5年）	$1 500
股权价值计算和收益	
股权出资	$300
股权价值增长	
企业价值增长	500
债务偿还减少	165
退出时股权价值	**$965**
IRR	**26.3%**
现金收益	**3.2x**

① 在实践中，情形四中的较高杠杆率将要求投资者负担比情形三更高的债务混合成本。出于简便起见，我们假设在此范例中债务成本不变。

② 情形四比情形三的FCF减少，表明与额外4亿美元债务相关的利息费用增加，从而导致可用于偿债的现金减少。

图 4-4　杠杆如何用来提高收益

表 4-4　情形三：债务偿还时间线

=贷款余额期初值$_{第1年}$-自由现金流$_{第1年}$
=3亿美元-0.6亿美元

（单位：100万美元）

情形三：70%股权出资/30%负债	第0年	第1年	第2年	第3年	第4年	第5年
股权出资	**($700.0)**					
债务期初值		$300.0	$240.0	$180.0	$120.0	$60.0
自由现金流①		$60.0	$60.0	$60.0	$60.0	$60.0
债务期末值	$300.0	**$240.0**	**$180.0**	**$120.0**	**$60.0**	–
出售价格						$1 500.0
减：债务						(300.0)
加：累计自由现金流						300.0
股权退出价格						**$1 500.0**
IRR						**16.5%**
现金收益						**2.1x**

① 年自由现金流为3亿美元债务的付息后金额，也叫作杠杆自由现金流或可用于偿债的现金（见本书第五章）。

到5年投资期结束时，投资者的初始7亿美元股权出资现在价值为15亿美元，因为资本结构中已经没有剩余债务。这一情形产生了16.5%的IRR，5年后的现金收益大约为2.1倍。

情形四。在情形四中，我们假设投资者以10亿美元价格收购了同一个目标公司，但是用了7亿美元的债务（占收购价格的70%）、股权出资3亿美元（占收购价格的30%）。跟情形三一样，我们假设目标公司在第5年年末以15亿美元的价格出售。然而，年自由现金流因为4亿美元额外债务所产生的额外年利息费用而减少。

如表4-5所示，在情形四中，额外的4亿美元债务（7亿–3亿美元）产生第1年额外利息费用3 200万美元（税后2 400万美元）。该计算的方法是4亿美元乘以8%的假设债务成本，然后按25%的假设边际税率进行所得税影响处理。在预测期内的每一年，我们计算额外的利息费用为情形三中债务总额（期初余额）与情形四之差，然后乘以8%（税后6%）。

表4-5 情形四：债务偿还时间线

= 贷款余额期初值$_{第5年}$–自由现金流$_{第5年}$
= 5.65亿美元–0.297亿美元

=（情形四期初债务$_{第1年}$–情形三期初债务$_{第1年}$）× 债务成本
=（7亿美元–3亿美元）× 8%

（单位：100万美元）

情形四：30%股权出资/70%负债	第0年	第1年	第2年	第3年	第4年	第5年
股权出资	**($300.0)**					
债务期初值		$700.0	$664.0	$629.4	$596.4	$565.0
自由现金流，期初[①]		60.0	60.0	60.0	60.0	60.0
利息费用增加[②]		32.0	33.9	36.0	38.1	40.4
利息节税		(8.0)	(8.5)	(9.0)	(9.5)	(10.1)
自由现金流，期末		**$36.0**	**$34.6**	**$33.0**	**$31.4**	**$29.7**
债务期末值	**$700.0**	**$664.0**	**$629.4**	**$596.4**	**$565.0**	**$535.3**
出售价格						$1 500.0
减：债务						(700.0)
加：累计自由现金流						164.7
股权退出价格						**$964.7**
IRR						**26.3%**
现金收益						**3.2x**

= –利息费用增加$_{第2年}$×边际税率
=（3 390万美元）×25%

① 在情形三中3亿美元债务付息后的剩余现金流。

② 用期初年份债务余额而不是平均债务余额的方式来计算利息费用（请参阅本书第五章）。

到了第5年年末，投资者的初始3亿美元股权出资现在价值为9.647亿美元（15亿美元的出售价格减去资本结构中剩余的5.353亿美元债务）。这一情形产生了26.3%的IRR，5年后现金收益大约为3.2倍。

主要退出/变现策略

大部分投资者的目标都是在5年的持有期内退出或者将其投资变现，以便为其有限合伙人提供及时的收益。这些收益一般都是通过出售给另一家公司（通常叫作"战略性出售"）、出售给另一个投资者或者通过IPO等方式来实现的。投资者也可能通过股息资本重组（dividend recapitalization）在退出前抽取收益，也即通过发行额外负债以向股东派发股息。另外，当面临市场机会时（例如2008～2009年的金融危机时期），财务投资者或抓住机会以深度折扣[㊀]买入他们旗下投资的公司所发行的债券。这些债券既可以直接由所发行的公司回购，也可以由财务投资者购买。当市场回暖并且债券交易价格回升时，财务投资者可以实现非常有吸引力的资本回报。

然而，关于什么时候进行投资变现的最终决定，却取决于目标公司的绩效以及市场形势。在有些情况下，比如目标公司绩效特别出色或者市场形势非常有利的时候，退出或者变现行为有可能在一两年内发生；反之，投资者持有投资的时间也可能被迫超出预期。

到投资期结束的时候，理想的情况下投资者已经提高了目标公司的EBITDA（比如通过有机增长、收购和营利能力的改善等途径）、减少了目标公司的债务，从而大幅度地提升了目标公司的股权价值。投资者还寻求实现退出时的乘数扩大。旨在实现更高退出乘数的策略有几种，包括目标公司大小和业务规模的提高、显著经营改善、业务重新定位于估值更高的行业领域，目标公司有机增长率和营利能力的加速上升，以及周期性行业或经济上扬时机的准确把握。下面，我们介绍一下财务投资者的主要LBO退出/变现策略。

业务出售

从传统上说，投资者一直致力于将组合公司卖给战略性买家，因为后者有

㊀ 需要获得基金的授权和特许。同时，债券的回购也需要遵守债券的信用协议或契约的相关条款约定。

能力从目标公司那里实现协同优势，因而有能力支付较高的价格，所以通常代表着最强大的潜在竞标者。战略性买家还可能得益于较低的资本成本和较低的投资回报要求门槛。然而，私募股权基金的大量涌现造成了 21 世纪初通过出售给另一个投资者的途径实现退出的做法越来越普遍。此外，在这个时期，债务融资市场十分兴盛，投资者得以用很高的杠杆水平和优厚的债务条件来支撑，以达到与战略性买家相匹敌（甚至优于战略性买家）的收购价格。

IPO

通过 IPO 退出策略，投资者将自己在目标公司中的一部分股份卖给公众。IPO 后，投资者通常都会保留在目标公司中的最大股权，因为他们明白，全面退出的时机应该是将来的后续招股发行或者公司最终卖出。因此，跟纯粹的出售不同，IPO 一般并非为投资者带来前期投入的全面变现。与此同时，IPO 为投资者提供其剩余股权投资的流动性市场，同时还保留着分享未来市场上升潜力的机会。此外，根据股权资本市场形势的不同，IPO 有可能实现高于纯粹出售情形下的估值。

股息资本重组

虽然算不上一种真正的“退出策略”，但是股息资本重组是在投资者退出之前实现投资部分变现的一种可行选择。在股息资本重组中，目标公司通过发行额外债务来给股东派息。该额外负债有可能以目标公司的现有信贷或债券的一种“追加”形式，或者控股公司层面㊀（HoldCo）发行一种新证券，而这种新证券不受制于现有的经营性公司层面的限制性契约规定㊁。或者部分通过现有资本结构的完全再融资来实现。股息资本重组为投资者提供了保留其在目标公司的现有 100% 所有权的额外益处，从而保留着分享将来任何升值潜力的能力和在将来某个时候寻求出售或者 IPO 的选择权。根据红利规模的不同，投资者有可能得以收回其全部（或者超过）最初股权投资的资金。

购买低于面值的债券

在满足可接受的风险收益的条件下，许多私募股权公司具有买入它们旗下

㊀ 目标现有经营性公司层面（operating company level，“OpCo”）债务中有关债务发生和限制性付款的契约规定常常会大幅度限制额外债务的发生和向股东支付红利的能力（见表 4-8 和表 4-9）。因此，股息资本重组经常涉及在控股公司层面（holding company level，“HoldCo”）

㊁ 关于债券的更多结构请参阅《高收益债券实务精要》（机械工业出版社出版）。——译者注

所投资公司发行的银行负债或者高收益债券的灵活性，既可以直接在市场上购买，也可以通过公司发行购买。投资者通常持有所投资公司的大部分股权并且在公司董事会拥有席位，因此他们在评估公司未来前景、包括公司是否可以付息并最终偿还贷款的能力方面具有得天独厚的优势。这种策略在债券以深度折扣价格交易时尤其具有吸引力，特别是在2008 ~ 2009年的金融危机期间。在这种情况下，财务投资者通常有机会以深度折扣价格购入他们旗下公司的债券。在市场形势好转或者这些公司财务绩效扭转时，这些债券的交易价格也会相应上升。这种困境债券的投资策略（distressed debt strategy）为投资者提供了额外的回报途径，同时可以保留未来通过再融资、股息、出售或IPO的变现机会。

LBO融资：结构

在传统LBO中，债务通常占了融资结构的60% ~ 70%，而收购价格的剩余部分则由某个（或者数个）投资者的股权出资以及管理层的展期和认购股权来解决。有鉴于LBO与生俱来的高杠杆率，资本结构的各个债务组成部分一般都被认定为非投资级，即穆迪的“Ba1”级及以下评级、标准普尔的“BB+”级及以下评级（请见本书第一章表1-11的评级量表）。LBO融资结构中的债务部分有可能包含各式各样的贷款、证券或其他债务工具，有着各不相同的条款，为不同类型的投资者所青睐。

我们将LBO融资渠道的主要类型进行了分类，如图4-5所示，对应其在资本结构中的相对排名。一般来说，某债务工具在资本结构等级中的排名位置越高，其风险越低，因而其借方/发行人的资本成本越低。然而，资本成本往往与适用债务工具所允许的灵活性成反比。例如，银行债务通常代表着最为廉价的LBO融资形式。与此同时，银行债务由各种形式的抵押物进行担保，受制于维护性（maintenance）契约规定，例如限制借款方的新增债务、未来投资及股利派发（见表4-8）。

从2009年到2018年，平均LBO融资结构在杠杆率水平、收购乘数、每种债务类别所占资本比例和股权出资比例等方面的差异甚大。如图4-6所示，平均LBO收购价格和杠杆乘数（比如高级债务/EBITDA）在经济衰退结束后的2009 ~ 2018年间大幅度上升，由2009年的3.2倍上升至2018年的5.8倍。同时，平均收购价格乘数也从 2009 年的 7.9 倍上升至 2018 年的 10.6 倍。

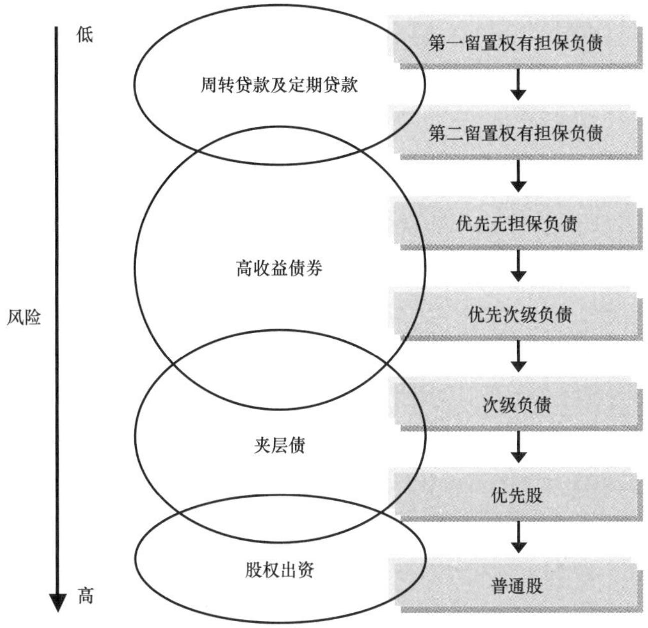

低
风险
高

周转贷款及定期贷款
高收益债券
夹层债
股权出资

第一留置权有担保负债
第二留置权有担保负债
优先无担保负债
优先次级负债
次级负债
优先股
普通股

图 4-5　**LBO 资本结构中融资渠道的一般排名**

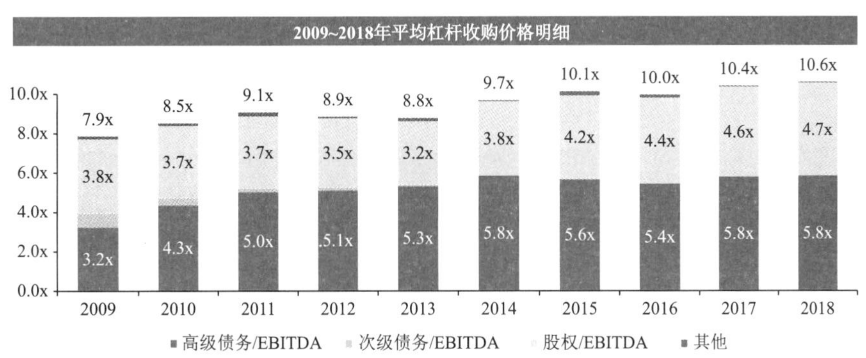

资料来源：标准普尔杠杆评论和数据组（Standard & Poor's Leveraged Commentary & Data Group）。

注：高级债务包括银行负债、第二留置权负债、优先有担保票据和优先无担保票据。次级债务包括优先次级负债和低级次级负债。股权包括控股公司层面债务 / 卖方票据、优先股、普通股和展期股权。其他是指现金及任何其他未分类来源。

图 4-6　**2009 ～ 2018 年平均杠杆收购价格明细**

在经历了深度衰退后，在 2011 ～ 2013 年企稳后，LBO 市场在随后几年加速发展，交易成交数量从 2013 年的 95 家增加到了 2018 年的 157 家（见图 4-7），交易量也增加到了 2 750 亿美元（见图 4-8）。与此同时，平均杠杆率从 5.3 倍增加到了 5.8 倍，平均杠杆收购价格从 8.8 倍增加到了 10.6 倍，平均股权占比从 35% 增加到了 40%（见图 4-9）。

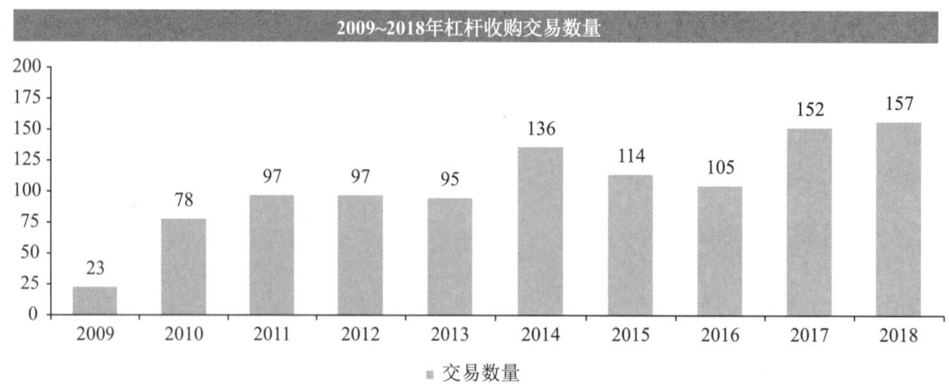

资料来源：标准普尔杠杆评论和数据组。

注：美国的交易。

图 4-7　2009 ～ 2018 年杠杆收购交易数量

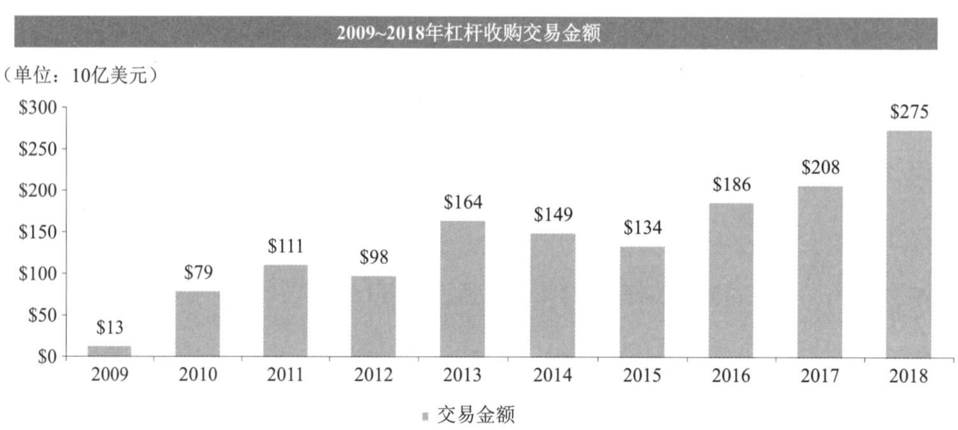

资料来源：标准普尔杠杆评论和数据组。

注：美国卷。

图 4-8　2009 ～ 2018 年杠杆收购交易金额

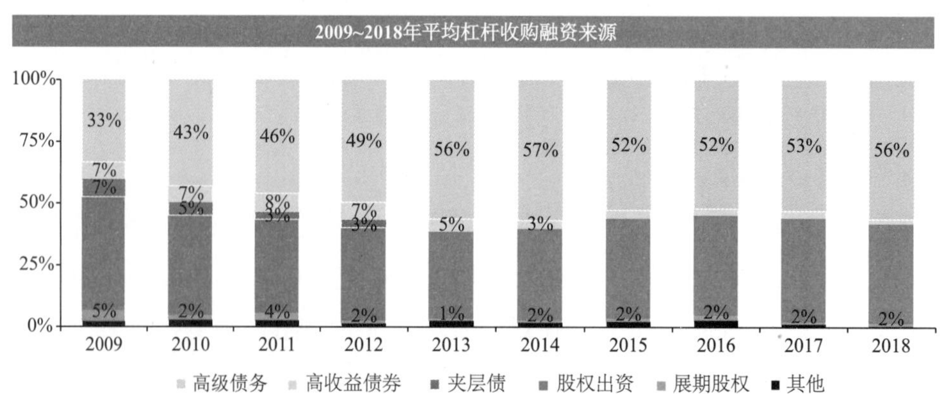

资料来源：标准普尔杠杆评论和数据组。

图 4-9　2009 ～ 2018 年平均杠杆收购融资来源

LBO 融资：主要渠道

抵押债务

抵押债务（如图 4-10 所示）也称为银行债务。银行债务是 LBO 融资结构中一个不可分割的组成部分，一直是一个重要的资本来源（如图 4-9 所示）。它也被称为“优先有抵押信贷”，一般都是由一笔周转信贷（可以借款、偿还、再借款）和一笔或者多笔定期贷款（一旦偿还后可能不得再筹借）组成。周转信贷可以是传统“现金流”周转信贷[一]的形式，或者是基于资产的借贷形式[二]。

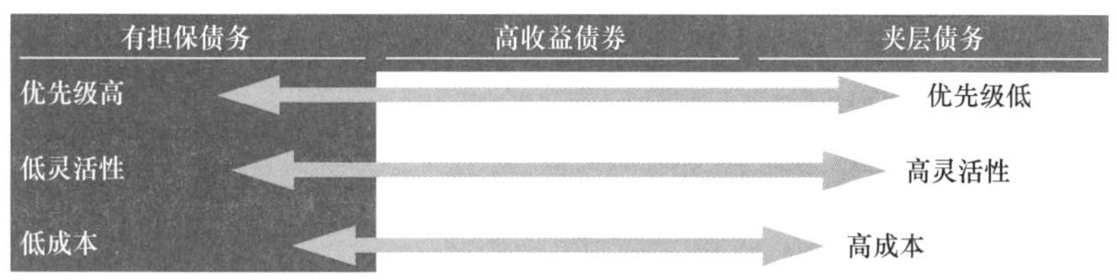

图 4-10　抵押债务

绝大部分银行债务是以贷款方式（与发行证券不同）发行的，因而并不受制于 SEC 的规定和法律要求的信息披露[三]。然而，它有着限制性的契约规定，要求借方在整个信贷期间遵守某些规定和财务检查（见表 4-8）。

银行债务一般都含有按照某个给定基准利率计算的利息（按季支付），通常都是 LIBOR[四] 或者基准利率[五]（base rate），外加一个基于借方信用（或是资产抵押贷款情形下的资产质量）的适用比例（“利差”）。这种债务类型常常被称作浮

[一] 贷款的贷方重点关注借方通过产生现金流进行债务偿还的能力。

[二] 贷款的贷方重点关注构成信贷借款基础的资产的清算价值，一般是指应收账款和存货（见图 4-11）。资产抵押贷款通常也被视为最安全的贷款，因为贷方对此类资产拥有第一留置权，并可以快速清算。贷方通常根据该抵押品清算价值的一定比例设置借款金额。资产抵押周转贷款通常享有资产留置权的第一优先排位，其次是定期贷款，而资产包括厂房、土地、设备及子公司的股权等。

[三] 作为一种私募市场工具，银行债务不受制于要求阶段性公开财务报告信息和其他信息的《1933 年证券法》和《1934 年证券交易法》。私人发行的证券，例如“144A 终身”发行的债券，仅受制于《1933 年证券法》和《1934 年证券交易法》的有限条款。公开发行证券和公开发行股票的上市公司须遵守各种注册和披露要求，包括定期公开财务报告和其他信息。

[四] 从 2021 年开始，LIBOR 预计将过渡到由纽约联邦储备银行公布的有担保隔夜融资利率 SOFR（secured overnight financing rate）。

[五] 基准利率最常见的定义是优惠利率和联邦基金利率的较高者加上 1% 的 1/2。

动利率（floating rate），因为借款成本根据标的基准利率的变化而发生变化。此外，利差如果是跟基于借方杠杆率或信用等级的绩效模型挂钩的话，则有可能下调（或者上调）。

周转信用贷款。传统的现金流信贷（“周转贷款”）是一家或者数家银行给予借方的一个信贷额度，允许借方在一个规定的时间段内提取的贷款资金额度，直至某个规定的合计贷款金额上限。它的独到之处在于，贷款金额可以在信贷期限内自由地偿还、再借，只要遵守贷款协议中规定的双方认可的条件㊀（见表4-8）。大部分公司都采用周转信用贷款或者等同的贷款方式，为季节性流动资金需求、资本性支出、信用证㊁（letter of credit, LC）和公司其他业务活动提供持续的流动性。周转信用贷款也可以用来为LBO中收购价格的一部分提供资金，虽然通常在交易完结时都不提取。

周转信用贷款通常由牵头安排投资银行持有。为了补偿贷方将该信用额度提供给借方（该额度有可能提取，也可能不提取，特别是如果借方未提取时表现出的收益吸引力较小），需要根据总承诺额度支付一定的承诺费或承销费，且对贷款额度的未提取部分要收取年承诺费㊂（commitment fee）。

周转信用贷款通常都是LBO融资结构中最廉价的资本形式，定价往往等于或者略低于定期贷款的利差。为换取周转信用贷款的低成本，借方必须牺牲一部分灵活性。比如，贷方一般会要求借方㊃的某些资产㊄作抵押的第一优先担保利益（留置权）（在现金流抵押的情形下，要与定期贷款共享），并遵守各项限制性契约条款。第一留置权为贷方提供更大的安全性，在出现破产事件时赋予他们的债务主张权优先于所欠第二优先和无担保债权人的债务（请见后文的

㊀ 借方及其贷方之间规范银行债务的法律合同。包含关键性定义、期限、声明与保证、限制性契约规定、违约事件和其他杂项规定。

㊁ 信用证是发给某个指定受益人的一份文件，担保“发证”贷方根据信用协议付款。信用证会减少周转贷款的可供额度。

㊂ 该费要持续测定、每日计提，根据借方信用的不同，通常是一个可高达50个基点的年化利率。例如，一笔未提取的1亿美元周转贷款一般都会产生50个基点的年度承诺费，即50万美元（1亿×0.5%）。假设平均日周转贷款使用额（包括已发LC额度）为2 500万美元，年承诺费就是37.5万美元［（1亿美元-2 500万美元）×0.5%］。对于周转贷款的任何已提取部分，借方要按LIBOR或者基准利率外加一个利差来支付已提取金额的利息。在周转贷款可供额度被已发LC冲减的情况下，借方要以全额利差支付已发LC中未提取金额的费用，但不支付LIBOR或基准利率。为了鼓励银行参与，银行有可能还会在周转贷款和定期贷款最初成交的时候收取一笔前端费用（up-front fee）。

㊃ 及其国内的子公司（在大部分情况下）。

㊄ 例如，借方的有形资产和无形资产，包括子公司的资本股份。

“担保”一节)。LBO周转信用贷款的历史市场标准是5 ~ 6年的期限(“贷款期”),在到期前,此类贷款的承诺金额不会递减。

基于资产的借贷。基于资产的借贷(asset based lending, ABL)是提供给资产密集型公司的一种周转信贷贷款。ABL贷款用借方的所有流动资产(一般是指应收账款和存货)的第一优先留置权做担保,有可能还包括所有其他资产(一般是指PP&E)的第二优先留置权。这种贷款的更常见用途是应收账款和存货的规模可观、流动资金需求不断变化、从事季节性或者周期性业务的公司。例如,使用ABL贷款的有零售商、部分商品生产商和分销商(例如化学制品、森林产品和钢铁)、制造商和租赁设备业务。

ABL贷款额度受限于一个借贷基数(borrowing base)公式,依据的是借方的“合格”应收账款、存货,以及在某些情形下,固定资产、房地产或其他更加特殊的资产,所有这些都进行抵押担保。一笔ABL贷款的最大可供借贷额度是以某个给定时间点的借贷基数规模或是承诺金额为上限的。虽然借贷基数公式因具体借方的不同而不同,但常见的例子可见图4-11。

ABL贷款额度 = 符合条件的应收账款×85%+符合条件的存货×60%

注:基于某个第三方公司确定的经过评估的净正常清算价值(存货清算时的预计净收入)的85%。

图4-11 ABL借贷基数公式

ABL贷款为贷方提供了传统现金流周转贷款中不存在的某些额外保障,比如阶段性抵押物报表要求和评估。此外,为ABL贷款提供抵押的资产(比如应收账款和存货)在出现破产时通常比较容易变现、兑现。因此,ABL贷款的利率差低于同等信用下的现金流周转贷款。由于ABL贷款依靠借贷基数作抵押,传统上,这种贷款只有一条“突出的”财务契约规定㊀。相比之下,传统型银行债务具有限制借方的多条财务维护性契约条款。ABL周转贷款的贷款期一般为5年。

定期贷款

定期贷款(非投资级别时叫作“杠杆贷款”)是一种规定到期日的贷款,要

㊀ 传统的突出性财务契约规定为1.0倍的固定收费偿付比率(fixed charge coverage ratio),只有在“超额可供贷款额”(excess available)低于ABL贷款的某个水平(一般为10% ~ 15%)时才进行检查。超额可供贷款额等于ABL贷款或借贷基数分别减去贷款中已发放额度的较小数额。

求根据一个确定的时间表偿还本金（“分期偿还”），一般都是按季度偿还。与周转贷款相同，用于LBO融资的传统定期贷款的结构设置为第一留置权债务责任㊀，并要求借方通过遵守信贷协议中所含财务维护契约规定来维持某个信用特征。然而，跟周转贷款不同的是，定期贷款是在交易完结日全部发放，一旦本金得以偿还，就不能再次筹借。定期贷款的类别根据贷款基础、分期偿还时间表和贷款期限，分别用字母“A”“B”“C”等来表示。

分期偿还定期贷款。“A”类定期贷款［“定期贷款A”（term loan A, TLA）］通常被称作“分期偿还定期贷款”，因为它一般都要求在整个贷款期间大量偿还本金㊁。带有大量的、每年必需的分期偿还额的定期贷款，在贷方看来风险小于要求贷款期间最低本金偿还额的定期贷款，因为这种贷款的平均期限比较短。此类贷款通常要求公司每季度的财务表现都要符合约定的财务比率。TLA常常是资本结构中定价最低的定期贷款。TLA与周转贷款一起卖给商业银行和金融公司，常常被称作“按比例”放款，因为各贷方在辛迪加续存期间一般都承诺发放相同百分比（按比例）的周转贷款和TLA。一般来说，在LBO融资结构中TLA的贷款期限与周转贷款同时结束。

机构定期贷款。B类定期贷款［“定期贷款B”（term loan B, TLB）］通常被称作“机构定期贷款”，它在LBO融资中比TLA更加常见。它的规模一般都大于TLA，往往是卖给机构投资者（常常是买入高收益债券的那些投资者），而不是银行。机构投资者偏爱期限长、利息高的非分期偿还型贷款。结果，TLB一般都按一个象征性的比例（例如每年1%）要求分期偿还，然后在到期时大笔一次性偿还㊂（bullet㊃）。TLB的结构设置一般贷款期限比周转贷款和任何TLA都要长，因为银行贷方倾向于自己的债务在TLB之前到期。因此，长达7年（有时7.5年）的TLB贷款期一直是LBO的历史市场标准。正如本章后面更详细讨论的，TLB贷款方式通常是“契约精简版”，这意味着它没有太多的契约

㊀ 与周转贷款等权，赋予定期贷款贷方在借方破产时享有同等的求偿权利。

㊁ 假设有一笔TLA在2019年年底放款，贷款期限为6年，其强制性还款时间表的结构有可能为：2020年10%；2021年10%；2022年15%；2023年15%；2024年25%；2025年25%。分期还款时间表一般都按季设置。

㊂ 到期时一大笔本金偿还额，是机构定期贷款的标准做法。假如有一笔TLB在2019年年底发放，贷款期限为7年，其典型的强制性分期偿还时刻表可能为：2020年1%；2021年1%；2022年1%；2023年1%；2024年1%；2025年1%；2026年94%。跟TLA一样，“B”类定期贷款的分期偿还时刻表一般也按季设置。2026年的一大笔本金偿还额被叫作bullet。

㊃ 常见的表达方式为balloon loan，即气球贷，这种贷款前期每期还款金额较小，但在贷款到期日还款金额较大，“前小后大”，像是一个气球的样子，所以就直接命名为“气球贷”。——译者注

限制。

第二留置权定期贷款。为 LBO 融资而发放第二留置权定期贷款的做法，在 21 世纪初的信贷热潮期间越来越流行。第二留置权定期贷款是一种浮动利率贷款，用借方资产的第二优先担保利益作担保。它的排序低于周转贷款、TLA 和 TLB 享有的借方资产第一优先担保利益。在出现破产以及清算情形时，第二留置权贷方有权获得抵押物出售收益首先用于第一留置权贷方的主张之后的剩余收益，优先于无担保索赔的任何申请，例如无担保债务和贸易往来[㊀]。跟第一留置权定期贷款不同的是，第二留置权定期贷款一般都不安排分期偿还，同时第二留置权定期贷款的结构期限通常比第一留置权定期贷款更长，因为第一留置权定期贷款的提供者希望在第二留置权贷款到期前完成贷款回收。

对于借方来说，第二留置权定期贷款提供的是传统型初级债务工具（比如高收益债券和夹层债务）之外的又一个途径。与传统型高收益债券相比，第二留置权定期贷款为借方提供了条件优厚的提前还款选择权，且没有持续的公开披露要求。这种贷款的发放额也可以小于高收益债券，后者因为投资者对交易流动性的渴求，一般最小发行额为 2.5 亿美元以上。根据借方和市场形势的不同，第二留置权定期贷款还有可能提供更低的资本成本。与 B 类定期贷款相同，这种贷款一般在财务契约规定方面都属于精简版。对于投资者来说，此类投资者一般都包括对冲基金和 CDOs——第二留置权定期贷款的风险（因其担保地位）小于典型的高收益债券，同时支付的利息高于第一留置权债务。

高收益债券

高收益债券（如图 4-12 所示）是非投资级别债务品种，发行方有义务按照定义的时间期限（一般为每半年）向债券持有人支付利息，并在规定的到期日、通常为债券发行后 7 ~ 10 年偿还本金。与定期贷款不同的是，高收益债券因为到期一次性大笔偿还的缘故，全部本金没有分期偿还安排。因为高收益债券在资本结构中为初级，一般为无担保地位，期限比较长，债券契约[㊁]（见表 4-9）中明确规定的限制性较少，因而它给出的利息较高，以补偿投资

㊀ 第一留置权贷方与第二留置权贷方之间的确切条款和权利，在债权协议（intercreditor agreement）中做出具体规定。

㊁ 发行人与公司受托人（代表债券持有人）签署的法律合同，规定了发行人及其债权人在债券发行方面的权利和义务。跟银行债务的信贷协议相似，债券契约明确了债券发行的限制性规定和其他条款。

者承担的较大风险。

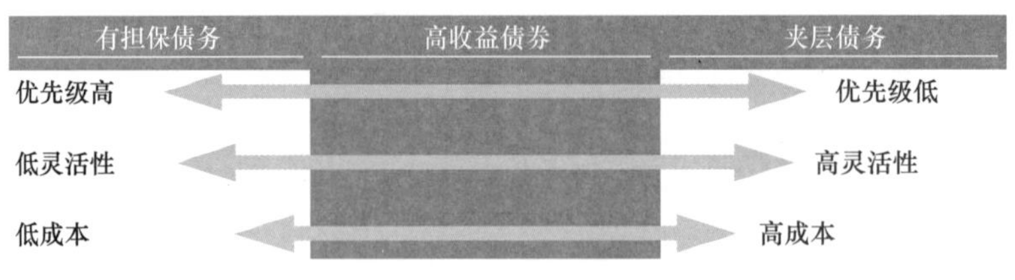

图 4-12　高收益债券

高收益债券一般都按固定利率支付利息，在发行时以与国库券基准利率的利差为基础确定利率。固定利率，顾名思义，说明利率在整个期限内保持不变。虽然高收益债券也可以设置为浮动利率的结构，但在 LBO 融资中却并不常见。

从传统上说，高收益债券一直是 LBO 融资中的中流砥柱。在与银行债务结合使用的时候，高收益债券能让投资者大幅度提高杠杆率水平并远远超过贷款市场独自能够提供的水平。这样，投资者就能够支付更高的收购价格或减少股权出资额。进一步说，高收益债券可以让发行人享有比银行债务更大的灵活性，因为它的债务限制规定的限制性较小（且没有维护性契约规定）、贷款期限较长，并且没有强制性的分期偿还要求。然而，一个不利的因素是，高收益债券的无赎回特征（见表 4-7）或较高的提前赎回罚款，有可能会影响到投资者的退出策略。

一般来讲，高收益债券最初是根据《1933 年证券法》中的规则 144A，通过私募安排卖给合格机构投资者（qualified institutional buyers, QIBs）[㊀]。然后，债券发行一年后在 SEC 注册，这样债券就可以在某个公开市场进行交易了。通过私募方式卖给 QIBs 能加速债券的最初销售，因为 SEC 的注册涉及 SEC 需要审阅注册说明书，有可能要花上几个星期或几个月的时间。在交易关闭后，发行人需要根据监管规则，为持有人和潜在的债券购买者定期提供报告[㊁]。

㊀ 作为规则 144A 的一部分，SEC 创建了又一个金融方面比较精通的投资者类别，叫作合格机构投资者，也即 QIBs。规则 144A 提供了一个安全港豁免条件，免受联邦政府在受限证券再次销售给 QIBs 时的注册要求。QIBs 一般都是机构或者其他实体，合计拥有和投资（自主决定）至少 1 亿美元的证券。

㊁ 在某些情况下，高收益债券发行提供的是“注册权”，发行人在发行结束之后才正式申请注册并在公开市场交易。在 SEC 审阅文件工作结束后，债券发行人提出交换要约，投资者根据该要约用未注册债券交换经过注册的证券品种。注册之后，发行人就受制于 SEC 的披露要求了（例如，10 Ks、10 Qs、8 Ks 等文件的申报备案）。尽管“144A 终身”债券的投资者较少，并且流动性相对可自由交易的注册高收益债券较差，但截至 2020 年，“144A 终身”债券仍占新发行债券的绝大部分。

在信贷热潮期间，LBO 领域十分盛行的一个高收益市场的特征，是用实物支付（payment-in-kind, PIK）方式取代利息的现金支付。PIK 替代方式允许发行人选择支付 PIK 利息（即采用额外票据的形式），来取代现金利息。有了这一选择权，发行人在业务受挫或经济形势严峻的时候，或者在杠杆水平最高的投资期最初几年内，得以保留现金。如果发行人选择支付 PIK 利息而不是现金利息，那么利率一般都会增加 75 个 bps。

银行贷款和高收益债券是 LBO 交易融资中的主要债务工具，两者主要条款的比较见表 4-6。

过桥贷款。过桥贷款是提供给借方的临时性、承诺的融资额，以“过渡”到永久性资本的发放，最常见的就是高收益债券［“提款”（take-out）证券］。在 LBO 中，投资银行一般都承诺为银行债务和过桥贷款提供资金。过桥贷款通常是一种无担保定期贷款的形式，只有在“提款”证券无法在 LBO 完结交易时成功发行并出售的情况下才发放。

过桥贷款对于 LBO 融资来说尤其重要，因为投资者需要为卖方提供融资的确定性。过桥贷款提供了保障，即便出现“提款”证券的市场形势从交易的签署到完结期间发生恶化的情况［取决于最终协议书（请见本书第六章表 6-4）或者承诺函中罗列的交易完结前的任何条件］，收购对价还是会有投资资金提供交易完结保障。过桥贷款如果得以发放，在市场允许的情况下，可以在未来某个时候用“提款”证券取代。

然而，在实践中，过桥贷款实际上很少真正用到，而只是作为别无选择时的一种融资。从投资者的角度说，过桥贷款是一种潜在的高成本融资渠道，因为它要求向运作方支付额外的费用㊀。通常，过桥贷款的利率会随着发放后的时间上涨，直至达到上限（最高利率）。提供过桥贷款的投资银行还希望该贷款不会真的被用到，因为它会占用资金、增加借方的信用风险。为了消除发放过桥贷款的风险，首席承销商常常会寻求将过桥贷款的全部或者部分承诺资金在交易完结之前销售出去。

㊀ 投资银行因为运作过桥贷款而收取一笔承诺费，无论该过桥贷款是否发放。如果出现过桥贷款发放的情形，银行和借方就会收取一笔额外的资金投入费（funding fee）。此外，如果该过桥贷款保持发放状态一年后，借方还要支付一笔转换费（conversion fee）（该笔费用与聘用银行计划发行债券所收取的费率相同）。

表 4-6　银行贷款和高收益债券的比较

	银行贷款	高收益债券
优先级	■ 在资本结构中为最高级的债务	■ 次于银行债务（在无担保的情形下） ■ 偶尔在合同上次于银行债务（在这种情形下为次级或高级次级票据） ■ 在结构上极少次于银行债务（母公司发生且没有来自有担保债务的借款人和担保人）
提前还款	■ 可提前还款（通常无罚金）	■ 赎回保障或支付提前赎回溢价（在到期前 2 ～ 3 年逐渐降低至面值）
担保性	■ 通常有担保	■ 通常无担保
息票	■ 浮动利率 ■ 矩阵区间，根据杠杆比率或评级	■ 通常为固定利率，但是也可以为浮动利率 ■ 利率在债券期间内不改变，且不随信用状况改善或恶化而变化
评级	■ 不需要，但是也很常见	■ 需要（穆迪或标准普尔）
投资人	■ 银行 ■ CDOs/CLOs，优惠利率基金和其他机构投资人（B 类贷款人）	■ 固定收益或高收益共同基金 ■ 对冲基金 ■ 保险公司
辛迪加	■ 银行或贷款人会议 ■ 与意向贷款人举行 1 ～ 2 次小组会议 ■ 辛迪加审批时间为 2 周 ■ 分发机要信息备忘录 ■ 1 周签约文件准备 ■ 无须 SEC 审查，无须注册	■ 会议持续为 3 ～ 5 天的路演 ■ 定价后印刷最终报价备忘录 ■ 市场营销前文件无须 SEC 审查 ■ 144A 条例的私募例外原则 ■ 交易后需要 3~5 天完结交易及交割 ■ 交易完结后通常需要 180 ～ 270 天进行票据登记并转成公开交易债券
契约限制	■ 保持某些信用比率水平，每季度检测 ■ 典型的维持性条款包括：杠杆的上限（高级债务 / 总债务），最低的利息保障倍数，最大的资本性支出[①] ■ 附带契约管理增量债务，限制新增投资和支付（股利及偿还次级债务） ■ 信用协议的改变需要通过条款修改或弃权	■ 限制性检验（没有限制性契约），仅当需要额外融资时才进行限制性检验 ■ 修改条款或获得豁免非常困难

披露	■ 可能包括预测及其他非公开信息 ■ 根据文件要求来准备信息和报告 ■ 信息仅对现有的贷款人和辛迪加成员披露	■ 无预测 ■ 与 SEC 公司上市登记注册和发行标准相似 ■ 通过投资人电话会议披露信息 ■ 研究报告是信息披露的关键
交易	■ 对某些借款人来说有流动性市场 ■ 私人市场	■ 流动性市场 ■ 最低发行量通常为 2.5 亿美元以上
优点	■ 成本低于公开市场债务 ■ 承销费较低 ■ 定期贷款：通常没有维持性契约（精简版） ■ 完全可以提前偿还（无或较低的罚款） ■ 成本较低，程序简单 ■ 不需要公开信息	■ 长期固定利率 ■ 期限较长（7 ~ 10 年） ■ 无维持性契约 ■ 无分期偿还 ■ 投资者广泛 ■ 可进入流动性强、规模较大的资本市场 ■ 可以较快地筹集新资本 ■ 无须抵押
注意事项	■ 有抵押品担保 ■ 期限较短（5 ~ 7 年） ■ 市场规模有限 ■ 在特定条件下有维护性契约 ■ 增加债务，缺少灵活性 ■ 需要分期偿还（也可以最少额度偿还）	■ 成本高于担保债务 ■ 在特定期限内（3 ~ 5 年）不能赎回，在 5 ~ 8 年内赎回需要支付溢价 ■ 通常限制于允许的银行和高级债务的规模 ■ 承销费高于担保债务 ■ 财务信息需要公开披露

① 周转贷款通常有“弹簧式”财务维持性契约，只有在 35% ~ 40% 的额度被使用时才会生效。截至 2020 年第一季度，大多数机构贷款都不再设置维持性契约。相反，采用“简约式”形式，由比高收益债券更严格的附加条款管理。

夹层债务

顾名思义，夹层债务是指位于传统债务和股权之间的一层资本（如图 4-13 所示）。夹层债务是需要发行人与投资者之间大量协商的一种工具，为了满足某个具体交易的融资需求和要求的投资者收益而量身定制。因此，夹层债务在设置同时有利于发行人和投资者的条款结构方面灵活性很大。

图 4-13 **夹层债务**

对于投资者来说，夹层债务提供了成本低于股本的额外资本，从而可以在其他资本来源无法获取的时候提升杠杆率水平和收购价格。例如，在市场形势不利或者甚至无法进入市场的时候（假如是较小的公司，其规模需求低于高收益债券市场的最低门槛），夹层债务可以成为高收益融资的替代品或者补充。在美国，它在中型市场交易中尤其流行㊀。

典型的投资者包括专门从事该领域的夹层基金、保险公司、业务拓展公司（business development companies，BDCs）和对冲基金。对于投资者来说，夹层债务能够提供高于传统高收益债券的回报率，可以在结构上设置为提供股权价值上升的潜力，其形式为可以换取发行人普通股票的可拆式认股权证。夹层债务的利率一般都包含现金和非现金 PIK 付款。根据可获得融资形式和市场形势的不同，夹层债务投资者一般都会锁定 12% ~ 13% 至 18% ~ 19%（或者更高）的“混合”收益（包括现金和非现金部分）。夹层债务的期限，与其条款一样，各自迥然不同，但往往与高收益债券相似㊁。

股权出资

LBO 筹资的剩余部分是以财务投资者的股权出资和目标管理层的展

㊀ 在欧洲，夹层债务用于为大型以及中型市场交易的融资服务。它的典型结构设置为浮动利率（现金利息和 PIK 利息的组合），受益于与银行债务收益的（相同资本结构的）相同抵押物的第二或者第三留置权。然而，美国夹层债务的结构一般都设置为固定利率，且从合约角度为次级（见图 4-15），因而不会受益于任何担保。

㊁ 然而，如果某个 LBO 融资结构既有高收益债券又有夹层债务，那么该夹层债务一般都会在高收益债券之后到期，从而降低更高级证券的风险。

期/认购股权的形式提供的。股权出资的比例一般为LBO融资结构的大约30%～40%不等，虽然根据债务市场形势的不同、公司类型的不同以及所付收购倍数的不同，这种比例可能各不相同㊀。如果是大型LBO，有可能数个投资者会联合起来，形成一个买方团队，从而减少每个投资者的股权出资额度［所谓“俱乐部交易”（club deal）］。

股权出资为贷方和债券持有人提供了一个缓冲，以免出现公司的企业价值恶化，因为股权价值的蒸发在债务持有人损失回收价值之前。例如，如果投资者在某个给定交易中出资了30%的股权，贷方就会有种宽慰感，即业务价值必须下跌至收购价格的30%以上，他们的本金才会受损。投资者还有可能选择某些LBO交易的“低杠杆”，比如当他们计划在未来某个时期发行额外债务投入到该公司的收购行为或者增长举措时。

现有公司管理层和关键性股东的股权展期/出资额因具体情形的不同而不同，但是通常为整个股权部分的2%～5%。为使利益趋于一致，管理层股权的展期/出资往往是投资者所乐于看到的。

LBO融资：部分主要条款

LBO融资所用的各类债务工具可分为银行债务、高收益债券和夹层债务，无论是在各个类别内，还是横跨各个类别，都有一些关键性条款影响着风险、成本、灵活性和投资者群体。如图4-14所示，也正如下文更详细的论述那样，这些条款包括担保、优先性、期限、息票、赎回保护和限制性契约规定。

图4-14　部分主要条款汇总

㊀ 如前所述，债务融资的承诺函一般都基于投资者最低股权出资额。

担保

担保是指借方给某个给定债务工具持有人的抵押物的抵押权或留置权。抵押物代表的是借方为了担保一笔贷款或其他债务责任而予以抵押的资产、房产或证券，在出现违约事件时可能被扣押或清算[一]。它可以包括应收账款、存货、PP&E、知识产权和证券等，比如借方/发行人及其子公司的普通股。根据目标现金流的波动性大小，债权人有可能要求更高的抵押物偿付比率做保障。

优先性

优先性是指某债权人相对于其他债权人而言对借方/发行人的主张的优先地位。一般来说，实现优先权的途径要么是契约性从属（contractual subordination），要么是结构性从属（structural subordination）。

契约性从属。契约性从属是指同一法人实体的债务工具的优先地位。它是通过从属条款（subordination provisions）来设定的。该条款规定，优先债权人的主张必须在初级债权人的主张之前得到全部满足。一般来说，“优先”地位仅限于银行贷方或类似债权人，而不是商业债权人[二]。如果是次级债券，债券契约会包含从属条款，为优先债权人作为“第三方”受益人[三]所依赖。图4-15显示了多个债务工具的契约性优先性。

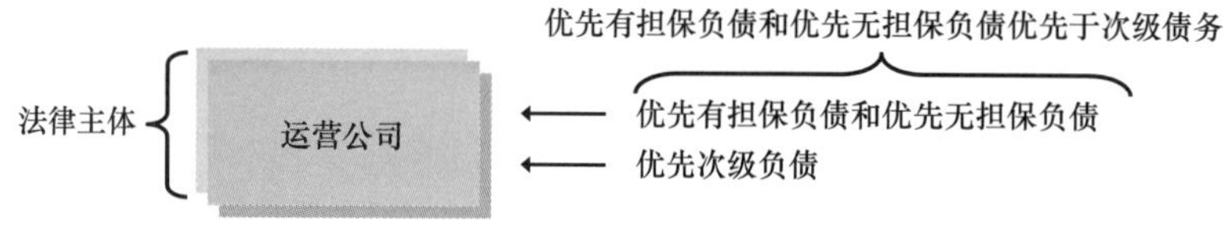

图4-15　契约性从属

虽然优先有担保负债和优先无担保负债在契约上享有同等的债务主张权（同等权益），但是优先有担保负债有可能被认为是“实际”优先，其优先程度为担保该债务的抵押物的价值。

[一] 在实践中，如果出现某借方/发行人的债权人未免除实质性违约的事件，该借方/发行人通常都会寻求美国《破产法》（Bankruptcy Code）第十一章的保护，作为“持续经营”（going concern）企业进行运作，同时努力尝试重组其金融债务结构。在破产期间，虽然有担保的债权人一般都会推迟实施补救行为，但他们有权取得不提供给无担保债权人的某些保护和权利（包括继续收取利息偿付的权利）。因此，获取抵押物有可能有利于债权人，即便该债权人没有实施其取消赎回权、出售抵押物的补救行为。

[二] 有货物和服务欠款的债权人。

[三] 当交易涉及债券契约管辖范围之外的初级债务时（例如私募第二留置权债务或者夹层债务），从属条款一般都会包含在与优先债权人所签的债权协议中。

结构性从属。结构性从属是指一家公司内部不同法人实体的债务工具的优先地位。例如，处于公司资产所在地的 OpCo 的债务责任从结构上优先于 HoldCo 的债务责任㊀，只要该 HoldCo 债务责任没有得益于 OpCo 的保函㊁（guarantee）（信用支持）。在出现 OpCo 的破产事件时，其债务责任必须首先得到全部满足，然后才可以分配或者分红给它的唯一股东（也即 HoldCo）。图 4-16 显示了两个法人实体的债务工具的结构性优先性。

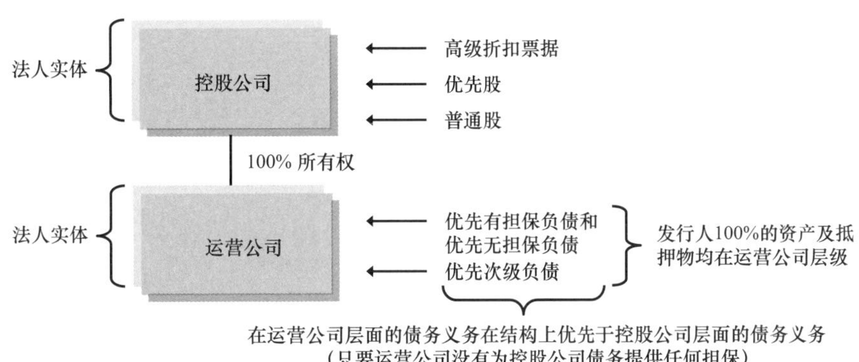

图 4-16　结构性从属

期限

债务责任的期限（“有效期”或者“时间周期”）是指本金金额必须全部清偿之前发行在外的工具的时间长度。期限较短的债务被认为比期限较长的债务风险小些，因为它要求更早清偿。因此，在所有其他条件都相同的情况下，同一笔债务，期限较短时的资本成本低于期限较长的。

在 LBO 中，会发放不同期限的各种债务工具，以便为交易的债务部分提供融资。银行债务往往期限较短，常常是周转贷款 5 ~ 6 年，机构定期贷款 7 年（有时 7 年半）。从历史上说，高收益债券的期限通常为 7 ~ 10 年。在由数个债务工具（例如周转贷款、机构定期贷款和债券）组成的 LBO 融资结构中，周转贷款的到期日先于机构定期贷款，而机构定期贷款的到期日先于债券。

㊀ 拥有另一家公司 / 实体的全部或者一部分有表决权股票的法人实体，在这里就是 OpCo。

㊁ 一方为一个第三方债务责任提供信用支持的保函。例如，如果一家拥有实际业务和资产的子公司为该债务提供“保函”，表明它同意用其现金和资产代表 HoldCo 承担债务责任。

息票

息票是指为发行在外的债务本金金额支付的年利率（“定价”）。它的依据可以是浮动利率（一般为银行债务），也可以是固定利率（一般为债券）。银行债务通常为按季付息，而债券往往是每半年付息一次。银行债务的息票一般都基于某个给定基准利率，通常为LIBOR或者基准利率，外加基于借方信用情况的一个利差[1]。然而，高收益债券的息票在发行时的定价一般都是依据某个基准国库券利率加上利差。

有数个因素影响着一个债务的息票（利率），包括债务的类型及其投资类别、评级、担保、优先性、期限、限制性契约规定和当前市场形势等。在一个传统型LBO融资结构中，银行债务往往是资本成本最低的债务工具，因为相比高收益债券，它的债务评级较高，享有第一留置权担保，优先性较高，期限较短，限制性契约规定的限制性更大。

赎回保护

赎回保护是指在某个给定债务工具的期限内、某个明确的时间段里对（银行债务的）主动提前还款或（债券的）赎回的某些限制。这种限制有可能完全禁止主动提前还款或赎回，或者要求支付与任何主动提前还款或赎回相关的一大笔费用［“赎回溢价”（call premium）］。赎回溢价保护投资者免于在期限远远未到的时候收益诱人的债务被再融资，从而避免在市场利率下跌的时候出现再投资风险（reinvestment risk）。例如，当市场利率下跌至7%时，持有收益率为8%的债券投资者肯定不希望债券被提前赎回，从而不得不再投资于当下低利率的债券。

赎回保护期是高收益债券的标准条款。该保护期在7～8年期固定利率债券时一般定为3年［“3年不得赎回”］、在10年期固定利率债券时一般定为5年（NC-5）。到期前债券的赎回，则要求发行人根据债券契约中规定的赎回时间表支付一笔溢价——该时间表规定了指定日期的赎回价格[2]。债券的赎回时间

[1] 从2021年开始，LIBOR预计将过渡到由纽约联邦储备银行公布的有担保隔夜融资利率SOFR（secured overnight financing rate）。

[2] 赎回溢价根据第一次赎回日期的债券总体价值（例如，对于息票为8%的债券，按面值的104%计算）加上从现在到第一次赎回日期期间的应付利息进行计算，按照相同期限的国库券利率加上50个bps进行折现。

表和赎回价格取决于其期限和息票。表 4-7 显示的是两种债券的标准赎回时间表：息票为 8% 的 8 年期债券，息票为 8.5% 的 10 年期债券，均为 2019 年发行㊀。如果在第一次可赎回日期之前赎回债券，则需要发行人支付投资人一大笔赎回溢价，或是在契约中进行定义或是根据某些市场标准（通常是以面值或者国债利率加上 50 基点的较大值）。

表 4-7　赎回时间表

8年期，8%票据利率，2027年到期，NC-3			10年期，8.5%票据利率，2029年到期，NC-5		
年份	**公式**	**赎回价格**	**年份**	**公式**	**赎回价格**
2019 ~2021	不可赎回		2019 ~2022	不可赎回	
2022	面值加1/2息票	\$104.000	2023	不可赎回	
2023	面值加1/4息票	\$102.000	2024	面值加1/2息票	\$104.250
2024及以后	面值	\$100.000	2025	面值加1/3息票	\$102.833
–	–	–	2026	面值加1/6息票	\$101.417
–	–	–	2027年及以后	面值	\$100.000

传统型第一留置权银行债务没有赎回保护，意味着借方可以在任何时候提前偿还本金而无须受罚。然而，其他类型的定期贷款，比如用第二留置权担保的债务，有可能有赎回保护期，虽然具体期限取决于具体的贷款㊁。

限制性契约规定

限制性契约规定是指旨在防止借方 / 发行人信用品质恶化的信贷协议和债券契约里的条款规定。该规定明确了在债务责任期限内可以采取、也可以不采取的行动。如果出现不符合限制性契约规定的情形，有可能触发违约事件，从而允许投资者加速其债务的到期，除非做出了修改或者放弃。限制性契约规定主要有三个类别：肯定性（affirmative）条款、否定性（negative）条款和财务性（financial）条款。

虽然信贷协议和债券契约中很多限制性契约规定从本质上说都很相似，但一个关键的区别是，传统型银行债务突出的是财务维持性契约规定，而高收益债券的债务限制契约规定的限制性并不那么强。正如表 4-8 所详列的那样，财务维持性契约规定要求借方在任何时候都要符合某些财务比率或季度性检测，以“维持”某个信用特征。财务维持性契约规定同时也是为了限制借方采取某

㊀ 高收益债券常常还有股本回拨条款（equity clawback provision），允许发行人用股份发行的收益赎回发行在外债券的一个规定的百分比（一般为 35%），价格为面值加上与息票相等的溢价（例如，息票为 8% 的债券，价格为 108%）。

㊁ 出于演示的目的，第二留置权定期贷款的赎回保护期有可能设置为 NC-1 的结构。在一年结束的时候，该笔贷款一般都可以按 102 美元的价格提前还款，两年后下降到 101 美元，三年后为面值。

些不利于贷方的行为（比如让资本性支出超出某个规定金额）的能力，这样贷方群体就能够影响借方行为，从而控制财务风险。这种契约规定的另一个目的是为贷方提供借方财务窘境的早期征兆。

银行债务契约规定。表4-8显示的是信贷协议中典型的契约规定。在财务维持性契约规定方面，典型的信贷协议通常包含1～2条此类契约规定。必需的维持性杠杆比率在整个贷款期限里会逐步降低。同理，偿付比率一般都会随着时间的推移而上升。这就要求借方通过偿债或根据它在组织银团贷款期间向贷方展示的财务预测数字来提高现金流，以改善自己的信用特征。

表4-8 银行债务契约规定

肯定性契约规定	要求借方及其子公司采取某些行为。肯定性契约规定的内容包括：
■ 维持企业的存在、账簿和记录 ■ 定期上报财务报表（比如按季度提供财务报表） ■ 维护资产、抵押物或其他担保物品 ■ 维持保险 ■ 守法 ■ 纳税 ■ 继续相同的业务运营	
否定性契约规定	限制借方及其子公司采取某些行动（常常受制于某些例外情形或者“篮子”[①]）的能力。否定性契约规定的内容包括：
■ 对债务的限制——限制在任何时候发行额外的债务金额 ■ 对股利和股票赎回的限制——防止现金被借方分配给股权持有人或者为了股权持有人的利益分配出去 ■ 对留置权的限制——防止资产作为抵押物进行抵押 ■ 对置产处置的限制，包括售后回租（sales/leaseback）交易——防止出售或转让的资产合计超出一个门槛 ■ 对投资的限制——限制放贷、收购和其他投资（包括合营） ■ 对合并和整合的限制——禁止合并或整合 ■ 对提前偿还、修订某些其他债务的限制——禁止不利于贷方的某些其他债务的提前还款或此类其他债务的任何修订 ■ 对与关联机构进行交易的限制——限制借方及其子公司与关联公司发生有可能在损害借方及其债权人基础上有利于该关联机构的交易行为[②]	
财务维护性契约规定	要求借方符合规定的财务比率或季度检测，从而维持某个信用特征。财务维护性契约规定的内容包括：

（续）

- 最大化优先有担保杠杆比率——禁止过去 4 个季度优先有担保债务对 EBITDA 之比超过某个明确的季度性安排所规定的水平
- 最大化总杠杆比率——禁止过去 4 个季度的债务总额对 EBITDA 之比超过某个明确的季度性安排所规定的水平
- 最小化利息偿付比——禁止过去 4 个季度的 EBITDA 对利息费用之比低于某个明确的季度性安排所规定的水平
- 最小化固定费用偿付比③——禁止现金流某个计量对固定费用之比低于某个规定的水平（可以在银行债务期限内固定或者按季度调整）
- 最大化年度资本性支出——禁止借方及其子公司在任何给定年份中超过一个规定的资本性支出金额
- 最小化 EBITDA ——要求借方维持某个季度性安排所规定的过去 4 个季度最小 EBITDA 金额

① “篮子”提供了限制性契约规定的例外情形，允许借方 / 发行人采取具体的行动（例如，发生具体类型和金额的债务、实施某些限制性付款、在一个规定金额内出售资产）。

② 关联交易必须是内部进行的合理交易（即交易条件优厚于对方为无关联时）。

③ 固定费用偿付比衡量的是借方 / 发行人偿付其固定债务的能力，包括欠息和租借债务。虽然各信贷协议或债券契约中的定义各有不同，但固定费用一般都包括利息费用、优先股红利和租赁费用（比如租金）。该定义的结构可以设置为包含或者不包含非现金利息和资本化利息。

“低门槛”（covenant-lite）贷款是逐步流行的方式，也是杠杆贷款市场繁荣的特征。“低门槛”贷款打包方案一般与高收益债券十分相似，突出的是债务限制，而不是对季度财务表现的财务维持性契约规定。然而，在困难的信贷形势下，“低门槛”条件是最先被贷款人拒绝的方式。

高收益债券契约规定。高收益债券契约中的许多限制性契约规定与银行债务信贷协议中的相似（见表 4-9）。然而，一个关键的区别在于，债券契约包含债务限制契约规定，而不是维持性契约规定。债务限制契约规定在公司没达到“财务比率测试”的要求或没有适用的某些特定“篮子”时，禁止发行人采取一些具体行为（例如，发生额外的债务、实施某些投资、支付股利）。比率测试常常是偿付比率测试（比如固定费用偿付比率），虽然也可以设置为常用于电信 / 传媒公司的杠杆测试的结构（例如，债务总额对 EBITDA 比）。

条款清单

在 LBO 融资结构中的债券关键条款通常通过一页纸来进行汇总展示，例如表 4-10（银行贷款条款清单）和表 4-12（高收益债券条款清单），而表 4-11 和表 4-13 则对这些条款进行了解释。

表 4-9　高收益债券契约规定

高收益债券契约规定	高收益债券契约中的主要限制性契约规定的内容包括：

- 对额外债务的限制——确保发行人无法发生额外债务，除非在形式上符合比率检测或者某个明确的“篮子”所允许的情形
- 对受限付款的限制——禁止发行人实施某些付款，比如红利、投资和初级债务的提前还款，除非是某个明确的“篮子所允许的情形”（受制于某些例外情形）①
- 对留置权的限制——对优先票据，禁止发行人在提供有利于优先票据同等、可估价留置权的情况下，给予同等债务或初级债务留置权，但受制于某些例外情形或符合某个明确的“优先有担保杠杆率”
  - 通常情形下，一般优先次级票据允许发生的优先债务的无限制留置权
- 对资产销售的限制——要求以市场公平价格出售，现金支付比例为75%，收到的现金需要进行再投资或者在约定期限内偿还有限债务。如果净收入在约定期限内没有按以上用途使用，发行人有权要求按100%面值进行回购
- 对与关联机构进行交易的限制——请见信贷协议定义
- 对合并、整合或绝大部分资产的销售的限制——禁止合并、整合或绝大部分资产的销售，除非新实体承担该发行人的债务并能够在比率检测下发生额外债务
- 对重叠发行的限制（特别针对优先次级票据的债券契约）——防止发行人发行优先于现有债务品种的额外次级债务［“重叠发债”（layering）］
- 控制权变化的控制——在出现公司绝大部分所有权变更或者借方及其子公司绝大部分资产出售的情况下，赋予债券持有人要求发行人以面值的101%的溢价水平回购票据的权利

① 受限付款“篮子”的计算公式一般是一个很小的确定金额［“起步篮子”（starting basket）］加上自债券发行以来发行人累计合并净利润的50%，再加上自债券发行以来发行人发行的新股本金额，再加上受限子公司（即未为债务提供保函的部分）的出售所得现金。

表 4-10　银行贷款条款清单

周转贷款和定期贷款条款汇总	
借款人（Borrower）	ValueCo
种类（Facilities）	周转贷款 B类贷款（以下简称贷款）
金额（Amount）	周转贷款：2.5亿美元 贷款：28亿美元
到期（Maturity）	周转贷款：5年 贷款：7年
息票（Coupon）	周转贷款：LIBOR+425基点，根据杠杆目标比例，逐级下降25基点 贷款：LIBOR+450基点
初始发行折扣（OID）①	99%

（续）

周转贷款和定期贷款条款汇总	
LIBOR 下限	1%
评级（Ratings）	B1/B+
担保（Security）	以借款人全部资产的第一留置权为担保，包括借款人全部直接或间接国内子公司，包括国内分公司的 100% 股权质押和国外分公司的 65% 股权质押
排序（Ranking）	信用贷款是借款人的优先偿还责任，并与借款人现有或以后同类型的贷款具有同比例求偿权，并优先于借款人目前及以后的所有次级负债
保证（Guarantees）	借款人所有直接或间接拥有的子公司，不论是现存的还是未来成立或收购的
分期偿还（Amortization）	周转贷款：无 贷款：每年 1%，最后一次性偿还
承销费（Underwriting Fee）	周转贷款：【 】% 承诺金额，在融资关闭时支付 贷款：【 】% 融资金额，在融资关闭时支付
承诺费（Commitment Fee）	周转贷款：未提款部分的 50 基点 贷款：无
强制还款（Mandatory Repayments）	资产出售价值的 100%，债务发行金额的 100%，新股发行金额的 50%，超额现金流的 50%，根据杠杆比率矩阵逐渐降低
选择性还款（Optional Repayments）	可在任何时间提前还款，无须支付溢价或罚金
肯定性条款（Affirmative Covenants）	包括但不限于：提交经认证的季度报告和经审计的年度财务报告，每月管理报告，股东报告，有关任何重要事件或诉讼
否定性条款（Negative Covenants）	正常或类似的交易，包括但不限于：资产出售限制、收购、融资、资本性支出、抵押及限制性支付
财务条款（Financial Covenants）	最大的杠杆比率，最小的利息保障倍数，最大的资本性支出
违约事件（Event of Default）	包括但不限于：未按进度偿付，违反契约规定，串联违约，抵押财产损失，保证失效，破产及流动性事件，法律判决及所有权或控制权变更

① OID，Original Issue Discount（对 B 类贷款，通常指前端费）

表 4-11　银行贷款条款清单解释

周转贷款及定期贷款条款解释汇总	
借款人（Borrower）	申请借款的实体
种类（Facilities）	贷款的类型
金额（Amount）	贷款的本金金额
到期（Maturity）	借款人届时必须完全偿还剩余本金
息票（Coupon）	按本金金额每年支付的百分比，通常表现为与 LIBOR 的利差
初始发行折扣（OID）	常见惯例，除息票收入外，定期贷款以较小比例折扣发放（例如 99%）以提高投资人的收益率水平
LIBOR 下限	借款人支付的 LIBOR 最低利率水平，而不论实际 LIBOR 利率为多少
评级（Ratings）	穆迪或标准普尔关于债务工具的评级假设
担保（Security）	可在违约时用来扣押的资产，这些资产通常会被登记、签署文件及排序
排序（Ranking）	在违约事件发生时，针对不同的债务工具，债务人的偿还次序
保证（Guarantees）	借款人公司结构下的所有其他实体同意承担其负债义务
分期还款（Amortization）	除应支付的利息费用外，到期的本金金额
承销费（Underwriting Fee）	根据承诺或融资金额，在融资关闭时进行支付
承诺费（Commitment Fee）	对于未提取的贷款金额的应付费用，用于向借款人提供补偿
强制还款（Mandatory Repayments）	当借款人通过资产出售、额外举债或新股发行取得资金或有超额现金流时，必须偿还贷款
选择性还款（Optional Repayments）	有关借款人决定提前偿还全部或部分贷款时需要支付的溢价或罚金的条款
肯定性条款（Affirmative Covenants）	借款人承诺要做的事情
否定性条款（Negative Covenants）	借款人承诺不去做的事情
财务条款（Financial Covenants）	借款人必须维持的财务绩效指标
违约事件（Event of Default）	在特定条件下，贷款人可要求借款人立即偿付贷款

表 4-12 高收益债券条款清单

高收益债券条款汇总	
发行人（Issuer）	ValueCo（“发行人”）
发行（Issue）	优先票据（“票据”）
金额（Amount）	8.5 亿美元
到期（Maturity）	8 年
息票（Coupon）	8%
评级（Rating）	B3/B-
担保（Security）	无
排序（Ranking）	票据享有优先求偿权，与现有或未来同级别债务具有按比例优先求偿权，优先于所有现有或未来的次级债务
保证（Guarantees）	发行人所有直接或间接持有的子公司，包括现在及未来收购的
选择性赎回（Optional Redemption）	票据可在发行后 4 年开始赎回，赎回价格为面值加上溢价，赎回价格逐渐降低，至第六年为债券面值
股本回拨（Equity Clawback）	在票据发行 3 年内，发行人可通过发行新股所获得的收入以溢价赎回 35% 的票据
契约（Covenants）	标准的高收益债券的限制条件为：①新增债务；②限制性支付；③与关联公司交易；④资产出售；⑤分公司派息；⑥资产抵押；⑦合并、兼并或资产出售
控制权变更（Change of Control）	在控制权变更的情况下，发行人需要以票据面值 101% 的价格回购全部票据

表 4-13 高收益债券条款清单解释

高收益债券条款解释汇总	
发行人（Issuer）	同发行人
发行（Issue）	债务的种类
金额（Amount）	同银行债务
到期（Maturity）	同银行债务
息票（Coupon）	同银行债务，但通常为固定利率
评级（Rating）	同银行债务
担保（Security）	同银行债务，但大多数高收益债券并无任何担保

（续）

高收益债券条款解释汇总	
排序（Ranking）	排序特指支付从属次序，仅仅发生在次级债务在合同中同意在还款方面低于其他债务或是结构性从属的情形下，即某些债务由子公司担保（因此对该子公司的资产有直接索赔权），而其他债务仅可追索母公司。“排序”与有效从属并无直接关系，特别是当某些债务有留置权担保而其他债务无担保时，就会发生这种情况
保证（Guarantees）	同银行债务，很多贷款保证来自借款人的母公司（支持母公司质押借款人的股票），但是并无对高收益债券的担保
选择性赎回（Optional Redemption）	债券的提前赎回通常要支付溢价，溢价水平则根据不同的赎回日期在契约中进行设定。通常会在条款里约定初始的赎回溢价，随着时间推移，溢价水平逐渐降低（在债券最后2～3年内降低至面值水平）
股本回拨（Equity Clawback）	允许发行人在IPO后一定时期内，以获得的新股发行收入赎回35%的债券。提前赎回要支付的溢价通常是面值加息票
契约（Covenants）	当某些比率在检测中不能满足契约约定时，则限制发行人的某些特定行为（例如发行新债、新增投资、派发股息），或者某些行为不存在特定的“例外”情况
控制权变更（Change of Control）	要求发行人在控制权变更时，以债券面值的101%赎回全部债券

LBO融资：确定融资结构

如同估值一样，确定LBO交易的融资结构也是艺术性和科学性并存，涉及的影响因素有公司基本面的现金流、投资收益、信用比率分析以及市场情形和过往的LBO交易。这里的公司基本面分析和DCF确定内在价值的原理相同，而市场情形和过往的LBO交易则类似于可比公司分析和先例交易分析。

最终的LBO融资结构必须在不同利益群体之间取得平衡，因为财务投资者、债务投资者、公司及管理层的利益着眼点各不相同。例如，财务投资者通常寻求杠杆的最大化，以获得股权投资的最大的内部收益率（IRR）。而借款人和债务持有人则希望在限制杠杆水平的同时，对公司其他行为通过契约进行限制，以最大限度地保护他们的债权利益。公司对杠杆化的最佳判断往往是在增长和风险管理之间取得均衡。同时，根据具体情形，公司管理层既有与财务投资者的共同利益以取得最大化的 IRR，同时也是公司的看门人，要兼顾公司的风险并保有适当的灵活性。

LBO 的融资结构设计通常要按照本书第一章所讲的内容，对目标公司的现金流和信用比率进行分析预测，包括计算其各种杠杆比率和覆盖比率。这一分析的侧重点在于既能提供高杠杆，同时又能维持足够的缓冲空间以在悲观情景下保持一定的灵活性。目标公司的具体信用比率要求则根据行业、市场情形以及公司个体信用特征（如规模、市场地位和营利性）的不同而发生较大变化。

在确定 LBO 的融资结构上，公司所在行业起到了关键的作用，因为总杠杆、银行贷款 / 高收益债券的混合以及贷款的条款等这些指标通常都有可参考的行业标准。因此，公司所在行业和公司个体信用特征与可否保持一个激进的资本结构直接相关。如图 4-17 所示，对于强周期行业，资本市场和评级机构都会对其杠杆水平持相对保守的态度，以确信公司可以顺利度过行业低谷时期。另一方面，公司有非常明确的现金流（特别是那些有签约用户的商业模式）则通常可以保持高杠杆比率。当然，行业只是目标信用背景分析的一个方面，即使在同一行业，还有很多公司所特有的其他因素将公司之间的风险特征区别开来。

例如，估值乘数中的可比公司分析和先例交易分析，主流的市场形势和过往的 LBO 交易对于确定杠杆化水平和融资条款起着关键作用。杠杆融资的专家会对近期的 LBO 交易进行分析，以帮助确定目前的市场可接受什么程度的杠杆融资结构。目标所在行业的近期 LBO 交易是最有价值的参考，其他同规模或同一信用等级的 LBO 交易同样具有重要的参考价值，详情见表 4-14。

与此同时，在 LBO 交易进行期间，当前市场的银行债务及高收益债务的状况也需要密切监控，特别是在投行的承诺函确认以后。杠杆融资市场在“市场结清机制”（market-clearing）作用下可能瞬息万变，从而让过去的交易变得毫无参考意义。如图 4-18 ~ 图 4-21 所示的历史交易量及价格，在市场强盛时期，市场窗口非常有利于发行人，但有时对发行人来说则步履维艰。即使在后危机时期，不论是以月、季度或年为单位来衡量，杠杆贷款及高收益债券市场都是价格波动剧烈。

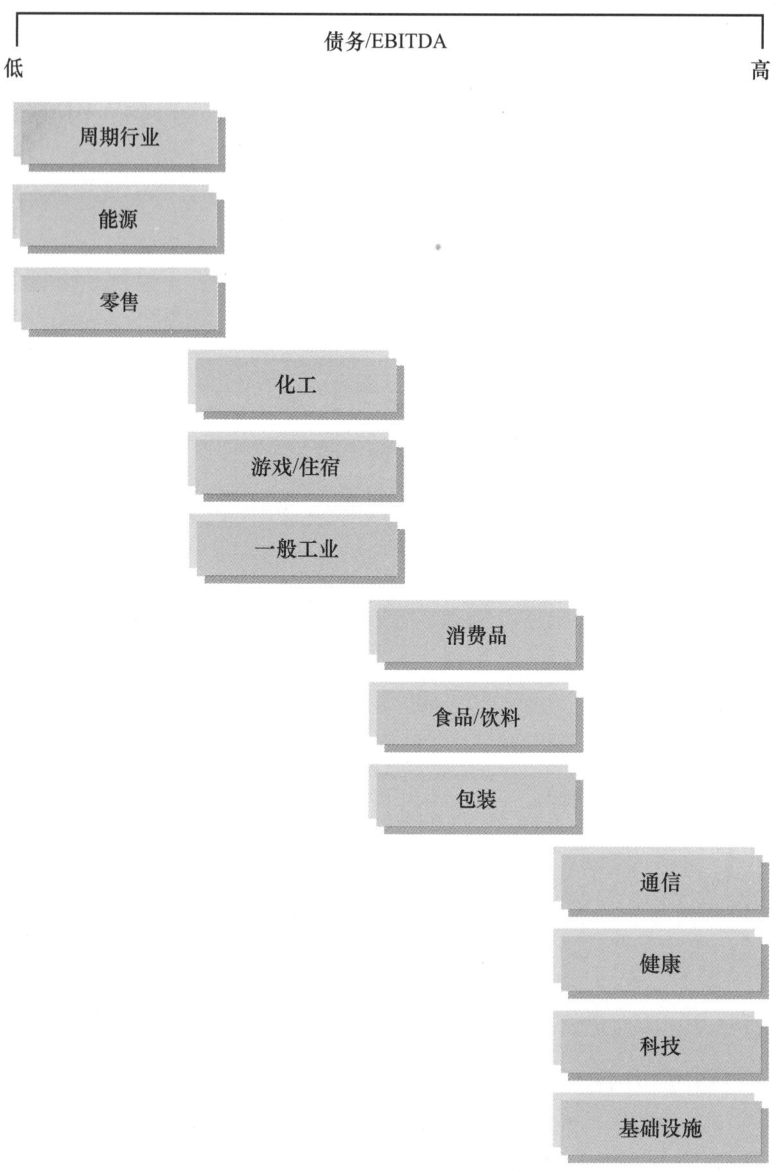

图 4-17　行业动态杠杆比率说明

对于特定的交易时期，投行分析师会对新的发行量、不同评级类别的交易量以及可比同类负债的交易级别进行分析，并确定当前的市场状况。一旦最初的 LBO 融资结构得以确定，那么就会如本书第五章所讲的内容，通过 LBO 模型进行运算和敏感性分析，以确定项目 IRR 及有关信用比率，并在此基础上进行优化调整。

表 4-14　近期大于 10 亿美元的杠杆收购交易

ValueCo 公司
近期收购价格大于10亿美元的杠杆收购交易
（单位：100万美元）

交易宣布日期	借款人/发行人	规模	息票描述	期限	LIBOR下限	OID	收益率	评级：穆迪	评级：标普	收购价格	杠杆：高级债务	杠杆：总杠杆	股权比例	行业	投资人
2018/11/20	JJ城市	$100	L+400 周转信用贷款	5年	–	–	–	B2	B–	$1 981	6.4x	6.4x	47%	科技	Damodaran投资合伙人
		$760	L+400 第一留置权定期贷款（精简版）	7年	–	$99.500	6.775%	B2	B–						
		$290	L+775 第二留置权定期贷款（精简版）	8年	–	$99.000	10.650%	Caa2	CCC						
	在美国和波多黎各拥有、经营和特许经营派对用品专卖店														
2018/9/18	Jonathan工业	$750	L+375 周转信用贷款	5年	–	–	–	B2	B	$20 149	4.5x	5.3x	33%	商业服务	Domanski资本
		$9 250	L+375 定期贷款B（精简版）	7年	–	$99.750	6.163%	B2	B						
		$2 250	6.250% 优先担保票据	8年	–	$100.000	6.250%	B3	B–						
		$2 000	8.250% 优先票据	10年	–	$100.000	8.250%	Caa2	CCC						
	提供金融市场内容服务，包括预测和研究														
2018/6/28	Total管理	$400	L+425 周转信用贷款	5年	–	–	–	B2	B	$8 368	4.8x	6.8x	28%	软件	Julis资本合伙
		$4 250	L+425 定期贷款B（精简版）	7年	–	$99.000	6.850%	B2	B						
		$1 775	9.750% 优先票据	8年	–	$100.000	9.750%	Caa2	CCC+						
	系统软件提供商，使企业客户能够跨平台管理信息技术														
2018/5/17	Allan食品	$150	L+300 周转信用贷款	5年	–	–	–	B2	B	$2 492	5.1x	6.6x	40%	食品饮料	Nancy股权合伙
		$1 145	L+300 定期贷款B（精简版）	7年	–	$99.750	5.413%	B2	B						
		$350	8.500% 优先票据	8年	–	$100.000	8.500%	Caa2	CCC+						
	生产营养棒、麦片、饼干、零食和其他烘焙食品														
2018/5/4	Olivia公司	$250	L+450 周转信用贷款	5年	–	–	–	Ba3	B–	$1 107	2.1x	3.5x	30%	消费	Hochberg集团
		$475	L+450 定期贷款B（精简版）	7年	–	$98.000	7.300%	Ba3	B–						
		$300	8.750% 优先票据	8年	–	$87.000	11.499%	Caa1	CCC+						
	贺卡、礼品包装、派对用品和文具产品的设计师、制造商和分销商														
2018/4/19	Alex Dental	$135	L+375 周转信用贷款	5年	–	–	–	B2	B–	$2 650	4.9x	6.5x	50%	健康	Jharris公司
		$1 000	L+375 定期贷款B（精简版）	7年	–	$99.500	6.225%	B2	B–						
		$325	8.500% 优先票据	8年	–	$100.000	8.500%	Caa2	CCC						
	为美国各地的牙科诊所提供非临床行政支持服务														
2017/10/3	Chuckles全球	$350	L+400 周转信用贷款	5年	–	–	–	Ba3	B+	$4 933	3.4x	4.9x	25%	电信	Eu-Han资本
		$2 550	L+400 定期贷款B（精简版）	7年	–	$99.000	5.600%	Ba3	B+						
		$1 150	8.500% 优先票据	8年	–	$98.580	8.855%	B3	CCC+						
	通信和网络基础设施服务提供商														
2017/9/19	Masha公司	$200	L+300 周转信用贷款	5年	–	–	–	B1	B	$1 958	4.4x	5.9x	40%	工业服务	LS资本
		$875	L+300 定期贷款B（精简版）	7年	–	$100.000	4.350%	B1	B						
		$300	6.000% 优先票据	8年	–	$100.000	6.000%	Caa1	CCC+						
	为商业、工业和住宅客户提供无害废物收集、处置和回收服务														
2017/7/21	Ronie工业	$500	L+150 资产抵押周转信用贷款	5年	–	–	–	B2	B+	$2 615	4.8x	7.0x	40%	建筑产品	D&R公司
		$1 075	L+300 定期贷款B（精简版）	7年	1.00%	$99.750	4.363%	B2	B+						
		$500	6.125% 优先票据	8年	–	$100.000	6.125%	Caa1	B–						
	用于建造地下水和排水基础设施的建筑产品分销商														
2017/6/20	Margo惩教	$150	L+450 周转信用贷款	5年	–	–	–	B2	B	$1 643	4.6x	6.0x	30%	商业服务	Meisner全球管理
		$875	L+450 第一留置权定期贷款（精简版）	7年	1.00%	$99.500	5.925%	B2	B						
		$275	L+825 第二留置权定期贷款（精简版）	8年	1.00%	$99.000	9.800%	Caa2	CCC+						
	为美国惩教行业提供囚犯交流和调查技术														
平均值										**$4 790**	**4.5x**	**5.9x**	**36%**		
中位值										**$2 553**	**4.7x**	**6.2x**	**36%**		
高点										**$20 149**	**6.4x**	**7.0x**	**50%**		
低点										**$1 107**	**2.1x**	**3.5x**	**25%**		

数据来源：公司备案文件。

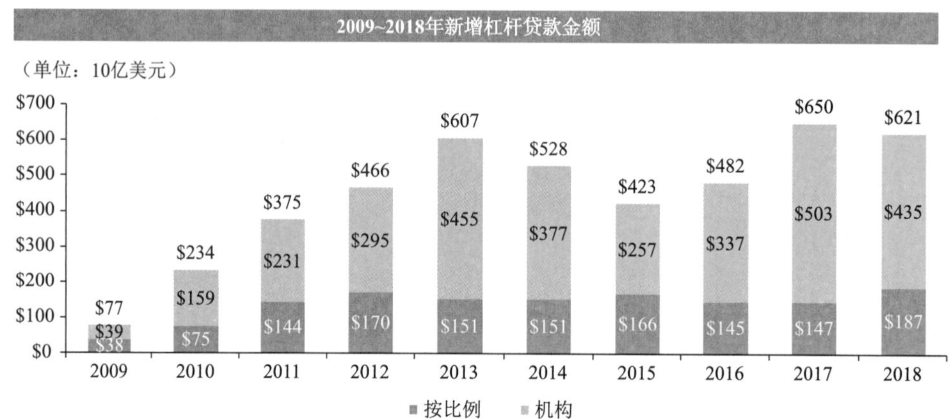

资料来源：标准普尔杠杆评论和数据组。

图 4-18　2009 ～ 2018 年新增杠杆贷款金额

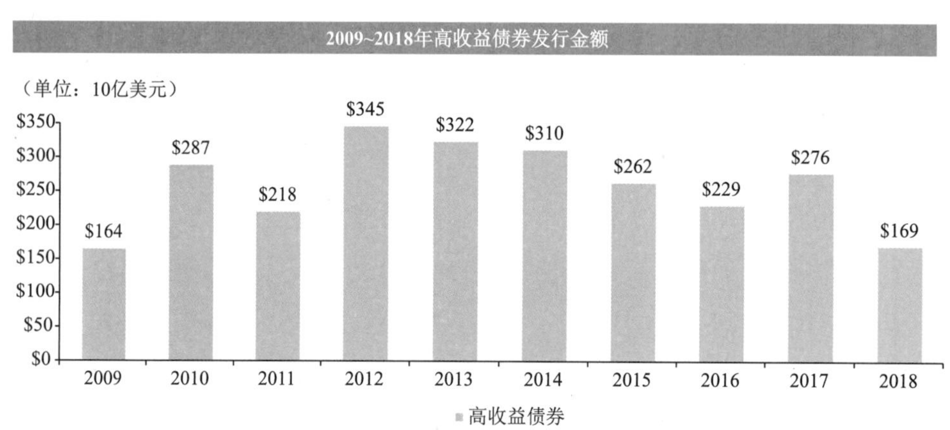

资料来源：标准普尔杠杆评论和数据组。

图 4-19　2009 ～ 2018 年高收益债券发行金额

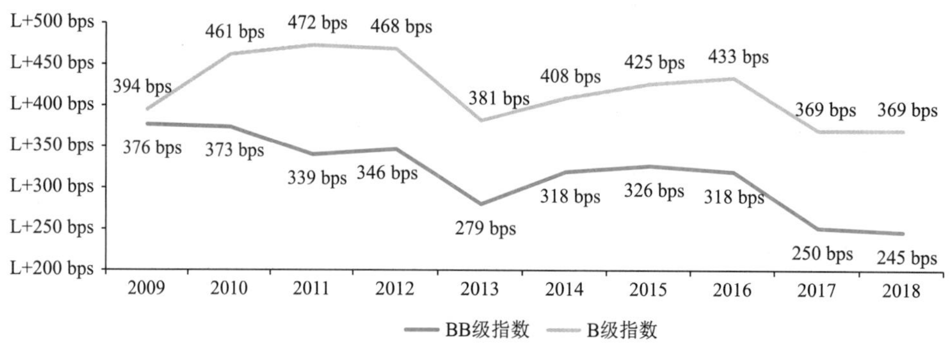

资料来源：标准普尔杠杆评论和数据组。

图 4-20　2009 ～ 2018 年不同信用级别的杠杆贷款价差

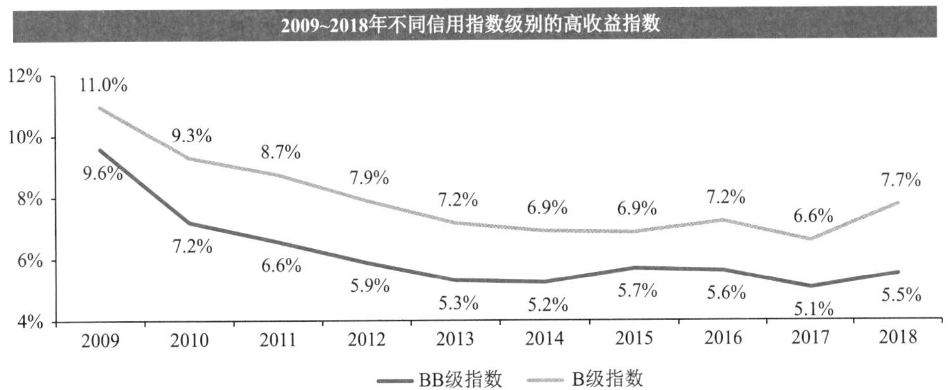

资料来源：标准普尔杠杆评论和数据组。

图 4-21　2009 ～ 2018 年不同信用指数级别的高收益指数

第五章

LBO分析

LBO分析是用来评测杠杆收购情形下融资结构、投资收益和估值的核心分析工具。该技术还可用于评估公司债务发行人的再融资机会和结构重组方案。LBO 分析比本书前几章论述过的几种分析方法更加复杂，因为它要求专业财务建模、杠杆债务资本市场、兼并与收购以及会计方面的知识。LBO 分析的核心是一个财务模型（LBO 模型），其结构设置很灵活，可以分析某个给定目标在多个融资结构和经营情景下的绩效情况。

融资结构

在债务融资方面，投资银行分析师用 LBO 分析来帮助设定目标的一个可行的融资结构，包括债务的数额和类型（还有本书第四章所列的关键性条款）以及财务投资者的股权出资。有了模型的输出结果，投资银行分析师就可以根据某个预测期间内的现金流产生、债务偿还、信贷数据和投资收益等情况，分析某个给定的融资结构。

对 LBO 融资结构的分析一般都由投资银行的杠杆融资团队和资本市场团队以及行业调研团队（合并统称“交易团队”）牵头。其目标是要给财务投资者提供几个能够实现收益最大化，同时仍可推销给债务投资人的定制型融资方案。融资结构还必须为目标提供按计划经营业务所需要的足够的灵活性和缓冲性。

如本书第四章所述，投资者一般都会与融资提供方（比如投资银行）密切合作，以确定某个具体交易的融资结构。投资者选定了青睐的融资结构后（常常是数家投资银行所提方案中最佳条款的合并结果），交易团队就将其提交给投资银行的内部信贷委员会审批。在获得该委员会批准后，投资银行一般都会提供一份融资承诺，然后买方将该承诺作为最终报价文件的一部分提交给卖方及其咨询顾问（见本书第六章）。

估值

LBO 分析也是并购工具箱中的一个基础部分。根据可接受的投资回报率门槛要求，投资者、投资银行分析师和其他金融专业人士可以用它来确定给定目标在 LBO 出售中的隐含估值范围。估值输出结果依据的基础是一些关键性变量数据，比如财务预测、收购价格和融资结构，以及退出乘数和退出年份。因此，这些关键性价值驱动因素要进行敏感性分析，以便得出用于框定目标估值的 IRR 范围（见表 5-42 和表 5-43）。正如本书第四章所论述的那样，投资者通常用 15% ~ 20% 的 IRR 作为投资标准来评估收购机会，并相应确定估值。

作为卖方的并购顾问时，投资银行分析师进行 LBO 分析是为了从一个财务投资者的角度来测定估值。由此，他们就有能力设定卖方的出售价格预期，并相应地引导与潜在买方的谈判。同理，作为买方的并购顾问时，投资银行分析师进行 LBO 分析的目的一般是要确定一个收购价格范围。如果是战略性买方，该分析（以及其他估值方法所产生的分析）可以用来框定估值和报价策略，其方法是分析一个竞争性投标者有可能愿意为目标所支付的价格。

本章的目标是要深入介绍 LBO 分析及其广泛的用途。虽然进行这一分析的方法有很多（特别是在 LBO 建模方面），但我们设计的表 5-1 中的各个步骤是为了尽可能地方便用户。我们还用 ValueCo 作为 LBO 目标进行了演示性 LBO 分析。

表 5-1 LBO 分析步骤

第一步：找出并分析必要信息
第二步：建立 LBO 前模型
编制“历史和预测利润表”至“EBIT”
输入“期初资产负债表和预计资产负债表内容”
编制“现金流量表”至“投资活动”
第三步：输入交易结构
输入“收购价格假设数据”
将“融资结构”输入“资金来源和使用”
将“资金来源和使用”与“资产负债表调整栏”链接

（续）

第四步：完成 LBO 后模型
编制“债务偿还计划表”
完成从 EBIT 到净利润的“备考利润表”
完成“备考资产负债表”
完成“备考现金流量表”
第五步：进行 LBO 分析
分析融资结构
进行投资回报分析
确定估值
创建“交易摘要页面”

完成了上述各个步骤后，所有基本计算结果都要链接到一个交易摘要页面，用做 LBO 模型封面页（见表 5-2）。有了这个页面，交易团队就可以快速审阅并即刻检查该分析，同时对收购价格、融资结构、经营性假设数据和其他关键性输入内容进行必要的调整。这个页面还包含切换单元格，而这些单元格除了其他功能之外㊀，还可以让投资银行分析师在各个融资结构和经营情景之间来回转换。完整的模型（包括所有假定数据页面）如表 5-45 至表 5-53 所示。

第一步：找出并分析必要信息

在进行 LBO 分析时，第一步是要收集、组织和分析目标及其所在行业的信息资料，以及具体交易细节方面所有可获得的信息资料。在有组织的出售流程中，卖方顾问会向潜在买方提供此类细节，包括构成初步 LBO 模型基础的财务预测数据（请见本书第六章）。该信息一般都包含在 CIM 中，而额外信息则通过管理层演示和数据资料室（data room）来提供，例如由 Datasite 提供的服务（见图 6-4）。如果是上市目标，补充这一信息的是 SEC 申报备案文件、调研报告和本书前几章描述的其他公开渠道。

如果没有 CIM 或补充公司信息（例如，目标并未被积极推销），投资银行分析师必须依赖公开渠道进行初步尽职调查工作，编制一套初步的财务预测数据。显然，针对上市公司的这方面工作要比私有公司简单（见第三章）。

㊀ 包括设定切换来激活 100% 现金流归集、现金余额归集、平均利息费用选项，或其他针对具体交易的切换功能。

表 5-2 LBO 模型交易摘要页面

ValueCo公司
杠杆收购分析
（单位：100万美元，财务年度截止日为12月31日）

融资结构：融资结构1
经营情景：基准方案

交易摘要

资金来源	金额	百分比 %	EBITDA乘数 2019/9/30	EBITDA乘数 累计	价格
周转信用贷款	–	– %	– x	– x	L+425 bps
定期贷款A	–	– %	– x	– x	NA
定期贷款B	2 800.0	46.7%	4.0x	4.0x	L+425 bps
定期贷款C	–	– %	– x	4.0x	NA
第二留置权	–	– %	– x	4.0x	NA
优先票据	850.0	14.2%	1.2x	5.2x	8.000%
优先次级票据	–	– %	– x	5.2x	NA
股权出资	2 100.0	35.0%	3.0x	8.2x	
展期股权	–	– %	– x	8.2x	
库存现金	250.0	4.2%	0.4x	8.6x	
资金来源合计	**$6 000.0**	**100.0%**	**8.6x**	**8.6x**	

资金使用	金额	百分比%
收购ValueCo股权	$4 350.0	72.5%
偿还现有负债	1 500.0	25.0%
要约/回购溢价	20.0	0.3%
融资费用	100.0	1.7%
其他费用	30.0	0.5%
资金使用合计	$6 000.0	100.0%

收购价格	
要约每股价格	–
全面稀释股份	–
股权收购价格	**$4 350.0**
加：现有净负债	1 250.0
企业价值	**$5 600.0**

交易乘数		
企业价值/销售收入		
LTM 2019/9/30	$3 385.0	**1.7x**
2019E	3 450.0	**1.6x**
企业价值 / EBITDA		
LTM 9/30/201	$700.0	**8.0x**
2019E	725.0	**7.7x**

收益分析	
退出年份	2024
进入乘数	8.0x
退出乘数	8.0x
IRR	**21%**
现金收益	**2.6x**

选项	
融资结构	1
经营情景	1
现金流归集	1
现金余额	1
平均利息	1
融资费用	1

财务数据汇总

	历史期 2016	2017	2018	LTM 2019/9/30	预计 2019	预测期 第1年 2020	第2年 2021	第3年 2022	第4年 2023	第5年 2024	第6年 2025	第7年 2026	第8年 2027	第9年 2028	第10年 2029
销售收入	**$2 600.0**	**$2 900.0**	**$3 200.0**	**$3 385.0**	**$3 450.0**	**$3 708.8**	**$3 931.3**	**$4 127.8**	**$4 293.0**	**$4 421.7**	**$4 554.4**	**$4 691.0**	**$4 831.8**	**$4 976.7**	**$5 126.0**
增长率	*NA*	*11.5%*	*10.3%*	*NA*	*7.8%*	*7.5%*	*6.0%*	*5.0%*	*4.0%*	*3.0%*	*3.0%*	*3.0%*	*3.0%*	*3.0%*	*3.0%*
毛利润	**$988.0**	**$1 131.0**	**$1 280.0**	**$1 350.0**	**$1 380.0**	**$1 483.5**	**$1 572.5**	**$1 651.1**	**$1 717.2**	**$1 768.7**	**$1 821.8**	**$1 876.4**	**$1 932.7**	**$1 990.7**	**$2 050.4**
毛利率	*38.0%*	*39.0%*	*40.0%*	*39.9%*	*40.0%*	*40.0%*	*40.0%*	*40.0%*	*40.0%*	*40.0%*	*40.0%*	*40.0%*	*40.0%*	*40.0%*	*40.0%*
EBITDA	**$491.4**	**$580.0**	**$672.0**	**$700.0**	**$725.0**	**$779.4**	**$826.1**	**$867.4**	**$902.1**	**$929.2**	**$957.1**	**$985.8**	**$1 015.4**	**$1 045.8**	**$1 077.2**
利润率	*18.9%*	*20.0%*	*21.0%*	*20.7%*	*21.0%*	*21.0%*	*21.0%*	*21.0%*	*21.0%*	*21.0%*	*21.0%*	*21.0%*	*21.0%*	*21.0%*	*21.0%*
资本性支出	139.5	128.3	144.0	152.3	157.5	166.9	176.9	185.8	193.2	199.0	204.9	211.1	217.4	224.0	230.7
占销售收入 %	*5.4%*	*4.4%*	*4.5%*	*4.5%*	*4.6%*	*4.5%*	*4.5%*	*4.5%*	*4.5%*	*4.5%*	*4.5%*	*4.5%*	*4.5%*	*4.5%*	*4.5%*
现金利息费用					*236.0%*	228.3	210.3	188.8	167.2	143.0	116.6	88.1	71.4	69.4	69.4
利息费用合计					*250.0%*	242.4	224.4	202.9	181.2	157.1	129.6	101.1	75.3	69.4	69.4
自由现金流															
EBITDA						$779.4	$826.1	$867.4	$902.1	$929.2	$957.1	$985.8	$1 015.4	$1 045.8	$1 077.2
减：现金利息费用						(228.3)	(210.3)	(188.8)	(167.2)	(143.0)	(116.6)	(88.1)	(71.4)	(69.4)	(69.4)
加：利息收入						–	–	–	–	–	–	–	1.2	3.8	6.6
减：所得税						(78.6)	(91.5)	(104.2)	(115.8)	(126.7)	(138.6)	(150.8)	(162.8)	(170.4)	(176.7)
减：资本性支出						(166.9)	(176.9)	(185.8)	(193.2)	(199.0)	(204.9)	(211.1)	(217.4)	(224.0)	(230.7)
减：净流动资金增加						(47.6)	(41.0)	(36.2)	(30.4)	(23.7)	(24.4)	(25.1)	(25.9)	(26.7)	(27.5)
自由现金流						**$257.9**	**$306.5**	**$352.4**	**$395.6**	**$436.8**	**$472.5**	**$510.6**	**$539.0**	**$559.2**	**$579.5**
累计自由现金流						257.9	564.4	916.8	1 312.4	1 749.2	2 221.7	2 732.3	3 271.3	3 830.5	4 410.0

资本总额

	预计 2019	2020	2021	2022	2023	2024	2025	2026	2027	2028	2029
现金	–	–	–	–	–	–	–	–	$471.3	$1 030.5	$1 610.0
周转信用贷款	–	–	–	–	–	–	–	–	–	–	–
定期贷款A	–	–	–	–	–	–	–	–	–	–	–
定期贷款B	2 800.0	2 542.1	2 235.6	1 883.2	1 487.6	1 050.8	578.3	67.7	–	–	–
定期贷款C	–	–	–	–	–	–	–	–	–	–	–
现有定期贷款	–	–	–	–	–	–	–	–	–	–	–
第二留置权	–	–	–	–	–	–	–	–	–	–	–
其他负债	–	–	–	–	–	–	–	–	–	–	–
优先有担保负债合计	**$2 800.0**	**$2 542.1**	**$2 235.6**	**$1 883.2**	**$1 487.6**	**$1 050.8**	**$578.3**	**$67.7**	–	–	–
优先票据	850.0	850.0	850.0	850.0	850.0	850.0	850.0	850.0	850.0	850.0	850.0
优先负债合计	**$3 650.0**	**$3 392.1**	**$3 085.6**	**$2 733.2**	**$2 337.6**	**$1 900.8**	**$1 428.3**	**$917.7**	**$850.0**	**$850.0**	**$850.0**
优先次级票据	–	–	–	–	–	–	–	–	–	–	–
负债合计	**$3 650.0**	**$3 392.1**	**$3 085.6**	**$2 733.2**	**$2 337.6**	**$1 900.8**	**$1 428.3**	**$917.7**	**$850.0**	**$850.0**	**$850.0**
所有者权益	2 050.0	2 285.9	2 560.3	2 872.9	3 220.4	3 600.6	4 016.3	4 468.7	4 957.2	5 468.4	5 998.6
资本总额	**$5 700.0**	**$5 677.9**	**$5 645.9**	**$5 606.1**	**$5 558.1**	**$5 501.4**	**$5 444.6**	**$5 386.4**	**$5 807.2**	**$6 318.4**	**$6 848.6**
已偿还银行负债 %	–	*9.2%*	*20.2%*	*32.7%*	*46.9%*	*62.5%*	*79.3%*	*97.6%*	*100.0%*	*100.0%*	*100.0%*

信用比率

	预计 2019	2020	2021	2022	2023	2024	2025	2026	2027	2028	2029
负债 / 资本总额 %	*64.0%*	*59.7%*	*54.7%*	*48.8%*	*42.1%*	*34.6%*	*26.2%*	*17.0%*	*14.6%*	*13.5%*	*12.4%*
EBITDA / 现金利息费用	3.1x	3.4x	3.9x	4.6x	5.4x	6.5x	8.2x	11.2x	14.2x	15.1x	15.5x
(EBITDA－资本性支出) / 现金利息费用	2.4x	2.7x	3.1x	3.6x	4.2x	5.1x	6.4x	8.8x	11.2x	11.8x	12.2x
EBITDA / 利息费用合计	2.9x	3.2x	3.7x	4.3x	5.0x	5.9x	7.4x	9.8x	13.5x	15.1x	15.5x
(EBITDA－资本性支出) / 利息费用合计	2.3x	2.5x	2.9x	3.4x	3.9x	4.6x	5.8x	7.7x	10.6x	11.8x	12.2x
优先有担保负债 / EBITDA	3.9x	3.3x	2.7x	2.2x	1.6x	1.1x	0.6x	0.1x	- x	- x	- x
优先负债 / EBITDA	5.0x	4.4x	3.7x	3.2x	2.6x	2.0x	1.5x	0.9x	0.8x	0.8x	0.8x
总负债 / EBITDA	5.0x	4.4x	3.7x	3.2x	2.6x	2.0x	1.5x	0.9x	0.8x	0.8x	0.8x
净负债 / EBITDA	5.0x	4.4x	3.7x	3.2x	2.6x	2.0x	1.5x	0.9x	0.4x	(0.2x)	(0.7x)

无论是否有正规的出售流程，对于投资银行分析师来说，很重要的一点是要独立核实有关目标及其所在行业的尽可能多的信息。尤其重要的资料来源是公开申报备案文件，以及针对目标及其可比公司的股票和固定收益债券的研究报告（如果适用的话）。如果没有这些资料，那么新闻报道、行业刊物，甚至针对某个给定公司或行业及其竞争动态的一份简单的互联网调查报告，都可能提供宝贵的信息。在投资银行内部，交易团队还会依赖其相关行业的投资银行分析师的判断和经验，来提供有关目标的见解。

第二步：建立 LBO 前模型

在第二步中，我们将针对如何建立演示性目标公司 ValueCo 的独立的（LBO 前）经营模型，提供详尽的分步骤指导（见表 5-3）——假设主要的财务假定数据可以从 CIM 中获得。LBO 前模型是一种基本的、由三个报表（利润表、资产负债表和现金流量表）组成的财务预测模型，最初不包含 LBO 交易的影响。LBO 融资结构的纳入及由此产生的预计影响，将在第三步和第四步中详细论述。

表 5-3　LBO 前模型建模步骤

第二（a）步：编制“历史和预测利润表”至“EBIT”
第二（b）步：输入“期初资产负债表和预计资产负债表内容”
第二（c）步：编制“现金流量表”至“投资活动”

第二（a）步：编制“历史和预测利润表”至“EBIT”

投资银行分析师通常在开始 LBO 前模型建模时，首先输入目标公司过去 3 年间的历史利润表信息，如果能获得该信息的话。历史利润表通常都只编制到“EBIT”，因为目标公司将通过 LBO 进行资本重组，所以其过去年利息费用和净利润数据不具相关性。跟 DCF 一样，历史财务绩效数据应该以预计为基础，并针对非经常性项目和最近事件来调整。这就提供了预测和分析未来财务绩效的一个常态化基础。

接着，将 CIM 中提供的管理层预测的从销售收入至 EBIT 的数据输入到一个假设数据页面（见表 5-51），该页面继而链接到预测利润表，直至其他经营情景得以编制和提供。该情形一般都标注为“管理层情形”。这个时候，在

EBIT 和税前利润（earnings before taxes, EBT）之间的各行内容特意留为空白，待融资结构输入到模型、债务偿还表得以完成后再填写（见表 5-29）。在 ValueCo 的案例中，虽然现有 10 亿美元定期贷款和 5 亿美元优先票据（见表 5-5），但没有必要对相关利息费用（或强制性分期还款）进行建模，因为它将作为 LBO 交易的一部分进行再融资。

从债务融资的角度说，LBO 模型的预测时间一般都设定为 7 ~ 10 年，以便吻合资本结构中期限最长的债务工具的到期日㊀。然而，财务投资者在其内部 LBO 模型中有可能只采用 5 年的预测期，以便吻合其预计投资期的期望值。由于 CIM 一般只提供 5 年的预测利润表数据㊁，投资银行分析师的常见做法是冻结第 5 年的增长率和利润率假设数据，用来框定 5 年之后各年份的预测数字（在没有具体的指导数字的情况下）。如表 5-4 中 ValueCo 的 LBO 前利润表所示，保持销售收入增长率、毛利率和 EBITDA 利润率数字分别为不变的 3%、40% 和 21%，来推算第 6 年至第 10 年的预测数字。

额外情形。除了管理层情景外，交易团队往往还会编制自己的、更加保守的经营情景，叫作“基准方案”（base case）。基准方案一般都以管理层假定数据为基础，但会根据交易团队的尽职调查、研究分析进行调整。

银行的内部信贷委员会还会要求交易团队分析目标在一两个压力情景下的财务状况，以便确定目标在困境时期还本付息的能力。投资者要进行类似的分析，以便检验所提议投资项目的稳定性。这些“悲观方案”一般都会体现目标的首行增长率、利润率、潜在资本性支出和流动资金效率等打了折扣后的财务状况。跟 DCF 模型一样，LBO 模型中的“切换”功能还能让投资银行分析师在不同情景之间来回转换，而无须重新输入关键性财务输入数据和假设数据。一个单独的切换就可以分析不同的融资结构。

交易团队最终用来编制限定性条款、向投资人推销交易的经营情景，是由投资者提供的（“投资者情景”，sponsor case）。投资者用尽职调查、行业专家、咨询研究、调查报告以及他们自己从行业经验中获取的信息来编制该情景。

㊀ 典型的 LBO 融资模型通常要有灵活性来满足 10 年的预测期，这也是优先次级票据和夹层债务通常的时间期限。在本章中，我们假设优先票据在 8 年到期后进行再融资。

㊁ CIM（或者其他媒介）提供的预测期长短有可能根据具体情况而不同。

表 5-4　ValueCo LBO 前利润表

（单位：100万美元，财务年度截止日为12月31日）

利润表	历史期					预测期									
				LTM	备考	第 1 年	第 2 年	第 3 年	第 4 年	第 5 年	第 6 年	第 7 年	第 8 年	第 9 年	第 10 年
	2016	2017	2018	2019/9/30	2019	2020	2021	2022	2023	2024	2025	2026	2027	2028	2029
销售收入	$2 600.0	$2 900.0	$3 200.0	$3 385.0	$3 450.0	**$3 708.8**	**$3 931.3**	**$4 127.8**	**$4 293.0**	**$4 421.7**	**$4 554.4**	**$4 691.0**	**$4 831.8**	**$4 976.7**	**$5 126.0**
增长率	*NA*	*11.5%*	*10.3%*	*NA*	*7.8%*	*7.5%*	*6.0%*	*5.0%*	*4.0%*	*3.0%*	*3.0%*	*3.0%*	*3.0%*	*3.0%*	*3.0%*
销货成本	1 612.0	1 769.0	1 920.0	2 035.0	2 070.0	2 225.3	2 358.8	2 476.7	2 575.8	2 653.0	2 732.6	2 814.6	2 899.1	2 986.0	3 075.6
毛利润	**$988.0**	**$1 131.0**	**$1 280.0**	**$1 350.0**	**$1 380.0**	**$1 483.5**	**$1 572.5**	**$1 651.1**	**$1 717.2**	**$1 768.7**	**$1 821.8**	**$1 876.4**	**$1 932.7**	**$1 990.7**	**$2 050.4**
毛利率	*38.0%*	*39.0%*	*40.0%*	*39.9%*	*40.0%*	*40.0%*	*40.0%*	*40.0%*	*40.0%*	*40.0%*	*40.0%*	*40.0%*	*40.0%*	*40.0%*	*40.0%*
销售、行政及管理费用	496.6	551.0	608.0	650.0	655.0	704.1	746.4	783.7	815.0	839.5	864.7	890.6	917.3	944.9	973.2
占销售收入 %	*19.1%*	*19.0%*	*19.0%*	*19.2%*	*19.0%*	*19.0%*	*19.0%*	*19.0%*	*19.0%*	*19.0%*	*19.0%*	*19.0%*	*19.0%*	*19.0%*	*19.0%*
其他费用/（收入）	–	–	–	–	–	–	–	–	–	–	–	–	–	–	–
EBITDA	**$491.4**	**$580.0**	**$672.0**	**$700.0**	**$725.0**	**$779.4**	**$826.1**	**$867.4**	**$902.1**	**$929.2**	**$957.1**	**$985.8**	**$1 015.4**	**$1 045.8**	**$1 077.2**
利润率	*18.9%*	*20.0%*	*21.0%*	*20.7%*	*21.0%*	*21.0%*	*21.0%*	*21.0%*	*21.0%*	*21.0%*	*21.0%*	*21.0%*	*21.0%*	*21.0%*	*21.0%*
折旧	116.0	121.5	145.0	150.0	155.3	166.9	176.9	185.8	193.2	199.0	204.9	211.1	217.4	224.0	230.7
摊销	39.0	43.5	48.0	50.0	51.8	55.6	59.0	61.9	64.4	66.3	68.3	70.4	72.5	74.7	76.9
EBIT	**$336.4**	**$415.0**	**$479.0**	**$500.0**	**$518.0**	**$556.9**	**$590.3**	**$619.8**	**$644.6**	**$663.9**	**$683.8**	**$704.3**	**$725.5**	**$747.2**	**$769.6**
利润率	*12.9%*	*14.3%*	*15.0%*	*14.8%*	*15.0%*	*15.0%*	*15.0%*	*15.0%*	*15.0%*	*15.0%*	*15.0%*	*15.0%*	*15.0%*	*15.0%*	*15.0%*
利息费用					待填										
周转信用贷款															
定期贷款A															
定期贷款B															
定期贷款C															
现有定期贷款															
第二留置权															
优先票据															
优先次级票据															
未提款周转贷款部分承诺费															
机构代理费															
现金利息费用合计															
融资费用摊销															
利息费用合计															
利息收入															
净利息费用															
税前利润						556.9	590.3	619.8	644.6	663.9	683.8	704.3	725.5	747.2	769.6
所得税费用						139.2	147.6	154.9	161.1	166.0	171.0	176.1	181.4	186.8	192.4
净利润						**$417.6**	**$442.7**	**$464.8**	**$483.4**	**$497.9**	**$512.9**	**$528.3**	**$544.1**	**$560.4**	**$577.2**
利润率						*11.3%*	*11.3%*	*11.3%*	*11.3%*	*11.3%*	*11.3%*	*11.3%*	*11.3%*	*11.3%*	*11.3%*
利润表假设															
销售收入（增长率）	NA	11.5%	10.3%	NA	7.8%	7.5%	6.0%	5.0%	4.0%	3.0%	3.0%	3.0%	3.0%	3.0%	3.0%
销货成本（占销售收入%）	62.0%	61.0%	60.0%	60.1%	60.0%	60.0%	60.0%	60.0%	60.0%	60.0%	60.0%	60.0%	60.0%	60.0%	60.0%
销售、行政及管理费用（占销售收入%）	19.1%	19.0%	19.0%	19.2%	19.0%	19.0%	19.0%	19.0%	19.0%	19.0%	19.0%	19.0%	19.0%	19.0%	19.0%
其他费用/(收入)(占销售收入%)	– %	– %	– %	– %	– %	– %	– %	– %	– %	– %	– %	– %	– %	– %	– %
折旧（占销售收入%）	4.5%	4.2%	4.5%	4.4%	4.5%	4.5%	4.5%	4.5%	4.5%	4.5%	4.5%	4.5%	4.5%	4.5%	4.5%
摊销（占销售收入%）	1.5%	1.5%	1.5%	1.5%	1.5%	1.5%	1.5%	1.5%	1.5%	1.5%	1.5%	1.5%	1.5%	1.5%	1.5%
利息收入					0.5%	0.5%	0.5%	0.5%	0.5%	0.5%	0.5%	0.5%	0.5%	0.5%	0.5%
所得税税率						25.0%	25.0%	25.0%	25.0%	25.0%	25.0%	25.0%	25.0%	25.0%	25.0%

投资者情景连同投资者青睐的融资结构（合并称作“投资者模型”，Sponsor Model）一起被分享给潜在承销商㊀，作为他们提供承诺函的基础。接着，交易团队会同时确认投资者情景的可行性（根据自己的尽职调查和对目标及其所在行业的了解）和投资者青睐的融资结构的可销性（通过确认是否有买家愿意按照所提议的条件认购贷款和证券）。这项工作尤其重要，因为投资银行此时需要对有可能几个月（根据交易完结之前所要求的监管审批或其他审批规定的不同，有可能时间更长）都不会进入市场的一个融资结构做出承诺。

第二（b）步：输入“期初资产负债表和预计资产负债表内容”

目标公司的期初资产负债表（很可能还有预测资产负债表数据）一般都在 CIM 中提供，并填入 LBO 前模型（见表 5-5 中“期初 2019”标题）㊁。除了传统的资产负债表数据外，还有必要添加预计 LBO 融资结构建模所需要的新内容，比如：

- 长期资产项下的融资费（需要分摊）。
- 长期负债项下新融资结构的详细内容（例如，新周转贷款、定期贷款和高收益债券）。

接着，投资银行分析师必须在模型中设置功能，以便输入新的 LBO 融资结构。这一设置的做法是插入“调整项”栏，显示因 LBO 而产生的期初资产负债表的加减项（见表 5-5 和表 5-15）。“调整项”的输入内容横跨期初资产负债表到预计期末资产负债表，其数据源自交易中的“资金来源”和“资金使用”（见表 5-14 和表 5-15）。投资银行分析师还要插入“备考”栏，以体现期初资产负债表的净调整结果，并作为预测目标整个预测阶段 LBO 后资产负债表的起点。

在输入 LBO 融资结构之前，期初和备考资产负债表相同。目标的资产负债表基本内容——比如流动资产、流动负债、PP&E、其他资产和其他长期负债——都采用本书第三章中论述的方法来预测。跟目标的预测利润表内容中的假设数据一样，投资银行分析师要通过一个假设数据页面在模型中填入目标的

㊀ 提供投资者模型的时间取决于具体的交易细节和投资银行与投资者的关系。

㊁ 如果投资银行分析师正在组织出售流程之外（或者之前）分析一家上市公司作为潜在的 LBO 对象，那么一般都会采用该公司的 10-K 或 10-Q 中的最新资产负债表数据。

表 5-5 ValueCo LBO 前资产负债表

（单位：100万美元，财务年度截止日为12月31日）

资产负债表

	期初	调整项 +	调整项 -	备考	预测期 第 1 年	第 2 年	第 3 年	第 4 年	第 5 年	第 6 年	第 7 年	第 8 年	第 9 年	第 10 年
	2019			2019	2020	2021	2022	2023	2024	2025	2026	2027	2028	2029
现金及现金等价物	$250.0			$250.0										
应收账款	450.0			450.0	483.8	512.8	538.4	560.0	576.7	594.1	611.9	630.2	649.1	668.6
存货	600.0			600.0	645.0	683.7	717.9	746.6	769.0	792.1	815.8	840.3	865.5	891.5
预付款及其他流动资产	175.0			175.0	188.1	199.4	209.4	217.8	224.3	231.0	238.0	245.1	252.4	260.0
流动资产合计	**$1 475.0**			**$1 475.0**	**$1 316.9**	**$1 395.9**	**$1 465.7**	**$1 524.3**	**$1 570.0**	**$1 617.1**	**$1 665.7**	**$1 715.6**	**$1 767.1**	**$1 820.1**
固定资产净值	2 500.0			2 500.0	$2 333.1	$2 156.2	$1 970.4	$1 777.3	$1 578.3	$1 373.3	$1 162.2	$944.8	$720.9	$490.2
商誉	1 000.0			1 000.0	1 000.0	1 000.0	1 000.0	1 000.0	1 000.0	1 000.0	1 000.0	1 000.0	1 000.0	1 000.0
无形资产	875.0			875.0	819.4	760.4	698.5	634.1	567.8	499.4	429.1	356.6	282.0	205.1
其他资产	150.0			150.0	150.0	150.0	150.0	150.0	150.0	150.0	150.0	150.0	150.0	150.0
递延融资费用	–			–	–	–	–	–	–	–	–	–	–	–
资产合计	**$6 000.0**			**$6 000.0**	**$5 619.4**	**$5 462.5**	**$5 284.6**	**$5 085.7**	**$4 866.1**	**$4 639.9**	**$4 407.0**	**$4 167.0**	**$3 919.9**	**$3 665.4**
应付账款	215.0			215.0	231.1	245.0	257.2	267.5	275.6	283.8	292.3	301.1	310.1	319.4
应计负债	275.0			275.0	295.6	313.4	329.0	342.2	352.5	363.0	373.9	385.1	396.7	408.6
其他流动负债	100.0			100.0	107.5	114.0	119.6	124.4	128.2	132.0	136.0	140.1	144.3	148.6
流动负债合计	**$590.0**			**$590.0**	**$634.3**	**$672.3**	**$705.9**	**$734.2**	**$756.2**	**$778.9**	**$802.2**	**$826.3**	**$851.1**	**$876.6**
周转信用贷款	–	待从资金来源和使用表链接和计算		–	待与贷款偿还计划表关联									
定期贷款A	–			–										
定期贷款B	–			–										
定期贷款C	–			–	–	–	–	–	–	–	–	–	–	–
现有定期贷款	1 000.0			1 000.0	1 000.0	1 000.0	1 000.0	1 000.0	1 000.0	1 000.0	1 000.0	1 000.0	1 000.0	1 000.0
第二留置权	–			–	–	–	–	–	–	–	–	–	–	–
优先票据	–			–	–	–	–	–	–	–	–	–	–	–
现有优先票据	500.0			500.0	500.0	500.0	500.0	500.0	500.0	500.0	500.0	500.0	500.0	500.0
优先次级票据	–			–	–	–	–	–	–	–	–	–	–	–
其他负债	–			–	–	–	–	–	–	–	–	–	–	–
递延所得税	300.0			300.0	300.0	300.0	300.0	300.0	300.0	300.0	300.0	300.0	300.0	300.0
其他长期负债	110.0			110.0	110.0	110.0	110.0	110.0	110.0	110.0	110.0	110.0	110.0	110.0
负债合计	**$2 500.0**			**$2 500.0**	**$2 544.3**	**$2 582.3**	**$2 615.9**	**$2 644.2**	**$2 666.2**	**$2 688.9**	**$2 712.2**	**$2 736.3**	**$2 761.1**	**$2 786.6**
非控股股东权益	–			–	–	–	–	–	–	–	–	–	–	–
所有者权益	3 500.0			3 500.0	3 917.6	4 360.3	4 825.2	5 308.6	5 806.5	6 319.4	6 847.6	7 391.7	7 952.1	1 732.6
所有者权益合计	**$3 500.0**			**$3 500.0**	**$3 917.6**	**$4 360.3**	**$4 825.2**	**$5 308.6**	**$5 806.5**	**$6 319.4**	**$6 847.6**	**$7 391.7**	**$7 952.1**	**$1 732.6**
负债及所有者权益合计	**$6 000.0**			**$6 000.0**	**$6 461.9**	**$6 942.6**	**$7 441.1**	**$7 952.7**	**$8 472.7**	**$9 008.2**	**$9 559.9**	**$10 128.0**	**$10 713.2**	**$4 519.3**
平衡检验	*0.000*			*0.000*										
净流动资金	635.0			635.0	682.6	723.6	759.8	790.2	813.9	838.3	863.4	889.3	916.0	943.5
净流动资金（增加）/减少					(47.6)	(41.0)	(36.2)	(30.4)	(23.7)	(24.4)	(25.1)	(25.9)	(26.7)	(27.5)
资产负债表假设														
流动资产														
应收账款周转天数（DSO）	47.6			47.6	47.6	47.6	47.6	47.6	47.6	47.6	47.6	47.6	47.6	47.6
存货持有天数（DIH）	105.8			105.8	105.8	105.8	105.8	105.8	105.8	105.8	105.8	105.8	105.8	105.8
预付款及其他流动负债（占销售收入%）	5.1%			5.1%	5.1%	5.1%	5.1%	5.1%	5.1%	5.1%	5.1%	5.1%	5.1%	5.1%
流动负债														
应付账款周转天数（DPO）	37.9			37.9	37.9	37.9	37.9	37.9	37.9	37.9	37.9	37.9	37.9	37.9
应计负债（占销售收入%）	8.0%			8.0%	8.0%	8.0%	8.0%	8.0%	8.0%	8.0%	8.0%	8.0%	8.0%	8.0%
其他流动负债（占销售收入%）	2.9%			2.9%	2.9%	2.9%	2.9%	2.9%	2.9%	2.9%	2.9%	2.9%	2.9%	2.9%

预测期每年末现金余额在模型完成后，会由现金流量表链接至资产负债表

在输入资本性支出前，固定资产净值只体现折旧影响

股东权益持续增加，直至融资结构输入模型

在预测期期末现金数据和现金流量表链接后，模型会平衡。

预测资产负债表内容假设数据（见表 5-52），该页面继而填入预测资产负债表。预测债务偿还情况此时并不进入模型，因为 LBO 融资结构尚未填入资金的来源和使用。在拥有 10 亿美元定期贷款和 5 亿美元优先票据的 ValueCo 案例中，我们简单地将预测阶段负债余额设置为与期初余额相同（见表 5-5）。此时，一旦 LBO 前现金流量表得以完成，年超额自由现金流[㊀] 便应计入预测阶段每年的期末现金余额［见第二（c）步、表 5-9 和表 5-10］。这样就能确保模型在 3 张财务报表完全链接后实现平衡。

根据信息的可获得性和对精确性的需求不同，投资银行分析师有可能选择建立一个足以计算债务偿还情况、实施基本收益分析的“简式”（short-form）LBO 模型。简式 LBO 模型采用简要版现金流量表和债务偿还计划表，一般都将流动资金计算为销售收入的一个百分比，以免去构建资产负债表。然而，为了提供最全面的分析，只要有可能，建议建立一个传统型三报表模型。

第二（c）步：编制“现金流量表”至“投资活动”

现金流量表由三个部分组成——经营活动、投资活动和筹资活动。

经营活动

利润表链接数据。在编制现金流量表时，所有合适的利润表内容，包括净利润和非现金费用（例如 D&A、递延融资费用摊销），必须与现金流量表中的经营活动栏链接。

净利润是现金流量表的第一行内容。它在 LBO 前模型中起初是虚高的数字，因为它剔除了与尚未输入模型中的 LBO 融资结构相关的预计利息费用和递延融资费用摊销。递延融资费用摊销是一项非现金费用，要加回到 LBO 后现金流量表的净利润中。有些内容，比如年预测 D&A，并不改变交易的预计情形。

如表 5-6 所示，ValueCo 2020E 的净利润为 4.176 亿美元，比考虑到 LBO 融资结构影响后的预计 2020E 净利润 2.359 亿美元多了 1.817 亿美元（见表 5-31）。

㊀ LBO 分析中使用的“自由现金流”一词不同于 DCF 分析中的“自由现金流”含义，因为它包含了杠杆的影响。

表 5-6　利润表链接数据

（单位：100万美元，财务年度截止日为12月31日）

现金流量表										
	预测期									
	第1年 2020	第2年 2021	第3年 2022	第4年 2023	第5年 2024	第6年 2025	第7年 2026	第8年 2027	第9年 2028	第10年 2029
经营活动产生的现金流										
净利润	$417.6	$442.7	$464.8	$483.4	$497.9	$512.9	$528.3	$544.1	$560.4	$577.2
加：折旧	166.9	176.9	185.8	193.2	199.0	204.9	211.1	217.4	224.0	230.7
加：摊销	55.6	59.0	61.9	64.4	66.3	68.3	70.4	72.5	74.7	76.9
加：融资费用摊销	待从利润表链接									

资产负债表链接数据。资产负债表账目中的每一个同比变化数据都必须通过相应地加减现金流量表中合适项目的数据来计算。正如本书第三章所述，资产的增加是现金的使用（表现为现金流量表中的一个负值），而资产的减少代表着现金的来源。同理，负债科目的增加或减少分别代表着现金的来源或者使用。目标预计流动资金各项的同比变化要在现金流量表中“经营活动”栏下的相应各行内容中计算。这些数额并不改变LBO交易的预计情形。目标的净利润、非现金费用、流动资金各项的变化和其他（适当）内容之和，提供了经营活动产生的现金流。

如表5-7所示，ValueCo在考虑LBO交易的影响前，2020E经营活动产生的现金流为5.925亿美元。

表 5-7　资产负债表链接数据

（单位：100万美元，财务年度截止日为12月31日）

现金流量表										
	预测期									
	第1年 2020	第2年 2021	第3年 2022	第4年 2023	第5年 2024	第6年 2025	第7年 2026	第8年 2027	第9年 2028	第10年 2029
经营活动										
净利润	$417.6	$442.7	$464.8	$483.4	$497.9	$512.9	$528.3	$544.1	$560.4	$577.2
加：折旧	166.9	176.9	185.8	193.2	199.0	204.9	211.1	217.4	224.0	230.7
加：摊销	55.6	59.0	61.9	64.4	66.3	68.3	70.4	72.5	74.7	76.9
加：融资费用摊销	待从利润表链接									
流动资金变化										
应收账款（增加）/减少	(33.8)	(29.0)	(25.6)	(21.5)	(16.8)	(17.3)	(17.8)	(18.4)	(18.9)	(19.5)
存货（增加）/减少	(45.0)	(38.7)	(34.2)	(28.7)	(22.4)	(23.1)	(23.8)	(24.5)	(25.2)	(26.0)
预付款和其他流动资产（增加）/减少	(13.1)	(11.3)	(10.0)	(8.4)	(6.5)	(6.7)	(6.9)	(7.1)	(7.4)	(7.6)
应付账款增加/（减少）	16.1	13.9	12.2	10.3	8.0	8.3	8.5	8.8	9.0	9.3
应计负债增加/（减少）	20.6	17.7	15.7	13.2	10.3	10.6	10.9	11.2	11.6	11.9
其他流动负债增加/（减少）	7.5	6.5	5.7	4.8	3.7	3.8	4.0	4.1	4.2	4.3
净流动资金（增加）/减少	(47.6)	(41.0)	(36.2)	(30.4)	(23.7)	(24.4)	(25.1)	(25.9)	(26.7)	(27.5)
经营活动产生的现金流	**$592.5**	**$637.6**	**$676.3**	**$710.6**	**$739.5**	**$761.7**	**$784.6**	**$808.1**	**$832.3**	**$857.3**

投资活动

资本性支出一般都是投资活动项下的一行关键性内容，虽然计划之中的收购或资产剥离活动也可能体现在其他投资性支出一行中。预测的资本性支出假设数字一般都来自CIM并输入到一个假设数据页面（见表5-51），且在该页面与现金流量表链接。目标的预测净PP&E必须包含资本性支出预测数字（加入PP&E），以及折旧预测数字（从PP&E中减出）。正如本书第三章所论述的那样，在资本性支出预测数字未予提供或无法获得的情况下，投资银行分析师一般都会按照历史比例数字加上周期性或者非经常性科目的适当调整后，预测资本性支出为销售收入的一个固定百分比。

经营活动和投资活动所提供的年现金流之和，提供了可用于偿还债务的年现金流，也就是人们常说的自由现金流（见表 5-25）。

如表 5-8 所示，我们并未就 ValueCo 的其他投资性支出做出任何假设。因此，ValueCo 投资活动所产生的现金流金额等于预测阶段每一年的资本性支出。

表 5-8　投资活动

（单位：100万美元，财务年度截止日为12月31日）

现金流量表										
	预测期									
	第1年 2020	第2年 2021	第3年 2022	第4年 2023	第5年 2024	第6年 2025	第7年 2026	第8年 2027	第9年 2028	第10年 2029
投资活动										
资本性支出	(166.9)	(176.9)	(185.8)	(193.2)	(199.0)	(204.9)	(211.1)	(217.4)	(224.0)	(230.7)
其他投资性支出	–	–	–	–	–	–	–	–	–	–
投资活动产生的现金流	($166.9)	($176.9)	($185.8)	($193.2)	($199.0)	($204.9)	($211.1)	($217.4)	($224.0)	($230.7)

筹资活动

现金流量表的筹资活动部分包含 LBO 融资结构中每一个债务工具（偿债）/ 提款的各行内容。它还包括股利和股份发行 /（股票回购）的各行内容。这些内容最初留出空白，直到 LBO 融资结构输入模型中（见第三步）、详细的债务偿还表得以编制［见第四（a）步］。

如表 5-9 所示，在考虑到 LBO 交易的影响之前，ValueCo 的当期预测剩余现金应计到预测阶段每一年的期末现金余额中。

表 5-9　筹资活动

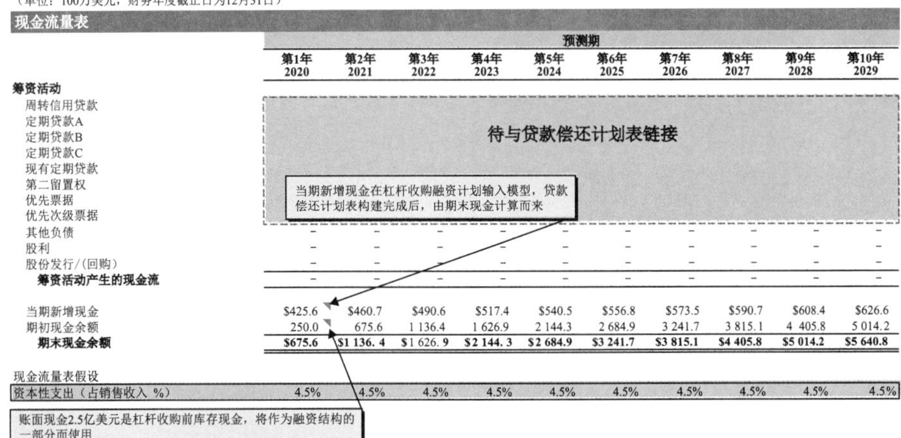

（单位：100万美元，财务年度截止日为12月31日）

现金流量表										
	预测期									
	第1年 2020	第2年 2021	第3年 2022	第4年 2023	第5年 2024	第6年 2025	第7年 2026	第8年 2027	第9年 2028	第10年 2029
筹资活动										
周转信用贷款	待与贷款偿还计划表链接									
定期贷款A										
定期贷款B										
定期贷款C										
现有定期贷款										
第二留置权										
优先票据										
优先次级票据										
其他负债	–	–	–	–	–	–	–	–	–	–
股利	–	–	–	–	–	–	–	–	–	–
股份发行/（回购）	–	–	–	–	–	–	–	–	–	–
筹资活动产生的现金流	–	–	–	–	–	–	–	–	–	–
当期新增现金	$425.6	$460.7	$490.6	$517.4	$540.5	$556.8	$573.5	$590.7	$608.4	$626.6
期初现金余额	250.0	675.6	1 136.4	1 626.9	2 144.3	2 684.9	3 241.7	3 815.1	4 405.8	5 014.2
期末现金余额	**$675.6**	**$1 136. 4**	**$1 626. 9**	**$2 144. 3**	**$2 684.9**	**$3 241.7**	**$3 815.1**	**$4 405.8**	**$5 014.2**	**$5 640.8**
现金流量表假设										
资本性支出（占销售收入 %）	4.5%	4.5%	4.5%	4.5%	4.5%	4.5%	4.5%	4.5%	4.5%	4.5%

现金流量表数据与资产负债表的链接。在现金流量表得以编制后，预测阶

段每一年的期末现金余额要链接到资产负债表中的现金及现金等价物一行中，从而全面链接LBO前模型的财务报表。

如表5-10所示，在2020E，ValueCo的当期新增现金为4.256亿美元。该数字加上期初现金余额2.5亿美元，得出期末现金余额为6.756亿美元[⊖]。这个数额链接到了资产负债表的2020E现金及现金等价物一行内容中。

表5-10 现金流量表数据与资产负债表的链接

（单位：100万美元，财务年度截止日为12月31日）

现金流量表

	预测期									
	第1年 2020	第2年 2021	第3年 2022	第4年 2023	第5年 2024	第6年 2025	第7年 2026	第8年 2027	第9年 2028	第10年 2029
当期新增现金	\$425.6	\$460.7	\$490.6	\$517.4	\$540.5	\$556.8	\$573.5	\$590.7	\$608.4	\$626.6
期初现金余额	250.0	675.6	1 136.4	1 626.9	2 144.3	2 684.9	3 241.7	3 815.1	4 405.8	5 014.2
期末现金余额	\$675.6	\$1 136.4	\$1 626.9	\$2 144.3	\$2 684.9	\$3 241.7	\$3 815.1	\$4 405.8	\$5 014.2	\$5 640.8

资产负债表

		预测期									
	备考 2019	第1年 2020	第2年 2021	第3年 2022	第4年 2023	第5年 2024	第6年 2025	第7年 2026	第8年 2027	第9年 2028	第10年 2029
现金及现金等价物	\$250.0	\$675.6	\$1 136.4	\$1 626.9	\$2 144.3	\$2 684.9	\$3 241.7	\$3 815.1	\$4 405.8	\$5 014.2	\$5 640.8

= 期末现金余额$_{2020E}$（从现金流量表链接）

在建立LBO模型的这个阶段，资产负债表应该已经实现预测阶段每一年的平衡（即资产总额等于负债总额加上所有者权益）。如果确实如此的话，那么该模型就可以正常运行，交易结构就可以输入到资金的来源和使用中。

如果资产负债表没有实现平衡，那么投资银行分析师必须重新检查截止到此所进行的所有步骤，修正所有导致模型无法正常运行的输入、链接或者计算方面的错误。常见的错误包括折旧或者资本性支出未能适当地链接到PP&E，或者资产负债表科目内容的变化未能适当地体现在现金流量表中。

第三步：输入交易结构

其步骤见表5-11。

表5-11 输入交易结构的步骤

第三（a）步：输入“收购价格假设数据”
第三（b）步：将“融资结构”填入“资金来源和使用”
第三（c）步：将“资金来源和使用”与“资产负债表调整栏”链接

第三（a）步：输入“收购价格假设数据”

为了确定支持性融资结构（股权与债务），必须假设某个给定目标的收购价格。

⊖ 期初现金余额2.5亿美元将最终作为融资结构的一部分使用。

在 ValueCo 的演示性 LBO 中，我们假设有个投资者以 ValueCo 的 7 亿美元 LTM 2019/9/30 EBITDA 和年末交易完结为基础来确定其收购价格和融资结构㊀。我们还假设 LTM EBITDA 的收购乘数为 8 倍，与支付给类似 LBO 目标的乘数相同（根据本书第二章进行的演示性先例交易分析结果，见表 2-18）。由此产生的企业价值为 56 亿美元（不含交易相关的费用），隐含股权收购价格在减去 ValueCo 的 12.5 亿美元净债务之后为 43.5 亿美元（见表 5-12）。

表 5-12　假设数据第 3 页收购价格输入部分（见表 5-53）——EBITDA 乘数

（单位：100万美元）

收购价格	
上市公司/私有公司目标（1/2）	**2**
收购EBITDA乘数	8.0x
LTM 2019/9/30 EBITDA	700.0
企业价值	**$5 600.0**
减：总负债	(1 500.0)
减：优先股	–
减：非控股股东权益	–
加：现金及现金等价物	250.0
股权收购价格	**$4 350.0**

输入1　目标为上市公司
输入2　目标为私有公司
附带的杠杆收购模型会自动更新每部分的计算及标签（见表5-13）

如果是上市公司，股权收购价格的计算公式是要约每股价格乘以目标的全面稀释普通股数量㊁。然后，净债务额加入股权收购价格中，得出隐含企业价值（见表 5-13）。

表 5-13　收购价格假设数据——要约每股价格

（单位：100万美元，每股数据除外）

收购价格	
上市公司/私有公司目标（1/2）	1
要约每股价格	$54.38
全面稀释普通股数量	80.0
股权收购价格	$4 350.0
加：总负债	1 500.0
加：优先股	–
加：非控股股东权益	–
减：现金及现金等价物	(250.0)
企业价值	5 600.0

㊀ 由于 ValueCo 是一家私有公司，我们在上市公司 / 私有公司目标切换单元格中填入了“2”（见表 5-12）。
㊁ 在这里，上市公司 / 私有公司目标切换单元格中输入了“1”（见表 5-13）。

第三（b）步：将“融资结构”填入“资金来源和使用”

资金来源和使用表是用来汇总完结一笔交易所要求的资金流动情况的。“资金来源”是指用于为收购活动融资的资金总额。“资金使用”是指资金来源所投资的那些活动内容——在这里，就是收购 ValueCo 股权、偿还现有债务、支付交易费用和开支，包括支付 ValueCo 的债券的赎回溢价。无论资金来源和使用的组成部分有多少、是什么类型，资金来源的总和必须与资金使用的总和相等。

我们将 ValueCo 分析的多个融资结构的资金来源和使用输入了一个假设数据页面（见表 5-14 和表 5-53）。

表 5-14　假设数据第三页融资结构输入部分（见表 5-53）

（单位：100万美元）

融资结构					
	融资结构				
资金来源	1 融资结构1	2 融资结构2	3 融资结构3	4 融资结构4	5 现状
周转信用贷款	$250.0	$250.0	$250.0	$250.0	–
已提取周转信用贷款	–	–	–	–	–
定期贷款A	–	–	–	–	–
定期贷款B	2 800.0	2 150.0	2 100.0	1 750.0	–
定期贷款C	–	–	–	–	–
第二留置权	–	–	700.0	–	–
优先票据	850.0	1 500.0	700.0	1 000.0	–
优先次级票据	–	–	–	1 000.0	–
股权出资	2 100.0	2 100.0	2 250.0	2 250.0	–
展期股权	–	–	–	–	–
库存现金	250.0	250.0	250.0	–	–
	–	–	–	–	–
资金来源合计	**$6 000.0**	**$6 000.0**	**$6 000.0**	**$6 000.0**	–
资金使用					
股权收购价格	$4 350.0	$4 350.0	$4 350.0	$4 350.0	–
偿还现有银行债务	1 500.0	1 500.0	1 500.0	1 500.0	–
要约/回购溢价	20.0	20.0	20.0	20.0	–
融资费用	100.0	100.0	100.0	100.0	–
其他费用	30.0	30.0	30.0	30.0	–
–	–	–	–	–	–
–	–	–	–	–	–
资金使用合计	**$6 000.0**	**$6 000.0**	**$6 000.0**	**$6 000.0**	–

资金来源。结构 1 是我们为 ValueCo LBO 建议的初步融资结构。如表 5-14 所示，它的构成为：

- 28 亿美元定期贷款 B（“TLB”）。
- 8.5 亿美元优先票据（“票据”）。
- 21 亿美元股权出资。
- 2.5 亿美元库存现金。

该初步融资结构包括优先有担保 LTM EBITDA 4.0 倍杠杆、5.2 倍总杠杆、大约 35% 的股权出资比例以及 2.5 亿美元的库存现金（见表 5-2）。

我们还考虑了 2.5 亿美元未提款贷款额（“周转信用贷款”）作为融资的一部分。虽然不是 ValueCo LBO 的一个实际资金来源，但该周转信用贷款提供了流动性，以便为预计季节性流动资金需求、信用证的开立和交易完结时或完结后的其他现金使用提供资金。

资金使用。资金使用方面包括：

- 43.5 亿美元用于收购 ValueCo 的股权。
- 偿还 ValueCo 现有的 10 亿美元定期贷款和 5 亿美元优先票据。
- 支付交易费用和开支 1.5 亿美元（由 1 亿美元融资费用、2 000 万美元要约 / 回购溢价和 3000 万美元其他费用组成）。

资金来源和资金使用合计为 60 亿美元，比表 5-12 中计算的隐含企业价值多了 4 亿美元。这是因为支付了 1.5 亿美元的交易费用和开支、使用了作为资金来源的 2.5 亿美元库存现金。

第三（c）步：将“资金来源和使用”与“资产负债表调整栏”链接

资金来源和使用的内容输入模型后，每笔金额都要与期初资产负债表旁边的调整栏相应单元格链接（见表 5-15）。然而，产生的任何商誉都必须以股权收购价格和可识别净资产值㊀为基础进行计算（见表 5-20）。股权出资也必须进行调整，以体现提前支付的与交易有关的任何费用和开支（除了融资费用以外）以及要约 / 回购溢价㊁。这些调整的内容横跨从期初资产负债表到备考期末资产负债表，从而构成了预测目标公司在整个预测阶段资产负债表的基础。

表 5-16 提供了期初资产负债表的交易调整摘要内容。

资金来源的链接数据。资产负债表从资金来源到调整栏的关联是非常直接的。每一个债务资本来源对应资产负债表上一个名称相似的内容，并作为适当调整栏中的增加内容。然而，在股权出资方面，与交易相关的费用和开支必须在关联时从适当单元格中剔除。现有库存现金若作为融资结构的一部分，则也需要从现有现金余额中扣减。

㊀ 计算为股权价值减去现有商誉。

㊁ 根据 FAS 141（R），并购交易成本按实际发生计入费用。然而，债务融资费用继续处理为递延成本，在相关债务工具的整个有效期内摊销。

表 5-15 资金来源和使用与资产负债表的链接

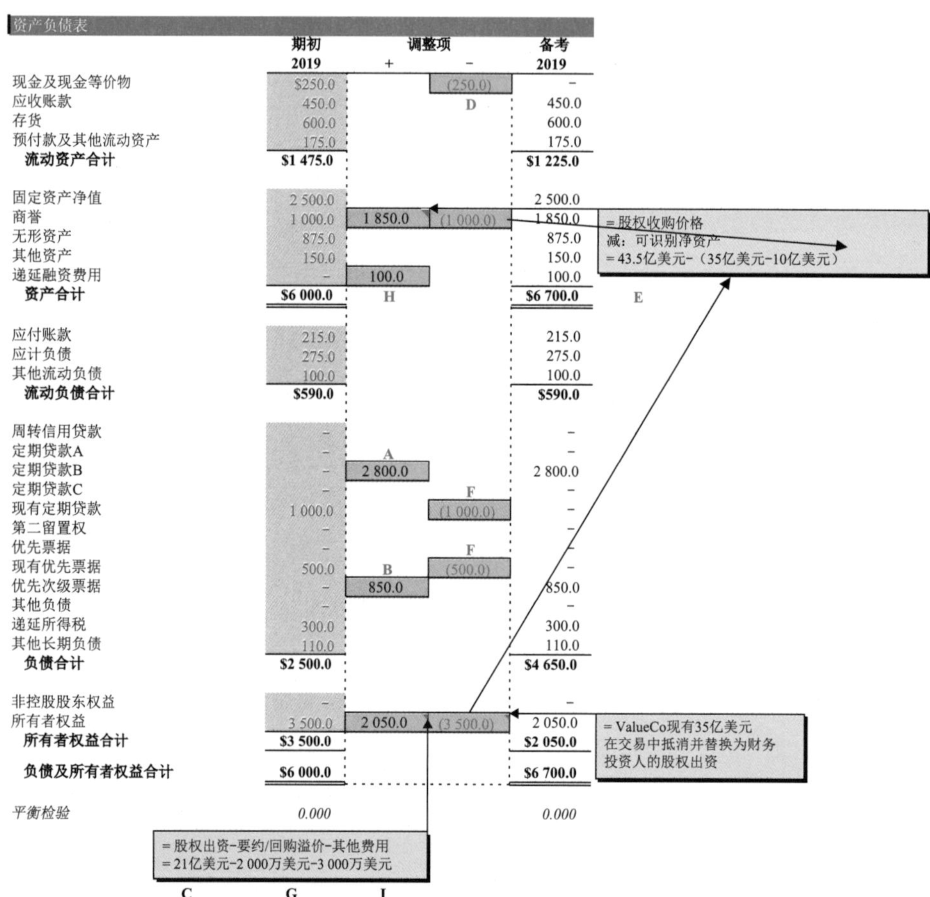

资金来源			资金使用		
周转信用贷款	–		股权收购价格	$4 350.0	E
定期贷款B	2 800.0	A	偿还现有银行债务	1 500.0	F
优先票据	850.0	B	要约/回购溢价	20.0	G
股权出资	2 100.0	C	融资费用	100.0	H
库存现金	250.0	D	其他费用	30.0	I
资金来源合计	**$6 000.0**		**资金使用合计**	**$6 000.0**	

资产负债表	期初 2019	调整项 +	调整项 –	备考 2019
现金及现金等价物	$250.0		(250.0) D	–
应收账款	450.0			450.0
存货	600.0			600.0
预付款及其他流动资产	175.0			175.0
流动资产合计	**$1 475.0**			**$1 225.0**
固定资产净值	2 500.0			2 500.0
商誉	1 000.0	1 850.0	(1 000.0)	1 850.0
无形资产	875.0			875.0
其他资产	150.0			150.0
递延融资费用	–	100.0 H		100.0
资产合计	**$6 000.0**			**$6 700.0** E
应付账款	215.0			215.0
应计负债	275.0			275.0
其他流动负债	100.0			100.0
流动负债合计	**$590.0**			**$590.0**
周转信用贷款	–			–
定期贷款A	–			–
定期贷款B	–	A 2 800.0		2 800.0
定期贷款C	–			–
现有定期贷款	1 000.0		F (1 000.0)	–
第二留置权	–			–
优先票据	–			–
现有优先票据	500.0		F (500.0)	–
优先次级票据	–	B 850.0		850.0
其他负债	–			–
递延所得税	300.0			300.0
其他长期负债	110.0			110.0
负债合计	**$2 500.0**			**$4 650.0**
非控股股东权益	–			–
所有者权益	3 500.0	2 050.0	(3 500.0)	2 050.0
所有者权益合计	**$3 500.0**			**$2 050.0**
负债及所有者权益合计	**$6 000.0**			**$6 700.0**
平衡检验	*0.000*			*0.000*

表 5-16 资产负债表调整内容

调整：增加	调整：减少
资产	**资产**
+ 递延商誉增加18.5亿美元	– 库存现金减少2.5亿美元
+ 递延融资费用增加1亿美元	– 现有商誉减少10亿美元
负债	**负债**
+ 定期贷款B增加28亿美元	– ValueCo现有负债减少15亿美元
+ 优先票据增加8.5亿美元	
所有者权益	**所有者权益**
+ 财务投资者股权出资增加21亿美元	– ValueCo所有者权益减少35亿美元
	– 要约/回购溢价减少2000万美元
	– 其他费用减少3000万美元

定期贷款B、优先票据和股权出资。如表5-17所示，在ValueCo的LBO中，新的28亿美元TLB、8.5亿美元优先票据和21亿美元股权出资（扣除2 000万美元要约/回购溢价、3 000万美元其他费用后为20.5亿美元）从资金来源链接到了资产负债表中调整栏下其相应的“+”内容。

表5-17 定期贷款B、优先票据和股权出资

（单位：100万美元，财务年度截止日为12月31日）

资产负债表	期初	调整项		备考
	2019	+	-	2019
应付账款	215.0			215.0
应计负债	275.0			275.0
其他流动负债	100.0			100.0
流动负债合计	**$590.0**			**$590.0**
周转信用贷款	–			–
定期贷款B	–	2 800.0		2 800.0
现有定期贷款	1 000.0			1 000.0
现有优先票据	500.0			500.0
优先票据	–	850.0		850.0
其他负债	300.0			300.0
其他长期负债	110.0			110.0
负债合计	**$2 500.0**			**$6 150.0**
非控股股东权益	–			–
所有者权益	3 500.0	2 050.0		5 550.0
所有者权益合计	**$3 500.0**			**$5 550.0**

=股权出资-要约/回购溢价-其他费用
=21亿美元-2 000万美元-3 000万美元

库存现金。如表5-18所示，2.5亿美元的库存现金从资金来源链接，作为期初现金余额的一个负调整项目，因为它被用作资金来源。

表5-18 库存现金

（单位：100万美元，财务年度截止日为12月31日）

资产负债表	期初	调整项		备考
	2019	+	-	2019
现金及现金等价物	$250.0		(250.0)	-

收购ValueCo股权。如表5-19所示，ValueCo的现有35亿美元所有者权益——包含在43.5亿美元的收购价格中——作为一个负调整项目被剔除，代之以投资者的股权出资（减去其他费用和要约/回购溢价）。

新增商誉。商誉来自支付给目标的金额超出其现有可识别净资产的超额部分。在ValueCo的LBO案例中，它的计算过程为股权收购价格43.5亿美元减去可识别净资产25亿美元（股东权益价值35亿美元减去10亿美元现有商誉）。

如表5-20所示，18.5亿美元的净值加到了商誉调整项的增加项中[⊖]。所产生的商誉在整个投资期间都保留在资产负债表上（不予摊销），但每年都要进行减值测试。

表5-19 收购ValueCo股权

（单位：100万美元，财务年度截止日为12月31日）

资产负债表	期初 2019	调整项 +	调整项 −	备考 2019
非控股股东权益	–			–
股东权益	3 500.0	2 050.0	(3 500.0)	2 050.0
所有者权益合计	**$3 500.0**			**$2 050.0**

表5-20 新增商誉

（单位：100万美元，财务年度截止日为12月31日）

资产负债表	期初 2019	调整项 +	调整项 −	备考 2019
固定资产净值	2 500.0			2 500.0
商誉	1 000.0	1 850.0	(1 000.0)	1 850.0

商誉计算	
股权收购价格	$4 350.0
减：可识别净资产	(2 500.0)
商誉增加	**$1 850.0**

偿还现有债务。ValueCo的现有10亿美元定期贷款和5亿美元优先票据假设为通过新的LBO融资结构再融资的一部分，其中包括36.5亿美元的融资债务总额。如表5-21所示，模型中的做法是将现有10亿美元定期贷款和5亿美元优先票据的偿还直接链接为资金使用中的一个负调整项目。

表5-21 偿还现有债务

（单位：100万美元，财务年度截止日为12月31日）

资产负债表	期初 2019	调整项 +	调整项 −	备考 2019
周转信用贷款	–			–
定期贷款B	–	2 800.0		2 800.0
现有定期贷款	1 000.0		(1 000.0)	–
优先票据	–	850.0		850.0
现有优先票据	500.0		(500.0)	–

⊖ 为了本分析的目的，整个收购价格的溢价部分被计入商誉的做法是一种简单的假设。在实际交易中，超出可识别净资产的收购价格溢价部分要计入资产，比如PP&E、无形资产以及资产负债表上的其他项目中，以反映收购时的公平市场价值。然后，收购价格的剩余溢价部分才计入商誉。从现金流的角度说，在股票出售中（见第七章），将整个收购价格溢价部分都计入商誉，还是计入其他资产至其公平市场价值，并没有什么区别。然而，在资产出售中（见第七章），商誉计入有形资产还是无形资产却会导致现金流的不同，因为这种计入增值是可以抵税的。

要约/回购溢价作为交易的一部分，假设ValueCo的现有优先票据有控制权变更条款并作为LBO交易再融资的一部分。为演示目的，我们假设ValueCo现有5亿美元优先票据为4年前发行，息票8%，8年期，因此，在第一个赎回日后的赎回价格为面值的104%（面值加上1/2的息票，见第四章）。所以，ValueCo的优先票据需要向票据持有人支付的回购溢价为2 000万美元（5亿美元 ×4%）。

融资费用。融资费用不同于并购交易相关的费用和开支，它是一种递延成本，因而不是立刻作为费用列支。因此，递延融资费用要在资产负债表中计入资产，意味着它是从资金使用那里作为一个增加项目链接到相应的各行内容（见表5-22）。与每个债务工具相关的融资费用都要在债务期限内进行直线式摊销[㊀]。如前所述，摊销是一种非现金开支，因而必须加回到模型的预测阶段每一年现金流量表经营活动部分的净利润中。

表5-22　融资费用

（单位：100万美元，财务年度截止日为12月31日）

资产负债表	期初	调整项		备考
	2019	+	−	2019
固定资产净值	2 500.0			2 500.0
商誉	1 000.0	1 850.0		1 850.0
其他资产	150.0			150.0
递延融资费用	−	100.0		100.0
资产合计	**$6 000.0**			**$6 700.0**

计算融资费用		费用	
	规模	(%)	(金额)
周转信用贷款	$250.0	2.25%	$5.625
定期贷款B	2 800.0	2.25%	63.0
优先次级票据	850.0	2.25%	19.125
优先次级过桥贷款	850.0	1.25%	10.625
其他融资费用			1.6
融资费用合计			**$100.0**

在ValueCo的LBO案例中，计算得出与考虑之中的融资结构相关的融资费用为1亿美元。我们的演示性计算是基于安排优先有担保贷款（周转贷款和TLB）按2.25%取费、承销票据按2.25%取费、票据承诺过桥贷款按1.25%取费，加上其他融资费用和开支160万美元[㊁]。周转贷款的联席账簿管理人一般都

㊀ 虽然融资费是在交易完结时全额支付给承销商，但要从会计的目的出发根据担保的期限进行摊销。先前融资交易所产生的递延融资费一般都会在相应债务到期时列支，表现为目标净利润的一笔一次性支出，从而减少了留存收益和所有者权益。

㊁ 取费根据债务工具、市场形势和具体情形而定。所描述取费仅仅是出于演示目的。

要担负“行政代理”（Administrative Agent）的职责[㊀]，收取年度行政代理费（例如15万美元），包含在利润表的利息费用中[㊁]。

其他费用和开支。其他费用和开支一般都包括支付的服务项目，比如并购咨询费（以及潜在的投资者交易取费）、法律费用、会计费用和顾问费用，以及与交易相关的其他杂项开支。在ValueCo的LBO案例中，我们预估这笔费用为3 000万美元。在LBO来源和使用的范畴内，这笔费用事先从股权出资中列支。

第四步：完成LBO后模型

其步骤见表5-23。

表5-23　完成LBO后模型的步骤

第四（a）步：编制“债务偿还计划表”
第四（b）步：完成从EBIT到净利润的“备考利润表”
第四（c）步：完成“备考资产负债表”
第四（d）步：完成“备考现金流量表”

第四（a）步：编制“债务偿还计划表”

债务偿还计划表是LBO模型的一个核心组成部分，起着分层细化目标财务报表中LBO融资结构预计影响的作用[㊂]。具体来说，有了债务偿还计划表，投资银行分析师就能够：

- 完成从EBIT到净利润的备考利润表
- 完成资产负债表的备考长期负债部分和所有者权益部分
- 完成现金流量表的备考筹资活动部分

如表5-27所示，债务偿还计划表用自由现金流来实施强制性和选择性债务偿还，从而计算出每一期债务的年度期初和期末余额。债务偿还金额链接到现金流量表的筹资活动部分，期末债务余额链接到资产负债表。债务偿还计划表还被用于计算每种债务工具的年度利息费用，后者又链接到利润表。

债务偿还计划表一般都根据贷款、证券和资本结构中其他债务工具的担保

㊀ 监督授信贷款的银行，其职责包括贷方跟踪调查、还本付息款项的处理，以及相关的后台行政工作。

㊁ 贷款第一年的取费一般都在融资完结时支付给牵头运作方。

㊂ 有些LBO模型的模板并不采用债务偿还计划表的形式，而是在现金流量表中融资活动部分的相应单元格里和利润表中利息费用各行内容中使用公式来实现同样的功能。

地位和优先性（即从周转贷款开始，接着是各期定期贷款，然后是债券）来编制。正如后文将要详述的那样，首先通过填入“远期 LIBOR 曲线”㊀（forward LIBOR curve）来编制 ValueCo 的债务偿还计划表，然后计算可用于债务偿还的年度预计现金（自由现金流）。接着，填入融资结构中每个具体债务工具的关键性条款内容（即额度、期限、息票和强制性还款 / 分期偿还表，如果有的话）。

远期 LIBOR 曲线。对于浮动利率债务工具来说，比如周转贷款和定期贷款，利率一般都以 LIBOR㊁为基础，加上一个固定利差。因此，为了计算其预计年度利息费用，投资银行分析师必须首先填入预测阶段每一年的未来 LIBOR 预计利率数字。未来年份 LIBOR 利率数字一般都摘自彭博提供的远期 LIBOR 曲线㊂。

正如表 5-24 中的远期 LIBOR 曲线一行内容所示，LIBOR 在整个预测阶段会平稳保持在 155 基点的水平上㊃。周转贷款和 TLB 的定价利差加到了预测阶段每一年的远期 LIBOR 中，以计算其年利率。例如，定价为 L + 425 个 bps 的 ValueCo 周转贷款 2022E 的利率为 5.8%（155bps LIBOR + 425 个 bps 利差）。

表 5-24 远期 LIBOR 曲线

（单位：100万美元，年度财务截止日为12月31日）

债务偿还计划											
		预测期									
	备考 2019	第1年 2020	第2年 2021	第3年 2022	第4年 2023	第5年 2024	第6年 2025	第7年 2026	第8年 2027	第9年 2028	第10年 2029
远期LIBOR曲线	*1.85%*	*1.70%*	*1.65%*	*1.55%*	*1.55%*	*1.55%*	*1.55%*	*1.55%*	*1.55%*	*1.55%*	*1.55%*

可用于债务偿还的现金（自由现金流）。可用于债务偿还的年度预计现金数额是现金流量表上经营活动和投资活动所产生的现金流之和。它在远期 LIBOR 曲线输入项目下面的内容中计算。在预测阶段的每一年，该数额首先用于定期贷款的强制性还款㊄。剩下的现金流用于选择性还款，在可用于选择性还款一行内容中计算（请见表 5-25）。

除了内部产生的现金流以外，资产负债表上的现金余额也有可能被用于

㊀ 从 2021 年开始，LIBOR（伦敦银行同业拆借利率）预期将转为 SOFR（secured overnight financing rate，担保隔夜融资利率），由纽约联邦储备银行发布。

㊁ 一般都采用 3 个月 LIBOR。

㊂ 彭博功能：FWCV，使用 3 Month 列。

㊃ 随着次贷危机的爆发和紧随其后的信贷紧缩，以及美联储因此而采取的斧砍利率之举，投资者在很多新的银行交易中都坚持采用“LIBOR 下限”（LIBOR floors）。LIBOR 下限保障了投资者的最低息票，无论 LIBOR 跌到多低。例如，如果有笔定期贷款的定价为 L + 425 个 bps，其 LIBOR 下限为 100 个 bps，那么即便 LIBOR 低于 100 个 bps，它的资本成本仍将是 5.25%。总体上来说，设置 LIBOR 下限的方式在低利率或利率下行时期比较普遍。

㊄ 强制性还款是根据每个债务工具的分期还款表来确定的。

（结算）支付额外的债务还款（请见表5-25中的资产负债表内容）。然而，在ValueCo的案例中，交易完结时的预计资产负债表上并没有现金余额，因为它被纳入了交易投资额中。如果出现LBO后资产负债表上还有现金余额的情形，投资银行分析师有可能选择在“最低持有现金”（MinCash）标题下输入一个金额数，以在整个预测阶段保持资产负债表上有个不变的最低现金水平（请见表5-25）。

如表5-25所示，在LBO的备考数据中，ValueCo在2020E的经营活动中产生现金流量为4.248亿美元，扣除投资活动中产生的现金流量1.669亿美元净额后，剩余可以用于偿还2.579亿美元债务的现金。在满足了TLB的2 800万美元强制性分期还款额后，ValueCo还有2.299亿美元现金可用于选择性还款。

周转贷款。在债务偿还计划表的“周转信用贷款”部分，投资银行分析师输入了利差、期限和与该贷款相关的承诺费（请见表5-26）。该贷款的规模链接自输入了融资结构的假设数据页面（请见表5-14和表5-53），预测阶段第一年的期初余额内容链接自资产负债表。如果没有考虑从周转贷款中提款来用于LBO融资结构的一部分，那么期初余额为零。

周转贷款的提款/（偿还）内容源自债务偿还计划表中可用于选择性还款的现金一行内容。如果出现在任何年度里可用于选择性还款的现金为负数的情况（比如，在不利情形中），周转贷款的提款（或者资产负债表上现金的使用，如果适用的话）就成了必须。然后，在之后的年份里，可用于选择性还款的任何现金正数（即在满足了强制性还款后）要首先用于偿还已发放周转贷款债务。

在ValueCo的LBO案例中，我们考虑的是2.5亿美元周转贷款，定价为L+425个bps，期限为5年。该周转贷款假设在交易完结时未提款，并在整个预测阶段均未提款。因此，利息费用没有发生。然而，ValueCo必须支付周转贷款中未提款部分的50个bps年承诺费，也即每年支出125万美元[⊖]（2.5亿美元 ×0.5%）（请见表5-26）。这一数额包括在利润表的利息费用中，也包括了机构的年度管理费用15万美元。

定期贷款。在债务偿还计划表的“定期贷款”部分，投资银行分析师输入了利差、期限和与该贷款相关的强制性还款（请见表5-27）。该贷款的额度链

⊖ 随着周转贷款的使用，承诺费支出将会减少，ValueCo要被收取周转贷款提款额的L+425个bps的利息。

表 5-25　可用于债务偿还的现金（自由现金流）

（单位：100万美元，财务年度截止日为12月31日）

债务偿还计划		预测期									
	备考 2019	第1年 2020	第2年 2021	第3年 2022	第4年 2023	第5年 2024	第6年 2025	第7年 2026	第8年 2027	第9年 2028	第10年 2029
远期 LIBOR 曲线	1.85%	1.70%	1.65%	1.55%	1.55%	1.55%	1.55%	1.55%	1.55%	1.55%	1.55%
经营活动产生的现金流		$424.8	$483.4	$538.2	$588.8	$635.8	$677.5	$721.7	$756.4	$783.1	$810.2
投资活动产生的现金流		(166.9)	(176.9)	(185.8)	(193.2)	(199.0)	(204.9)	(211.1)	(217.4)	(224.0)	(230.7)
可用于偿还贷款的现金	**最低持有现金**	**$257.9**	**$306.5**	**$352.4**	**$395.6**	**$436.8**	**$472.5**	**$510.6**	**$539.0**	**$559.2**	**$579.5**
强制性还款合计		(28.0)	(28.0)	(28.0)	(28.0)	(28.0)	(28.0)	(28.0)	(28.0)	–	–
资产负债表库存现金	–	–	–	–	–	–	–	–	–	471.3	1 030.5
可用于选择性还款的现金		**$229.9**	**$278.5**	**$324.4**	**$367.6**	**$408.8**	**$444.5**	**$482.6**	**$511.0**	**$1 030.5**	**$1 610.0**

= 经营活动产生的现金流$_{2020E}$+投资活动产生的现金流$_{2020E}$
= 4.248亿美元+（1.669亿）美元

= 定期贷款B强制还款，按照28亿美元×1%

= IF（现金余额切换 = 1，可用于选择性还款的现金减去最低持有现金金额；否则显示为0）

= 可用于偿还贷款的现金$_{2023E}$–强制性还款合计$_{2023E}$
= 3.956亿美元+（2 800万）美元

表 5-26 债务偿还计划表——周转信用贷款

（单位：100万美元，财务年度截止日为12月31日）

周转信用贷款额度

	备考	预测期									
	2019	**第1年 2020**	**第2年 2021**	**第3年 2022**	**第4年 2023**	**第5年 2024**	**第6年 2025**	**第7年 2026**	**第8年 2027**	**第9年 2028**	**第10年 2029**
远期LIBOR曲线	*1.85%*	*1.70%*	*1.65%*	*1.55%*	*1.55%*	*1.55%*	*1.55%*	*1.55%*	*1.55%*	*1.55%*	*1.55%*
经营活动产生的现金流		$424.8	$483.4	$538.2	$588.8	$635.8	$677.5	$721.7	$756.4	$783.1	$810.2
投资活动产生的现金流		(166.9)	(176.9)	(185.8)	(193.2)	(199.0)	(204.9)	(211.1)	(217.4)	(224.0)	(230.7)
可用于偿还贷款的现金		**$257.9**	**$306.5**	**$352.4**	**$395.6**	**$436.8**	**$472.5**	**$510.6**	**$539.0**	**$559.2**	**$579.5**
强制性还款合计	**最低持有现金**	(28.0)	(28.0)	(28.0)	(28.0)	(28.0)	(28.0)	(28.0)	(28.0)	–	–
资产负债表库存现金	–	–	–	–	–	–	–	–	–	471.3	1 030.5
可用于选择性还款的现金		**$229.9**	**$278.5**	**$324.4**	**$367.6**	**$408.8**	**$444.5**	**$482.6**	**$511.0**	**$1 030.5**	**$1 610.0**

周转信用贷款

		2020	2021	2022	2023	2024	2025	2026	2027	2028	2029
周转信用贷款额度	$250.0										
利差	*4.250%*										
LIBOR 下限	*– %*										
期限	5 年										
未提款的承诺费率	*0.50%*										
期初余额		–	–	–	–	–	–	–	–	–	–
提款/(还款)		–	–	–	–	–	–	–	–	–	–
期末余额		–	–	–	–	–	–	–	–	–	–
利率		*5.95%*	*5.90%*	*5.80%*	*5.80%*	*5.80%*	*5.80%*	*5.80%*	*5.80%*	*5.80%*	*5.80%*
利息费用		–	–	–	–	–	–	–	–	–	–
承诺费		1.3	1.3	1.3	1.3	1.3	1.3	1.3	1.3	1.3	1.3
机构代理费		0.2	0.2	0.2	0.2	0.2	0.2	0.2	0.2	0.2	0.2

= 上一年度期末余额

= 2019年备考资产负债表周转信用贷款期末余额

= 未提款的承诺费率×(周转信用贷款额度−[2028E期初余额与期末余额的平均值)]
= 0.5% × 2.5亿美元

= IF(可用于选择性还款的现金$_{2029E}$>0，归集可用于选择性还款的现金$_{2029E}$和期初余额$_{2029E}$两者之中较小值的负数；否则，归集可用于选择性还款的现金$_{2029E}$和0相比两者较小值的负值）
= IF(可用于选择性还款的现金$_{2029E}$>0，−min(可用于选择性还款的现金$_{2029E}$，期初余额$_{2029E}$)；可用于选择性还款的现金$_{2029E}$−min(可用于选择性还款的现金$_{2029E}$，0))

接自交易摘要页面的资金来源和资金使用内容（请见表 5-45）。在 ValueCo 的 LBO 案例中，我们考虑的是 28 亿美元 TLB，息票为 L + 425bps，期限为 7 年。

强制性还款（分期还款）。周转贷款只要求在贷款到期日一次性偿还，而定期贷款与之不同的是，它在交易完结时全额发放，而且有一个在相应信贷协议中明确制定的分期还款表。虽然分期还款表因具体定期贷款的不同而不同，但标准的 TLB 贷款是每年本金 1% 的分期还款，到期时贷款余额一次性还清㊀。

正如表 5-27 还款表内容所解释的那样，ValueCo 的新 TLB 要求每年本金 1% 的分期还款，即 28 000 万美元（28 亿美元 ×1%）。

选择性还款。典型的 LBO 模型一般都采用"100% 现金流归集"，即假设目标公司在支付强制性还款后产生的所有现金流都用于可提前还款债务（一般为银行债务）的选择性偿还。出于建模的目的，银行债务一般都按以下顺序偿还：周转贷款余额、定期贷款 A、定期贷款 B 等㊁。

从信贷风险管理的角度说，理想的情形是目标在预测阶段产生足够的累计自由现金流，用于在定期贷款固定的到期日之前偿还。然而，在有些情况下，借方可能预期不能在计划的期限内偿还全部定期贷款余额，而是会在债务到期时面临再融资风险㊂。

如表 5-27 所示，在 2020E，ValueCo 预计会产生 2.579 亿美元可用于偿还贷款的现金。在支付了强制性 TLB 本金偿还额 2 800 万美元后，ValueCo 还剩下 2.299 亿美元超额自由现金流。这些现金流被用来支付 TLB 的选择性还款——该债务可以在不受罚的前提下提前还款。因而，在支付了强制性和选择性还款后，债务余额从期初的 28 亿美元减少到了期末的 25.421 亿美元。

利息费用。投资银行分析师一般都采用平均利息费用法来确定 LBO 模型的年度利息费用。这一方法考虑到了一个事实，即银行债务是在全年过程中偿还的，而不是在年初或者年末。每笔债务的年平均利息费用的计算方法是某个给定年份的期初和期末债务余额的平均数乘以相应的利率。

㊀ 信贷协议一般还有一条规定，在出现规定的资产出售、某些债务或股份发行事件时，要求借方提前偿还定期贷款，还款额为超额（剩余）现金流的一个规定的百分比（或自定义）。

㊁ 有些信贷协议鼓励借方从发展的角度主动还债，或者可能要求某些贷款按比例还债。

㊂ 杠杆融资专业人士会假设在定期贷款到期前通过再融资的方式进行还款，后期的还款则是完全的理论假设。

表 5-27　债务偿还计划表——定期贷款

（单位：100万美元，财务年度截止日为12月31日）

债务偿还计划

	备考	预测期									
	备考 2019	**第1年 2020**	**第2年 2021**	**第3年 2022**	**第4年 2023**	**第5年 2024**	**第6年 2025**	**第7年 2026**	**第8年 2027**	**第9年 2028**	**第10年 2029**
远期 LIBOR 曲线	*1.85%*	*1.70%*	*1.65%*	*1.55%*	*1.55%*	*1.55%*	*1.55%*	*1.55%*	*1.55%*	*1.55%*	*1.55%*
经营活动产生的现金流		$424.8	$483.4	$538.2	$588.8	$635.8	$677.5	$721.7	$756.4	$783.1	$810.2
投资活动产生的现金流		(166.9)	(176.9)	(185.8)	(193.2)	(199.0)	(204.9)	(211.1)	(217.4)	(224.0)	(230.7)
可用于偿还贷款的现金		**$257.9**	**$306.5**	**$352.4**	**$395.6**	**$436.8**	**$472.5**	**$510.6**	**$539.0**	**$559.2**	**$579.5**
强制性还款合计	**最低持有现金**	(28.0)	(28.0)	(28.0)	(28.0)	(28.0)	(28.0)	(28.0)	(28.0)	–	–
资产负债表库存现金	–	–	–	–	–	–	–	–	–	471.3	1 030.5
可用于选择性还款的现金		**$229.9**	**$278.5**	**$324.4**	**$367.6**	**$408.8**	**$444.5**	**$482.6**	**$511.0**	**$1 030.5**	**$1 610.0**

定期贷款B

规模	$2 800.0										
利差	*4.250%*										
LIBOR 下限	– %										
期限	7 年										
偿还计划	*1.0%*	每年偿还，期末集中偿还									
期初余额		$2 800.0	$2 542.1	$2 235.6	$1 883.2	$1 487.6	$1 050.8	$578.3	$67.7	–	–
强制性还款		(28.0)	(28.0)	(28.0)	(28.0)	(28.0)	(28.0)	(28.0)	(28.0)	–	–
选择性还款		(229.9)	(278.5)	(324.4)	(367.6)	(408.8)	(444.5)	(482.6)	(39.7)	–	–
期末余额		**$2 542.1**	**$2 235.6**	**$1 883.2**	**$1 487.6**	**$1 050.8**	**$578.3**	**$67.7**	–	–	–
利率		*5.95%*	*5.90%*	*5.80%*	*5.80%*	*5.80%*	*5.80%*	*5.80%*	*5.80%*	*5.80%*	*5.80%*
利息费用		158.9	140.9	119.4	97.8	73.6	47.2	18.7	2.0	–	–

= 备考2019年资产负债表定期贷款B期末余额

= 利率$_{2020E}$×(期初余额$_{2020E}$和期末余额$_{2020E}$的平均值)
= 5.95%×(28亿美元和25.421亿美元的平均值)

= 取可用于选择性还款的现金$_{2022E}$与（期初现金余额$_{2022E}$+强制性还款$_{2022E}$）
两者数值较小的负值
= −MIN(3.244亿美元，22.356亿美元−2 800万美元)

= IF(期初现金余额$_{2026E}$大于0，且大于本金的1%，则减去定期贷款B本金额的1%
作为强制性还款，否则显示为0)
= IF(5.783亿美元>0，且 >1%×2 800万美元，1%×2 800万美元，0)

在 2020E，ValueCo 的 TLB 期初余额为 28 亿美元，期末余额为 25.421 亿美元。采用平均债务方法，这就意味着 2020E 的 TLB 利息费用为 1.589 亿美元［（28 亿美元 + 25.421 亿美元）/ 2 × 5.95%］。该 1.589 亿美元利息费用从债务偿还计划表链接到利润表相应的 TLB 利息费用行。

优先票据。在债务偿还计划表的“优先票据”部分，投资银行分析师输入了与该证券相关的息票和期限（请见表 5-28）。跟 TLB 一样，票据的本金数额链接自交易摘要页面的资金来源和使用（请见表 5-45）。跟传统银行债务不同的是，高收益债券不得在无处罚前提下提前还款，没有在到期一次性偿还之前的强制性还款计划表。因此，模型并不假设到期日之前的高收益债券偿还，且预测阶段每年的期初和期末余额都是完全相同的。

表 5-28　债务偿还计划表——优先票据

（单位：100万美元，财务年度截止日为12月31日）

债务偿还计划		预测期									
	备考 2019	第1年 2020	第2年 2021	第3年 2022	第4年 2023	第5年 2024	第6年 2025	第7年 2026	第8年 2027	第9年 2028	第10年 2029
优先票据											
规模	$850.0										
息票	8.000%										
期限	8 年										
期初余额		$850.0	$850.0	$850.0	$850.0	$850.0	$850.0	$850.0	$850.0	$850.0	$850.0
债务偿还		–	–	–	–	–	–	–	–	–	–
期末余额		**$850.0**	**$850.0**	**$850.0**	**$850.0**	**$850.0**	**$850.0**	**$850.0**	**$850.0**	**$850.0**	**$850.0**
利息费用		68.0	68.0	68.0	68.0	68.0	68.0	68.0	68.0	68.0	68.0

= 优先票据息票 × 本金金额
= 8%×8.5亿美元

在 ValueCo 的 LBO 案例中，我们考虑的是优先无担保票据发行额为 8.5 亿美元，息票为 8.0%，期限为 8 年[㊀]。该票据是融资结构中期限最长的债务工具。由于赎回保护期的缘故（这是高收益债券的标准做法），票据不作分期还款，且没有选择性还款，因而利息费用只是简单的 6 800 万美元（8.5 亿美元 × 8.0%）。

完成的债务偿还计划表见表 5-29。

第四（b）步：完成从EBIT到净利润的“备考利润表”

资本结构中每笔贷款、债券或其他债务工具的计算得出的平均年利息费用，均来自已完成的债务偿还计划表，链接到利润表的相应各行内容[㊁]（请见表 5-30）。

㊀ 假设票据在到期后进行再融资。

㊁ 到了此时，围绕利息费用的一个循环引用已经在模型中形成。利息费用用来计算净利润，确定可用于债务偿还的现金和期末债务余额，而后者又反过来用来计算利息费用。电子表格必须设置成迭代计算（请见图 3-24）。

表 5-29 债务偿还计划表

（单位：100万美元，财务年度截止日为12月31日）

债务偿还计划		预测期									
	备考 2019	第1年 2020	第2年 2021	第3年 2022	第4年 2023	第5年 2024	第6年 2025	第7年 2026	第8年 2027	第9年 2028	第10年 2029
远期 LIBOR 曲线	*1.85%*	*1.70%*	*1.65%*	*1.55%*	*1.55%*	*1.55%*	*1.55%*	*1.55%*	*1.55%*	*1.55%*	*1.55%*
经营活动产生的现金流		$424.8	$483.4	$538.2	$588.8	$635.8	$677.5	$721.7	$756.4	$783.1	$810.2
投资活动产生的现金流		(166.9)	(176.9)	(185.8)	(193.2)	(199.0)	(204.9)	(211.1)	(217.4)	(224.0)	(230.7)
可用于偿还贷款的现金		**$257.9**	**$306.5**	**$352.4**	**$395.6**	**$436.8**	**$472.5**	**$510.6**	**$539.0**	**$559.2**	**$579.5**
强制性还款合计	最低持有现金	(28.0)	(28.0)	(28.0)	(28.0)	(28.0)	(28.0)	(28.0)	(28.0)	–	–
资产负债表库存现金	-	–	–	–	–	–	–	–	–	471.3	1 030.5
可用于选择性还款的现金		**$229.9**	**$278.5**	**$324.4**	**$367.6**	**$408.8**	**$444.5**	**$482.6**	**$511.0**	**$1 030.5**	**$1 610.0**
周转信用贷款											
周转信用贷款额度	$250.0										
利差	*4.250%*										
LIBOR 下限	– %										
期限	5 年										
未提款的承诺费率	*0.50%*										
期初余额		–	–	–	–	–	–	–	–	–	–
提款/(还款)		–	–	–	–	–	–	–	–	–	–
期末余额		–	–	–	–	–	–	–	–	–	–
利率		*5.95%*	*5.90%*	*5.80%*	*5.80%*	*5.80%*	*5.80%*	*5.80%*	*5.80%*	*5.80%*	*5.80%*
利息费用		-	-	-	-	-	-	-	-	-	-
承诺费		1.3	1.3	1.3	1.3	1.3	1.3	1.3	1.3	1.3	1.3
机构代理费		0.2	0.2	0.2	0.2	0.2	0.2	0.2	0.2	0.2	0.2
定期贷款B											
规模	$2 800.0										
利差	*4.250%*										
LIBOR 下限	– %										
期限	7 年										
偿还计划	*1.0%*	每年偿还，期末集中偿还									
期初余额		$2 800.0	$2 542.1	$2 235.6	$1 883.2	$1 487.6	$1 050.8	$578.3	$67.7	–	–
强制性还款		(28.0)	(28.0)	(28.0)	(28.0)	(28.0)	(28.0)	(28.0)	(28.0)	–	–
选择性还款		(229.9)	(278.5)	(324.4)	(367.6)	(408.8)	(444.5)	(482.6)	(39.7)	–	–
期末余额		**$2 542.1**	**$2 235.6**	**$1 883.2**	**$1 487.6**	**$1 050.8**	**$578.3**	**$67.7**	–	–	–
利率		*5.95%*	*5.90%*	*5.80%*	*5.80%*	*5.80%*	*5.80%*	*5.80%*	*5.80%*	*5.80%*	*5.80%*
利息费用		158.9	140.9	119.4	97.8	73.6	47.2	18.7	2.0	-	-
优先票据											
规模	$850.0										
息票	*8.000%*										
期限	8 年										
期初余额											
债务偿还		$850.0	$850.0	$850.0	$850.0	$850.0	$850.0	$850.0	$850.0	$850.0	$850.0
		–	–	–	–	–	–	–	–	–	–
期末余额		**$850.0**	**$850.0**	**$850.0**	**$850.0**	**$850.0**	**$850.0**	**$850.0**	**$850.0**	**$850.0**	**$850.0**
利息费用		68.0	68.0	68.0	68.0	68.0	68.0	68.0	68.0	68.0	68.0

表 5-30　备考利润表——EBIT 至净利润

（单位：100万美元，财务年度截止日为12月31日）

利润表											
		预测期									
	备考 2019	第1年 2020	第2年 2021	第3年 2022	第4年 2023	第5年 2024	第6年 2025	第7年 2026	第8年 2027	第9年 2028	第10年 2029
EBIT	**$518.0**	**$556.9**	**$590.3**	**$619.8**	**$644.6**	**$663.9**	**$683.8**	**$704.3**	**$725.5**	**$747.2**	**$769.6**
利润率	*15.0%*	*15.0%*	*15.0%*	*15.0%*	*15.0%*	*15.0%*	*15.0%*	*15.0%*	*15.0%*	*15.0%*	*15.0%*
利息费用	–	–	–	–	–	–	–	–	–	–	–
周转信用贷款	–	–	–	–	–	–	–	–	–	–	–
定期贷款A	–	–	–	–	–	–	–	–	–	–	–
定期贷款B	166.6	158.9	140.9	119.4	97.8	73.6	47.2	18.7	2.0	–	–
定期贷款C	–	–	–	–	–	–	–	–	–	–	–
现有定期贷款	–	–	–	–	–	–	–	–	–	–	–
第二留置权	–	–	–	–	–	–	–	–	–	–	–
优先票据	68.0	68.0	68.0	68.0	68.0	68.0	68.0	68.0	68.0	68.0	68.0
优先次级票据	–	–	–	–	–	–	–	–	–	–	–
未提款周转贷款部分承诺费	1.3	1.3	1.3	1.3	1.3	1.3	1.3	1.3	1.3	1.3	1.3
机构代理费	0.2	0.2	0.2	0.2	0.2	0.2	0.2	0.2	0.2	0.2	0.2
现金利息费用合计	**$236.0**	**$228.3**	**$210.3**	**$188.8**	**$167.2**	**$143.0**	**$116.6**	**$88.1**	**$71.4**	**$69.4**	**$69.4**
递延融资费用摊销	14.0	14.0	14.0	14.0	14.0	14.0	12.9	12.9	3.9	–	–
利息费用合计	**$250.0**	**$242.4**	**$224.4**	**$202.9**	**$181.2**	**$157.1**	**$129.6**	**$101.1**	**$75.3**	**$69.4**	**$69.4**
利息收入		–	–	–	–	–	–	–	(1.2)	(3.8)	(6.6)
净利息费用		**$242.4**	**$224.4**	**$202.9**	**$181.2**	**$157.1**	**$129.6**	**$101.1**	**$74.1**	**$65.6**	**$62.8**
税前利润		314.5	365.9	416.9	463.4	506.8	554.3	603.3	651.4	681.6	706.8
所得税费用		78.6	91.5	104.2	115.8	126.7	138.6	150.8	162.8	170.4	176.7
净利润		**$235.9**	**$274.4**	**$312.7**	**$347.5**	**$380.1**	**$415.7**	**$452.5**	**$488.5**	**$511.2**	**$530.1**
利润率		*6.4%*	*7.0%*	*7.6%*	*8.1%*	*8.6%*	*9.1%*	*9.6%*	*10.1%*	*10.3%*	*10.3%*

现金利息费用。现金利息费用是指一个给定年度里一家公司的实际现金利息和相关融资方面的付款。它是每笔现金支付债务工具的平均利息费用加上周转贷款中未提款部分的承诺费和机构代理费。如表 5-30 所示，ValueCo 预计在 2020E 有 2.283 亿美元的现金利息费用，在预测阶段结束（2029E）偿还银行债务后减少至 0.694 亿美元。

利息费用合计。利息费用合计是指现金和非现金利息费用之和，最显著的就是链接自假设数据页面的递延融资费用摊销（请见表 5-53）。递延融资费用的摊销——理论上说并非利息费用——被包含在利息费用合计中，因为它是一种融资费用。在带有 PIK 工具的资本结构中，非现金利息部分也会包含在利息费用合计中，并在现金流量表里加回到经营活动的现金流中。如表 5-30 所示，ValueCo 2020E 有 1 400 万美元的递延融资费用摊销。该费用加到 2020E 的现金利息费用 2.283 亿美元中，得出利息费用合计为 2.424 亿美元。

净利息费用。净利息费用的计算方法是从一家公司的利息费用合计数中减去其资产负债表上持有现金所产生的利息收入。然而，在 ValueCo 的 LBO 案例中，在 2027E（第 8 年）之前，也就是在所有可提前还款债务都得以偿还、资产负债表上的现金开始累积的那年之前，该公司没有利息收入，因为现金余额为零。在 2027E，ValueCo 预计能赚取利息收入 120 万美元[1]，用来冲抵利息费用合计数 7 530 万美元后，得出净利息费用为 7 410 万美元。

净利润。为计算 ValueCo 2020E 的净利润，我们从 5.569 亿美元的 EBIT 中减去净利息费用 2.424 亿美元，得出税前利润为 3.145 亿美元。接着，用税前利润乘以 ValueCo 的边际税率 25%，得出所得税费用为 7 860 万美元，从税前利润中减去此数，计算得出净利润为 2.359 亿美元。

预测阶段每一年的净利润数都源自利润表，链接到现金流量表，作为经营活动项下的第一行内容。它还输入到资产负债表中，作为一个添加内容，以未分配利润的形式加到所有者权益中。

编制完成的备考利润表如表 5-31 所示。

---

[1] 假设现金所赚取的利率为 0.5%（采用平均余额法），并假设为短期货币市场工具的收益水平。

表 5-31 ValueCo 备考利润表

（单位：100万美元，财务年度截止日为12月31日）

利润表	历史期					预测期									
				LTM	备考	第1年	第2年	第3年	第4年	第5年	第6年	第7年	第8年	第9年	第10年
	2016	2017	2018	2019/9/30	2019	2020	2021	2022	2023	2024	2025	2026	2027	2028	2029
销售收入	$2 600.0	$2 900.0	$3 200.0	$3 385.0	$3 450.0	**$3 708.8**	**$3 931.3**	**$4 127.8**	**$4 293.0**	**$4 421.7**	**$4 554.4**	**$4 691.0**	**$4 831.8**	**$4 976.7**	**$5 126.0**
增长率	*NA*	*11.5%*	*10.3%*	*NA*	*7.8%*	*7.5%*	*6.0%*	*5.0%*	*4.0%*	*3.0%*	*3.0%*	*3.0%*	*3.0%*	*3.0%*	*3.0%*
销货成本	1 612.0	1 769.0	1 920.0	2 035.0	2 070.0	2 225.3	2 358.8	2 476.7	2 575.8	2 653.0	2 732.6	2 814.6	2 899.1	2 986.0	3 075.6
毛利润	**$988.0**	**$1 131.0**	**$1 280.0**	**$1 350.0**	**$1 380.0**	**$1 483.5**	**$1 572.5**	**$1 651.1**	**$1 717.2**	**$1 768.7**	**$1 821.8**	**$1 876.4**	**$1 932.7**	**$1 990.7**	**$2 050.4**
毛利率	*38.0%*	*39.0%*	*40.0%*	*39.9%*	*40.0%*	*40.0%*	*40.0%*	*40.0%*	*40.0%*	*40.0%*	*40.0%*	*40.0%*	*40.0%*	*40.0%*	*40.0%*
销售、行政及管理费用	496.6	551.0	608.0	650.0	655.0	704.1	746.4	783.7	815.0	839.5	864.7	890.6	917.3	944.9	973.2
占销售收入 %	*19.1%*	*19.0%*	*19.0%*	*19.2%*	*19.0%*	*19.0%*	*19.0%*	*19.0%*	*19.0%*	*19.0%*	*19.0%*	*19.0%*	*19.0%*	*19.0%*	*19.0%*
其他费用/（收入）	–	–	–	–	–	–	–	–	–	–	–	–	–	–	–
EBITDA	**$491.4**	**$580.0**	**$672.0**	**$700.0**	**$725.0**	**$779.4**	**$826.1**	**$867.4**	**$902.1**	**$929.2**	**$957.1**	**$985.8**	**$1 015.4**	**$1 045.8**	**$1 077.2**
利润率	*18.9%*	*20.0%*	*21.0%*	*20.7%*	*21.0%*	*21.0%*	*21.0%*	*21.0%*	*21.0%*	*21.0%*	*21.0%*	*21.0%*	*21.0%*	*21.0%*	*21.0%*
折旧	116.0	121.5	145.0	150.0	155.3	166.9	176.9	185.8	193.2	199.0	204.9	211.1	217.4	224.0	230.7
摊销	39.0	43.5	48.0	50.0	51.8	55.6	59.0	61.9	64.4	66.3	68.3	70.4	72.5	74.7	76.9
EBIT	**$336.4**	**$415.0**	**$479.0**	**$500.0**	**$518.0**	**$556.9**	**$590.3**	**$619.8**	**$644.6**	**$663.9**	**$683.8**	**$704.3**	**$725.5**	**$747.2**	**$769.6**
利润率	*12.9%*	*14.3%*	*15.0%*	*14.8%*	*15.0%*	*15.0%*	*15.0%*	*15.0%*	*15.0%*	*15.0%*	*15.0%*	*15.0%*	*15.0%*	*15.0%*	*15.0%*
利息费用															
周转信用贷款					–	–	–	–	–	–	–	–	–	–	–
定期贷款A					–	–	–	–	–	–	–	–	–	–	–
定期贷款B					166.6	158.9	140.9	119.4	97.8	73.6	47.2	18.7	2.0	–	–
定期贷款C					–	–	–	–	–	–	–	–	–	–	–
现有定期贷款					–	–	–	–	–	–	–	–	–	–	–
第二留置权					–	–	–	–	–	–	–	–	–	–	–
优先票据					68.0	68.0	68.0	68.0	68.0	68.0	68.0	68.0	68.0	68.0	68.0
优先次级票据					–	–	–	–	–	–	–	–	–	–	–
未提款周转贷款部分承诺费					1.3	1.3	1.3	1.3	1.3	1.3	1.3	1.3	1.3	1.3	1.3
机构代理费					0.2	0.2	0.2	0.2	0.2	0.2	0.2	0.2	0.2	0.2	0.2
现金利息费用合计					**$236.0**	**$228.3**	**$210.3**	**$188.8**	**$167.2**	**$143.0**	**$116.6**	**$88.1**	**$71.4**	**$69.4**	**$69.4**
融资费用摊销					14.0	14.0	14.0	14.0	14.0	14.0	12.9	12.9	3.9	–	–
利息费用合计					**$250.0**	**$242.4**	**$224.4**	**$202.9**	**$181.2**	**$157.1**	**$129.6**	**$101.1**	**$75.3**	**$69.4**	**$69.4**
利息收入						–	–	–	–	–	–	–	(1.2)	(3.8)	(6.6)
净利息费用						**$242.4**	**$224.4**	**$202.9**	**$181.2**	**$157.1**	**$129.6**	**$101.1**	**$74.1**	**$65.6**	**$62.8**
税前利润						314.5	365.9	416.9	463.4	506.8	554.3	603.3	651.4	681.6	706.8
所得税费用						78.6	91.5	104.2	115.8	126.7	138.6	150.8	162.8	170.4	176.7
净利润						**$235.9**	**$274.4**	**$312.7**	**$347.5**	**$380.1**	**$415.7**	**$452.5**	**$488.5**	**$511.2**	**$530.1**
利润率						*6.4%*	*7.0%*	*7.6%*	*8.1%*	*8.6%*	*9.1%*	*9.6%*	*10.1%*	*10.3%*	*10.3%*
利润表假设															
销售收入(增长率)	NA	11.5%	10.3%	NA	7.8%	7.5%	6.0%	5.0%	4.0%	3.0%	3.0%	3.0%	3.0%	3.0%	3.0%
销货成本（占销售收入 %）	62.0%	61.0%	60.0%	60.1%	60.0%	60.0%	60.0%	60.0%	60.0%	60.0%	60.0%	60.0%	60.0%	60.0%	60.0%
销售、行政及管理费用（占销售收入 %）	19.1%	19.0%	19.0%	19.2%	19.0%	19.0%	19.0%	19.0%	19.0%	19.0%	19.0%	19.0%	19.0%	19.0%	19.0%
其他费用/(收入)(占销售收入 %)	– %	– %	– %	– %	– %	– %	– %	– %	– %	– %	– %	– %	– %	– %	– %
折旧（占销售收入 %）	4.5%	4.2%	4.5%	4.4%	4.5%	4.5%	4.5%	4.5%	4.5%	4.5%	4.5%	4.5%	4.5%	4.5%	4.5%
摊销（占销售收入 %）	1.5%	1.5%	1.5%	1.5%	1.5%	1.5%	1.5%	1.5%	1.5%	1.5%	1.5%	1.5%	1.5%	1.5%	1.5%
利息收入					0.5%	0.5%	0.5%	0.5%	0.5%	0.5%	0.5%	0.5%	0.5%	0.5%	0.5%
所得税税率						25.0%	25.0%	25.0%	25.0%	25.0%	25.0%	25.0%	25.0%	25.0%	25.0%

第四（c）步：完成“备考资产负债表”

负债。资产负债表的编制完成方式是直接从债务偿还计划表链接每一个债务工具的年末余额。其他长期负债行显示的剩余非流动和非有息负债，在没有具体的管理层指引的情况下，一般都保持在上一年的水平。

如表 5-32 所示，在预测阶段，ValueCo 的 28 亿美元 TLB 在 2027E 全部还清。然而，ValueCo 的 8.5 亿美元优先票据还处于未偿还状态。此外，我们保持了 2019E 递延所得税负债 3 亿美元和其他长期负债 1.1 亿美元在整个预测阶段保持不变。

所有者权益。现在已经计算出的预测阶段每年的预计净利润，作为未分配利润加到上一年的所有者权益中。

如表 5-33 所示，到了 2019E 年末的 LBO 预计数字，ValueCo 拥有 20.5 亿美元股东初始股权（显示为投资者股权出资减去其他费用和开支）。为了计算 2020E 的所有者权益，我们加上了 2020E 的净利润 2.359 亿美元，合计为 22.859 亿美元。

编制完成的备考资产负债表如表 5-34 所示。

第四（d）步：完成“备考现金流量表”

为了完成现金流量表的编制，在债务偿还计划表中计算得出的每个债务工具的强制性和选择性偿还额，要链接到筹资活动部分的适当的各行内容，合计后得出年偿还金额。然后，年预计期初和期末现金余额要相应计算得出。

在 2020E，ValueCo 预计产生 2.579 亿美元自由现金流。这笔现金流首先用于满足 2 800 万美元强制性 TLB 分期还款，剩余现金 2.299 亿美元用于选择性偿还。如表 5-35 所示，这些假设作为 2020E 的 2.579 亿美元现金使用而链接到现金流量表中筹资活动部分的 TLB 行内容。

由于我们假设 100% 现金流归集，现金并不在资产负债表上累计，直至银行债务完全偿还。因此，ValueCo 的期末现金余额行数值保持为零，直至 2027E 时 TLB 完全偿还[⊖]。如表 5-10 所示，预测阶段的每年期末现金余额链接到资产负债表。

编制完成的备考现金流量表如表 5-36 所示。

⊖ 虽然现金余额为零从经营角度说可能并不现实，却是相对常用的一种建模惯例。

表 5-32　备考资产负债表——预计债务总额部分

（单位：100万美元，财务年度截止日为12月31日）

资产负债表	期初	调整项		备考	预测期									
					第1年	第2年	第3年	第4年	第5年	第6年	第7年	第8年	第9年	第10年
	2019	+	-	2019	2020	2021	2022	2023	2024	2025	2026	2027	2028	2029
应付账款	215.0			215.0	231.1	245.0	257.2	267.5	275.6	283.8	292.3	301.1	310.1	319.4
应计负债	275.0			275.0	295.6	313.4	329.0	342.2	352.5	363.0	373.9	385.1	396.7	408.6
其他流动负债	100.0			100.0	107.5	114.0	119.6	124.4	128.2	132.0	136.0	140.1	144.3	148.6
流动负债合计	**$590.0**			**$590.0**	**$634.3**	**$672.3**	**$705.9**	**$734.2**	**$756.2**	**$778.9**	**$802.2**	**$826.3**	**$851.1**	**$876.6**
周转信用贷款	–			–	–	–	–	–	–	–	–	–	–	–
定期贷款B	–	2 800.0		2 800.0	2 542.1	2 235.6	1 883.2	1 487.6	1 050.8	578.3	67.7	–	–	–
现有定期贷款	1 000.0		(1 000.0)	–	–	–	–	–	–	–	–	–	–	–
优先票据	–	850.0		850.0	850.0	850.0	850.0	850.0	850.0	850.0	850.0	850.0	850.0	850.0
现有优先票据	500.0		(500.0)	–	–	–	–	–	–	–	–	–	–	–
递延所得税	300.0			300.0	300.0	300.0	300.0	300.0	300.0	300.0	300.0	300.0	300.0	300.0
其他长期负债	110.0			110.0	110.0	110.0	110.0	110.0	110.0	110.0	110.0	110.0	110.0	110.0
负债合计	**$2 500.0**			**$4 650.0**	**$4 436.3**	**$4 167.9**	**$3 849.1**	**$3 481.8**	**$3 067.0**	**$2 617.2**	**$2 129.9**	**$2 086.3**	**$2 111.1**	**$2 136.6**

表 5-33　备考资产负债表的所有者权益合计部分

（单位：100万美元，财务年度截止日为12月31日）

资产负债表	期初	调整项		备考	预测期									
					第1年	第2年	第3年	第4年	第5年	第6年	第7年	第8年	第9年	第10年
	2019	+	-	2019	2020	2021	2022	2023	2024	2025	2026	2027	2028	2029
所有者权益	3 500.0	2 050.0	(3 500.0)	2 050.0	2 285.9	2 560.3	2 872.9	3 220.4	3 600.6	4 016.3	4 468.7	4 957.2	5 468.4	5 998.6
所有者权益合计	**$3 500.0**			**$2 050.0**	**$2 285.9**	**$2 560.3**	**$2 872.9**	**$3 220.4**	**$3 600.6**	**$4 016.3**	**$4 468.7**	**$4 957.2**	**$5 468.4**	**$5 998.6**
负债及所有者权益合计	**$6 000.0**			**$6 700.0**	**$6 722.2**	**$6 728.2**	**$6 722.0**	**$6 702.2**	**$6 667.6**	**$6 633.4**	**$6 598.7**	**$7 043.5**	**$7 579.5**	**$8 135.2**

= 所有者权益$_{2019E}$+净利润$_{2020E}$
= 20.5亿美元+2.359亿美元

表 5-34 ValueCo 备考资产负债表

（单位：100万美元，财务年度截止日为12月31日）

资产负债表	期初 2019	调整项 +	调整项 −	备考 2019	预测期 第1年 2020	第2年 2021	第3年 2022	第4年 2023	第5年 2024	第6年 2025	第7年 2026	第8年 2027	第9年 2028	第10年 2029
现金及现金等价物	$250.0		(250.0)	–	–	–	–	–	–	–	–	$471.3	$1 030.5	$1 610.0
应收账款	450.0			450.0	483.8	512.8	538.4	560.0	576.7	594.1	611.9	630.2	649.1	668.6
存货	600.0			600.0	645.0	683.7	717.9	746.6	769.0	792.1	815.8	840.3	865.5	891.5
预付款及其他流动资产	175.0			175.0	188.1	199.4	209.4	217.8	224.3	231.0	238.0	245.1	252.4	260.0
流动资产合计	**$1 475.0**			**$1 225.0**	**$1 316.9**	**$1 395.9**	**$1 465.7**	**$1 524.3**	**$1 570.0**	**$1 617.1**	**$1 665.7**	**$2 186.9**	**$2 797.6**	**$3 430.1**
固定资产净值	2 500.0			2 500.0	2 500.0	2 500.0	2 500.0	2 500.0	2 500.0	2 500.0	2 500.0	2 500.0	2 500.0	2 500.0
商誉	1 000.0	1 850.0	(1 000.0)	1 850.0	1 850.0	1 850.0	1 850.0	1 850.0	1 850.0	1 850.0	1 850.0	1 850.0	1 850.0	1 850.0
无形资产	875.0			875.0	819.4	760.4	698.5	634.1	567.8	499.4	429.1	356.6	282.0	205.1
其他资产	150.0			150.0	150.0	150.0	150.0	150.0	150.0	150.0	150.0	150.0	150.0	150.0
递延融资费用	–	100.0		100.0	86.0	71.9	57.9	43.8	29.8	16.8	3.9	–	–	–
资产合计	**$6 000.0**			**$6 700.0**	**$6 722.2**	**$6 728.2**	**$6 722.0**	**$6 702.2**	**$6 667.6**	**$6 633.4**	**$6 598.7**	**$7 043.5**	**$7 579.5**	**$8 135.2**
应付账款	215.0			215.0	231.1	245.0	257.2	267.5	275.6	283.8	292.3	301.1	310.1	319.4
应计负债	275.0			275.0	295.6	313.4	329.0	342.2	352.5	363.0	373.9	385.1	396.7	408.6
其他流动负债	100.0			100.0	107.5	114.0	119.6	124.4	128.2	132.0	136.0	140.1	144.3	148.6
流动负债合计	**$590.0**			**$590.0**	**$634.3**	**$672.3**	**$705.9**	**$734.2**	**$756.2**	**$778.9**	**$802.2**	**$826.3**	**$851.1**	**$876.6**
周转信用贷款	–			–	–	–	–	–	–	–	–	–	–	–
定期贷款A	–			–	–	–	–	–	–	–	–	–	–	–
定期贷款B	–	2 800.0		2 800.0	2 542.1	2 235.6	1 883.2	1 487.6	1 050.8	578.3	67.7	–	–	–
定期贷款C	–			–	–	–	–	–	–	–	–	–	–	–
现有定期贷款	1 000.0		(1 000.0)	–	–	–	–	–	–	–	–	–	–	–
第二留置权	–			–	–	–	–	–	–	–	–	–	–	–
优先票据	–	850.0		850.0	850.0	850.0	850.0	850.0	850.0	850.0	850.0	850.0	850.0	850.0
现有优先票据	500.0		(500.0)	–	–	–	–	–	–	–	–	–	–	–
优先次级票据	–			–	–	–	–	–	–	–	–	–	–	–
其他负债	–			–	–	–	–	–	–	–	–	–	–	–
递延所得税	300.0			300.0	300.0	300.0	300.0	300.0	300.0	300.0	300.0	300.0	300.0	300.0
其他长期负债	110.0			110.0	110.0	110.0	110.0	110.0	110.0	110.0	110.0	110.0	110.0	110.0
负债合计	**$2 500.0**			**$4 650.0**	**$4 436.3**	**$4 167.9**	**$3 849.1**	**$3 481.8**	**$3 067.0**	**$2 617.2**	**$2 129.9**	**$2 086.3**	**$2 111.1**	**$2 136.6**
非控股股东权益	–			–	–	–	–	–	–	–	–	–	–	–
所有者权益	3 500.0	2 050.0	(3 500.0)	2 050.0	2 285.9	2 560.3	2 872.9	3 220.4	3 600.6	4 016.3	4 468.7	4 957.2	5 468.4	5 998.6
所有者权益合计	**$3 500.0**			**$2 050.0**	**$2 285.9**	**$2 560.3**	**$2 872.9**	**$3 220.4**	**$3 600.6**	**$4 016.3**	**$4 468.7**	**$4 957.2**	**$5 468.4**	**$5 998.6**
负债及所有者权益合计	**$6 000.0**			**$6 700.0**	**$6 722.2**	**$6 728.2**	**$6 722.0**	**$6 702.2**	**$6 667.6**	**$6 633.4**	**$6 598.7**	**$7 043.5**	**$7 579.5**	**$8 135.2**
平衡检验	*0.000*			*0.000*	*0.000*	*0.000*	*0.000*	*0.000*	*0.000*	*0.000*	*0.000*	*0.000*	*0.000*	*0.000*
净流动资金	635.0			635.0	682.6	723.6	759.8	790.2	813.9	838.3	863.4	889.3	916.0	943.5
净流动资金（增加）/减少				–	(47.6)	(41.0)	(36.2)	(30.4)	(23.7)	(24.4)	(25.1)	(25.9)	(26.7)	(27.5)
资产负债表假设														
流动资产														
应收账款周转天数 (DSO)	47.6			47.6	47.6	47.6	47.6	47.6	47.6	47.6	47.6	47.6	47.6	47.6
存货持有天数 (DIH)	105.8			105.8	105.8	105.8	105.8	105.8	105.8	105.8	105.8	105.8	105.8	105.8
预付款及其他流动负债 (占销售收入 %)	5.1%			5.1%	5.1%	5.1%	5.1%	5.1%	5.1%	5.1%	5.1%	5.1%	5.1%	5.1%
流动负债														
应付账款周转天数 (DPO)	37.9			37.9	37.9	37.9	37.9	37.9	37.9	37.9	37.9	37.9	37.9	37.9
应计负债 (占销售收入 %)	8.0%			8.0%	8.0%	8.0%	8.0%	8.0%	8.0%	8.0%	8.0%	8.0%	8.0%	8.0%
其他流动负债（占销售收入 %）	2.9%			2.9%	2.9%	2.9%	2.9%	2.9%	2.9%	2.9%	2.9%	2.9%	2.9%	2.9%

表 5-35　备考现金流量表——筹资活动部分

（单位：100万美元，财务年度截止日为12月31日）

现金流量表										
	预测期									
	第1年 2020	第2年 2021	第3年 2022	第4年 2023	第5年 2024	第6年 2025	第7年 2026	第8年 2027	第9年 2028	第10年 2029
筹资活动										
周转信用贷款	–	–	–	–	–	–	–	–	–	–
定期贷款B	(257.9)	(306.5)	(352.4)	(395.6)	(436.8)	(472.5)	(510.6)	(67.7)	–	–
现有定期贷款	–	–	–	–	–	–	–	–	–	–
优先票据	–	–	–	–	–	–	–	–	–	–
股利	–	–	–	–	–	–	–	–	–	–
股份发行/(回购)	–	–	–	–	–	–	–	–	–	–
筹资活动产生的现金流	**($257.9)**	**($306.5)**	**($352.4)**	**($395.6)**	**($436.8)**	**($472.5)**	**($510.6)**	**($67.7)**	–	–
当期新增现金	–	–	–	–	–	–	–	$471.3	$559.2	$579.5
期初现金余额	–	–	–	–	–	–	–	–	471.3	1 030.5
期末现金余额	–	–	–	–	–	–	–	**$471.3**	**$1 030.5**	**$1 610.0**
现金流量表假设										
资本性支出（占销售收入%）	4.5%	4.5%	4.5%	4.5%	4.5%	4.5%	4.5%	4.5%	4.5%	4.5%

= 强制性还款$_{2020E}$+选择性还款$_{2020E}$
= 2 800万美元+2.299亿美元

表 5-36　ValueCo 备考现金流量表

（单位：100万美元，财务年度截止日为12月31日）

现金流量表	预测期									
	第1年 2020	**第2年 2021**	**第3年 2022**	**第4年 2023**	**第5年 2024**	**第6年 2025**	**第7年 2026**	**第8年 2027**	**第9年 2028**	**第10年 2029**
经营活动										
净利润	$235.9	$274.4	$312.7	$347.5	$380.1	$415.7	$452.5	$488.5	$511.2	$530.1
加：折旧	166.9	176.9	185.8	193.2	199.0	204.9	211.1	217.4	224.0	230.7
加：摊销	55.6	59.0	61.9	64.4	66.3	68.3	70.4	72.5	74.7	76.9
加：融资费用摊销	14.0	14.0	14.0	14.0	14.0	12.9	12.9	3.9	–	–
流动资金变化										
应收账款（增加）/减少	(33.8)	(29.0)	(25.6)	(21.5)	(16.8)	(17.3)	(17.8)	(18.4)	(18.9)	(19.5)
存货（增加）/减少	(45.0)	(38.7)	(34.2)	(28.7)	(22.4)	(23.1)	(23.8)	(24.5)	(25.2)	(26.0)
预付款及其他流动资产（增加）/减少	(13.1)	(11.3)	(10.0)	(8.4)	(6.5)	(6.7)	(6.9)	(7.1)	(7.4)	(7.6)
应付账款增加/（减少）	16.1	13.9	12.2	10.3	8.0	8.3	8.5	8.8	9.0	9.3
应计负债增加/(减少)	20.6	17.7	15.7	13.2	10.3	10.6	10.9	11.2	11.6	11.9
其他流动负债增加/（减少）	7.5	6.5	5.7	4.8	3.7	3.8	4.0	4.1	4.2	4.3
净流动资金（增加）/减少	(47.6)	(41.0)	(36.2)	(30.4)	(23.7)	(24.4)	(25.1)	(25.9)	(26.7)	(27.5)
经营活动产生的现金流	**$424.8**	**$483.4**	**$538.2**	**$588.8**	**$635.8**	**$677.5**	**$721.7**	**$756.4**	**$783.1**	**$810.2**
投资活动										
资本性支出	(166.9)	(176.9)	(185.8)	(193.2)	(199.0)	(204.9)	(211.1)	(217.4)	(224.0)	(230.7)
其他投资性活动	–	–	–	–	–	–	–	–	–	–
投资活动产生的现金流	**($166.9)**	**($176.9)**	**($185.8)**	**($193.2)**	**($199.0)**	**($204.9)**	**($211.1)**	**($217.4)**	**($224.0)**	**($230.7)**
筹资活动										
周转信用贷款	–	–	–	–	–	–	–	–	–	–
定期贷款B	(257.9)	(306.5)	(352.4)	(395.6)	(436.8)	(472.5)	(510.6)	(67.7)	–	–
现有定期贷款	–	–	–	–	–	–	–	–	–	–
优先票据	–	–	–	–	–	–	–	–	–	–
股利	–	–	–	–	–	–	–	–	–	–
股份发行/(回购)	–	–	–	–	–	–	–	–	–	–
筹资活动产生的现金流	**($257.9)**	**($306.5)**	**($352.4)**	**($395.6)**	**($436.8)**	**($472.5)**	**($510.6)**	**($67.7)**	-	-
当期新增现金	–	–	–	–	–	–	–	$471.3	$559.2	$579.5
期初现金余额	–	–	–	–	–	–	–	–	471.3	1 030.5
期末现金余额	–	–	–	–	–	–	–	**$471.3**	**$1 030.5**	**$1 610.0**
现金流量表假设										
资本性支出（占销售收入 %）	4.5%	4.5%	4.5%	4.5%	4.5%	4.5%	4.5%	4.5%	4.5%	4.5%

第五步：进行 LBO 分析

表 5-37 进行 LBO 分析的步骤

第五（a）步：分析融资结构
第五（b）步：进行投资回报分析
第五（c）步：确定估值
第五（d）步：创建“交易摘要页面”

LBO 模型完全链接并测试后，就可以用于评估各种融资结构，测定目标公司还本付息的能力，以及衡量在各种经营情景下投资者的投资回报和其他财务影响。这一分析让投资银行分析师有能力确定目标的一个合适的估值范围。

第五（a）步：分析融资结构

LBO 分析的一个核心部分是为某个给定交易设计出一个优化的融资结构。从承销方的角度说，这就涉及要确定目标公司的财务预测数字能否支撑各种商业和经济形势下某个给定的杠杆融资结构。现实而合理的财务预测是评估某个给定财务结构是否可行的关键。

承销方的一个关键性信贷风险管理问题，集中在目标公司是否有能力支付其年度利息费用，并在提议的期限内偿还其银行债务的全部或大部分。用来分析目标公司是否有能力支撑一个给定资本结构的主要信贷衡量标准，包括本书第一章中所列的杠杆率和偿付比率（比如，债务对 EBITDA、债务对总资本、EBITDA 对利息费用）。表 5-38 显示的是一个典型的输出页面，汇总了目标公司的关键性财务数据以及预测阶段每年预计资本总额和信贷数据。这些数据通常都列示在交易摘要页面（见表 5-45）。

在 ValueCo 的 LBO 案例中，我们依据基本情形的财务预测（请见第二步）和假定的交易结构（请见第三步）进行了融资结构分析。在 LBO 预计数据方面，ValueCo 拥有资本总额为 57 亿美元，其构成为 28 亿美元 TLB、8.5 亿美元优先票据和 20.5 亿美元所有者权益（股权出资减去其他费用和开支）。这一资本结构代表着总杠杆率为 5.2 倍 LTM 2019/9/30 EBITDA 7 亿美元，包括优先有担保杠杆率 4.0 倍（5 倍的 2019E 总杠杆，3.9 倍的 2019E 优先有担保杠杆）。在这些水平上，ValueCo 在交易完结时的债务对资本总额率比为 64%、EBITDA

表 5-38 财务数据、资本总额及信用比率汇总

（单位：100万美元，财务年度截止日为12月31日）

财务数据汇总	LTM	备考	预测期									
	LTM	备考	第1年	第2年	第3年	第4年	第5年	第6年	第7年	第8年	第9年	第10年
	2019/9/30	2019	2020	2021	2022	2023	2024	2025	2026	2027	2028	2029
销售收入	**$3 385.0**	**$3 450.0**	**$3 708.8**	**$3 931.3**	**$4 127.8**	**$4 293.0**	**$4 421.7**	**$4 554.4**	**$4 691.0**	**$4 831.8**	**$4 976.7**	**$5 126.0**
增长率	*NA*	*7.8%*	*7.5%*	*6.0%*	*5.0%*	*4.0%*	*3.0%*	*3.0%*	*3.0%*	*3.0%*	*3.0%*	*3.0%*
毛利润	**$1 350.0**	**$1 380.0**	**$1 483.5**	**$1 572.5**	**$1 651.1**	**$1 717.2**	**$1 768.7**	**$1 821.8**	**$1 876.4**	**$1 932.7**	**$1 990.7**	**$2 050.4**
毛利率	*39.9%*	*40.0%*	*40.0%*	*40.0%*	*40.0%*	*40.0%*	*40.0%*	*40.0%*	*40.0%*	*40.0%*	*40.0%*	*40.0%*
EBITDA	**$700.0**	**$725.0**	**$779.4**	**$826.1**	**$867.4**	**$902.1**	**$929.2**	**$957.1**	**$985.8**	**$1 015.4**	**$1 045.8**	**$1 077.2**
利润率	*20.7%*	*21.0%*	*21.0%*	*21.0%*	*21.0%*	*21.0%*	*21.0%*	*21.0%*	*21.0%*	*21.0%*	*21.0%*	*21.0%*
资本性支出	152.3	155.3	166.9	176.9	185.8	193.2	199.0	204.9	211.1	217.4	224.0	230.7
占销售收入 %	*4.5%*	*4.5%*	*4.5%*	*4.5%*	*4.5%*	*4.5%*	*4.5%*	*4.5%*	*4.5%*	*4.5%*	*4.5%*	*4.5%*
现金利息费用	–	236.0	228.3	210.3	188.8	167.2	143.0	116.6	88.1	71.4	69.4	69.4
利息费用合计	–	250.0	242.4	224.4	202.9	181.2	157.1	129.6	101.1	75.3	69.4	69.4
自由现金流												
EBITDA			$779.4	$826.1	$867.4	$902.1	$929.2	$957.1	$985.8	$1 015.4	$1 045.8	$1 077.2
减：现金利息费用			(228.3)	(210.3)	(188.8)	(167.2)	(143.0)	(116.6)	(88.1)	(71.4)	(69.4)	(69.4)
加：利息收入			-	-	-	-	-	-	-	1.2	3.8	6.6
减：所得税			(78.6)	(91.5)	(104.2)	(115.8)	(126.7)	(138.6)	(150.8)	(162.8)	(170.4)	(176.7)
减：资本性支出			(166.9)	(176.9)	(185.8)	(193.2)	(199.0)	(204.9)	(211.1)	(217.4)	(224.0)	(230.7)
减：净流动资金增加			(47.6)	(41.0)	(36.2)	(30.4)	(23.7)	(24.4)	(25.1)	(25.9)	(26.7)	(27.5)
自由现金流			**$257.9**	**$306.5**	**$352.4**	**$395.6**	**$436.8**	**$472.5**	**$510.6**	**$539.0**	**$559.2**	**$579.5**
累计自由现金流			257.9	564.4	916.8	1 312.4	1 749.2	2 221.7	2 732.3	3 271.3	3 830.5	4 410.0
资本总额												
现金		–	–	–	–	–	–	–	–	$471.3	$1 030.5	$1 610.0
周转信用贷款		–	–	–	–	–	–	–	–	–	–	–
定期贷款A		–	–	–	–	–	–	–	–	–	–	–
定期贷款B		2 800.0	2 542.1	2 235.6	1 883.2	1 487.6	1 050.8	578.3	67.7	–	–	–
定期贷款C		–	–	–	–	–	–	–	–	–	–	–
现有定期贷款		–	–	–	–	–	–	–	–	–	–	–
第二留置权		–	–	–	–	–	–	–	–	–	–	–
其他负债		–	–	–	–	–	–	–	–	–	–	–
优先有担保负债合计		**$2 800.0**	**$2 542.1**	**$2 235.6**	**$1 883.2**	**$1 487.6**	**$1 050.8**	**$578.3**	**$67.7**	–	–	–
优先票据		850.0	850.0	850.0	850.0	850.0	850.0	850.0	850.0	850.0	850.0	850.0
优先负债合计		**$3 650.0**	**$3 392.1**	**$3 085.6**	**$2 733.2**	**$2 337.6**	**$1 900.8**	**$1 428.3**	**$917.7**	**$850.0**	**$850.0**	**$850.0**
优先次级票据		–	–	–	–	–	–	–	–	–	–	–
负债合计		**$3 650.0**	**$3 392.1**	**$3 085.6**	**$2 733.2**	**$2 337.6**	**$1 900.8**	**$1 428.3**	**$917.7**	**$850.0**	**$850.0**	**$850.0**
所有者权益		2 050.0	2 285.9	2 560.3	2 872.9	3 220.4	3 600.6	4 016.3	4 468.7	4 957.2	5 468.4	5 998.6
资本总额		**$5 700.0**	**$5 677.9**	**$5 645.9**	**$5 606.1**	**$5 558.1**	**$5 501.4**	**$5 444.6**	**$5 386.4**	**$5 807.2**	**$6 318.4**	**$6 848.6**
已偿还银行负债 %		–	*9.2%*	*20.2%*	*32.7%*	*46.9%*	*62.5%*	*79.3%*	*97.6%*	*100.0%*	*100.0%*	*100.0%*
信用比率												
负债/资本总额		*64.0%*	*59.7%*	*54.7%*	*48.8%*	*42.1%*	*34.6%*	*26.2%*	*17.0%*	*14.6%*	*13.5%*	*12.4%*
EBITDA / 现金利息费用		3.1x	3.4x	3.9x	4.6x	5.4x	6.5x	8.2x	11.2x	14.2x	15.1x	15.5x
(EBITDA – 资本性支出) / 现金利息费用		2.4x	2.7x	3.1x	3.6x	4.2x	5.1x	6.4x	8.8x	11.2x	11.8x	12.2x
EBITDA / 利息费用合计		2.9x	3.2x	3.7x	4.3x	5.0x	5.9x	7.4x	9.8x	13.5x	15.1x	15.5x
(EBITDA – 资本性支出) / 利息费用合计		2.3x	2.5x	2.9x	3.4x	3.9x	4.6x	5.8x	7.7x	10.6x	11.8x	12.2x
优先有担保负债 / EBITDA		3.9x	3.3x	2.7x	2.2x	1.6x	1.1x	0.6x	0.1x	– x	– x	– x
优先负债 / EBITDA		5.0x	4.4x	3.7x	3.2x	2.6x	2.0x	1.5x	0.9x	0.8x	0.8x	0.8x
总负债 / EBITDA		5.0x	4.4x	3.7x	3.2x	2.6x	2.0x	1.5x	0.9x	0.8x	0.8x	0.8x
净负债 / EBITDA		5.0x	4.4x	3.7x	3.2x	2.6x	2.0x	1.5x	0.9x	0.4x	(0.2x)	(0.7x)

对利息费用比为 2.9 倍、(EBITDA- 资本性支出)对利息费用比为 2.3 倍。

正如人们对预计提高 EBITDA、产生可观自由现金流和偿还债务的公司所预期的那样，ValueCo 的信贷数据在整个预测阶段大幅度改善。到预测阶段的 2027 年年底，ValueCo 的 TLB 完全还清，从而总杠杆率降至 0.9 倍，优先有担保杠杆率降到了零。此外，ValueCo 的债务对资本总额比降低到 17%、EBITDA 对利息费用比提高到 9.8 倍。

在整个预测阶段中，这一稳定的去杠杆化和信贷数据的改善，表明 ValueCo 有能力支撑考虑之中的基本情形财务预测数据下的融资结构。

第五(b)步：进行投资回报分析

在完成了从债务偿还和信用数据角度对融资结构的分析之后，投资银行分析师要确定它能否在给定的提议购买价格和股权出资条件下为投资者提供足够的回报。正如本书第四章所述，投资者通常在评估收购机会时要求 15% ~ 20% 的 IRR。如果隐含的收益太低，那么收购价格和融资结构就需要重新审视。

驱动 IRR 的主要因素是目标的预计财务业绩、假定收购价格和融资结构(特别是股权出资的规模)，以及假定的退出乘数和年份(假设出售的话)。虽然投资者有可能通过各种策略和时机来实现变现或退出(请见本书第四章中“主要退出 / 变现策略”)，但传统的 LBO 分析考虑的是在 5 年内通过出售整个公司来实现全面退出。

投资回报假设数据。在传统的 LBO 分析中，常见的做法是保守地假设一个与收购乘数相等(或者小于收购乘数)的退出乘数。

如表 5-39 所示，在 ValueCo 的 LBO 分析中，我们假设投资者在 2024E(第 5 年)退出，退出乘数为 EBITDA 的 8 倍，等于收购乘数。在 2024E，ValueCo 预计会产生 9.292 亿美元的 EBITDA，退出乘数为 EBITDA 的 8 倍，转化为隐含企业价值为 74.337 亿美元。在此期间累计债务偿还额为 17.492 亿美元(2019E TLB 期初余额 28 亿美元减去 2014E 期末余额 10.508 亿美元)，从而 ValueCo 预计 2024E 总负债为 19.008 亿美元。该债务金额(在现金余额为零的前提下等于净负债)从 74.337 亿美元企业价值中减去，得出退出年份的隐含股权价值为 55.329 亿美元。

表 5-39　退出时企业价值和股权价值的计算

（单位：100万美元）

计算退出时的企业价值和股权价值 （假设2024年退出，退出乘数为8倍）	
	第5年 2024
2024E EBITDA	$929.2
退出时EBITDA乘数	8.0x
退出时企业价值	**$7 433.7**
减：净负债	
周转信用贷款	–
定期贷款B	1 050.8
优先票据	850.0
总负债	**$1 900.8**
减：现金及现金等价物	–
净负债	**$1 900.8**
退出时股权价值	**$5 532.9**

IRR 和现金收益计算。假设在投资阶段没有额外的现金流（派发给投资者的股利），也没有资金流出（投资者的额外投资），那么 IRR 和现金收益的计算基础是投资者的初始股权出资（资金流出）和假定退出时股权收入（资金流入）。这一概念在表 5-40 的投资时间线中显示。

表 5-40　投资时间线

（单位：100万美元）

	备考 2019	第1年 2020	第2年 2021	第3年 2022	第4年 2023	第5年 2024
初始股权出资	($2 100.0)					
股利/（投资）	–	–	–	–	–	–
退出时股权价值	–	–	–	–	–	5 532.8
合计	**($2 100.0)**	–	–	–	–	**$5 532.8**
IRR	**21%**					
现金回报率	**2.6x**					

IRR注释：= IRR(初始股权出资：退出时股权价值)
= IRR(−21亿美元：55.328亿美元)

现金回报率注释：= 退出时股权价值/初始股权出资
= 55.328亿美元/21亿美元

一方面，初始股权出资代表着投资者的现金流出。因此，它在投资时间线上表示为负数，跟投资者实施的任何额外股权投资一样，无论是收购还是其他目的的投资。另一方面，给投资者的现金派发在时间线上表示为正数，比如退出时获得的收入或投资阶段获得的股利。

在 ValueCo 的 LBO 案例中，我们假设在投资阶段除了初始股权出资和退出时股权收入外，没有任何现金流入或者流出。因此，我们按照初始股权出资 21

亿美元和 2024E 股权收入 55.328 亿美元进行计算，得出 IRR 大约为 21%，现金回报率为 2.6 倍。

不同退出年份的投资回报情况。在表 5-41 中，我们用固定退出乘数 EBITDA 的 8 倍，计算了预测阶段每一年年末退出时的 IRR 和现金收益。我们发现，随着退出时间后延，股权价值因为 EBITDA 的增加和净债务的减少而上升。因此，现金收益增加了，因为它是固定初始股权出资和退出时渐增股权价值的一个函数。然而，在 ValueCo 的案例中，随着时间线的延伸，IRR 随着增长率的下降和资金时间价值的影响而降低。

IRR 敏感性分析。敏感性分析是分析 IRR 和框定 LBO 估值的关键。IRR 可以用数个关键性价值驱动因素进行敏感性分析，比如收购和退出乘数、退出年份、杠杆化水平、股权出资比例，以及关键性经营假定数据，比如增长率和毛利率（请见本书第三章中表 3-59）。

如表 5-42 所示，在 ValueCo 的 LBO 案例中，我们假定固定杠杆率水平为 5.2 倍 LTM 2019/9/30 EBITDA 7 亿美元，退出年份为 2024 年，并在此前提下进行收购和退出乘数的敏感性分析。为了 IRR 分析的目的，我们把重点放在 IRR 为 20% 左右的收购和退出乘数组合，并假设股权出资比例范围为 25% ~ 40%。

例如，8 倍的收购和退出乘数得出的 IRR 为 21.4%，同时要求在给定的杠杆率前提下股权出资比例为 35.0%。然而，在该范围的高端，8.25 倍收购和退出乘数则产生 20.4% 的 IRR，同时要求股权出资比例为 36.8%；在该范围的低端，7.25 倍收购和退出乘数产生 25.2% 的 IRR，同时要求 28.8% 的股权出资比例。

同样常见的做法是针对退出乘数和退出年份的组合进行敏感性分析。如表 5-43 所示，假定固定总杠杆率和收购乘数分别为 5.2 倍和 8 倍 LTM 2019/9/30 EBITDA，然后研究了 2022E ~ 2016E 退出年份范围和 7 ~ 9 倍退出乘数时所产生的 IRR。

第五（c）步：确定估值

如前所述，投资者在进行 LBO 对象估值的时候，在很大程度上依据的是他们对在某个给定收购价格情况下实现可接受回报率的确信程度。该分析假设一

表 5-41 不同退出年份的投资回报

（单位：100万美元，财务年度截止日为12月31日）

收益分析												
			预测期									
		备考 2019	第1年 2020	第2年 2021	第3年 2022	第4年 2023	第5年 2024	第6年 2025	第7年 2026	第8年 2027	第9年 2028	第10年 2029
收购时 EBITDA 乘数	8.0x											
最初股本出资		$2 100.0										
EBITDA			$779.4	$826.1	$867.4	$902.1	$929.2	$957.1	$985.8	$1 015.4	$1 045.8	$1 077.2
退出时 EBITDA 乘数	8.0x											
退出时企业价值			**$6 235.0**	**$6 609.1**	**$6 939.6**	**$7 217.1**	**$7 433.7**	**$7 656.7**	**$7 886.4**	**$8 123.0**	**$8 366.6**	**$8 617.6**
减：净负债												
周转信用贷款			–	–	–	–	–	–	–	–	–	–
定期贷款A			–	–	–	–	–	–	–	–	–	–
定期贷款B			2 542.1	2 235.6	1 883.2	1 487.6	1 050.8	578.3	67.7	–	–	–
定期贷款C			–	–	–	–	–	–	–	–	–	–
现有定期贷款			–	–	–	–	–	–	–	–	–	–
第二留置权			–	–	–	–	–	–	–	–	–	–
优先票据			850.0	850.0	850.0	850.0	850.0	850.0	850.0	850.0	850.0	850.0
优先次级票据			–	–	–	–	–	–	–	–	–	–
其他负债			–	–	–	–	–	–	–	–	–	–
负债合计			**$3 392.1**	**$3 085.6**	**$2 733.2**	**$2 337.6**	**$1 900.8**	**$1 428.3**	**$917.7**	**$850.0**	**$850.0**	**$850.0**
减：现金及现金等价物			–	–	–	–	–	–	–	471.3	1 030.5	1 610.0
净负债			**$3 392.1**	**$3 085.6**	**$2 733.2**	**$2 337.6**	**$1 900.8**	**$1 428.3**	**$917.7**	**$378.7**	**($180.5)**	**($760.0)**
退出时股权价值			**$2 842.9**	**$3 523.5**	**$4 206.4**	**$4 879.5**	**$5 532.8**	**$6 228.4**	**$6 968.7**	**$7 744.3**	**$8 547.1**	**$9 377.7**
现金收益			**1.4x**	**1.7x**	**2.0x**	**2.3x**	**2.6x**	**3.0x**	**3.3x**	**3.7x**	**4.1x**	**4.5x**
			第1年 2020	第2年 2021	第3年 2022	第4年 2023	第5年 2024	第6年 2025	第7年 2026	第8年 2027	第9年 2028	第10年 2029
最初股权出资			($2 100.0)	($2 100.0)	($2 100.0)	($2 100.0)	($2 100.0)	($2 100.0)	($2 100.0)	($2 100.0)	($2 100.0)	($2 100.0)
退出股权价值			$2 842.9	–	–	–	–	–	–	–	–	–
				$3 523.5	–	–	–	–	–	–	–	–
					$4 206.4	–	–	–	–	–	–	–
						$4 879.5	–	–	–	–	–	–
							$5 532.8	-	–	–	–	–
								$6 228.4	–	–	–	–
									$6 968.7	–	–	–
										$7 744.3	–	–
											$8 547.1	–
												$9 377.7
IRR			**35%**	**30%**	**26%**	**23%**	**21%**	**20%**	**19%**	**18%**	**17%**	**16%**

套给定的财务预测数据、收购价格和融资结构，以及退出乘数和年份。与此同时，投资者可以参照本书所述其他估值方法。

表 5-42　**IRR 敏感性分析——收购和退出乘数**

			IRR-假设2024年退出						
	股权出		退出乘数						
企业价值	资比例	收购乘数	7.00x	7.25x	7.50x	7.75x	8.00x	8.25x	8.50x
$4 900.0	26.4%	7.00x	26.9%	28.1%	29.3%	30.5%	31.6%	32.7%	33.8%
5 075.0	28.8%	7.25x	23.9%	25.2%	26.3%	27.5%	28.6%	29.6%	30.7%
5 250.0	31.0%	7.50x	21.3%	22.5%	23.7%	24.8%	25.9%	26.9%	27.9%
5 425.0	33.0%	7.75x	19.1%	20.2%	21.4%	22.5%	23.5%	24.5%	25.5%
5 600.0	35.0%	8.00x	17.0%	18.2%	19.3%	20.3%	21.4%	22.4%	23.4%
5 775.0	36.8%	8.25x	15.1%	16.3%	17.4%	18.4%	19.5%	20.4%	21.4%
5 950.0	38.6%	8.50x	13.4%	14.6%	15.6%	16.7%	17.7%	18.7%	19.6%

表 5-43　**IRR 敏感性分析——退出乘数和退出年份**

		IRR-假设退出乘数为8倍				
		退出年份				
		2022	2023	2024	2025	2026
退出乘数	7.0x	17%	17%	17%	17%	16%
	7.5x	22%	21%	19%	18%	17%
	8.0x	26%	23%	21%	20%	19%
	8.5x	30%	26%	23%	21%	20%
	9.0x	34%	29%	25%	23%	21%

LBO 分析对于战略性买家来说同时还包含了丰富的信息，即在有组织的出售流程中，某个竞争性投资者针对给定目标支付的价格也具有参考意义。这一数据使得战略性买家能够相应地框定自己的报价。因此，不论是买方还是卖方顾问，在担任并购顾问角色的同时，投资银行都需要把 LBO 分析当作一种估值技术来使用。

从传统上说，LBO 分析得出的隐含估值与其他估值方法相比，属于全面分析中偏低的估值，特别是与先例交易分析和 DCF 分析相比较时。在很大程度上，这是因为 LBO 所固有的局限性，包括杠杆能力、信贷市场形势和投资者自己的 IRR 门槛要求。此外，战略性买家一般都能实现由目标产生的协同作用，针对目标收益率的要求，他们有能力在收购时支付更高的价格。然而，在债务融资环境强劲的形势下，比如在 21 世纪初信贷高潮时期以及大萧条结束后的繁荣时期，投资者也可以与战略性买家在收购价格上进行竞争。在这个时期，在 LBO 交易中支付的乘数，得到了在资本结构中使用高比例低成本债务的支持，也就是相对较低的目标资本成本。

跟DCF分析一样，隐含估值范围已从敏感性分析输出表中得出（见表5-42）。在ValueCo的LBO案例中，我们把重点放在股权出资比例为25% ~ 40%的前提下，所产生IRR在20%区间的收购和退出乘数范围。根据这个指引，我们确定了估值范围为7.25 ~ 8.25倍LTM 2019/9/30 EBITDA，即大约50.75亿~ 57.75亿美元（请见图5-1）。

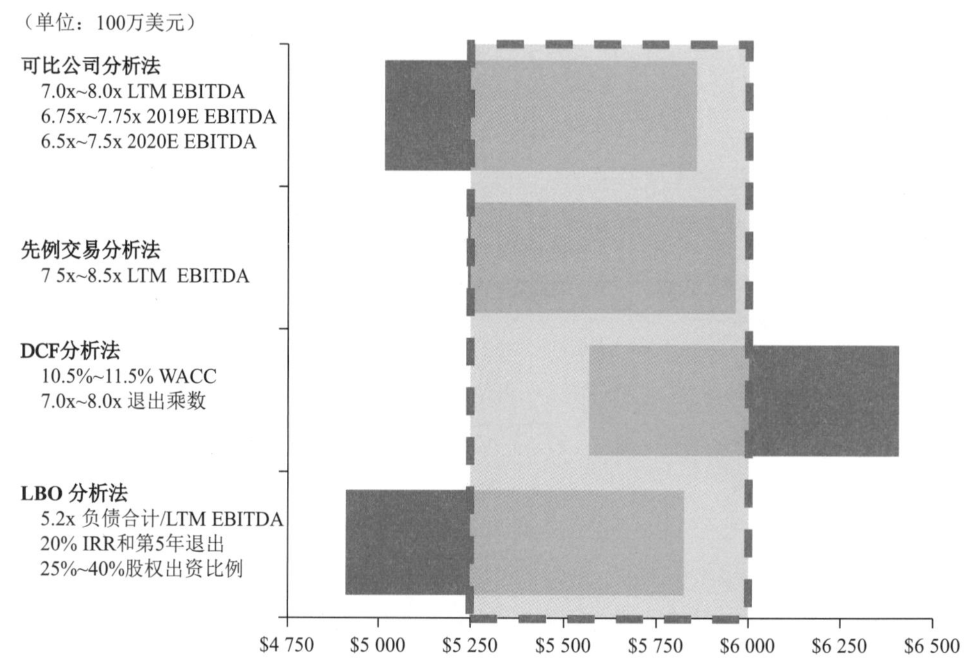

图5-1 ValueCo足球场显示可比公司分析法、先例交易分析法、DCF分析法和LBO分析法

第五（d）步：创建“交易摘要页面”

在LBO模型可以完全运行后，所有基本模型输出数据都链接到一个交易摘要页面（见表5-45）。该页面以一个用户友好格式综述了LBO分析，一般都显示资金的来源和使用、收购乘数、投资回报分析摘要和财务数据摘要，以及预计资本总额和信用比率。有了这个格式的页面，交易团队就可以快速审阅并即刻检查该分析，同时对收购价格、融资结构、经营性假设数据和其他关键性输入内容进行必要的调整。

这个交易摘要页面一般还包含切换单元格，让投资银行分析师可以在各个融资结构和经营情景之间来回转换，同时还能激活其他功能。该页面以及整个模型的输出数据随着切换单元格的变化而变化。

ValueCo 的 LBO 分析示例

以下各页显示了基于本章所列分步骤方式的 ValueCo 的整体 LBO 模型。表 5-44 列出了这些页面的清单，分别在表 5-45 至表 5-53 中显示。

表 5-44 **LBO 模型页面**

LBO 模型
I. 交易摘要
II. 利润表
III. 资产负债表
IV. 现金流量表
V. 债务偿还计划表
VI. 投资回报分析
假设数据页面
I. 假设数据第 1 页：利润表和现金流量表
II. 假设数据第 2 页：资产负债表
III. 假设数据第 3 页：融资结构和费用

表 5-45 ValueCo LBO 交易摘要页面

ValueCo
杠杆收购分析
（单位：100万美元，财务年度截止日为12月31日）

融资结构：融资结构1
经营情景：基准方案

交易摘要

资金来源

	金额	百分比 %	EBITDA乘数 2019/9/30	EBITDA乘数 累计	价格
周转信用贷款	–	– %	– x	– x	L+425 bps
定期贷款A	–	– %	– x	– x	NA
定期贷款B	2 800.0	46.7%	4.0x	4.0x	L+425 bps
定期贷款C	–	– %	– x	4.0x	NA
第二留置权	–	– %	– x	4.0x	NA
优先票据	850.0	14.2%	1.2x	5.2x	8.000%
优先次级票据	–	– %	– x	5.2x	NA
股权出资	2 100.0	35.0%	3.0x	8.2x	
展期股权	–	– %	– x	8.2x	
库存现金	250.0	4.2%	0.4x	8.6x	
资金来源合计	**$6 000.0**	**100.0%**	**8.6x**	**8.6x**	

资金使用

	金额	百分比%
收购ValueCo股权	$4 350.0	72.5%
偿还现有负债	1 500.0	25.0%
要约/回购溢价	20.0	0.3%
融资费用	100.0	1.7%
其他费用	30.0	0.5%
资金使用合计	**$6 000.0**	**100.0%**

收购价格

要约每股价格	–
全面稀释股份	–
股权收购价格	**$4 350.0**
加：现有净负债	1 250.0
企业价值	**$5 600.0**

收益分析

退出年份	2024
收购乘数	8.0x
退出乘数	8.0x
IRR	**21%**
现金收益	**2.6x**

交易乘数

企业价值 / 销售收入		
LTM 2019/9/30	$3 385.0	1.7x
2019E	3 450.0	1.6x
企业价值 / EBITDA		
LTM 2019/9/30	$700.0	8.0x
2019E	725.0	7.7x

选项

融资结构	1
经营情景	1
现金流归集	1
现金余额	1
平均利息	1
融资费用	1

财务数据汇总

	历史期 2016	历史期 2017	历史期 2018	LTM 2019/9/30	备考 2019	预测期 第1年 2020	第2年 2021	第3年 2022	第4年 2023	第5年 2024	第6年 2025	第7年 2026	第8年 2027	第9年 2028	第10年 2029
销售收入	$2 600.0	$2 900.0	$3 200.0	$3 385.0	$3 450.0	$3 708.8	$3 931.3	$4 127.8	$4 293.0	$4 421.7	$4 554.4	$4 691.0	$4 831.8	$4 976.7	$5 126.0
增长率	*NA*	*11.5%*	*10.3%*	*NA*	*7.8%*	*7.5%*	*6.0%*	*5.0%*	*4.0%*	*3.0%*	*3.0%*	*3.0%*	*3.0%*	*3.0%*	*3.0%*
毛利润	$988.0	$1 131.0	$1 280.0	$1 350.0	$1 380.0	$1 483.5	$1 572.5	$1 651.1	$1 717.2	$1 768.7	$1 821.8	$1 876.4	$1 932.7	$1 990.7	$2 050.4
毛利率	*38.0%*	*39.0%*	*40.0%*	*39.9%*	*40.0%*	*40.0%*	*40.0%*	*40.0%*	*40.0%*	*40.0%*	*40.0%*	*40.0%*	*40.0%*	*40.0%*	*40.0%*
EBITDA	$491.4	$580.0	$672.0	$700.0	$725.0	$779.4	$826.1	$867.4	$902.1	$929.2	$957.1	$985.8	$1 015.4	$1 045.8	$1 077.2
利润率	*18.9%*	*20.0%*	*21.0%*	*20.7%*	*21.0%*	*21.0%*	*21.0%*	*21.0%*	*21.0%*	*21.0%*	*21.0%*	*21.0%*	*21.0%*	*21.0%*	*21.0%*
资本性支出	136.4	114.0	144.0	152.3	155.3	166.9	176.9	185.8	193.2	199.0	204.9	211.1	217.4	224.0	230.7
占销售收入 %	*5.2%*	*3.9%*	*4.5%*	*4.5%*	*4.5%*	*4.5%*	*4.5%*	*4.5%*	*4.5%*	*4.5%*	*4.5%*	*4.5%*	*4.5%*	*4.5%*	*4.5%*
现金利息费用					236.0	228.3	210.3	188.8	167.2	143.0	116.6	88.1	71.4	69.4	69.4
利息费用合计					250.0	242.4	224.4	202.9	181.2	157.1	129.6	101.1	75.3	69.4	69.4
自由现金流															
EBITDA						$779.4	$826.1	$867.4	$902.1	$929.2	$957.1	$985.8	$1 015.4	$1 045.8	$1 077.2
减：现金利息费用						(228.3)	(210.3)	(188.8)	(167.2)	(143.0)	(116.6)	(88.1)	(71.4)	(69.4)	(69.4)
加：利息收入						–	–	–	–	–	–	–	1.2	3.8	6.6
减：所得税						(78.6)	(91.5)	(104.2)	(115.8)	(126.7)	(138.6)	(150.8)	(162.8)	(170.4)	(176.7)
减：资本性支出						(166.9)	(176.9)	(185.8)	(193.2)	(199.0)	(204.9)	(211.1)	(217.4)	(224.0)	(230.7)
减：净流动资金增加						(47.6)	(41.0)	(36.2)	(30.4)	(23.7)	(24.4)	(25.1)	(25.9)	(26.7)	(27.5)
自由现金流						**$257.9**	**$306.5**	**$352.4**	**$395.6**	**$436.8**	**$472.5**	**$510.6**	**$539.0**	**$559.2**	**$579.5**
累计自由现金流						257.9	564.4	916.8	1 312.4	1 749.2	2 221.7	2 732.3	3 271.3	3 830.5	4 410.0

资本总额

	备考 2019	2020	2021	2022	2023	2024	2025	2026	2027	2028	2029
现金	–	–	–	–	–	–	–	–	$471.3	$1 030.5	$1 610.0
周转信用贷款	–	–	–	–	–	–	–	–	–	–	–
定期贷款A	–	–	–	–	–	–	–	–	–	–	–
定期贷款B	2 800.0	2 542.1	2 235.6	1 883.2	1 487.6	1 050.8	578.3	67.7	–	–	–
定期贷款C	–	–	–	–	–	–	–	–	–	–	–
现有定期贷款	–	–	–	–	–	–	–	–	–	–	–
第二留置权	–	–	–	–	–	–	–	–	–	–	–
其他负债	–	–	–	–	–	–	–	–	–	–	–
优先有担保负债合计	**$2 800.0**	**$2 542.1**	**$2 235.6**	**$1 883.2**	**$1 487.6**	**$1 050.8**	**$578.3**	**$67.7**	–	–	–
优先票据	850.0	850.0	850.0	850.0	850.0	850.0	850.0	850.0	850.0	850.0	850.0
优先负债合计	**$3 650.0**	**$3 392.1**	**$3 085.6**	**$2 733.2**	**$2 337.6**	**$1 900.8**	**$1 428.3**	**$917.7**	**$850.0**	**$850.0**	**$850.0**
优先次级票据	–	–	–	–	–	–	–	–	–	–	–
负债合计	**$3 650.0**	**$3 392.1**	**$3 085.6**	**$2 733.2**	**$2 337.6**	**$1 900.8**	**$1 428.3**	**$917.7**	**$850.0**	**$850.0**	**$850.0**
所有者权益	2 050.0	2 285.9	2 560.3	2 872.9	3 220.4	3 600.6	4 016.3	4 468.7	4 957.2	5 468.4	5 998.6
资本总额	**$5 700.0**	**$5 677.9**	**$5 645.9**	**$5 606.1**	**$5 558.1**	**$5 501.4**	**$5 444.6**	**$5 386.4**	**$5 807.2**	**$6 318.4**	**$6 848.6**
已偿还银行负债 %	–	*9.2%*	*20.2%*	*32.7%*	*46.9%*	*62.5%*	*79.3%*	*97.6%*	*100.0%*	*100.0%*	*100.0%*

信用比率

	备考 2019	2020	2021	2022	2023	2024	2025	2026	2027	2028	2029
负债/资本总额 %	*64.0%*	*59.7%*	*54.7%*	*48.8%*	*42.1%*	*34.6%*	*26.2%*	*17.0%*	*14.6%*	*13.5%*	*12.4%*
EBITDA / 现金利息费用	3.1x	3.4x	3.9x	4.6x	5.4x	6.5x	8.2x	11.2x	14.2x	15.1x	15.5x
(EBITDA－资本性支出) / 现金利息费用	2.4x	2.7x	3.1x	3.6x	4.2x	5.1x	6.4x	8.8x	11.2x	11.8x	12.2x
EBITDA / 利息费用合计	2.9x	3.2x	3.7x	4.3x	5.0x	5.9x	7.4x	9.8x	13.5x	15.1x	15.5x
(EBITDA－资本性支出) / 利息费用合计	2.3x	2.5x	2.9x	3.4x	3.9x	4.6x	5.8x	7.7x	10.6x	11.8x	12.2x
优先有担保负债 / EBITDA	3.9x	3.3x	2.7x	2.2x	1.6x	1.1x	0.6x	0.1x	- x	- x	- x
优先负债 / EBITDA	5.0x	4.4x	3.7x	3.2x	2.6x	2.0x	1.5x	0.9x	0.8x	0.8x	0.8x
总负债 / EBITDA	5.0x	4.4x	3.7x	3.2x	2.6x	2.0x	1.5x	0.9x	0.8x	0.8x	0.8x
净负债 / EBITDA	5.0x	4.4x	3.7x	3.2x	2.6x	2.0x	1.5x	0.9x	0.4x	(0.2x)	(0.7x)

表 5-46　ValueCo LBO 利润表

（单位：100万美元，财务年度截止日为12月31日）

利润表	历史期				备考	预测期									
	2016	2017	2018	LTM 2019/9/30	2019	第1年 2020	第2年 2021	第3年 2022	第4年 2023	第5年 2024	第6年 2025	第7年 2026	第8年 2027	第9年 2028	第10年 2029
销售收入	$2 600.0	$2 900.0	$3 200.0	$3 385.0	$3 450.0	**$3 708.8**	**$3 931.3**	**$4 127.8**	**$4 293.0**	**$4 421.7**	**$4 554.4**	**$4 691.0**	**$4 831.8**	**$4 976.7**	**$5 126.0**
增长率	*NA*	*11.5%*	*10.3%*	*NA*	*7.8%*	*7.5%*	*6.0%*	*5.0%*	*4.0%*	*3.0%*	*3.0%*	*3.0%*	*3.0%*	*3.0%*	*3.0%*
销货成本	1 612.0	1 769.0	1 920.0	2 035.0	2 070.0	2 225.3	2 358.8	2 476.7	2 575.8	2 653.0	2 732.6	2 814.6	2 899.1	2 986.0	3 075.6
毛利润	**$988.0**	**$1 131.0**	**$1 280.0**	**$1 350.0**	**$1 380.0**	**$1 483.5**	**$1 572.5**	**$1 651.1**	**$1 717.2**	**$1 768.7**	**$1 821.8**	**$1 876.4**	**$1 932.7**	**$1 990.7**	**$2 050.4**
毛利率	*38.0%*	*39.0%*	*40.0%*	*39.9%*	*40.0%*	*40.0%*	*40.0%*	*40.0%*	*40.0%*	*40.0%*	*40.0%*	*40.0%*	*40.0%*	*40.0%*	*40.0%*
销售、行政及管理费用	496.6	551.0	608.0	650.0	655.0	704.1	746.4	783.7	815.0	839.5	864.7	890.6	917.3	944.9	973.2
占销售收入 %	*19.1%*	*19.0%*	*19.0%*	*19.2%*	*19.0%*	*19.0%*	*19.0%*	*19.0%*	*19.0%*	*19.0%*	*19.0%*	*19.0%*	*19.0%*	*19.0%*	*19.0%*
其他费用/（收入）	–	–	–	–	–	–	–	–	–	–	–	–	–	–	–
EBITDA	**$491.4**	**$580.0**	**$672.0**	**$700.0**	**$725.0**	**$779.4**	**$826.1**	**$867.4**	**$902.1**	**$929.2**	**$957.1**	**$985.8**	**$1 015.4**	**$1 045.8**	**$1 077.2**
利润率	*18.9%*	*20.0%*	*21.0%*	*20.7%*	*21.0%*	*21.0%*	*21.0%*	*21.0%*	*21.0%*	*21.0%*	*21.0%*	*21.0%*	*21.0%*	*21.0%*	*21.0%*
折旧	116.0	121.5	145.0	150.0	155.3	166.9	176.9	185.8	193.2	199.0	204.9	211.1	217.4	224.0	230.7
摊销	39.0	43.5	48.0	50.0	51.8	55.6	59.0	61.9	64.4	66.3	68.3	70.4	72.5	74.7	76.9
EBIT	**$336.4**	**$415.0**	**$479.0**	**$500.0**	**$518.0**	**$556.9**	**$590.3**	**$619.8**	**$644.6**	**$663.9**	**$683.8**	**$704.3**	**$725.5**	**$747.2**	**$769.6**
利润率	*12.9%*	*14.3%*	*15.0%*	*14.8%*	*15.0%*	*15.0%*	*15.0%*	*15.0%*	*15.0%*	*15.0%*	*15.0%*	*15.0%*	*15.0%*	*15.0%*	*15.0%*
利息费用															
周转信用贷款					–	–	–	–	–	–	–	–	–	–	–
定期贷款A					–	–	–	–	–	–	–	–	–	–	–
定期贷款B					166.6	158.9	140.9	119.4	97.8	73.6	47.2	18.7	2.0	–	–
定期贷款C					–	–	–	–	–	–	–	–	–	–	–
现有定期贷款					–	–	–	–	–	–	–	–	–	–	–
第二留置权					–	–	–	–	–	–	–	–	–	–	–
优先票据					68.0	68.0	68.0	68.0	68.0	68.0	68.0	68.0	68.0	68.0	68.0
优先次级票据					–	–	–	–	–	–	–	–	–	–	–
未提款周转贷款部分承诺费					1.3	1.3	1.3	1.3	1.3	1.3	1.3	1.3	1.3	1.3	1.3
机构代理费					0.2	0.2	0.2	0.2	0.2	0.2	0.2	0.2	0.2	0.2	0.2
现金利息费用合计					**$236.0**	**$228.3**	**$210.3**	**$188.8**	**$167.2**	**$143.0**	**$116.6**	**$88.1**	**$71.4**	**$69.4**	**$69.4**
融资费用摊销					14.0	14.0	14.0	14.0	14.0	14.0	12.9	12.9	3.9	-	-
利息费用合计					**$250.0**	**$242.4**	**$224.4**	**$202.9**	**$181.2**	**$157.1**	**$129.6**	**$101.1**	**$75.3**	**$69.4**	**$69.4**
利息收入						–	–	–	–	–	–	–	(1.2)	(3.8)	(6.6)
净利息费用						**$242.4**	**$224.4**	**$202.9**	**$181.2**	**$157.1**	**$129.6**	**$101.1**	**$74.1**	**$65.6**	**$62.8**
税前利润						314.5	365.9	416.9	463.4	506.8	554.3	603.3	651.4	681.6	706.8
所得税费用						78.6	91.5	104.2	115.8	126.7	138.6	150.8	162.8	170.4	176.7
净利润						**$235.9**	**$274.4**	**$312.7**	**$347.5**	**$380.1**	**$415.7**	**$452.5**	**$488.5**	**$511.2**	**$530.1**
利润率						*6.4%*	*7.0%*	*7.6%*	*8.1%*	*8.6%*	*9.1%*	*9.6%*	*10.1%*	*10.3%*	*10.3%*
利润表假设															
销售收入（增长率）	NA	11.5%	10.3%	NA	7.8%	7.5%	6.0%	5.0%	4.0%	3.0%	3.0%	3.0%	3.0%	3.0%	3.0%
销货成本（占销售收入 %）	62.0%	61.0%	60.0%	60.1%	60.0%	60.0%	60.0%	60.0%	60.0%	60.0%	60.0%	60.0%	60.0%	60.0%	60.0%
销售、行政及管理费用（占销售收入 %）	19.1%	19.0%	19.0%	19.2%	19.0%	19.0%	19.0%	19.0%	19.0%	19.0%	19.0%	19.0%	19.0%	19.0%	19.0%
其他费用/（收入）（占销售收入 %）	– %	– %	– %	– %	– %	– %	– %	– %	– %	– %	– %	– %	– %	– %	– %
折旧（占销售收入 %）	4.5%	4.2%	4.5%	4.4%	4.5%	4.5%	4.5%	4.5%	4.5%	4.5%	4.5%	4.5%	4.5%	4.5%	4.5%
摊销（占销售收入 %）	1.5%	1.5%	1.5%	1.5%	1.5%	1.5%	1.5%	1.5%	1.5%	1.5%	1.5%	1.5%	1.5%	1.5%	1.5%
利息收入					0.5%	0.5%	0.5%	0.5%	0.5%	0.5%	0.5%	0.5%	0.5%	0.5%	0.5%
所得税税率						25.0%	25.0%	25.0%	25.0%	25.0%	25.0%	25.0%	25.0%	25.0%	25.0%

表 5-47 ValueCo LBO 资产负债表

（单位：100万美元，财务年度截止日为12月31日）

资产负债表	期初	调整项		备考	预测期									
	2019	+	−	2019	第1年 2020	第2年 2021	第3年 2022	第4年 2023	第5年 2024	第6年 2025	第7年 2026	第8年 2027	第9年 2028	第10年 2029
现金及现金等价物	$250.0		(250.0)	–	–	–	–	–	–	–	–	$471.3	$1 030.5	$1 610.0
应收账款	450.0			450.0	483.8	512.8	538.4	560.0	576.7	594.1	611.9	630.2	649.1	668.6
存货	600.0			600.0	645.0	683.7	717.9	746.6	769.0	792.1	815.8	840.3	865.5	891.5
预付款及其他流动资产	175.0			175.0	188.1	199.4	209.4	217.8	224.3	231.0	238.0	245.1	252.4	260.0
流动资产合计	**$1 475.0**			**$1 225.0**	**$1 316.9**	**$1 395.9**	**$1 465.7**	**$1 524.3**	**$1 570.0**	**$1 617.1**	**$1 665.7**	**$2 186.9**	**$2 797.6**	**$3 430.1**
固定资产净值	2 500.0			2 500.0	2 500.0	2 500.0	2 500.0	2 500.0	2 500.0	2 500.0	2 500.0	2 500.0	2 500.0	2 500.0
商誉	1 000.0	1 850.0	(1 000.0)	1 850.0	1 850.0	1 850.0	1 850.0	1 850.0	1 850.0	1 850.0	1 850.0	1 850.0	1 850.0	1 850.0
无形资产	875.0			875.0	819.4	760.4	698.5	634.1	567.8	499.4	429.1	356.6	282.0	205.1
其他资产	150.0			150.0	150.0	150.0	150.0	150.0	150.0	150.0	150.0	150.0	150.0	150.0
递延融资费用	-	100.0		100.0	86.0	71.9	57.9	43.8	29.8	16.8	3.9	-	-	-
资产合计	**$6 000.0**			**$6 700.0**	**$6 722.2**	**$6 728.2**	**$6 722.0**	**$6 702.2**	**$6 667.6**	**$6 633.4**	**$6 598.7**	**$7 043.5**	**$7 579.5**	**$8 135.2**
应付账款	215.0			215.0	231.1	245.0	257.2	267.5	275.6	283.8	292.3	301.1	310.1	319.4
应计负债	275.0			275.0	295.6	313.4	329.0	342.2	352.5	363.0	373.9	385.1	396.7	408.6
其他流动负债	100.0			100.0	107.5	114.0	119.6	124.4	128.2	132.0	136.0	140.1	144.3	148.6
流动负债合计	**$590.0**			**$590.0**	**$634.3**	**$672.3**	**$705.9**	**$734.2**	**$756.2**	**$778.9**	**$802.2**	**$826.3**	**$851.1**	**$876.6**
周转信用贷款	–			–	–	–	–	–	–	–	–	–	–	–
定期贷款A	–			–	–	–	–	–	–	–	–	–	–	–
定期贷款B	–	2 800.0		2 800.0	2 542.1	2 235.6	1 883.2	1 487.6	1 050.8	578.3	67.7	–	–	–
定期贷款C	–			–	–	–	–	–	–	–	–	–	–	–
现有定期贷款	1 000.0		(1 000.0)	–	–	–	–	–	–	–	–	–	–	–
第二留置权	–			–	–	–	–	–	–	–	–	–	–	–
优先票据	–	850.0		850.0	850.0	850.0	850.0	850.0	850.0	850.0	850.0	850.0	850.0	850.0
现有优先票据	500.0		(500.0)	–	–	–	–	–	–	–	–	–	–	–
优先次级票据	–			–	–	–	–	–	–	–	–	–	–	–
其他负债	–			–	–	–	–	–	–	–	–	–	–	–
递延所得税	300.0			300.0	300.0	300.0	300.0	300.0	300.0	300.0	300.0	300.0	300.0	300.0
其他长期负债	110.0			110.0	110.0	110.0	110.0	110.0	110.0	110.0	110.0	110.0	110.0	110.0
负债合计	**$2 500.0**			**$4 650.0**	**$4 436.3**	**$4 167.9**	**$3 849.1**	**$3 481.8**	**$3 067.0**	**$2 617.2**	**$2 129.9**	**$2 086.3**	**$2 111.1**	**$2 136.6**
非控股股东权益	–			–	–	–	–	–	–	–	–	–	–	–
所有者权益	3 500.0	2 050.0	(3 500.0)	2 050.0	2 285.9	2 560.3	2 872.9	3 220.4	3 600.6	4 016.3	4 468.7	4 957.2	5 468.4	5 998.6
所有者权益合计	**$3 500.0**			**$2 050.0**	**$2 285.9**	**$2 560.3**	**$2 872.9**	**$3 220.4**	**$3 600.6**	**$4 016.3**	**$4 468.7**	**$4 957.2**	**$5 468.4**	**$5 998.6**
负债及所有者权益合计	**$6 000.0**			**$6 700.0**	**$6 722.2**	**$6 728.2**	**$6 722.0**	**$6 702.2**	**$6 667.6**	**$6 633.4**	**$6 598.7**	**$7 043.5**	**$7 579.5**	**$8 135.2**
平衡检验	*0.000*			*0.000*	*0.000*	*0.000*	*0.000*	*0.000*	*0.000*	*0.000*	*0.000*	*0.000*	*0.000*	*0.000*
净流动资金	635.0			635.0	682.6	723.6	759.8	790.2	813.9	838.3	863.4	889.3	916.0	943.5
净流动资金（增加）/减少					(47.6)	(41.0)	(36.2)	(30.4)	(23.7)	(24.4)	(25.1)	(25.9)	(26.7)	(27.5)

资产负债表假设

	期初 2019	备考 2019	2020	2021	2022	2023	2024	2025	2026	2027	2028	2029
流动资产												
应收账款周转天数 (DSO)	47.6	47.6	47.6	47.6	47.6	47.6	47.6	47.6	47.6	47.6	47.6	47.6
存货持有天数 (DIH)	105.8	105.8	105.8	105.8	105.8	105.8	105.8	105.8	105.8	105.8	105.8	105.8
预付款及其他流动负债 (占销售收入 %)	5.1%	5.1%	5.1%	5.1%	5.1%	5.1%	5.1%	5.1%	5.1%	5.1%	5.1%	5.1%
流动负债												
应付账款周转天数 (DPO)	37.9	37.9	37.9	37.9	37.9	37.9	37.9	37.9	37.9	37.9	37.9	37.9
应计负债 (占销售收入 %)	8.0%	8.0%	8.0%	8.0%	8.0%	8.0%	8.0%	8.0%	8.0%	8.0%	8.0%	8.0%
其他流动负债（占销售收入 %）	2.9%	2.9%	2.9%	2.9%	2.9%	2.9%	2.9%	2.9%	2.9%	2.9%	2.9%	2.9%

表 5-48　ValueCo LBO 现金流量表

（单位：100万美元，财务年度截止日为12月31日）

现金流量表										
	预测期									
	第1年 2020	第2年 2021	第3年 2022	第4年 2023	第5年 2024	第6年 2025	第7年 2026	第8年 2027	第9年 2028	第10年 2029
经营活动										
净利润	$235.9	$274.4	$312.7	$347.5	$380.1	$415.7	$452.5	$488.5	$511.2	$530.1
加：折旧	166.9	176.9	185.8	193.2	199.0	204.9	211.1	217.4	224.0	230.7
加：摊销	55.6	59.0	61.9	64.4	66.3	68.3	70.4	72.5	74.7	76.9
加：融资费用的摊销	14.0	14.0	14.0	14.0	14.0	12.9	12.9	3.9	–	–
流动资金变化										
应收账款（增加）/减少	(33.8)	(29.0)	(25.6)	(21.5)	(16.8)	(17.3)	(17.8)	(18.4)	(18.9)	(19.5)
存货（增加）/减少	(45.0)	(38.7)	(34.2)	(28.7)	(22.4)	(23.1)	(23.8)	(24.5)	(25.2)	(26.0)
预付款及其他流动资产（增加）/减少	(13.1)	(11.3)	(10.0)	(8.4)	(6.5)	(6.7)	(6.9)	(7.1)	(7.4)	(7.6)
应付账款增加/（减少）	16.1	13.9	12.2	10.3	8.0	8.3	8.5	8.8	9.0	9.3
应计负债增加/(减少)	20.6	17.7	15.7	13.2	10.3	10.6	10.9	11.2	11.6	11.9
其他流动负债增加/（减少）	7.5	6.5	5.7	4.8	3.7	3.8	4.0	4.1	4.2	4.3
净流动资金（增加）/减少	(47.6)	(41.0)	(36.2)	(30.4)	(23.7)	(24.4)	(25.1)	(25.9)	(26.7)	(27.5)
经营活动产生的现金流	**$424.8**	**$483.4**	**$538.2**	**$588.8**	**$635.8**	**$677.5**	**$721.7**	**$756.4**	**$783.1**	**$810.2**
投资活动										
资本性支出	(166.9)	(176.9)	(185.8)	(193.2)	(199.0)	(204.9)	(211.1)	(217.4)	(224.0)	(230.7)
其他投资性活动	–	–	–	–	–	–	–	–	–	–
投资活动产生的现金流	**($166.9)**	**($176.9)**	**($185.8)**	**($193.2)**	**($199.0)**	**($204.9)**	**($211.1)**	**($217.4)**	**($224.0)**	**($230.7)**
筹资活动										
周转信用贷款	–	–	–	–	–	–	–	–	–	–
定期贷款A	–	–	–	–	–	–	–	–	–	–
定期贷款B	(257.9)	(306.5)	(352.4)	(395.6)	(436.8)	(472.5)	(510.6)	(67.7)	-	-
定期贷款C	–	–	–	–	–	–	–	–	–	–
现有定期贷款	–	–	–	–	–	–	–	–	–	–
第二留置权	–	–	–	–	–	–	–	–	–	–
优先票据	–	–	–	–	–	–	–	–	–	–
优先次级票据	–	–	–	–	–	–	–	–	–	–
其他负债	–	–	–	–	–	–	–	–	–	–
股利	–	–	–	–	–	–	–	–	–	–
股份发行/(回购)	–	–	–	–	–	–	–	–	–	–
筹资活动产生的现金流	**($257.9)**	**($306.5)**	**($352.4)**	**($395.6)**	**($436.8)**	**($472.5)**	**($510.6)**	**($67.7)**	–	–
当期新增现金	–	–	–	–	–	–	–	$471.3	$559.2	$579.5
期初现金余额	–	–	–	–	–	–	–	–	471.3	1 030.5
期末现金余额	–	–	–	–	–	–	–	**$471.3**	**$1 030.5**	**$1 610.0**
现金流量表假设										
资本性支出(占销售收入 %)	4.5%	4.5%	4.5%	4.5%	4.5%	4.5%	4.5%	4.5%	4.5%	4.5%

表 5-49 ValueCo LBO 债务偿还计划表

（单位：100万美元，财务年度截止日为12月31日）

债务偿还计划											
		预测期									
	备考 2019	第1年 2020	第2年 2021	第3年 2022	第4年 2023	第5年 2024	第6年 2025	第7年 2026	第8年 2027	第9年 2028	第10年 2029
远期 LIBOR 曲线	1.85%	1.70%	1.65%	1.55%	1.55%	1.55%	1.55%	1.55%	1.55%	1.55%	1.55%
经营活动产生的现金流		$424.8	$483.4	$538.2	$588.8	$635.8	$677.5	$721.7	$756.4	$783.1	$810.2
投资活动产生的现金流		(166.9)	(176.9)	(185.8)	(193.2)	(199.0)	(204.9)	(211.1)	(217.4)	(224.0)	(230.7)
可用于偿还债务的现金		**$257.9**	**$306.5**	**$352.4**	**$395.6**	**$436.8**	**$472.5**	**$510.6**	**$539.0**	**$559.2**	**$579.5**
强制性还款合计	**最低持有现金**	(28.0)	(28.0)	(28.0)	(28.0)	(28.0)	(28.0)	(28.0)	(28.0)	–	–
资产负债表库存现金	–	–	–	–	–	–	–	–	–	471.3	1 030.5
可用于选择性还款的现金		**$229.9**	**$278.5**	**$324.4**	**$367.6**	**$408.8**	**$444.5**	**$482.6**	**$511.0**	**$1 030.5**	**$1 610.0**

周转信用贷款

		2020	2021	2022	2023	2024	2025	2026	2027	2028	2029
周转信用贷款额度	$250.0										
利差	4.250%										
LIBOR下限	– %										
期限	5 年										
未提款部分的承诺费率	0.50%										
期初余额		–	–	–	–	–	–	–	–	–	–
提款/(还款)		–	–	–	–	–	–	–	–	–	–
期末余额		–	–	–	–	–	–	–	–	–	–
利率		*5.95%*	*5.90%*	*5.80%*	*5.80%*	*5.80%*	*5.80%*	*5.80%*	*5.80%*	*5.80%*	*5.80%*
利息费用		–	–	–	–	–	–	–	–	–	–
承诺费		1.3	1.3	1.3	1.3	1.3	1.3	1.3	1.3	1.3	1.3
机构代理费		0.2	0.2	0.2	0.2	0.2	0.2	0.2	0.2	0.2	0.2

定期贷款B

		2020	2021	2022	2023	2024	2025	2026	2027	2028	2029
规模	$2 800.0										
利差	4.250%										
LIBOR 下限	– %										
期限	7 年										
偿还计划	1.0%	每年还款1.0%，到期集中还款									
期初余额		$2 800.0	$2 542.1	$2 235.6	$1 883.2	$1 487.6	$1 050.8	$578.3	$67.7	–	–
强制性还款		(28.0)	(28.0)	(28.0)	(28.0)	(28.0)	(28.0)	(28.0)	(28.0)	–	–
选择性还款		(229.9)	(278.5)	(324.4)	(367.6)	(408.8)	(444.5)	(482.6)	(39.7)	–	–
期末余额		**$2 542.1**	**$2 235.6**	**$1 883.2**	**$1 487.6**	**$1 050.8**	**$578.3**	**$67.7**	–	–	–
利率		*5.95%*	*5.90%*	*5.80%*	*5.80%*	*5.80%*	*5.80%*	*5.80%*	*5.80%*	*5.80%*	*5.80%*
利息费用		158.9	140.9	119.4	97.8	73.6	47.2	18.7	2.0	-	-

优先票据

		2020	2021	2022	2023	2024	2025	2026	2027	2028	2029
规模	$850.0										
息票	8.000%										
期限	8 年										
期初余额		$850.0	$850.0	$850.0	$850.0	$850.0	$850.0	$850.0	$850.0	$850.0	$850.0
债务偿还		–	–	–	–	–	–	–	–	–	–
期末余额		**$850.0**	**$850.0**	**$850.0**	**$850.0**	**$850.0**	**$850.0**	**$850.0**	**$850.0**	**$850.0**	**$850.0**
利息费用		68.0	68.0	68.0	68.0	68.0	68.0	68.0	68.0	68.0	68.0

表 5-50　ValueCo LBO 投资回报分析

（单位：100万美元，财务年度截止日为12月31日）

投资回报分析

			预测期									
		备考 2019	第1年 2020	第2年 2021	第3年 2022	第4年 2023	第5年 2024	第6年 2025	第7年 2026	第8年 2027	第9年 2028	第10年 2029
收购时 EBITDA 乘数	8.0x											
最初股权出资		$2 100.0										
EBITDA			$779.4	$826.1	$867.4	$902.1	$929.2	$957.1	$985.8	$1 015.4	$1 045.8	$1 077.2
退出时 EBITDA 乘数	8.0x											
退出时企业价值			**$6 235.0**	**$6 609.1**	**$6 939.6**	**$7 217.1**	**$7 433.7**	**$7 656.7**	**$7 886.4**	**$8 123.0**	**$8 366.6**	**$8 617.6**
减：净负债												
周转信用贷款			–	–	–	–	–	–	–	–	–	–
定期贷款A			–	–	–	–	–	–	–	–	–	–
定期贷款B			2 542.1	2 235.6	1 883.2	1 487.6	1 050.8	578.3	67.7	–	–	–
定期贷款C			–	–	–	–	–	–	–	–	–	–
现有定期贷款			–	–	–	–	–	–	–	–	–	–
第二留置权			–	–	–	–	–	–	–	–	–	–
优先票据			850.0	850.0	850.0	850.0	850.0	850.0	850.0	850.0	850.0	850.0
优先次级票据			–	–	–	–	–	–	–	–	–	–
其他负债			–	–	–	–	–	–	–	–	–	–
负债合计			**$3 392.1**	**$3 085.6**	**$2 733.2**	**$2 337.6**	**$1 900.8**	**$1 428.3**	**$917.7**	**$850.0**	**$850.0**	**$850.0**
减：现金及现金等价物			–	–	–	–	–	–	–	471.3	1 030.5	1 610.0
净负债			**$3 392.1**	**$3 085.6**	**$2 733.2**	**$2 337.6**	**$1 900.8**	**$1 428.3**	**$917.7**	**$378.7**	($180.5)	($760.0)
退出时股权价值			**$2 842.9**	**$3 523.5**	**$4 206.4**	**$4 879.5**	**$5 532.8**	**$6 228.4**	**$6 968.7**	**$7 744.3**	**$8 547.1**	**$9 377.7**
现金收益			**1.4x**	**1.7x**	**2.0x**	**2.3x**	**2.6x**	**3.0x**	**3.3x**	**3.7x**	**4.1x**	**4.5x**

	第1年 2020	第2年 2021	第3年 2022	第4年 2023	第5年 2024	第6年 2025	第7年 2026	第8年 2027	第9年 2028	第10年 2029
最初股权出资	($2 100.0)	($2 100.0)	($2 100.0)	($2 100.0)	($2 100.0)	($2 100.0)	($2 100.0)	($2 100.0)	($2 100.0)	($2 100.0)
股权退出价值	$2 842.9	–	–	–	–	–	–	–	–	–
		$3 523.5	–	–	–	–	–	–	–	–
			$4 206.4	–	–	–	–	–	–	–
				$4 879.5	–	–	–	–	–	–
					$5 532.8	–	–	–	–	–
						$6 228.4	–	–	–	–
							$6 968.7	–	–	–
								$7 744.3	–	–
									$8 547.1	–
										$9 377.7
IRR	**35%**	**30%**	**26%**	**23%**	**21%**	**20%**	**19%**	**18%**	**17%**	**16%**

IRR - 假设退出时间为 2024E

		退出乘数				
		7.0x	7.5x	8.0x	8.5x	9.0x
收购乘数	7.0x	27%	29%	32%	34%	36%
	7.5x	21%	24%	26%	28%	30%
	8.0x	17%	19%	**21%**	23%	25%
	8.5x	13%	16%	18%	20%	21%
	9.0x	10%	13%	15%	16%	18%

IRR - 假设收购乘数为8.0x

		退出年份				
		2022	2023	2024	2025	2026
退出乘数	7.0x	17%	17%	17%	17%	16%
	7.5x	22%	21%	19%	18%	17%
	8.0x	26%	23%	**21%**	20%	19%
	8.5x	30%	26%	23%	21%	20%
	9.0x	34%	29%	25%	23%	21%

表 5-51　ValueCo LBO 假设数据第 1 页

假设数据第1页- 利润表和现金流量表		预测期									
		第1年 2020	第2年 2021	第3年 2022	第4年 2023	第5年 2024	第6年 2025	第7年 2026	第8年 2027	第9年 2028	第10年 2029
利润表假设											
销售收入 (增长率)		7.5%	6.0%	5.0%	4.0%	3.0%	3.0%	3.0%	3.0%	3.0%	3.0%
基准方案	1	7.5%	6.0%	5.0%	4.0%	3.0%	3.0%	3.0%	3.0%	3.0%	3.0%
财务投资人	2	10.0%	8.0%	6.0%	4.0%	3.0%	3.0%	3.0%	3.0%	3.0%	3.0%
管理层方案	3	12.0%	10.0%	8.0%	6.0%	4.0%	4.0%	4.0%	4.0%	4.0%	4.0%
悲观方案1	4	5.0%	4.0%	3.0%	3.0%	3.0%	3.0%	3.0%	3.0%	3.0%	3.0%
悲观方案2	5	2.0%	2.0%	2.0%	2.0%	2.0%	2.0%	2.0%	2.0%	2.0%	2.0%
销货成本（占销售收入%）		60.0%	60.0%	60.0%	60.0%	60.0%	60.0%	60.0%	60.0%	60.0%	60.0%
基准方案	1	60.0%	60.0%	60.0%	60.0%	60.0%	60.0%	60.0%	60.0%	60.0%	60.0%
财务投资人	2	60.0%	60.0%	60.0%	60.0%	60.0%	60.0%	60.0%	60.0%	60.0%	60.0%
管理层方案	3	59.0%	59.0%	59.0%	59.0%	59.0%	59.0%	59.0%	59.0%	59.0%	59.0%
悲观方案1	4	61.0%	61.0%	61.0%	61.0%	61.0%	61.0%	61.0%	61.0%	61.0%	61.0%
悲观方案2	5	62.0%	62.0%	62.0%	62.0%	62.0%	62.0%	62.0%	62.0%	62.0%	62.0%
销售、行政及管理费用（占销售收入%）		19.0%	19.0%	19.0%	19.0%	19.0%	19.0%	19.0%	19.0%	19.0%	19.0%
基准方案	1	19.0%	19.0%	19.0%	19.0%	19.0%	19.0%	19.0%	19.0%	19.0%	19.0%
财务投资人	2	18.0%	18.0%	18.0%	18.0%	18.0%	18.0%	18.0%	18.0%	18.0%	18.0%
管理层方案	3	18.0%	18.0%	18.0%	18.0%	18.0%	18.0%	18.0%	18.0%	18.0%	18.0%
悲观方案1	4	20.0%	20.0%	20.0%	20.0%	20.0%	20.0%	20.0%	20.0%	20.0%	20.0%
悲观方案2	5	21.0%	21.0%	21.0%	21.0%	21.0%	21.0%	21.0%	21.0%	21.0%	21.0%
折旧（占销售收入 %）		4.5%	4.5%	4.5%	4.5%	4.5%	4.5%	4.5%	4.5%	4.5%	4.5%
基准方案	1	4.5%	4.5%	4.5%	4.5%	4.5%	4.5%	4.5%	4.5%	4.5%	4.5%
财务投资人	2	4.5%	4.5%	4.5%	4.5%	4.5%	4.5%	4.5%	4.5%	4.5%	4.5%
管理层方案	3	4.5%	4.5%	4.5%	4.5%	4.5%	4.5%	4.5%	4.5%	4.5%	4.5%
悲观方案1	4	4.5%	4.5%	4.5%	4.5%	4.5%	4.5%	4.5%	4.5%	4.5%	4.5%
悲观方案2	5	4.5%	4.5%	4.5%	4.5%	4.5%	4.5%	4.5%	4.5%	4.5%	4.5%
摊销（占销售收入 %）		1.5%	1.5%	1.5%	1.5%	1.5%	1.5%	1.5%	1.5%	1.5%	1.5%
基准方案	1	1.5%	1.5%	1.5%	1.5%	1.5%	1.5%	1.5%	1.5%	1.5%	1.5%
财务投资人	2	1.5%	1.5%	1.5%	1.5%	1.5%	1.5%	1.5%	1.5%	1.5%	1.5%
管理层方案	3	1.5%	1.5%	1.5%	1.5%	1.5%	1.5%	1.5%	1.5%	1.5%	1.5%
悲观方案1	4	1.5%	1.5%	1.5%	1.5%	1.5%	1.5%	1.5%	1.5%	1.5%	1.5%
悲观方案2	5	1.5%	1.5%	1.5%	1.5%	1.5%	1.5%	1.5%	1.5%	1.5%	1.5%
现金流量表假设											
资本性支出（占销售收入 %）		4.5%	4.5%	4.5%	4.5%	4.5%	4.5%	4.5%	4.5%	4.5%	4.5%
基准方案	1	4.5%	4.5%	4.5%	4.5%	4.5%	4.5%	4.5%	4.5%	4.5%	4.5%
财务投资人	2	4.5%	4.5%	4.5%	4.5%	4.5%	4.5%	4.5%	4.5%	4.5%	4.5%
管理层方案	3	4.5%	4.5%	4.5%	4.5%	4.5%	4.5%	4.5%	4.5%	4.5%	4.5%
悲观方案1	4	5.0%	5.0%	5.0%	5.0%	5.0%	5.0%	5.0%	5.0%	5.0%	5.0%
悲观方案2	5	5.0%	5.0%	5.0%	5.0%	5.0%	5.0%	5.0%	5.0%	5.0%	5.0%

表 5-52　ValueCo LBO 假设数据第 2 页

假设数据第2页- 资产负债表		预测期									
		第1年 2020	第2年 2021	第3年 2022	第4年 2023	第5年 2024	第6年 2025	第7年 2026	第8年 2027	第9年 2028	第10年 2029
流动资产											
应收账款周转天数 (DSO)		47.6	47.6	47.6	47.6	47.6	47.6	47.6	47.6	47.6	47.6
基准方案	1	47.6	47.6	47.6	47.6	47.6	47.6	47.6	47.6	47.6	47.6
财务投资人	2	47.6	47.6	47.6	47.6	47.6	47.6	47.6	47.6	47.6	47.6
管理层方案	3	47.6	47.6	47.6	47.6	47.6	47.6	47.6	47.6	47.6	47.6
悲观方案1	4	50.0	50.0	50.0	50.0	50.0	50.0	50.0	50.0	50.0	50.0
悲观方案2	5	55.0	55.0	55.0	55.0	55.0	55.0	55.0	55.0	55.0	55.0
存货持有天数(DIH)		105.8	105.8	105.8	105.8	105.8	105.8	105.8	105.8	105.8	105.8
基准方案	1	105.8	105.8	105.8	105.8	105.8	105.8	105.8	105.8	105.8	105.8
财务投资人	2	105.8	105.8	105.8	105.8	105.8	105.8	105.8	105.8	105.8	105.8
管理层方案	3	105.8	105.8	105.8	105.8	105.8	105.8	105.8	105.8	105.8	105.8
悲观方案1	4	110.0	110.0	110.0	110.0	110.0	110.0	110.0	110.0	110.0	110.0
悲观方案2	5	115.0	115.0	115.0	115.0	115.0	115.0	115.0	115.0	115.0	115.0
预付款及其他流动资产（占销售收入 %）		5.1%	5.1%	5.1%	5.1%	5.1%	5.1%	5.1%	5.1%	5.1%	5.1%
基准方案	1	5.1%	5.1%	5.1%	5.1%	5.1%	5.1%	5.1%	5.1%	5.1%	5.1%
财务投资人	2	5.1%	5.1%	5.1%	5.1%	5.1%	5.1%	5.1%	5.1%	5.1%	5.1%
管理层方案	3	5.1%	5.1%	5.1%	5.1%	5.1%	5.1%	5.1%	5.1%	5.1%	5.1%
悲观方案1	4	5.1%	5.1%	5.1%	5.1%	5.1%	5.1%	5.1%	5.1%	5.1%	5.1%
悲观方案2	5	5.1%	5.1%	5.1%	5.1%	5.1%	5.1%	5.1%	5.1%	5.1%	5.1%
流动负债											
应付账款（DPO）		37.9	37.9	37.9	37.9	37.9	37.9	37.9	37.9	37.9	37.9
基准方案	1	37.9	37.9	37.9	37.9	37.9	37.9	37.9	37.9	37.9	37.9
财务投资人	2	37.9	37.9	37.9	37.9	37.9	37.9	37.9	37.9	37.9	37.9
管理层方案	3	37.9	37.9	37.9	37.9	37.9	37.9	37.9	37.9	37.9	37.9
悲观方案1	4	35.0	35.0	35.0	35.0	35.0	35.0	35.0	35.0	35.0	35.0
悲观方案2	5	30.0	30.0	30.0	30.0	30.0	30.0	30.0	30.0	30.0	30.0
应计负债（占销售收入%）		8.0%	8.0%	8.0%	8.0%	8.0%	8.0%	8.0%	8.0%	8.0%	8.0%
基准方案	1	8.0%	8.0%	8.0%	8.0%	8.0%	8.0%	8.0%	8.0%	8.0%	8.0%
财务投资人	2	8.0%	8.0%	8.0%	8.0%	8.0%	8.0%	8.0%	8.0%	8.0%	8.0%
管理层方案	3	8.0%	8.0%	8.0%	8.0%	8.0%	8.0%	8.0%	8.0%	8.0%	8.0%
悲观方案1	4	8.0%	8.0%	8.0%	8.0%	8.0%	8.0%	8.0%	8.0%	8.0%	8.0%
悲观方案2	5	8.0%	8.0%	8.0%	8.0%	8.0%	8.0%	8.0%	8.0%	8.0%	8.0%
其他流动负债（占销售收入 %）		2.9%	2.9%	2.9%	2.9%	2.9%	2.9%	2.9%	2.9%	2.9%	2.9%
基准方案	1	2.9%	2.9%	2.9%	2.9%	2.9%	2.9%	2.9%	2.9%	2.9%	2.9%
财务投资人	2	2.9%	2.9%	2.9%	2.9%	2.9%	2.9%	2.9%	2.9%	2.9%	2.9%
管理层方案	3	2.9%	2.9%	2.9%	2.9%	2.9%	2.9%	2.9%	2.9%	2.9%	2.9%
悲观方案1	4	2.9%	2.9%	2.9%	2.9%	2.9%	2.9%	2.9%	2.9%	2.9%	2.9%
悲观方案2	5	2.9%	2.9%	2.9%	2.9%	2.9%	2.9%	2.9%	2.9%	2.9%	2.9%

表 5-53　ValueCo LBO 假设数据第 3 页

（单位：100万美元，财务年度截止日为12月31日）

假设数据第3页-融资结构和费用

融资结构

资金来源	1 融资结构1	2 融资结构2	3 融资结构3	4 融资结构4	5 现状
周转信用贷款规模	$250.0	$250.0	$250.0	$250.0	–
已提取周转信用贷款	–	–	–	–	–
定期贷款A	–	–	–	–	–
定期贷款B	2 800.0	2 150.0	2 100.0	1 750.0	–
定期贷款C	–	–	–	–	–
第二留置权	–	–	700.0	–	–
优先票据	850.0	1 500.0	700.0	1 000.0	–
优先次级票据	–	–	–	1 000.0	–
股权出资	2 100.0	2 100.0	2 250.0	2 250.0	–
展期股本	–	–	–	–	–
库存现金	250.0	250.0	250.0	–	–
	–	–	–	–	–
资金来源合计	**$6 000.0**	**$6 000.0**	**$6 000.0**	**$6 000.0**	–
资金使用					
股权收购价格	$4 350.0	$4 350.0	$4 350.0	$4 350.0	–
偿还现有银行债务	1 500.0	1 500.0	1 500.0	1 500.0	–
要约/回购溢价	20.0	20.0	20.0	20.0	–
融资费用	100.0	100.0	100.0	100.0	–
其他费用	30.0	30.0	30.0	30.0	–
-	–	–	–	–	–
-	–	–	–	–	–
资金使用合计	**$6 000.0**	**$6 000.0**	**$6 000.0**	**$6 000.0**	–

收购价格

上市公司 / 私有公司 目标	2
收购 EBITDA乘数	8.0x
LTM 2019/9/30 EBITDA	700.0
企业价值	**$5 600.0**
减：总负债	(1 500.0)
减：优先股	–
减：非控股股东权益	–
加：现金及现金等价物	250.0
股权收购价格	**$4 350.0**

融资费用

融资结构1	规模	费率 (%)	费率 ($)
周转信用贷款规模	$250.0	2.250%	$5.6
定期贷款A	–	–	–
定期贷款B	2 800.0	2.250%	63.0
定期贷款C	–	–	–
第二留置权	–	–	–
优先票据	850.0	2.250%	19.1
优先次级票据	–	–	–
优先过桥贷款	850.0	1.250%	10.6
优先次级过桥贷款	–	–	–
其他融资费用			1.6
融资费用合计			**$100.0**

全面稀释的股票流通量计算

要约每股价格	–
基本已发行股份	–
加：实值期权行权发行股份	–
减：股份回购	–
期权行权新增净股份数量	–
加：可转债转换股份	–
全面稀释的股票流通量	–

股票期权/认股权证

批次	股份数量	行权价格	实值期权	收入
批次1	–	–	–	–
批次2	–	–	–	–
批次3	–	–	–	–
批次4	–	–	–	–
批次5	–	–	–	–
合计	–		–	–

可转换债券

	数量	转换价格	转换比率	新增股份
发行1	–	–	–	–
发行2	–	–	–	–
发行3	–	–	–	–
发行4	–	–	–	–
发行5	–	–	–	–
合计				–

融资费用摊销

	期限	第1年 2020	第2年 2021	第3年 2022	第4年 2023	第5年 2024	第6年 2025	第7年 2026	第8年 2027	第9年 2028	第10年 2029
周转信用贷款规模	5	$1.1	$1.1	$1.1	$1.1	$1.1	–	–	–	–	–
定期贷款A	–	–	–	–	–	–	–	–	–	–	–
定期贷款B	7	9.0	9.0	9.0	9.0	9.0	9.0	9.0	–	–	–
定期贷款C	–	–	–	–	–	–	–	–	–	–	–
第二留置权	–	–	–	–	–	–	–	–	–	–	–
优先票据	8	2.4	2.4	2.4	2.4	2.4	2.4	2.4	2.4	–	–
优先次级票据	–	–	–	–	–	–	–	–	–	–	–
优先过桥贷款	8	1.3	1.3	1.3	1.3	1.3	1.3	1.3	1.3	–	–
优先次级过桥贷款	–	–	–	–	–	–	–	–	–	–	–
其他融资费用	8	0.2	0.2	0.2	0.2	0.2	0.2	0.2	0.2	–	–
年度摊销合计		**$14.0**	**$14.0**	**$14.0**	**$14.0**	**$14.0**	**$12.9**	**$12.9**	**$3.9**	–	–

第三部分

兼并与收购

第六章

卖方并购

一个公司、分部、企业或者资产组合（“目标”）的出售，是其持有人（股东）、管理层、雇员和其他利益相关者的一件大事，也是一个紧张、耗时而又利益攸关的过程，一般都要花上几个月的时间。因而，卖方通常都会聘请一家投资银行及其训练有素的专业团队（卖方顾问），以确保能够达到关键性目标、实现有利的结果。在很多情况下，卖方会依靠投资银行（卖方顾问）对可用于目标的各种战略性选择进行全面的财务分析。这些选择包括企业（或资产）的全部或部分出售、资本重组、首次公开发行、剥离为独立公司或者维持现状。

一旦做出了出售的决定，卖方顾问就会在价值最大化、快速实施和完结交易的确定性等卖方特别看重的交易因素方面尽最大努力。因此，卖方顾问的责任是从一开始就要明确卖方的优先考虑因素，策划出最适合的出售流程。如果卖方对保密性、时间和潜在的经营干扰等问题不是很在意，那么卖方顾问就可以考虑宽泛性竞拍（broad auction），即尽最大可能联系更多感兴趣的潜在买家。这一过程对潜在买家的态度相对中性，其设计目的是使竞争最大化、提高找到愿意给予最大价值的买方的可能性。

然而，如果卖方最关心的是执行速度、保密性、某个具体的交易结构或者文化综合因素，那么更加合适的做法可能是只接触若干经过挑选的潜在买家，即针对性竞拍（targeted auction），甚至是只面对一个潜在买家的协议出售（negotiated sale）。一般来讲，竞拍与只有一个潜在买家的协议出售相比，其流程要求进行更多的前期准备工作，如市场营销材料、里程碑节点和更多的资源投入。为此，本章重点论述的是竞拍流程。

从分析的角度说，卖方的任务是要求交易团队使用本书论述的那些方法对目标进行全面评估。此外，为了评估具体战略性买家有可能愿意为目标支付的意向收购价格，还要对战略性买家在假定的收购价格情景下的每股收益进行增厚/稀释分析（accretion/dilution analysis），并对交易给买家的资产负债表带来的影响进行分析（详见第七章）。这种估值分析可以用来框定卖方的价格预期，制订可接受的竞标范围，评估所收到的要约报价，并指导最终收购价格的谈判。此外，如果目标是上市公司（以及视具体情形的某些私有公司），卖方顾问或者另一家投资银行还要接受委托，为最终的交易价格提供公平意见。

在对买、卖公司的流程进行讨论时，我们在本书前几章论述话题的基础上提供了更多的背景介绍。在出售流程中，理论上的估值方法最终要按照买家实际上愿意为目标支付的收购价格进行验证（见表6-1）。一个高效的卖方顾问致力于把买方推向或者推过目标隐含估值区间的高端。从基本层面上说，这就涉及企业或者资产的合适定位和出售流程的定制，以实现其价值的最大化。

竞拍

竞拍是一个分阶段的过程，是将目标公司向多个潜在买家（"买家"或"竞标者"）进行推销。运作良好的竞拍可以对买方的报价（包括价格和其他条款）产生重大的积极影响，鼓励竞标者在价格和条款方面都给出最佳报价，并通过买家的迅速行动来帮助加快交易的执行速度。

卖方可以放心的是，通过竞拍流程，企业价值已经经过市场检验，且该价值也反映了真实的内在市场价值。与此同时，竞拍流程也有可能存在潜在的缺点，包括信息通过竞标者泄露到市场、对雇员士气产生负面影响、竞标者之间可能出现冲突、选定"中标者"后谈判筹码削弱[㊀]（从而买方有动机对交易价格和条款重新进行商议，re-trading），以及出现流拍事件的"污点"。此外，有部分潜在买家考虑到所要投入的时间和资源以及"中标"的可能性较低，会放弃参与宽泛性竞拍。

㊀ 指事后用较低报价替代最初报价的做法。

表 6-1　估值示意图

<table>
<tr><th colspan="4">隐含估值范围</th><th colspan="2">实际支付价格</th></tr>
<tr><th>可比公司分析</th><th>先例交易分析</th><th>现金流折现分析</th><th>杠杆收购分析</th><th></th><th>并购出售流程</th></tr>
<tr><th colspan="6">说明</th></tr>
<tr><td>▪ 估值依据为同行公司的当前交易乘数</td><td>▪ 估值依据为过去并购交易中支付给同行公司的乘数</td><td>▪ 估值依据为预计自由现金流的现值</td><td>▪ 估值依据为财务投资者很可能支付的价格</td><td></td><td>▪ 确定某个买家愿意支付的最终价格</td></tr>
<tr><th colspan="6">常见的价值驱动因素</th></tr>
<tr><td colspan="6">▪ 行业绩效和展望
▪ 公司绩效
-规模、利润率和增长情形
-历史和预计财务绩效
▪ 公司定位
-市场份额
-实现产品和服务差异化的能力
-管理层质量
▪ 总体经济和资本市场形势</td></tr>
<tr><th colspan="6">特有价值驱动因素</th></tr>
<tr><td>▪ 相对于同行公司的绩效</td><td>▪ 并购市场形势
▪ 交易具体情形
▪ 控制权溢价
▪ 协同作用水平</td><td>▪ 自由现金流
▪ 资本成本
▪ 最终价值</td><td>▪ 信贷市场形势
▪ 自由现金流
▪ 杠杆能力
▪ 债务偿还
▪ 资本成本
▪ 要求的收益率</td><td></td><td>▪ 流程动态
-竞拍还是协议出售
-参与流程的买方数量
-信息披露程度
-“战利品”/重要战备资产
▪ 买方胃口
-战略性还是财务投资者
-支付意愿和能力
-“中标”所需金额
▪ 对买方的预计影响
-财务影响
-预计杠杆率
-收益门槛</td></tr>
</table>

一次成功的竞拍要求大量的专用资源、经验和技能。事先，交易团队要准备极具说服力的营销材料，找出潜在的交易问题，辅导管理方，以及挑选一批合适的潜在买家，从而打下一个牢固的基础。竞拍一旦正式启动，卖方顾问就被充分授权并尽可能有效地运行竞拍流程，特别是卖方顾问同时面对众多买家时，要以高度协调一致的方式来履行其职责和职能。

为了确保取得一个成功的结果，投资银行会投入一个专业团队，负责交易的日常执行工作。竞拍的前期准备工作还要求目标管理团队投入大量时间和精力，特别是协助投行顾问完成营销材料和配合买方进行尽职调查方面的工作（例如管理层陈述、现场访问、资料室准备和对买方具体问询的回复）。在这方面，交易顾问团队有责任尽量减轻管理团队在这方面的负担。

在竞拍的后期阶段，卖方交易顾问团队的某个高级成员一般都会直接与潜在买方谈判，目标是要鼓励买方给出最佳报价。因此，卖方通常会寻找拥有丰富谈判经验、行业经验和买方关系的投资银行来运作此类竞拍。

竞拍的主要形式有两种——宽泛性竞拍和针对性竞拍。

- 宽泛性竞拍：顾名思义，宽泛性竞拍是尽可能多地联系潜在买家。这里可能涉及要联系几十家潜在竞标者，其构成既有战略性买家（还可能包括直接竞争对手），又有财务投资者。通过尽可能地广泛撒网，宽泛性竞拍的目的是要实现竞争的最大化，从而提高收到最佳要约报价的可能性。由于参与竞拍流程早期阶段的买家数量较多，这种竞拍形式涉及更多的前期准备和营销工作。同时这种做法也比较难以保密，因为该流程很容易造成信息泄露给公众（包括顾客、供应商和竞争对手），从而反过来增加经营受干扰的潜在可能性[⊖]。
- 针对性竞拍：针对性竞拍是把重点放在满足筛选条件的少数几个买家，即认为目标与买家具有战略适配性且买家可能具有强烈的收购意愿。该流程更加有利于保密及目标经营受干扰程度的最小化。与此同时，由

⊖ 在有些情况下，竞拍是卖方公开宣告的，以便鼓励所有感兴趣的买家前来参与投标。

于或许会将某个有可能愿意支付更高价格的潜在竞标者排除在外，因此“未能物尽所值”的风险比较大。

表 6-2 罗列了两种竞拍形式的潜在优缺点。

表 6-2　宽泛性竞拍和针对性竞拍的优缺点

	宽泛性竞拍	针对性竞拍
优点	■ 提高竞争压力 ■ 最大程度实现取得最高出售价格的可能性 ■ 有助于确保接触到所有可能的竞标者 ■ 限制潜在买方的谈判筹码 ■ 令董事会更确信自己已经履行价值最大化的受托责任	■ 保密的可能性较大 ■ 对经营的干扰较少 ■ 因为发出挑选“搭档”的信号，减少了流拍的潜在可能 ■ 维持竞争的感觉 ■ 为董事会履行受托责任起到“市场检验”的作用
缺点	■ 难以保密 ■ 经营受干扰的风险大 ■ 有些潜在买家有可能拒绝参加宽泛性竞拍 ■ 结果如不成功则可能导致资产“不理想”的感觉（“污点”） ■ 存在业内竞争对手仅仅为了接触机密信息或关键性高管而参与的风险	■ 有可能会排除并非一目了然但却十分可靠的买家 ■ 如果某些买家被排除在外，有可能“未能物尽所值” ■ 竞争性较弱 ■ 有可能让买家获得更多谈判筹码 ■ 能够让董事会确信已经实现价值最大化的市场数据较少

竞拍结构

传统型竞拍的结构设置是两轮竞标过程，从决定出售到与中标方签署最终收购 / 出售协议（“最终协议”）的时间跨度一般为 3 ～ 6 个月（或更长时间）（见表 6-3）。协议签署后（“交易完结”）时间的长短取决于各种并非与竞拍本身相关的因素，比如监管部门审批或第三方许可、融资和股东批准等。整个竞拍过程包含多个阶段，而每个阶段都含有独立的里程碑节点。这个结构有着数不胜数的变化形式，卖方顾问可以针对具体情形为卖方量身定制。

表 6-3　竞拍流程的各个阶段

竞拍流程的各个阶段				
组织与准备	第一轮工作	第二轮工作	谈判商议	交易完结
■ 明确卖方目标，制订合适的出售流程 ■ 进行卖方顾问尽职调查和初步估值分析 ■ 选择买方群体 ■ 编制营销材料 ■ 编制保密协议	■ 联系潜在买方 ■ 与有兴趣的买方商谈并签署保密协议 ■ 发送 CIM 和初始投标程序信函 ■ 编制管理层陈述文件 ■ 设立资料室 ■ 编制捆绑式融资方案（如适用） ■ 接收初始投标，选择买家进入第二轮	■ 举办管理层陈述会 ■ 安排现场访问 ■ 开放资料室及回复问题 ■ 发送最终投标程序信函、最终协议初稿 ■ 接收最终投标	■ 评估最终投标 ■ 与意向买家谈判 ■ 选择中标方 ■ 提供公平意见（如果要求的话） ■ 获取董事会批准并签署最终协议（“签字”）	■ 获取必要审批 ■ 股东审批 ■ 融资与完结交易
2 ~ 4周	4 ~ 6周	6 ~ 8周	2 ~ 4周（或包括第三轮最后竞价）	4 ~ 8周以上

组织与准备

■ 明确卖方目标，制订合适的出售流程
■ 进行卖方顾问尽职调查和初步估值分析
■ 选择买方群体
■ 编制营销材料
■ 编制保密协议

明确卖方目标，制订合适的出售流程

竞拍工作一开始，卖方顾问就要与卖方一起明确目标，确定要实施的合适的出售流程，并制订出流程路线图。卖方顾问首先必须清晰地理解卖方优先考虑的因素是什么，以便定制相应流程。这里最基本的决定大概是拟接触多少潜在买家（也就是说，是采用宽泛性竞拍还是针对性竞拍）。

如前所述，虽然宽泛性竞拍在某些情形下可能更受卖方青睐，但针对性竞拍或许能够更好地满足某些“软性”需求，比如交易完结的速度、更高的保密

性、定制化的交易结构以及较小的经营干扰风险。此外，目标公司的董事会在决定采取宽泛性竞拍或者针对性竞拍的时候还必须考虑其受托人责任[㊀]。在这个时候，交易团队要草拟一个详细的流程时间计划和路线图，包括重大里程碑的计划日期，比如竞拍启动、首轮及最终报价的接收、合同签署和交易完结。

进行卖方顾问尽职调查和初步估值分析

出售流程的准备工作首先是卖方顾问方面的广泛尽职调查。这项工作一般首先是与目标管理层的深入会晤。在草拟市场营销材料、与潜在买方交流之前，卖方顾问必须全面理解目标的业务和管理团队的观点。通过尽职调查，卖方顾问就能为目标合适定位，了解其投资优势所在。此举还有助于找出潜在买家所考虑的各类事宜，如增长的稳定性、毛利率趋势和顾客集中度以及环境、债务和劳工关系等问题。

卖方尽职调查工作的一个关键部分在于，确保卖方顾问理解那些驱动管理层财务模型的假设条件并提供意见。这部分尽职调查工作尤其重要，因为该模型构成了潜在买方将要进行的评估工作的基础。因此，卖方顾问必须从买方的角度来看待目标的财务预测数据，认可驱动这种预测的数字、趋势和关键性假设条件。

卓有成效的卖方顾问能够理解买方在分析中将会采用的估值方法（如可比公司分析、先例交易分析、DCF 分析和 LBO 分析），并事先开展这项工作，以设定一个估值范围基准。如果具体的买家是上市公司，还必须对买家进行每股收益的增厚 / 稀释及资产负债表影响分析，以评估其支付能力。然而，根据这些估值方法得出的目标隐含估值最终必须依照市场的需求来权衡调整。此外，在某一笔交易中得到的实际价值，必须同时从价格条款以及最终协议中商定的交易结构和条款这两方面来看待。

卖方顾问也可能会建议目标公司委托第三方知名会计机构来做一份关于收益质量的财务分析报告（quality of earnings, QoE）或是市场研究。这份报告主要是评估和验证目标公司的盈利状况。尽管潜在买方或其融资机构也会单独做关于收益质量的财务分析报告，但由第三方提供的报告会让买方及融资机构感觉

㊀ 在美国特拉华州（该州制定的标准一般都是许多州制定公司法的依据），当一家公司的控制权出售或者解体已经势在必行的时候，董事有责任获取能够合理得到的最高价格。至于什么样的出售流程或者竞拍流程合适，并不存在法定或司法“蓝图”。董事在这方面享有一定的自由度，只要设计的流程可以确保董事在合理程度上清楚公司的价值、履行了董事职责即可。

更舒适。而且，在并购领域，收益质量报告变得越来越常见。同样，由第三方提供的核心行业市场分析报告及关键终端市场报告也会有利于增强买方对投资的信心。

如果出现提供捆绑融资方案的情形，要成立一个单独的融资交易团队（无论是在卖方顾问的机构内还是在另一家投资银行），与卖方团队并行开展尽职调查工作。他们的分析要用来设计一个通用的捆绑前融资结构，以支撑对目标的收购㊀。该初始融资方案可用作指导条款，以得出隐含LBO分析估值。

选择买方群体

选择合适的潜在买方群体、汇编相应的联系信息，是组织和准备阶段的一项至关重要的工作。在极端的情形下，某一个或数个潜在买家是否被选中，有可能意味着竞拍的成功或者失败。挑选卖方顾问时很重要的考虑因素是他们的行业知识，包括他们与潜在买方的关系和对这些买方的认识。相应地，交易团队须具备既要能找出合适的买家、又要能有效地将目标推销给他们的能力。

在宽泛性竞拍中，买方名单一般都包含战略性买家和财务投资者。卖方顾问要在一个可接受的收购价格水平下，参照多方面条件，对每一个买家收购的可能性和能力进行评估。在评估战略性买家时，投资银行首先要看的是其战略适宜性，包括潜在协同作用。财务能力，也即“支付能力”，也要严格审视。财务能力一般都取决于规模、资产负债表实力、融资获得能力和风险承受能力。在评估潜在战略性投标者时发挥作用的其他因素包括：文化适宜性、并购历史绩效、现有管理层角色的延续、相对和预计市场地位（包括反托拉斯问题），以及对现有顾客和供应商关系的影响。

在评估潜在财务投资者买方时，要考虑的主要条件包括投资策略和重点、行业经验、基金规模㊁、历史绩效、现有投资组合内的适宜性、基金生命周期㊂，以及获得融资的能力。作为该评估工作的一部分，交易团队要找的理想投资者应满足：在其已投资的公司中有些与目标公司是非常合适的组合对象。

在很多情形下，战略性买家因为有能力实现协同作用和资本成本较低，能够

㊀ 最终需要通过融资来完结交易的买方一般都会与多家银行洽谈，以确保自己可以得到市场上最优惠的融资条件（如债务额度、定价和条款）。

㊁ 指基金的总规模，以及可用于投资的剩余资金。

㊂ 按照基金的一般合伙人与有限合伙人之间的协议规定，指基金在进入收获分配阶段之前还允许有多长时间来寻求投资项目。

给出比财务投资者更高的价格。根据资本市场形势的不同，战略性买家还有可能表现出小于财务投资者的融资风险。

卖方顾问编制完潜在买方名单后，要提交给卖方进行最终签字确认。

编制营销材料

营销材料常常代表着把目标第一次正式介绍给潜在买方。这些材料是引起买方兴趣、打造有利第一印象的根本。行之有效的营销材料要以简洁的方式显示目标的投资亮点，还要提供支持证据以及基本经营、财务和其他基础业务信息。竞拍流程第一轮的两份主要营销文件是目标公司简介（teaser）和机密信息备忘录（CIM）。卖方顾问牵头编制这些材料，并纳入大量的管理层意见。法律顾问还要根据各种法律潜在考虑因素（如反托拉斯问题[㊀]）来审查这些文件和管理层陈述文件。

在这个时间点，特别是即将联系买方时，也会为目标公司起一个项目代号。代号既可以对公司名称起到保密作用，在流程中也有保密作用。大多数情况下，投资银行和目标公司会共同协商确定项目代号，有些时候，投资银行会采用计算机系统随机产生的项目代号。在竞拍程序后期、潜在买家范围较小的时候，甚至会为每一个买家分配一个项目代号。

目标公司简介。目标公司简介是提供给潜在买方的第一份营销文件。它的目的是告知买方，能让买方对投标产生足够的兴趣，并继续下一步工作。目标公司简介一般都是一两页纸的关于目标公司的简要介绍，包括公司简介、投资亮点和财务信息摘要。它还包含负责竞标流程的卖方顾问的联系方式和信息，以便有兴趣的买方做出回应。

根据目标、行业、出售流程、卖方顾问和潜在买方敏感问题的不同，目标公司简介的格式和内容也不尽相同。如果是上市公司，公平披露条例[㊁]（regulation fair disclosure）的考量制约着目标公司简介的内容（即不含重大非公开信息）和买方

㊀ 通常，法律顾问要细致审查企业合并的任何表述（即战略性交易中的合并），因为营销材料要受到反托拉斯部门在监管审查中的细致审阅。

㊁ 公平披露条例，通常简称为FD条例，由美国证券交易委员会（SEC）于2000年8月颁布，该条例规定所有公开上市的公司必须向所有投资者在同一时间披露重要信息。该条例旨在杜绝公司选择性披露信息，防止一些投资者（往往是大机构投资者）总在别人（往往较小，个人投资者）前面获得市场信息。FD条例从根本上改变了企业与投资者沟通的方式，给投资者带来了更好的信息透明度，以及上市公司与投资者更频繁、及时的沟通。2013年4月2日，SEC表示，如果符合一定的要求，企业可以利用社会化媒体进行信息共享，如公司网站和其他网络媒体，但要提前告知投资者将用哪些社交媒体来传播信息，且投资者进入所选择的社会化媒体平台时必须不能受到任何限制。——译者注

所接触信息的性质㊀。图6-1是提供给潜在买方的一个演示性目标公司简介模板。

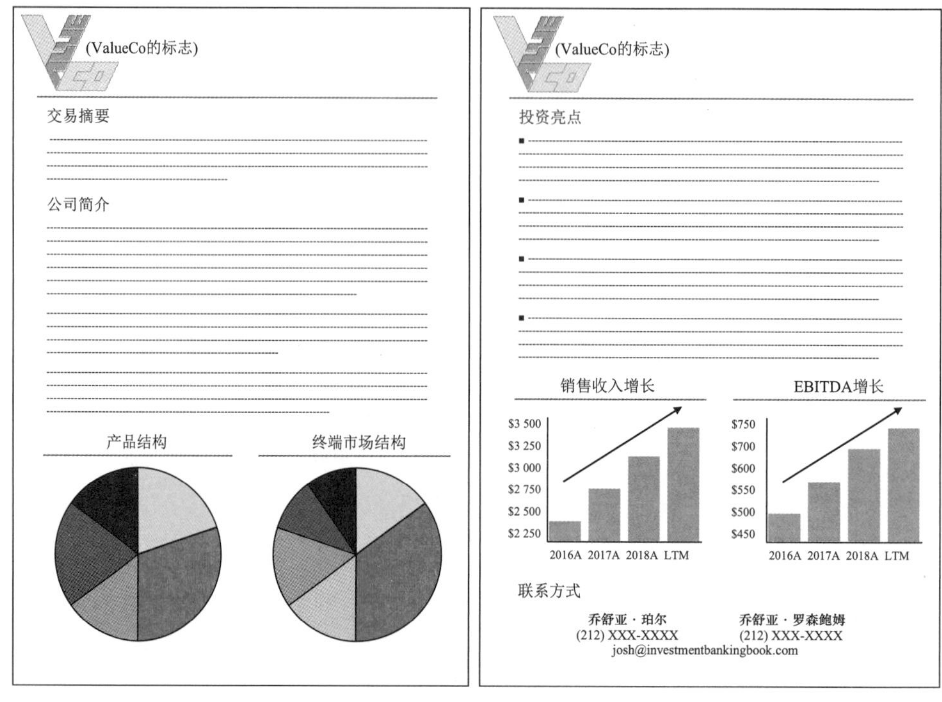

图6-1 目标公司简介样板

机密信息备忘录（confidential information memorandum，CIM）。机密信息备忘录（以下简称CIM）是关于目标的一份详细描述（常常达50页以上），是竞拍中关于目标的主要营销文件。近年来，该文件越来越多地采用PPT格式取代了之前的文本格式，因此也被称为CIP（confidential information presentation）。交易团队与目标的管理层携手，投入大量的时间和资源起草CIM，直到描述到位，才能分发给潜在买方。如果出现卖方为财务投资者的情形（比如，某私募基金拟出售一家所投资的公司），那么该财务投资者方面的专业人士一般还会提供意见。

跟目标公司简介一样，CIM的格式和内容根据具体情形的不同而不同。然而，在内容框架方面，存在着一些被业界普遍接受的标准，如图6-2所示。CIM通常都包含概述、投资考虑因素、目标及其所在行业、顾客和供应商（常常以匿名方式表述）、经营、设施、管理层和雇员等的详细信息。在特定的战略性买家为竞争对手时，卖方可能会顾虑与其分享某些敏感信息，在这样的情况下，

㊀ 初始联系方式信息或目标公司简介有可能导致一家上市公司“进入交易”（in play）态势，有可能构成重大信息（即公司待售的信息）的选择性披露。

需要另外编制 CIM 的修订版。

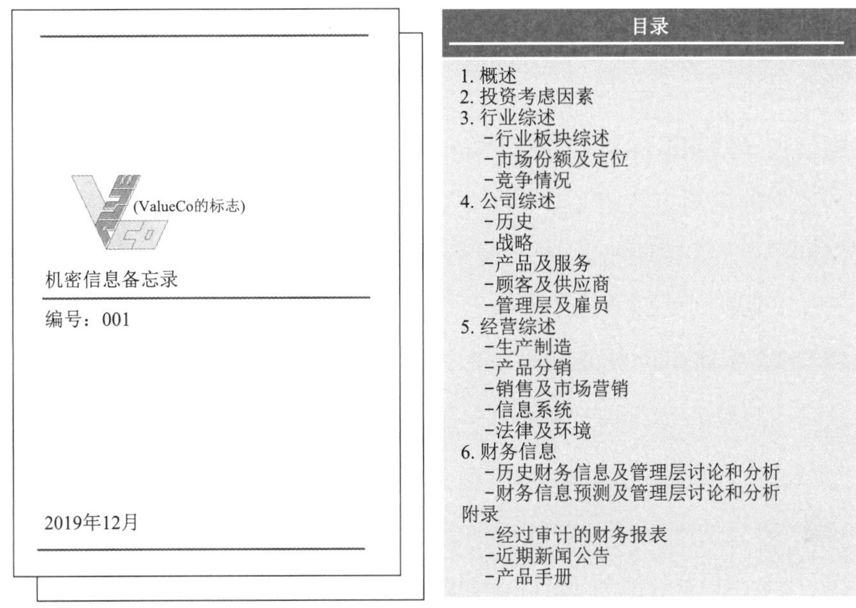

图 6-2 机密信息备忘录目录样板

财务信息。CIM 包含详细的财务部分，提供历史和预计财务信息，并附有文字说明，诠释过去和预计未来绩效，即通常所说的管理层讨论和分析（MD&A）。该数据构成了潜在买方进行初步估值分析的基础。

因此，交易团队投入大量时间与目标公司的首席财务官、总会计师或财务团队（以及部门经理，如果适用的话）一起，研究 CIM 的财务部分。这一过程涉及历史财务数据的常态化（例如，收购、剥离和其他一次性或非常事件的常态化调整）和所附 MD&A 的编制。卖方顾问还会帮助制订一套预测数字（一般预测期为 5 年）以及支持性假设数据和文字说明。有鉴于预测数据在框定估值方面的重要性，潜在买方会予以严格审查。因此，卖方顾问必须对未来预期数据假设的合理性有充分的自信，使其在面临潜在买方疑虑时可以进行合理的解释⊖。

在有些情形下，CIM 会提供额外的财务信息，以便帮助引导买方着眼于目标潜在的增长和收购情形。例如，卖方顾问可能会与管理层合作，编制一个潜在收购机会清单纳入 CIM 中（一般都是匿名方式表述），包括其渐增销售收入

⊖ 根据译者自身的多年买方并购经验，作为卖方顾问的投行通常采用乐观的管理层预期和有利于项目估值的宏观经济假设（如有利的通货膨胀率、汇率等），以帮助卖方实现较高的项目估值。很多情况下，很多假设条件并无对错之分，关键是假设条件的提出有合理的解释。——译者注

和 EBITDA 贡献[一]。该信息的设计目的是为潜在买方提供一个将目标作为增长平台时所产生的未来潜在收益的参考，以便买方提供最佳报价。

编制保密协议

保密协议（confidentiality agreement, CA）是目标与潜在买方之间的一份具有法律约束力的契约，规定了公司机密信息的分享问题。CA 一般是由目标公司的法律顾问草拟，并与目标公司简介一起分发给潜在买方，而后者只有在签订该 CA 之后才能收到更加详细的信息。

典型的 CA 包含以下有关规定：

- 信息的使用——规定卖方所提供的所有信息，无论是口头形式还是书面形式，均被认为是专有信息，必须予以保密，并且仅仅用于针对所提议的交易做出决定。
- 期限——规定保密限制有效的时间段[二]。
- 许可披露——列出在哪些有限情形下允许潜在买方披露所提供的机密信息，同时禁止披露双方正在谈判商议。
- 机密信息回收——规定一旦潜在买方退出出售流程，所有已提供的文件必须交回或销毁。
- 竞业禁止 / 禁止聘用——防止潜在买方在指定时间段内劝诱聘用（或者聘用）目标公司的雇员。
- 中止协议[三]（standstill agreement）——如果目标是上市公司，在一定时期内阻止潜在买方提出未经请求的要约、购买目标公司股票，或者寻求控制 / 影响目标的管理层、董事会或者政策（通常为 6 个月至 2 年）。
- 限制合谋——防止潜在买方在未获得目标公司事先许可的情况下与其他买方、外部财务投资者或股权提供者合作（以便维持竞争环境）。

[一] 特别是在卖方拥有一些项目的发展权时，这些项目虽然目前尚未产生收益，但预期未来会持续增加销售收入和 EBITDA 等财务指标，因此这些项目发展权也应该具备价值。买方在评估时，有时也会逐一对未来项目机会进行评估，并同时考虑到未来新增或收购项目对资本金追加投入的需求，综合进行考虑。——译者注

[二] 如果是财务投资者，一般为 1 ~ 2 年；如是战略性买家，时间可能更长。

[三] 中止协议是指目标公司与潜在收购者达成协议，收购者在一段时间内不再增持目标公司的股票，如需出售这些股票，目标公司有优先购买权。这样的协议通常在收购方已持有目标公司大量股票并形成收购威胁时签署，目标公司往往会承诺溢价回购股票。——译者注

第一轮工作

- 联系潜在买方
- 与有兴趣的买方商谈并签署保密协议
- 发送 CIM 和初始投标程序信函
- 编制管理层陈述文件
- 设立资料室
- 编制捆绑式融资方案（如适用）
- 接收初始投标，选择买家进入第二轮

联系潜在买方

第一轮工作首先是联系潜在买方，这标志着竞拍程序的正式启动。它的一般形式是卖方顾问团队的一名资深成员（并购顾问或维持与某个特别买方之间关系的客户经理）按图索骥地给每个潜在买方拨打电话，然后是发送目标公司简介和 CA㊀。卖方顾问一般都会保留与潜在买家之间所有互动的详细记录，也称为联系日志（contact log）。该日志可用作跟踪某个买方活跃水平、并作为记录出售流程的一个工具。

与有兴趣的买方商谈并签署保密协议

收到 CA 后，潜在买方就会把该文件交给其法律顾问审阅。若买方法律顾问对其中一些条款有不同意见，则买卖双方的法律顾问会进行充分沟通，修改个别条款，直至双方满意。在 CA 签署后，卖方顾问从法律上说就可以将 CIM 和初始投标程序信函发送给潜在买方㊁。

发送CIM和初始投标程序信函

在提交无约束性初始投标书之前，潜在买家一般都会用几个星期的时间来审阅 CIM㊂、研究目标及其所在行业，并进行初步财务分析。在这个时间段里，卖方顾问保持与潜在买家的沟通，常常会根据具体情况适当提供额外内容、指

㊀ 在有些情况下，根据卖方敏感性的不同，必须先签订 CA，然后才能收到相关信息，包括目标公司简介。

㊁ 拨打电话通常在 CIM 付印前 1 ~ 2 周就开始了，以便有充分的时间来商谈 CA。理想的话，卖方顾问希望能把 CIM 同时发送给所有的潜在买方，这样在投标到期日之前大家都有同等的时间来准备首轮投标。

㊂ 每一份 CIM 都有一个独一无二的控制编号或水印，用来跟进收到 CIM 的每一个潜在买家。

南和材料。

根据兴趣大小的不同，潜在买家还有可能在这个阶段聘请投资银行（作为买方并购顾问或融资提供方）、其他外部融资渠道和咨询机构。买方顾问在帮助其客户——无论是战略性买家还是财务投资者——从估值的角度评估目标并确定具有竞争力的初始报价方面，起着至关重要的作用。融资渠道有助于同时评估买方和目标是否有能力支撑某个给定的资本结构，并为其客户提供融资金额、融资期限和融资可获得性方面的数据参考。买方使用该融资数据进行初步的估值分析，确定第一轮报价。咨询机构则在关键性业务、市场机会、潜在风险和目标运营待改善领域等方面提供意见。

初始投标程序信函。初始投标程序信函一般都在发送 CIM 之后发送给潜在买家。该信函注明了有兴趣的买家提交其书面无约束性初步兴趣意向书（“第一轮报价”，“first round bids”）的最后日期和时间。它还明确了必须包含在报价内的必要信息，比如：

- 意向收购价格（一般都以一个数字范围来表示）[一] 和对价形式（现金还是股票组合）[二]。
- 得出所述收购价格所依据的关键性假设数据。
- 结构和其他考虑。
- 融资来源信息。
- 管理层和雇员的安排。
- 完结交易和必须进行的尽职调查的时间。
- 签约和交易完结的关键性条件。
- 必需的审批（如董事会、投资委员会、股东及监管机构）。
- 买方联系方式信息。

编制管理层陈述文件

管理层陈述文件一般都设置成带有纸质散发资料的幻灯片结构。卖方顾问牵头编制该文件，并参考管理层的大量意见。与此同时，卖方顾问要与管理团

[一] 卖方通常要求买方报价为一个具体数值，如果报出的是估值区间，卖方会表明以区间最低值作为买方报价。——译者注

[二] 如果是收购私有公司，卖方一般都要求买方提出的报价要假设目标既无现金又无债务。

队研究确定陈述时的发言人顺序，以及要传递的关键性信息，并针对买方聚焦的重点内容、可能提出的具有“挑战性”的问题编写答复。根据管理团队的不同，陈述彩排过程（“演习”）有可能紧张而耗时。管理层陈述幻灯片文件必须在第二轮开始前，也就是在与买方实际会晤之前完成。

陈述文件的格式通常与 CIM 相同，但更加简明扼要。它往往还包含更进一步的细节内容、分析和观点，更加有助于与管理层的互动环节和后期阶段的尽职调查。鉴于参与投标的买方都是感兴趣的潜在买方，且能够进入第二轮的买家都是通过挑选的，管理层更愿意分享一些细节，特别是在增长方面。常见的管理层陈述文件大纲如图 6-3 所示。

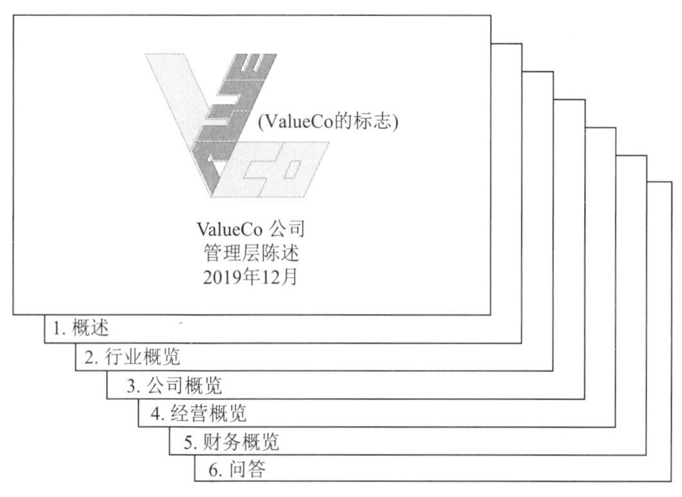

图 6-3　管理层陈述文件大纲样本

设立资料室

资料室（data room）是第二轮工作阶段买方尽职调查的枢纽。在这个地方——一般都在网上——有关目标的全面、详尽信息得以储存、分类并向经过事先筛选的投标者开放㊀。一个组织有序的资料室有助于买方的尽职调查工作，帮助确保出售流程按计划进行，并激发投标者的信心。大多数功能完善的资料室可以提供分析报告，例如登录的频率、文件的审阅次数以及每个投标人在资

㊀ 在设立基于网络的数据提取系统之前，资料室都是实际场地（即办公室或房间，通常都在目标公司的律师事务所内），陈列着装有公司文件资料的文件柜或者文件箱。然而，如今，大部分资料室都是在线网址，买方可以远程查阅所有必要的文件资料。网上资料室的一个优势是可以让更多的潜在买家参与，因为资料室的文件资料可以同时被多方查阅。另外，卖方还可以针对具体买方量身定制各种材料和文件的查阅、下载和打印方式。

料室的活跃程度。这项分析可以帮助卖方顾问来识别每一个买家对交易的投入程度。虽然大部分资料室都依循某些基本指南，但是根据具体公司和保密性考量的不同，在内容和开放性方面有可能相差巨大。

资料室，例如由 Datasite 提供的网络服务，一般都包含大量的公司基本信息、文件和分析材料。从根本上说，资料室的设立目的是提供与买方做出有关目标的知情投资决策所相关的全面信息，如详细的财务报表、行业报告和咨询研究报告。它还包含公司特有的详细信息，如客户和供应商名录、劳动合同、采购合同、现有债务的描述及条款、租赁及养老金合同和环保认证（如图 6-4 所示）。与此同时，资料室内容必须体现因为竞争缘故对过度开放敏感性信息的考虑[⊖]。

资料室还便于买方（与其法律顾问、会计师和其他顾问一起）进行完结交易前的更为详细的确认性尽职调查。该尽职调查包含审阅规章制度、未决诉讼、监管信息、环境报告和房契等。这项尽职调查工作一般只有在买方已经决定认真考虑收购之后才会进行。

卖方投行顾问会与目标的法律顾问和经过挑选的雇员一起负责资料室的组织、权限设置和管理工作。虽然资料室会在整个竞拍过程中不断地更新、补充新资料，但其目标是要在第二轮工作开始之前把基本资料准备到位。资料室的开放对象一般都是第一轮投标之后可以继续向前推进的买家，开放时间为这些买家参加管理层陈述会之前或当日。

编制捆绑式融资方案（如适用）

负责运作竞拍流程的投资银行（或者有时是“合伙”银行）有可能要准备一个支撑待出售目标的“预先打包”（pre-packaged）融资结构。针对投资者的捆绑方案通常仅针对财务投资者和私有公司[⊜]。虽然潜在买家并非必须采用捆绑方案，但按行业惯例，卖方顾问一定要在交易融资方面提供备选方案。然而，买方经常会追寻自己的融资渠道方，匹配或者“优于”捆绑方案。另外，有些

⊖ 敏感性信息（如顾客、供应商和雇员合同或者分类业务的营利性）一般都对竞争性投标者保密，直到流程的后期阶段再公开。在特定条件下，卖方也会针对特定买方的顾问及律师和特定的一些文件，设置一个单独的“干净”资料室，并开放有限的进入权限。

⊜ 在 re Del Monte Food 公司的判决先例中，CA.No.6027-VCL（Del.Ch.Feb.14,2011），法院认定给上市公司提供卖方并购服务的投资银行如果同时为买方提供融资服务，具有利益冲突。

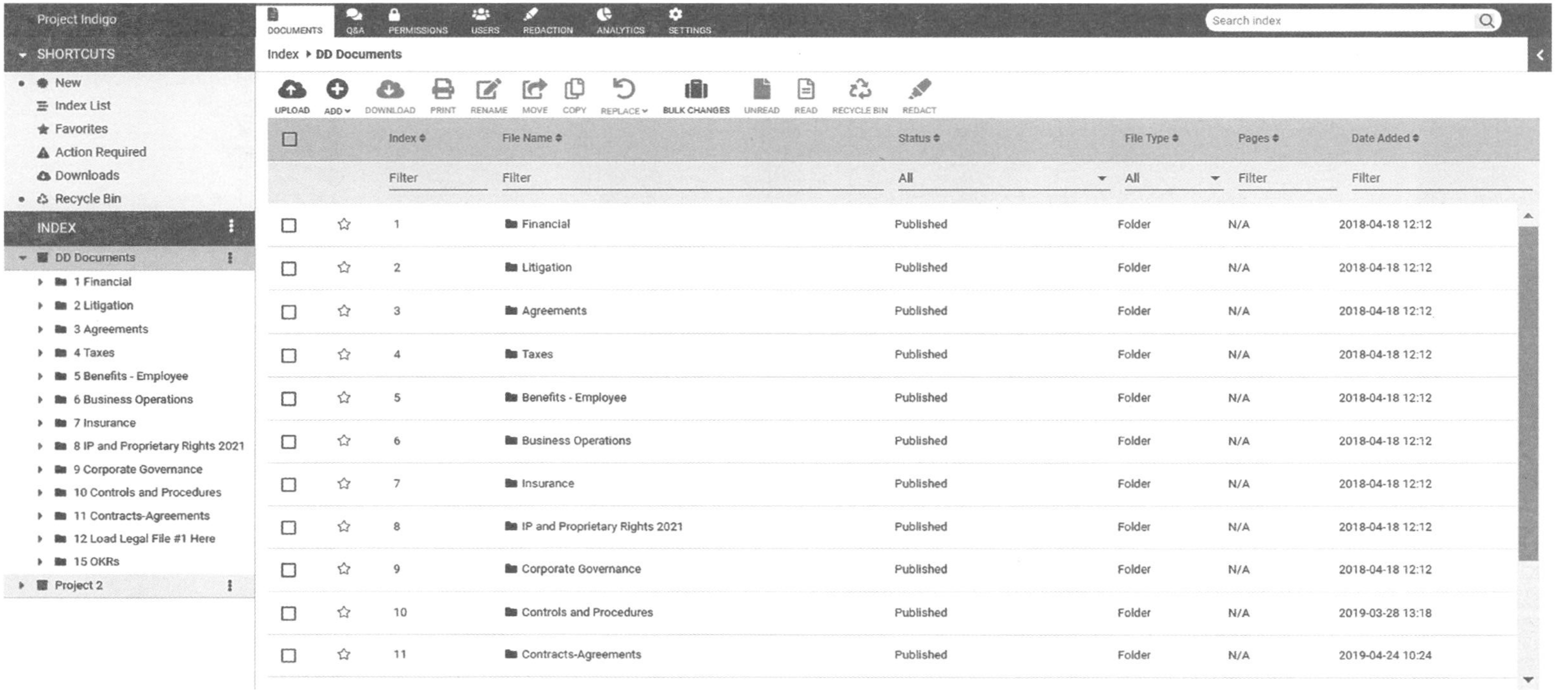

图 6-4　Datasite 资料室文件目录

偏保守的买家可能会选择低于捆绑方案的杠杆率。

为了避免潜在的利益冲突，负责卖方并购的投资银行会成立一个有别于卖方顾问团队的单独融资团队，来运作融资捆绑流程。该融资团队的任务是对目标的杠杆承受能力提出一个客观的评估。他们会单独在并购团队之外（但常常是并行）开展尽职调查和财务分析，设计出一个可行的融资结构，并提交银行的内部信贷委员会审批。该融资方案接着提交给卖方批准，然后作为出售流程的一部分提供给潜在买家。

捆绑方案的基本条件一般都在第一轮投标之前口头告知买方，这样买方就可以用该信息来帮助框定自己的初步报价。捆绑方案的条款清单（term sheets）或实际融资承诺额度的提供时间是在第二轮竞拍的后期阶段，即最终投标提交之前。如果客户有要求的话，没有债务承销能力的投资银行（如中型或者小型投资银行）有可能跟某个有能力提供捆绑方案的合伙银行携手。

虽然买方并没有义务采用捆绑方案，但它的目的是传递卖方投资银行对该笔交易给予强有力支持的一个信号，以及可以向买方提供收购时必要融资的安全保障。通过免除重复性的买方融资尽职调查工作，捆绑方案还可能压缩从竞拍第二轮开始到签订最终协议的时间。从某种程度上说，捆绑方案因为设定了可以用作推算收购价格的基础杠杆率水平，也可以看成是确立了目标的估值底线。例如，如果某个捆绑方案提供的债务融资条件为5.5倍LTM EBITDA、最小股权出资比例30%，那么该方案就意味着收购价格大概为8倍LTM EBITDA[⊖]。

接收初始投标，选择买家进入第二轮

在第一轮投标的截止日期，卖方顾问会收到潜在买家的初始意向投标。在接下来的几天里，交易团队要彻底分析收到的报价，评估意向性收购价格、关键性条款和其他标明的条件。在这个时候，也有可能会与某些买家进行沟通，话题一般都集中在关键性投标内容的澄清方面。

高效的卖方顾问有能力区分哪些报价是“真实的”（即不大可能推倒重报）。此外，有些投标者可能很明显只是试图免费研究一下目标公司而并非真心实意地要完结交易。如前所述，顾问的历史交易经验以及对给定行业和买方群体的

⊖ 8倍为近似数，例如收购价格为8倍EBITDA，股权比例为30%，债务融资比例为70%，则债务融资金额为8×70%，约等于5.5倍的LTM EBITDA。——译者注

具体了解（包括对在线资料室的分析数据），在这方面十分关键。

此项分析完成后，卖方顾问会汇总投标信息并连同拟邀请哪些买家进入第二轮的推荐意见提交给卖方（有关投标者收购价格范围的图形展示样本，如图 6-5 所示）。然而，有关哪些买家可以入围的最终决定，通常是卖方与其顾问协商后做出的。

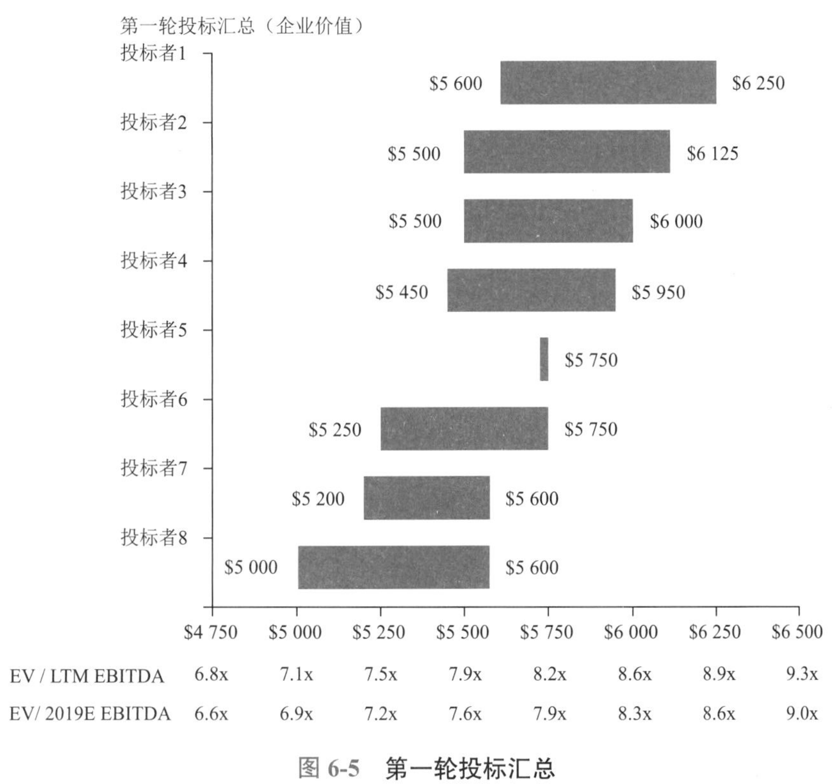

图 6-5　第一轮投标汇总

估值角度——战略性买家 / 财务投资者。如本书第四章和第五章所述，财务投资者用 LBO 分析、隐含 IRR（内部收益率）和现金收益，加上本书论述的其他估值方法的指导，来框定其收购价格范围。CIM 财务预测数据和初始假定融资结构（例如捆绑方案——如果提供了的话——或者某个融资银行提供的意向性条款）为财务投资者提供了编制第一轮报价的基础。卖方顾问要平行开展自己的 LBO 分析，以评估投资者的报价。

虽然战略性买家也依赖本书论述的基本估值方法来设定某个潜在收购目标的估值范围，但一般还会采用其他方法。例如，挂牌上市的战略性买家会在假定某个给定收购价格和融资结构的前提下，用预计收购后的每股收益与不收购独立状态下的每股收益进行比较，即通过增厚/稀释分析来衡量该交易对每股收益的预计影响（见第七章）。因此，卖方顾问通常也同时进行此类分析，以判断特定买方所能给出的最高价格。这就需要针对每一个买方来单独设置其资本成本、融资结构及协同效应的假设。

第二轮工作

- 举办管理层陈述会
- 安排现场访问
- 开放资料室及回复问题
- 发送最终投标程序信函、最终协议初稿
- 接收最终投标

竞拍第二轮工作的中心在于促成潜在买家进行详细的尽职调查和分析，这样他们就能在确定的到期日之前提交强有力的、最终的具有约束力的报价（理想的话）。尽职调查过程旨在完全彻底，一般都要花费几周的时间，具体要取决于目标的规模、所在行业、地理位置、所有权情况和交易的复杂程度。根据买家的特点，尽职调查的时间和性质常常不尽相同。例如，如果是一个身为目标公司竞争对手的战略性买家，它可能对业务已经有着深刻认识，因而重点在于公司特有的有限信息范围⊖。然而，对于一个不熟悉目标公司及其所在行业的财务投资者来说，尽职调查工作可能会耗时更长。结果，财务投资者常常会寻求所聘咨询机构、经营顾问和其他行业专家的专业意见，以协助其尽职调查工作。

卖方顾问在第二轮工作中扮演着核心角色——协调管理层陈述会和现场访问，管理资料室，维持与潜在买家的定期交流。在这个阶段，每个潜在买家都会获得与高级管理层交流的机会，这也是尽职调查过程的基石所在。买家还会详细查阅资料室文件、访问关键性设施、进行与关键公司高管的跟进式尽职调查会议，并开展详细的财务和行业分析。潜在买家会被给予合理的时间来完成尽职调查、获取融资、策划出最终的投标价格和结构，并提交最终协议草案的标注意见。与此同时，卖方顾问会通过限制用于尽职调查的时间、与管理层的接触次数，并确保投标者按照既定时间表向前推进，来维系竞争性氛围，保证流程的运行。

⊖ 在这种情形下，尽职调查工作有可能比较复杂，因为卖方有可能对潜在买家可以接触到的高度敏感信息进行了限制。

举办管理层陈述会

管理层陈述会一般都标志着第二轮的正式启动，常常需要整整一个工作日。在陈述会上，目标公司的管理团队向每一个潜在买家展示详细的公司综述，从基本业务、行业和财务信息，到竞争地位、未来战略、增长机会、协同效益（如果适用的话）及财务预测。

负责陈述的核心团队成员一般都包括目标公司的首席执行官、首席财务官和合适的主要部门负责人或其他经营主管人员。陈述会通常要开展买方的问答互动环节。潜在买家的常规做法是带上自己的投资银行顾问、意向融资方以及行业或经营顾问一同参加陈述会，这样他们就能同时进行尽职调查工作并提供意见。

管理层陈述会常常是买家与管理层的第一次会面。因此，这一会面提供了一个独一无二的机会，可以直接从最熟悉公司的人那里更加深入地了解该企业的业务及其未来前景。此外，管理层团队本身一般都代表着目标公司价值构成中的一个重大部分，因而也是尽职调查的一个核心内容。陈述会也是潜在买家感受自己与管理层能否“和睦相处”的一个机会。

安排现场访问

现场访问是买方尽职调查的一个核心组成部分，能为买方提供目标公司运行情况的第一手感观信息。管理层陈述会本身常常就在公司的一个关键性设施内或附近举行，而且日程上包含现场访问。潜在买家还可能要求访问多个场地，以便更好地了解目标公司的业务和资产。常规现场访问涉及在目标公司高管陪同下参观其中一个关键设施，如制造厂、物流配送中心或销售设施。陪同式参观一般都由该设施的当地经理负责引导，常常由高级管理层的专项负责人和卖方顾问团队的一名成员陪同。他们往往都十分擅长交流沟通，因为主要买方代表以及他们的各类顾问会利用这个机会详细询问目标公司的运营情况。在很多时候，卖方并不向其雇员透露现场访问的真实目的，因为除精心挑选的高级管理层之外的雇员常常并不知道公司出售过程正在进行中。

开放资料室及回复问题

除了管理层陈述会和现场访问之外，潜在买家还可以进入资料室。资料室包含有关目标公司所有方面的详细信息（如经营、财务、会计、税务、法律、保险、环境、信息技术和房产等）。认真的投标者会投入大量的资源来确保自己的尽职调查尽可能详细彻底。他们常常会组织一个由会计师、律师、咨询师和其他技术专家组成的完整团队，来全面查阅公司资料。通过强有力的资料分析和解读，找出目标公司所代表的主要机会和风险，从而确定收购的合理性并完成买方内部的投资论证。这一过程还能使买家找出在提交正式投标前必须得到满足的所有未决事项或与卖方提议的最终协议相关的具体事宜。

有些在线资料室允许用户下载文件，而有些则只允许截图（也许可以、也许无法打印）。资料室的进入权有可能根据具体竞标者或者竞标团队中的具体成员（如只限法律顾问）来量身设定。比如，与目标直接构成竞争的战略性买家有可能被限制查阅敏感的竞争性信息（如客户和供应商合同），至少要到选定优先竞标者的后期阶段才可解禁。卖方顾问在整个过程中管理资料室的进入权，包括具体资料的审阅。这样，他们就能跟踪买家的兴趣和活动，得出结论，并相应地采取行动。

潜在买家在梳理资料的时候，会找出后续需要问询的关键性问题、机会和风险。卖方顾问在这方面扮演着一个活跃的角色，将后续尽职调查的问题清单转交给目标的合适人员，并有条不紊地及时回复。

发送最终投标程序信函、最终协议初稿

在第二轮工作期间，卖方顾问将最终投标程序信函（final bid procedures letter）分发给剩余的潜在买家，常常会同时分发最终协议初稿。作为最终投标文件的一部分，潜在买家会提交最终协议初稿的标注意见，同时附上一封信函，详细回复最终投标程序信函中所列的事项。

最终投标程序信函。最终投标程序信函与第一轮的初始投标程序信函相似，列出了提交最终的、具有法律约束力的投标文件的确切日期和指南。然而，可以想象的是，最终投标书的要求更加严格，包括：

- 收购价格细节，包括报价的确切金额和对价形式（如现金/股票）[1]。
- 针对卖方提供的最终协议初稿的标注意见，说明买方愿意签字的版本。
- 融资承诺函（股权或融资的承诺函）和融资方信息。

---

[1] 与初始投标程序信函一样，如果目标是私有公司，买方一般都会被要求在投标时假定目标既无现金又无债务。如果目标是上市公司，则报价要以每股为单位来表示。

- 尽职调查工作（或要求非常有限的确认性尽职调查）完成的文字证明。
- 报价具有约束力并在一个指定时间段内保持有效的书面证明。
- 必需的监管审批和完成的时间计划。
- 董事会的批准（如果适用的话）。
- 交易签署和完结所需的预计时间。
- 买方联系方式。

最终协议。最终协议是买方和卖方之间具有法律约束力的合同，详列出售交易的条款和条件。在竞拍中，初稿由卖方的法律顾问与卖方及其投资银行分析师合作起草，并在第二轮期间分发给潜在买家（及其法律顾问），分发时间常常是尽职调查接近尾声的时候。接着，买方的法律顾问针对文件初稿提出具体的意见（大部分源自买家的第二轮尽职调查工作），并作为最终投标书的一部分提交。在大部分情况下，卖方顾问会要求买方在提交最终报价之前提交针对最终协议的标注修改意见，以便有更多的时间来审阅和谈判。

买方对最终协议的修改意见也是最终报价的关键部分。关键的经营、财务及交易结构条款所带来的潜在影响可能会占报价的很大比例，并且对卖方来说很难接受。并不罕见的是，在并购交易中经常有买家并非因为报价没有吸引力而失败，只是因为双方无法就关键条款达成一致。

理想的话，卖家会要求买家提交一份愿意在标书被接受后立刻签署的最终协议的修订版。买方和卖方的法律顾问常常会提前对一些条款进行谈判，以便在修订版最终协议提交给卖方之前尽可能最终确定并达成交易前提条件最少的协议文本。此举有助于卖方评估相互竞争的合同条款。然而，有时潜在买家在中标前会拒绝投入法律资源来编写最终协议的具体标注意见，只是用一份“问题清单”来代替。这种情况对于卖方可能颇有风险，因为它有可能会在某个潜在买家已经被确定为领先竞标者或者“中标者”之后，由于买方有动机进行合同条款的重新商榷而使协议谈判更加艰难。

涉及上市公司和私有公司的最终协议在内容上有所不同，虽然文件的基本格式是一样的，包含交易结构和交易机制的综述、陈述与保证、交易完结前承诺（包括限制性契约规定）、交易完结条件、协议终止条款规定和赔偿条款[㊀]

㊀ 赔偿条款一般只有在私有公司或上市公司的分部或资产出售时才包含在内。

（如果适用的话），以及关联披露表单[㊀] 和图示。表6-4概括介绍了最终协议的部分关键性章节内容。

表6-4 最终协议摘要

交易结构/交易机制	■ 交易结构（如兼并、股票出售、资产出售）[①] ■ 价格和条款（如对价形式——股票、现金或是混合，营利能力支付计划[②]、价格调整） ■ 目标的股票和股票期权的处理（如果是兼并交易的话） ■ 转让资产和负债的认定（如果是资产交易的话）
陈述与保证	■ 买方和卖方就自己进行该交易的能力向彼此做出陈述，卖方就目标的业务做出陈述。在股票互换交易中，买方也要就自己的业务做出陈述。比如： —财务报表必须公平地呈现当前的财务状况 —没有重大不利变化（MACs）[③] —所有重大合同都已披露 —资金的可获得性（一般财务投资者有此要求） ■ 陈述与保证有以下作用： —协助买方进行尽职调查工作 —有助于让买方确信所付价格物有所值 —交易完结条件的基线（见下文中的“消减”条件） —赔偿条款的基线
交易完结前承诺（包括限制性契约规定）	■ 保证在签署协议至交易完结期间目标将正常运营，且不会采取降低价值的行动或者变更业务。例如： —限制派发特别红利 —限制超过某个认可预算之外的资本性支出 ■ 在某些条件下，一方需要向另一方支付分手费，例如： —买卖双方相互承诺尽各自“最大努力”实现交易，在获准退出交易之前，买方应尽最大努力获得监管部门审批
其他协定	■ “排他性条款”（no shop）和其他交易保护措施 ■ 交易完结后雇员的安排 ■ 税务事宜（比如同一税务年度内交易完结前和交易完结后税项的分配） ■ 买方承诺获得第三方融资——如果必要的话——卖方承诺配合获得该融资
交易完结条件	■ 一方只有在其义务的先决条件得以满足的时候才被要求完结交易[④]。此类条件主要包括： —截至交易完结日期，另一方陈述与保证的准确性（也称为“消减”条件）[⑤] —另一方遵守其所有明确的限制性契约规定 —收到反垄断许可和其他监管许可 —收到股东认可，如果有要求的话 —无禁制令

㊀ 卖方的披露表单，配合卖方在最终协议中所做的陈述和保证以及所提供的其他材料，以确保买方投标是基于充分知情的基础。该表单随着最终协议初稿一并分发。

（续）

协议终止条款规定	■ 一方可能终止协议、而不是完结交易的情形。例如： —未能获得监管部门或者股东的批准 —永久禁制令（即禁止交易的法庭裁决） —卖方行使受托终止权（即接受更好报价的权力，通常限于上市公司整体出售或是实质上的出售） —交易在规定的“最后期限日期”尚未完结 ■ 买方和卖方互相承诺应尽最大努力完成交易，包括获得监管层的批准 —如果卖方因为接受更好报价而终止交易，则卖方要向买方支付分手费 —如果卖方终止的原因是买方未能获得融资，则买方应向卖方支付分手费
赔偿条款	■ 一般来说，只有在私有交易中（上市公司股东在上市交易中并不提供赔偿），各方要向对方赔偿陈述与保证方面违约的损失。在实际操作中，通常是买方寻求卖方的赔偿，并要求设置一个储备账户用来覆盖潜在的损失[⑥]。例如： —卖方陈述没有环境责任，然而，交易完结后，1 亿美元的环境问题被发现。如果买方有环境赔偿责任条款权利，卖方就会被要求向买方支付 1 亿美元（减去任何商定的“扣减部分”） ■ 对于陈述与保证条款，现在越来越多的卖方会要求买方从第三方购买陈述与保证条款的保险。现在这样的保险比较普遍，而且有利于解决买方和卖方关于有关条款的谈判。对卖方来说，在交易完成后，也会降低有关责任和义务 ■ 赔偿权利常常受限于以下几个方面： —可以提出索赔的时间 —最大赔偿额度上限 —买方提出索赔前必须首先承受的损失额度（“扣减部分”）

① 一家公司的收购可以以几种不同方式来进行，具体要看税务、法律和其他特别倾向性。在基本兼并交易中，收购方和目标合并成立一个新生实体。比较常见的是，收购方成立一个特殊目的公司，然后该公司与目标合并，因此而产生的合并后实体成为收购方的一个全资子公司。在基本股票出售交易中，收购方（或它的一个子公司）收购目标 100% 的股份（或其他股本权益）。在基本资产销售交易中，收购方（或它的一个子公司）买下目标的所有或者大部分资产，并且根据具体情况有可能承担与所收购资产相关联的目标的所有或者部分负债。在资产销售中，目标在交易后得以续存，在将出售收益分配给其股权持有者之后可以选择继续经营，也可以选择解散。

② Earn Out 也称为营利能力支付计划，是指由于交易双方对价值和风险的判断不一致，将传统的一次性付款方式转变成按照未来一定时期内的业绩表现支付的交易模式。类似于常说的对赌协议，只是不涉及经营权限，仅涉及奖励计划。——译者注

③ 也叫重大不利影响（material adverse effect, MAE）。这是最终协议中一条需要激烈谈判的条款，在签署协议后发现重大不利形势，或者出现影响目标的破坏性事件时，有可能允许买方退出交易。但近年来在实际操作中，买方很难证明出现了重大不利影响而有权终止交易。

④ 获得融资通常并非交易完结的一个条件，虽然根据市场形势这一点有可能发生变化。

⑤ 陈述的真实性一般只需依照一些宽松的标准，比如“在所有重大问题上真实”，或者更为常见的“在各方面真实，除非此等不精确性合并起来构成重大不利影响”。

⑥ 由于买方在最终协议中只是做出非常有限的陈述与保证，因此买方向卖方支付赔偿款的情形非常罕见。

接收最终投标

第二轮工作完成后，潜在买家要在最终投标程序信函中说明的日期前将其最终投标文件提交给卖方顾问。这些标书被认为是最终的，其中限制性条件或者“前提条件”（outs）成分微乎其微，比如需要额外的尽职调查或者落实融资承诺。在实践中，卖方顾问会跟有效买家在整个第二轮中合作，以确保在提交前尽可能地落实其投标书。

谈判商议

- 评估最终投标
- 与意向买家谈判
- 选择中标方
- 提供公平意见
- 获取董事会批准并签署最终协议

评估最终投标

卖方顾问与卖方及其法律顾问一起，就最终投标的价格、交易结构和前提条件进行彻底分析。收购价格评估的局限范围是第一轮投标、目标的最近财务绩效以及卖方顾问估值的结果。每一份最终投标是被认为具有约束力的性质，还是缺乏约束力的性质，也要在评估其力度强弱时仔细掂量。例如，要约价格高得惊人但前提条件却十分苛刻的投标，被认为弱于报价较低但确定性较大的投标。完成了这一分析后，卖方会选定一家或者多家优先的潜在买方，与之商谈最终协议。

与意向买家谈判

卖方顾问常常建议卖方与两家（或者更多）潜在买方谈判，尤其是如果投标相对接近或者较高投标对最终协议的标记意见存在问题的时候。在这个阶段，卖方顾问娴熟的谈判技巧有可能会实质性地改善最终投标条款。虽然谈判技巧千差万别，但卖方顾问寻求的是维持一个公平的竞争环境，以便不会在投标者之间存在偏袒，且使流程最后阶段的竞争实现最大化。在这些最终谈判中，卖方顾问要与投标者密切商谈，消除任何剩余的确认性尽职调查内容（如果有的话），同时落实最终协议中的关键条款（包括价格），其目标是要促使其中一个投标者脱颖而出。

选择中标方

卖方顾问和法律顾问要与中标方谈判最后的最终协议，然后将其提交给目标的董事会批准。并非所有的竞拍都会产生成功出售的结果。卖方通常会保留在竞拍流程的每个阶段以不适当为由否决任何一份投标或者所有投标的权利。同样，每个潜在买方都有权在签署具有约束力的最终协议之前的任何时候撤出竞拍流程。未能导致出售的竞拍常常被称作“流产”或“失败”。

提供公平意见

为了回复针对上市公司的要约议案，目标的董事会一般都会要求提供公平意见作为考虑的一项内容，然后再做出是否接受要约、批准最终协议签署的建议。如果是拟出售分公司或子公司的上市公司，根据拟售企业的规模和范围的不同，董事会有可能会要求有公平意见。私有公司的董事会在有些情况下也可能要求提供公平意见，尤其是如果公司的股份持有非常分散的时候（即股东人数众多）。

顾名思义，公平意见是对有关一笔交易所报对价（财务角度）“公平性”的一封意见信。该意见信的主要内容是详细的分析和文件资料，综述了出售流程的运行情况（包括接触的潜在买家数量和收到的投标范围），以及目标的客观估值。估值分析一般都包含可比公司分析、先例交易分析、DCF 分析和 LBO 分析（如果适用的话），以及其他相关行业和股价表现的基准分析，包括支付溢价（如果目标为上市公司的话）。该支持性分析还包含目标的财务绩效摘要，包括历史财务数据和预计财务数据，以及估值所依据的关键性驱动因素和假定条件。支持目标财务假定条件和预测数据的相关行业信息和趋势也可能包含在内。

在向董事会提交公平意见之前，卖方顾问团队必须首先得到其内部公平意见委员会的批准㊀。如果是上市公司交易，公平意见和支持性分析还要进行公开

㊀ 从历史上说，承担目标的卖方顾问角色的投资银行一般都提供公平意见。事实上卖方顾问也最有能力对要约报价提供意见，基础是其广泛的尽职调查以及对目标、运行的出售流程和已经完成的详细财务分析了如指掌。然而，在近些年，卖方顾问客观评估目标的能力受到了日益严格的审视。有人认为，当顾问费的很大一部分是基于交易的完结或捆绑融资是由顾问的公司提供给中标方时，卖方顾问本身就倾向于促成交易。结果，有些卖方会聘请另一家投资银行从一个与交易完结无关的独立角度提供公平意见。

披露，并在相关的SEC申报备案文件中详细描述（请见本书第二章）。公平意见一旦提交，就构成了目标公司董事会的一项考虑内容，由他们做出更大范围的业务判断，在所建议交易问题上履行其受托人责任。

获取董事会批准并签署最终协议

卖方董事会投票批准了交易后，最终协议就由买卖双方签署。双方认可的正式的交易发布会是要根据具体情况披露关键性交易条款（请见本书第二章）。接着，双方要努力去满足交易完结的所有条件，包括监管部门审批和股东审批。

交易完结

- 获取必要审批
- 股东审批
- 融资与完结交易

获取必要审批

反垄断审批。美国大多数并购交易需要的监管审批的根据是《1976年哈特—斯科特—罗迪诺反托拉斯改进法案》㊀（HSR法案，Hart-Scott-Rodino Antitrust Improvements Act of 1976）。根据交易规模的大小不同，HSR法案要求并购交易的双方在联邦贸易委员会（Federal Trade Commission, FTC）、司法部（Department of Justice, DoJ）和反垄断局（Antitrust Division）申报备案各自的通知书和报告。美国之外业务比重比较大的公司还可能要求获得相似外国监管当局的批准，比如竞争局（Competition Bureau，加拿大）和欧盟委员会（European Commission，欧盟）。

HSR申报备案一般是在签署最终协议后的1 ~ 3周内进行。在提交HSR申报后，首先是30天的等待期（要约收购是15天）。如果反垄断方面的问题微乎其微或者完全不存在，联邦贸易委员会和司法部通常会同意在经过30天的等待期后或是更早终止等待期，以便清除交易障碍而实施交易。反垄断问题比较复杂的交易有可能需要长得多的审批时间（6 ~ 12个月或更长时间），也有可能

㊀ 根据行业的不同（例如，银行、保险和电信），有可能必须获得其他监管部门的批准。

因为一家或者多家机构质疑该交易或者要求满足不利条件（例如，分拆某个业务系列）的原因导致交易无法完结。

外国投资者审查。鉴于当今公司运营的日益全球化，各国政府都大幅增加了对吸收或加强外国投资的法规监管，很多并购交易现在都要受制于所在国的外国投资批准（通常在多个司法管辖区）。例如，在 2019 年，欧盟和中国通过了有关在司法管辖区筛选外国投资的规定。在美国，外国投资者审查是由美国外国投资委员会（CFIUS）来负责的。

当一个非美国的收购者在敏感行业或存在其他国家安全风险的领域寻求收购一个经营特定业务的美国目标公司时，交易方需要向 CFIUS 提交交易通知[㊀]。对于涉及所谓“关键技术”的特定投资，或者外国政府对于某些投资有重大利益，或者是涉及“关键基础设施”或敏感的个人数据，向 CFIUS 提交申请就是强制义务。CFIUS 的审查对那些涉及国家安全的交易都是非常谨慎的，如投资涉及美国政府业务或是目标公司靠近美国敏感地区。

当并购交易涉及 CFIUS 审查时，交易双方通常会联合向 CFIUS 提交申请，提交的信息包括各方所有信息和交易信息本身。CFIUS 的审查过程可能需要 30 天到 4 个月不等，或是更长的时间，这很大程度上取决于与国家安全风险的相关程度。在流程结束得出结论时，CFIUS 可能同意交易，或是对交易施加条件，或是建议美国总统阻止或解除交易。如果没有事先获得 CFIUS 管辖范围内的交易许可，CFIUS 保留对交易进行无限期审查的权力——即使是在交易完成之后——可以迫使交易双方在交易结束后解除交易。

股东审批

一步式兼并。如果是上市公司的“一步式”（one-step）兼并交易，目标股东要根据相关州法律在正式的股东大会上投票决定批准或者否决所建议的交易。在该股东大会召开之前，必须给股东发送一份委托声明书，描述交易情况、所涉及各方和其他重要信息[㊁]。在大型交易所挂牌交易的美国上市收购

㊀ 他们也可以主动提交审查，以避免以后由 CFIUS 再次审查。不过 CFIUS 的管辖权也有一些豁免情形，各方不需要为涉及国家安全的交易进行备案。

㊁ 如果是上市公司，SEC 要求委托声明书包含表 14A 规定的具体信息。该信息要求与并购交易有关，一般都包含条款清单摘要、交易背景介绍、董事会建议、公平意见、财务数据与预计数据摘要、最终协议，以及被要求加上或被认为与股东就交易做出知情决定有关的诸多其他内容。大部分美国的并购交易都要取得监管部门的批准。

方，如果要约中股票是对价形式的一部分，且新发行股票占收购方交易前已发行普通股的20%以上，则可能还需要获得股东的批准。股东的审批一般都通过投票来决定，也即获得50.1%有投票权股票的支持。然而，有些公司可能会遇到公司章程规定或者注册地所在州要求对某些事件的更高层次审批，比如控制权变更型交易。

如果是一步式兼并，从最终协议的签字到交易的完结，有可能只需要短短的6个星期，但是根据交易规模和复杂性的不同，常常需要更长的时间（也许三四个月）。一般来说，决定时间长短的主要因素是SEC认定是否需要评价公开披露文件。如果SEC确定要评价公开披露文件，那么收到评价、做出回复、获得SEC对披露文件的批准可能常常需要6个星期（有时需要数个月）。此外，监管部门的审批，比如反垄断、外国投资者审查、银行业、保险业、电信业或公共设施，也可能会影响到交易完结的时间[㊀]。

在获得了SEC的批准后，这些文件要邮寄给股东并筹划一次审批该交易的大会，这通常又会增加1个月或者更长时间。有些交易，比如管理层收购或者涉及买方股票发行给卖方的交易（从而要在SEC注册），会提高SEC要求审阅的可能性。

两步式收购流程。还有一种做法，上市收购交易可以设置成“两步式”（two-step）股权要约收购的结构[㊁]，无论是协议收购或是恶意并购，然后就是其后的兼并。在该两步式收购流程的第一步中，股权收购要约直接面向目标的上市股东[㊂]。如果是协议收购，则会在目标批准最终协议的情况下发出要约。但是，在未经事先商议的情形下，买方会在没有配合的情况下发出收购要约。股权收购的诸多前提条件包括获得足够的股东认可，以确保买方能够在启动该要约后的20个工作日内收购目标的大部分（或者绝大部分，如果适当的话）股票。

对于在特拉华州和其他某些州注册的公司，一旦买方达到必需的股票数量

㊀ 在高度监管行业中的大型交易，因为漫长的监管审阅缘故，常常可能需要1年以上的时间才能完结。

㊁ 股权要约收购是用现金收购股票的要约。收购方也可以进行换股要约，即用收购方的股票按照要约比例换取目标的股票。

㊂ 虽然股权收购文件也在SEC申报备案、受制于其审查，但在实践中，SEC对股权收购文件的评价很少会干扰到股权收购或者延长其时间。

门槛要求，收购方就可以接着实施后端的“简式程序“来完成兼并（第二步），且挤出剩余的公众股东而不需要获得股东批准。如果“简式程序”的兼并无法实现，买方就要以“一步式”方式通过股东大会和审批（股东大会审批肯定会通过，因为买方已经持有大部分股份）。

如果是挤出情形，整个过程的完成要比“一步式”兼并快得多。如果所要求的股票数量得以收购，兼并会在之后不久（比如当天或者一两天后）就生效。总的算来，这种交易可以在短短的5个星期内完成。通常，交易设计为一步式兼并通常基于几种情形：①交易对价全部涉及买方的股票或是部分涉及买方股票；②潜在的反垄断或其他监管审批程序会抵消两步式收购的时间优势；③买方需要进入公开资本市场来为该交易融资，鉴于债务融资的时间挑战性，市场营销及债务融资整体工作的安排协调，所需时间往往会超出要约收购的时间要求。

融资与完结交易

在获取最终协议中规定的所有必需批准和许可的同时，买方要为交易的收购价格寻求融资以完结交易。这一融资过程所需时间有可能相对而言为瞬间（例如，买方拥有必要的现金或者周转贷款），也有可能在要求进入资本市场（例如，银行、债券或股权融资）的情况下长达数周或者数月。如果是后一种情形，买方要在签订最终协议后开始融资的市场营销流程，以便在最终协议中规定的完结条件得以全部满足后立刻准备好资金。收购方也可以采用过桥融资的方式，在募集永久性债务或者股权资本之前寻求融资方为该交易提供短期资金并完结交易。在融资已经获得、最终协议中完结条件得到满足后，交易便可实现完结。

交易纪念品㊀。通常在交易完结后，投资银行分析师会委托定做一个交易纪念品（deal toys）。Altrum公司是设计和生产交易纪念品的行业知名公司，这家公司被誉为由行业最具想象力的创意设计和深思熟虑的专业团队组成。对受赠人来说，交易纪念品具有很高的情感价值。他们通常会在庆祝交易完成的里程碑结束晚宴上赠送给客户管理层团队及内部交易团队（见图6-6）。

㊀ 通常是一个高度可定制的有机玻璃饰品，其目的是庆祝和纪念完成一笔生意。——译者注

图 6-6　交易纪念品

协议出售

虽然竞拍在私募投资热潮期间是卖方的流行机制，但很大一部分并购活动是通过商议交易进行的。与竞拍形成鲜明对比的是，协议出售的核心工作是与单一潜在买家进行直接对话。在协议出售中，卖方明白相对于竞拍——整个过程中都有多家竞标者，形成竞争性紧张态势——自己的影响力比较小。因此，买方和卖方一般都会事先就一些关键性交易条款达成一致，比如价格、交易结构和公司治理事宜（例如，董事会和管理层的组成）。

如果涉及显然具有协同作用和战略匹配性的自然而然的战略性买家，则此类情形下协议出售方式尤其可取。正如本书第二章所述，协同作用能使买家有理由支付高于目标公司独立估值的隐含收购价格。例如，当DCF分析中的现有现金流加上协同作用时，隐含估值就会相应提高。同理，如果是基于乘数的做法，比如先例交易分析法，分母中的收益数加上预计年协同作用的释出率，就会导致隐含已付乘数的降低。

协议出售常常由买方启动，无论是源于数月或者数年调研的结果，还是买卖双方高管的直接讨论，或者是作为先于竞拍的一个举措（“优先报价”，

preemptive bid)。协议出售的基础工作一般在实际运作流程之前很久就开始了。买方常常会请卖方(根据情况反之亦然)非正式地尝试着评估一下形势。这些电话交谈或者会晤一般都涉及潜在买家的高级管理层某个成员直接与目标公司的高级管理层某个成员进行交流。根据这种初步讨论的结果的不同，双方有可能选择签署一份 CA 来促成进一步评估潜在交易所必需的额外信息的交流。

在许多协议出售中，投资银行在正式流程启动前起着关键性作用，扮演着创意策划和中介的角色。例如，主动型投资银行可能会向其某个客户提出有关潜在目标公司的意见，同时提供有关战略性益处、估值、融资结构、预计财务影响和接触策略方面的想法和分析。理想的话，该投资银行与目标公司的董事会或者高级管理层有关系，可以安排关键性买方和卖方负责人之间的引见性会面。投资银行还会扮演一个重要角色——就初期阶段的战术要点提供咨询意见，比如引见性交谈的时间和内容提案。

协议出售的很多关键性流程要点与竞拍流程相同，但在时间上是压缩的。卖方顾问团队仍然需要对目标公司进行全面的尽职调查，定位目标公司的情形，了解管理层预测模型并提供针对性意见，预测并解决买方担忧的问题，并编制经过挑选的市场营销材料(例如管理层陈述)。卖方顾问团队还必须设立并管理资料室，协调与管理层的接触、现场访问和后续尽职调查。

此外，在整个流程中，卖方顾问都要负责与潜在买方的日常交往，包括商议关键性交易条款。作为给买方施加压力、避免重新交易协商(以及制订应急计划)的一个手段，卖方顾问有可能保留启动竞拍的威胁——如果双方无法达成协议的话[㊀]。

在有些情况下，协议出售有可能运行起来比竞拍流程更快，因为很大一部分前期准备工作、买方的联络和市场营销工作已经完成。如果某个战略性买家与目标同处一个行业的话，则更是如此——对行业知识和公司特有情况了解的过程比较快，因而有可能加速到达后期的尽职调查阶段。

协议出售流程一般比竞拍流程更有弹性，可以进行定制，因为其中只涉及

㊀ 出售中采取协议出售、针对性竞拍或宽泛性竞拍策略并非僵化不变。经常有项目出售开始的时候采用一种策略，随着形势变化而转为另外一种策略。比如历史上著名的纳贝斯克(RJR Nabisco)案例：公司以管理层收购(MBO)的协议出售方式开端，但是随着消息走漏，纳贝斯克成了市场标的，其他私募公司开始追逐收购。这时公司出售已由可控制的协议出售方式转为彻底的市场公开竞标，KKR 集团最终成为获胜者。详情可参考阅读《门口的野蛮人》。——译者注

一个买家。然而，根据买方和卖方的性质的不同，以及交易规模、特征和类型的差异，协议出售有可能跟竞拍一样紧张。此外，前期流程，也就是双方就关键性交易条款达成一致的阶段，有可能漫长而激烈，可能在很长一个时间段内多次往复。

在协议出售中，理想的话卖方能够实现目标的公平的、潜在的全部价值，同时避免竞拍的潜在风险和不利因素。如表6-5所示，这其中有可能包含业务的干扰、机密泄露，与客户、供应商和关键性雇员间的潜在问题，以及出售流程失败后的潜在污点。从买方自身的角度说，可以避免流程中将目标展示给众多买家的时间浪费，以及其中有可能包含竞争对手的风险。

表6-5　协议出售的优点和缺点

	协议出售
优点	■ 保密程度最高 ■ 对经营的干扰性小于竞拍；交易时间计划和截止时间灵活 ■ 一般来说签约的速度最快 ■ 如果商议失败，“污点”的感觉最小 ■ 也许是某个特定买家愿意参与出售流程的唯一前提
缺点	■ 限制了卖方的谈判力度和竞争性紧张态势 ■ 有“未能物尽所值”的可能——万一其他买家有可能愿意出更高的价格 ■ 仍然需要管理层花费的大量时间，以满足买方的尽职调查需求 ■ 根据买方的不同，有可能要求在无法确保交易完结的情况下与竞争对手分享敏感信息 ■ 所提供给目标董事会可以依赖的、用于确信价值实现了最大化的市场数据较少

第七章 买方并购

并购（M&A）是对公司整体或部分股权及资产进行出售、收购及合并的统称。并购提高了企业持续增长、改进及调整的能力，以适应不断变化的市场环境、行业趋势及股东要求。当经济形势乐观的时候，通常也是公司管理层信心高涨或融资易于获得的时候，并购活动往往会有所增加。买方实施并购活动的意图在于配置多余的现金、对付竞争对手或利用有利的资本市场条件；而卖方的意图则在于寻找机会将其资产变现或退出非战略性业务。但是，在经济形势较为困难的情况下，由于融资成本变得昂贵，买方会进一步关注核心业务并强化其资产负债表，因此，并购活动倾向于收缩。与此同时，在估值有可能进一步萎缩且存在“谷底沽出”的情况下，卖方也会对“变现”犹豫不决。

包括杠杆收购（LBO）在内的并购交易已成为投资银行的招牌业务，这也是媒体最关注的“头条新闻”。对参与并购交易的公司及核心高管来说，出售、收购或是合并另一家公司的决策往往是具有决定性意义的重大事件。借助于并购交易，买卖双方试图在估值、交易条款、交易结构、交易时机、确定性及股东或利害关系人关注的其他方面取得最佳结果。这显然依赖于交易各方进行全面深入的分析和规划，需要大量的资源、资金和专业知识。因此，按照交易的规模及复杂性，买卖双方通常会求助于投资银行提供的各种专业服务[⊖]。

并购顾问是投资银行业务的核心，由此收取的费用也是投资银行实现公司金融服务收入的主要渠道。此外，大多数并购交易的收购方都需要借助于发行

⊖ 大公司可能设有内部并购或业务拓展团队，可以在不需要外部顾问的情况下独立实施交易。但是对大多数上市公司而言，通常需要聘请投资银行为交易提供专业咨询。

债券或股票而获得融资，这同样为投资银行提供了大显身手的机会。收购方公司指定的投资银行顾问通常称为买方投行顾问。

并购活动涉及的高风险提高了投资银行的地位。投资银行是整个并购谈判及决策过程的直接参与者。尽管公司的最高管理层和董事会在整个并购交易过程中扮演着关键角色，但是在估值、融资、交易结构、交易流程、交易时间以及交易策略等关键问题上，他们通常还是要依靠外聘专业人士提供决策建议。因此，相关各方对投资银行专业人士为客户及时做出最优决策的期望极高。

在有买方顾问参与的情况下，核心任务就是构建用于估值、分析融资结构及其对收购方财务影响（即“并购结果分析[一]”）的财务模型。此外，投资银行还会针对关键流程的战略及策略提出建议，并在与卖方及其投资顾问的沟通过程中扮演先导性角色。这种角色在竞拍投标中尤为重要，因为在竞拍过程中，买方顾问承担着胜过其他投标方但不超过客户支付能力的责任。因此，在选择投资银行的时候，除了考虑它们的业务技能、专业知识和公共关系之外，还要考虑它们的经验、执业经历、谈判技巧及交易实施能力。

在并购的具体实施过程中，投资银行顾问团队需要指定专门人员与客户企业的指定人员（即关键岗位的高管或公司业务开发部相关人士）随时保持联系。客户公司指定人员负责集中内部资源，以确保及时、顺利地执行并购流程，其具体职责包括协调公司主要高管和关键信息，以及内部各方资源的整合。公司对收购前景的判断及有关预期，是投行确定协同效应、每股收益增厚/稀释及资产负债表效应等并购结果分析的基本前提。

本章的目的是为买方提供基本分析工具，其中既包括买方并购动机及并购策略等定性内容，也包括财务技术分析工具和估值工具。

买方动机

做出收购另一家公司（或其资产）的决策源于实现业务增长、经营改进以及拓展现有业务平台等诸多因素。在很多情况下，通过收购实现增长往往比从

[一] 并购结果分析是指既定交易对收购方或合并主体的预期影响，包括对收益和信用比率等基本财务指标的影响。

规划图纸开始实现自身有机增长的成本更低，效率更高，且风险更小。与直接收购一家拥有既定经营模式、基础设施和客户群体的现有公司相比，兴建新厂房设施、扩大经营地域以及构建新的产品线或分销渠道往往会招致更大的风险，支出更高的成本，耗用更多的时间。成功的收购方善于以最少的时间、最有效的方式对被收购企业进行全面整合，而且对现有业务的影响也最小。

收购的基础在于公司的核心业务优势，其目的在于通过推动增长和提高营利能力为股东创造更高的回报率。收购的实施可以表现为收购方现有产品线、经营地域或其他核心能力的拓展（即补强型收购，bolt-on acquisition），也可以是通过扩展业务进入新的专业领域。对于核心能力范畴内的收购，收购方的目的在于通过成本节约和强化增长动因等形式的业务合并而寻求新的价值点。与此同时，收购方还需要遵守反垄断法律，以防止公司因在既定市场中的份额过大而形成垄断、限制竞争。

协同效应

协同效应是指通过两家公司合并而节约成本、实现增长及提高其他财务收益。协同效应也是并购交易创造价值的主要动因之一，尤其是在目标公司属于核心业务或相关业务的情况下更是如此。“2+2=5”的观点可以说明收购溢价以及公司股东积极寻求并购机会的原因。潜在协同效应的规模及实现可能性是确定收购价格的主要因素，预期协同效应的实现程度也是决定投资回报能否达到内部收益率门槛与股东预期收益率的关键。同样，在竞拍投标过程中，与缺乏协同效应预期的收购方相比，预期可以实现显著协同效应的收购方通常会有能力支付更高的收购溢价。因此，在有组织的出售过程中，战略型收购者往往会胜过财务型收购者。

鉴于在估值过程中扮演的关键角色及其履行交易或中止交易的能力，买方指定的投资银行分析师必须理解预期协同效应的本质和程度。成功的收购者往往拥有内部并购或业务开发团队，他们与公司运营者密切合作，识别并量化实现协同效应的机会，起草具有可操作性的整合计划。买方交易团队必须保证这些协同效应准确地反映在财务模型和并购分析中，并向公开市场披露。

在宣布进行重要收购时，收购方（上市公司）通常需要就预期协同效应向投资者做出说明。根据具体形势的不同，投资者对实现这些预期协同效应的认可度也有所不同。投资者的这种反应可以体现在收购方宣布并购后的股价变动中。收购之后，由公司授权专人负责归集相应的内部资源，并对并购后的整合过程实施监督。成功、及时地兑现预期的协同效应，对收购方尤其是执行管理团队来说至关重要。如果不能兑现预期的协同效应，不仅会导致收购方股价下跌，还会影响到股东、债权人以及评级机构对未来收购的支持度。

尽管各个公司及板块在成功兑现预期协同效应方面的能力和程度有所差异，但它们当中还是存在着某些共性。例如，在收购方与目标公司的业务范围相同或相近时，协同效应往往较为明显，而且成功的可能性也较高。在这种情况下，存在重叠和冗余的概率很高，但收购方可以充分利用现有知识和市场资源实现更大的成功。此外，成本协同效应（譬如减员及机构合并）不但容易量化，而且实现的可能性往往高于收入协同效应。因此，成本协同效应更容易得到投资者的认可㊀，并往往表现为股价的上涨。其他协同效应包括各种有形的财务收益，比如说，利用目标公司的净营业亏损㊁抵减收购方利润以达到避税的目的，或是借助合并后公司经营规模、多样化及市场份额的扩大以降低资本成本。

成本协同效应

传统的成本协同效应包括减员、重复设施的合并以及借助购买力的提高而以较低价格购买关键资源的能力。两家公司合并之后，显而易见的就是没有必要设置两个CEO、两个CFO、两个财务部、两个市场营销部或是两个信息平台了。同样，收购者可以通过关闭多余的经营机构、生产设施、分销渠道或销售机构，以便在不影响企业稳定并强化销售能力的基础上削减成本。在某些情形下，合并也可以避免重复性资本支出。例如，T-Mobile和Sprint两家公司合并后可以仅建设一套昂贵的5G网络，而不是两家公司各建一套。

扩大规模有助于加强企业在现有产品和新产品之间有效分摊其固定成本（如机器厂房、管理费用、营销广告费、销售设施及销售人员等）的能力，并借助大批量采购而获得供应商的优惠条款，后者也被称为“采购协同效应”。

㊀ 见麦肯锡文章，“获取并购价值的八项基本信念”，2019年4月。

㊁ 在一个纳税年度，如果企业的税前可扣除费用超过其应税收入，从而形成负的应税收入，此时就会出现净营业亏损。净营业亏损可用于抵消未来的应纳税额或历史应纳税额。

这就是规模经济（economies of scale），即：和小规模企业相比，大企业可以按更低的单价生产和销售更多的产品。此外，扩大规模还可以带来范围经济（economies of scope），即：在多种产品和地域之间配置通用性资源。另一种常见的成本协同效应是指采用“管理最佳实践”，即合并后公司执行收购方或收购对象的制度及流程。

收入协同效应

收入协同效应是指通过业务合并而创造出收入增长的机会。典型的收入协同效应是在不损害收购方和收购对象销售收入的条件下，通过其自有分销渠道出售收购对象的产品。比如说，收购方可能会选择购买一家拥有现成产品线但却没有分销渠道的公司，进而通过自有的零售渠道扩大其产品供应，从而达到强化零售业务的目的。或者，一家通过大型零售商销售其核心产品的公司，可能会收购一家通过专业渠道或合同模式出售其核心产品的公司，以拓宽其市场路径。除此之外，当收购方利用收购对象的技术、市场或专有技术强化其现有产品或服务时，也会形成收入协同效应。

收入协同效应往往比成本协同效应具有更强的投机性。因此，针对收入协同效应的估值及并购分析通常会采取较为保守的假设（如需假设）。这种协同效应代表了可见的潜在收益，可能也会融入收购方确定的最终投标价格里。此外，与成本协同效应相比，投资者和贷款人对收入协同效应往往持怀疑态度，因此，他们在收益预测中会较少考虑收入协同效应。

收购策略

企业在寻求增长和提高盈利时可以采取多种多样的收购策略。针对收购策略，两种最常见的基本策略就是水平并购（horizontal）与垂直并购（vertical）。水平并购是指收购在价值链中处于同一水平层面上的被收购对象。而垂直并购则是指收购现有或潜在供应商实现向价值链上游扩张，或是借助于收购现有或潜在顾客实现向价值链下游扩张。此外，有些公司收购也会选择非相关领域的并购，这种策略被称为混合并购（conglomeration）。按照这种并购策略，收购方将一系列由独立业务形成的组合纳入同一个管理团队旗下，其目标通常是在分散风险的前提下为股东提供有吸引力的投资载体。

水平并购

水平并购就是通过业务收购扩大收购方的经营地域、产品线、服务或分销渠道。在这种收购交易中，收购方的目的在于借助扩大固定成本分摊范围和专有技术提高生产效率，并实现产品和经营地域的分散化，最终实现规模经济和范围经济。2008年，比利时英博集团（InBev）收购安海斯-布希（Anheuser-Busch）公司就是一个兼顾规模经济和范围经济的典型案例。

这种类型的收购往往可以减少冗余、充分利用收购方的现有基础设施，进而形成明显的成本协同效应。此外，收购方规模扩大还会从供应商和顾客的身上获得更大的杠杆效应——收购方因更强大的购买力而获得供应商更优惠的报价，因竞争减少和规模扩大而对顾客有更强大的定价权。同时，通过各公司的分销网络、客户群体和技术的充分利用，水平收购策略同样存在协同效应的机会。但水平收购策略也存在潜在的风险，包括反垄断问题以及因部分客户在交易后转移业务而带来负的协同效应。

与非相关业务的收购相比，经过深思熟虑的水平收购策略往往会带来更显著的协同效应和股东回报率。尽管收购方内部的并购团队或运营机构在预测协同效应时发挥牵头作用，但很多资料还要依赖于投资银行的输入。如第二章所述，投资银行分析师可以根据特定领域具有相近类型和规模的已完成交易研究并计算协同效应。他们的结论不仅会对潜在市场预期有所提示，还发挥着对客户的预期执行全面审查的作用。

垂直并购

垂直并购的目的在于通过控制供应链的其他关键要素而为企业提供成本效率和增长空间。当企业向供应链上游移动并直接收购供应商时，就形成了所谓的“后向整合”（backward integration）；反之，如果向下游移动并收购客户，则形成了“前向整合”（forward integration）。图7-1就是一个典型的供应链。

一家汽车原始设备制造商（OEM）向供应链上游移动，例如收购车轴制造商或钢材生产商，就是一个后向整合的例子。而原始设备制造商收购下游分销商则是一个前向整合的例子。

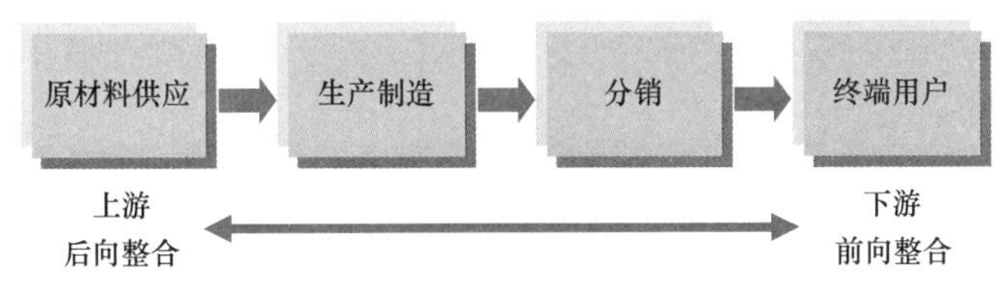

图 7-1　供应链结构

垂直并购的动机在于获取各种潜在优势，譬如增加对关键原材料及其他主要资源的控制权，提高获取上游或下游收益的能力，改善供应链的协调性，以及靠近终端客户以拥有顾客关系网。拥有生产或分销渠道不仅可以让企业更快、更有效地服务于其顾客，还可以对最终产品及其配送形成更强有力的控制，这显然有助于保证质量标准、提高顾客满意度。

与此同时，垂直并购也会给那些向供应链上游或下游移动的企业带来经营风险和财务风险。比如说，在收购某一供应商后，由于产品种类、创新以及利用价格竞争的能力受到限制，企业会失去从多家供应商之间相互竞争而获得的好处。此外，无所不包的整合结构本身就在管理和物流方面存在障碍，而且有可能在渠道上与顾客发生冲突。同时，上下游企业之间由于财务回报或营利能力的不同，长久来看，还是会有分开管理的压力。同时，反垄断监管也会关注利用上游和下游整合后形成强大的市场能力而损害竞争（例如，2016 年 AT&T 公司与时代华纳的合并）

但是，就本质而言，成功实施垂直并购的最大挑战还是在于上游及下游获得的核心能力往往存在根本性差异。例如，配送所需要的经营模式和专业能力可能完全不同于生产制造，反之亦然。随着企业不断拓展经营范围，要在各个相关领域都找到最优秀的运营者显然会变得越来越困难。

混合并购

混合并购就是将提供不同产品或服务的企业纳入一家企业集团的羽翼之下。混合并购的“综合性”体现在经营方式、对“管理最佳实践”的运用以及充分利用管理团队、基础设施及资产负债表以实现多元化经营的能力等方面。在享受多元化经营的好处的同时，混合并购策略还为企业随时把握机会投资于高收益领域提供了巨大的灵活性。

全球最有名、同时也是规模最大的综合经营体就是伯克希尔·哈撒韦

（Berkshire Hathaway）公司。伯克希尔·哈撒韦公司的业务涉及保险、服装、建筑产品、化工、能源电力、常规工业品、不动产和运输等。该公司的投资者都坚信，其管理能力、商业模式、经营理念和历史业绩表现相比其他投资机会而言更具优势。但是，总体而言，上市公司倾向于从多元化集团转向更精简的商业模式。

融资方式

本节重点关注从事战略性收购的买方为实施交易而采取的常见融资方式㊀。融资方式是指为交易提供资金而获取内部或外部资本的方式。成功的并购交易依赖于充足的资金。资金来源主要为库存现金、债务融资和股权融资。

融资方式直接影响到合并结果的某些部分，比如每股收益增厚/稀释以及信用比率等，进而影响到收购方愿意或是能够为收购目标而支付的金额。同样，卖方也会因为某些偏好（比如对现金的偏好强于股票）而影响到其对自身价值的认识。对收购方来说，可以选择的融资方式取决于诸多因素，如自身规模、财务状况和资信标准等。诸如资本市场和宏观经济形势之类的外部因素同样是影响融资方式的关键变量。

收购方通常会依据一系列因素在诸多可选择的融资方案中做出选择，这些因素包括资本成本、资产负债表的灵活性、资信评级机构的考虑、融资速度以及成交的确定性等。从资金成本方面考虑，一方面，库存现金和债务融资往往被视为等同的㊁，两者的融资成本均低于股权融资；另一方面，股权融资的灵活性较高，因为这种融资方式不受支付利息、偿还本金等限制性约束，而且也更受评级机构的青睐。

投资银行在向企业推荐融资方案以及在证券类型、杠杆水平、成本和灵活性等方面建立最优融资结构过程中发挥着重要作用。这种专业服务的基础在于对收购方的备考现金流、每股收益增厚/稀释以及资产负债表所受影响（信用比率）的深入分析。归根到底，恰当的融资组合取决于如何实现对上述各个因

㊀ 第四章和第五章详细介绍了杠杆收购融资。

㊁ 企业使用库存现金要付出机会成本，这就相当于发行债务需要支付利息，因而，在净债务的基础上，使用库存现金与外部债务融资是等价的。

素最优化的权衡，并最终反映在并购结果分析之中。

库存现金

使用库存现金是指战略收购方使用资产负债表上的现金为收购进行融资。从表面上看，这是一种成本最低的收购融资方式，因为它的成本仅限于现金可以赚取的利息收益，而在低利率环境下，这种收益是非常有限的。但是，在现实中，企业往往将使用现金视为外部债务融资的机会成本，因为现金在理论上可以用作偿付现有债务。通常情况下，企业不会依赖维持较大现金头寸（也被称为“战争专用基金”，“war chest”）为进行大规模收购提供资金[㊀]。相反，在发现有吸引力的收购机会时，企业更愿意利用资本市场。此外，企业现金头寸的很大一部分可能在境外持有，会面临巨大的税收转移费用，因而限制了这笔资金在国内收购中的使用。从纯信用角度看，筹集新债和使用库存现金在净债务的基础上是等效的，尽管新债会增加总的杠杆率和利息费用。

债务融资

债务融资是指发行新债或使用周转性贷款为交易提供部分或全部资金。债务融资的首要来源包括发行新债和现有的周转信贷额度、定期贷款、债券或票据以及投资级公司发行的商业票据。

周转信贷额度：本质上就是由银行或银团机构提供的信用额度，它允许借款人在一定时间、一定金额内，按具体约定提取资金。这种融资工具可以依附于公司的现金流，即所谓的现金流循环贷款（cash flow revolver），也可以依附于公司的资产，即资产保证型贷款（asset based lending，ABL）工具。

定期贷款：具有一定期限的贷款，通常要求按约定期限（通常按季偿还）偿付本金。周转信贷额度与定期贷款都采取按季浮动的利率支付利息，实际利率为基准利率（通常为 LIBOR）加一定的利差。

债券或票据：作为这种有价证券的发行人，需要按约定期限支付利息（通常以固定利率半年付息），并在约定到期日偿付全部本金。

商业票据：属于一种短期（通常不超过 270 天）的非担保债务工具，是投

㊀ 某些公司可能将保持大额现金（“战争专用基金”）作为经营和财务策略，以随时捕捉并购之类的增长机会，譬如苹果、微软、谷歌或埃克森石油之类的大盘股上市公司。——译者注

资级公司为满足短期资金需求而发行的，如存货持有、偿还应付账款、为收购持有其他短期资产或债务等。商业票据通常是不附息票折价发行的，如短期国库券（T-bills），也就是说，买入价格与面值之间的差额（即折价）等于投资者收取的利息。

如第三章所述，我们可以在公司自身状况、资本规模以及信用状况等基本要素的基础上，通过多种方法测算公司的债务成本。在考虑债务的总成本时，必须考虑到税收带来的影响，因为利息费用属于税前可扣除项目。尽管从投资者要求的回报率方面看，债务的融资成本低于股权融资，但收购方却要在融资的限制性约定、市场监管、信用评级以及资产负债表的灵活性等方面受到束缚。

股权融资

股权融资是指收购方通过发行本公司的股票作为收购资金的来源。收购方既可以直接向目标公司的股东定向发行本公司股票，也可以利用发行股票获得的现金收购目标公司。向目标公司的股东发行股票可以消除向公开市场发售造成的不确定性。尽管股权投资的成本高于债务融资㊀，但它是目前并购融资的主流方式，尤其对大手笔的公开交易来说更是如此。从并购交易的支付方式而言，对等式兼并（merger of equals，MoE）的对价安排通常采取全股票交易，相对于要约收购，卖方通过出售实现的溢价相对较小。

股权融资可以为发行者提供更大的灵活性，因为这种融资方式既没有强制性的还本付息要求㊁，也无须做出定期还款的书面承诺。如果上市公司一次发行的股票达到或超过已发行普通股的20%，则需依据证券交易所规定获取股东的批准，这就会增加融资过程的时间和不确定性。事实证明，这可能会在融资速度、融资结果的不确定性以及成交等方面为收购方制造障碍。

可以预见，在收购方股价的绝对水平或相对于目标公司股价水平而言较高时，收购方肯定会更愿意选择股权融资。而从目标公司的角度看，如股东预期收购方股价有上涨趋势（或者并购可能会带来显著的协同效应），他们也会认为

㊀ 尽管举债的现金成本高于股票，但人们还是觉得债务融资的成本较低，这是因为股票投资的风险较高，故而股票投资者要求的回报率也相应地高于债权人（见第四章）。

㊁ 股利依具体情况而派发，公司没有一定要支付股利的义务，而且很多公司确实不支付股利。普通股的股利通常以现金支付，而不是股票，而且收益率往往明显低于传统意义上的债务。与支付利息不同，股利支付不属于发行人的税前可扣除项目。

收购方以股票为对价更有吸引力。此外，由于对税收的敏感性，股东可能会更偏爱股票，因为这可以推迟资本利得税的实际支付。但更常见的情况却是，目标公司的股东对现金的偏好要强于股票。从并购交易宣布之时到最终成交这段时间里，随着收购方股价的波动，目标公司股东对交易结果的信心以及对价收益（在有股票为对价支付的情况下）也会随之跌宕起伏㊀。此外，目标公司董事会和股东同样需要认同收购方股票的内在价值以及未来的经营预期，这就需要详尽而深入的尽职调查。

债务融资和股权融资的总结——基于收购方的视角

表 7-1 总结了债务融资和股权融资给收购方带来的好处。

表 7-1　债务融资和股权融资的总结——基于收购方的视角

不同融资方式给发行者带来的相对优势		
	债务融资	股权融资
每股收益增厚	√	
资本成本	√	
税前可扣除性	√	
净资产收益率	√	
资产负债表的灵活性		√
无强制性现金支付的要求		√
对信用评级的影响		√
无契约性约束		√

交易结构

如同融资方式一样，详细的估值及并购效果分析都需要投资银行为交易结构设定基本假设前提。交易结构表现为如何以合规性方式构建交易的结构，如股票出售［包括美国《国内税收法典》中第 338 条的“(h)(10) 项”］或资产出售。与融资方式一样，交易结构会直接影响到买方及卖方的价值。对买方而言，交易结构是估值的关键要素，进而影响到买方的支付意愿和支付能力。对

㊀ 使用领式期权（collars），也就是设置上下限的方式，可以对冲这种波动性（见第二章）。

卖方来说，交易结构可能会直接影响其税后收益。

股票出售

股票出售是最常见的并购交易结构方式，尤其是对C类公司[㊀]（也称为“C Corp”）。对C类公司的征税完全独立于对股东的征税（即仅对公司征税，而不对股东征税）。相比之下，S类公司、有限责任公司或合伙企业从税收角度看则属于传导性实体，即：公司收益直接分配给股东，因而不在公司层面上征税，而直接对获得最终收益的股东征税[㊁㊂]。C类公司构成了美国上市公司的大部分，因而也是本章讨论的重点。

在股票出售中，收购方基于某种考虑而收购目标公司股东持有的股份。从税收角度看，一方面，如果目标公司的股东因出售股份而获得收购方股票，那么，因并购交易发生的资本利得税通常会递延（获得的股票在将来实际出售时纳税）；另一方面，如果目标公司的股东接受现金对价，就需要立即缴纳资本利得税。至于触发资本利得税的程度，则取决于股东是属于纳税主体（如个人）还是非纳税主体（如外国个人或养老金基金）。

在股票出售的并购交易中，目标公司在交易完成后继续存续，成为收购方

㊀ C类公司按照美国《国内税收法典》第C章进行征税。

㊁ S类公司按照美国《国内税收法典》第S章进行征税。S类公司的股东数量以及S类公司股份的持有者身份都是受限制的。

㊂ 在美国，公司主要有三类，分别是：责任有限公司或者有限合伙公司（LLC/LLP），S型股份有限公司（S Corporation），C型股份有限公司（C Corporation）。无论从税务还是从公司的性质来看，这三类公司的区别都很大。

1. LLC和LLP之间没有太大的区别。主要是LLC的持有人可以是个人，也可以是多人；而LLP的持有人一定要是两个人以上。这类公司的老板叫成员（member），不叫股东。政府对LLC和LLP没有太多的约束。公司的成员之间可以自己决定如何进行年底分红。例如，Joe和John开了一个LLC叫J&J，每人投资50%。Joe兢兢业业，全心为公司付出；而John却因病没有为公司出力。只要Joe和John两个人自己同意，Joe可分红100%，John可以一文不取。但是，如果J&J是Corporation的话，年底分红一定要按股份的多少分发。此外，LLC和LLP公司本身需要报税单，但不需要纳税。公司的盈利按比例过渡给每个成员，由成员们自己去纳税，这种税务责任过渡的形式英文叫“pass through”。但成员们收到公司分配的盈利，要付自雇税和联邦所得税，税负不轻。

2. S Corp是小型的股份有限公司。作为股份有限公司，美国政府有一系列的规定，诸如公司要开年会并保存会议记录，公司要保存财务记录和报表。S Corp的盈利按股份过渡给每个股东，由股东自己去付税。也就是说，S Corp也需要报税单，但不需要纳税，也是“pass through”的形式。但与LLC最大的不同是，收到公司分配盈利的S Corp股东，不需要付自雇锐（15.3%）。除非公司发工资给股东，股东才需要付社会安全税和医疗税。

3. C Corp是大型的股份有限公司。通常它的股东在75人以上。公司盈利不再是“pass through”的形式，公司的税单上要纳税35%。

总之，LLC的形式简单，又没有政府约束，但缴税多；S Corp有一些必需的公司文件和报表要保留，但在三种公司中缴税最少。——译者注

的全资子公司。这就是说，收购方承担目标公司过去、当期和未来的全部已知及未知债务。由此可见，从卖方的视角看，股票出售是最干净的交易形式，交易完成之后，它不再承担任何后续性债务。

但作为交易谈判的一项内容，收购方可能会要求卖方做出一些声明或保证，以及与这些声明或保证相关的赔偿条款和对某些债务风险的其他承诺。在上市公司并购交易中，这些声明或保证在交易完成后即失效。但是在股东数量有限的非上市公司交易中，有关原股东向收购方提供赔偿的承诺在交易完成后继续有效（见第六章）。这就为上述声明或保证在不真实的情况下维护了收购方的法定追索权。

商誉。使用为股票出售构建的财务模型进行财务会计处理（《美国公认会计准则》）时，如果收购价格超过目标公司的可识别资产净值（指所有者权益扣除现有商誉的差额），那么，超过部分首先分配给目标公司的有形资产及可识别无形资产的重估增值（written-up）。正如其名字一样，有形资产是指房屋建筑物以及存货等“硬”资产，而无形资产则是指客户名单、独家经营、版权和专利权等。

这些有形资产和无形资产的重估增值都要反映在收购方按《美国公认会计准则》编制的并购后的备考资产负债表上，并在它们的寿命期内计提折旧或摊销，从而减少了收购方的税后利润。从构建财务模型的目的出发，通常需要在接受更多详细信息前对目标公司有形资产和无形资产的重估增值进行简单的假设。

在股票出售交易中，与交易相关的折旧及摊销不属于税前扣除项目。无论是买方还是卖方，都无须就资产价值重估形成的“增值”进行纳税。因此，如果从税法规定的应纳税收入形成角度看，买方不得因这种财务处理方式而产生未来的税收抵扣优惠。在财务处理中，账面应纳税收入与实际应纳税收入之间的差异最终会通过资产负债表上的“递延所得税负债”（deferred tax liability，DTL）而得以解决（且通常表现为“递延所得税”）。递延所得税负债的金额等于重估增值与公司税率的乘积（见图 7-2）。

商誉的金额等于收购价格减去目标公司的可识别资产净值，减去分配给目标公司的有形资产和无形资产的重估增值分配额，再加上递延所得税负债。图 7-3 用图例的形式表明了商誉的计算过程，包括资产重估增值及递延所得税负债调整。

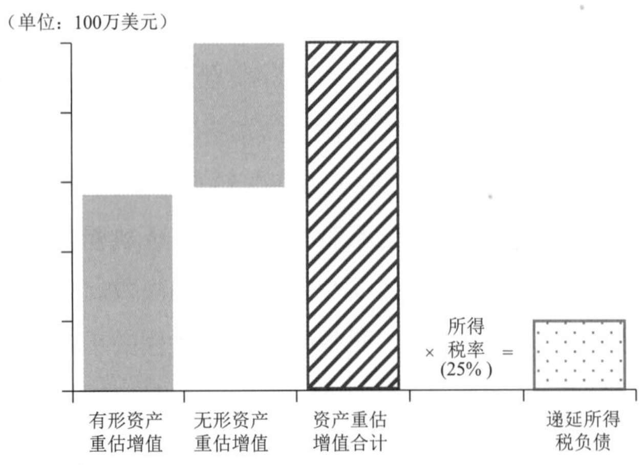

图 7-2　递延所得税负债的计算

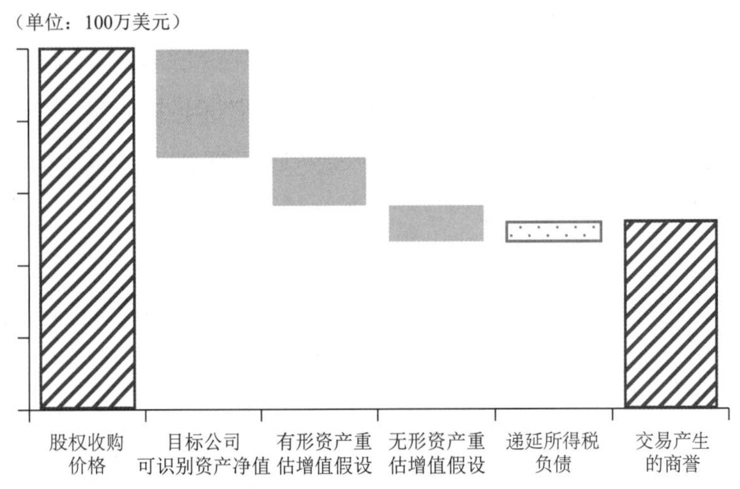

图 7-3　商誉的计算

在计算出商誉价值后，就可以将这一价值计入收购方资产负债表的资产一侧，并逐年对是否发生商誉减值进行测试（除特殊情况之外，均需进行减值测试）。尽管按《美国公认会计准则》无须再对商誉进行摊销，但减值会降低资产账面价值，而一旦减值确认，就需要一次性地在收购方利润表中扣除。

递延所得税负债。递延所得税负债是因目标公司重估资产按《美国公认会计准则》计提折旧而形成的，与纳税无关。因此，尽管折旧费用需要在利润表的税前收入中扣除，但公司却不会因税盾效应而享受到任何现金收益。换句话说，账面折旧带来的税盾效应仅存在于财务处理上，而不具有任何真实的避税作用。在现实中，公司必须在扣除与并购交易相关的折旧及摊销费用之前就税前收入进行纳税。

将递延所得税负债纳入资产负债表中的资产科目，解决了会计准则和税法在应税收入处理方法上的差异。作为一个保留性科目，企业每年需根据新并购交易折旧摊销形成的税收差额（即每年的折旧摊销额乘以税率）调减递延所得税负债。这笔逐年变化的递延税款是公司真实的现金支出，并计入公司的现金流量表。

资产出售

资产出售是指收购方通过收购目标公司部分或全部资产而进行的并购交易。按照这种交易结构，目标公司在交易完成后依旧存续，属于合法的经营主体。这就意味着，买方只购买特定的资产并承担特定的责任。这有助于减少买方承担的风险，尤其是在目标公司存在大量或有负债的情况下，其风险抵御作用更加明显[㊀]。但是从卖方角度看，资产出售的吸引力往往低于股票出售，因为在股票出售中，债务转移是整个交易的一个部分，在交易完成后，卖方可以彻底免除目标公司的一切债务，当然也包括潜在的或有负债（卖方无义务向买方赔偿的情形下）。由于上述原因，上市公司进行完全资产出售是极为罕见的事情。

资产出售可能会给买方带来某些税收上的收益，前提是通过出售将目标公司被收购资产的税基“提升”到公允市场价值，并在收购价格中反映这笔增值。基于会计和税法的要求，这个增值部分可在资产寿命期内计提折旧或摊销。因此，这就相当于在折旧期内给买方提供现金收益。

在表 7-2 中，我们假设目标公司的收购价格为 20 亿美元，其资产增值为 15 亿美元（20 亿美元的收购价格减去 5 亿美元的账面资产），为便于说明，假设资产折旧期为 15 年（资产增值的实际折旧期取决于税法对相关资产类别规定的折旧年限）。因此，每年计提的折旧额为 1 亿美元，再乘以收购方的边际税率 25%，便可以计算出资产收购每年给收购方带来的税盾效应为 2 500 万美元。如果按 10% 的折现率考虑，折旧节税形成的未来现金流现值为 1.902 亿美元。

卖方在决定到底是进行资产出售还是股票出售时，通常依赖于有利于股票出售的诸多因素是否存在，尤其是针对 C 类公司。对于卖方及其股东而言，最重要的影响因素就是在目标公司向股东分配出售收入时出现双重纳税的风险（而且经常会出现这种情况）。

㊀　公司未来可能招致的潜在负债依赖于某些特定事件的出现，如诉讼结果等。

表 7-2　买方资产重估增值年度所得税节税收益现值

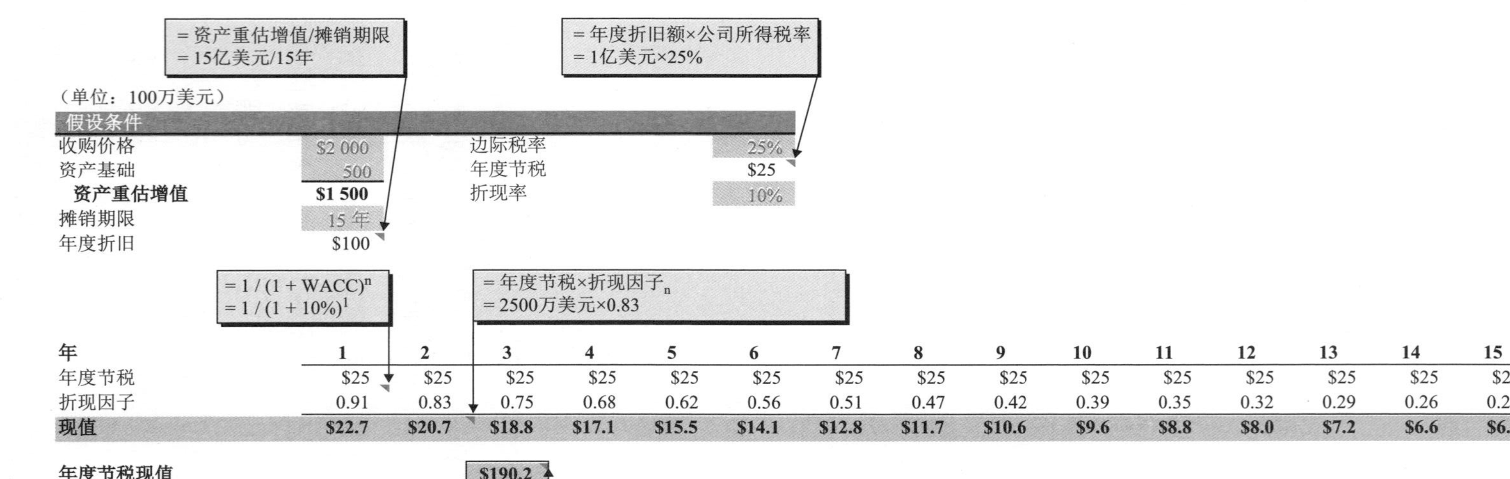

= 资产重估增值/摊销期限
= 15亿美元/15年

= 年度折旧额×公司所得税率
= 1亿美元×25%

（单位：100万美元）

假设条件			
收购价格	$2 000	边际税率	25%
资产基础	500	年度节税	$25
资产重估增值	**$1 500**	折现率	10%
摊销期限	15 年		
年度折旧	$100		

$= 1 / (1 + WACC)^n$
$= 1 / (1 + 10\%)^1$

= 年度节税×折现因子$_n$
= 2500万美元×0.83

年	**1**	**2**	**3**	**4**	**5**	**6**	**7**	**8**	**9**	**10**	**11**	**12**	**13**	**14**	**15**
年度节税	$25	$25	$25	$25	$25	$25	$25	$25	$25	$25	$25	$25	$25	$25	$25
折现因子	0.91	0.83	0.75	0.68	0.62	0.56	0.51	0.47	0.42	0.39	0.35	0.32	0.29	0.26	0.24
现值	**$22.7**	**$20.7**	**$18.8**	**$17.1**	**$15.5**	**$14.1**	**$12.8**	**$11.7**	**$10.6**	**$9.6**	**$8.8**	**$8.0**	**$7.2**	**$6.6**	**$6.0**

年度节税现值　**$190.2**

= 年度节税现值求和
= SUM（22.7:6）

第一次纳税出现在公司层面，即：按公司所得税率对资产出售收益纳税。第二次纳税出现在资产出售收入对股东进行分配的环节，即：对股票增值部分征收资本利得税。

在资产出售过程中，卖方前端的双重纳税往往超过买方需要在一定时期内才能实现的税盾收益。因此，如上所述，股票交易是C类公司最常见的交易结构。这种现象如表7-3所示，其中，卖方通过股票出售实现的净收入为17.75亿美元，而资产出售实现的净收入则是14.563亿美元，两者的差额为3.187亿美元。这3.187亿美元的前端税负远远超过买方通过资产出售方式实现的1.902亿美元的税收抵免额现值。

表7-3　交易结构——股票出售与资产出售

（单位：100万美元）

假设条件			
收购价格	$2 000.0	摊销期限	15年
股票基础	500.0	边际税率	25%
资产基础	500.0	资本利得税税率	15%

（注：=收购价格－资产基础 =20亿美元－5亿美元）

交易结构	股票出售收入	资产出售收入
收购价格	$2 000.0	$2 000.0
出售收益		
公司层面	–	$1 500.0
税率（25%）	–	(375.0)
股东层面	**$1 500.0**	**$1 125.0**
税率（15%）	(225.0)	(168.8)
卖方净收入	**$1 775.0**	**$1 456.3**
买方成本		
收购价格	$2 000.0	$2 000.0
税收收益	–	(190.2)
净收购价格	**$2 000.0**	**$1 809.8**
买方税基（交易后）		
股票	$2 000.0	–
资产	500.0	2 000.0
资产出售税基的增加	–	1 500.0

注释：

- 股票出售·股东层面：=收购价格-股票基础 =20亿美元-5亿美元
- 资产出售·公司层面税率：=公司层面利得×边际税率 =15亿美元×25%
- 股票出售·卖方净收入：=收购价格-股东层面税收 =20亿美元-2.25亿美元
- 资产出售·股东层面税率：=股东层面收益×资本利得税税率 =1125×15%
- 资产出售·卖方净收入：=收购价格-公司和股东层面的税收 =20亿美元-3.75亿美元-1.688亿美元
- 税收收益：=从表7-2获得的买方年度节税现值
- 资产出售税基的增加：=收购价格-资产基础 =20亿美元-5亿美元

如果从纯粹的税后收入角度确定到底是应该采用资产出售还是股票出售，卖方还应分别考虑资产出售和股票出售的税基（前者也就是所谓的“内部税基”，后者被称为“外部税基”）。如果公司的内部税基低于外部税基——这也是最常见的情况，则其结果就是在出售时形成较大的资本利得。较高的纳税负担必然会进一步鼓励卖方回避资产出售，而倾向于股票出售。对在美国有大量子公司及合并纳税的母公司来说，内部税基和外部税基的差异并不常见。如果母公司存在较大亏损或其他可用于规避公司税的纳税项目，那么，资产出售就是母公司出售子公司最有吸引力的交易结构。因为，这不仅可以消除双重纳税，还可以为收购方带来增值的税收收益。

在时间、成本以及单项资产转移标的涉及的可行性等方面，资产出售往往会在现实中带来问题。对在多个地域持有各种特许经营权和经营协议等多样化资产的公司而言尤其如此。相比之下，在股票出售中，目标公司全部资产的标的均通过股票转让而间接转让给新的所有权人。

基于避税而视同股票出售的资产出售

《国内税收法典》（IRS）第338条的选项

根据《国内税收法典》第338条，在满足一定条件下，收购方可出于避税目的而将收购目标公司的股票出售业务视同资产出售业务处理。这就使得收购方可按公允市场价值对资产进行重估增值，并享受因资产增值计提折旧和摊销而带来的税收收益。因此，符合第338条规定的交易通常是指按资产出售处理的股票出售业务。但是在第338条的一个选项中，收购方通常会承担目标公司资产出售形成的额外税收费用。因此，第338条关系到C类公司的出售业务的情况极为罕见[⊖]。

第338条“（h）（10）选项”

第338条选项的一个更常见的派生条款就是第338条“（h）（10）选项”，之所以如此命名，是因为该条款必须得到买卖双方的明确认可。和资产出售一样，这种交易结构通常适用于目标公司为母公司出售子公司的情况。在出售子公司时，无论是采取股票出售、资产出售或是依据第338条“（h）（10）选项”的规定，母公司通常都需要在实际出售时按公司所得税缴纳资本利得税。

第338条“（h）（10）选项”不仅会提供资产出售可享受的一切买方税收收

⊖ 338（g）更常见的情形通常是美国公司从国外出售者处购买国外公司的股票。

益，还不会招致前述转让单项标的资产带来的现实问题。因此，如合理设计结构，第 338 条“(h)(10)选项”可以为买卖双方带来最优的结果。在这种情形下，为了换取卖方对第 338 条“(h)(10)选项”的认可，买方会心甘情愿地向卖方支付更高的价格，因为按照该选项，资产增值形成具有抵税作用的折旧摊销可以为买方带来税收收益。这就减少了买方的税后成本，而对卖方则提高了税后收入。按照美国《国内税收法典》的要求，第 338 条“(h)(10)选项”是一个针对买卖双方的综合选项，因而会迫使双方通过协作而实现价值最大化。

买方利用第 338 条“(h)(10)选项”，通常是卖方的外部税基明显超过其内部税基。这时，股票出售形成的应税资本利得往往低于资产出售形成的应税资本利得。然而，如前所述，对于美国合并纳税的集团来说，由于对子公司复杂的外部税基调整规则，这种差异并不常见。

在按照第 338 条“(h)(10)选项”出售子公司时，只要作为卖方的母公司不对其股东分配出售收入，母公司就无须承担双重征税。相反，卖方仅在公司层面上就出售收入一次性纳税。如表 7-4 所示，在股票税基与资产税基相同的情况下，在出售子公司股票和第 338 条“(h)(10)选项”两种情况下，卖方净收入均为 16.25 亿美元。但是，在按第 338 条“(h)(10)选项”处理的场景下，买方 18.098 亿美元的净收购价格则因 1.902 亿美元的税收收益而明显减少。

在这种情况下，买方有足够的动机提高其报价，以说服卖家同意接受第 338 条“(h)(10)选项”。如表 7-4 中的“买方平衡点”一栏所示，买方愿意的最高收购价格为 22.178 亿美元，在此之后，买方额外支付的收购价格将超过交易的税收收益。与此同时，买方每多支付 1 美元，卖方得到的收益为 0.75 美元（1– 边际税率 25%）。随着收购价格的提高，这就为卖方接受“(h)(10)选项”提供了强大的动机。在买方平衡点对应的 22.178 亿美元上，卖方得到的净收入为 17.533 亿美元。

在“中间值”一栏中，我们可以看到买卖双方共享税收收益的情景，这也是“(h)(10)选项”下最常见的结果。在此，我们假设买方支付的收购价格为 21.089 亿美元，这也是 20 亿美元收购价和 22.178 亿美元平衡点的中间值。在收购价格的“中间值”上，买卖双方的收益均好于按 20 亿美元出售股票的情景。卖方最终得到的净收入为 17.067 亿美元，而买方的净收购价格则为 17.989 亿美元。

表 7-4　对子公司的收购结构比较

（单位：100万美元）

假设条件			
收购价格	$2 000.0	摊销期限	15 年
股票基础	500.0	边际税率	25%
资产基础	500.0	资本利得税税率	15%

=[“(h)(10)选项”的收购价格+买方平衡点对应的收购价格)]/2
=(20亿美元+22.178亿美元)/2

交易结构	子公司			
	股票出售收入	“(h)(10)选项”下的收入	买方平衡点	中间值
收购价格	$2 000.0	$2 000.0	$2 217.8	$2 108.9
出售收益				
公司层面	$1 500.0	$1 500.0	$1 858.0	$1 608.9
税率（25%）	(375.0)	(375.0)	(464.5)	(402.2)
卖方净收入	**$1 625.0**	**$1 625.0**	**$1 753.3**	**$1 706.7**
买方成本				
收购价格	$2 000.0	$2 000.0	$2 217.8	$2 108.9
税收收益	–	(190.2)	(217.8)	(310.0)
净收购价格	**$2 000.0**	**$1 809.8**	**$2 000.0**	**$1 798.9**
买方税基（交易后）				
股票	$2 000.0	$2 000.0	$2 217.8	$2 108.9
资产	500.0	2 000.0	2 217.8	2 108.9
资产出售税基的增加	–	1 500.0	1 717.8	1 608.9

当目标公司的内部税基明显低于其外部税基时，卖方需要买方以更高的收购价格补偿其较高的税收负担，否则，卖方就不会接受“(h)(10)选项”。与此同时，基于如上说明，对收购方而言存在封顶价格，如果将实际收购价格提高到这个封顶价格之上，在经济上就不合理了，具体表现为税收收益的增量。因此，根据目标公司内部股票出售税基和税收收益的增量，买方与卖方有可能无法达成一致。但是在实践中，卖方在出售程序中通常表明会接受“(h)(10)选项”，而要求买方基于此假设进行出价。

表 7-5 列示了主要交易结构在若干关键属性上的对比。

表 7-5　主要交易结构汇总

主要交易结构汇总			
	股票出售	资产出售（子公司）	“(h)(10)选项”（子公司）
卖方为股东	√		
卖方为公司实体		√	√
双重纳税的可能性[①]		√	√

（续）

主要交易结构汇总			
	股票出售	资产出售（子公司）	“（h）（10）选项”（子公司）
卖方转移全部资产和负债	√		√
实施的简化	√		√
基于会计目标的资产增值	√	√	√
基于税收目标的资产增值		√	√
针对大型上市公司的普遍适用性	√		
针对出售子公司业务的普遍适用性	√	√	√

① 针对子公司出售业务的双重纳税仅存在于向股东分配出售收入时。

买方估值

估值分析是收购方确定收购价格的核心。评估公司价值的主要方法包括可比公司分析法、先例交易分析法、现金流折现分析法（DCF）及杠杆收购分析法（LBO），它们共同构成了确定公司价值的基础。这些相互关联的估值技术提供了不同的企业价值评估方法。为便于比较和分析，我们将它们得出的分析结果列示到一个被称为“足球场”的图表中。为了对并购业务的买方估值分析有一个全面了解，我们借用了前五章针对 ValueCo 进行的分析。但是，为了便于分析，在本章里假设 ValueCo 为上市公司。

此外，全面的买方并购估值分析通常需要进行变动价格（AVP）分析及贡献率分析（通常用于换股交易）。变动价格分析也称为估值矩阵，按设定间隔显示不同交易价值及报价（针对上市目标公司）支付的隐含乘数。贡献率分析则检验了收购方和目标公司对模拟实体在交易调整前的财务“贡献”。

“足球场”

如前所述，我们通常用“足球场”来演示不同估值方法得到的估值区间，之所以如此称谓，是因为该图标的形状类似于美式足球的球场。对上市公司，“足球场”通常还包括目标公司 52 周的交易价格变动区间以及特定范围内（如 25% ~ 40%）的先例交易溢价区间。“足球场”还可以参照由股票研究报告提供的目标价位得到的推测估值。

已完成的“足球场”可用于调整最终的估值区间，这个最终估值区间的确定通常借助于对各种估值方法结构重叠区间的分析，重叠部分在图中表示为柱状线。可以预见，根据情形不同，每一种方法受到的重视程度也不同。随后，我们需要在并购效果分析的框架内对最终估值区间进行检验和分析，以确定最终报价。图 7-4 就是一个针对 ValueCo 的企业价值足球场分析示例。

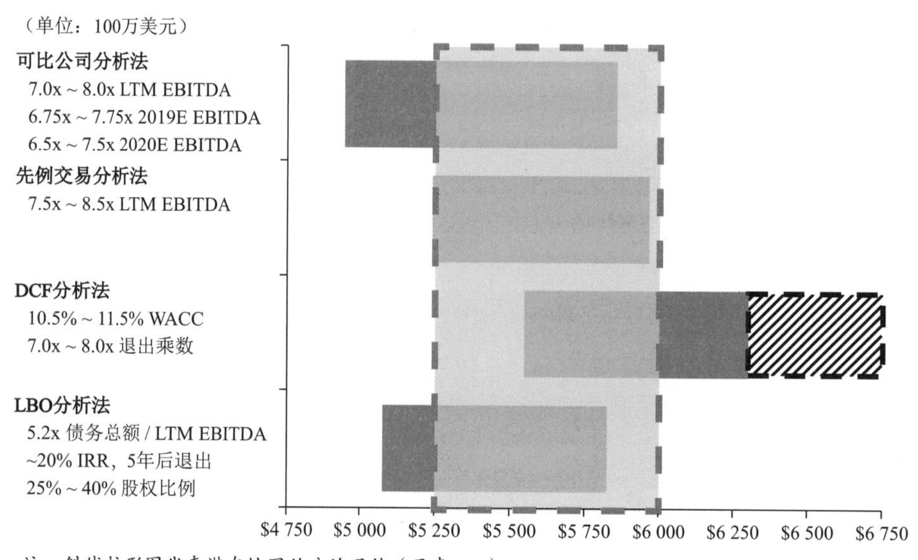

注：斜线柱形图代表潜在协同效应的现值（见表 7-6）。

图 7-4　ValueCo 的企业价值足球场分析示例

如第三章所述，DCF 分析法通常会形成最高的估值结果，主要是因为这种估值法是基于管理层自身做出的预测，而他们的预测往往过于乐观，尤其是在并购的卖方估值中更为突出。此外，我们还加入了 1 亿美元的潜在协同效应（见图 7-4 中的斜线柱形图），并假设收购方为战略型买家。这个附加价值是对预测的税后协同效应按目标公司 WACC 折现为现值后得到的（见表 7-6）。

先例交易分析法通常包括控制权溢价或协同效应，这种估值方法得到的结果往往低于 DCF 分析法，但高于可比公司分析法。但这种估值方法依赖于市场形势，因而在总体上缺乏客观性。传统上，LBO 分析法的目标是测算财务投资者愿意为目标公司支付的价格，并用于确定战略型买家为获得目标公司而报出的最低竞争性报价。但是就像第四章所讨论的那样，尽管按 LBO 分析得到的估值结果要受制于可实现的杠杆水平及目标收益率，但强大的债务市场及其他因素可能会促成过分乐观的 LBO 分析估值结果。

表 7-6　DCF 分析——预期协同效应的现值

（单位：100万美元，每股数据除外）

协同效应估值						
年中折现	Y					
		预测期				
		2020	2021	2022	2023	2024
成本节约		**$100.0**	**$100.0**	**$100.0**	**$100.0**	**$100.0**
协同效应节约成本		(100.0)	(100.0)	(50.0)	0.0	0.0
税前协同效应		**$0.0**	**$0.0**	**$50.0**	**$100.0**	**$100.0**
所得税		0.0	0.0	(12.5)	(25.0)	(25.0)
自由现金流		**$0.0**	**$0.0**	**$37.5**	**$75.0**	**$75.0**
WACC	10.0%					
折现期间		0.5	1.5	2.5	3.5	4.5
折现因子		0.95	0.87	0.79	0.72	0.65
自由现金流的现值		–	–	**$29.5**	**$53.7**	**$48.8**

协同效应的现值	
自由现金流累计现值	**$132.1**
终值	
终值年自由现金流（2024E）	$75.0
永续增长率	0.0%
终值	**$750.0**
折现因子	0.65
终值的现值	**$488.4**
协同效应价值合计	**$620.5**
全面稀释普通股数量	80.0
隐含每股权益价值	**$7.75**

根据图 7-4 所示的“足球场”，我们可以推断出，ValueCo 的估值区间为 52.5 亿美元到 60 亿美元。由此可以推断出，企业价值倍数（EV/LTM EBITDA）的区间大约为 7.5 ~ 8.5，即企业价值相当于 7 亿美元的 7.5 倍 ~ 8.5 倍。这个区间还可以进一步压缩，具体取决于投资银行认为哪一种估值方法更有说服力。

图 7-5 为 ValueCo 的股价足球场分析示意图。在这里，我们列示了目标公司的 52 周交易价格区间、3 个月交易价格区间的 35% 溢价以及来自市场研究报告的目标价格区间。从而，推定 ValueCo 的股价区间为 52.5 ~ 60 美元。

可变价格分析

买方并购估值分析通常需要进行不同价位的分析（AVP），以辅助分析并匡算估值范围。AVP 分析也被称为“估值矩阵”，它显示了按设定间隔的一系列报价（针对上市公司）和交易价值乘数。参照按可比公司分析法和先例交易分析法得到的乘数，可以反映出预期收购价格是否与市场价位及历史价位相互一致。表 7-7 是一个针对 ValueCo 的估值矩阵分析示例，该示例假设当前股价为 43.5 美元，溢价率区间为 25% ~ 45%。

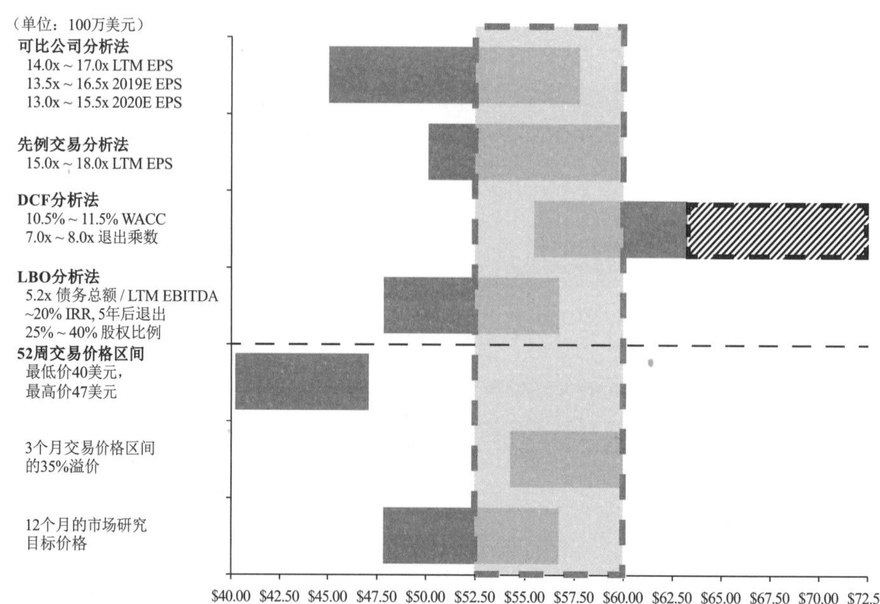

图 7-5　ValueCo 的股价足球场分析示意图

表 7-7　可变价格分析

ValueCo的可变价格分析

（单位：100万美元，每股数据除外）

	当前价格溢价					
	当前价格	**25%**	**30%**	**35%**	**40%**	**45%**
隐含要约每股价格	$43.50	$54.38	$56.55	$58.73	$60.90	$63.08
全面稀释普通股数量	79.7	79.9	80.0	80.0	80.1	80.1
隐含要约价格	**$3 468**	**$4 347**	**$4 523**	**$4 700**	**$4 877**	**$5 053**
加：债务总额	1 500	1 500	1 500	1 500	1 500	1 500
减：现金及现金等价物	(250)	(250)	(250)	(250)	(250)	(250)
隐含交易价值	**$4 718**	**$5 597**	**$5 773**	**$5 950**	**$6 127**	**$6 303**

		估值乘数						
隐含交易价值乘数								
销售收入	**数值**							**BuyerCo**
LTM	$3 385	1.4x	1.7x	1.7x	1.8x	1.8x	1.9x	1.8x
2019E	3 450	1.4x	1.6x	1.7x	1.7x	1.8x	1.8x	1.7x
2020E	3 709	1.3x	1.5x	1.6x	1.6x	1.7x	1.7x	1.6x
EBITDA								
LTM	$700	6.7x	8.0x	8.2x	8.5x	8.8x	9.0x	8.0x
2019E	725	6.5x	7.7x	8.0x	8.2x	8.5x	8.7x	7.8x
2020E	779	6.1x	7.2x	7.4x	7.6x	7.9x	8.1x	7.3x
EBIT								
LTM	$500	9.4x	11.2x	11.5x	11.9x	12.3x	12.6x	9.1x
2019E	518	9.1x	10.8x	11.1x	11.5x	11.8x	12.2x	8.8x
2020E	557	8.5x	10.1x	10.4x	10.7x	11.0x	11.3x	8.2x
隐含股权价值乘数								
EPS	**数值**							
LTM	$3.83	11.4x	14.2x	14.8x	15.3x	15.9x	16.5x	11.5x
2019E	4.00	10.9x	13.6x	14.1x	14.7x	15.2x	15.8x	11.1x
2020E	4.45	9.8x	12.2x	12.7x	13.2x	13.7x	14.2x	10.3x

对于上市公司，估值矩阵首先从“实际支付溢价”标题开始，这也是计算推定报价总额的基准。当前股价溢价通常是一个按 5% 或 10% 递增并与以往实际支付溢价相一致的区间（如 25% ~ 45%），该区间可以根据具体情况加以压缩或扩大。

既定增量的报价乘以该价位对应的全面稀释流通股数量默认值，便可以计算出相应的推定报价总额。随着报价不断增加，全面稀释流通股数量也会按照库存股方法随之增加（见第一章表 1-6）。此外，如第二章所述，在并购情境下，目标公司的全面稀释流通股通常包括全部流通在外的价内股票期权，而不只是可执行期权。这是因为大部分股票期权均包含相应条款，规定期权可在控制权发生变更时执行。

在得到推定报价之后，再加上净债务，即可得到推定的交易价值。例如，按 43.5 美元的股价及当前 35% 的溢价水平，ValueCo 股权的报价总额为 47 亿美元。再加上 12.5 亿美元的净负债之后，即可得到企业价值为 59.5 亿美元。在 35% 的溢价水平上，过去 12 个月及 2019 年预期的企业价值 /EBITDA 乘数分别为 8.5 和 8.2。按照相同的 35% 溢价，过去 12 个月及 2019 年预期的报价 /EPS 乘数则分别为 15.3 和 14.7。

贡献率分析

贡献率分析描述了各方在销售收入、EBITDA、EBIT、净利润和股权价值等方面对预期合并经营实体做出的财务贡献，且通常表示为百分数。该分析最常见于换股交易中。在表 7-8 中，我们按若干关键指标列出了交易双方对 ValueCo 和 BuyerCo 的财务贡献。

由于无须按交易对数字进行调整，因此反映各公司贡献率的财务指标相对较为直接。对上市公司而言，包含收购方已支付溢价在内的股权价值计算也非常简单。对私有公司性质的收购目标，则需要按假设的收购价格和净债务计算企业价值。尽管在技术上算不上“估值方法”，但该分析还是可以让投资银行对交易各方的相对价值做出评估。在理论上，如交易双方财务指标的评价结果相同，那么，未来所有权的价值就应等同于贡献率分析。

表 7-8 贡献率分析

ValueCo的贡献率分析

（单位：100万美元，每股数据除外）

	BuyerCo	ValueCo	备考合并	贡献率 (%)	
企业价值					
销售收入					
LTM	$6 560	$3 385	$9 945	66.0%	34.0%
2019E	6 756	3 450	10 206	66.2%	33.8%
2020E	7 229	3 709	10 937	66.1%	33.9%
EBITDA					
LTM	$1 443	$700	$2 143	67.3%	32.7%
2019E	1 486	725	2 211	67.2%	32.8%
2020E	1 590	779	2 370	67.1%	32.9%
企业价值					
当前企业价值	$11 600	$4 718	$16 318	71.1%	28.9%
溢价25%	11 600	5 597	17 197	67.5%	32.5%
溢价35%	11 600	5 950	17 550	66.1%	33.9%
溢价45%	11 600	6 303	17 903	64.8%	35.2%
股权价值					
净利润					
LTM	$853	$306	$1 159	73.6%	26.4%
2019E	881	320	1 201	73.4%	26.6%
2020E	952	356	1 308	72.8%	27.2%
股权价值					
当前股权价值	$9 800	$3 468	$13 268	73.9%	26.1%
溢价25%	9 800	4 347	14 147	69.3%	30.7%
溢价35%	9 800	4 700	14 500	67.6%	32.4%
溢价45%	9 800	5 053	14 853	66.0%	34.0%

并购结果分析

并购结果分析可以让战略型买家精确锁定最终的收购价格、融资组合和交易结构。顾名思义，它的核心内容就是检验既定交易对收购方的预期影响。并购结果分析以业绩增厚或稀释分析形式以及资产负债表效应等信用比率数据衡量了对每股收益的影响。本节将详尽讨论并购结果分析的各个要素，并假设战略型买家 BuyerCo 以股票出售形式收购 ValueCo。

用于进行并购结果分析的并购模型（或称合并模型）是第五章所述的 LBO 模型的一个延伸。对并购结果分析来说，我们首先要为目标公司和收购方构建独立的经营模型（含利润表、资产负债表和现金流量表）。随后，将这些模型合并为一个可以按各种交易相关变量进行调整的备考财务模型。之后，将针对交易做出的收购价格假设和资金来源及使用输入这个模型中（完整的模型见本章表 7-23 至表 7-42）。

表 7-9 的交易汇总页显示了合并模型的主要并购结果分析输出变量。这些输出结果包括收购价格假设、资金来源及使用、已支付溢价、换股比率、财务数据摘要、备考合并的总资本和信用比率、增厚 / 稀释分析以及推定的收购乘数。与第五章所述的 LBO 分析的交易汇总页一样，这种格式允许交易团队对分析进行快速的审核及检验，并对收购价格、融资组合、经营假设及其他关键输入变量进行必要的调整。

收购价格假设

根据图 7-4 到表 7-7 所示的估值分析过程以及第一、二、三章及第五章的结论，我们假设 BuyerCo 对 ValueCo 普通股的报价为每股 58.73 美元。按照 ValueCo 当前 43.5 美元的股价，这相当于 35% 的溢价。如果采取 58.73 美元的每股报价，可以计算出，对于 ValueCo 全面稀释后的 8 000 万股流通股，其股权收购总额为 47 亿美元。加上 12.5 亿美元的净债务，即可得到 ValueCo 的企业价值为 59.5 亿美元，或者说，企业价值相当于过去 12 个月（LTM）EBITDA（7 亿美元）的 8.5 倍（见表 7-10）。

表 7-9 并购结果分析交易汇总页

BuyerCo 收购 ValueCo
并购结果分析
（单位：100万美元，财务年度截止日为12月31日）

融资结构：结构方案1
经营情景：基准方案

交易摘要

资金来源	金额	占资金总来源%	备考 EBITDA乘数 2019	备考 EBITDA乘数 累计	价格
周转信用贷款	–	– %	– x	– x	L+250 bps
定期贷款A	–	– %	– x	– x	NA
定期贷款B	2 250.0	35.2%	1.0x	1.0x	L+275 bps
定期贷款C	–	- %	- x	1.0x	NA
第二留置权	–	- %	- x	1.0x	NA
优先票据	1 500.0	23.4%	0.6x	1.6x	6.000%
优先次级票据	–	– %	– x	1.6x	NA
发行普通股	2 350.0	36.7%	1.0x	2.6x	
库存现金	300.0	4.7%	0.1x	2.8x	
其他	–	– %	– x	2.6x	
资金来源合计	**$6 400.0**	**100.0%**	**2.8x**	**2.8x**	

用资金使	金额	占资金总使用%
收购ValueCo股权	$4 700.0	73.4%
偿还现有负债	1 500.0	23.4%
要约/回购溢价	20.0	0.3%
交易费用	60.0	0.9%
负债融资费用	120.0	1.9%
总支出	**$6 400.0**	**100.0%**

支付溢价和换股比例	
ValueCo当前股价	$43.50
要约每股报价	$58.73
已付溢价	**35%**
BuyerCo当前股价	$70.00
换股比例	**0.8x**
收购价格	
要约每股报价	$58.73
全面稀释股票数量	80.0
股权收购价格	**$4 700.0**
加：现有净负债	1 250.0
企业价值	**$5 950.0**

交易结构及协同效应	
对价支付的股票比例	50%
交易债务融资	$3 750.0
占ValueCo企业价值 %	*63%*
收购类型	股票出售
收购后第1年的协同效应	$100
选项	
融资结构	1
经营情景	1
现金流归集	1
现金平衡	1
平均利息	1
融资费用	1

备考合并后财务数据摘要

	备考 2019	1 2020	2 2021	3 2022	4 2023	5 2024
销售收入	**$10 205.8**	**$10 937.5**	**$11 593.7**	**$12 173.4**	**$12 660.3**	**$13 040.1**
增长率	*8.2%*	*7.2%*	*6.0%*	*5.0%*	*4.0%*	*3.0%*
毛利润	**$3 947.2**	**$4 230.4**	**$4 484.2**	**$4 708.4**	**$4 896.8**	**$5 043.7**
毛利率	*38.7%*	*38.7%*	*38.7%*	*38.7%*	*38.7%*	*38.7%*
EBITDA	**$2 311.3**	**$2 469.7**	**$2 611.9**	**$2 737.5**	**$2 843.0**	**$2 925.3**
利润率	*22.6%*	*22.6%*	*22.5%*	*22.5%*	*22.5%*	*22.4%*
利息费用	352.1	322.1	271.8	252.0	252.0	252.0
净利润	**$1161.0**	**$1 281.9**	**$1 408.8**	**$1 505.6**	**$1 577.0**	**$1 634.3**
净利润率	*11.4%*	*11.7%*	*12.2%*	*12.4%*	*12.5%*	*12.5%*
全面稀释股票数量	173.6	173.6	173.6	173.6	173.6	173.6
稀释EPS	**$6.69**	**$7.39**	**$8.12**	**$8.67**	**$9.09**	**$9.42**
经营活动产生的现金流		1 635.5	1 797.2	1 924.9	2 026.0	2 110.9
减：资本性支出		(383.8)	(406.8)	(427.1)	(444.2)	(457.5)
自由现金流量		**$1 251.8**	**$1 390.4**	**$1 497.8**	**$1 581.8**	**$1 653.3**
优先有担保负债	2 250.0	898.2	0.0	0.0	0.0	0.0
优先负债	5 950.0	4 598.2	3 700.0	3 700.0	3 700.0	3 700.0
总负债	5 950.0	4 598.2	3 700.0	3 700.0	3 700.0	3 700.0
现金及现金等价物	350.0	250.0	742.2	2 240.0	3 821.8	5 475.2

信用比率

	BuyerCo 2019	备考 2019	1 2020	2 2021	3 2022	4 2023	5 2024
EBITDA / 利息费用	10.3x	6.6x	7.7x	9.6x	10.9x	11.3x	11.6x
(EBITDA－资本性支出) / 利息费用	8.9x	5.5x	6.5x	8.1x	9.2x	9.5x	9.8x
优先有担保负债 / EBITDA	– x	1.0x	0.4x	– x	– x	– x	– x
优先负债 / EBITDA	1.5x	2.6x	1.9x	1.4x	1.4x	1.3x	1.3x
总负债 / EBITDA	1.5x	2.6x	1.9x	1.4x	1.4x	1.3x	1.3x
净负债 / EBITDA	1.2x	2.4x	1.8x	1.1x	0.5x	(0.0x)	(0.6x)
负债 / 资本总额	*47.0%*	*55.6%*	*43.3%*	*33.2%*	*29.3%*	*26.0%*	*23.3%*

增厚/稀释分析

	2019	2020	2021	2022	2023	2024
BuyerCo独立状态下 稀释 EPS	$6.29	$6.80	$7.28	$7.70	$8.07	$8.36
ValueCo独立状态下 稀释 EPS	$4.00	$4.45	$4.95	$5.39	$5.69	$5.90
备考合并后稀释EPS	$6.69	$7.39	$8.12	$8.67	$9.09	$9.42
增厚/稀释：金额	**$0.39**	**$0.59**	**$0.84**	**$0.97**	**$1.02**	**$1.06**
增厚/稀释：比例	**6.3%**	**8.6%**	**11.5%**	**12.6%**	**12.6%**	**12.6%**
增厚/稀释效应	*增厚*	*增厚*	*增厚*	*增厚*	*增厚*	*增厚*
税前协同效应的盈亏平衡点(缓冲池)	($91)	($135)	($194)	($225)	($236)	($245)

估值摘要

	目标公司	收购方
公司名称	ValueCo	BuyerCo
代码	VLCO	BUY
当前股价 (2019/12/20)	$43.50	$70.00
当前股价溢价率	35%	
要约每股价格	$58.73	
全面稀释股票数量	80.0	140.0
股权价值	**$4 700.0**	**$9 800.0**
加：总债务	1 500.0	2 200.0
加：优先股	–	–
加：非控股股东权益	–	–
减：现金及现金等价物	(250.0)	(400.0)
企业价值	**$5 950.0**	**$11 600.0**

交易乘数

	目标公司 数值	目标公司 乘数	收购方 数值	收购方 乘数
企业价值 / LTM EBITDA	$700.0	8.5x	$1 443.1	8.0x
企业价值 / 2019E EBITDA	725.0	8.2x	1 486.3	7.8x
企业价值 / 2020E EBITDA	779.4	7.6x	1 590.3	7.3x
股权价值 / 2019E 净利润	$320.0	14.7x	$881.1	11.1x
股权价值 / 2020E 净利润	356.0	13.2x	952.0	10.3x

备考所有者权益

	股票数量	持股比例
现有BuyerCo股东	140.0	80.7%
备考ValueCo股东	33.6	19.3%
备考全面稀释股票数量	**173.6**	**100.0%**

年度 EPS 增厚/稀释敏感性分析－已付溢价

报价	溢价	年度 2020	2021	2022	2023	2024
$54.38	25%	8.8%	11.1%	13.8%	14.6%	14.7%
$56.55	30%	7.5%	9.8%	12.7%	13.6%	13.6%
$58.73	35%	6.3%	8.6%	11.5%	12.6%	12.6%
$60.90	40%	5.0%	7.4%	10.4%	11.6%	11.6%
$63.08	45%	3.8%	6.2%	9.3%	10.6%	10.6%

2020E EPS 增厚/稀释敏感性分析－已付溢价 & 对价支付混合比例

报价	溢价	支付对价的股票比例 % 0%	25%	50%	75%	100%
$54.38	25%	27.4%	18.5%	11.1%	6.7%	1.3%
$56.55	30%	26.5%	17.3%	9.8%	5.3%	(0.1%)
$58.73	35%	25.6%	16.2%	8.6%	4.0%	(1.5%)
$60.90	40%	24.6%	15.1%	7.4%	2.7%	(2.8%)
$63.08	45%	23.7%	14.0%	6.2%	1.4%	(4.1%)

表 7-10 收购价格假设

（单位：100万美元，每股数据除外）

收购价格假设			
		乘数	
	金额	不考虑协同效应	考虑协同效应
ValueCo的当前股价	$43.50		
当前股价的溢价	35%		
要约每股价格	**$58.73**	**15.3x**	**12.3x**
全面稀释普通股数量	80.0		
股权收购价格	**$4 700.0**		
加：总债务	1 500.0		
减：现金及现金等价物	(250.0)		
企业价值	**$5 950.0**	**8.5x**	**7.4x**
LTM EPS		$3.83	$4.77
LTM EBITDA		$700.0	$800.0

8.5 倍的企业价值乘数较第五章所述的 LBO 分析下 8.0 倍企业价值乘数高出了 0.5 倍。BuyerCo 之所以能够支付较高的价格，部分原因在于它每年通过并购协同效应额外实现的 1 亿美元收入。实际上，在调整并购协同效应之后，BuyerCo 收购 ValueCo 的实际价格仅为过去 12 个月（LTM）EBITDA 的 7.4 倍。

资金来源。假设收购方为 ValueCo 股东提供的对价安排为“50% 股票 +50% 现金”。资金来源包括：

- 23.5 亿美元的股票（即 ValueCo 股权收购价格 47 亿美元的 50%），或 3 360 万股 BuyerCo 的股票（23.5 亿美元 /BuyerCo 的股价 70 美元）
- 22.5 亿美元定期贷款 B
- 15 亿美元优先票据
- 3 亿美元现金（包括 BuyerCo 的现有 5 000 万美元现金）

资金使用。资金的使用包括：

- 47 亿美元用于购买 ValueCo 的股份
- 偿还 ValueCo 目前持有的 10 亿美元定期贷款及 5 亿美元优先票据
- 支付 2.0 亿美元交易费用，这些费用包括：①并购顾问费及其他交易费用 6 000 万美元；②负债融资费用 1.2 亿美元；③要约 / 回购溢价 2 000 万美元[㊀]

表 7-11 总结了资金的来源和使用情况（摘自交易汇总页），以及按交易资

㊀ 并购顾问费和其他交易费以及收购 / 要约溢价为前端费用，需从收购方收入中扣除。如第五章所示，债务融资费需在贷款和有价证券的寿命期内予以摊销。

本结构及主要债务条款得到的备考合并实体推定的企业价值乘数。

表 7-11 资金来源及使用情况

（单位：100万美元）

资金来源					
	金额	占资金总来源%	备考 EBITDA的乘数 2019	累计	价格
周转信用贷款①	–	–%	–x	–x	L+250 bps
定期贷款A	–	–%	–x	–x	NA
定期贷款B	2 250.0	35.2%	1.0x	1.0x	L+275 bps
定期贷款C	–	–%	–x	1.0x	NA
第二留置权	–	–%	–x	1.0x	NA
优先票据	1 500.0	23.4%	0.6x	1.6x	6.000%
优先次级票据	–	–%	–x	1.6x	NA
发行普通股	2 350.0	36.7%	1.0x	2.6x	
库存现金	300.0	4.7%	0.1x	2.8x	
其他	–	–%	–x	2.6x	
资金来源合计	**$6 400.0**	**100.0%**	**2.8x**	**2.8x**	

资金使用		
	金额	占资金总使用%
收购ValueCo股权	$4 700.0	73.4%
偿还现有负债	1 500.0	23.4%
要约/回购溢价	20.0	0.3%
负债融资费用	120.0	1.9%
交易费用	60.0	0.9%
总支出	**$6 400.0**	**100.0%**

①周转信用贷款的规模为5亿美元。

商誉的形成

在将资金来源及使用变量输入模型之后，即可计算出商誉价值（见表 7-12）。对于 BuyerCo 收购 ValueCo 的案例，我们采取了较第五章 LBO 分析更复杂的商誉计算方式。在这里，假设目标公司存在有形资产及无形资产的重估增值和递延所得税负债。

在计算商誉时，首先从 47 亿美元的股权收购价格中扣除 ValueCo 的可识别净资产 25 亿美元（35 亿美元的买方股东权益 –10 亿美元的已有商誉），从而得到 22 亿美元的可分配收购溢价。随后，再从可分配收购溢价中减去合并后 ValueCo 有形资产及无形资产的 5.5 亿美元重估增值（有形资产增值率为 15%，无形资产增值率为 10%）。考虑到交易结构为股票出售，于是，我们还需加上 1.375 亿美元的递延所得税负债，该项负债按资产增值总额乘以 BuyerCo 的边际税率 25% 计算。经过上述调整后的净额为 17.875 亿美元，与 BuyerCo 的现有商誉合并，即可得到商誉总额。

表 7-12　商誉形成的计算过程

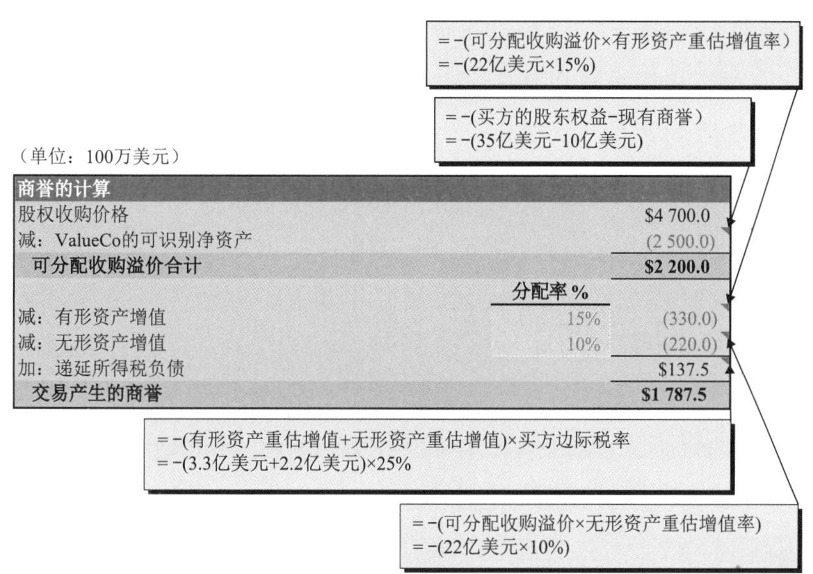

（单位：100万美元）

商誉的计算		
股权收购价格		$4 700.0
减：ValueCo的可识别净资产		(2 500.0)
可分配收购溢价合计		$2 200.0
	分配率 %	
减：有形资产增值	15%	(330.0)
减：无形资产增值	10%	(220.0)
加：递延所得税负债		$137.5
交易产生的商誉		$1 787.5

资产增值的年折旧及摊销。Value Co 有形资产及无形资产的重估增值与资产负债表中的调节栏相对应，并相应地增加固定资产及无形资产的价值。如表 7-13 所示，资产负债表的这些增加项在既定年限内予以摊销——在本例中，假设对有形资产和无形资产均采取 15 年的摊销期。这就分别形成了每年 2 200 万美元的固定资产折旧额和 1 470 万美元的无形资产摊销额。

表 7-13　资产增值形成的年折旧及摊销

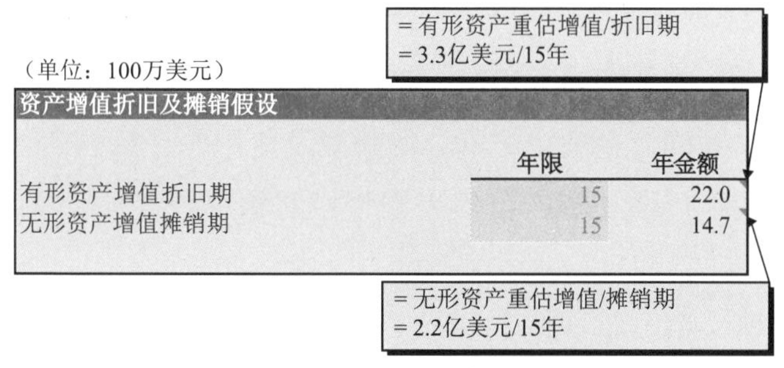

（单位：100万美元）

资产增值折旧及摊销假设	年限	年金额
有形资产增值折旧期	15	22.0
无形资产增值摊销期	15	14.7

递延所得税负债。在表 7-14 中，演示了如何在资产负债表中“递延所得税”一行上列示递延所得税负债并在其寿命期内进行摊销的过程。如表 7-12 所示，将 ValueCo 的有形资产及无形资产合计增值乘以 BuyerCo 的边际税率 25%，便可得到递延所得税负债 1.375 亿美元。之后，我们又在表 7-13 中计算出了每年的固定资产折旧额及无形资产摊销额分别为 2 200 万美元和 1 470 万美元。这

个折旧摊销增量不属于税前可扣除项目，因而在现金税负与账面税负之间形成了920万美元的差异：（1 470+2 200）×25%。因此，在随后的15年里，递延所得税负债每年需扣减920万美元，到2024年年底，便可得到4.917亿美元的递延所得税负债余额。

表 7-14 递延所得税负债的摊销

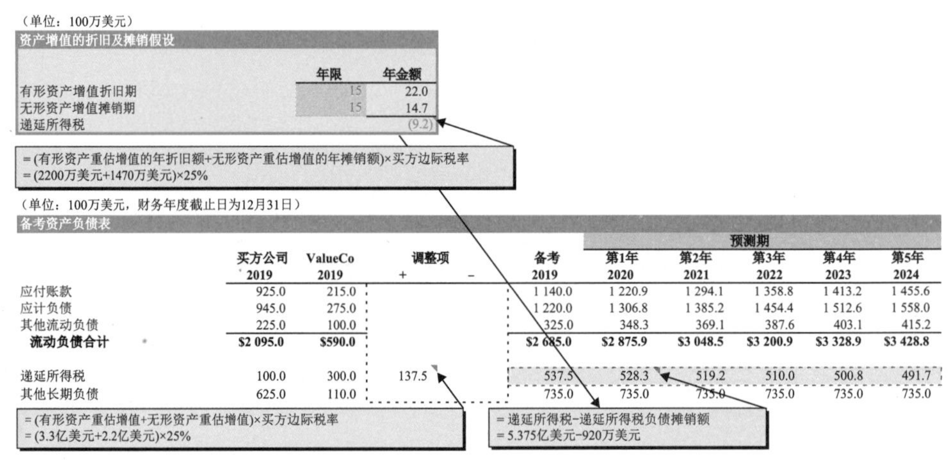

（单位：100万美元）

资产增值的折旧及摊销假设

	年限	年金额
有形资产增值折旧期	15	22.0
无形资产增值摊销期	15	14.7
递延所得税		(9.2)

=(有形资产重估增值的年折旧额+无形资产重估增值的年摊销额)×买方边际税率
=(2200万美元+1470万美元)×25%

（单位：100万美元，财务年度截止日为12月31日）

备考资产负债表

	买方公司 2019	ValueCo 2019	调整项 +	调整项 −	备考 2019	预测期 第1年 2020	第2年 2021	第3年 2022	第4年 2023	第5年 2024
应付账款	925.0	215.0			1 140.0	1 220.9	1 294.1	1 358.8	1 413.2	1 455.6
应计负债	945.0	275.0			1 220.0	1 306.8	1 385.2	1 454.4	1 512.6	1 558.0
其他流动负债	225.0	100.0			325.0	348.3	369.1	387.6	403.1	415.2
流动负债合计	**$2 095.0**	**$590.0**			**$2 685.0**	**$2 875.9**	**$3 048.5**	**$3 200.9**	**$3 328.9**	**$3 428.8**
递延所得税	100.0	300.0	137.5		537.5	528.3	519.2	510.0	500.8	491.7
其他长期负债	625.0	110.0			735.0	735.0	735.0	735.0	735.0	735.0

=(有形资产重估增值+无形资产重估增值)×买方边际税率
=(3.3亿美元+2.2亿美元)×25%

=递延所得税−递延所得税负债摊销额
=5.375亿美元−920万美元

对资产负债表的影响

资产负债表因素在并购结果分析中扮演着重要角色，其影响体现在收购价格以及融资结构的对价安排等方面。该因素必须与EPS的增厚或稀释同时考虑。从资产负债表或信用角度看，每股收益最具增长潜力的融资结构（通常为全债务融资）未必是最有吸引力或最可行的结构。因此，最优融资结构必须在资本成本（以及由此对收益产生的影响）和备考信用状况之间建立适当的均衡。

和LBO模型一样，在确定了资金的来源及使用并计算出商誉价值之后，每个结果都链接到临近期初资产负债表调整栏的相应单元格（见表7-15）。这些调整以及收购方和收购目标相应科目的合计数将期初资产负债表和备考期末资产负债表联系到一起。在完成了这些资产负债表的相应调整之后，我们可以计算备考的信用比率，并将其与交易之前的单体基准变量进行比较。

资产负债表调整。表7-16是按交易对期初资产负债表调整后的汇总情况。

战略型收购方往往将维持收购目标的信用等级置于首位，因为信用等级直接影响到其资本成本以及普通投资者对公司的感受。有些公司出于经营目的或合规性可能还需要对最低信用等级提出要求。因此，收购方通常与信用评级机构合作，对潜在收购及备选融资结构进行预筛查，以便对既定信用等级的可接受程度和可维持程度提供验证。最终的融资结构往往反映了信用评级机构对这些因素的反馈，从而导致很多公司提高股权融资在融资总额中的比例，尽管这会给备考收益带来负面影响。

表 7-15　与资产负债表相关联

（单位：100万美元）

资金来源			资金使用		
周转信用贷款	–		股权收购价格	$4 700.0	E
定期贷款B	2 250.0	A	偿还现有负债	1 500.0	F
优先票据	1 500.0	B	要约/回购溢价	20.0	G
股份发行	2 350.0	C	债务融资费用	120.0	H
库存现金	300.0	D	交易费用	60.0	I
资金来源合计	**$6 400.0**		**资金使用合计**	**$6 400.0**	

商誉的计算	分配率%		
股权收购价格		$4 700.0	E
减：VlaueCo的可识别净资产		(2 500.0)	
可分配收购溢价合计		**$2 200.0**	
减：有形资产增值	15%	(330.0)	J
减：无形资产增值	10%	(220.0)	K
加：递延所得税负债		137.5	L
交易产生的商誉		**$1 787.5**	

资产负债表	BuyerCo 2019	ValueCo 2019	调整项 +	调整项 –	备考 2019
现金及现金等价物	$400.0	$250.0		(300.0) D	$350.0
应收账款	1 000.0	450.0			1 450.0
存货	1 225.0	600.0			1 825.0
预付款及其他流动资产	525.0	175.0			700.0
流动资产合计	**$3 150.0**	**$1 475.0**			**$4 325.0**
固定资产净值	2 500.0	2 500.0	J 330.0		5 330.0
商誉	575.0	1 000.0	1 787.5	(1 000.0)	2 362.5
无形资产	825.0	875.0	220.0 K		1 920.0
其他资产	450.0	150.0			600.0
递延融资费用	–	–	120.0 H		120.0
资产合计	**$7 500.0**	**$6 000.0**			**$14 657.5**
应付账款	925.0	215.0			1 140.0
应计负债	945.0	275.0			1 220.0
其他流动负债	225.0	100.0			325.0
流动负债合计	**$2 095.0**	**$590.0**			**$2 685.0**
周转信用贷款					
BuyerCo定期贷款	–	–			–
ValueCo定期贷款	–	1 000.0		F (1 000.0)	–
新增定期贷款B	–	–	A 2 250.0		2 250.0
BuyerCo优先票据	2 200.0	–			2 200.0
ValueCo优先票据	–	500.0		F (500.0)	–
新增优先票据	–	–	B 1 500.0		1 500.0
递延所得税	100.0	300.0	137.5 L		537.5
其他长期负债	625.0	110.0			735.0
负债合计	**$5 020.0**	**$2 500.0**			**$9 907.5**
非控股股东权益	–	–			–
所有者权益	2 480.0	3 500.0	2 270.0	(3 500.0)	4 750.0
所有者权益合计	**$2 480.0**	**$3 500.0**			**$4 750.0**
负债和所有者权益合计	**$7 500.0**	**$6 000.0**			**$14 657.5**
平衡检验	*0.000*	*0.000*			*0.000*

=–(股份发行–要约/回购溢价–交易费用)
=–(23.5亿美元–0.2亿美元–0.6亿美元)

C　G　I

表 7-16 资产负债表调整

调整	
增项	**减项**
资产 +17.875亿美元：并购创造的商誉价值 +3.3亿美元：有形资产增值 +2.2亿美元：无形资产增值 +1.2亿美元：递延融资费用	**资产** -10亿美元：ValueCo的现有商誉价值 -3亿美元：库存现金
负债 +22.2亿美元：定期贷款B +15亿美元：优先票据 +1.375亿美元：递延所得税负债	**负债** -15亿美元：ValueCo的现有债务
所有者权益 +23.5亿美元：BuyerCo发行的股票	**所有者权益** -35亿美元：ValueCo的所有权权益 -0.6亿美元：交易费用 -0.2亿美元：要约/回购溢价

资产负债表影响分析的核心在于分析收购者针对交易的资本结构以及备考信用数据。它主要取决于收购价格和资金来源。

信用比率。如第一章和第四章所述，最常使用的信用比率可以分为杠杆率（如总负债/EBITDA和负债/资本总额等）和覆盖率（如EBITDA/利息费用）两大类。评级机构往往对具有既定信用等级的公司设定目标临界值。评级机构将这些评级方法和要求提供给公司，并以此为标准对资产负债表进行管理。因此，收购方在设计并购融资结构时通常会以维持这些基本目标比例为出发点。

如表7-17所示，假设收购方BuyerCo向ValueCo提出股票和现金各占50%的对价安排，那么，债务增加将导致其信用标准略有削弱。按该项交易的备考数据，BuyerCo的总负债/EBITDA将从1.5提高到2.6，而负债/资本总额则从47%提高到55.6%。但是到了2020年年底，备考合并实体将出现去杠杆效应，其杠杆率将减少到低于2，到2021年年底将进一步减少到1.4（与BuyerCo交易前的杠杆率保持一致）。同样，到2020年年底，负债/资本总额将达到43.3%，略低于交易前的水平。

与此同时，EBITDA/利息费用将从交易前的10.3下降到2020年年底的7.7，而资本支出调整后的同期覆盖率则从8.9下降到6.5。到2021～2022年，这些覆盖率将回复到交易前的水平。因此，备考合并实体的信用状况略逊于BuyerCo本身。但是在相对较短的时间内，BuyerCo就能回复到目标水平。由于BuyerCo主要采取股权形式的融资来源，再加上与ValueCo合并后的协同效应，有助于将信用状况维持在一定水平上。

表 7-17 资本及信用比率备考分析

（单位：100万美元，财务年度截止日为12月31日）

资本	BuyerCo 2019	ValueCo 2019	调整项 +	调整项 −	备考 2019	预测期 1 2020	2 2021	3 2022	4 2023	5 2024
现金	$400.0	$250.0		(300.0)	$350.0	$250.0	$742.2	$2 240.0	$3 821.8	$5 475.2
周转信用贷款	–	–			–	–	–	–	–	–
ValueCo的定期贷款	–	1 000.0		(1 000.0)	–	–	–	–	–	–
新增定期贷款B	–	–	2 250.0		2 250.0	898.2	–	–	–	–
其他负债	–	–			–	–	–	–	–	–
优先有担保负债合计	–	**$1 000.0**			**$2 250.0**	**$898.2**	–	–	–	–
BuyerCo高级票据	2 200.0	–			2 200.0	2 200.0	2 200.0	2 200.0	2 200.0	2 200.0
ValueCo优先票据	–	500.0		(500.0)	–	–	–	–	–	–
新增优先票据	–	–	1 500.0		1 500.0	1 500.0	1 500.0	1 500.0	1 500.0	1 500.0
优先票据合计	**$2 200.0**	**$1 500.0**			**$5 950.0**	**$4 598.2**	**$3 700.0**	**$3 700.0**	**$3 700.0**	**$3 700.0**
优先次级票据	–	–								
负债合计	**$2 200.0**	**$1 500.0**			**$5 950.0**	**$4 598.2**	**$3 700.0**	**$3 700.0**	**$3 700.0**	**$3 700.0**
所有者权益	2 480.0	3 500.0	2 270.0	(3 500.0)	4 750.0	6 031.9	7 440.8	8 946.3	10 523.3	12 157.6
资本总额	**$4 680.0**	**$5 000.0**			**$10 700.0**	**$10 630.1**	**$11 140.8**	**$12 646.3**	**$14 223.3**	**$15 857.6**
已偿还银行负债 %					-	*60.1%*	*100.0%*	*100.0%*	*100.0%*	*100.0%*

信用比率	BuyerCo 2019	ValueCo 2019	调整项 +	调整项 −	备考 2019	2020	2021	2022	2023	2024
EBITDA	$1 486.3	$725.0	100.0		$2 311.3	$2 469.7	$2 611.9	$2 737.5	$2 843.0	$2 925.3
资本性支出	202.7	155.3			357.9	383.8	406.8	427.1	444.2	457.5
利息费用	144.4	92.9	114.8		352.1	322.1	271.8	252.0	252.0	252.0
EBITDA / 利息费用	10.3x	7.8x			6.6x	7.7x	9.6x	10.9x	11.3x	11.6x
(EBITDA−资本性支出) /利息费用	8.9x	6.1x			5.5x	6.5x	8.1x	9.2x	9.5x	9.8x
优先有担保负债 / EBITDA	– x	1.4x			1.0x	0.4x	– x	– x	– x	– x
优先负债 / EBITDA	1.5x	2.1x			2.6x	1.9x	1.4x	1.4x	1.3x	1.3x
总负债 / EBITDA	1.5x	2.1x			2.6x	1.9x	1.4x	1.4x	1.3x	1.3x
净负债/ EBITDA	1.2x	1.7x			2.4x	1.8x	1.1x	0.5x	(0.0x)	(0.6x)
负债/资本总额	*47.0%*	*30.0%*			*55.6%*	*43.3%*	*33.2%*	*29.3%*	*26.0%*	*23.3%*

总负债/ EBITDA

	对价支付中的股票比例					
		0%	25%	50%	75%	100%
已付溢价	25%	3.5x	3.0x	2.5x	2.0x	1.5x
	30%	3.5x	3.0x	2.5x	2.0x	1.5x
	35%	3.6x	3.1x	2.6x	2.0x	1.5x
	40%	3.7x	3.2x	2.6x	2.1x	1.5x
	45%	3.8x	3.2x	2.7x	2.1x	1.5x

EBITDA / 利息费用

	对价支付中的股票比例					
		0%	25%	50%	75%	100%
已付溢价	25%	5.2x	5.8x	6.7x	8.8x	11.0x
	30%	5.1x	5.7x	6.6x	8.7x	11.0x
	35%	5.0x	5.7x	6.6x	8.6x	11.0x
	40%	4.9x	5.6x	6.5x	8.6x	11.0x
	45%	4.8x	5.5x	6.4x	8.5x	11.0x

鉴于这些备考比率指标临近边界，因此，BuyerCo可能会考虑加大股权融资的力度，以确保不会出现信用恶化。但如前所述，这往往会对EPS增厚/稀释等利润表效应造成负面影响。为了对这种状况做出评价，通常需要对收购方的备考信用变量针对收购价格和融资组合等主要输入变量进行敏感性测试。在表7-17中，我们按收购价格和融资组合对主要信用变量（即总负债/EBITDA和EBITDA/利息费用）进行了敏感性测试。

增厚/稀释分析

增厚/稀释分析衡量了既定融资结构下并购交易对潜在收购方收益的影响。该分析的核心是对比收购方的EPS及其通过交易后备考的合并EPS。如果备考的合并EPS低于收购方的EPS，那么，就可以称该交易对收益率具有稀释作用；反之，则称该交易对收益率具有增厚作用。

按经验规则，对于100%的股票收购，如收购方收购具有较低PE的目标公司，则收购具有增厚作用。这通常也是直觉——当收购方对目标公司的收购价格/收益低于其本体的乘数时，该交易实际上就具有增厚作用。反之，如果收购方购买具有较高PE的目标公司时，就属于收益稀释性交易。但显著的协同效应可以抵消这种财务效应，并导致交易也可能具有增厚性。另一方面，折旧和摊销等与交易相关的费用则具有相反的效应。

收购方会将目标锁定于具有收益提升性的交易，因为市场通常会对这种交易做出积极回应，从而为其股东创造价值。在理想的情况下，收购方可能会迫不及待地追求收益提升效应，但有些交易是不可能立竿见影的。因为作为一种长期性的战略举措，并购的着眼点往往是在长期内为股东创造价值。出于这个原因，再加上股票市场在总体上具有前瞻性这一特征，所以，增厚/稀释分析更强调未来的EPS效应。因此，增厚/稀释分析的结论在于目标公司未来的预期绩效，譬如增长预期、协同效应以及收购方与目标公司合并后形成的其他效应。

增厚/稀释分析通常是潜在收购方采用的基本筛选工具。一般情况下，收购者不会实施在可预见时期内具有收益稀释效应的交易，因为这种交易最终将损害股东价值。但是，在某些情况下也存在例外。比如说，对于正在快速增长的业务，由于其收益在相对较长时期内呈加速增长态势，因此，它所带来的收益提升效益可能不会在一两年的时间窗口内显现。

收益增厚 / 稀释的关键驱动因素在于收购价格、收购方和目标公司的预测收益、协同效应及融资形式，其中最重要的因素就是债务 / 权益组合及债务成本。此外，收益增厚 / 稀释的计算还需要反映交易结构带来的影响，如有形资产和无形资产的增值。可以预见，收益提升效应的最大化源于尽可能低的收购价格、获取成本最低的融资渠道、选择最优化的交易结构以及最大限度地实现协同效应。

图 7-6 以图例形式描述了增厚 / 稀释分析的计算过程。在这个例子中，增厚 / 稀释效应的计算首先是将收购方和目标公司的 EBIT（包括协同效应）相加。另一种方法则是首先合并收购方和目标公司的 EPS，然后再根据相应的税收进行调整。

增厚 / 稀释分析可能还需要考虑并购顾问费和融资费等交易费用。如第五章所述，并购顾问费通常属于前端费用，而融资费则需要在证券的寿命期内进行摊销。但是在很多情况下，交易费用是被当作一次性费用，因而被排除在增厚 / 稀释分析之外，这也是我们在此分析中采取的方法。

图 7-6 所示的 EPS 增厚 / 稀释分析计算过程包括如下 10 个步骤：

1. 输入收购方独立的预测经营利润（EBIT）。

2. 加上目标公司独立的预测经营利润（EBIT）。

3. 加上预测期内交易可预期实现的协同效应。

4. 减去与交易相关的折旧和摊销（通常与目标公司有形资产和无形资产的重估增值有关）。

5. 减去收购方目前的利息费用。

6. 减去由于交易新增债务带来的利息费用增量，从而计算出备考的税前收益[㊀]。

7. 减去按收购方税率计算的税收费用，得到备考合并净利润。

8. 在采取部分或全部以股票作为收购对价的时候，将新发行股票数量与现有全面稀释的股票流通数量相加，得到备考全面稀释股票流通数量。

9. 将备考净利润除以备考全面稀释股票流通数量，得到备考的合并 EPS[㊁]。

10. 对比备考的合并 EPS 和收购方独立的 EPS，确定交易是收益增厚性还是收益稀释性。

㊀ 可以假设公司的现有债务是为实施并购交易而进行的再融资，或是按固定的利息费用维持现状。

㊁ 对全部采取债务融资的交易结构，无须调整股票流通数量。

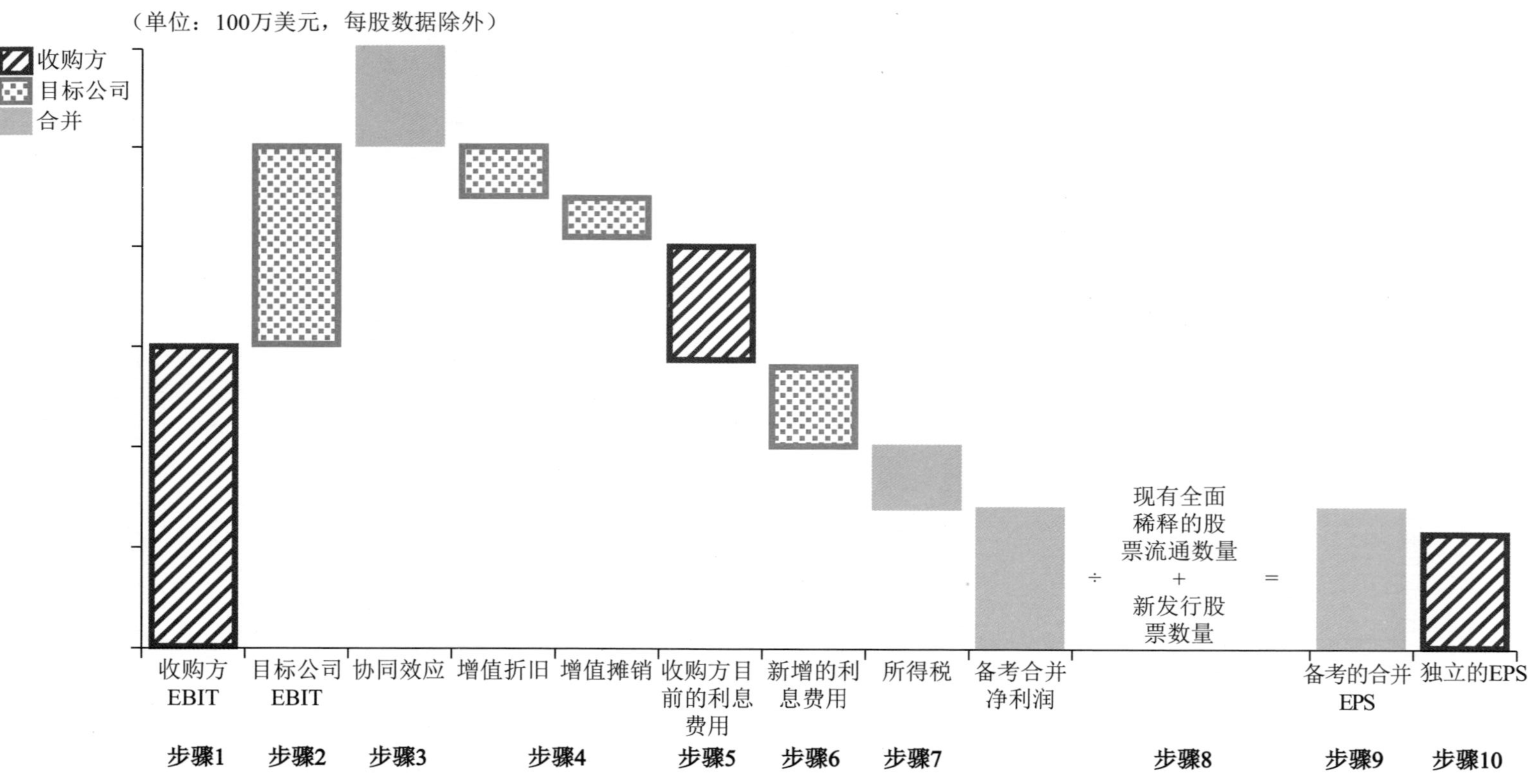

图 7-6　从 EBIT 到 EPS 的增厚 / 稀释分析的计算过程

在表 7-18 至表 7-20 中，我们根据三种情况对 BuyerCo 收购 ValueCo 的案例进行了增厚 / 稀释分析：①股票和现金各占 50%；② 100% 现金；③ 100% 股票。在每一种情况下，我们均采用表 7-10 中的收购价格假设，也就是说，报价为每股 58.73 美元，对应的股权收购价格为 47 亿美元，而企业价值则是 59.5 亿美元。此外，我们还假设交易结构设定为股票出售。

收购情景——①股票和现金各占50%；②100%现金；③100%股票

情景 1：股票和现金各占 50%。在这种情况下，BuyerCo 为 ValueCo 股东提供的对价安排为股票和现金各占 50%。这也是表 7-9“交易汇总页”中对应的情景之一。追逐大规模收购的上市公司往往采取债务和股权融资相结合的方式为既定并购交易提供资金。

在表 7-18 中，2020 年度的备考合并 EBIT 为 20.665 亿美元，它是 BuyerCo 与 ValueCo 的 EBIT 之和，再加上预期的 1 亿美元协同效应；扣除交易带来增值的折旧及摊销 3 670 万美元，它们来自于 ValueCo 有形资产和无形资产的增值（2 200 万美元 +1 470 万美元）；再扣除 BuyerCo 原有的净利息费用 1.402 亿美元以及并购交易带来的新增的净利息费用 1.803 亿美元（包括原有债务的再融资）。由此得到的税前利润再按 BuyerCo 的边际税率 25% 纳税，从而得到备考合并净利润为 12.819 亿美元。

在计算备考 EPS 时，首先将 BuyerCo 原有的 1.4 亿股流通股与因并购而发行的 3 360 万股合并。将备考合并净利润 12.819 亿美元除以 1.736 亿股流通股，即可得到备考 EPS 为 7.38 美元。因此，基于 2020 年 EPS，交易带来的收益提升效应为 8.6%。如果不包括协同效应，交易所带来的效益提升效应为 2.1%（见表 7-21）。在表 7-18 中，下面的部分显示了计算交易盈亏临界点（既无增厚也无稀释的临界点）所需要的税前协同效应。如果交易在既定年度表现为收益稀释，那么，本分析即可确定需要税前协同效应的最低值，进而得到对 EPS 中性（不盈不亏）的备考 EPS。按照同样的逻辑，如果交易表现为收益增厚，则通过该分析可得到交易在由收益增厚转为收益稀释前的缓冲性协同效应。

情景 2：100 % 采用现金。在第二种情景的增厚 / 稀释分析中，假设 ValueCo 股东接受的对价为 100% 的现金。如表 7-19 所示，在按交易情况进行调整后，可按与第一种情景相同的方法计算出 2020 年的备考合并 EBIT 为 20.298 亿美元。但为满足47亿美元的收购价格，融资结构中还需额外增加24亿美元的债务，由此导致利息费用增加了1.155亿美元。因此，备考合并净利润为11.953亿美元，而第一种情况下的备考合并净利润则是12.819亿美元。

表 7-18　情景 1：对价安排为股票和现金各占 50%

= BuyerCo的$EBIT_{2020E}$+ValueCo的$EBIT_{2020E}$+协同效应
= 14.096亿美元+5.569亿美元+1亿美元

= 有形资产重估增值/折旧期限
= 3.3亿美元/15年

= 无形资产重估增值/摊销期限
= 2.2亿美元/15年

（单位：100万美元，每股数据除外）

增厚/(稀释)分析–50%股票/50%现金

		预测期				
	备考	1	2	3	4	5
	2019	2020	2021	2022	2023	2024
BuyerCo的 EBIT	$1 317.4	$1 409.6	$1 494.2	$1 568.9	$1 631.6	$1 680.6
ValueCo的 EBIT	518.0	556.9	590.3	619.8	644.6	663.9
协同效应	100.0	100.0	100.0	100.0	100.0	100.0
备考合并 EBIT (交易前结构)	**$1 935.4**	**$2 066.5**	**$2 184.4**	**$2 288.7**	**$2 376.2**	**$2 444.5**
增值产生的折旧	22.0	22.0	22.0	22.0	22.0	22.0
增值产生的摊销	14.7	14.7	14.7	14.7	14.7	14.7
备考合并 EBIT	**$1 898.7**	**$2 029.8**	**$2 147.8**	**$2 252.0**	**$2 339.5**	**$2 407.8**
独立状态下的净利息费用	142.4	140.2	135.7	130.9	125.7	120.3
新增的净利息费用	208.2	180.3	133.6	113.7	111.2	108.5
税前利润	**$1 548.1**	**$1 709.2**	**$1 878.5**	**$2 007.4**	**$2 102.7**	**$2 179.0**
所得税：25.0%	387.0	427.3	469.6	501.9	525.7	544.8
备考合并净利润	**$1 161.0**	**$1 281.9**	**$1 408.8**	**$1 505.6**	**$1 577.0**	**$1 634.3**
BuyerCo独立状态下的净利润	**$881.2**	**$952.0**	**$1 018.9**	**$1 078.5**	**$1 129.4**	**$1 170.2**
独立状态下全面稀释已发行股份	140.0	140.0	140.0	140.0	140.0	140.0
交易新增股份	33.6	33.6	33.6	33.6	33.6	33.6
备考全面稀释已发行股份	**173.6**	**173.6**	**173.6**	**173.6**	**173.6**	**173.6**
备考合并全面稀释EPS	$6.69	$7.38	$8.12	$8.67	$9.09	$9.42
BuyerCo独立状态下全面稀释EPS	6.29	6.80	7.28	7.70	8.07	8.36
增厚/(稀释)：金额	**$0.39**	**$0.59**	**$0.84**	**$0.97**	**$1.02**	**$1.06**
增厚/(稀释)：比例	**6.3%**	**8.6%**	**11.5%**	**12.6%**	**12.6%**	**12.6%**
增厚/稀释效应	*增厚*	*增厚*	*增厚*	*增厚*	*增厚*	*增厚*
包括税前协同效应	$100.0	$100.0	$100.0	$100.0	$100.0	$100.0
达到盈亏平衡点所需要的额外税前协同效应	(91.3)	(135.4)	(194.2)	(224.6)	(235.6)	(245.4)
达到盈亏平衡点所必需的协同效应/(缓冲池)	**$8.7**	**($35.4)**	**($94.2)**	**($124.6)**	**($135.6)**	**($145.4)**

= 备考合并净利润$_{2020E}$/备考全面稀释已发行股份$_{2020E}$
= 12.819亿美元/1.736亿股

= BuyerCo独立状态下的净利润$_{2021E}$/独立状态下全面稀释已发行股份
= 10.189亿美元/1.4亿股

= 备考合并全面稀释EPS_{2022E}−BuyerCo独立状态下全面稀释EPS_{2022E}
= 8.67美元−7.7美元

= 备考合并全面稀释$_{EPS2023E}$/BuyerCo独立状态下全面稀释EPS_{2023E}−1
= 9.09/8.07−1

= −(EPS 增厚/稀释$_{2024E}$)×备考全面稀释已发行股份/(1−所得税税率)
= −(1.06美元×1.736亿股)/(1−25%))

11.953亿美元备考合并净利润除以BuyerCo的全面稀释已发行股份1.40亿股，即可得到2020年的备考合并全面稀释EPS为8.54美元（第一种情况下为

7.38 美元）。鉴于 ValueCo 接受的对价安排为 100% 的现金，因此，无须因并购交易而发行新股。因此，如表 7-19 所示，以 2020 年的备考合并全面稀释 EPS 为基准，并购交易创造的收益提升为 25.6%，而在股票与现金各占 50% 的对价安排下则为 8.6%。但是从对资产负债表的影响看，这种融资方案的吸引力较小。在 100% 的现金融资方式中，备考的杠杆倍数为 3.6，而第一种情况下的杠杆倍数则是 2.6（见表 7-17），这明显削弱了 BuyerCo 的信用状况，并且有可能导致信用等级下调。

表 7-19 情景 2：对价安排为 100% 的现金

（单位：100万美元，每股数据除外）

增厚/(稀释)分析–50%股票/50%现金						
		预测期				
	备考	1	2	3	4	5
	2019	2020	2021	2022	2023	2024
BuyerCo的EBIT	$1 317.4	$1 409.6	$1 494.2	$1 568.9	$1 631.6	$1 680.6
ValueCo的EBIT	518.0	556.9	590.3	619.8	644.6	663.9
协同效应	100.0	100.0	100.0	100.0	100.0	100.0
备考合并 EBIT (交易前结构)	**$1 935.4**	**$2 066.5**	**$2 184.4**	**$2 288.7**	**$2 376.2**	**$2 444.5**
增值产生的折旧	22.0	22.0	22.0	22.0	22.0	22.0
增值产生的摊销	14.7	14.7	14.7	14.7	14.7	14.7
备考合并EBIT	**$1 898.7**	**$2 029.8**	**$2 147.8**	**$2 252.0**	**$2 339.5**	**$2 407.8**
独立状态下的净利息费用	142.4	140.2	135.7	130.9	125.7	120.3
新增的净利息费用	322.0	295.8	241.7	184.3	142.7	128.6
税前利润	**$1 434.3**	**$1 593.7**	**$1 770.4**	**$1 936.9**	**$2 071.1**	**$2 158.9**
所得税：25.0%	358.6	398.4	442.6	484.2	517.8	539.7
备考合并净利润	**$1 075.8**	**$1 195.3**	**$1 327.8**	**$1 452.6**	**$1 553.3**	**$1 619.2**
BuyerCo独立状态下的净利润	**$881.2**	**$952.0**	**$1 018.9**	**$1 078.5**	**$1 129.4**	**$1 170.2**
独立状态下全面稀释已发行股份	140.0	140.0	140.0	140.0	140.0	140.0
交易新增股份	0.0	0.0	0.0	0.0	0.0	0.0
备考全面稀释已发行股份	**140.0**	**140.0**	**140.0**	**140.0**	**140.0**	**140.0**
备考合并全面稀释EPS	$7.68	$8.54	$9.48	$10.38	$11.10	$11.57
BuyerCo独立状态下全面稀释EPS	6.29	6.80	7.28	7.70	8.07	8.36
增厚/(稀释)：金额	**$1.39**	**$1.74**	**$2.21**	**$2.67**	**$3.03**	**$3.21**
增厚/(稀释)：比例	**22.1%**	**25.6%**	**30.3%**	**34.7%**	**37.5%**	**38.4%**
增厚/稀释效应	*增厚*	*增厚*	*增厚*	*增厚*	*增厚*	*增厚*
包括税前协同效应	$100.0	$100.0	$100.0	$100.0	$100.0	$100.0
达到盈亏平衡点所需要的额外税前协同效应	(259.4)	(324.3)	(411.9)	(498.8)	(565.2)	(598.7)
达到盈亏平衡点所必需的协同效应/(缓冲池)	**($159.4)**	**($224.3)**	**($311.9)**	**($398.8)**	**($465.2)**	**($498.7)**

情景 3：100% 采用股票。在第三种情景的增厚 / 稀释分析中，假设 ValueCo 股东接受的对价形式为 100% 的股票。如表 7-20 所示，2020 年的利息费用为 1.793 亿美元，也是不考虑新增债务（不包括针对 ValueCo 现有净负债进行的再融资）前提下三种情况中负债最低的融资方案。但是，考虑到需要新发行 6 710 万股股票（相当于第一种情况的两倍），2020 年的备考合并全面稀释 EPS 为 6.7 美元，而 BuyerCo 独立状态下完全稀释的 EPS 则为 6.8 美元。因此，并购交易造成了 1.5% 的稀释效应，而前两种情况则分别为 8.6% 和 25.6% 的业绩增厚效应。

表 7-20　情景 3：对价安排为 100% 的股票

（单位：100万美元，每股数据除外）

增厚/(稀释)分析-50%股票/50%现金						
		预测期				
	备考	1	2	3	4	5
	2019	2020	2021	2022	2023	2024
BuyerCo的EBIT	$1 317.4	$1 409.6	$1 494.2	$1 568.9	$1 631.6	$1 680.6
ValueCo的EBIT	518.0	556.9	590.3	619.8	644.6	663.9
协同效应	100.0	100.0	100.0	100.0	100.0	100.0
备考合并 EBIT (交易前结构)	**$1 935.4**	**$2 066.5**	**$2 184.4**	**$2 288.7**	**$2 376.2**	**$2 444.5**
增值产生的折旧	22.0	22.0	22.0	22.0	22.0	22.0
增值产生的摊销	14.7	14.7	14.7	14.7	14.7	14.7
备考合并 EBIT	**$1 898.7**	**$2 029.8**	**$2 147.8**	**$2 252.0**	**$2 339.5**	**$2 407.8**
独立状态下的净利息费用	142.4	140.2	135.7	130.9	125.7	120.3
新增的净利息费用	66.3	39.1	10.5	7.8	4.9	1.8
税前利润	**$1 690.0**	**$1 850.4**	**$2 001.6**	**$2 113.4**	**$2 209.0**	**$2 285.7**
所得税：25.0%	422.5	462.6	500.4	528.3	552.2	571.4
备考合并净利润	**$1 267.5**	**$1 387.8**	**$1 501.2**	**$1 585.0**	**$1 656.7**	**$1 714.3**
BuyerCo独立状态下的净利润	**$881.2**	**$952.0**	**$1 018.9**	**$1 078.5**	**$1 129.4**	**$1 170.2**
独立状态下全面稀释已发行股份	140.0	140.0	140.0	140.0	140.0	140.0
交易新增股份	67.1	67.1	67.1	67.1	67.1	67.1
备考全面稀释已发行股份	**207.1**	**207.1**	**207.1**	**207.1**	**207.1**	**207.1**
备考合并全面稀释EPS	$6.12	$6.70	$7.25	$7.65	$8.00	$8.28
BuyerCo独立状态下完全稀释EPS	6.29	6.80	7.28	7.70	8.07	8.36
增厚/(稀释)：金额	($0.18)	($0.10)	($0.03)	($0.05)	($0.07)	($0.08)
增厚/(稀释)：比例	(2.8%)	(1.5%)	(0.4%)	(0.7%)	(0.9%)	(1.0%)
增厚/稀释效应	*增厚*	*增厚*	*增厚*	*增厚*	*增厚*	*增厚*
包括税前协同效应	$100.0	$100.0	$100.0	$100.0	$100.0	$100.0
达到盈亏平衡点所需要的额外税前协同效应	48.5	27.7	8.4	14.3	19.2	22.9
达到盈亏平衡点所必需的协同效应/(缓冲池)	**$148.5**	**$127.7**	**$108.4**	**$114.3**	**$119.2**	**$122.9**

敏感性分析。鉴于增厚 / 稀释效应分析在最终并购决策中的决定性作用，因此，进行敏感性分析是至关重要的。在这一分析中，最常用的输入变量包括收购价格、融资安排（现金与股票的比例）和协同效应的金额。表 7-21 中的数据反映了三种不同的 EPS 增厚 / 稀释效应的敏感性分析结果。

1. 预测期内的支付溢价从 25% 提高到 45%，并假设采取股票和现金各占 50% 的固定融资比例，每年的协同效应金额为 1 亿美元。收益增厚效应随着收购价格的提高而降低。

2. 对价安排中的股票比例从 0% 提高到 100%，支付溢价从 25% 提高到 45%，每年的协同效应金额为 1 亿美元。收益增厚效应随着债务融资比例的提高和收购价格的下降而提高。

3. 每年的税前协同效应从 0 提高到 2 亿美元，支付溢价从 25% 提高到 45%，并假设采取股票和现金各占 50% 的固定融资比例。通过提高协同效应和降低收购价格可以实现收益增厚效应的最大化。

表 7-21　增厚 / 稀释效应的敏感性分析

年度EPS 增厚/(稀释)效应敏感性分析-已付溢价						
		年份				
要约每股价格	溢价	2020	2021	2022	2023	2024
$54.38	25%	8.8%	11.1%	13.8%	14.6%	14.7%
$56.55	30%	7.5%	9.8%	12.7%	13.6%	13.6%
$58.73	35%	6.3%	8.6%	11.5%	12.6%	12.6%
$60.90	40%	5.0%	7.4%	10.4%	11.6%	11.6%
$63.08	45%	3.8%	6.2%	9.3%	10.6%	10.6%

2020E EPS 增厚/(稀释)效应敏感性分析-已付溢价和支付对价						
		股票支付比例%				
要约每股价格	溢价	0%	25%	50%	75%	100%
$54.38	25%	27.4%	18.5%	11.1%	6.7%	1.3%
$56.55	30%	26.5%	17.3%	9.8%	5.3%	(0.1%)
$58.73	35%	25.6%	16.2%	8.6%	4.0%	(1.5%)
$60.90	40%	24.6%	15.1%	7.4%	2.7%	(2.8%)
$63.08	45%	23.7%	14.0%	6.2%	1.4%	(4.1%)

2020E EPS增厚/(稀释)效应敏感性分析-已付溢价和协同效应						
		预计协同效应				
要约每股价格	溢价	$0	$50	$100	$150	$200
$54.38	25%	4.6%	7.8%	11.1%	14.4%	17.7%
$56.55	30%	3.3%	6.6%	9.8%	13.1%	16.4%
$58.73	35%	2.1%	5.4%	8.6%	11.8%	15.1%
$60.90	40%	1.0%	4.2%	7.4%	10.6%	13.8%
$63.08	45%	(0.2%)	3.0%	6.2%	9.4%	12.5%

针对 BuyerCo-ValueCo 交易的并购结果分析图解

以下是根据本章内容对 BuyerCo 收购 ValueCo 的案例进行的完整并购模型解析。表 7-22 为这些相关内容的目录，具体内容见表 7-23 ~ 表 7-42。

表 7-22　并购模型页面目录

并购模型
1. 交易汇总页
2. 备考利润表
3. 备考资产负债表
4. 备考现金流量表
5. 备考债务偿还计划表
6. 备考资本总额和信用比率
7. 收益增厚 / 稀释分析
8. 假设页——交易调整、融资结构及费用
BuyerCo 的独立模型
9. BuyerCo 的利润表
10. BuyerCo 的资产负债表
11. BuyerCo 的现金流量表
12. BuyerCo 的债务偿还计划表
13. BuyerCo 的假设页 1——利润表和现金流量表
14. BuyerCo 的假设页 2——资产负债表
ValueCo 的独立模型
15. ValueCo 的利润表
16. ValueCo 的资产负债表
17. ValueCo 的现金流量表
18. ValueCo 的债务偿还计划表
19. ValueCo 的假设页 1——利润表和现金流量表
20. ValueCo 的假设页 2——资产负债表

表 7-23　并购结果分析的交易汇总页

BuyerCo 收购ValueCo
并购结果分析
（单位：100万美元 财务年度截止日为12月31日）

融资结构：结构方案1
经营情景：基准方案

交易摘要

资金来源

	金额	占资金总来源%	备考 EBITDA乘数 2019	备考 EBITDA乘数 累计	价格
周转信用贷款	–	– %	– x	– x	L+250 bps
定期贷款A	–	– %	– x	– x	NA
定期贷款B	2 250.0	35.2%	1.0x	1.0x	L+275 bps
定期贷款C	–	– %	– x	1.0x	NA
第二留置权	–	– %	– x	1.0x	NA
优先票据	1 500.0	23.4%	0.6x	1.6x	6.000%
优先次级票据	–	– %	– x	1.6x	NA
发行普通股	2 350.0	36.7%	1.0x	2.6x	
库存现金	300.0	4.7%	0.1x	2.8x	
其他	–	– %	– x	2.6x	
资金来源合计	**$6 400.0**	**100.0%**	**2.8x**	**2.8x**	

资金使用

	金额	占资金总使用%
收购ValueCo股权	$4 700.0	73.4%
偿还现有负债	1 500.0	
要约/回购溢价	20.0	0.3%
交易费用	60.0	0.9%
负债融资费用	120.0	1.9%
总支出	**$6 400.0**	**100.0%**

支付溢价和换股比例

ValueCo当前股价	$43.50
要约每股报价	$58.73
已付溢价	35%
BuyerCo当前股价	$70.00
换股比例	**0.8x**
收购价格	
要约每股报价	$58.73
全面稀释股票数量	80.0
股权收购价格	**$4 700.0**
加：现有净负债	1 250.0
企业价值	**$5 950.0**

交易结构及协同效应

对价支付的股票比例	50%
交易债务融资	$3 750.0
占ValueCo企业价值 %	*63%*
收购类型	股票出售
收购后第1年的协同效应	$100
选项	
融资结构	1
经营情景	1
现金流归集	1
现金平衡	1
平均利息	1
融资费用	1

备考合并后财务数据摘要

	备考 2019	1 2020	2 2021	3 2022	4 2023	5 2024
销售收入	**$10 205.8**	**$10 937.5**	**$11 593.7**	**$12 173.4**	**$12 660.3**	**$13 040.1**
增长率	*8.2%*	*7.2%*	*6.0%*	*5.0%*	*4.0%*	*3.0%*
毛利润	**$3 947.2**	**$4 230.4**	**$4 484.2**	**$4 708.4**	**$4 896.8**	**$5 043.7**
毛利率	*38.7%*	*38.7%*	*38.7%*	*38.7%*	*38.7%*	*38.7%*
EBITDA	**$2 311.3**	**$2 469.7**	**$2 611.9**	**$2 737.5**	**$2 843.0**	**$2 925.3**
利润率	*22.6%*	*22.6%*	*22.5%*	*22.5%*	*22.5%*	*22.4%*
利息费用	352.1	322.1	271.8	252.0	252.0	252.0
净利润	**$1 161.0**	**$1 281.9**	**$1 408.8**	**$1 505.6**	**$1 577.0**	**$1 634.3**
净利润率	*11.4%*	*11.7%*	*12.2%*	*12.4%*	*12.5%*	*12.5%*
全面稀释股票数量	173.6	173.6	173.6	173.6	173.6	173.6
稀释EPS	**$6.69**	**$7.39**	**$8.12**	**$8.67**	**$9.09**	**$9.42**
经营活动产生的现金流		1 635.5	1 797.2	1 924.9	2 026.0	2 110.9
减：资本性支出		(383.8)	(406.8)	(427.1)	(444.2)	(457.5)
自由现金流量		**$1 251.8**	**$1 390.4**	**$1 497.8**	**$1 581.8**	**$1 653.3**
优先有担保负债	2 250.0	898.2	0.0	0.0	0.0	0.0
优先负债	5 950.0	4 598.2	3 700.0	3 700.0	3 700.0	3 700.0
总负债	5 950.0	4 598.2	3 700.0	3 700.0	3 700.0	3 700.0
现金及现金等价物	350.0	250.0	742.2	2 240.0	3 821.8	5 475.2

估值摘要

	目标公司	收购方
公司名称	ValueCo	BuyerCo
代码	VLCO	BUY
当前股价 (2019/12/20)	$43.50	$70.00
当前股价溢价率	35%	
要约每股价格	$58.73	
全面稀释股票数量	80.0	140.0
股权价值	**$4 700.0**	**$9 800.0**
加：总债务	1 500.0	2 200.0
加：优先股	–	–
加：非控股股东权益	–	–
减：现金及现金等价物	(250.0)	(400.0)
企业价值	**$5 950.0**	**$11 600.0**

交易乘数

	目标公司 数值	目标公司 乘数	收购方 数值	收购方 乘数
企业价值 / LTM EBITDA	$700.0	8.5x	$1 443.1	8.0x
企业价值 / 2019E EBITDA	725.0	8.2x	1 486.3	7.8x
企业价值 / 2020E EBITDA	779.4	7.6x	1 590.3	7.3x
股权价值 / 2019E 净利润	$320.0	14.7x	$881.2	11.1x
股权价值 / 2020E 净利润	356.0	13.2x	952.0	10.3x

信用比率

	BuyerCo 2019	备考 2019	1 2020	2 2021	3 2022	4 2023	5 2024
EBITDA / 利息费用	10.3x	6.6x	7.7x	9.6x	10.9x	11.3x	11.6x
(EBITDA – 资本性支出) / 利息费用	8.9x	5.5x	6.5x	8.1x	9.2x	9.5x	9.8x
优先有担保负债 / EBITDA	– x	1.0x	0.4x	– x	– x	– x	– x
优先负债 / EBITDA	1.5x	2.6x	1.9x	1.4x	1.4x	1.3x	1.3x
总负债 / EBITDA	1.5x	2.6x	1.9x	1.4x	1.4x	1.3x	1.3x
净负债 / EBITDA	1.2x	2.4x	1.8x	1.1x	0.5x	(0.0x)	(0.6x)
负债 / 资本总额	*47.0%*	*55.6%*	*43.3%*	*33.2%*	*29.3%*	*26.0%*	*23.3%*

备考所有者权益

	股票数量	持股比例
现有BuyerCo股东	140.0	80.7%
备考ValueCo股东	33.6	19.3%
备考全面稀释股票数量	**173.6**	**100.0%**

增厚/稀释分析

BuyerCo独立状态下稀释 EPS	$6.29	$6.80	$7.28	$7.70	$8.07	$8.36
ValueCo独立状态下稀释 EPS	$4.00	$4.45	$4.95	$5.39	$5.69	$5.90
备考合并后稀释EPS	$6.69	$7.39	$8.12	$8.67	$9.09	$9.42
增厚/稀释：金额	**$0.39**	**$0.59**	**$0.84**	**$0.97**	**$1.02**	**$1.06**
增厚/稀释：比例	**6.3%**	**8.6%**	**11.5%**	**12.6%**	**12.6%**	**12.6%**
增厚/稀释效应	*增厚*	*增厚*	*增厚*	*增厚*	*增厚*	*增厚*
税前协同效应的盈亏平衡点/(缓冲池)	($91)	($135)	($194)	($225)	($236)	($245)

年度 EPS 增厚 / 稀释敏感性分析 - 已付溢价

报价	溢价	年度 2020	2021	2022	2023	2024
$54.38	**25%**	8.8%	11.1%	13.8%	14.6%	14.7%
$56.55	**30%**	7.5%	9.8%	12.7%	13.6%	13.6%
$58.73	35%	6.3%	8.6%	11.5%	12.6%	12.6%
$60.90	**40%**	5.0%	7.4%	10.4%	11.6%	11.6%
$63.08	**45%**	3.8%	6.2%	9.3%	10.6%	10.6%

2020E EPS 增厚 / 稀释敏感性分析 - 已付溢价 & 对价支付混合比例

报价	溢价	支付对价的股票比例 % 0%	25%	50%	75%	100%
$54.38	**25%**	27.4%	18.5%	11.1%	6.7%	1.3%
$56.55	**30%**	26.5%	17.3%	9.8%	5.3%	(0.1%)
$58.73	35%	25.6%	16.2%	8.6%	4.0%	(1.5%)
$60.90	**40%**	24.6%	15.1%	7.4%	2.7%	(2.8%)
$63.08	**45%**	23.7%	14.0%	6.2%	1.4%	(4.1%)

表 7-24 备考利润表

（单位：100万美元，财务年度截止日为12月31日）

备考利润表	历史期					预测期				
				LTM	备考	第1年	第2年	第3年	第4年	第5年
	2016	2017	2018	2019/9/30	2019	2020	2021	2022	2023	2024
BuyerCo的销售收入	$4 771.7	$5 484.7	$6 232.6	$6 559.6	$6 755.8	$7 228.7	$7 662.4	$8 045.5	$8 367.4	$8 618.4
ValueCo的销售收入	2 600.0	2 900.0	3 200.0	3 385.0	3 450.0	3 708.8	3 931.3	4 127.8	4 293.0	4 421.7
销售收入合计	**$7 371.7**	**$8 384.7**	**$9 432.6**	**$9 944.6**	**$10 205.8**	**$10 937.5**	**$11 593.7**	**$12 173.4**	**$12 660.3**	**$13 040.1**
增长率	*NA*	*13.7%*	*12.5%*	*NA*	*8.2%*	*7.2%*	*6.0%*	*5.0%*	*4.0%*	*3.0%*
BuyerCo的销货成本	$3 053.9	$3 455.4	$3 864.2	$4 067.0	$4 188.6	$4 481.8	$4 750.7	$4 988.2	$5 187.8	$5 343.4
ValueCo的销货成本	1 612.0	1 769.0	1 920.0	2 035.0	2 070.0	2 225.3	2 358.8	2 476.7	2 575.8	2 653.0
销货成本合计	**$4 665.9**	**$5 224.4**	**$5 784.2**	**$6 102.0**	**$6 258.6**	**$6 707.0**	**$7 109.5**	**$7 464.9**	**$7 763.5**	**$7 996.4**
占销售收入 %	*63.3%*	*62.3%*	*61.3%*	*61.4%*	*61.3%*	*61.3%*	*61.3%*	*61.3%*	*61.3%*	*61.3%*
BuyerCo的毛利润	$1 717.8	$2 029.3	$2 368.4	$2 492.6	$2 567.2	$2 746.9	$2 911.7	$3 057.3	$3 179.6	$3 275.0
ValueCo的毛利润	988.0	1 131.0	1 280.0	1 350.0	1 380.0	1 483.5	1 572.5	1 651.1	1 717.2	1 768.7
毛利润合计	**$2 705.8**	**$3 160.3**	**$3 648.4**	**$3 842.6**	**$3 947.2**	**$4 230.4**	**$4 484.2**	**$4 708.4**	**$4 896.8**	**$5 043.7**
毛利率	*36.7%*	*37.7%*	*38.7%*	*38.6%*	*38.7%*	*38.7%*	*38.7%*	*38.7%*	*38.7%*	*38.7%*
BuyerCo的销售、行政及管理费用	$811.2	$905.0	$997.2	$1 049.5	$1 080.9	$1 156.6	$1 226.0	$1 287.3	$1 338.8	$1 378.9
ValueCo的销售、行政及管理费用	496.6	551.0	608.0	650.0	655.0	704.1	746.4	783.7	815.0	839.5
销售、行政及管理费用合计	**$1 307.8**	**$1 456.0**	**$1 605.2**	**$1 699.5**	**$1 735.9**	**$1 860.7**	**$1 972.4**	**$2 071.0**	**$2 153.8**	**$2 218.4**
占销售收入 %	*17.7%*	*17.4%*	*17.0%*	*17.1%*	*17.0%*	*17.0%*	*17.0%*	*17.0%*	*17.0%*	*17.0%*
BuyerCo的EBITDA	$906.6	$1 124.4	$1 371.2	$1 443.1	$1 486.3	$1 590.3	$1 685.7	$1 770.0	$1 840.8	$1 896.0
ValueCo的EBITDA	491.4	580.0	672.0	700.0	725.0	779.4	826.1	867.4	902.1	929.2
协同效应	–	–	–	100.0	100.0	100.0	100.0	100.0	100.0	100.0
EBITDA 合计	**$1 398.0**	**$1 704.4**	**$2 043.2**	**$2 243.1**	**$2 311.3**	**$2 469.7**	**$2 611.9**	**$2 737.5**	**$2 843.0**	**$2 925.3**
利润率	*19.0%*	*20.3%*	*21.7%*	*22.6%*	*22.6%*	*22.6%*	*22.5%*	*22.5%*	*22.5%*	*22.4%*
BuyerCo的折旧					135.1	144.6	153.2	160.9	167.3	172.4
BuyerCo的摊销					33.8	36.1	38.3	40.2	41.8	43.1
ValueCo的折旧					155.3	166.9	176.9	185.8	193.2	199.0
ValueCo的摊销					51.8	55.6	59.0	61.9	64.4	66.3
有形资产增值的折旧					22.0	22.0	22.0	22.0	22.0	22.0
无形资产增值的摊销					14.7	14.7	14.7	14.7	14.7	14.7
EBIT					**$1 898.7**	**$2 029.8**	**$2 147.8**	**$2 252.0**	**$2 339.5**	**$2 407.8**
利润率					*18.6%*	*18.6%*	*18.5%*	*18.5%*	*18.5%*	*18.5%*
利息费用										
周转信用贷款					–	–	–	–	–	–
新增定期贷款B					100.1	70.0	19.8	–	–	–
BuyerCo的优先票据					143.0	143.0	143.0	143.0	143.0	143.0
新增优先票据					90.0	90.0	90.0	90.0	90.0	90.0
未使用周转贷款的承诺费					2.5	2.5	2.5	2.5	2.5	2.5
机构代理费					0.2	0.2	0.2	0.2	0.2	0.2
现金利息费用合计					**$335.8**	**$305.7**	**$255.4**	**$235.7**	**$235.7**	**$235.7**
融资费用摊销					16.4	16.4	16.4	16.4	16.4	16.4
利息费用合计					**$352.1**	**$322.1**	**$271.8**	**$252.0**	**$252.0**	**$252.0**
利息收入					(1.5)	(1.5)	(2.5)	(7.5)	(15.2)	(23.2)
净利息费用					**$350.6**	**$320.6**	**$269.3**	**$244.6**	**$236.9**	**$228.8**
税前利润					$1 548.1	$1 709.2	$1 878.5	$2 007.4	$2 102.7	$2 179.0
加：不能抵税的折旧					22.0	22.0	22.0	22.0	22.0	22.0
加：不能抵税的摊销					14.7	14.7	14.7	14.7	14.7	14.7
应税利润					**$1 584.7**	**$1 745.9**	**$1 915.1**	**$2 044.1**	**$2 139.3**	**$2 215.7**
当前所得税费用					396.2	436.5	478.8	511.0	534.8	553.9
递延所得税费用					(9.2)	(9.2)	(9.2)	(9.2)	(9.2)	(9.2)
净利润					**$1 161.0**	**$1 281.9**	**$1 408.8**	**$1 505.6**	**$1 577.0**	**$1 634.3**
利润率					*11.4%*	*11.7%*	*12.2%*	*12.4%*	*12.5%*	*12.5%*
全面稀释的股票流通量					173.6	173.6	173.6	173.6	173.6	173.6
稀释后的 EPS					**$6.69**	**$7.39**	**$8.12**	**$8.67**	**$9.09**	**$9.42**
增长率						*10.4%*	*9.9%*	*6.9%*	*4.7%*	*3.6%*
BuyerCo的边际所得税税率					25.0%	25.0%	25.0%	25.0%	25.0%	25.0%
有效所得税税率					25.6%	25.5%	25.5%	25.5%	25.4%	25.4%

表 7-25 备考资产负债表

（单位：100万美元 财务年度截止日为12月31日）

备考资产负债表	独立状态		调整项		备考	预测期				
	BuyerCo 2019	ValueCo 2019	+	−	2019	第1年 2020	第2年 2021	第3年 2022	第4年 2023	第5年 2024
现金及现金等价物	$400.0	$250.0		(300.0)	$350.0	$250.0	$742.2	$2 240.0	$3 821.8	$5 475.2
应收账款	1 000.0	450.0			1 450.0	1 553.8	1 647.0	1 729.3	1 798.5	1 852.5
存货	1 225.0	600.0			1 825.0	1 955.8	2 073.1	2 176.7	2 263.8	2 331.7
预付款及其他流动资产	525.0	175.0			700.0	749.9	794.9	834.6	868.0	894.0
流动资产合计	**$3 150.0**	**$1 475.0**			**$4 325.0**	**$4 509.4**	**$5 257.1**	**$6 980.7**	**$8 752.1**	**$10 553.4**
固定资产净值	2 500.0	2 500.0	330.0		5 330.0	5 380.3	5 434.9	5 493.4	5 555.0	5 619.2
商誉	575.0	1 000.0	1 787.5	(1 000.0)	2 362.5	2 362.5	2 362.5	2 362.5	2 362.5	2 362.5
无形资产	825.0	875.0	220.0		1 920.0	1 813.6	1 701.6	1 584.8	1 463.9	1 339.8
其他资产	450.0	150.0			600.0	600.0	600.0	600.0	600.0	600.0
递延融资费用	-	-	120.0		120.0	103.6	87.3	70.9	54.5	38.1
资产合计	**$7 500.0**	**$6 000.0**			**$14 657.5**	**$14 769.3**	**$15 443.4**	**$17 092.2**	**$18 788.1**	**$20 513.1**
应付账款	925.0	215.0			1 140.0	1 220.9	1 294.1	1 358.8	1 413.2	1 455.6
应计负债	945.0	275.0			1 220.0	1 306.8	1 385.2	1 454.4	1 512.6	1 558.0
其他流动负债	225.0	100.0			325.0	348.3	369.1	387.6	403.1	415.2
流动负债合计	**$2 095.0**	**$590.0**			**$2 685.0**	**$2 875.9**	**$3 048.5**	**$3 200.9**	**$3 328.9**	**$3 428.8**
周转信用贷款	–	–			–	–	–	–	–	–
ValueCo的定期贷款	–	1 000.0		(1 000.0)	–	–	–	–	–	–
新增定期贷款B	–	–	2 250.0		2 250.0	898.2	–	–	–	–
BuyerCo的优先票据	2 200.0	–			2 200.0	2 200.0	2 200.0	2 200.0	2 200.0	2 200.0
ValueCo的优先票据	–	500.0		(500.0)	–	–	–	–	–	–
新增优先票据	–	–	1 500.0		1 500.0	1 500.0	1 500.0	1 500.0	1 500.0	1 500.0
递延所得税	100.0	300.0	137.5		537.5	528.3	519.2	510.0	500.8	491.7
其他长期负债	625.0	110.0			735.0	735.0	735.0	735.0	735.0	735.0
负债合计	**$5 020.0**	**$2 500.0**			**$9 907.5**	**$8 737.4**	**$8 002.6**	**$8 145.9**	**$8 264.7**	**$8 355.4**
非控股股东权益	–	–			–	–	–	–	–	–
所有者权益	2 480.0	3 500.0	2 270.0	(3 500.0)	4 750.0	6 031.9	7 440.8	8 946.3	10 523.3	12 157.6
所有者权益合计	**$2 480.0**	**$3 500.0**			**$4 750.0**	**$6 031.9**	**$7 440.8**	**$8 946.3**	**$10 523.3**	**$12 157.6**
负债和所有者权益合计	**$7 500.0**	**$6 000.0**			**$14 657.5**	**$14 769.3**	**$15 443.4**	**$17 092.2**	**$18 788.1**	**$20 513.1**
平衡检验	*0.000*	*0.000*			*0.000*	*0.000*	*0.000*	*0.000*	*0.000*	*0.000*
净流动资金	655.0	635.0			1 290.0	1 383.5	1 466.5	1 539.8	1 601.4	1 649.4
净流动资金（增加）/减少						(93.5)	(83.0)	(73.3)	(61.6)	(48.0)
资产负债表比率										
流动资产										
应收账款周转天数 (DSO)	54.0	47.6			51.9	51.9	51.9	51.9	51.9	51.9
存货持有天数 (DIH)	106.7	105.8			106.4	106.4	106.4	106.4	106.4	106.4
预付款和其他流动资产（占销售收入%）	7.8%	5.1%			6.9%	6.9%	6.9%	6.9%	6.9%	6.9%
流动负债										
应付账款周转天数 (DPO)	80.6	37.9			66.5	66.4	66.4	66.4	66.4	66.4
应计负债（占销售收入%）	14.0%	8.0%			12.0%	11.9%	11.9%	11.9%	11.9%	11.9%
其他流动负债（占销售收入%）	3.3%	4.8%			3.2%	3.2%	3.2%	3.2%	3.2%	3.2%

表 7-26　备考现金流量表

（单位：100万美元，财务年度截止日为12月31日）

备考现金流量表	预测期				
	第1年 2020	第2年 2021	第3年 2022	第4年 2023	第5年 2024
经营活动					
净利润	$1 281.9	$1 408.8	$1 505.6	$1 577.0	$1 634.3
加：折旧	311.5	330.2	346.7	360.5	371.3
加：摊销	91.8	97.3	102.1	106.2	109.4
加：有形资产增值折旧	22.0	22.0	22.0	22.0	22.0
加：无形资产增值摊销	14.7	14.7	14.7	14.7	14.7
加：融资费用摊销	16.4	16.4	16.4	16.4	16.4
营运资本项目的变化					
应收账款（增加）/减少	(103.8)	(93.2)	(82.3)	(69.2)	(54.0)
存货（增加）/减少	(130.8)	(117.3)	(103.7)	(87.1)	(67.9)
预付款及其他流动资产（增加）/减少	(49.9)	(45.0)	(39.7)	(33.4)	(26.0)
应付账款增加/(减少)	80.9	73.3	64.7	54.4	42.4
应计负债增加/（减少）	86.8	78.4	69.3	58.2	45.4
其他流动负债增加/（减少）	23.3	20.9	18.5	15.5	12.1
净流动资金（增加）/减少	(93.5)	(83.0)	(73.3)	(61.6)	(48.0)
递延所得税增加/（减少）	(9.2)	(9.2)	(9.2)	(9.2)	(9.2)
经营活动产生的现金流	**$1 635.5**	**$1 797.2**	**$1 924.9**	**$2 026.0**	**$2 110.9**
投资活动					
资本性支出	(383.8)	(406.8)	(427.1)	(444.2)	(457.5)
其他投资性活动	-	-	-	-	-
投资活动产生的现金流	**($383.8)**	**($406.8)**	**($427.1)**	**($444.2)**	**($457.5)**
筹资活动					
周转信用贷款	–	–	–	–	–
新增定期贷款B	(1 351.8)	(898.2)	-	-	-
BuyerCo优先票据	–	–	–	–	–
新增优先票据	–	–	–	–	–
股份发行/(回购)	–	–	–	–	–
筹资活动产生的现金流	($1 351.8)	($898.2)	–	–	–
本期新增现金	($100.0)	$492.2	$1 497.8	$1 581.8	$1 653.3
期初现金余额	350.0	250.0	742.2	2 240.0	3 821.8
期末现金余额	**$250.0**	**$742.2**	**$2 240.0**	**$3 821.8**	**$5 475.2**
资本性支出（占销售收入%）	3.5%	3.5%	3.5%	3.5%	3.5%

表 7-27　备考债务偿还计划表

（单位：100万美元，财务年度截止日为12月31日）

备考债务偿还计划

	备考 2019	第1年 2020	第2年 2021	第3年 2022	第4年 2023	第5年 2024
		预测期				
远期 LIBOR曲线	*1.85%*	*1.70%*	*1.65%*	*1.55%*	*1.55%*	*1.55%*
经营活动产生的现金流		$1 635.5	$1 797.2	$1 924.9	$2 026.0	$2 110.9
投资活动产生的现金流		(383.8)	(406.8)	(427.1)	(444.2)	(457.5)
可用于还款的现金		**$1 251.8**	**$1 390.4**	**$1 497.8**	**$1 581.8**	**$1 653.3**
强制性还款合计	**现金最低持有量**	(22.5)	(22.5)	-	-	-
资产负债表库存现金	250.0	100.0	-	492.2	1 990.0	3 571.8
可用于选择性还款的现金		**$1 329.3**	**$1 367.9**	**$1 990.0**	**$3 571.8**	**$5 225.2**
周转信用贷款						
周转信用贷款规模	$500.0					
利差	*2.500%*					
LIBOR 下限	– %					
期限	6 年					
未使用贷款部分的承诺费率	*0.50%*					
期初余额		–	–	–	–	–
提款/(还款)		–	–	–	–	–
期末余额		–	–	–	–	–
利率		*4.20%*	*4.15%*	*4.05%*	*4.05%*	*4.05%*
利息费用		–	–	–	–	–
承诺费		2.5	2.5	2.5	2.5	2.5
机构代理费		0.2	0.2	0.2	0.2	0.2
新增定期贷款 B						
规模	$2 250.0					
利差	*2.750%*					
LIBOR 下限	– %					
期限	7 年					
还款计划	*1.0%*	每年还款，到期集中偿还余额				
期初余额		$2 250.0	$898.2	–	–	–
强制性还款		(22.5)	(22.5)	–	–	–
选择性还款		(1 329.3)	(875.7)	–	–	–
期末余额		**$898.2**	–	–	–	–
利率		*4.45%*	*4.40%*	*4.30%*	*4.30%*	*4.30%*
利息费用		70.0	19.8	–	–	–
BuyerCo的现有优先票据						
规模	$2 200.0					
息票率	*6.500%*					
期限	8 年					
期初余额		$2 200.0	$2 200.0	$2 200.0	$2 200.0	$2 200.0
还款		–	–	–	–	–
期末余额		**$2 200.0**	**$2 200.0**	**$2 200.0**	**$2 200.0**	**$2 200.0**
利息费用		143.0	143.0	143.0	143.0	143.0
新增优先票据						
规模	$1 500.0					
息票率	*6.000%*					
期限	8 年					
期初余额		$1 500.0	$1 500.0	$1 500.0	$1 500.0	$1 500.0
还款		–	–	–	–	–
期末余额		**$1 500.0**	**$1 500.0**	**$1 500.0**	**$1 500.0**	**$1 500.0**
利息费用		90.0	90.0	90.0	90.0	90.0

表 7-28 备考资本总额和信用比率

（单位：100万美元，财务年度截止日为12月31日）

资本总额	BuyerCo 2019	ValueCo 2019	调整项 +	调整项 −	备考 2019	预测期 1 2020	2 2021	3 2022	4 2023	5 2024
现金	$400.0	$250.0		(300.0)	$350.0	$250.0	$742.2	$2 240.0	$3 821.8	$5 475.2
周转信用贷款	–	–			–	–	–	–	–	–
ValueCo的定期贷款	–	1 000.0		(1 000.0)	–	–	–	–	–	–
新增定期贷款B	–	–	2 250.0		2 250.0	898.2	–	–	–	–
其他负债	–	–			–	–	–	–	–	–
优先有担保负债合计	–	**$1 000.0**			**$2 250.0**	**$898.2**	–	–	–	–
BuyerCo的优先票据	2 200.0	–			2 200.0	2 200.0	2 200.0	2 200.0	2 200.0	2 200.0
ValueCo的优先票据	–	500.0		(500.0)	–	–	–	–	–	–
新增优先票据	–	–	1 500.0		1 500.0	1 500.0	1 500.0	1 500.0	1 500.0	1 500.0
优先票据合计	**$2 200.0**	**$1 500.0**			**$5 950.0**	**$4 598.2**	**$3 700.0**	**$3 700.0**	**$3 700.0**	**$3 700.0**
优先次级票据	–	–								
负债合计	**$2 200.0**	**$1 500.0**			**$5 950.0**	**$4 598.2**	**$3 700.0**	**$3 700.0**	**$3 700.0**	**$3 700.0**
所有者权益	2 480.0	3 500.0	2 270.0	(3 500.0)	4 750.0	6 031.9	7 440.8	8 946.3	10 523.3	12 157.6
资本总额	**$4 680.0**	**$5 000.0**			**$10 700.0**	**$10 630.1**	**$11 140.8**	**$12 646.3**	**$14 223.3**	**$15 857.6**
已偿还银行负债 %					–	*60.1%*	*100.0%*	*100.0%*	*100.0%*	*100.0%*

信用比率	BuyerCo 2019	ValueCo 2019	调整项 +	调整项 −	备考 2019	2020	2021	2022	2023	2024
EBITDA	$1 486.3	$725.0	100.0		$2 311.3	$2 469.7	$2 611.9	$2 737.5	$2 843.0	$2 925.3
资本性支出	202.7	155.3			357.9	383.8	406.8	427.1	444.2	457.5
利息费用	144.4	92.9	114.8		352.1	322.1	271.8	252.0	252.0	252.0
EBITDA / 利息费用	10.3x	7.8x			6.6x	7.7x	9.6x	10.9x	11.3x	11.6x
(EBITDA－资本性支出) /利息费用	8.9x	6.1x			5.5x	6.5x	8.1x	9.2x	9.5x	9.8x
优先有担保负债 / EBITDA	– x	1.4x			1.0x	0.4x	– x	– x	– x	– x
优先负债 / EBITDA	1.5x	2.1x			2.6x	1.9x	1.4x	1.4x	1.3x	1.3x
总负债 / EBITDA	1.5x	2.1x			2.6x	1.9x	1.4x	1.4x	1.3x	1.3x
净负债 / EBITDA	1.2x	1.7x			2.4x	1.8x	1.1x	0.5x	(0.0x)	(0.6x)
负债 / 资本总额	*47.0%*	*30.0%*			*55.6%*	*43.3%*	*33.2%*	*29.3%*	*26.0%*	*23.3%*

总负债/ EBITDA

		对价支付中的股票比例				
		0%	**25%**	**50%**	**75%**	**100%**
已付溢价	**25%**	3.5x	3.0x	2.5x	2.0x	1.5x
	30%	3.5x	3.0x	2.5x	2.0x	1.5x
	35%	3.6x	3.1x	**2.6x**	2.0x	1.5x
	40%	3.7x	3.2x	2.6x	2.1x	1.5x
	45%	3.8x	3.2x	2.7x	2.1x	1.5x

EBITDA / 利息费用

		对价支付中的股票比例				
		0%	**25%**	**50%**	**75%**	**100%**
已付溢价	**25%**	5.2x	5.8x	6.7x	8.8x	11.0x
	30%	5.1x	5.7x	6.6x	8.8x	11.0x
	35%	5.0x	5.7x	**6.6x**	8.6x	11.0x
	40%	4.9x	5.6x	6.5x	8.6x	11.0x
	45%	4.8x	5.5x	6.4x	8.5x	11.0x

表 7-29　收益增厚 / 稀释分析

（单位：100万美元，每股数据除外）

增厚/稀释分析-50%股票/50%现金

	备考	预测期				
		1	2	3	4	5
	2019	2020	2021	2022	2023	2024
BuyerCo的 EBIT	$1 317.4	$1 409.6	$1 494.2	$1 568.9	$1 631.6	$1 680.6
ValueCo的 EBIT	518.0	556.9	590.3	619.8	644.6	663.9
协同效应	100.0	100.0	100.0	100.0	100.0	100.0
备考合并 EBIT (交易前结构)	**$1 935.4**	**$2 066.4**	**$2 184.4**	**$2 288.7**	**$2 376.2**	**$2 444.5**
增值产生的折旧	22.0	22.0	22.0	22.0	22.0	22.0
增值产生的摊销	14.7	14.7	14.7	14.7	14.7	14.7
备考合并 EBIT	**$1 898.7**	**$2 029.8**	**$2 147.8**	**$2 252.0**	**$2 339.5**	**$2 407.8**
独立状态下的净利息费用	142.4	140.2	135.7	130.9	125.7	120.3
新增的净利息费用	208.2	180.3	133.6	113.7	111.2	108.5
税前利润	**$1 548.1**	**$1 709.2**	**$1 878.5**	**$2 007.4**	**$2 102.7**	**$2 179.0**
所得税：25.0%	387.0	427.3	469.6	501.9	525.7	544.8
备考合并净利润	**$1 161.0**	**$1 281.9**	**$1 408.8**	**$1 505.6**	**$1 577.0**	**$1 634.3**
BuyerCo独立状态下的净利润	**$881.2**	**$952.0**	**$1 018.9**	**$1 078.5**	**$1 129.4**	**$1 170.2**
独立状态下全面稀释已发行股份	140.0	140.0	140.0	140.0	140.0	140.0
交易新增股份	33.6	33.6	33.6	33.6	33.6	33.6
备考全面稀释已发行股份	**173.6**	**173.6**	**173.6**	**173.6**	**173.6**	**173.6**
备考合并全面稀释EPS	**$6.69**	**$7.39**	**$8.12**	**$8.67**	**$9.09**	**$9.42**
BuyerCo独立状态下全面稀释EPS	**$6.29**	**$6.80**	**$7.28**	**$7.70**	**$8.07**	**$8.36**
增厚/(稀释)：金额	**$0.39**	**$0.59**	**$0.84**	**$0.97**	**$1.02**	**$1.06**
增厚/(稀释)：比例	**6.3%**	**8.6%**	**11.5%**	**12.6%**	**12.6%**	**12.6%**
增厚/稀释效应	*增厚*	*增厚*	*增厚*	*增厚*	*增厚*	*增厚*
包括税前协同效应	$100.0	$100.0	$100.0	$100.0	$100.0	$100.0
达到盈亏平衡点所需要的额外税前协同效应	(91.3)	(135.4)	(194.2)	(224.6)	(235.6)	(244.6)
达到盈亏平衡点所必需的协同效应/(缓冲池)	$8.7	($35.4)	($94.2)	($124.6)	($135.6)	($144.6)

年度 EPS 增厚/(稀释)效应敏感性分析 - 已付溢价

报价	溢价	年度				
		2020	2021	2022	2023	2024
$54.38	**25%**	8.8%	11.1%	13.8%	14.6%	14.7%
$56.55	**30%**	7.5%	9.8%	12.7%	13.6%	13.6%
$58.73	**35%**	6.3%	8.6%	11.5%	12.6%	12.6%
$60.90	**40%**	5.0%	7.4%	10.4%	11.6%	11.6%
$63.08	**45%**	3.8%	6.2%	9.3%	10.6%	10.6%

2020E EPS 增厚/(稀释)效应敏感性分析- 已付溢价和支付对价

报价	溢价	对价支付股票所占%				
		0%	25%	50%	75%	100%
$54.38	**25%**	27.4%	18.5%	11.1%	6.7%	1.3%
$56.55	**30%**	26.5%	17.3%	9.8%	5.3%	(0.1%)
$58.73	**35%**	25.6%	16.2%	8.6%	4.0%	(1.5%)
$60.90	**40%**	24.6%	15.1%	7.4%	2.7%	(2.8%)
$63.08	**45%**	23.7%	14.0%	6.2%	1.4%	(4.1%)

协同效应盈亏平衡敏感性分析

报价	溢价	预计协同效应				
		$0	$50	$100	$150	$200
$54.38	**25%**	4.6%	7.8%	11.1%	14.4%	17.7%
$56.55	**30%**	3.3%	6.6%	9.8%	13.1%	16.4%
$58.73	**35%**	2.1%	5.4%	8.6%	11.8%	15.1%
$60.90	**40%**	1.0%	4.2%	7.4%	10.6%	13.8%
$63.08	**45%**	(0.2%)	3.0%	6.2%	9.4%	12.5%

协同效应盈亏平衡敏感性分析

报价	溢价	达到盈亏平衡点所需要的税前协同效应				
		2012	2013	2014	2015	2016
$54.38	**25%**	($26)	($72)	($129)	($157)	($170)
$56.55	**30%**	($9)	($54)	($112)	($141)	($153)
$58.73	**35%**	$9	($35)	($94)	($125)	($136)
$60.90	**40%**	$26	($17)	($77)	($108)	($119)
$63.08	**45%**	$44	$1	($59)	($92)	($102)

表 7-30 假设页——交易调整、融资结构及费用

（单位：100万美元，财务年度截止日为12月31日）

假设页——交易调整、融资结构及费用

融资结构

	结构方案				
	1	2	3	4	5
资金来源	**结构方案1**	**结构方案2**	**结构方案3**	**结构方案4**	**现状**
周转信用贷款规模	$500.0	$500.0	$500.0	$500.0	–
周转信用贷款提款	–	–	–	–	–
定期贷款A	–	1 225.0	500.0	–	–
定期贷款B	2 250.0	–	900.0	–	–
定期贷款C	–	–	–	–	–
第二留置权	–	–	–	–	–
优先票据	1 500.0	2 825.0	2 000.0	4 050.0	–
优先次级票据	–	–	–	–	–
普通股发行	2 350.0	2 350.0	2 350.0	2 350.0	–
库存现金	300.0	–	650.0	–	–
其他	–	–	–	–	–
–	–	–	–	–	–
资金来源合计	**$6 400.0**	**$6 400.0**	**$6 400.0**	**$6 400.0**	–
资金使用					
股权收购价格	$4 700.0	$4 700.0	$4 700.0	$4 700.0	–
偿还现有银行债务	1 500.0	1 500.0	1 500.0	1 500.0	–
要约/回购溢价	20.0	20.0	20.0	20.0	–
债务融资费用	120.0	120.0	120.0	120.0	–
交易及其他费用	60.0	60.0	60.0	60.0	–
–	–	–	–	–	–
–	–	–	–	–	–
–	–	–	–	–	–
资金使用合计	**$6 400.0**	**$6 400.0**	**$6 400.0**	**$6 400.0**	–

收购价格

上市/私有目标公司	1
要约每股价格	$58.73
全面稀释普通股数量	80.0
股权收购价格	**$4 700.0**
加：总债务	1 500.0
加：优先股	–
加：非控股股东权益	–
减：现金及现金等价物	(250.0)
企业价值	**$5 950.0**

商誉计算

	分配率	
股权收购价格		$4 700.0
减：ValueCo的可识别净资产		(2 500.0)
可分配收购溢价合计		**$2 200.0**
减：有形资产增值	15%	(330.0)
减：无形资产增值	10%	(220.0)
加：递延所得税负债		$137.5
交易创造的商誉		**$1 787.5**

资产增值折旧及摊销假设

	年限	年金额
有形资产增值折旧	15	22.0
无形资产增值摊销	15	14.7
递延所得税		(9.2)

融资费用

结构方案1	规模	费率	费用金额
周转信用贷款规模	$500.0	2.250%	$11.3
定期贷款A	–	–	–
定期贷款B	2 250.0	2.250%	50.6
定期贷款C	–	–	–
第二留置权	–	–	–
优先票据	1 500.0	2.250%	33.8
优先次级票据	–	–	–
优先过桥贷款	1 500.0	1.250%	18.8
优先次级过桥贷款	–	–	–
其他融资费用			5.6
融资费用合计			**$120.0**

ValueCo全面稀释已发行股份

基本普通股数量	79.726
加：实值期权发行股份	1.500
减：股票回购	(1.192)
期权产生的新增股份	**0.308**
加：可转换债券转换股份	–
全面稀释已发行股份	**80.034**

股票期权/认股权证

批次	发行数量	行权价格	实值期权数量	收入
批次1	1.000	$45.00	1.000	$45.0
批次2	0.500	50.00	0.500	25.0
批次3	–	–	–	–
批次4	–	–	–	–
批次5	–	–	–	–
合计	1.500		1.500	$70.0

融资费用摊销

	期限	第1年 2020	第2年 2021	第3年 2022	第4年 2023	第5年 2024
周转信用贷款规模	6	$1.9	$1.9	$1.9	$1.9	$1.9
定期贷款A	–	–	–	–	–	–
定期贷款B	7	7.2	7.2	7.2	7.2	7.2
定期贷款C	–	–	–	–	–	–
第二留置权	–	–	–	–	–	–
优先票据	8	4.2	4.2	4.2	4.2	4.2
优先次级票据	–	–	–	–	–	–
优先过桥贷款	8	2.3	2.3	2.3	2.3	2.3
优先次级过桥贷款	–	–	–	–	–	–
其他融资费用	8	0.7	0.7	0.7	0.7	0.7
年度摊销费用		**$16.4**	**$16.4**	**$16.4**	**$16.4**	**$16.4**

BuyerCo全面稀释已发行股份

基本普通股数量	139.982
加：实值期权发行股份	0.250
减：股票回购	(0.232)
期权产生的新增股份	**0.018**
加：可转换债券转换股份	–
全面稀释已发行股份	**140.000**

期权/认股权证

批次	发行数量	行权价格	实值期权数量	收入
批次1	0.250	$65.00	0.250	$16.3
批次2	0.750	75.00	–	–
批次3	–	–	–	–
批次4	–	–	–	–
批次5	–	–	–	–
合计	1.000		0.250	$16.3

协同效应

	第1年 2020	第2年 2021	第3年 2022	第4年 2023	第5年 2024
收入	–	–	–	–	–
成本节约额	100.0	100.0	100.0	100.0	100.0
资本开支	–	–	–	–	–

表 7-31 BuyerCo 的利润表

BuyerCo 的利润表
（独立状态下）

（单位：100万美元，财务年度截止日为12月31日）

	历史期							预测期				
				YTD	YTD	LTM		第1年	第2年	第3年	第4年	第5年
	2016	2017	2018	2018/9/30	2019/9/30	2019/9/30	2019	2020	2021	2022	2023	2024
销售收入	$4 771.7	$5 484.7	$6 232.6	$4 611.6	$4 938.6	$6 559.6	$6 755.8	$7 228.7	$7 662.4	$8 045.5	$8 367.4	$8 618.4
增长率	*NA*	*14.9%*	*13.6%*	*NA*	*7.1%*	*NA*	*8.4%*	*7.0%*	*6.0%*	*5.0%*	*4.0%*	*3.0%*
销货成本	3 053.9	3 455.4	3 864.2	2 859.2	3 061.9	4 067.0	4 188.6	4 481.8	4 750.7	4 988.2	5 187.8	5 343.4
毛利润	$1 717.8	$2 029.3	$2 368.4	$1 752.4	$1 876.7	$2 492.6	$2 567.2	$2 746.9	$2 911.7	$3 057.3	$3 179.6	$3 275.0
毛利率	*36.0%*	*37.0%*	*38.0%*	*38.0%*	*38.0%*	*38.0%*	*38.0%*	*38.0%*	*38.0%*	*38.0%*	*38.0%*	*38.0%*
销售、行政及管理费用	811.2	905.0	997.2	737.9	790.2	1 049.5	1 080.9	1 156.6	1 226.0	1 287.3	1 338.8	1 378.9
占销售收入 %	*17.0%*	*16.5%*	*16.0%*	*16.0%*	*16.0%*	*16.0%*	*16.0%*	*16.0%*	*16.0%*	*16.0%*	*16.0%*	*16.0%*
其他费用/（收入）	–	–	–	–	–	–	–	–	–	–	–	–
EBITDA	$906.6	$1 124.4	$1 371.2	$1 014.6	$1 086.5	$1 443.1	$1 486.3	$1 590.3	$1 685.7	$1 770.0	$1 840.8	$1 896.0
利润率	*19.0%*	*20.5%*	*22.0%*	*22.0%*	*22.0%*	*22.0%*	*22.0%*	*22.0%*	*22.0%*	*22.0%*	*22.0%*	*22.0%*
折旧	95.4	109.7	124.7	92.2	98.8	131.2	135.1	144.6	153.2	160.9	167.3	172.4
摊销	23.9	27.4	31.2	23.1	24.7	32.8	33.8	36.1	38.3	40.2	41.8	43.1
EBIT	$787.3	$987.2	$1 215.4	$899.3	$963.0	$1 279.1	$1 317.4	$1 409.6	$1 494.2	$1 568.9	$1 631.6	$1 680.6
利润率	*16.5%*	*18.0%*	*19.5%*	*19.5%*	*19.5%*	*19.5%*	*19.5%*	*19.5%*	*19.5%*	*19.5%*	*19.5%*	*19.5%*
利息费用												
周转信用贷款						-	–	–	–	–	–	–
定期贷款A						-	–	–	–	–	–	–
定期贷款B						-	–	–	–	–	–	–
定期贷款C						-	–	–	–	–	–	–
现有定期贷款						-	–	–	–	–	–	–
第二留置权						-	–	–	–	–	–	–
优先票据						143.0	143.0	143.0	143.0	143.0	143.0	143.0
优先次级票据						–	–	–	–	–	–	–
周转贷款未提款部分的承诺费						1.3	1.3	1.3	1.3	1.3	1.3	1.3
机构代理费						0.2	0.2	0.2	0.2	0.2	0.2	0.2
利息费用合计						$144.4	$144.4	$144.4	$144.4	$144.4	$144.4	$144.4
利息收入						(2.0)	(2.0)	(4.2)	(8.7)	(13.5)	(18.7)	(24.1)
净利息费用						$142.4	$142.4	$140.2	$135.7	$130.9	$125.7	$120.3
税前利润						1 136.7	1 175.0	1 269.4	1 358.5	1 438.0	1 505.9	1 560.3
所得税						284.2	293.7	317.3	339.6	359.5	376.5	390.1
净利润						$852.5	$881.2	$952.0	$1 018.9	$1 078.5	$1 129.4	$1 170.2
净利润率							*13.0%*	*13.2%*	*13.3%*	*13.4%*	*13.5%*	*13.6%*
全面稀释已发行股份						140.0	140.0	140.0	140.0	140.0	140.0	140.0
全面稀释EPS						$6.09	$6.29	$6.80	$7.28	$7.70	$8.07	$8.36
利润表假设												
销售收入（增长率）	NA	14.9%	13.6%	(26.0%)	7.1%	NA	8.4%	7.0%	6.0%	5.0%	4.0%	3.0%
销货成本（占销售收入%）	64.0%	63.0%	62.0%	62.0%	62.0%	62.0%	62.0%	62.0%	62.0%	62.0%	62.0%	62.0%
销售、行政及管理费用（占销售收入%）	17.0%	16.5%	16.0%	16.0%	16.0%	16.0%	16.0%	16.0%	16.0%	16.0%	16.0%	16.0%
其他费用/（收入）（占销售收入%）	– %	– %	– %	– %	– %	– %	– %	– %	– %	– %	– %	– %
折旧（占销售收入%）	2.0%	2.0%	2.0%	2.0%	2.0%	2.0%	2.0%	2.0%	2.0%	2.0%	2.0%	2.0%
摊销（占销售收入%）	0.5%	0.5%	0.5%	0.5%	0.5%	0.5%	0.5%	0.5%	0.5%	0.5%	0.5%	0.5%
利息收入							0.5%	0.5%	0.5%	0.5%	0.5%	0.5%
所得税税率						25.0%	25.0%	25.0%	25.0%	25.0%	25.0%	25.0%

表 7-32 BuyerCo 的资产负债表

（单位：100万美元，财务年度截止日为12月31日）

BuyerCo的资产负债表（独立状态下）						
		预测期				
		第1年	第2年	第3年	第4年	第5年
	2019	2020	2021	2022	2023	2024
现金及现金等价物	$400.0	$1 270.0	$2 208.5	$3 209.7	$4 266.1	$5 368.9
应收账款	1 000.0	1 070.0	1 134.2	1 190.9	1 238.5	1 275.7
存货	1 225.0	1 310.8	1 389.4	1 458.9	1 517.2	1 562.7
预付款及其他流动资产	525.0	561.8	595.5	625.2	650.2	669.7
流动资产合计	**$3 150.0**	**$4 212.5**	**$5 327.6**	**$6 484.7**	**$7 672.1**	**$8 877.0**
固定资产净值	2 500.0	2 572.3	2 648.9	2 729.4	2 813.0	2 899.2
商誉	575.0	575.0	575.0	575.0	575.0	575.0
无形资产	825.0	788.9	750.5	710.3	668.5	625.4
其他资产	450.0	450.0	450.0	450.0	450.0	450.0
递延融资费用	–	–	–	–	–	–
资产合计	**$7 500.0**	**$8 598.7**	**$9 752.0**	**$10 949.4**	**$12 178.6**	**$13 426.7**
应付账款	925.0	989.8	1 049.1	1 101.6	1 145.7	1 180.0
应计负债	945.0	1 011.2	1 071.8	1 125.4	1 170.4	1 205.5
其他流动负债	225.0	240.8	255.2	268.0	278.7	287.0
流动负债合计	**$2 095.0**	**$2 241.7**	**$2 376.1**	**$2 495.0**	**$2 594.8**	**$2 672.6**
周转信用贷款	–	–	–	–	–	–
定期贷款A	–	–	–	–	–	–
定期贷款B	–	–	–	–	–	–
定期贷款C	–	–	–	–	–	–
现有定期贷款	–	–	–	–	–	–
第二留置权	–	–	–	–	–	–
优先票据	2 200.0	2 200.0	2 200.0	2 200.0	2 200.0	2 200.0
优先次级票据	–	–	–	–	–	–
其他负债	–	–	–	–	–	–
递延所得税负债	100.0	100.0	100.0	100.0	100.0	100.0
其他长期负债	625.0	625.0	625.0	625.0	625.0	625.0
负债合计	**$5 020.0**	**$5 166.7**	**$5 301.1**	**$5 420.0**	**$5 519.8**	**$5 597.6**
非控股股东权益	–	–	–	–	–	–
股东权益	2 480.0	3 432.0	4 450.9	5 529.4	6 658.8	7 829.1
所有者权益合计	**$2 480.0**	**$3 432.0**	**$4 450.9**	**$5 529.4**	**$6 658.8**	**$7 829.1**
负债和所有者权益合计	**$7 500.0**	**$8 598.7**	**$9 752.0**	**$10 949.4**	**$12 178.6**	**$13 426.7**
平衡检验	*0.000*	*0.000*	*0.000*	*0.000*	*0.000*	*0.000*
净流动资金	655.0	700.9	742.9	780.0	811.2	835.6
净流动资金（增加）/减少		(45.9)	(42.1)	(37.1)	(31.2)	(24.3)
资产负债表假设						
流动资产						
应收账款周转天数 (DSO)	54.0	54.0	54.0	54.0	54.0	54.0
存货持有天数 (DIH)	106.7	106.7	106.7	106.7	106.7	106.7
预付款和其他流动资产(占销售收入%)	7.8%	7.8%	7.8%	7.8%	7.8%	7.8%
流动负债						
应付账款 (DPO)	80.6	80.6	80.6	80.6	80.6	80.6
应计负债(占销售收入%)	14.0%	14.0%	14.0%	14.0%	14.0%	14.0%
其他流动负债(占销售收入%)	3.3%	3.3%	3.3%	3.3%	3.3%	3.3%

表 7-33　BuyerCo 的现金流量表

（单位：100万美元，财务年度截止日为12月31日）

BuyerCo的现金流量表（独立状态下）					
	预测期				
	第1年	第2年	第3年	第4年	第5年
	2020	2021	2022	2023	2024
经营活动					
净利润	$952.0	$1 018.9	$1 078.5	$1 129.4	$1 170.2
加：折旧	144.6	153.2	160.9	167.3	172.4
加：摊销	36.1	38.3	40.2	41.8	43.1
营运资本项目的变化					
应收账款（增加）/减少	(70.0)	(64.2)	(56.7)	(47.6)	(37.2)
存货（增加）/减少	(85.8)	(78.6)	(69.5)	(58.4)	(45.5)
预付款及其他流动资产（增加）/减少	(36.8)	(33.7)	(29.8)	(25.0)	(19.5)
应付账款增加/（减少）	64.8	59.4	52.5	44.1	34.4
应计负债增加/（减少）	66.2	60.7	53.6	45.0	35.1
其他流动负债增加（减少）	15.8	14.4	12.8	10.7	8.4
净流动资金（增加）/减少	(45.9)	(42.1)	(37.1)	(31.2)	(24.3)
经营活动产生的现金流	**$1 086.9**	**$1 168.4**	**$1 242.5**	**$1 307.4**	**$1 361.3**
投资活动					
资本性支出	(216.9)	(229.9)	(241.4)	(251.0)	(258.6)
其他投资性活动	–	–	–	–	–
投资活动产生的现金流	**($216.9)**	**($229.9)**	**($241.4)**	**($251.0)**	**($258.6)**
筹资活动					
周转信用贷款	–	–	–	–	–
定期贷款A	–	–	–	–	–
定期贷款B	–	–	–	–	–
定期贷款C	–	–	–	–	–
现有定期贷款	–	–	–	–	–
第二留置权	–	–	–	–	–
优先票据	–	–	–	–	–
优先次级票据	–	–	–	–	–
其他负债	–	–	–	–	–
股利	–	–	–	–	–
股份发行/（回购）	–	–	–	–	–
筹资活动产生的现金流	–	–	–	–	–
本期新增现金	$870.0	$938.5	$1 001.1	$1 056.4	$1 102.8
期初现金余额	400.0	1 270.0	2 208.5	3 209.7	4 266.1
期末现金余额	**$1 270.0**	**$2 208.5**	**$3 209.6**	**$4 266.1**	**$5 368.9**
现金流量表假设					
资本性支出（占销售收入%）	3.0%	3.0%	3.0%	3.0%	3.0%

表 7-34　BuyerCo 的债务偿还计划表

（单位：100万美元，财务年度截止日为12月31日）

BuyerCo债务偿还计划（独立状态下）						
		预测期				
	备考	第1年	第2年	第3年	第4年	第5年
	2019	2020	2021	2022	2023	2024
远期 LIBOR 曲线	1.85%	1.70%	1.65%	1.55%	1.55%	1.55%
经营活动产生的现金流		$1 086.9	$1 168.4	$1 242.5	$1 307.4	$1 361.3
投资活动产生的现金流		(216.9)	(229.9)	(241.4)	(251.0)	(258.6)
可用于偿还负债的现金流		**$870.0**	**$938.5**	**$1 001.1**	**$1 056.4**	**$1 102.8**
强制性还款合计	最低现金持有金额	–	–	–	–	–
资产负债表库存现金	100.0	300.0	1 170.0	2 108.5	3 109.7	4 166.1
可用于选择性还款的现金余额		**$1 170.0**	**$2 108.5**	**$3 109.7**	**$4 166.1**	**$5 268.9**
周转信用贷款						
周转信用贷款额度	$250.0					
利差	2.500%					
LIBOR下限	– %					
期限	6 年					
未提款的费率	0.50%					
初期余额		–	–	–	–	–
提款/(还款)		–	–	–	–	–
期末余额		–	–	–	–	–
利率		4.20%	4.15%	4.05%	4.05%	4.05%
利息费用		–	–	–	–	–
承诺费		1.3	1.3	1.3	1.3	1.3
机构代理费		0.2	0.2	0.2	0.2	0.2
定期贷款B						
规模	-					
利差	2.750%					
LIBOR下限	– %					
期限	7 年					
还款计划	1.0%	每年还款，到期集中偿还余额				
初期余额		–	–	–	–	–
强制性还款		–	–	–	–	–
选择性还款		–	–	–	–	–
期末余额		–	–	–	–	–
利率		4.45%	4.40%	4.30%	4.30%	4.30%
利息费用		–	–	–	–	–
优先票据						
规模	$2 200.0					
息票	6.500%					
期限	8 年					
期初余额		$2 200.0	$2 200.0	$2 200.0	$2 200.0	$2 200.0
偿还		–	–	–	–	–
期末余额		$2 200.0	$2 200.0	$2 200.0	$2 200.0	$2 200.0
利息费用		143.0	143.0	143.0	143.0	143.0

表 7-35　**BuyerCo 的假设页 1——利润表和现金流量表**

BuyerCo（独立状态下）假设页1—— 利润表及现金流量表		预测期				
		第1年 2020	**第2年 2021**	**第3年 2022**	**第4年 2023**	**第5年 2024**
利润表假设						
销售收入 (增长率 %)		7.0%	6.0%	5.0%	4.0%	3.0%
基准方案	1	7.0%	6.0%	5.0%	4.0%	3.0%
乐观方案	2	10.0%	8.0%	6.0%	4.0%	3.0%
管理层方案	3	12.0%	10.0%	8.0%	6.0%	4.0%
悲观方案1	4	5.0%	4.0%	3.0%	3.0%	3.0%
悲观方案2	5	2.0%	2.0%	2.0%	2.0%	2.0%
销货成本 (占销售收入 %)		62.0%	62.0%	62.0%	62.0%	62.0%
基准方案	1	62.0%	62.0%	62.0%	62.0%	62.0%
乐观方案	2	62.0%	62.0%	62.0%	62.0%	62.0%
管理层方案	3	61.0%	61.0%	61.0%	61.0%	61.0%
悲观方案1	4	63.0%	63.0%	63.0%	63.0%	63.0%
悲观方案2	5	64.0%	64.0%	64.0%	64.0%	64.0%
销售、行政及管理费用 (占销售收入 %)		16.0%	16.0%	16.0%	16.0%	16.0%
基准方案	1	16.0%	16.0%	16.0%	16.0%	16.0%
乐观方案	2	15.0%	15.0%	15.0%	15.0%	15.0%
管理层方案	3	15.0%	15.0%	15.0%	15.0%	15.0%
悲观方案1	4	18.0%	18.0%	18.0%	18.0%	18.0%
悲观方案2	5	20.0%	20.0%	20.0%	20.0%	20.0%
折旧 (占销售收入 %)		2.0%	2.0%	2.0%	2.0%	2.0%
基准方案	1	2.0%	2.0%	2.0%	2.0%	2.0%
乐观方案	2	2.0%	2.0%	2.0%	2.0%	2.0%
管理层方案	3	2.0%	2.0%	2.0%	2.0%	2.0%
悲观方案1	4	2.0%	2.0%	2.0%	2.0%	2.0%
悲观方案2	5	2.0%	2.0%	2.0%	2.0%	2.0%
摊销 (占销售收入 %)		0.5%	0.5%	0.5%	0.5%	0.5%
基准方案	1	0.5%	0.5%	0.5%	0.5%	0.5%
乐观方案	2	0.5%	0.5%	0.5%	0.5%	0.5%
管理层方案	3	0.5%	0.5%	0.5%	0.5%	0.5%
悲观方案1	4	0.5%	0.5%	0.5%	0.5%	0.5%
悲观方案2	5	0.5%	0.5%	0.5%	0.5%	0.5%
现金流量表假设						
资本性支出 (占销售收入 %)		3.0%	3.0%	3.0%	3.0%	3.0%
基准方案	1	3.0%	3.0%	3.0%	3.0%	3.0%
乐观方案	2	3.0%	3.0%	3.0%	3.0%	3.0%
管理层方案	3	3.0%	3.0%	3.0%	3.0%	3.0%
悲观方案1	4	3.0%	3.0%	3.0%	3.0%	3.0%
悲观方案2	5	3.0%	3.0%	3.0%	3.0%	3.0%

表 7-36 **BuyerCo 的假设页 2——资产负债表**

BuyerCo（独立状态下）假设页 2——资产负债表		预测期				
		第1年	第2年	第3年	第4年	第5年
		2020	2021	2022	2023	2024
流动资产						
应收账款周转天数 (DSO)		54.0	54.0	54.0	54.0	54.0
基准方案	1	54.0	54.0	54.0	54.0	54.0
乐观方案	2	54.0	54.0	54.0	54.0	54.0
管理层方案	3	54.0	54.0	54.0	54.0	54.0
悲观方案1	4	56.0	56.0	56.0	56.0	56.0
悲观方案2	5	58.0	58.0	58.0	58.0	58.0
存货持有天数 (DIH)		106.7	106.7	106.7	106.7	106.7
基准方案	1	106.7	106.7	106.7	106.7	106.7
乐观方案	2	106.7	106.7	106.7	106.7	106.7
管理层方案	3	106.7	106.7	106.7	106.7	106.7
悲观方案1	4	110.0	110.0	110.0	110.0	110.0
悲观方案2	5	115.0	115.0	115.0	115.0	115.0
预付款和其他流动资产 (占销售收入%)		7.8%	7.8%	7.8%	7.8%	7.8%
基准方案	1	7.8%	7.8%	7.8%	7.8%	7.8%
乐观方案	2	7.8%	7.8%	7.8%	7.8%	7.8%
管理层方案	3	7.8%	7.8%	7.8%	7.8%	7.8%
悲观方案1	4	7.8%	7.8%	7.8%	7.8%	7.8%
悲观方案2	5	7.8%	7.8%	7.8%	7.8%	7.8%
流动负债						
应付账款周转天数 (DPO)		80.6	80.6	80.6	80.6	80.6
基准方案	1	80.6	80.6	80.6	80.6	80.6
乐观方案	2	80.6	80.6	80.6	80.6	80.6
管理层方案	3	80.6	80.6	80.6	80.6	80.6
悲观方案1	4	77.0	77.0	77.0	77.0	77.0
悲观方案2	5	75.0	75.0	75.0	75.0	75.0
应计负债 (占销售收入 %)		14.0%	14.0%	14.0%	14.0%	14.0%
基准方案	1	14.0%	14.0%	14.0%	14.0%	14.0%
乐观方案	2	14.0%	14.0%	14.0%	14.0%	14.0%
管理层方案	3	14.0%	14.0%	14.0%	14.0%	14.0%
悲观方案1	4	14.0%	14.0%	14.0%	14.0%	14.0%
悲观方案2	5	14.0%	14.0%	14.0%	14.0%	14.0%
其他流动负债 (占销售收入%)		3.3%	3.3%	3.3%	3.3%	3.3%
基准方案	1	3.3%	3.3%	3.3%	3.3%	3.3%
乐观方案	2	3.3%	3.3%	3.3%	3.3%	3.3%
管理层方案	3	3.3%	3.3%	3.3%	3.3%	3.3%
悲观方案1	4	3.3%	3.3%	3.3%	3.3%	3.3%
悲观方案2	5	3.3%	3.3%	3.3%	3.3%	3.3%

表 7-37　ValueCo 的利润表

ValueCo的利润表
（独立状态下）
（单位：100万美元，财务年度截止日为12月31日）

	历史期							预测期				
				YTD	YTD	LTM		第1年	第2年	第3年	第4年	第5年
	2016	2017	2018	2018/9/30	2019/9/30	2019/9/30	2019	2020	2021	2022	2023	2024
销售收入	$2 600.0	$2 900.0	$3 200.0	$2 400.0	$2 585.0	$3 385.0	$3 450.0	$3 708.8	$3 931.3	$4 127.8	$4 293.0	$4 421.7
增长率	*NA*	*11.5%*	*10.3%*	*NA*	*7.7%*	*NA*	*7.8%*	*7.5%*	*6.0%*	*5.0%*	*4.0%*	*3.0%*
销货成本	1 612.0	1 769.0	1 920.0	1 440.0	1 555.0	2 035.0	2 070.0	2 225.3	2 358.8	2 476.7	2 575.8	2 653.0
毛利润	**$988.0**	**$1 131.0**	**$1 280.0**	**$960.0**	**$1 030.0**	**$1 350.0**	**$1 380.0**	**$1 483.5**	**$1 572.5**	**$1 651.1**	**$1 717.2**	**$1 768.7**
毛利率	*38.0%*	*39.0%*	*40.0%*	*40.0%*	*39.8%*	*39.9%*	*40.0%*	*40.0%*	*40.0%*	*40.0%*	*40.0%*	*40.0%*
销售、行政及管理费用	496.6	551.0	608.0	443.0	485.0	650.0	655.0	704.1	746.4	783.7	815.0	839.5
占销售收入 %	*19.1%*	*19.0%*	*19.0%*	*18.5%*	*18.8%*	*19.2%*	*19.0%*	*19.0%*	*19.0%*	*19.0%*	*19.0%*	*19.0%*
其他费用/（收入）	–	–	–	–	–	–	–	–	–	–	–	–
EBITDA	**$491.4**	**$580.0**	**$672.0**	**$517.0**	**$545.0**	**$700.0**	**$725.0**	**$779.4**	**$826.1**	**$867.4**	**$902.1**	**$929.2**
利润率	*18.9%*	*20.0%*	*21.0%*	*21.5%*	*21.1%*	*20.7%*	*21.0%*	*21.0%*	*21.0%*	*21.0%*	*21.0%*	*21.0%*
折旧	116.0	121.5	145.0	110.0	115.0	150.0	155.3	166.9	176.9	185.8	193.2	199.0
摊销	39.0	43.5	48.0	33.0	35.0	50.0	51.8	55.6	59.0	61.9	64.4	66.3
EBIT	**$336.4**	**$415.0**	**$479.0**	**$374.0**	**$395.0**	**$500.0**	**$518.0**	**$556.9**	**$590.3**	**$619.8**	**$644.6**	**$663.9**
利润率	*12.9%*	*14.3%*	*15.0%*	*15.6%*	*15.3%*	*14.8%*	*15.0%*	*15.0%*	*15.0%*	*15.0%*	*15.0%*	*15.0%*
利息费用												
周转信用贷款						–	–	–	–	–	–	–
定期贷款A						–	–	–	–	–	–	–
定期贷款B						52.0	52.0	42.5	22.1	5.6	–	–
定期贷款C						–	–	–	–	–	–	–
现有定期贷款						–	–	–	–	–	–	–
第二留置权						–	–	–	–	–	–	–
优先票据						40.0	40.0	40.0	40.0	40.0	40.0	40.0
优先次级票据						–	–	–	–	–	–	–
周转信用贷款未提款部分的承诺费						0.8	0.8	0.8	0.8	0.8	0.8	0.8
机构代理费						0.2	0.2	0.2	0.2	0.2	0.2	0.2
利息费用合计						**$92.9**	**$92.9**	**$83.4**	**$63.0**	**$46.5**	**$40.9**	**$40.9**
利息收入						(1.5)	(1.5)	(1.3)	(1.3)	(1.8)	(3.7)	(6.2)
净利息费用						**$91.4**	**$91.4**	**$82.1**	**$61.7**	**$44.7**	**$37.2**	**$34.7**
税前利润						408.6	426.6	474.7	528.5	575.1	607.3	629.2
所得税						102.2	106.7	118.7	132.1	143.8	151.8	157.3
净利润						**$306.4**	**$319.9**	**$356.0**	**$396.4**	**$431.3**	**$455.5**	**$471.9**
净利润率							*9.3%*	*9.6%*	*10.1%*	*10.4%*	*10.6%*	*10.7%*
全面稀释已发行股份						80.0	80.0	80.0	80.0	80.0	80.0	80.0
全面稀释EPS						**$3.83**	**$4.00**	**$4.45**	**$4.95**	**$5.39**	**$5.69**	**$5.90**
利润表假设												
销售收入（增长率）	NA	11.5%	10.3%	NA	7.7%	NA	7.8%	7.5%	6.0%	5.0%	4.0%	3.0%
销货成本（占销售收入 %）	62.0%	61.0%	60.0%	60.0%	60.2%	60.1%	60.0%	60.0%	60.0%	60.0%	60.0%	60.0%
销售、行政及管理费用（占销售收入%）	19.1%	19.0%	19.0%	18.5%	18.8%	19.2%	19.0%	19.0%	19.0%	19.0%	19.0%	19.0%
其他费用/（收入）（占销售收入%）	–%	–%	–%	–%	–%	–%	–%	–%	–%	–%	–%	–%
折旧（占销售收入 %）	4.5%	4.2%	4.5%	4.6%	4.4%	4.4%	4.5%	4.5%	4.5%	4.5%	4.5%	4.5%
摊销（占销售收入 %）	1.5%	1.5%	1.5%	1.4%	1.4%	1.5%	1.5%	1.5%	1.5%	1.5%	1.5%	1.5%
利息收入							0.6%	0.5%	0.5%	0.5%	0.5%	0.5%
所得税税率						25.0%	25.0%	25.0%	25.0%	25.0%	25.0%	25.0%

表 7-38 ValueCo 的资产负债表

（单位：100万美元，财务年度截止日为12月31日）

ValueCo 的资产负债表（独立状态下）						
		预测期				
		第1年	第2年	第3年	第4年	第5年
	2019	2020	2021	2022	2023	2024
现金及现金等价物	$250.0	$250.0	$250.0	$485.5	$975.0	$1 489.5
应收账款	450.0	483.8	512.8	538.4	560.0	576.7
存货	600.0	645.0	683.7	717.9	746.6	769.0
预付款及其他流动资产	175.0	188.1	199.4	209.4	217.8	224.3
流动资产合计	**$1 475.0**	**$1 566.9**	**$1 645.9**	**$1 951.2**	**$2 499.4**	**$3 059.5**
固定资产净值	2 500.0	2 500.0	2 500.0	2 500.0	2 500.0	2 500.0
商誉	1 000.0	1 000.0	1 000.0	1 000.0	1 000.0	1 000.0
无形资产	875.0	819.4	760.4	698.5	634.1	567.8
其他资产	150.0	150.0	150.0	150.0	150.0	150.0
递延融资费用	–	–	–	–	–	–
资产合计	**$6 000.0**	**$6 036.3**	**$6 056.3**	**$6 299.7**	**$6 783.5**	**$7 277.3**
应付账款	215.0	231.1	245.0	257.2	267.5	275.6
应计负债	275.0	295.6	313.4	329.0	342.2	352.5
其他流动负债	100.0	107.5	114.0	119.6	124.4	128.2
流动负债合计	**$590.0**	**$634.2**	**$672.4**	**$705.8**	**$734.1**	**$756.3**
周转信用贷款	–	–	–	–	–	–
定期贷款A	–	–	–	–	–	–
定期贷款B	1 000.0	636.0	221.6	–	–	–
定期贷款C	–	–	–	–	–	–
现有定期贷款	–	–	–	–	–	–
第二留置权	–	–	–	–	–	–
优先票据	500.0	500.0	500.0	500.0	500.0	500.0
优先次级票据	–	–	–	–	–	–
其他负债	–	–	–	–	–	–
递延所得税负债	300.0	300.0	300.0	300.0	300.0	300.0
其他长期负债	110.0	110.0	110.0	110.0	110.0	110.0
负债合计	**$2 500.0**	**$2 180.2**	**$1 804.0**	**$1 615.8**	**$1 644.1**	**$1 666.3**
非控股股东权益	–	–	–	–	–	–
股东权益	3 500.0	3 856.0	4 252.4	4 683.7	5 139.2	5 611.1
所有者权益合计	**$3 500.0**	**$3 856.0**	**$4 252.4**	**$4 683.7**	**$5 139.2**	**$5 611.1**
负债和所有者权益合计	**$6 000.0**	**$6 036.2**	**$6 056.4**	**$6 299.5**	**$6 783.3**	**$7 277.4**
平衡检验	*0.000*	*0.000*	*0.000*	*0.000*	*0.000*	*0.000*
净流动资金	635.0	682.6	723.6	759.8	790.2	813.9
净流动资金（增加）/减少		(47.6)	(41.0)	(36.2)	(30.4)	(23.7)
资产负债表假设						
流动资产						
应收账款周转天数 (DSO)	47.6	47.6	47.6	47.6	47.6	47.6
存货持有天数 (DIH)	105.8	105.8	105.8	105.8	105.8	105.8
预付款和其他流动资产(占销售收入%)	5.1%	5.1%	5.1%	5.1%	5.1%	5.1%
流动负债						
应付账款 (DPO)	37.9	37.9	37.9	37.9	37.9	37.9
应计负债（占销售收入%）	8.0%	8.0%	8.0%	8.0%	8.0%	8.0%
其他流动负债(占销售收入%)	2.9%	2.9%	2.9%	2.9%	2.9%	2.9%

表 7-39 ValueCo 的现金流量表

（单位：100万美元，财务年度截止日为12月31日）

ValueCo的现金流量表（独立状态下）					
	预测期				
	第1年 2020	第2年 2021	第3年 2022	第4年 2023	第5年 2024
经营活动					
净利润	$356.0	$396.4	$431.3	$455.5	$471.9
加：折旧	166.9	176.9	185.8	193.2	199.0
加：摊销	55.6	59.0	61.9	64.4	66.3
	–	–	–	–	–
营运资本项目的变化					
应收账款（增加）/减少	(33.8)	(29.0)	(25.6)	(21.5)	(16.8)
存货（增加）/减少	(45.0)	(38.7)	(34.2)	(28.7)	(22.4)
预付款及其他流动资产（增加）/减少	(13.1)	(11.3)	(10.0)	(8.4)	(6.5)
应付账款增加/（减少）	16.1	13.9	12.2	10.3	8.0
应计负债增加/（减少）	20.6	17.7	15.7	13.2	10.3
其他流动负债增加/（减少）	7.5	6.5	5.7	4.8	3.7
净流动资金（增加）/减少	(47.6)	(41.0)	(36.2)	(30.4)	(23.7)
经营活动产生的现金流	**$530.9**	**$591.3**	**$642.8**	**$682.7**	**$713.5**
投资活动					
资本性支出	(166.9)	(176.9)	(185.8)	(193.2)	(199.0)
其他投资性活动	–	–	–	–	–
投资活动产生的现金流	**($166.9)**	**($176.9)**	**($185.8)**	**($193.2)**	**($199.0)**
筹资活动					
周转信用贷款	–	–	–	–	–
定期贷款A	–	–	–	–	–
定期贷款B	(364.0)	(414.4)	(221.6)	–	–
定期贷款C	–	–	–	–	–
现有定期贷款	–	–	–	–	–
第二留置权	–	–	–	–	–
优先票据	–	–	–	–	–
优先次级票据	–	–	–	–	–
其他负债	–	–	–	–	–
股利	–	–	–	–	–
股份发行/（回购）	–	–	–	–	–
筹资活动产生的现金流	**($364.0)**	**($414.4)**	**($221.6)**	–	–
本期新增现金	–	–	$235.5	$489.5	$514.5
期初现金余额	250.0	250.0	250.0	485.5	975.0
期末现金余额	**$250.0**	**$250.0**	**$485.5**	**$975.0**	**$1 489.5**
现金流量表假设					
资本性支出（占销售收入%）	4.5%	4.5%	4.5%	4.5%	4.5%

表 7-40 ValueCo 的债务偿还计划表

（单位：100万美元，财务年度截止日为12月31日）

ValueCo的债务偿还计划（独立状态下）						
		预测期				
	备考	第1年	第2年	第3年	第4年	第5年
	2019	2020	2021	2022	2023	2024
远期 LIBOR曲线	*1.85%*	*1.70%*	*1.65%*	*1.55%*	*1.55%*	*1.55%*
经营活动产生的现金流		$530.9	$591.3	$642.8	$682.7	$713.5
投资活动产生的现金流		(166.9)	(176.9)	(185.8)	(193.2)	(199.0)
可用于还款的现金		**$364.0**	**$414.4**	**$457.0**	**$489.5**	**$514.5**
强制性还款合计	**现金最低持有量**	(10.0)	(10.0)	(10.0)	–	–
资产负债表库存现金	250.0	–	–	–	235.5	725.0
可用于选择性还款的现金		**$354.0**	**$404.4**	**$447.0**	**$725.0**	**$1 239.5**
周转信用贷款						
周转信用贷款额度	$150.0					
利差	*3.250%*					
LIBOR 下限	– %					
期限	6 年					
未使用贷款部分的承诺费率	*0.50%*					
期初余额		–	–	–	–	–
提款/(还款)		–	–	–	–	–
期末余额		–	–	–	–	–
利率		*4.95%*	*4.90%*	*4.80%*	*4.80%*	*4.80%*
利息费用		–	–	–	–	–
承诺费		0.8	0.8	0.8	0.8	0.8
机构代理费		0.2	0.2	0.2	0.2	0.2
新增定期贷款B						
规模	$1 000.0					
利差	*3.500%*					
LIBOR 下限	– %					
期限	7 年					
还款计划	*1.0%*	每年还款，到期集中偿还余款				
期初余额		$1 000.0	$636.0	$221.6	–	–
强制性还款		(10.0)	(10.0)	(10.0)	–	–
选择性还款		(354.0)	(404.4)	(211.6)	–	–
期末余额		**$636.0**	**$221.6**	–	–	–
利率		*5.20%*	*5.15%*	*5.05%*	*5.05%*	*5.05%*
利息费用		42.5	22.1	5.6	–	–
优先票据						
规模	$500.0					
息票率	*8.000%*					
期限	8 年					
期初余额		$500.0	$500.0	$500.0	$500.0	$500.0
还款		–	–	–	–	–
期末余额		**$500.0**	**$500.0**	**$500.0**	**$500.0**	**$500.0**
利息费用		40.0	40.0	40.0	40.0	40.0

表 7-41 ValueCo 的假设页 1——利润表和现金流量表

ValueCo的假设页1-利润表和现金流量表		预测期				
		第1年 2020	第2年 2021	第3年 2022	第4年 2023	第5年 2024
利润表假设						
销售收入 (增长率 %)		7.5%	6.0%	5.0%	4.0%	3.0%
基准方案	1	7.5%	6.0%	5.0%	4.0%	3.0%
乐观方案	2	10.0%	8.0%	6.0%	4.0%	3.0%
管理层方案	3	12.0%	10.0%	8.0%	6.0%	4.0%
悲观方案1	4	5.0%	4.0%	3.0%	3.0%	3.0%
悲观方案2	5	2.0%	2.0%	2.0%	2.0%	2.0%
销货成本 (占销售收入 %)		60.0%	60.0%	60.0%	60.0%	60.0%
基准方案	1	60.0%	60.0%	60.0%	60.0%	60.0%
乐观方案	2	60.0%	60.0%	60.0%	60.0%	60.0%
管理层方案	3	59.0%	59.0%	59.0%	59.0%	59.0%
悲观方案1	4	61.0%	61.0%	61.0%	61.0%	61.0%
悲观方案2	5	62.0%	62.0%	62.0%	62.0%	62.0%
销售、行政及管理费用 (占销售收入 %)		19.0%	19.0%	19.0%	19.0%	19.0%
基准方案	1	19.0%	19.0%	19.0%	19.0%	19.0%
乐观方案	2	18.0%	18.0%	18.0%	18.0%	18.0%
管理层方案	3	18.0%	18.0%	18.0%	18.0%	18.0%
悲观方案1	4	20.0%	20.0%	20.0%	20.0%	20.0%
悲观方案2	5	21.0%	21.0%	21.0%	21.0%	21.0%
折旧 (占销售收入 %)		4.5%	4.5%	4.5%	4.5%	4.5%
基准方案	1	4.5%	4.5%	4.5%	4.5%	4.5%
乐观方案	2	4.5%	4.5%	4.5%	4.5%	4.5%
管理层方案	3	4.5%	4.5%	4.5%	4.5%	4.5%
悲观方案1	4	4.5%	4.5%	4.5%	4.5%	4.5%
悲观方案2	5	4.5%	4.5%	4.5%	4.5%	4.5%
摊销 (占销售收入 %)		1.5%	1.5%	1.5%	1.5%	1.5%
基准方案	1	1.5%	1.5%	1.5%	1.5%	1.5%
乐观方案	2	1.5%	1.5%	1.5%	1.5%	1.5%
管理层方案	3	1.5%	1.5%	1.5%	1.5%	1.5%
悲观方案1	4	1.5%	1.5%	1.5%	1.5%	1.5%
悲观方案2	5	1.5%	1.5%	1.5%	1.5%	1.5%
现金流量表假设						
资本性支出 (占销售收入%)		4.5%	4.5%	4.5%	4.5%	4.5%
基准方案	1	4.5%	4.5%	4.5%	4.5%	4.5%
乐观方案	2	4.5%	4.5%	4.5%	4.5%	4.5%
管理层方案	3	4.5%	4.5%	4.5%	4.5%	4.5%
悲观方案1	4	5.0%	5.0%	5.0%	5.0%	5.0%
悲观方案2	5	5.0%	5.0%	5.0%	5.0%	5.0%

表 7-42　ValueCo 的假设页 2——资产负债表

ValueCo的假设页2——资产负债表						
		预测期				
		第1年 2020	第2年 2021	第3年 2022	第4年 2023	第5年 2024
流动资产						
应收账款周转天数 (DSO)		47.6	47.6	47.6	47.6	47.6
基准方案	1	47.6	47.6	47.6	47.6	47.6
乐观方案	2	47.6	47.6	47.6	47.6	47.6
管理层方案	3	47.6	47.6	47.6	47.6	47.6
悲观方案1	4	50.0	50.0	50.0	50.0	50.0
悲观方案2	5	55.0	55.0	55.0	55.0	55.0
存货持有天数 (DIH)		105.8	105.8	105.8	105.8	105.8
基准方案	1	105.8	105.8	105.8	105.8	105.8
乐观方案	2	105.8	105.8	105.8	105.8	105.8
管理层方案	3	105.8	105.8	105.8	105.8	105.8
悲观方案1	4	110.0	110.0	110.0	110.0	110.0
悲观方案2	5	115.0	115.0	115.0	115.0	115.0
预付款和其他流动资产 (占销售收入%)		5.1%	5.1%	5.1%	5.1%	5.1%
基准方案	1	5.1%	5.1%	5.1%	5.1%	5.1%
乐观方案	2	5.1%	5.1%	5.1%	5.1%	5.1%
管理层方案	3	5.1%	5.1%	5.1%	5.1%	5.1%
悲观方案1	4	5.1%	5.1%	5.1%	5.1%	5.1%
悲观方案2	5	5.1%	5.1%	5.1%	5.1%	5.1%
流动负债						
应付账款周转天数 (DPO)		37.9	37.9	37.9	37.9	37.9
基准方案	1	37.9	37.9	37.9	37.9	37.9
乐观方案	2	37.9	37.9	37.9	37.9	37.9
管理层方案	3	37.9	37.9	37.9	37.9	37.9
悲观方案1	4	35.0	35.0	35.0	35.0	35.0
悲观方案2	5	30.0	30.0	30.0	30.0	30.0
应计负债 (占销售收入 %)		8.0%	8.0%	8.0%	8.0%	8.0%
基准方案	1	8.0%	8.0%	8.0%	8.0%	8.0%
乐观方案	2	8.0%	8.0%	8.0%	8.0%	8.0%
管理层方案	3	8.0%	8.0%	8.0%	8.0%	8.0%
悲观方案1	4	8.0%	8.0%	8.0%	8.0%	8.0%
悲观方案2	5	8.0%	8.0%	8.0%	8.0%	8.0%
其他流动负债 (占销售收入%)		2.9%	2.9%	2.9%	2.9%	2.9%
基准方案	1	2.9%	2.9%	2.9%	2.9%	2.9%
乐观方案	2	2.9%	2.9%	2.9%	2.9%	2.9%
管理层方案	3	2.9%	2.9%	2.9%	2.9%	2.9%
悲观方案1	4	2.9%	2.9%	2.9%	2.9%	2.9%
悲观方案2	5	2.9%	2.9%	2.9%	2.9%	2.9%

第四部分

首次公开发行（IPO）

第八章

首次公开发行（IPO）

首次公开发行（IPO）是指公司（“发行人”）首次向公众投资者出售其股票的行为。随后，这些公开发行的股票将在纳斯达克股票市场（NASDAQ）、纽约证券交易所（NYSE）、伦敦证券交易所（LSE）或香港联合交易所（SEHK）等各交易所公开交易。这些主要的市场交易所共同构成了通常所说的“股票市场”。每个公开交易股票的公司均被交易所授予一个“股票代码”，代码通常由 1 ~ 4 个缩写字母构成，作为公司唯一的标识符。公司“上市”之后，其股票每天在公开市场上交易，买卖双方可以实时确定普通股的价值。

首次公开发行对公司、所有者和员工而言是一个变革性事件。在很多方面，公司及其运营方式将发生巨大变化。上市公司需要公开披露详细的商业和财务信息，并接受多方面的分析。管理层每季度召集一次业绩电话会议，回答卖方分析师的问题。公司需要定期与现有及潜在新投资者交流信息。公司董事会需要及时跟踪最新会计准则、法律法规，打造投资者关系基础架构和员工关系，以满足监管机构和市场对上市公司的要求。

尽管拟 IPO 公司在行业、规模和财务状况方面千差万别，但都需要具有能吸引公众投资者的绩效及成长属性。公司及其潜在市场是否大到能吸引投资者的水平？是不是市场领导者？成长机会有多令人期待？入市时在生命周期中所处的阶段是否有吸引力？管理团队的能力如何？

此外，上市公司所处的市场环境也必须是有利的。既定时间内的 IPO 发行数量与股票市场整体行情密切相关。市场行情越好，选择 IPO 的公司数量越多；反之，在市场低迷时，尝试 IPO 的公司数量会相对减少，甚至可能完全停止。市场行情不佳时，即便是备受市场追捧的拟 IPO 公司也会选择等待，它们不愿冒着上市失败的风险孤注一掷。

为评估公司IPO的前景和市场行情，公司及其股东会求助于投资银行。投资银行还会在估值、发行规模和募集资金用途等方面提供建议。综合权衡这些要素，公司及其股东将最终决定是否继续寻求上市。

本章对IPO的基本概念和流程加以概述，先将要点列示于表8-1。

表8-1 IPO基本原理

■ 公司为什么要公开上市
■ 优质拟IPO公司的基本特征
■ IPO的关键参与者
■ 基本的关键性条款
■ 双轨制程序
■ 特殊目的收购公司
■ 直接上市
■ IPO后的股票增发
■ IPO需要考虑的事项

公司为什么要公开上市

IPO背后的动机取决于具体情形。公司做出上市的决策，可能是为了追求股权变现、创造流动性、为业务成长提供资金或巩固企业地位，但更多的是出于多种原因。很多拟IPO公司的股东是寻求退出投资的私募股权公司（PE）或风险投资公司（VC），还有些公司的控制者可能是已达到拐点的家族或创始人，但也可能是母公司决定剥离的非核心部门。

IPO募集收入的用途也相应不同。当现有股东为创造流动性而出售股票并收获现金时，这种发行被称为存量发行（secondary offering）。而当公司本身通过出售股票为成长提供资金、偿还债务或出于企业的其他常规性目的时，则被称为增量发行（primary offering）。首次公开募股可能完全由增量股票或存量股票或两者结合组成。这种情况决定了发行的类型。

无论何种类型的发行，IPO都会为原始股东及新股东所持有的股票提供流动市场和估值基准。在完成IPO后，上市前持股的股东通常要接受180天的禁售期。在此之后，除公司关联人或内幕人员受某些法律限制以外，其他持股者可以自由买卖其持有的股票。

以下是公司寻求首次公开发行的主要原因：

- 流动性 / 变现。寻求公开上市最常见的原因，或许就是为所有者实现股权的流动性或变现创造条件。IPO 是以现金方式向其他公司或私募股权公司出售股权的有效替代方案。首先，在 IPO 中，公司估值通常较高。在某些情况下，公司可能找不到现金买家，因而使得 IPO 成为股东退出投资的唯一可行方式。其次，公司所有者可能希望维持对公司的控制权。在典型的 IPO 中，原始股东通常只会卖出 25% 左右的公司股份，从而确保继续拥有相对多数股权。最后，通过保留公司大部分股份，原始股东得以享受股价潜在上涨的机会，并在以后择机继续出售股份。通过 IPO，未来股价升值的机会大大增加。关于这一点，不妨想想几家大型互联网上市公司的原始股东：脸书、苹果、亚马逊、奈飞和谷歌。
- 筹集成长资金。IPO 募集的资金可用于公司的任何经营及成长行为，譬如新产品开发、新市场开拓、地区性扩张、人力资本、研发、软件和设备等。此外，公司还可以利用现金收入为并购融资，既可以是一笔即将开展的大手笔交易，也可以是未来一系列的持续交易。
- 进入资本市场。通过公开股票市场，公司得以借助持续增发股票获得新的补充资本，这种发行也被称为后续发行或增发（follow-on offerings）。从广度和深度来看，大型证券交易所比私募市场能更有效地筹集资金。此外，上市公司还可以在资本市场注册发行公司债、可转换债券及混合证券。
- 强化资产负债表 / 去杠杆。IPO 的收入可以用于偿还现有债务，从而强化公司的资产负债表，并释放增长能力。对于杠杆化公司，其中大多之前为杠杆收购公司，这种情况尤其常见。这种情形下，公开市场往往是它们筹集股权资金并实施去杠杆的最有效选择。
- 获得收购货币。进入具有足够深度和流动性的公开股票市场可以增强并购实力。可以将公司股票直接作为收购对价向目标公司支付，也可以用增发股票筹集到的现金支付收购对价。这显然比非上市公司具有更大的灵活性，因为对后者而言，通过增发股份来筹集资金往往来自当前所有者口袋里的现金。
- 打造公司声誉和形象。公开上市可以为公司打造一种恒久稳定的感觉。对创始人或家族企业而言，这一点尤其重要，因为声誉对公司所有者、员工和其他利益相关者来说都是至关重要的。此外，IPO 本身就是一项非常吸睛的活动，它不仅有助于巩固公司既有的良好形象，也可以借此提高企业的知名度。从这个意义上说，股票代码就像是免费广告。

- 吸引和保留人才。上市公司可以向员工提供基于股票的薪酬方案，这种方案通常会采用限制性股票或期权形式。这种薪酬制度在透明性和流动性方面显然有别于私人公司。因此，这种薪酬制度不仅有助于吸引和留住人才，而且可以直接协调管理层和股东的激励机制。

优质拟 IPO 公司的基本特征

如表 8-2 所示，有吸引力的拟 IPO 公司通常会展示出某些共同特征。

表 8-2　优质拟 IPO 公司所具有的基本特征

■ 处于有吸引力的行业
■ 强大的市场竞争地位
■ 成长的机会
■ 护城河与进入壁垒
■ 健康的财务状况
■ 颠覆性和差异化解决方案
■ 有利的风险特征
■ 经过检验的管理团队

处于有吸引力的行业

公司从事的是什么业务，处于哪个业务板块？它是如何创造利润的？这也是投资者尽职调查必须把握的重中之重。在某些情况下，所处行业或赛道甚至会成为决定公司能否上市的决定性要素。不妨回忆一下 20 世纪 90 年代科技企业的 IPO 泛滥，还有 2019 年独角兽企业的快速增长。行业走强时，水涨船高，其中所有企业都成为市场宠儿。反之，如果行业走弱，即便是高质量企业也会在上市的路上举步维艰。贫民窟里最好的房子也好不到哪里去。投资者可能会质疑这些公司的可持续性，进而怀疑其股票未来可以实现的价值。

那么，IPO 投资者在行业板块或赛道这个话题上要关注那些要素呢？即规模、增长性和结构，它们均与销售收入和收益前景相关。大型板块必然与市场大潮息息相关，而且规模本身就蕴含着增长机会。投资者聚焦在公司的总体潜在市场（total addressable market）。比如说，1 000 亿美元的总体潜在市场明显优于只有二三十亿美元的总体潜在市场，因为前者会带来更多的增长机会。

成长性板块往往处于某些重大的长期性趋势或周期性浪潮的“早期”阶段。长期性趋势包括高科技、监管制度或消费偏好驱动的板块。而房地产、石油和天然气、工业以及金属和采矿板块则属于典型的周期性浪潮。

强大的市场竞争地位

与相对稚嫩的企业相比，市场领导者往往更让投资者兴奋不已。市场领导者本身就是一种强大的号召力和营销工具，但更重要的是它所代表的内涵，即值得信赖的既往业绩与可持续的竞争优势。具体包括优质的产品和服务、品牌实力、稳固的客户关系以及成本和规模优势等。

尽管在既定行业或赛道排名第一的公司是最理想的拟 IPO 公司，但实力强大的亚军或季军同样值得期待。同样，即便是身处二线梯队但增长更神勇的市场参与者也会点燃投资者的激情。可以说，趋势和竞争前景比当前状况更重要。股票投资者永远是志在前方的梦想者。

在竞争定位方面，投资者还需关注竞争者的数量。从理论上说，竞争者的数量越少，目标公司展现出优异业绩的概率就越大。激烈的竞争可能会导致低速增长、低盈利或收益递减的现象，特别是当市场参与者为争夺市场份额而采取非理性行为时，就会更容易出现这种情况。

成长的机会

成长，成长，还是成长。投资者希望在新公司中找到可以实现超常收益的机会。成长是实现这种超常收益的关键，而有机成长则是重中之重。所谓的有机成长源自公司内部创造的机会——包括新客户、新产品、新服务、地区性扩张和绿地投资。强大而有效的并购平台同样具有吸引力。最佳拟 IPO 公司的成长动力往往是多方面的。

尽管 IPO 投资者渴望成长，但也要努力理解市场波动的本质。他们需要权衡失败的风险与实现爆炸性增长的前景。这对处于初创期尚未实现盈利的公司而言尤其重要。此外，对于依靠周期性、并购或地域扩张实现的增长，也必须给予特殊的考量。与所有公司一样，低风险、高增长的故事永远是最理想的选择。

- 空白市场。它是指公司在其核心市场中进行市场渗透的机会，通常表示为当前市场份额占总体潜在市场的百分比。在这个方面，比例越小越好。扩大市场份额的潜力会给投资者带来无限的激情与遐想。
- 地域扩张和绿地。它是指在国内或国际市场上寻求扩张的机会，通常是通过绿地投资或并购实现的。此外，公司还可以通过分销安排、创建合资企业、开展特许经营或签署白标协议（white labeling agreement）等方式进入新的市场区域。
- 新渠道和入市途径。公司应始终优化建设进入市场的途径。关键性入市渠道包括零售、批发、直销和电子商务。对任何新的渠道机会，都应考虑其替代现有渠道的能力以及对当前市场路径可能带来的负面影响。
- 收购。强大的并购平台为投资者提供了更多的增长机会。与此同时，并购故事要求对风险和收益特性进行清醒的评估。为吸引市场关注，拟IPO公司就必须以合理价格提供足够可行的并购机会，而且需要管理层有充分的整合能力。此外，投资者还需要目标公司拥有稳健的资产负债表，从而为并购交易提供巨大的融资空间。
- 新产品和新服务。开发新产品和新服务以及升级或扩展现有产品和服务的能力，可以为投资者提供多重增长机会。苹果公司的策略是对传统产品组合进行定期升级，比如iPhone、iPad和MacBook。与此同时，公司的研发团队要始终致力于开发全新产品，2015年推出的Apple手表就是一个例子。
- 周期性成长。对处于强势行业反转初期阶段的周期性公司，投资者会情不自禁地期待未来实现大幅增长的可能性。这种情况涉及形形色色的企业，包括汽车、化工、金属与采矿、房地产、石油和天然气以及各种大宗商品等。在这里，时点的选择至关重要，而且必须认真验证公司在以往业务周期中的表现。

护城河与进入壁垒

投资者寻求的是高质量的企业，这些企业相对于同行应具有可持续的竞争优势，并存在较高的业务进入门槛。这种特性通常被称为“护城河”。差异化产品、知识产权、规模效应、品牌、客户黏性、低成本结构以及高额的前期资本性投资，都是提高商业模式进入壁垒的基础。此外，市场领导地位与可靠的历史业绩也有助于提高投资者对公司及其护城河的认可和信赖。竞争者少、进入壁垒高的行业往往蕴含着取得超常业绩的更大潜力。但需要提醒的是，在当前拥有高资本回报率的行业，注定会吸引新的竞争者进入市场。因此，即便是业绩最优秀的公司也不能永远沾沾自喜。

健康的财务状况

在理想的情况下，拟 IPO 公司应具有良好的成长性和营利能力。利润率和增长率越高越好。这两个指标都可以转化为强大的收益能力。销售业绩增长、收入和自由现金流的良好预期也是提高企业上市能力的有利指标。高弹性、会员式商业模式带来的经常性收入，会让公司的前景锦上添花。

与上述 IPO 特性相对的另一个极端，则是具有一定投机性的初期成长。在这方面，我们或许马上就会想到科技领域的拟 IPO 公司。这些公司可能盈利微薄，甚至尚未实现盈利，但它们可以为投资者带来超额增长与超常收益的预期。另一类值得期待的 IPO 候选企业，则是有可能通过改善财务成果实现成长预期的企业。最理想的情况是，这种改进体现为定价或成本措施等可识别的经营行为。这些 IPO 需要精准的均衡。拥有运营改善潜质的公司不同于“毛坯房”式的企业，后者在任何市场上 IPO 都会具有挑战性，因此最好是等到调整改善后再行冲击 IPO。

此外，资产负债表也必须足够强大，只有这样，才能在支持增长的同时抵御潜在挑战。当公司的杠杆率高于一定水平时，会让 IPO 的投资者望而却步。因此，他们至少希望能找到一条可靠的路径进行去杠杆。同样，对此前经历过破产的公司，应充分研究它们过去的经历，以及它们是否会重蹈覆辙。

在 IPO 背景下，必须审慎对待资本高度密集型企业。随着公司规模的扩大和营利能力的提高，投资者注定要在公司的现金消耗率和自由现金流创造能力之间求得均衡，任何一个极端都不符合他们的预期。在评估拥有长期增长前景的亏损公司时，这一点尤为重要。

颠覆性和差异化解决方案

新兴行业的先驱者往往是超高速成长方式的代言者，这也是很多 IPO 投资者梦寐以求的投资目标。在这方面，如何讲好技术故事至关重要。亚马逊始终被视为终极颠覆者的最佳范例——它的优势最先体现在图书，然后是整个零售领域、运输和物流，甚至是云计算。

但颠覆者绝不仅限于技术领域，包括生物技术在内的医疗保健行业，已成为新上市公司的主要推动力。总体而言，任何能从传统企业手中抢走市场份额的企业都具有破坏性力量。在食品和饮料行业，最显著的例子就是饭店中的休闲餐厅、有机农产品和替代肉类以及功能型饮料；在装饰板和壁板之类的传统行业，新型复合材料正在逐步取代木材和金属。

不管是什么行业，市场份额的领先者都具有超常的增长前景。但是，不要把时尚与可持续创新混为一谈。提到这个，GoPro 和 Fitbit 或许会出现在我们的脑海里。当然，两者之间确实存在很多灰色区域。有些潮流确实已持续数年，而不是昙花一现的数月……而某些颠覆性创新确有可能被新的突破所颠覆。

有利的风险特征

IPO 投资者既关注收益，也在乎风险。寻求公开上市的公司会与主要投资银行合作，提早发现并及时解决潜在问题。在某些情况下，如果事实证明风险可能过高，那么，就会促使公司放弃严格的 IPO 流程，转而寻求其他方案。某些风险类别确实值得特殊关注，比如说：

- 周期性。从定义上看，任何周期都要经历高峰和谷底。对不同的行业板块，谷底的深度可能不尽相同，峰顶的高度自然也高低不同。IPO 投资者不仅要理解企业运营周期的性质，还要分析周期与企业绩效的关系。他们需要研究公司在此前周期中的表现，并尝试对公司在下个周期中的可能表现做出评估。

  在上一轮经济低迷时期，公司的销售收入、毛利润、盈利和现金流受到的影响有多大？是否存在破产的可能性？对待高度波动的周期性，投资者会非常谨慎，通常以较低的收益倍数（市盈率）作为风险补偿。另一方面，时间才是决定一切的终极力量。在周期低点适时进行的 IPO 更有可能获得市场的青睐，并得到有吸引力的估值。
- 客户与供应商的集中度。尽管成功的公司往往拥有大客户和大供应商，但最关键的是均衡。过度集中被视为一种负面特征。客户集中度可能会受到最严格的监管。IPO 候选企业面对的是零售商群体还是单一的原始制造商（OEM）？如果保证货源让它们筋疲力尽或是出现运营问题，那么，过度依赖单一供应商就会带来风险。此外，关键客户或供应商的性质也很重要，同样重要的是这种关系的持续性和黏性。与高质量的固定客户或供应商维持长期往来的记录有助于博得投资者的青睐。

- 地域风险。像大多数关键风险敞口一样，地域的多样性也可以缓解风险。在投资者的心中，经营地域的本土化和集中程度越高，风险就越高。比如说，对于美国的一家拟 IPO 公司，典型的微观风险敞口包括销售收入在加利福尼亚、佛罗里达州或得克萨斯州等大州分布不均；或者收入严重依赖美国东北或西南等市场区域。就会导致这些公司受制于本地经济周期、政治形势甚至天气等外部事件。全球化销售总体上是有利的，因为它代表了业务的全球性布局和多元化经营，但单一国家的风险显然更易于管理，尤其是对美国这样的大国。
- 竞争。投资者不仅要密切关注公司在行业中的地位，还要了解整个竞争格局。这种分析要延伸到现有竞争对手范围之外，以识别潜在的新进入者。理想的情况是，公司目前拥有的市场份额保持稳定或持续增长状态，其他企业进入市场并造成威胁需要跨越巨大的进入壁垒。竞争加剧是一个危险信号，它会危及公司未来的收入和利润。
- 经营历史。经营历史有限的公司肯定会受到严格审查。当然，IPO 投资者更愿意看到可追溯的历史业绩。很多处于初创阶段的公司严重依赖尚未得到市场验证的新产品或新技术。因此，投资者注定会细心权衡这类企业的风险和收益，只有那些能以超常收益抵消高风险的企业才能得到市场的认可。即便亏损的初创公司也可以成功步入 IPO 殿堂，毕竟，它们的价值取决于未来的表现。这种 IPO 候选企业最常见于科技及生物技术领域。

经过检验的管理团队

强大的管理团队是任何投资机会的关键要素。考虑到 IPO 的成功需要吸引投资者的眼球并说服他们进行投资，因此，这一点对拟 IPO 公司而言尤为突出。经常让投资者争论不休的一个话题就是，到底应该赌骑手（首席执行官，管理团队）还是赌赛马（企业）。基于我们的经验，两者缺一不可。即使是世界上最优秀的骑手也无法把驴子变成纯种赛马。

久经考验、才华横溢的高管人员（譬如首席执行官、首席运营官或首席财务官）和拥有强大团队业绩的重要部门负责人，不仅有助于降低投资风险，而且可以增强投资者对未来股价的信心。管理团队的背景、经验、资历及诚信历史会在路演过程中受到严格审查。管理深度同样非常重要，因为投资者需要一种担保——公司不会因CEO或其他关键领导人遭遇意外而难以为继（即关键人员风险）。如果董事会完全由真正的业务运营者和拥有公认的上市公司过往业绩的资本投资人组成，那么公司的信誉显然会得到进一步提升。

高级管理层还要推动企业文化的发展。实际上，企业文化本身就是一种强大的差异化要素。对由创始人主导和家族拥有的拟IPO公司来说，这种现象尤为常见——强大的指导原则、价值观、激情和愿景成为公司IPO故事的核心。在这种情况下，企业精神成为直接的绩效驱动力，激励员工和其他利益相关者创造卓越的业绩。此外，它还是有效的营销工具，在投资者社区制造影响，打造光环效应。对任何公司而言，市场都需要对其领导层的诚信精神进行严格审核，原因是显而易见的，尤其是考虑到财务报表必须由CEO和CFO签署。

如果公司由私募基金公司或风险投资公司拥有，那么，出资人必定是尽职调查中的重要一环。它们以往实施IPO的经历怎样？在之前的这些IPO中表现如何？它们是否从总体上已在基础架构、后台服务以及IT等方面为IPO做好了准备？实力强大并拥有成功经验的出资人会让公司的IPO之旅更引人注目。相反的道理也同样成立。

IPO的关键参与者

本节将概述IPO的关键参与者（如表8-3所示）。

表8-3　IPO的关键参与者

IPO的关键参与者
■ 投资银行
■ 拟上市公司的管理团队
■ 现有股东及投资者
■ IPO的投资者
■ 律师
■ 会计师
■ 交易所合作伙伴
■ IPO顾问
■ 供应商

投资银行

投资银行是整个 IPO 流程的核心参与者。它们的作用体现在从最初想法产生阶段开始，到全面准备阶段，再到实施 IPO 和为公司股票定价等各个方面。在选定牵头银行和律师事务所（简称“律所”）之后，整个过程便宣告开始了，而且通常要持续数月的时间。在 IPO 完成之后，投资银行还要为上市公司提供关键性的后期支持、研究以及其他各种咨询和资本市场服务。

在正式开启 IPO 程序之前，需要聘请投资银行对给定公司是否符合 IPO 的条件开展评估。在很多情况下，投资银行会提前数月甚至数年主动寻找适合 IPO 的公司。最初，它们可能会建议公司如何为后来的 IPO 选择最合理的定位，比如说，放弃缺乏市场吸引力的业务，集中攻坚某些产品或地区，以及扩大管理团队等。

牵头投资银行被称为账簿管理人（bookrunner），因为它们的职责就是为股票申购指令创建“账簿”。但是在实务操作中，它们的职责范围远不止于出售股票。它们还要为 IPO 的各个方面提供咨询，包括总体战略、准备、市场定位、估值、交易结构以及时间安排等。因此，投资银行需要组建一个由行业和企业专家、股票资本市场专业人士、证券分析师、交易员和销售员组成的全方位多元化团队。

图 8-1 显示了对成功实施 IPO 承担责任的投行相关部门。在所谓的“非公开方面”，核心的投资银行业务团队（IBD）通常是公司及其所有者的主要联络人，尤其是在 IPO 的准备阶段。投资银行团队由最擅长市场定位和 IPO 营销的行业专家及客户关系经理组成。他们需要在估值、尽职调查、市场定位以及起草招股说明书和其他营销材料方面与资本市场业务团队（ECM）紧密合作。

同时，在“公开方面”，投资银行的股票研究部门会指派分析师负责公司股票的研究。分析师对公司开展独立于投资银行团队与资本市场团队的全面尽职调查，从而对公司做出独立的评价，包括公司的优点和缺陷、关键绩效驱动因素、相对市场定位和估值等。投资银行的销售与交易（S&T）部门负责向投资者进行营销，并最终把股票出售给投资者。因此，在 IPO 即将启动之前，该部门通常无须采取任何行动。

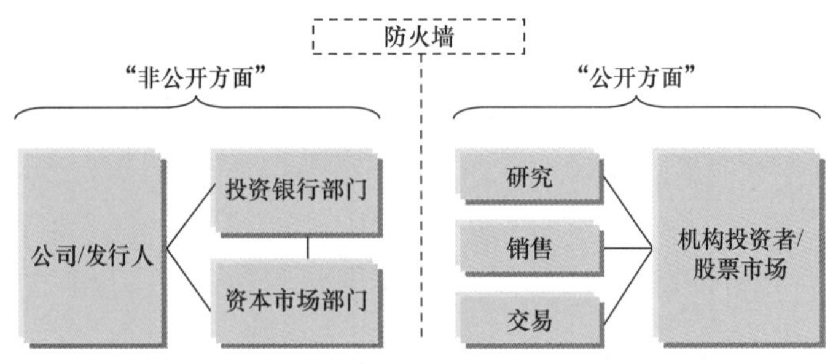

图 8-1　投资银行如何与发行公司和投资者进行合作

投资银行部门的客户关系经理通常与公司及其股东的关系最为密切。他们往往是长期跟踪公司及其故事的行业专家。因此，他们最适合与公司进行日常联系，并负责 IPO 之前的筹备工作。这项工作的基础包括尽职调查、市场定位以及起草证交会要求的发行文件（比如构成登记声明文件的申请上市登记表和招股说明书）㊀ 和路演文件。

在整个 IPO 的过程中，投资银行团队与资本市场团队、销售交易、证券交易所合作方及其他各类机构协调合作，以确保实施过程达到最优化。这个过程还会延伸到外部各方，包括律师、会计师和咨询顾问。随着 IPO 启动日期的临近，投资银行团队与资本市场团队共同向公司提交估值、发行规模、股权结构和发行时机的建议。在 SEC 完成了对申请上市登记表的审查且路演结束之后，投资银行团队与资本市场团队共同就发行价格、发行规模及其他发行募集的关键条款向公司提出建议。

资本市场团队由专门负责与股票市场对接的银行家组成。该团队通常由发起人员和协调人员构成。发起人员与发行公司的合作更为紧密，而协调人员则主要负责对接投行的内部销售人员和投资者。发起人员通常按技术、工业、医疗保健、消费品等行业划分。这样，凭借专业知识，他们可以对市场接受拟 IPO 公司的可能性及估值方面提供建议。他们与投资银行团队密切合作，共同起草投资故事，为招股说明书和路演文件提供素材。这种合作还包括选择适当的可比公司系列和指示性的估值区间。

整个资本市场团队相互协作，共同确定 IPO 的最优发行规模和募集条款，并定期更新股票市场形势和投资者情绪。协调团队需要密切关注市场动向，并

㊀ 美国公司通常以“S-1”格式的文件提交申请上市登记表，而外国私人发行人则需提交“F-1”格式的申请上市登记表。

协助资本市场团队确定最佳发行时间。此外，他们还需要帮助资本市场团队确定最有可能参与发行的目标投资者。随后，资本市场团队负责管理路演的日程安排和后勤保障，以及制订和维护投资者预售清单。在路演期间，他们是发行公司联系投资银行销售人员和投资者的关键部门。最后，资本市场团队负责向投资者配售股票以及募集之后的市场交易。

在股票研究部门，分析师负责向机构投资者发布上市公司研究报告。他们需要独立地对公司及其所在行业发表意见。与投资银行团队及资本市场团队一样，分析师通常也是按行业划分的，以便于提供专业化的市场分析。一旦被确定为 IPO 的承销商，投资银行就会通知股票研究部门负责人，并由后者为发行公司指派一名分析师。随后，分析师与拟上市公司共同制订尽职调查计划，推进上市进程㊀。

在 21 世纪初以及之前，分析师通常可以在 IPO 的推介、实施和营销等诸多方面与投资银行团队和资本市场团队密切合作。但是在 21 世纪初网络泡沫破灭和公司财务丑闻屡屡浮出水面之后，各国相继出台新的政策和法规，旨在切实保障研究部门的独立性，避免可能存在的潜在利益关联㊁。按照这些新的法规，投资银行必须在研究部门团队和投资银行团队之间建立起不可逾越的“防火墙”。因此，在没有合规性部门参与并对沟通进行监督和指导的情况下，研究部门不得与投资银行团队直接对话。

在 IPO 营销开始的时候，股票分析师需要为投行销售人员就投资机会的形势和前景进行培训。在随后的路演中，分析师需要和潜在投资者进行深入对话，并把对话情况反馈给拟上市公司的管理层和股东。随着 IPO 的结束，分析师需要在首日交易 25 天之后发表一份初始覆盖研究报告。

在公司上市之后，分析师需要以季度研究报告的形式对该公司进行持续研究并发表投资建议。他们要根据公司的最新业绩和前景展望，及时更新上市公司的收入和盈利预测；还要根据目标公司或所在行业的重大事件及公告信息，不定时地发表研究报告。此外，分析师还要为公司召集投资者会议和非交易路演（NDR）。

㊀ 在 IPO 流程启动之前，投资银行部门和研究部门通常会在投行合规团队参与监督的情况下，对企业、IPO 背景和拟进行的交易进行初步讨论。

㊁ 按照 2003 年《全球股票分析师协调机制》（Global Research Analyst Settlement）的要求，投资银行禁止对投资银行部门和研究部门进行混业操作，两者必须相互独立，禁止分析师参加客户会议和路演。

销售交易部门是投行与股票市场和投资者对接的直接渠道。在IPO启动之前，销售交易部门需要为投行的销售团队进行一次培训，由公司管理层对投资机会进行讲解和说明。通过讲解，可以帮助销售部门了解投资主题，从而让他们能够与投资者和股票市场进行合理有效的对话。在某种程度上，这次培训也是对管理层的路演排练，毕竟，他们随后还要准备很多轮投资者会议。

随着路演的启动，销售人员需要针对潜在投资者的情况为公司管理层提供培训。培训的核心内容就是投资者当前的投资观点及其以往参与IPO发售的情况，以及他们的基本投资策略。与此同时，投行交易人员还要密切关注市场动向，尤其是发行公司所在行业的态势，并为整个交易团队提供日交易最新数据和趋势。

在路演进入后期阶段时，销售部门取得投资者认购股票的指示，并把认购指令提交给资本市场部门。此外，销售部门还负责提供和定期更新投资者的认购账簿和持股情况。一旦IPO宣告结束，投行交易人员便开始公开交易上市公司的股票，为投资者提供流动性，并负责管理超额配售选择权（over-allotment option），稳定上市后的股票价格。

拟上市公司的管理团队

一支高素质的管理团队是指导拟上市公司真正完成IPO过程的关键，毕竟，这个过程可能会非常烦琐、非常困难。从筹备阶段到营销和实施，管理团队的能力和决心都在接受考验。他们必须和投行人员、律师及会计师紧密合作，确保IPO文件和营销材料拥有最高质量。

尽管公司首席执行官是IPO的直接责任人，但公司通常还会任命一名“项目主管”，协调公司在IPO过程中的内外部事务，逐日汇总IPO进度的成果。这个人可以是财务总监、首席运营官、首席法律顾问、企业发展部主管或是其他受公司管理层信赖的高级主管。所有高管人员都是IPO的主要参与者，这就要求他们协调好IPO事务和他们的日常核心工作。如果因为实施IPO而让公司的财务业绩受到干扰甚至破坏，公司注定会得不偿失 ，因为达不到收入和盈利指标的公司，当然不可能得到投资者的青睐。

财务总监（CFO）及其领导的整个团队负责为招股说明书和路演材料提供必要的财务报表、管理层讨论与分析及其他财务数据。此外，公司战略和业务发展团队的参与同样不可或缺，以确保能够充分把握公司与并购相关的增长计划和强化竞争力的机会。此外，销售和营销部门也是起草主要 IPO 材料的重要参与者，这一点在不同公司会有所差异。最后，公司的法律顾问需要在招股说明书、与 SEC 的对接、尽职调查以及各种监管审批方面与外部咨询机构紧密合作。

在路演中，管理层不仅是公司的形象代言人，也是 IPO 故事的主力营销者。投资者在决定是否投资之前，会认真观察和倾听他们的意见。最终，投资者会反问自己："这是我们希望支持的团队吗？"

现有股东及投资者

在 IPO 的背景下，公司的所有权同样是投资者必须考量的重要因素。典型的所有者包括私募股权公司和风险投资公司、控制公司的家族、公司创始人和管理层。某些机构投资者、另类资产管理公司、主权财富基金和养老基金也可能会在 IPO 前的公司中持有较多股权。对拥有市场影响力的大公司而言尤其如此。

如前所述，私募股权公司往往会选择投资已进入发展后期且商业模式较为成熟的公司，因为这些公司拥有足够的现金流去支持高杠杆策略。较大的私募股权公司往往同时持有多家公司的股权，对它们而言，通过 IPO 退出投资是可行的方案，因为投资变现带来的货币化结果往往优于直接出售股权。相比之下，风险投资公司倾向于投资规模较小且处于生命周期早期阶段的公司，这类公司极有可能实现大幅增长。但这些公司在本质上有较强的投机性，而且大多属于高科技企业。在它们当中，很多企业是颠覆性商业模式的先驱，因此，在冲击 IPO 时，它们尚无明确的投资者或清晰的可比公司。

家族企业选择公开上市的原因多种多样，包括代际更迭、遗产继承、股权变现以及与竞争力有关的经营层面因素。在大多数情况下，IPO 可能比直接出售股权更有吸引力，具体还要取决于实际情况。在 IPO 向新股东公开发售股权时，控股家族可以通过保持并直接持有大多数股权或特权类股票继续保有其控制地位。

在某种程度上，拟 IPO 公司的首席执行官和其他高管人员几乎都是股东。在这个问题上，一种极端情况是由创始人兼首席执行官（比如亚马逊的杰夫・贝佐斯和 Salesforce 的马克・贝尼奥夫）持有大量股份，同时掌控公司的运营。而另一种情况就是由职业经理人负责公司运营，但他们在公司中持有的股份数量相对较少。员工持有的股份通常集中于高管人员手中，但通常会延伸到组织的各个层级。高管人员有时也会在IPO中通过存量发行出售其持有的股票，但投资者通常还是希望他们能继续持有股票并和企业“同舟共济”。

IPO的投资者

IPO的投资者是公司发售新股的购买者，通常分为机构投资者和散户投资者两大类。机构投资者是IPO的大买家，通常会买入发行总量的80%左右。机构投资者主要包括共同基金、对冲基金、主权财富基金、养老基金、保险公司和家庭办公室（family office）。散户投资者是指通过证券经纪公司购买IPO新发行股票的个人投资者。他们通常被称为高净值或个人投资者。

机构投资者通常会进行详细的尽职调查，并在参与IPO之前履行正规的内部批准程序。按照SEC准则的要求，发行公司需向所有投资者提供初步招股说明书（red herring）[⊖]。招股说明书包含了拟上市公司及投资机会的重要信息，这些信息也是对投资具有实质性影响因而应在投资之前给予重点关注的信息。

不过，对招股说明书进行全面审核只是机构投资者进行尽职调查的一部分内容。另一个关键的里程碑事件是与管理层进行的路演会议，它为投资者提供了一个直接从管理层听取投资故事并参与问答环节的机会。这些会议通常采用播放幻灯片的形式，既可以是一对一的单独会议，也可以是与全体投资者共同进行的集体会议，而且通常采取早餐会或午餐会的形式。

律师

法律顾问需要深度参与IPO的整个过程。拟上市公司通常与牵头投资银行共同选择律师。法律顾问和投行在整个过程中共同为公司IPO保驾护航，鉴于证交会SEC制定的相关规则和规定，这可能是一项技术含量极高的工作。IPO

⊖ “red herring”本意是红鲱鱼，这是美国使用的一种通俗叫法，又称红头招股书，因按法律要求，封面上通常印有一条红色提示语，表明招股说明书是一份初稿。它是承销商向潜在投资者发行的招股说明书初稿，主要用于试探市场对该种证券的兴趣。招股说明书的内容并不包括发行价格、利润和股息预测等关键信息。红色提示语旨在声明：本招股说明书所包含的信息并不完整，而且可能会做调整；公司在股票注册登记生效之前不得出售股票；不得将该招股说明书视为出售要约，因为此阶段尚不允许出售证券。

涉及两大律师团队——公司法律顾问和承销商法律顾问。双方需要齐心协力完成各种法律协议，并确保 IPO 最终取得成功。

从一开始，公司法律顾问就需要从法律角度出发，确保公司符合 IPO 的要求。他们的工作涉及公司的两个方面——内部事务的处理（参阅第九章）和全面的法律尽职调查，具体包括对公司当前结构、股权结构安排、重大合同以及已发生或预期法律诉讼的审查。

公司法律顾问还负责起草注册登记声明。在投行人士及公司主要管理者的协助下，他们负责起草相关法律文件及其申报工作。针对后者，公司法律顾问是整个登记注册过程的主要负责人，包括与证交会合作，解决证交会提出的任何意见和问题。

承销商法律顾问从维护账簿管理者利益的角度出发，负责保证登记注册声明书在所有实质性方面的准确和完整。此外，他们还要积极参与尽职调查过程，并牵头起草承销协议（underwriting agreement，请参阅第九章）和锁定协议（lock-up agreement）。承销商法律顾问还是与会计师就安慰函（comfort letter）进行谈判的主要负责人。

会计师

会计师负责对纳入招股说明书的财务报表进行查验和审计。这项工作必须按证交会的要求进行。按照证交会的规定，拟上市公司需要提交三年经会计师审计的财务报表和 5 年的财务数据[1]。公司会聘请信誉良好的独立会计师事务所作为 IPO 的合作伙伴，而对投资者来说，是否聘请声誉良好的审计师是他们审查的一个关键点。

在对纳入注册声明书的公司财务数据进行初步审计后，会计师事务所还要在接受 SEC 审核期间协助公司解答 SEC 提出的问题（请参阅第九章）。此外，它还负责提供安慰函，保证注册声明书中所包含的财务数据完整和准确。安慰函是承销商及其律师在尽职调查中执行的一项关键任务。会计师事务所需要针对拟上市公司的内部控制提供建议，且工作范围延伸到识别和解决未来可能出现的会计问题。

[1] 对年收入低于 10.7 亿美元的新兴成长型公司（EGC），SEC 仅要求发行人提供两年经审计的历史财务报表和特定财务数据。但如果公司失去原有的新兴成长型公司的地位，未来就需要在披露文件和募集资本方面接受标准要求。

交易所合作伙伴

公司挂牌交易股票的证券交易所，是公司实施IPO以及之后的重要合作伙伴。因此，准备进行IPO的公司往往会在启动程序之前选择交易所合作伙伴，并与之进行交流互动。股票交易所与公司合作，帮助后者了解IPO的运行机制，帮助后者进行IPO，并在上市后与公司继续合作，包括接洽投资机构、与监管机构和其他利益相关者开展互动。在选择了拟挂牌的交易所之后，公司便开始与这家交易所紧密合作，包括联手确定公司IPO的挂牌日期。这不仅是一个众所周知的里程碑事件，也是公司品牌宣传的最佳时机。

美国公司通常会选择在纳斯达克（Nasdaq）或纽约证券交易所（NYSE）挂牌上市。纳斯达克证券交易所于1971年发明了电子化交易，其模式已成为当下全球股票市场的标准。如今，纳斯达克和纽约证券交易所均有自己的电子交易市场。纽约证券交易所采用的是场内交易模式，与被称为“指定做市商”（designated market maker）的第三方高频交易公司进行合作，一起使用基于下限的模型；而纳斯达克证券交易所则采用与投资银行合作开发的专有技术。此外，纳斯达克证券交易所还设立了所谓的“纳斯达克私人市场”（Nasdaq Private Market），为非上市公司提供二级市场交易平台，以便于早期投资者和持股员工出售非上市公司的股份（请参阅附录8-1）。

考虑到这种关系的长期性，公司期望所选择的交易所能在企业整个生命周期中为其提供增值服务。譬如，纳斯达克证券交易所为上市公司提供了pre-IPO咨询服务、IPO挂牌日宣传支持以及专有的“投资者关系和公司治理”服务——包括为全球投资者关系管理人提供服务的Nasdaq IR Insight（见附录8-2）和为董事会提供管理及协作解决方案的Nasdaq Boardvantage（见附录8-3）。此外，它还提供指数服务。纽约证券交易所也通过第三方供应商提供类似的投资者关系服务。

在向美国交易所申请上市时，公司必须提交交易代码预约表、上市申请、上市协议和公司治理文件。交易所处理上市申请通常需要4 ~ 6周的时间，具体取决于实际情况。如果申请没有遇到任何问题，而且公司对交易所审核人的讯问做出迅速反应，这个申请时间就有可能大为缩短。

上市申请时间范围的典型示例：

- 第1周：公司提交上市申请，上市资质审核员开始对申请进行审查。

- 第 2 ~ 3 周：审核人完成初步审查并撰写意见函。
- 第 3 ~ 4 周：公司解答审核人提出的任何问题。
- 第 5 ~ 6 周：审核人完成审核，并批准公司上市。

IPO顾问

在开启正式 IPO 流程之前，拟上市公司聘请 IPO 顾问已变得越来越普遍。IPO 顾问的任务是通过协调确保整个 IPO 流程更加紧密并取得成功，并在从执行到战略等所有问题上为公司提供全天候咨询服务。这些顾问完全有别而且独立于传统的投行承销机构，而后者的任务就是执行 IPO 程序并承销股票发行。

IPO 顾问的第一项任务、同时也是最重要的成果，就是帮助公司及其股东选择最佳承销联合体以及分析师。这项工作包括拟定一份备选投行短名单，供拟上市公司审议，而后还要参与整个外联和审批过程的协调。IPO 顾问通常负责起草建议邀请书，再向投行分发建议邀请书，安排遴选启动会。他们要参加投行的推介会，并根据经验、知识、洞见、研究能力、分销能力以及与公司和股东的关系等各项指标，对投资银行进行评分。

一旦选择了主牵头银行，IPO 顾问便开始接手与承销商进行费用谈判，并把操作 IPO 日常程序的接力棒交给承销商。但 IPO 顾问仍会在后续工作中参与咨询和监督事宜，参加尽职调查和登记注册声明书的起草会议，并在整个过程中就各种事项发表意见和提出建议。此外，他们还负责牵头组织主要分析师的外联流程，切实保障分析师对项目的参与度和尽职尽责。

随后，IPO 顾问协助牵头账簿管理人在发行时间、股权结构、发行规模以及估值等方面提出建议。在不同行业和不同形势下参与 IPO 案例的实战经验，显然有助于他们针对如何实现 IPO 实施流程的最优化提出建议。他们同样可以帮助投资者制定合理的目标、定价和股票分配决策。在 IPO 之后，IPO 顾问还可以把这些专业知识用于配售发行和大宗交易等方面（参见本章后续介绍）。

供应商

外部供应商及第三方服务提供商在 IPO 流程中同样发挥着关键作用，具体包括打印机构和数据室（data room）提供商。打印机构负责排版打印注册声明书，并最终通过 SEC 的电子化数据收集、分析及检索系统（EDGAR），以电子版形式提交给SEC[⊖]。在路演启动时，打印机构负责印刷数百甚至更多份精装本招股说明书，并分发给所有潜在投资者。此外，公司还需要从若干家数据室提供商备选名单中挑选一家合作伙伴，这项工作通常是在主账簿管理人指导下进行的。然后，该供应商负责创建一个虚拟数据室，并把IPO相关的大量公司文档按类别组织起来。这有助于承销商开展尽职调查和起草相关上市文件。

基本的关键性条款

表8-4为IPO的关键性条款目录，并对其中的部分关键概念进行了详细的解释。

表8-4 IPO的关键性条款目录

首次公开发行关键性条款汇总	
发行人	向公众投资者发售股票的实体
发行规模	首次公开募股的资金总额，通常以区间表示
增量发行/存量发行	区分向投资者出售的是新发行的股票还是现有股票
超额配售选择权	承销商有权额外配售一定数量的股份，通常为原发行规模的15%（同时适用于增量发行和存量发行，或是两者混合）
发行时间	发行的具体日期，通常表示为预期的年份和某个季度（如2021年第四季度）；如果明确，也可以具体到确切的年份和月份（如2021年3月）
承销联合体结构	承销IPO的多家投行及各家职责
锁定条款	IPO前现有股东在新股发行后禁止出售股票的锁闭天数
挂牌交易所	纳斯达克或纽约证券交易所（如在美国上市）
目标投资者	机构投资者和散户投资者购买新发行股份的百分比
地域组合	美国投资者和国际投资者购买新发行股份的百分比
营销计划	针对路演（持续的天数）、电话会议（针对国内和国外的主要客户）以及互联网路演的详细安排
总费率（%）	账簿管理人及其他联合承销机构收取的报酬，通常表示为发行规模的一定比例

⊖ 在收到SEC的审核意见后，打印机构还需负责对注册声明书进行编辑，并帮助公司提交修订后的注册声明书。

发行规模

发行规模是指首次公开发行拟募集的资金总额。尽管实际规模取决于具体情况，但还是存在某些基本原则。通常的发行规模介于公司预计市值的 15% 到 25% 之间。按美元计价，建议最低发行规模不低于 1 亿美元，这也是为股票提供足够交易流动性的最低门槛。从这个角度看，美国股市历史上发行规模最大的就是阿里巴巴在 2014 年的 IPO，发行总规模达到 250 亿美元；而全球发行规模最大的则是沙特阿拉伯国家石油公司（Aramco）在 2019 ~ 2020 年期间 294 亿美元的 IPO。

表 8-5 显示了 2009 年以来美国境内各发行规模区间的 IPO 次数。

表 8-5　2009 年以来美国 IPO 发行规模汇总

（单位：100 万美元，交易次数的数据除外）

2009 年以来美国 IPO 发行规模汇总		
市场价值	交易次数	基本交易平均额①
< 250	423	101
250 ~ 499	198	185
500 ~ 999	185	236
1000 ~ 2499	188	297
>2500	237	740

① 不包括超额配售选择权。

对发行公司及其股东而言，最优发行规模取决于公司本身的经营规模以及募集资金的需求量和用途。例如，对于债务较少且募集资金需求相对有限的公司，可能会选择规模较小的 IPO。当股东希望长期持有而不愿出售其持有的股票时，选择较小规模的 IPO 显然更适合。而如果公司有巨大的现金需求或现有股东希望在长期持有后卖出股票进行变现，那么，公司就应该采取规模更大的 IPO。

不过，所有这些考量都需要符合投资者的偏好——包括股票在 IPO 后应具有充分的交易流动性，以及上市前老股东对公司维持足够控制权的要求等。毕竟，最终的 IPO 规模和定价还要取决于公司股票的供应和投资者的需求。在其他全部条件不变的情况下，对流动性的基本需求，使得投资者更偏向于较大规模的发行交易。当然，这个选择在某种程度上还要依赖于发行人自身，因为大规模交易往往只能出自规模更大、更成熟的公司。

增量发行/存量发行

这两种情况均与发行收入的使用相关，发行组合应结合发行规模进行选择。发行组合是指增量发行和存量发行股票的比例关系。增量发行的收入直接进入公司，因而可用于公司选择的多种用途。存量发行的收入归属于出售股票的股东。在两者之间实现最优化均衡，不仅对公司成长计划和资本结构至关重要，也可以向投资者传递重要信息。

IPO可以完全采取增量发行或存量发行，抑或是两者之间的任意组合。多种因素会影响到发行组合的结构。对处于快速成长时期的创新性公司而言，它们往往希望使用增量发行的收入为运营、发展及其他关键项目提供资金。而对于较为成熟的公司，合理确定资本结构或许是决定其未来前途的一个重要因素，尤其是那些此前利用杠杆收购形成的公司——它们的负债率往往远高于其他上市公司。增量发行的收入可以帮助这些公司偿还债务，从而为将来提供更大的运营及财务的灵活性。无论如何，募集资金的使用都应与公司的战略目标以及公司希望向投资者传递的信息保持一致。

新股（primary share）是指上市公司出售给投资者的新发行普通股。对需要以大量现金满足增长模式的公司而言，它们主要依赖于发行新股为业务发展提供资金。这种情况也适用于绝大多数尚未进入盈利阶段的科技公司。以下是新股发行收入最常见的使用方式：

- 成长性投资。
- 偿还现有债务。
- 公司的一般用途，包括营运资金。
- 并购（包括补强和规模性交易）。

老股（secondary share）是指在发行中出售给新投资者的现有普通股。新股筹集的资金可以为公司提供额外的现金收入，而老股则不会带来新的现金收入。出售老股所得的收入直接流向出售股东，如创始人、财务投资者或风险投资公司原有的持股者，他们出售现有股票的目的在于通过变现实现投资收益。老股的出售也不会改变流通股的总数。

老股的出售取决于对股票发行收入的需求以及股东的股权变现计划。有些股东可能试图通过 IPO 出售尽可能多的现有股票，但有些股东可能是长期持有者。如果公司出于增长计划或去杠杆而优先考虑新股发行收入的最大化，那么，留给老股的空间可能就很有限了。因此，老股发行往往是需要按具体情况酌情处理的事情，高管层出售所持股票的行为通常会被潜在投资者视为利空消息。

超额配售选择权

超额配售选择权也被称为“绿鞋”（greenshoe）㊀，它允许承销商向投资者出售超出原始 IPO 发行数量的额外股份。超额配售选择权的目标主要是提供一种稳定机制。从这个意义上说，“绿鞋”的作用就是通过提供后续发行的即时性和稳定性来强化投资者信心。

利用超额配售选择权超额发售的股票仅限于发行规模的 15%，通常由承销商在确定 IPO 上市后的 30 天内行使。它既适用于增量发行，也适用于存量发行，或是两者的任意组合。它最初相当于创建一个空头仓位，因为承销商完全有能力按 IPO 定价向发行人或出售股东买下相当于发行规模 15% 的股份。

图 8-2 列示了行使超额配售选择权的各种情境。在市场处于上行通道时，股价上涨（并维持在初始定价之上），而空仓可由承销商行使超额配售选择权来进行平仓。在这种情况下，承销商按初始发行价格向发行公司或原始出售股东收购股票。

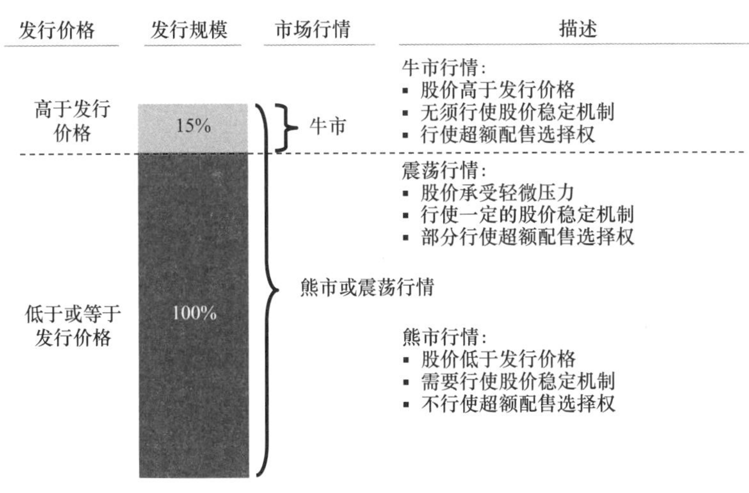

图 8-2 超额配售选择权的基本概念

㊀ “绿鞋”一词最早源自绿鞋制造公司（现称为 Stride Rite Corporation），它是第一家将超额配股权条款纳入承销协议的公司。

在市场疲软时，股价会跌至低于初始发行价的水平，此时，承销商通常会在公开市场上购买股票，这种操作被称为股价稳定（stabilization）机制。股价稳定机制为上市后初期交易的股价提供了支持，从而有助于消除股价的波动性。在这种情况下，空头仓位平仓，承销商无须行使超额配售选择权。

承销联合体结构

承销联合体结构（syndicate structure）是指负责操作IPO流程的投行层次结构。这些投行被统一称为承销商，而且均被指定为账簿管理人或联合管理人（co-manager）。如表8-6所示，每一类承销商还可以按主动参与和被动参与的标准进行细分。

表8-6　承销联合体的角色划分

承销联合体的角色划分	
类　型	说　明
主动型账簿管理人	■ 担任IPO总顾问 ■ 牵头开展尽职调查、起草招股说明书草案和路演演示文稿 ■ 对发行规模、条款和初始定价区间提出建议 ■ 协调路演和投资者会议，建立和维护申购账簿 ■ 对最终发行价格和股票分配方案提出建议 ■ 提供市场研究
被动型账簿管理人	■ 支持发行并提供研究服务 ■ 参与招股说明书起草会议，并酌情提供有关战略方面的建议
联合管理人	■ 通常在IPO之后为公司提供后续研究和支持

主动型账簿管理人接受公司委托，负责牵头操作整个IPO流程。在准备阶段，他们的工作包括与公司管理层共同开展尽职调查、细化营销故事，并起草招股说明书和路演演示文稿。随后，他们需要对IPO的最优发行规模、条款和初始定价区间提出建议。在IPO启动后，他们需要协调公司路演，并在此期间主持投资者会议，建立和维护申购记录，并对最终发行价格和股票分配方案提出建议。在这些主动型账簿管理人中，需要指定一家投行作为牵头账簿管理人[㊀]，对IPO能否取得最终成功承担主要责任。

㊀ 英文left lead bookrunner是指名称被印在招股说明书封面左侧第一名的投资银行。

根据发行规模的不同，拟上市公司通常会选择 2 ～ 3 家主动型账簿管理人，并配备相等或更多数量的被动型账簿管理人。被动型账簿管理人的作用是为主动型账簿管理人提供支持，并提供相应的研究。在某些情况下，他们也会参与招股说明书的起草会议，并提供有关战略方面的建议，包括市场消息传递、备选可比公司以及可能采纳的发行规模和结构等。

尽管联合管理人在实际 IPO 过程中的作用很有限，但还是期待他们能在 IPO 后为公司提供持续的研究和支持。无论角色如何，所有参与承销的投行都需要满足各机构的尽职调查及合规性要求。

在主动型账簿管理人中，会有一家投行被指定为稳定市场管理人（stabilization agent）。这个稳定市场管理人负责管理发行后交易及行使超额配售选择权（如果需要行使的话）。尽管这个稳定市场管理人本身不收取额外费用，但他可以自行进行交易，这往往会增加公司的股票交易量。此外，主动型账簿管理人的另一项职责就是处理账单和股票交割（billing and delivery）。与稳定市场管理人的作用一样，这些活动同样不会直接带来前期费用，但是会导致交易量的增加。发行人可以自行决定是否将这两项职责委托给两家不同的主动型账簿管理人，但最好还是由稳定市场管理人同时处理账单和股票交割业务，因此，全部交给一家投行可能是更好的选择。最后，还要有一家账簿管理人负责协调路演的后勤工作（如酒店预订和行程安排等）。

锁定条款

锁定条款[㊀] 是由公司现有股东、高级管理人员和董事共同签署的协议，禁止他们在 IPO 后的特定时期内（通常为 180 天）出售所持有的股票。设置锁定条款的目的，一是提振新 IPO 投资者的信心，使得内部人士或者说最了解公司的人不能急于退出投资；二是从技术角度看，投资者当然希望建立另一种机制，防止因大量新股上市而对股票造成超卖压力。

为防止 180 天锁定期结束后出现大量抛售行为，承销商还可以采取交错式锁定协议。该协议对锁定期满后可出售的股票数量进行限制，并为剩余股票的出售制订时间表。有的时候，牵头账簿管理人可能会授权提前结束锁定期，这种情况通常仅出现在 IPO 后股价大幅上涨的时候。这种做法显然是有道理

㊀ 承销协议中还会约定，公司及其高管也不得在股东被禁售期间出售股票。

的——在IPO成功完成且投资者兴趣浓厚的情况下，在没有显著下行压力的情形下，出售的股票可以被市场轻而易举地吸收。这种股票出售通常采用增发方式（follow-on offering，本章稍后讨论）有序进行。

挂牌交易所

挂牌交易所是指公司交易其股票所在的证券交易所。对准备在美国上市的公司，大多数会选择纳斯达克（Nasdaq）或纽约证券交易所（NYSE）。纳斯达克和纽约证券交易所均有自己的电子交易市场。纽约证券交易所在被称为"指定做市商"（designated market maker）的第三方高频交易公司帮助下进行股票交易，而纳斯达克证券交易所则采用与投资银行合作开发的专有技术交易股票。交易所设有单独的上市要求及费用。

公司到底应该选择纳斯达克还是纽约证券交易所上市，最终取决于对某些定性因素的考量。比如，发行人可以选择同行业主要公司上市的交易所，或是因为某个交易所提供的促销手段而选择该交易所。此外，公司可能以前就和某个交易所存在业务关系，比如，曾使用纳斯达克的私人市场平台进行过IPO前的二级市场交易，或者曾使用过纳斯达克Boardvantage平台提供的合作治理软件。

总费率

总费率（gross spread）也被称为承销价差（underwriting spread），是指支付给账簿管理人和联合管理人的报酬，通常表示为占总发行规模的百分比。总费率的具体百分比由账簿管理人与拟上市公司协商确定。它取决于多种因素，其中最重要的要素包括发行规模、结构、承销联合体的组成、发行的复杂性以及以前类似服务的价差。

IPO的行业标准价差为7%，但考虑到发行带来的规模效应，承销商对大盘股收取的费率通常较低[⊖]。在总价差中，各家承销商占有的份额取决于各自的头衔、作用和职责。主动型账簿管理人收取的比例高于被动型账簿管理人，而被动型账簿管理人收取的比例高于联合管理人。在大多数情况下，位于IPO招股书第一页左上方的主承销商将获得最高的报酬，但两个主承销商获得相同报酬的情况也相当常见。图8-3是一个联合账簿管理人报酬分配机制的示例。

⊖ 对发行规模不超过1.5亿美元的IPO，总价差一般维持在7%左右。

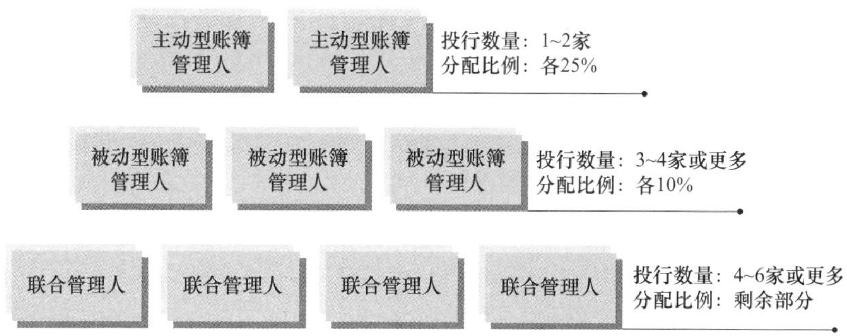

图 8-3　联合账簿管理人报酬分配机制的示例

除总价差以外，公司还有可能以激励费的形式鼓励投行尽职工作，以确保IPO取得最佳结果。这种费用通常与交易达到目标规模时的定价、交易的复杂性以及资源等要素挂钩。这种激励费由公司自行为牵头账簿管理人预留，并在IPO定价时最终确定。

如表 8-7 所示，总价差包括三个不同的部分：管理费（management fee）、承销费（underwriting fee）和销售特许佣金（selling concession）。管理费是投行为公司提供财务建议、设计交易架构、编制文件和提供总体交易协调服务而收取的报酬。由于新股发行存在不确定性，因此，承销费可用于弥补投行所承担的承销风险。销售特许佣金是总价差中占比最大的部分。这种报酬尤其适用于较大规模的交易，因为投行需要付出更大的努力才能保证股票发行取得成功。如前所述，承销商的销售部门需要尽可能撬动机构投资者和散户投资者的需求。

表 8-7　总价差的构成

总价差的构成		
收费类型	占总价差的百分比	收费依据
管理费	20%	■ 因提供咨询服务和协调交易（制定交易结构、定位、尽职调查、文件编制和组织路演）而收取的费用
承销费	20%	■ 补偿发售股票过程中的承销风险 ■ 从收费中扣除承销发生的费用
销售特许佣金	60%	■ 账簿管理人销售部门通过机构投资者和散户投资者配售股票而收取的费用

针对机构投资者的销售渠道，在账簿管理人预先收取各自的费用之后，销

售特许佣金通常按固定报酬机制确定。这种做法旨在提供收费的稳定性和适当的激励机制，鼓励各方为实现交易结果最优化而共同努力。极少数情况下也会采用跳球（jump-ball）收费机制，即按投资者取得配额后的实际出资额确定承销商的收费（也就是说，由投资者指定向自己出售股票而取得收费的银行）。

双轨制程序

在双轨流程（dual-track）中，公司同时尝试IPO募股和出售公司。双轨流程旨在最大程度地提高企业出售的灵活性和竞争力，以实现结果的最优化（通常表现为企业价值的最大化）。当公司的主要出资者是希望利用并购与IPO市场之间潜在套利空间的私募股权公司和风险投资公司时，这种情况相对较为普遍。

在理想的情况下，双轨制会同时得益于任务并行所带来的效率最大化。双轨首先由牵头银行开始，公司的出售和IPO流程通常由同一家牵头银行负责。这样，它就可以把自己的尽职调查、营销材料、对“故事”的深刻理解和管理筹划，同时运用于这两种策略，从而最大限度地提高效率。与此同时，作为整个IPO流程的核心文件，招股说明书也为公司出售过程中的关键性营销文件（信息备忘录CIM和管理层展示）奠定了基础。此外，为容纳公司关键信息及文档而创建的数据室也可以同时运用于这两个过程。

尽管在本质上是可选的，但双轨制并不适用于所有情况。考虑到需要投入额外的时间、资源和成本，因此，是否采取双轨制确实需要认真考量。投行必须对公司在这两个方向上的前景做出评估。如果选择并购，是否存在值得信赖的买家，是否能给出让公司股东满意的估值？如果选择IPO，公司能否真正得到市场的认可和接纳？在很多情况下，公司在两条道路上的前途可能会迥然不同。

当然，最理想的情况是两种途径都适合公司，而且都会让公司成为有吸引力的投资目标。这就会让卖方股东处于令人羡慕的位置，因而可以在两个都不缺乏吸引力的方向上做出选择。但是在现实中，公司往往只是利用双轨制为潜在收购方制造压力，提升自己在并购出售过程中讨价还价的能力。因为公司可以利用IPO胁迫潜在买家——只有给出有诱惑力的收购价格，才能让公司不去选择IPO。因此，这种策略的目的，往往是让某个或某些收购方主动采取措施，阻止公司进行IPO，这就像为避免进入拍卖程序而进行协商出售。

双轨流程的优点和缺陷，见表 8-8。

表 8-8　双轨流程的优点和缺陷

	双轨流程
优点	■ 最大程度地提高实现价值最大化的概率 ■ 为执行 IPO 路径提供“保险” ■ 在并购流程中给潜在收购方制造竞争压力 ■ 给潜在收购方施加严格的日程压力，增加收购的紧迫感 ■ 只要取得相对估值，即可做出最终决策 ■ 每条路径均可为另一种路径提供价格指南 ■ 两种流程具有协同效应，在操作步骤上具有重叠性
缺陷	■ 需要投入额外的时间、资源和成本 ■ 需要大量的管理工作 ■ 为此投入时间，业务有可能会受到干扰 ■ 两条路径在优先排序上相互冲突 ■ IPO 的信息披露有可能造成敏感信息泄露

在考虑是否采取双轨制的时候，首先需要权衡 IPO 和并购出售的利弊优劣，对如下要素做出合理的评估（见表 8-9）。

表 8-9　IPO 与并购出售过程的优势分析以及需要注意的因素

	IPO	并购出售
优势	■ 有助于实现估值溢价 ■ 估值受未来收益驱动 ■ 股东可以通过继续持有股份而保持对企业的所有权并享受股价上涨的潜在收益 ■ 在缺乏可信的买家时，这可能是唯一可行的方案 ■ 为员工激励、资本募集及后续并购提供支付方式 ■ 增强品牌知名度 ■ 优化税收成本	■ 先期可以取得现金的最大化 ■ 企业价值和收取现金的确定性 ■ 在理想的情况下，按估值倍数支付的价格反映了未来业绩 ■ 主动积极的买家可以支付投资溢价 ■ 不依赖 IPO 的市场条件 ■ 存在大量有收购能力的企业及私募股权收购者 ■ 对出售方没有审核或披露要求
需要注意的因素	■ 前期只能实现部分流动性 ■ 成功与否取决于资本市场形势 ■ 股价受未来市场风险和股票交易不确定性的影响 ■ 需要公开披露，包括对经营策略、财务和费用的审核 ■ 实现收益目标、满足投资者需求的压力较大 ■ 上市需要大量的投入 ■ 整个流程时间紧迫	■ 可能放弃公司价值上涨的发展机会 ■ 估值倍数往往依赖于近期或过往 12 个月的收益 ■ 潜在的买家群体非常有限，具体依赖于公司规模、所处行业及公司业绩 ■ 管理层和员工未来职位的不确定性 ■ 不利于维持公司的品牌

特殊目的收购公司

特殊目的收购公司（special purpose acquisition company，SPAC）是指为以后收购其他公司而向投资者筹集资金的IPO实体。与传统的IPO相比，这种上市公司没有实际业务，资产负债表上也没有资产，也就是说，它是专门为未来收购资产和其他公司而设立的壳公司。因此，这类公司进行IPO所经历的时间非常短暂，通常只有12到15周。由于这种载体没有经营历史或经营性资产，因此，除针对SPAC发起人和管理者、投资策略和关注重点等信息之外，其IPO提交的注册登记声明书通常只是模板。

SPAC的投资重点取决于发起人及其授权。有些SPAC会把收购目标锁定在与出资者专长和经验相符的特定行业。而其他SPAC的投资则侧重于某些国家或地区，如中国、拉美或其他新兴市场国家；或是定位于特殊的公司类型，如家族企业、经营陷入困境的企业或所有权结构不可持续的企业。SPAC的发起人通常是企业高管、专业投资者、私募股权公司或拥有成功并购投资业绩的对冲基金。在很多情况下，PE公司或对冲基金与公司高管或行业专家联手，识别并最终协助后者实现收购目标。和传统的IPO一样，投资银行在SPAC的创建和投资过程中（从注册到收购识别、目标估值和交易咨询）也扮演着至关重要的角色。

对典型的SPAC而言，IPO发行的是投资单位（unit），而投资单位由普通股和购买额外股票的（全部或部分）认股权证构成[⊖]。在SPAC完成首次公开募股后的60天内，投资单位解体，此后，认股权证和普通股即可单独进行交易。在投资单位分拆之后，便形成了SPAC的二级市场，投资者可在该公开市场上购买认股权证或普通股。

在IPO之后，SPAC一般有24个月的时间寻找收购目标并进行收购。在此过程中，他们通常会聘请一家或多家投资银行以帮助完成这一过程。在筛选收购标的过程中，公司通常以信托形式持有IPO收入，并投资于短期国库券。在宣布交易后（一般是在获得股东大会批准后），投资者即有权赎回其所持股票并取得现金（按本金与国库券利息计算），或继续投资于新公司的股权。无论是

⊖ 投资单位一般定价为每份10.00美元，认股权证的行权价格为每股11.50美元。与那些在公司上市并确定投资目标之后出资的投资者相比，SPAC的IPO投资者实际上是把资金投入到资金盲池，因而需承担公司找不到投资目标的风险。为此，他们取得的认股权证也是作为投资盲池所承担风险的补偿。

否赎回，SPAC 的 IPO 投资者均持有认股权证。如果公司未完成任何收购交易，则对 SPAC 进行清算，并将清算资金返还给 IPO 投资者。

尽管 SPAC 在 20 世纪 90 年代就已存在，但直到近年才开始复苏。2019 年，SPAC 的 IPO 收入占全美 IPO 交易总额的 20% 以上，而这个数字在 2014 年仅为 5%（见图 8-4）。促成 SPAC 近期交易量大幅增长的因素是多方面的：IPO 市场活动相对静默（尤其是在 2015 ～ 2017 年）、股价和估值屡创新高以及逐利资本大量出现。PE 公司和对冲基金是 SPAC 市场的核心参与者，它们不仅是公司的卖方，也是它们自己 SPAC 载体的发起人。SPAC 的 IPO 投资者形形色色：既有只希望赎回股票并保留免费认股权证的纯粹套利者，也有希望抄底入市并取得认股权证的基本面投资者。

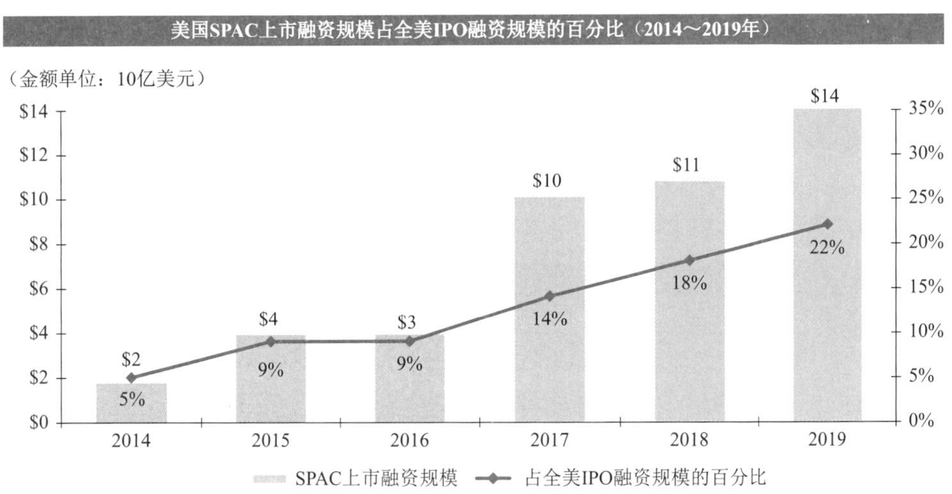

资料来源：彭博社和 Dealogic。

图 8-4　美国 SPAC 上市融资规模占全美 IPO 融资规模的百分比（2014 ～ 2019 年）

SPAC 尤其适用于不被传统 IPO 和并购市场看好的情况。在某种程度上，SPAC 是公司进行 IPO 与整体出售的结合体。和出售公司一样，IPO 估值也是通过预先协商确定，并充分考虑出售股份取得真实现金收益以及构建对赌架构的能力。

此外，SPAC 交易在法律上也常常构造为目标公司和 SPAC 载体的合并。就需要向市场提供的信息（譬如前瞻性陈述、薪酬和财务预测等）而言，这种方式比 IPO 要求的“S-1”文件（注册声明书）要灵活得多。此外，这种方式时间紧凑，进展迅速，对现行市场形势的依赖程度也远小于常规方式的 IPO。

另外，出售方必须认识到SPAC特有的某些交易属性。SPAC发起人通过“促销”出售的方式得到补偿，发起人通常可以获得IPO价值的20%。通过促销，让发起人获得发起、执行交易以及相应实际支出（如预先为SPAC进行IPO支付的资金、公共载体的运营、尽职调查和差旅费等）的补偿。此外，与SPAC签订交易并不能确保载体能够成功向投资者募集股权资金。除非有足够数量的投资者接受按提议（非保证性）条款购买股票，否则，卖方就无法确保交易的确定性并取得收益。

直接上市

在直接上市中，公司无须通过承销商即可直接在证券交易所出售现有流通股，这就绕过了传统的IPO路演和簿记管理流程。这意味着，在直接上市中，公司不会筹集到任何新的资金，这可能会限制选择直接上市的公司的数量和类型。对于公司的创始人、员工和早期投资者等现有股东，他们可以在公司选择的证券交易所自由出售其持有的股票（不是强制出售）。比较有影响力的直接上市公司包括Spotify（2018年），Slack（2019年）和Watford Re（2019年）。自2006年以来，纳斯达克已完成了11次直接上市。2014年，纳斯达克将IPO Cross平台的使用范围扩大到直接上市。

与传统的IPO相似，直接上市也要求公司遵守SEC及证券交易所的全部要求。直接上市的注册声明书基本类似于传统IPO的注册声明书，毕竟，SEC在财务、运营、法律和其他披露方面的要求适用于所有上市公司。因此，在公司内务、选择牵头顾问和组织启动会议等方面，两者在启动之前的准备工作基本上是一致的（参见第九章）。传统IPO与直接上市在方法、营销和时间安排方面的主要差异如下：

- 路演。在典型的IPO中，承销商需要在长达数周的路演中接待机构代表，通过与买方机构投资者举行一系列会议，向他们推销拟上市公司的股票。此外，还可以在线向投资者提供路演展示的录像。在直接上市中，开盘交易之前无须进行传统的IPO路演。由于公司无须为出售股票开展营销，因此，公司在投资者培训的类型和数量上有更大的灵活性。

比如说，Spotify 和 Slack 选择举办“投资者日”活动，即通过互联网现场直播，投资者可以亲身参加活动并提出问题。寻求直接上市的公司也可以选择与潜在投资者单独会面（这实际上就是它们自己的一种“路演”形式）。但以财务顾问身份参与公司的直接上市时，投资银行并不参与营销过程，因此，公司需要独立安排与投资者的会议。在这方面，当然不存在“放之四海而皆准”的方案。因此，应采取适合于公司的投资者培训方式，以确保买方获得充分信息。

- 预测性财务指导。在证券交易所上市交易之前，寻求直接上市的公司可以选择为投资者提供投资预测指导。这与传统的 IPO 形成了鲜明对比，在传统的 IPO 中，为回避不必要的信息披露义务，公司只有在公开发行后才会发布预测性指导。
- 股票出售的锁定期。在直接上市中，不存在针对现有股东的锁定协议，而传统 IPO 通常会对原始股东设有 180 天的锁定期。这就为现有股东提供了提早获得流动性的机会，从而受益于投资者在上市初对股票的追捧。
- 投资银行。考虑到无须承销，因此，在直接上市中，投资银行的职责是担任财务顾问，而非承销商。在这种情况下，当然不适用于传统 IPO 的总价差机制。相反，公司选择的几家投资银行均应按提供某些咨询服务收取固定费用，比如说，帮助公司提炼营销故事、制作公开演示和向 SEC 提交的相关文件以及对开盘交易的支持。在公司上市之后，这些投行通常还要提供股票研究。包括支付给财务顾问费用在内的全部直接上市费用，均直接计入公司费用，而不是从发行收入中支付。因此，在上市之前，公司需要具有足够的流动性及合理的资产负债率。
- 无须簿记管理程序。与传统 IPO 不同的是，直接上市无须通过簿记管理程序确定承销商最初向公众发售股票的价格；相反，它是由经纪交易商代表投资者群体集中买卖双方的订单，交易所在汇聚这些信息的同时，通过模拟高频拍卖，为公众投资者提供股票开盘价格的指导。尽管没有能够确保目标投资者买入股票的分配机制，但直接上市的支持者还是认为，这是一种比传统 IPO 更纯粹的市场定价机制。
- 参考价格（reference price）。不同于由承销商确定股票上市价格的 IPO，直接上市采用的是参考价格，这个价格根据由经纪交易商收集的全部买卖订单计算得出。确定合理的参考价格是直接上市的关键环节，因为它可以减少交易开始后几天内价格出现大幅波动的概率。为此，纳斯达克采用“纳斯达克私人市场”平台中的专门拍卖技术协助拟定参考价格。该技术在交易开始前一天晚上收集、分析全部买卖订单，并据此计算出最优开盘价；然后，由牵头投资银行在股票开盘交易之前批准这个参考价格。

表8-10概括了直接上市的优点和缺陷。

表8-10 直接上市的利弊

	直接上市
优点	■ 是一种典型的市场化定价机制 ■ 无须承担承销价差 ■ 能够为投资者提供价格指导 ■ 不存在IPO的折扣效应（请参阅第九章） ■ 由于无锁定期，因而可为现有股东提供更大的流动性
缺陷	■ 不能筹集新资本 ■ 没有分配程序以确保目标投资者的参与 ■ 因为不存在可用于平抑股价的超额配售权（绿鞋），也不存在有序的卖方供给机制（无锁定期限制），因而可能造成股价出现较大的波动 ■ 由于不存在全面深入的投资者教育过程，因而可能导致研究范围受到限制，造成投资者对投资了解较少 ■ 先例有限，缺乏经过实践检验的案例

还应注意的是，直接上市是一项出现时间相对较晚的创新，其功能和特征尚处于开发进化阶段，在实际操作时有可能会更多地被融入传统IPO中（反之亦然）。比如说，已有报道称，发行公司正在考虑：在直接发行的同时，不再通过承销机构而是直接向市场发行新股票。

IPO后的股票增发

如前所述，在IPO中，现有股东通常只出售变现其持有的部分股票。在IPO之后，他们仍持有公司的大量股份。在公司上市之后，股东主要依靠两种方法出售其持有的剩余股票：增发（follow-on）和大宗交易（block trade）。

增发或者说后续交易，是指已上市公司向公众投资者公开发行公司股票的行为。“营销”（marketed）一词是指承销商和管理层以 1 ~ 3 天的路演（包括投资者电话会议）形式向投资者推销股票的行为。这样，他们就能对公司的现有投资者和新投资者提供同等的（再）培训，从而深化和扩大公司的股东基础。对于深谙其道的老牌公司，可以通过隔夜发行（overnight offering）这种投入最少的营销进行后续配股。

IPO 后首次进行的增发规模通常为公司市值的 15% ~ 20%。发行的股票可以是发行新股或存量发行，或是两者兼有。存量发行仍是老股东减仓的常见方法。尽管账簿管理人联合体在 IPO 到首次增发期间通常维持不变，但公司及其主要股东完全可以自行决定是否进行调整。这意味着，那些在过渡期被认为最有帮助的投资银行可能会得到提升，而那些未达到预期的投资银行可能会被降级。配售营销的总价差低于 IPO 价差，其价差的平均幅度约在 3.5% ~ 4% 之间。

可以预见，由于增发会在短时间内向市场注入大量股票，从而导致股票供需失衡，因此，增发股票通常以当前市场价格的一定折扣进行定价。因此，通过针对配售发行开展的营销活动，借以提振新老投资者对股票市场走势的信心，从而最大限度地减少折价幅度。在理想情况下，股价在 IPO 之后会出现大幅升值，因此，即使按折价出售，股东仍能实现相当可观的收益。

原始股东通常需要多次出售才能清空其持有的全部股份。随着他们所持股份通过增发持续不断地减少，股东通常希望通过一笔或多笔大宗交易清空剩余的全部股票，以彻底退出投资。而在大宗交易中[㊀]，股东按预先约定的价格将股票直接出售给一家或几家投资银行，这个价格通常是在最新交易价格基础上进行折价。在大宗交易中，出售方立即取得现金收入。另外，承销商接盘原始股东的股票，并希望按高于买入价的价格转售给市场。因此，股票下跌的风险被转移到投资银行。而在增发中，发行未达到预期或失败的风险则由公司和出售股东承担。

在大宗交易中，无须发行或出售营销，也就是说，不需要进行管理层路演或拜访投资者。通常，公司会邀请多家投行以竞标方式购买这批股票，通过制造竞争压力寻求价格最优化。股东会选择一家投行执行大宗交易，但在某些情况下也会同时聘请多家投行开展交易。

㊀ 大宗交易既可以采取注册直接发行，也可以按美国《证券法》第 144 条的规定出售。

IPO 需要考虑的事项

做出上市的决策需要深入全面的思考、分析和准备。公司经历数月乃至数年的思考和规划才能做出最终决策，这个决策需要权衡上市公司和IPO流程本身的成本和收益。在表8-11中，我们重点介绍了决策中需要考虑的一些关键事项。

表 8-11　IPO 需要考虑的关键事项

■ 是否符合证交会和《萨班斯 - 奥克斯利法案》（SOX）的规定
■ 新的利益相关者
■ 时间管理与审核
■ 来自股东、其他公司的影响
■ 收费和成本
■ 未来的退出

- 是否符合证交会和《萨班斯 - 奥克斯利法案》（SOX）的规定。在完成IPO之后，公司必须每年和每季度向SEC提交公开注册资料及其他强制性文件。这些文件需要包含详细的经营和财务披露信息，涉及公司战略、产品、客户、销售收入、营利能力以及资本总额等各种敏感信息。高管薪酬以及管理层和董事会成员的详细信息也需要公开披露。按照《萨班斯 - 奥克斯利法案》的规定，上市公司还需要按照“404”条的规定建立和维护全面的财务报告内控机制。公司必须始终投入专门的时间、资源和费用来确保合规性。
- 新的利益相关者。作为上市公司，管理层需要想方设法与全新的利益相关者群体进行合作，其中最主要的利益相关者就是公众股东、股票分析师、规模扩大的董事会和媒体。这意味着，针对公司决策、战略和关键性运营措施的控制权必须在所有利益相关者中得到真正的分享。某些决策可能需要得到董事会甚至股东大会的批准，譬如大规模的收购和资产剥离、董事提名和高管薪酬等事项。
- 时间管理与审核。在公开上市之后，管理层需要投入大量时间去履行他们对公众股东做出的承诺。这些承诺至少应该包括定期的投资者关系活动，比如季度收益电话会、与股票分析师和投资者进行讨论以及出席行业会议等。此外，公开信息披露要求还表明，公司及其行为将随时受到新利益相关者的审查和分析。这种现象有时也被称为“鱼缸效应”（fishbowl effect），或称透明效应。这就是说，公司要面对实现短期和长期绩效目标的巨大压力，这或许意味着，公司必须远离私人企业的运行与生存方式。

- 来自股东、其他公司的影响。上市公司容易受到股东的影响，当激进的股东买进大量股票时，就有可能煽动公司对战略、管理层或董事会结构做出重大调整。此外，上市公司也可能成为其他公司的收购目标。尽管公司可以通过改善公司治理和公司结构等方式构建防御，但股东给公司造成的压力是不可否认的现实。
- 收费和成本。除 IPO 筹备和审核过程中涉及的前期费用及支出外，上市公司每年为维持上市资格而支付的平均成本约在 100 万 ~ 300 万美元。这些费用包括 SEC 和《萨班斯 - 奥克斯利法案》合规性带来的费用、董事会的薪酬和责任保险、财务会计以及向交易所支付的费用。很多公司会聘用投资者关系主管，或是把这项职能外包给专业的投资者关系公司。
- 未来的退出。如前所述，IPO 不能为现有股东提供完全退出的机会。完全的股权变现需要通过锁定期结束后的配售发行及大宗交易来实现，或是通过公司的出售来实现。但在此之前，股票的价格会受到市场波动的影响，根本无法保证股价能够维持 IPO 的水平或实现升值。此外，管理层在出售股票时也要受到时间限制，尤其是在盈余公告日前后的限制，这也称为“内部交易管制期”（black-out period）。内幕人士出售股票的情况需要通过“4s”表格予以披露，还要接受投资者的审查，避免投资者因担心公司前景而做出任何负面解读。

纳斯达克附录

附录 8-1　纳斯达克私人市场

Portals
Accounts
Users
Events
Administrators
Tax Center

Acme Company Tender Offer

Portals > Acme Company > Acme Company Tender Offer

Dashboard | Permissioned Accounts | Orders | Documents | Messages | Configuration | Admins | Holdings | Import

Accounts

	#
Permissioned Accounts	53
Active Accounts	39
Accounts With Orders	22

Orders

	#	Shares	Option	Preferred Stock	Common Stock	Gross Proceeds	Net Proceeds
Incomplete	16	116,319	7,589	6,200	102,530	$1,512,147.00	$1,481,125.60
Pending	2	25,667	18,605	0	7,062	$333,671.00	$291,868.77
Submitted	4	31,974	22,808	0	9,166	$415,662.00	$356,617.64
Total	22	173,960	49,002	6,200	118,758	$2,261,480.00	$2,129,612.01

Reports

Name	Description
Permissioned Accounts	All Accounts with access to the event with Selling Group, Min/Max Sellable, and last login
In-Depth Event Details	Full details of every participant in the event including shareholder information, holdings, order amounts, and order status
Order Status Report	Participant information including the current step of submission

附录 8-2　Nasdaq IR Insight

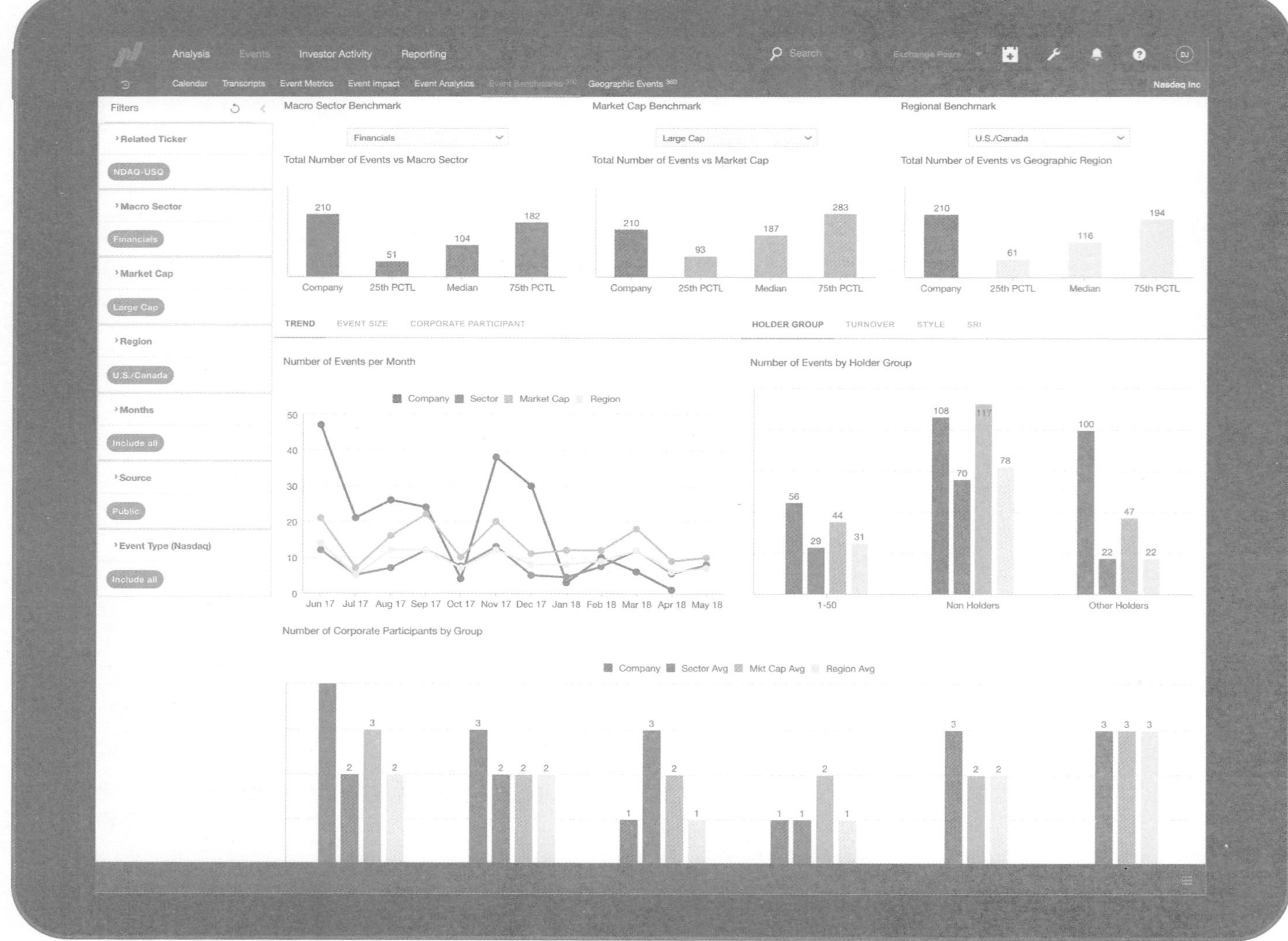

附录 8-3　Nasdaq Boardvantage

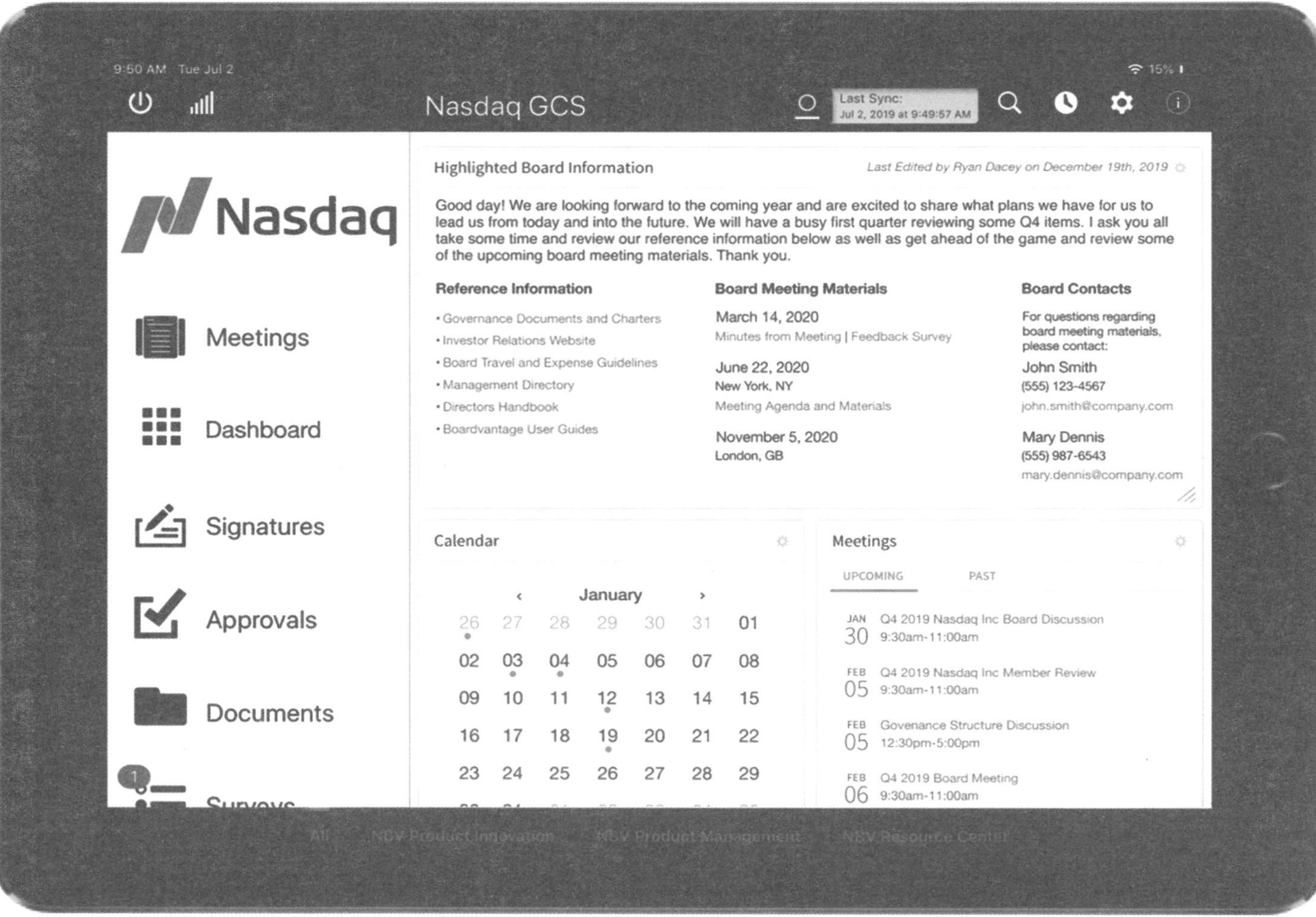

第九章

IPO流程

与并购的卖方程序一样，首次公开发行（IPO）也需要投入巨大的精力和时间，毕竟，这关系到公司及其利益相关者的命运。尽管常见的 IPO 过程可能只需要花几个月的时间，但筹划准备工作可能要提前数年。在做出 IPO 决定后，公司会选择与之合作的投资银行、律师、会计师及其他主要顾问团队。在内部，公司会确定自己的 IPO 管理团队，他们将与上述外部各方通力合作，以期实现成功的 IPO。

如表 9-1 所示，IPO 流程包括多个阶段，而且每个阶段都有各自不同的里程碑事件。这个结构存在诸多变体，以便于账簿管理人针对具体情况量身定做，制定最适合拟上市公司的上市流程。组织和准备阶段将为后续所有流程奠定基础。如果公司长期与投行保持良好的合作，而且拥有经过审计的公开财务数据（如公开债券发行人），那么，准备阶段就可以相对快速地完成。而有些公司则可能需要花费数月甚至数年时间为 IPO 做准备，这不仅需要公司在管理和内部支持方面准备就绪，还需要在财务上“为 IPO 做好准备”。

IPO 的正式启动是从组织会议（organizational meeting）开始的，拟上市公司、牵头投资银行、各类顾问和会计师齐聚一堂。牵头投资银行通常是组织会议的组织者，它们还负责确定上市日程时间表、主要任务成果以及各相关方的职责。此外，组织会议还要对初步 IPO 条款、股权结构和估值进行审查。以此为起点，各相关方启动各自的工作流程。整个团队定期召开会议，既可以是面对面的会议，也可以是电话会议，以推进 IPO 流程有条不紊地进行。

在尽职调查、报送文件的起草和提交阶段，各方需要对公司进行全面深入的业务、财务及法律尽职调查。尽职调查将为起草关键性监管和营销文件提供主要素材。当然，最主要的文件就是注册声明书和路演材料。注册声明书的完成时间在很大程度上取决于 SEC 审核意见的数量和性质。如果 SEC 的审核意见要求大量修改或修订财务报表的披露，就可能会导致 IPO 流程在时间上延长数周甚至数个月。另一方面，对于 SEC 审核意见最少的情境，可能只需大约两个月的时间即可提交修订后的注册声明书（初步招股说明书）。

一旦初步招股说明书准备就绪，公司即可启动发行程序，并进入营销和路演阶段。此时，公司 IPO 进入直接向投资者推销股票并编制投资者认购账簿的环节。如果一切顺利的话，定价和股票分配将在发行启动后的 1 ~ 3 周内完成，公司股票将于定价后的次日开始在证券交易所挂牌交易。

表 9-1 IPO 流程的各个阶段

IPO 流程的各个阶段			
组织与筹备	尽职调查以及上市文件的起草和提交备案	营销和路演	定价和分配
■ 选择 IPO 团队、交易所合作伙伴并明确各方责任 ■ 管理公司内务 ■ C 类公司与“Up-C”类组织结构 ■ 确定 IPO 的时间 ■ 确定发行结构和 IPO 初步估值 ■ 主办组织会议	■ 承销商进行尽职调查 ■ 注册声明书的起草和提交 ■ 其他重要交易和公司治理文件的编制 ■ 与证券研究机构的协调 ■ 答复 SEC 的审核意见并提交修订后的注册声明书	■ 编制营销材料 ■ 销售机构的宣传示教 ■ 进行路演 ■ 制作股票认购账簿	■ 发行定价 ■ 向投资者配售股票 ■ IPO 结束
2 ~ 4 个月	2 ~ 3 个月	2 周	1 周

组织与筹备

- 选择 IPO 团队、交易所合作伙伴并明确各方责任
- 管理公司内务
- C 类公司与“Up-C”类组织结构
- 确定 IPO 的时间
- 确定发行结构和 IPO 初步估值
- 主办组织会议

选择IPO团队、交易所合作伙伴并明确各方责任

IPO 的优化执行需要一个能力互补的核心专业团队。和任何其他组织过程一

样，团队合作和文化契合有助于确保IPO的效率、质量和成功。因此，提前创建一个优秀的团队至关重要。下面，我们将逐一讨论这个团队的关键成员及其职责，包括公司内部团队、账簿管理人、法律顾问、会计师和投资者关系公司。

公司内部团队。尽管投行人士、律师顾问和会计师有责任让公司进入成功IPO所需要的最佳状态，但管理层团队显然是这项任务的控制中心。首先，他们需要有效地组织和调动公司资源，为即将开始的IPO提供必要的财务、经营和法律信息。随后，再把这些信息反映在公司的投资故事中，并成为注册声明书和营销材料的基本素材。

因此，在IPO之前，公司所有者必须明确，他们的管理团队是否具备成功完成IPO所需要的能力和资源。这项任务可能需要公司对CEO和CFO层面的高管团队做出重大调整。但更常见的现象是在内部财务控制、法律和投资者关系等辅助型人员配备方面进行零星调整。

考虑到即将启动的IPO程序，公司应任命一个内部事务团队，并指派一名"队长"负责调配内部资源，与外部咨询机构进行协调。尽管CEO肯定是这个团队的重要成员，尤其是在打造公司愿景和撰写投资故事方面，但日常职责应另有人选。毕竟，CEO还需要确保公司在IPO期间的经营和运转。一旦未能完成财务指标和关键性业务成果，将对IPO造成致命性打击。

内部IPO团队主要由高管人员组成，不可缺少的不只有CFO以及财务团队选派的成员，还需要首席运营官和法律总顾问的参与。除此之外，团队成员的构成会根据情况的变化而相应调整。对某些公司而言，公司战略与发展负责人、关键业务部门的负责人以及首席营销官也在IPO中扮演着关键角色。IPO项目负责人的选择同样取决于具体情况，但通常由CFO或业务开发团队成员担任。适用于CEO的标准同样适用于整个交易团队，也就是说，必须确保在募集取得成功和公司运营之间取得平衡。

尽管每个公司及其所面对的具体情况各不相同，但表9-2基本概括了公司关键成员在IPO过程中承担的职责以及参与的时间跨度。

账簿管理人。投资银行的任务是管理募集股份并在整个过程中对公司提供指导。考虑到这一关键性作用，公司及其股东必然会在选择账簿管理人过程中投入大量的时间和精力，特别是牵头账簿管理人和积极型账簿管理人。在很多情况下，拟上市公司在数年之前，就已开始通过与潜在承销商的非正式会议来寻找和筛选账簿管理人了。

表 9-2 公司关键成员在 IPO 过程中承担的职责以及参与的时间跨度

	职　　责	时间跨度
首席执行官	■ 精心制作和对外传达投资故事的关键发声者 ■ 任命 IPO 内部交易团队及其负责人 ■ 通常负责主持业务层面的尽职调查会议 ■ 路演中的“公司代言人”	◔
首席财务官、会计及财务团队	■ 负责提供 IPO 文件中的财务报表、“管理层讨论与分析”及其他财务数据 ■ 对尽职调查和注册声明书的起草承担主要责任 ■ 制定业务发展计划和财务预测 ■ 鉴于财务数据的巨大数量和极度重要性，CFO 通常会担任“交易团队的队长”	◕
IPO 项目团队负责人	■ 负责公司内部和外部机构的协调 ■ 任命提供数据的直接负责人 ■ 对接交易所合作伙伴 ■ 确保各项工作顺利进行，并按时提交关键性的预期成果 ■ 聘请合适的高层管理人员	●
企业发展团队	■ 参与尽职调查并起草注册声明书和营销材料 ■ 在战略、增长项目和并购等方面提供见解 ■ 也可以担任“交易团队的队长”	◑
总法律顾问及法律团队	■ 与公司法律顾问在所有法律事务上进行合作，并负责与 SEC 进行对接 ■ 参与尽职调查和上市文件的起草 ■ 牵头负责公司的内部事务及合规性事务	◑
投资者关系	■ 协助准备营销展示资料和投资者信息 ■ 建立投资者关系基础架构和战略，以适应公司上市的需要	◑

● ——————→ ◔

投入时间最多　　　　　投入时间最少

一旦做出进行 IPO 的决定，公司往往就会召集正式的“烘焙大赛”程序[⊖]。在“烘焙大赛”上，拟上市公司将邀请账簿管理人的备选机构，当面向公司高管、主要董事会成员和股东代表发表演讲。最初，公司可能会选择 6 家甚至更

⊖ “烘焙大赛”（bake-off），是指投资银行为争夺令人艳羡的业务而展开的竞争。——译者注

多家投行作为候选机构，这些投行均已通过公司的初选。

在"烘焙大赛"之前，公司通常会向这些备选投行发出正式的"征求建议书"（RFP），列示出即将在陈述会上讨论的话题。在进行正式的面对面陈述之前，投行会提交一份完整的"征求建议书"的电子版。在陈述会中，每家投行通常会有一到一个半小时的时间来陈述观点。表9-3是承销商需要在陈述会上回答的一般性问题。

表9-3 "征求建议书"（RFP）中的关键响应项目

"征求建议书"（RFP）路线图
公司的市场定位、估值及股票市场的总体状况
■ 针对公司在投资者群体中的定位制定相应战略，包括拟定投资主题以及有助于缓解潜在投资者担忧的策略 ■ 对业务、行业和竞争态势的理解 ■ 对同行业的评估，包括对行业基准的认定 ■ 对估值、估值方法和估值依据的观点
交易团队的资质及其现有的公司关系
■ 交易团队及其在IPO业务方面的资质、相关企业的经验、牵头交易的数量和类型、在行业内的业务排名、日常运营团队及其职责 ■ 与公司、董事会和大股东现有的关系 ■ 股票研究平台、行业排名以及业内获奖情况
募集发行的架构以及需要关注的事项
■ 推荐采取的发行规模和结构、增量发行和存量发行的相对比例 ■ 股票市场的形势和发行时机的选择，重点是最佳时间窗口的把握 ■ 交易所的选择及其他上市注意事项
分销策略、联合体的组织及收费情况
■ 分销策略与投资者目标，包括全面的需求评估和推荐采取的路演蓝图 ■ 上市后提供的支持，包括同业主要企业的交易量、后续配股能力、并购经验以及贷款意愿 ■ 对潜在联合体结构的概述以及各家投行相关职责的建议 ■ 收费和总价差

承销联合体通常在"烘焙大赛"后的几天内敲定，并告知各家投资银行的职责。标准的操作方法是先通知主账簿管理人，然后再由后者依次通知其他投资银行。如第八章所述，大多数IPO项目都包括积极型账簿管理人、被动型账

簿管理人和联合管理人。对于较大规模的 IPO 项目，参与这个联合体的机构数量可能更多：在主账簿管理人的统一协调下，被动型账簿管理人还可以划分为优先级和初级联合管理人。

选择其他顾问机构。为确保 IPO 的成功，除需要投资银行参与之外，还需要其他顾问团队的支持。公司的法律顾问和会计师从一开始就需要参与进来，以随时应对各种关键问题，制定法律和财务工作路线图，并着手起草注册声明书。和牵头投行一样，律师事务所和会计师事务所通常是与拟上市公司有合作经历的机构，而且都具备相关的 IPO 经验。最理想的选择是，这家会计师事务所在公司 IPO 之前就已经参与相关事务，而且熟悉公司的实际情况、财务报告、相关会计政策及内部控制措施[㊀]。此外，账簿管理人还需要任命承销商法律顾问作为代表，进行法律尽职调查，起草和审核 IPO 规定的法律文件（包括对注册声明书的审核），并协助承销商和公司履行 SEC 和 FINRA[㊁] 规定的各项流程。

公司通常会尽早建立一个数据室，作为数据中心，为开展尽职调查和编写注册声明书提供支持。财务打印机构负责注册声明书的备案支持工作，排版并打印初步及最终版的招股说明书。此外，公司还可以聘请第三方顾问开展市场分析和行业研究，帮助管理团队按正确格式撰写一份清晰的演示文稿，并在选择账簿管理人和股票分析师过程中提供协助（请参阅第八章中的“IPO 顾问”）。投资者关系或公关公司也可以参与路演及投资者交流过程。

聘请交易所合作伙伴。无论是在 IPO 之前的准备筹划阶段、进行过程中，还是在完成之后，公司选择挂牌交易股票的证券交易所都是最重要的合作伙伴（请参阅第八章）。因此，在美国，上市公司都希望尽早选择与之合作的交易所（纳斯达克或纽约证券交易所），并邀请交易所尽可能早地参与到公司的上市流程中。一旦做出选择，IPO 团队的负责人、投资者关系、市场营销和沟通团队

㊀ 公司还需要确认会计师符合美国证券交易委员会（SEC）的规则和上市公司会计监督委员会（PCAOB）所要求的独立性。

㊁ 美国金融业监管局（Financial Industry Regulatory Authority, Inc., FINRA）是一个行业自我监管组织，负责监督在美国从事经营活动的所有证券公司。在 IPO 方面，FINRA 的审查有助于规避承销商采取有损发行人利益的方式获得报酬。

即可在IPO筹备和进行过程中与交易所展开对接。

管理公司内务

在为IPO做准备时，公司必须确保内务和各项事务井井有条。这就需要审查公司的组织文件、财务报告、会计政策、公司治理以及股东名单和持股情况等。此外，公司还需要厘清各项业务以及法律事务，包括第三方关系、重要合同、关联公司以及待决诉讼和义务（如环境、产品责任、知识产权和劳工关系等）。公司的内务管理通常由公司内部的法律总顾问与外部法律顾问共同负责。

公司内务管理活动在IPO之前就已经开始。这就为公司提供了充足的时间去应对和解决任何问题，避免因此而耽搁IPO的实施。需要提醒的是，拟上市公司必须确保其财务状况符合IPO的要求，即由独立审计师进行审计，且每年和每季度均符合SEC的要求。在理想的情况下，公司应利用这段准备时间聘请一家知名审计公司（如果公司尚未与这样的公司建立业务联系）。一家拥有严格内部控制的公司显然对投资者更有吸引力，投资者当然希望避开财务报告草率、控制匮乏、潜在负债隐患或公司治理缺乏透明度带来的额外风险。

公司治理。公司治理是指董事会用来监督和维护公司及其与主要利益相关者（包括管理层、投资者、政府机构和外部公众）进行互动的一整套规则和最佳实践。上市公司必须按SEC和主要证券交易所的要求，严格遵守公司治理标准。此外，公司需要对公众投资者承担信托义务。因此，上市通常需要在公司治理方面进行重大更改，具体包括：

- 董事会成员的独立性标准。
- 独立董事的单独工作会议。
- 法定要求的董事会委员会（即审计和薪酬委员会，所有委员会均有明确的职责和要求）。
- 创建公司治理章程及其他文件。

公司治理首先从董事会开始。很多非上市公司的董事会由所有者、CEO和其他高层管理人员以及根据具体情况由家族成员或值得他们信赖的顾问组成。即使是那些已聘请独立董事的非上市公司，要达到上市公司的公司治理要求，往往也需要进行大量的调整和完善工作。

首先，纳斯达克和纽约证券交易所都要求，董事会的大多数成员应该由独立董事担任，尽管也有例外情况，但并不常见[一]。虽然纳斯达克和纽约证券交易所对“独立”的定义和要求有所不同，但在基本概念上完全是相通的。独立董事是指与公司之间不存在可能会干扰他们客观发表意见、公平承担责任的既有关系的个人[二]。在完成 IPO 后的一年之内，新上市公司必须满足董事会多数成员为独立董事的标准。

其次，上市公司必须建立审计、提名[三]及薪酬委员会，该委员会必须完全由独立董事组成[四]。审计和薪酬委员会的成员必须遵守最严格的独立性标准。在进行 IPO 时，公司必须拥有至少一名独立董事，并在上市后的 90 天内达到多数委员为独立董事的要求，在 IPO 后的一年内确保全部委员会成员均为独立董事。

以下是对上述三个法定委员会的说明：

- 审计委员会——负责公司的财务报告流程，雇用和监督独立审计机构，建立举报机制以及会计事务和内部控制程序；根据 SEC 标准，委员会的所有成员必须拥有“财务素养”，且至少有一名成员应为“金融专业人士”。
- 提名委员会——负责寻找并推荐董事，制定公司治理准则，并对董事会和高管层的从业情况进行评估。
- 薪酬委员会——负责制定和建议高管薪酬，就高管奖励计划向董事会提出建议，负责聘请外部顾问参与公司的薪酬和聘用事务。

除需遵守 SEC 和上市交易所的规定之外，一流上市公司还致力于将公司治理的“最佳实践”转化为公司制度。这些内容可能涉及多方面问题，包括董事会的结构和规模（包括董事成员的多元化）、高管继任计划、高管薪酬和 ESG 事务（环境、社会和治理）。公司治理还会涉及收购防御政策，以避免遭遇敌意收购者的攻击。

㊀ 受控公司无须达到独立董事占董事会多数席位的标准；但审计委员会必须保证全部成员均为独立董事，以实现该委员会的完全独立性。

㊁ 比如说，他们不应受雇于家族成员担任公司高管的公司，或是接受超过公司规定的最高标准薪酬（纳斯达克和纽约证券交易所规定的最高标准薪酬为 12 万美元，并对例外情况做出了具体规定）。

㊂ 在纳斯达克上市的公司无须设立正式的提名委员会，只需由独立董事提名即可，但大多数公司还是按照最佳的原则设立了提名委员会。

㊃ 受控公司无须遵守设立独立的提名委员会（或独立董事）或薪酬委员会的要求。

在公司治理方面的准备工作应该在IPO之前就已开始，而且通常是采用专用的治理方法，譬如Nasdaq Boardvantage，这是一个基于软件的董事会门户网站和协作解决方案。随着对数字化和网络安全认知度的提高，董事和领导团队可以使用Nasdaq Boardvantage平台来提升公司治理水平、改善数据安全性，并加强公司内外部各方的协作。

财务报告的编制及披露。上市公司必须遵守SEC的全面财务披露要求，按季度发布详细的财务报表。这就需要公司采取适当的内部控制制度及程序。要满足这些要求，从一开始就需要公司的财务团队与外部的会计师事务所相互合作，并投入大量的时间和资源。

SEC对注册声明书所附财务报表内容的要求如下（但也存在某些例外情况）：

- 最近两个会计年度经审计的合并资产负债表。
- 最近三个会计年度经审计的合并利润表、现金流量表和股东权益变动表[⊖]。
- 财务报表附注及财务报表明细表（如需要）。
- 公司聘请的外部审计师发表的审计报告。

提供附加财务信息和特定行业指标也是上市公司采取的惯例，这些信息将为投资者提供更多有价值的参考。关于财务报表附注，上市公司通常使用非《通用会计准则》（GAAP）规定的财务指标，比较常用的包括调整后的EBITDA和自由现金流。特定行业指标的例子，如有线电视类公司需要披露订户数量和每单位平均收入（ARPU）等信息，分销渠道类公司需要披露同一家店面的销售增长情况（SSS）。

此外，SEC可能还要求拥有多个业务线或跨地区运营的公司按业务线或地区提供分部报告（segment reporting）。这项披露内容通常需要覆盖各细分市场或各经营地区的财务指标，包括销售收入、EBIT及其他财务数据。出于竞争原因，公司通常会尽可能地限制分部报告披露的内容，而且有强烈的欲望去限制其他披露义务。

除了实际财务信息外，最重要的一点就是要确保采取适当的内部控制措

⊖ 针对新兴成长型公司（EGCs）的审核，SEC要求仅需进行两年的财务审计。

施[一]。如果存在任何重大缺陷，都应该在注册声明书中做出披露。因此，对 IPO 交易团队而言，尽早发现所有缺陷并制定补救计划至关重要。

创建公司战略和财务预测。公司的战略和商业计划是打造 IPO 故事的核心和基础。把这个故事提炼成简明易懂、引人入胜的信息，并传递给投资者，这是投资者接受公司股票的关键所在。而且这项工作越早完成越好，以便在招股说明书和其他营销材料中得到充分体现。

在很多情况下，IPO 故事是公司当下内部自我定位与外部市场定位合乎逻辑的延续。但正如第八章所言，还是存在某些特别能够引发 IPO 投资者产生共鸣的热门话题。这些主题往往以成长机会与行业背景为中心，但同时也提出了公司商业模式所固有的护城河和持久力。

但这个故事必须建立在一套引人入胜、理由充分的预测基础之上。对此，在牵头账簿管理人的协助指导下，公司 CFO 和财务团队应承担首要责任，其任务包括寻找驱动商业模型取得成功的方式，并识别相应的支持性数据。归根到底，考虑到公司自身的历史业绩和当下表现，这些预测必须是可信的。因此，与第三方权威行业资源及可见的市场趋势相联系，显然有助于增强潜在 IPO 投资者对公司的信心。

此外，财务预测还需要与其他假设保持一致，譬如市场份额的增长、新产品、定价、业务组合、地域扩张和潜在收购等。只有充分强调这些驱动要素，并为它们提供足够的依据，公司才能支持超过同行业其他公司的超常业绩预测。资产负债表和现金流量表必须保持相互一致，相互验证，公司才能以充足的偿债能力、资本支出和营运资金为增长提供支持。一旦准备就绪，公司就可以将这些预测提供给卖方分析师。

公司结构和其他需要考虑的事项。完善公司内部事务的另一项职能，就是保证公司结构有利于上市公司的运行。在这方面，需要考虑的关键事项包括：

- 公司的注册地点。由于特拉华州友好的商业法律和法院制度，因此，大多数在美国上市的公司都会选择在特拉华州注册成立[二]。

[一] 拟 IPO 公司必须建立相应的内部控制体系，尤其是财务报告的内部控制制度（ICFR）。ICFR 为公司财务报告的可靠性以及按 GAAP 编制财务报表的能力提供了保障。此外，公司还应建立信息披露控制措施及相关流程，以确保能在规定时间内处理和报告 SEC 所要求的财务及非财务信息。

[二] 根据特拉华州企业局 2018 年的年报，在财富 500 强公司中，有 67% 的公司将注册地点设在特拉华州。此外，在这一年中，82% 的美国 IPO 项目也选择特拉华州作为其注册地。

- 业务结构。绝大多数拟IPO公司均采用股份有限公司（C Corp）的组织架构。当然，公司也可以采取有限合伙制或房地产投资信托（REIT）之类的组织结构，这取决于上市公司的具体业务类型。由于没有这些特定的资产类别，使得其他组织结构有可能会限制股东的数量——如小规模企业（S Corp），或是在出现盈利时需要承受较大的税收压力——如“转嫁税收实体”[pass-through entities，比如有限责任公司（LLC）]。C类公司的另一种衍生形式就是“Up–C”结构，这种在税收和投票属性上具有独特优势的组织架构在PE持股的公司中尤为普遍。
- 授权发行的附加股。在某些情况下，公司可能需要授权发行新的股票，为IPO创造足够的交易量，并为其他证券转股提供股票来源。
- 优先股或认股权证的转换或赎回。私有公司通常拥有各种各样的证券，比如期权、认股权证和优先股等，必须在上市之前将这些衍生证券赎回或转换为普通股。公众投资者通常会刻意避开这些结构复杂或是有可能被稀释的股票挂钩证券，而更容易接受能让他们与IPO前投资者平起平坐的股票㊀。
- 正向或逆向的股票分割。在主账簿管理人调整IPO估值范围时，可能需要对现有流通股进行正向或逆向分割，以达到预期的股价和公众持股量。在实务中，股票拆分创造的股票数量不能大于注册登记的股票数量。
- 双重股权结构。某些股东可能会寻求双重股权结构，以实现对公司的控制权或其他超过按持股比例可享受的特殊权利。这在由创始人领导的家族企业中尤为普遍，其中又以高科技企业最为突出。近年来，双重股权结构已遭到部分投资者和指数基金发起人的抵制，因而大有江河日下的趋势。

C类公司与“Up-C”类组织结构

公司的内务处理还包括确定即将成为上市公司载体的法人实体。如前所述，

㊀ 尽职调查的一项关键内容，就是确保公司在IPO前合理发行股票，并符合公司章程以及《证券法》和州公司法的规定。在提交IPO审核之前，与此相关的任何发行或差错必须予以纠正。从会计角度看，尽职调查需要关注的一个核心领域，就是股票的发行价格是否低于公允市场价值。这被称为“便宜股”定律，可能会导致发行人不得不重述前期财务报表，以体现补偿费用。

C 类公司是上市公司中最常见的法律组织结构。幸运的是，无论规模大小，大多数计划公开发行股票的公司均采取 C 类公司的组织架构。而在准备上市之前，采取有限责任公司或 S 类组织模式的公司可能需要重新注册。这个过程通常在几个星期内即可轻松完成。

在传统 IPO 公司的股权结构中，公司及现有股东（如出资人、风险投资公司、家族所有者或管理层）将其持有的股份出售给新的公众股东（见图 9-1）。

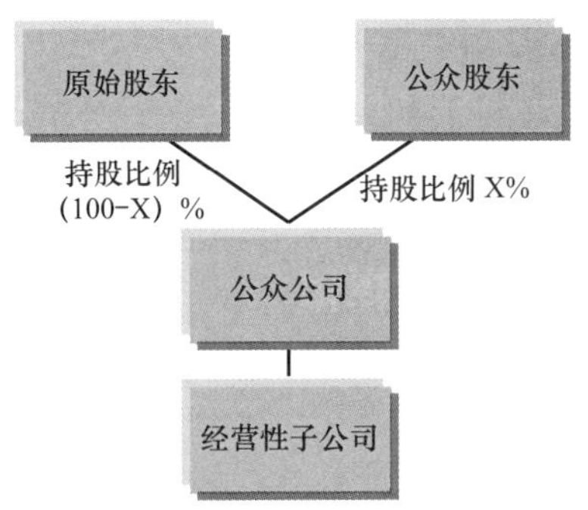

图 9-1　传统 IPO 公司的股权结构

在某些情况下，出于税收方面的考虑，目前采取合伙企业或有限责任公司架构的公司可能不希望转换为 C 类公司。对这些公司，"Up-C" 结构是对传统模式的一种有效替代（见图 9-2），它可以为合伙企业或有限责任公司的原始股东提供投票权和税收方面的双重便利。在"Up-C"结构中，公司在 IPO 之前的股东建立一种新型的 C 类公司（IPO 公司），也就是说，这是一家控股型公司，持有合伙企业或有限责任公司（运营公司）的单位权益（unit interest），并对其进行管理。在这种情况下，经营公司只是从事真实业务运营的企业，实际公开上市的实体却是 IPO 公司。

IPO 公司同时发行 A 类股票和 B 类股票。其中，A 类股票是公开对外发行的股票，按持股比例同时享有经济收益权和表决权；而 B 类股票的发行对象仅限于原始股东，享有表决权，从而确保 IPO 之前的原始股东继续维持对公司的控制权，但是在技术上，B 类股票没有经济价值[⊖]。IPO 公司通过发行 A 类股票所筹集到的资金，可用来向原始股东持有的经营实体（合伙企业或有限责任公司）购买单位权益，也可以给新的战略合作伙伴授权这种单位收益（向其发行新的

⊖　B 类股票不参与股息分配。

单位权益）。持有人可将其持有的单位权益转换为A类股票，从而获得流动性。

"Up-C"结构通常可以为IPO公司带来税收优惠，这些优惠通过《税收协议》（TRA）返还给最初的单位权益持有人。这种协议是最初单位权益持有者与新创建IPO公司在IPO时签署的一种税收返还协议。只要单位权益持有者将其持有的单位权益转换为A类股票，IPO公司就需要按相应金额调整资产的计税基础。如第七章所述，资产计税基础的增加会相应地提高可在税前抵扣的折旧摊销额，从而减少公司的应税利润，进而减少企业所得税。《税收协议》通常通过协商来确定，原始股东通常可据此节约85%的纳税成本。

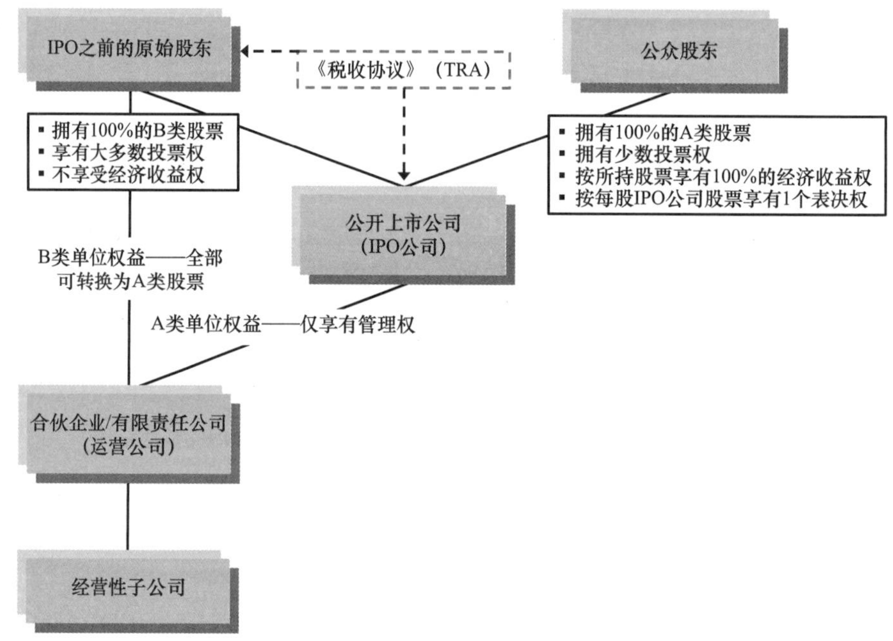

图9-2　采取"Up-C"结构的IPO公司

确定IPO的时间

启动IPO的确切时机最终有可能依赖于公司及其承销商无法控制的诸多因素，但最重要的还是要制定目标时间表。如图9-3所示，最常见的IPO发行窗口是2月份至6月份（特别是上年度全年及本年度第一季度财务数据可以获得时），然后是9月下旬到12月假期开始前的两周。

一旦确定了目标发行日期，公司及其交易团队就会加快实现关键里程碑事件的步伐。由此开始，最大的目标就是尽可能地兑现IPO日程表，以便在有利行情到来时随时启动IPO。这个过程通常被称为"起跑线竞赛"。

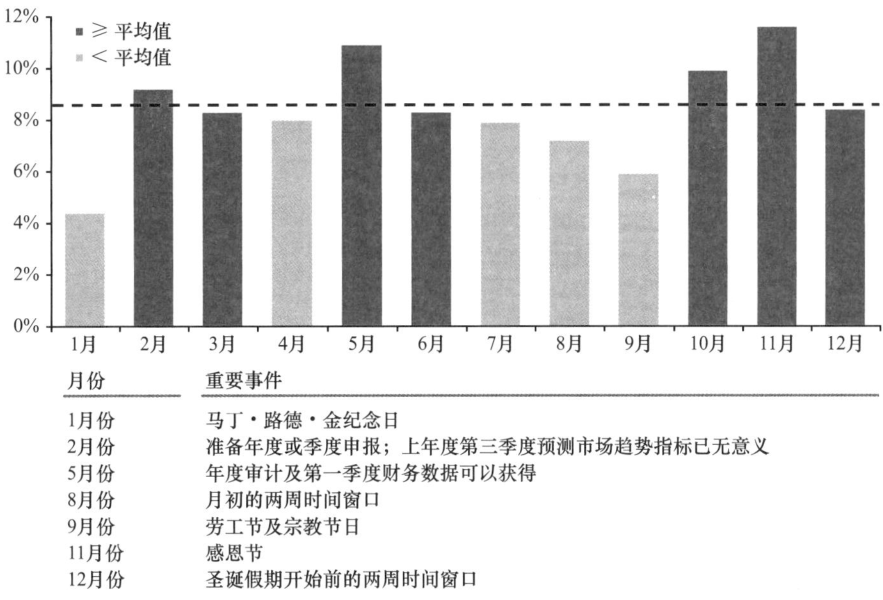

图 9-3　各月 IPO 发行的规模（占全年发行量的比例）

公司经营的季节性特征和收益加速增长期也是确定预期 IPO 发行时点的重要因素。譬如，对从事建筑业务的公司来说，在进入春季销售旺季时启动 IPO 可能更可取；而滑雪服装企业最有可能选择在第四季度或次年第一季度启动 IPO。另外，公司也可以让 IPO 与主要产品上市或取得新客户的进程保持同步。

无论处于哪个业务板块或经营形势如何，公司都应采取有利的市场条件启动 IPO。即使是拥有令人振奋的成长故事的高品质公司，也要避免在股票市场低迷时入市，此时，它们可以选择观望，通过二级私募交易缓解等待造成的流动性压力。而当市场行情强劲时，可以让更多处于边缘的拟 IPO 公司通过路演获得成功。

确定发行结构和IPO初步估值

确定 IPO 最优发行结构是一项非常重要的前期任务，它最终会影响到公司估值。发行结构设计的核心要素体现为发行规模以及增量市场发行量和存量市场发行量的确定。最优发行结构不仅必须具有可行性，还要与公司的 IPO 故事保持协调。合理设计发行结构有助于确保 IPO 执行和估值的最优化。

发行结构。发行规模通常是确定发行结构的首要决策点。如第八章所述，发行规模通常为公司隐含市值的15% ~ 25%，但如何确定发行量区间的上限和下限至关重要。最终发行规模的确定，还取决于公司对发行收入的需求以及原始股东变现股权的意愿，并受制于股票供给与投资者需求的权衡。从策略角度看，公司发行规模最好从区间下限开始，并根据投资者的需求情况逐渐上调发行规模。

至于发行结构，则取决于公司发行收入的需求和使用情况（有关增量市场发行和存量市场发行的讨论，请参阅第八章）。高成长公司，尤其是尚处于亏损阶段的公司，需要通过增量市场发行获得现金，为业绩提升提供融资。同样，高杠杆公司也需要使用现金偿还现有债务，借以合理调整公司的资本结构。

当公司业务主要使用自有资金且拥有强大的资本结构时，适合采取规模较大的存量市场发行。换句话说，存量市场发行适合于对外部现金需求非常有限的公司。此外，存量市场发行规模还取决于现有股东将其投资变现的意愿。有些股东可能希望立即兑现其持有的股票，还有些股东可能希望无限期地持有股票，以享受股价上涨带来的收益。

在针对发行结构的诸多决策中，公司对IPO预设的目标资本结构同样至关重要。这对于财务投资人为股东背景的IPO尤为关键，因为这类公司的债务水平在经过杠杆收购后大幅提高。在这方面，公司应采用同行业公司的杠杆水平作为参照，杠杆水平通常表示为杠杆率（请参阅第一章和第四章）。合理的资本结构是IPO成功的关键。如果杠杆率过高，公司就难以在IPO市场上找到投资者，而且这种情况还会因公司业务的周期性而加剧。无论如何，资本结构必须与IPO故事保持一致。比如说，如果公司讲述的是一个以并购为基础的高成长故事，那么，它们就需要以强大的资产负债表为收购提供支持。

IPO估值。估值是所有IPO的核心。简言之，IPO要获得成功，估值就必须有足够的吸引力。否则，公司还不如寻求其他方案去筹集资金，或是干脆直接出售公司的股权。

归根到底，设定估价区间是科学与艺术的高度融合。对高调的IPO而言，估值是向潜在投资者和媒体展示才华的大好时机：每个人都是专家！当然，真正的专家少之又少。但好消息是，读完本书之后，你就会发现，你原来就是能进行可靠而系统的估值分析的少数人之一。毕竟，IPO 估值的核心原则完全等同于本书前面讨论的那些原则，只不过 IPO 估值更强调可比性。具体取决于公司所处的行业板块和成熟阶段，现金流折现分析法（DCF）同样重要。对收入有限或尚未实现收益的高科技初创公司，或者找不到真正可比上市公司的企业而言，尤其适用于 DCF 估值法。

在可比公司估值法中，最关键的问题就是采用的估值倍数或估值基准。对已经拥有可观收益的成熟企业而言，EV/EBITDA 和 P/E 是最常用的估值基准。但某些适用于特定板块的倍数或许更有意义（甚至更重要，具体参见第一章）。对尚不成熟的公司，EV/ 销售收入与其他盈利倍数同等重要，在这种情况下，通常采用未来 3 年甚至 5 年的预测值。考虑到投资者更注重长期增长，因此，前瞻性倍数的预测和计算也是 IPO 分析的核心。

完全发行的企业价值（fully distributed enterprise value）是指公司在假设已公开交易时具有的完全隐含价值（见表 9-4）。其计算方法是以目标倍数区间乘以最合适的未来收益指标，在这里，通常为未来 1 年或 2 年的 EBITDA。完全发行的股权价值是完全发行的企业价值扣除债务总额，再加上新发行股票实现的收入（如果有），在这里，新股发行收入将视为现金及现金等价物。在全部采用存量市场发行的情况下，公司的现有债务净额保持不变。

然后，按 IPO 折价对完全发行的股权价值进行折价。这个折扣比例通常在 10% 到 15% 之间，具体按照公司及当时的 IPO 市场行情而有所不同。它是上市公司为外部投资者提供的“甜味剂”，旨在吸引他们投资新公司，而不是只盯着业内的成熟企业。因此，一旦公司开始交易股票，IPO 投资者就有可能在首个交易日迎来股价“大爆发”。

如表 9-4 所示，折价后的估值表示为相对“IPO 价格”的某个比例。在估值的下面，以完全发行和相对“IPO 价格”某个比例的形式分别表示目标公司的隐含估值倍数。最后，底部是 IPO 结构的详细信息，包括 IPO 发行的规模、按相对“IPO”股权价值某个比例表示的价格以及增量市场与存量市场发行收入的结构情况。

表 9-4 针对目标公司的 IPO 估值示意

IPO估值

发行规模为8亿美元（其中，75%为增量市场发行，25%为存量市场发行）

（单位：100万美元，每股数据除外）

= 完全发行的企业价值-债务总额+现金及现金等价物+增量市场发行规模
= 76.13亿美元-30亿美元+2亿美元+6亿美元

= EBITDA$_{2019预测}$×完全发行的企业价值EV/EBITDA
= 7.25亿美元×10.0倍

		完全发行的企业价值EV/EBITDA				
2019年EBITDA（预测）	$725	9.0x	9.5x	10.0x	10.5x	11.0x
完全发行的企业价值		**$6 525**	**$6 888**	**$7 250**	**$7 613**	**$7 975**
减：债务总额		(3 000)	(3 000)	(3 000)	(3 000)	(3 000)
加：现金及现金等价物		200	200	200	200	200
加：增量市场发行规模		600	600	600	600	600
完全发行的股权价值		**$4 325**	**$4 688**	**$5 050**	**$5 413**	**$5 775**

= 总发行规模×增量发行的百分比
= 8亿美元×75%

= 完全发行的股权价值×IPO折扣率
= 57.75亿美元×15%

		IPO估值折扣率：15%				
减：IPO估值折扣	15%	(649)	(703)	(758)	(812)	(866)
IPO时的股权价值		**$3 676**	**$3 984**	**$4 293**	**$4 601**	**$4 909**
加：债务总额		3 000	3 000	3 000	3 000	3 000
减：现金及现金等价物		(200)	(200)	(200)	(200)	(200)
减：增量市场发行规模		(600)	(600)	(600)	(600)	(600)
IPO时的企业价值		**$5 876**	**$6 184**	**$6 493**	**$6 801**	**$7 109**

		估值倍数				
完全发行						
EBITDA						
2019（预测）	$725	9.0x	9.5x	10.0x	10.5x	11.0x
2020（预测）	779	8.4x	8.8x	9.3x	9.8x	10.2x
备考净利润						
2019（预测）	$349	12.4x	13.4x	14.5x	15.5x	16.5x
2020（预测）	385	11.2x	12.2x	13.1x	14.0x	15.0x
IPO估值折扣率15%						
EBITDA						
2019（预测）	$725	8.1x	8.5x	9.0x	9.4x	9.8x
2020（预测）	779	7.5x	7.9x	8.3x	8.7x	9.1x
备考净利润						
2019（预测）	$349	10.5x	11.4x	12.3x	13.2x	14.1x
2020（预测）	385	9.5x	10.3x	11.1x	11.9x	12.7x

= 总发行规模/IPO时的股权价值
= 8亿美元/36.76亿美元

	总发行规模				
	$800	$800	$800	$800	$800
增量市场发行规模的比例%	75%	75%	75%	75%	75%
存量市场发行规模的比例%	25%	25%	25%	25%	25%
发行规模占IPO时的股权价值的百分比	22%	20%	19%	17%	16%

IPO后净债务/过往12个月EBITDA
= 22亿美元/7亿美元

信用指标	过往12个月EBITDA	净债务		(x)
IPO前的净债务	$700	$2 800	IPO前净债务/过往12个月EBITDA	4.0x
IPO后的净债务		2 200	IPO后净债务/过往12个月EBITDA	3.1x

主办组织会议

组织会议是 IPO 流程正式开始的标志。组织会议通常是由主账簿管理人主持的面对面沟通，可能持续数小时。组织会议一般在公司总部、主账簿管理人或公司法律顾问的办公室举行。会议的主要参与者包括公司高管、股东代表（如 PE、VC、家族成员和创始人）、主账簿管理人、审计师、公司法律顾问和承销商法律顾问。主账簿管理人负责确定会议议程，并准备会议资料，其中包含需要讨论的关键主题以及交易团队联系方式的工作组通讯簿。

组织会议的目标就是让全部 IPO 团队成员在发行基本要点、时间表、职责、第三方供应商的选择以及未来发展路径上保持同步，对公司的关键性内部事务进行讨论，包括公司治理、财务报告的编制和内部控制。一旦确定任务清单，组织会议即可为账簿管理人和法律顾问制定全面尽职调查计划（参见表 9-5）。会议的最终成果就是为各项工作流程确定切实可行的任务目标，并明确后续会议及沟通计划。

表 9-5 组织会议的议程

组织会议的议程	
1. IPO 的结构及发行方案建议	5. 财务和会计
■ 总发行规模，增量市场发行与存量市场发行的比例 ■ 发行收入的用途	■ 历史及预测财务数据 ■ 安慰函
2. 尽职调查	6. 沟通
■ 法律、财务和商业尽职调查 ■ 股票分析师的尽职调查及结果展示	■ 新闻发布，公司网站 ■ 公共宣传政策
3. 注册声明书	7. 职责分配
■ 职责分配 ■ 时间安排	■ 注册声明书及路演材料 ■ 认购登记账簿，股价稳定机制
4. 公司治理与法律事务	8. 第三方
■ 董事会，主动防御 ■ 公司章程，公司细则，《萨班斯 – 奥克斯利法案》的实施 ■ 承销及股权锁定协议	■ 打印机构 ■ 公关公司 ■ 过户代理机构

尽职调查以及上市文件的起草和提交备案

- 承销商进行尽职调查
- 注册声明书的起草和提交
- 其他重要交易和公司治理文件的编制
- 与证券研究机构的协调
- 答复 SEC 的审核意见并提交修订后的注册声明书

承销商进行尽职调查

尽职调查通常以组织会议为起点，在会上，公司高管和关键部门主管对公司及其前景进行深入介绍。这种前期会议可能还包括现场走访，具体取决于会议地点。会议材料通常会包括一份按类别编制的详细尽职调查清单。清单的作用是为尽职调查会议提供路线图，主要体现为商业、财务和法律三大类。

尽职调查会议旨在对公司的各个信息做出确认，并就关键问题找到答案。这就可以让整个 IPO 团队更好地把握公司的优势和风险，进而为编制招股说明书、企业估值和整体消息沟通提供依据。IPO 文件（尤其是注册声明书）披露的所有信息必须完整准确，不得出现任何重大错误陈述或遗漏。在尽职调查启动会结束之后，通常还会安排后续的面对面会议或电话会议，对具体问题进行更详细的跟进和讨论。

数据室全程支持交易团队的尽职调查工作，一直延续到 IPO，它的作用就是创造一个容纳公司全部相关资料的信息中心。类似于并购出售过程采用的数据室，其信息同样是按大类和子类列示的。它提供了大量的数据下载，包括经过审计的财务报告、公司的具体财务分析、市场研究、各种法律和商业合同、董事会会议记录、IP 详细信息以及各种合规性资质证明。随着 IPO 进度的推进，数据室不断充实，直到注册声明书完成提交，数据室的使命才宣告终结。

商业尽职调查。对投行人士来说，商业尽职调查的目标就是尽可能多地了解企业的商业模式、运营状况、机会和风险。尽职调查还需扩展到公司在整个行业或板块中的竞争地位。在尽职调查中，投行需要与公司高级管理层、董事会成员、部门负责人、关键员工、公司审计机构、外部顾问以及主要客户和供应商进行讨论。现场走访、考察公司经营设施也是尽职调查的重要一环。

以下是商业尽职调查覆盖的主要领域：

- 公司战略——近期和长期发展战略、主要增长动力、品牌定位、未来收购战略和扩张计划。
- 行业与竞争态势——公司的竞争地位、优势与劣势、行业发展前景、市场份额、历史与未来发展趋势以及竞争对手分析。
- 产品和服务——收入细分比例、定位和差异化 、新产品的推出以及关键增长领域。
- 客户——客户群的细分、流失分析、销售渠道、新客户开发活动。

财务尽职调查。财务尽职调查涵盖与公司历史和预测财务业绩相关的所有内容，包括与财务活动相关的“管理层讨论与分析”。财务尽职调查还包括与业务部门、产品、工厂设施及分地区详细业绩相关的各种研究和敏感性分析。

此外，财务尽职调查还会涉及为实现增长而实施的项目，如绿地投资、新产品开发、并购以及税收、养老金、债务等方面的更多隐性信息。除实际数据之外，账簿管理人和外部会计师还需评价公司财务、会计基础架构以及针对未来设置的流程。财务尽职调查涉及的关键性主题包括：历史财务报表（年度和季度）、预测财务数据、估值、会计基础架构、“管理层讨论与分析”的编制、债务协议和税收等。

法律尽职调查。公司法律顾问和承销商法律顾问需对公司的各种文件和事务进行法律尽职调查。承销商律师牵头制定尽职调查清单，并与公司顾问、账簿管理人和管理层合作开展调查，确保法律尽职调查的顺利实施。

与财务尽职调查一样，IPO 的公司内务管理阶段也会强调法律尽职调查涉及的很多必要项目，包括所有重大待决诉讼及相关问题。法律尽职调查涉及的关键性主题包括：公司组织架构文件、法律及税收架构、董事会会议纪要、重大合同、知识产权（许可权、专利权和商标权）、环境风险、产品责任索赔以及公司对其他适用的本地、州、联邦及国外法律法规的遵守情况。

注册声明书的起草和提交

注册声明书的起草和提交备案是 IPO 筹备过程中最主要的任务。注册声明书是一份综合性文件，它既是一种全面的营销工具，也是针对公司及其主要发行风险最重要的披露文件。因此，注册声明书必须接受 SEC 审查并由 SEC 宣布有效之后，才能对公司股票进行定价。对于美国境内的发行人，注册声明书通常被称为“S-1”文件，它是 SEC 要求公司注册发行股票时采用的标准文件；而海外公司在美国发行股票则需提交“F-1”格式的文件。注册声明书也是控制整个 IPO 流程的纲领性文件。

起草注册声明书的初稿至少需要 1 ~ 2 个月的时间，尤其是在先期没有任何准备的时候，可能需要更长的时间。注册声明书由两个主要部分构成（参见图 9-4）。第一部分称为招股说明书（prospectus），包含针对公司及其业务、风险因素和财务状况等各方面的详细信息；第二部分包含各种附录和日程表等其他公司信息。

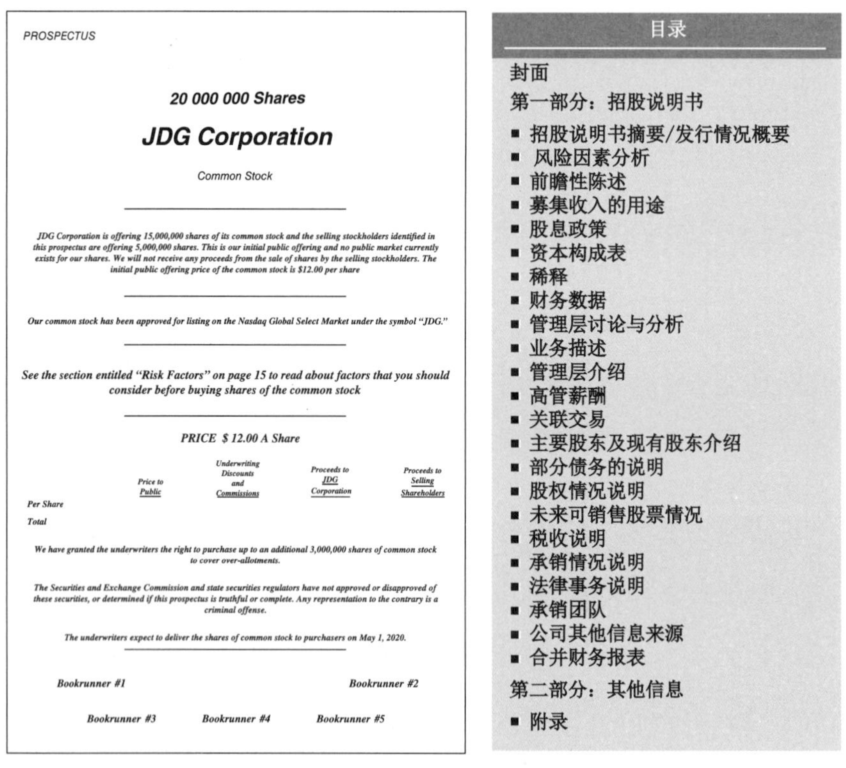

PROSPECTUS

20 000 000 Shares

JDG Corporation

Common Stock

JDG Corporation is offering 15,000,000 shares of its common stock and the selling stockholders identified in this prospectus are offering 5,000,000 shares. This is our initial public offering and no public market currently exists for our shares. We will not receive any proceeds from the sale of shares by the selling stockholders. The initial public offering price of the common stock is $12.00 per share

Our common stock has been approved for listing on the Nasdaq Global Select Market under the symbol “JDG.”

See the section entitled “Risk Factors” on page 15 to read about factors that you should consider before buying shares of the common stock

PRICE $ 12.00 A Share

	Price to Public	Underwriting Discounts and Commissions	Proceeds to JDG Corporation	Proceeds to Selling Shareholders
Per Share				
Total				

We have granted the underwriters the right to purchase up to an additional 3,000,000 shares of common stock to cover over-allotments.

The Securities and Exchange Commission and state securities regulators have not approved or disapproved of these securities, or determined if this prospectus is truthful or complete. Any representation to the contrary is a criminal offense.

The underwriters expect to deliver the shares of common stock to purchasers on May 1, 2020.

Bookrunner #1 *Bookrunner #2*

Bookrunner #3 *Bookrunner #4* *Bookrunner #5*

目录

封面

第一部分：招股说明书

- 招股说明书摘要/发行情况概要
- 风险因素分析
- 前瞻性陈述
- 募集收入的用途
- 股息政策
- 资本构成表
- 稀释
- 财务数据
- 管理层讨论与分析
- 业务描述
- 管理层介绍
- 高管薪酬
- 关联交易
- 主要股东及现有股东介绍
- 部分债务的说明
- 股权情况说明
- 未来可销售股票情况
- 税收说明
- 承销情况说明
- 法律事务说明
- 承销团队
- 公司其他信息来源
- 合并财务报表

第二部分：其他信息

- 附录

图 9-4 注册声明书（“S-1”格式）封面和目录的示例

招股说明书的封面也需要遵守强制性披露要求，封面中必须包含公司名称、发售的证券类型和发行人、发行价格、挂牌交易所、股票代码、承销商、法律顾问以及对风险因素的说明。

尽管 SEC 对注册声明书的格式或长度没有标准要求，但仍设置了很多强制性披露事项。此外，SEC 还要求发行公司必须采用“简明英语”，以确保文件的文字和格式简洁明了、通俗易懂。在实务中，大多数公司及其律师都会在账簿管理人的指导下，在格式、文笔和内容上参照同行或其他公司的注册声明书。

注册声明书的起草。公司法律顾问通常负责文件的主体，主承销商负责前面最关键的营销部分，即所谓的“发行情况概要”部分。文件的内容和信息包括来自公司高管团队和主要股东直接提供的观点、洞见和数据。财务部分由公司的财务团队和会计师负责。

IPO 核心工作团队需要定期召集草案会议，以确保注册声明书的顺利完成和提交。这些会议最初通常采用面对面的讨论方式，随着文件逐渐完善，后期会议会更多地采用电话沟通方式。如前所述，注册声明书初稿通常需要 1 ~ 2 个月才能完成，并最终提交给 SEC。

招股说明书的第一部分（核心部分）。招股说明书是注册声明书的核心部分，用于向潜在投资者推销公司发行的股票。它包含了公司及其所发行股票的大量信息，所有这些信息最终都将公开向投资者、全体利益相关者和竞争对手予以披露。注册声明书的内容甚至比上市公司年报（10-K）的内容更全面（参阅第一章）。在 SEC 的审核意见获得答复后，招股说明书即成为与潜在投资者进行沟通的主要依据。招股说明书以书面形式和电子版形式分发给潜在投资者。

招股说明书的主要内容包括：

- 封面。封面包括有关 IPO 的关键事项，包括发行规模以及计划发行出售的股份数量、承销商折扣、发行净收入、IPO 的挂牌交易所以及账簿管理人的名称[㊀]。
- 招股说明书摘要。为突出显示，这部分内容需要打印在粗线边框内，因

㊀ 在 SEC 对注册声明书进行审查之后，且招股说明书尚未分发给投资者之前，招股说明书的封面还应注明股票发行的价格区间。

而在非正式场合也被称为“盒子”。它是招股说明书中最主要的营销宣传部分，通常占用10 ~ 20页的篇幅。因此，它位于整个文件的最前面，而且在起草过程中需要投入更多的时间和精力。

招股说明书摘要部分通常包括公司简介（有时也会附有公司的使命声明）、行业背景、竞争优势、发展战略、风险因素分析和财务数据的摘要。此外，这部分内容还包含一个概括募集资金用途等主要发行条款的段落（参见图9-5）。

- 财务数据。简式或详式的财务信息会出现在招股说明书的多个部分，包括：
  - 摘要部分的财务数据摘要：即简式财务报表，包括财务报表中的某些历史财务信息。这部分内容通常还会提及某些非通用会计准则的财务指标，如调整后的EBITDA、自由现金流及其他主要绩效指标。
  - 标题为“主要财务数据”的独立部分：最近五个会计年度的利润表和资产负债表的主要数据（如适用的话）[一]。这部分内容旨在帮助投资者了解公司的发展趋势和经营模式。此外，本部分可能还包括某些运营指标及行业指标[二]。
  - 合并财务报表：通常被列示在招股说明书的最后部分，包含完整的资产负债表、利润表、现金流量表以及股东权益变动表。
- 风险因素分析。这是SEC要求必须提供的内容，列示在摘要部分的后面，突出强调与公司及IPO发行有关的重大风险。
- 资本构成表。介绍公司当前和IPO后备考资本构成表，并按债务和股权两部分分别进行列示。
- 管理层讨论和分析。与上市公司年报（10-K）文件中的“管理层讨论和分析”（请参阅第一章）基本相同，这部分内容包括管理层对公司相关会计年度和季度财务状况的评价和分析。在这里，管理层需对已知及未知事件、市场状况和行业趋势对未来可能带来的影响做出前瞻性声明。此外，“管理层讨论和分析”还应包括公司流动性和资金来源的信息，并以表格形式列示公司的全部合同义务（如债务）。

[一] 针对EGC（新兴成长型公司）的审核，SEC仅要求进行两年的财务审计。

[二] 有关详细的披露要求，请参阅本章“会计准备工作”部分。

招股说明书摘要

公司简介

行业和市场机会

竞争优势

公司战略

风险因素摘要

公司基本信息

发行情况概要

由公司发行的普通股数量：
由股东出售的普通股数量：
由承销商行使超额配售权出售的普通股数量：
发行收入的用途：

风险因素：
投票权：
预选代码：

财务信息摘要

	截至本年度12月31日		
	2018	2017	2016
	（单位：100万美元，每股数据除外）		

图 9-5 招股说明书摘要 / 发行情况概要

- 业务描述。这通常是招股说明书中占用篇幅最多的部分。业务描述是对公司及其运营情况的详细介绍。除摘要提及的信息之外，这部分内容涉及的主题还包括公司历史沿革、员工人数、市场地域、针对特定行业的公司指标、核心产品和服务、竞争优势、不动产信息、客户细分介绍以及公司运营所处的经营和监管环境。

招股说明书的第二部分。招股说明书第二部分的标题为"招股说明书的非法定要求信息"，包含不属于招股说明书法定要求的披露内容，但是属于注册声明书法定要求的披露信息。主要部分通常包括IPO费用的构成（不包括承销折扣）、公司董事和高管人员的薪酬、未注册证券的出售情况以及各项附录，如承销协议、公司营业执照和公司章程、重要员工或第三方合同以及各种法律建议和审核意见。

注册声明书的提交备案。注册声明书以电子版形式通过SEC的电子文件系统EDGAR提交。在提交之前，公司需根据SEC的文档格式标准进行专业排版和设置，这项工作通常需交由打印机构处理。为最大程度地提高排版过程的效率，公司会把编写好的附录和财务部分提前发送给打印机构，而不是在整个文档定稿后才一次性提交。摘要、财务、业务描述和风险因素分析通常是最后完成并提交给打印机构的部分。

在注册声明书基本完成之后，IPO交易团队即可在打印机构召集全体成员参加最终草案会议，对纸质版文档进行审核，以确保文件符合要求。在投行和律师对文件做进一步修订和完善之后，即可由打印机构对注册声明书进行最终的专业排版。

在对文件完成最终审核后，应召集一次由各方参与的综合性尽职调查会议，也就是所谓的"全面尽职调查"（bring-down due diligence），以确认注册声明书所包含的信息未出现实质性变更。此次会议还将决定是以保密形式还是公开形式提交注册声明书。近年来随着有关保密提交规则的出台，越来越多的公司开始选择以保密形式向SEC提交注册声明书。这样，公司就可以在非公开情况下处理SEC的审核意见，直至将SEC的意见全部处理完毕之后，再公开提交注册声明书，并公开宣布其IPO的意图。在公开提交文件之后，公司应按发行规模向SEC支付审核备案费[一]。

[一] 以注册证券的发行价格为基础，2019年每百万美元发行额的费用为129.8美元。

其他重要交易和公司治理文件的编制

在首次提交注册声明书后，到 SEC 给出审核意见之前，通常需要大约 30 天的时间。IPO 交易团队会利用这段时间推进其他重要文件的编制，包括承销协议、安慰函和法律意见书等。此外，他们还会在这段时间内继续关注市场行情，并提升估值、发行规模和发行结构的设计工作。

承销协议（underwriting agreement）。承销协议是由发行人与其承销商共同签署的法律合同。协议条款由各自的法律顾问协商确定，并适当考虑主账簿管理人就关键业务和经济要点发表的意见。大多数投资银行均采用标准格式的承销协议，法律顾问通常采用标准文本作为最终协议的模板。虽然承销协议要等到 IPO 定价后才能最终签署，但通常会提早就通用性条款进行协商并达成一致。这就可以避免后期因为出现分歧而可能导致的发行延迟。

承销协议的主要条款包括：

- 无论采用包销还是尽最大努力推销的情况下，承销商应承担的义务。
- 承销商收取的总价差及其一般费用和支出。
- 公司和出售股东的陈述和保证（如适用）。
- 超额配售选择权 / 绿鞋。
- 股票锁定协议。
- 成交条件，包括安慰函和法律意见。
- 承销商、公司及出售股权股东（如果有）的赔偿责任。

安慰函（comfort letter）。安慰函是由公司审计机构编制的文件，旨在验证注册声明书所含财务数据的准确性以及审计师相对于发行人的独立性。会计师的审核范围仅限于公司财务状况，不得视为对运营、特定行业信息或第三方数据提供任何保证。如果公司为准备 IPO 而更换会计师事务所，那么，承销商有可能要求原会计师事务所也出具一份安慰函。

在签署承销协议之前，账簿管理人要求会计师事务所提交定稿的安慰函，在进行 IPO 定价时一并提交。在获得 SEC 核准并最终发行成交时，会计师需发布第二封跟进安慰函，以确认公司财务状况在提交第一封安慰函之后未发生实质性变化（更常见的情况），或者对这段时间发生的重大更改做出说明。

法律意见书（legal opinion）。公司律师和承销商律师应分别提供各自的“法律意见书”和“消极保证意见书”，以确认注册声明书符合SEC规则，公司不存在重大法律问题。“消极保证意见书”是对承销商提供的一种保障，即公司不存在律师尚未关注到的任何重大错误陈述或遗漏。“法律意见书”和“消极保证意见书”不涉及财务或会计事项。

与证券研究机构的协调

在提交IPO审核之后，拟上市公司继续与证券分析师群体进行协调，各自对投资故事进行分析。此时，他们已经与公司管理层进行了一整天的沟通——包括现场访谈，对相关主题进行后续交流。从提交注册声明书到获得SEC核准之间的这段停滞期，为他们提供了一个继续完善财务模型和业务主题的机会。与此同时，银行的资本市场部门与投资银行部门合作，获得为股票进行承销发行的内部批准，这一过程称为内审核准（vetting）。IPO失败或未达到目标都会有损银行声誉，甚至会招来官司。

答复SEC的审核意见并提交修订后的注册声明书

SEC的公司财务部（the division of corporation finance）负责对注册声明书进行审核。审查过程详尽而全面，重点是审核遵守证券法律和法规的情况，但审核意见不构成对投资故事、估值或信息披露是否充分发表的意见。SEC在审核意见中经常关注的领域包括：财务报表、招股说明书摘要、管理层讨论和分析、高管薪酬、风险因素、业务描述及“简明英语”规则。

在首次初步注册声明书后的30天左右，SEC会以书面形式对公司发出审核意见。随后，拟上市公司需尽快对SEC的意见做出答复。答复采取修订后注册声明书的形式，其中对修改部分采取突出显示的方式。为加快对SEC的答复时间，公司可在正式提交之前向SEC询问潜在问题，从而与SEC建立起良好的对话机制。对话的核心通常围绕发行的核心问题，通常出现在会计或财务方面。

修订后的注册声明书和答复仍通过EDGAR系统提交给SEC。随后，公司申请 IPO 的消息公之于众，相当于公司完成了公开备案[㊀]。SEC 对后续披露进行审查并发布审核意见的响应时间取决于第一次审核意见的性质。就一般情况而言，SEC 和公司通常需要进行 3 到 5 轮的意见交换。一旦解决了所有审核意见且注册声明书审核通过，公司即可申请宣布注册声明生效的日期和时间[㊁]。从提交审核到生效日期之间的时间间隔被称为等待期（waiting period.）。生效时间设置在定价基准日的下午，实际定价在市场收市后进行。在次日市场开盘时，股票开始正式交易。

营销和路演

- 编制营销材料
- 销售机构的宣传示教
- 进行路演
- 制作股票认购账簿

编制营销材料

公司定位。合理的市场定位是 IPO 交易团队（尤其是投行）的首要职责之一。正确的定位源自全面的思维、分析和市场洞见。因此，选择对公司、行业和市场情绪有深刻理解的投资银行至关重要。

在第八章中，我们对有利于拟 IPO 公司的基本特征进行了讨论，某些属性确实适用于所有公司和行业。但关键是要以清晰、有效的方式，让这些属性体现在公司独特的故事中。然后，再把这种定位融入整个招股说明书和路演展示中。而最重要的就是在投资者会议中对其进行有效的沟通。理想的情况是，让故事引发共鸣并形成病毒式营销的效应，从而让潜在投资者迅速接受故事，并在整个投资者社区中广为传播。

创建路演演示文稿。路演演示文稿的结构类似于第六章中讨论的管理层演示文稿。路演演示的大部分内容是从注册声明书中提炼而来，但在细节上更进

㊀ SEC 的审核意见和公司答复通常在生效日之后至少 20 个工作日才予以公开。

㊁ 在美国金融业监管局（FINRA）确认上市行为不违反承销条款和安排之前，SEC 不会宣布注册声明书正式生效。

一步，并包含了很多补充性分析。包括附录在内，典型的IPO路演演示文稿通常为30 ~ 40页。图9-6是一个路演演示文稿的提纲。

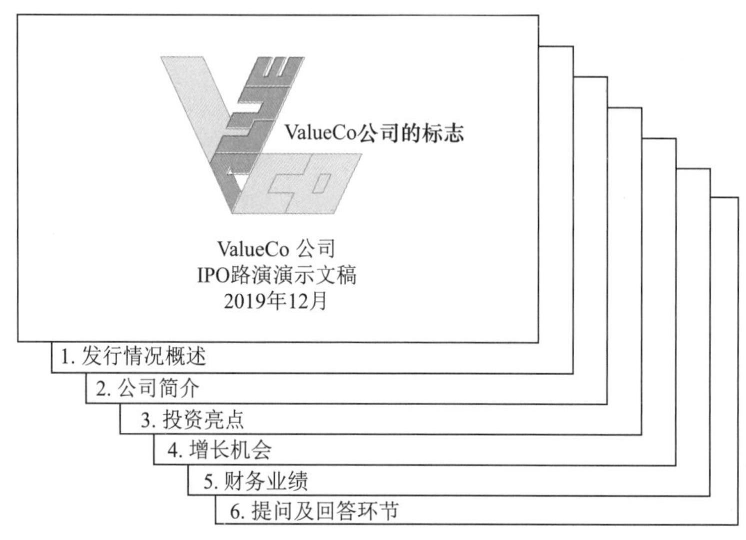

图 9-6　IPO 路演演示文稿提纲的示例

依赖于管理层提供的大量信息，由账簿管理人牵头制作路演材料。路演材料的大部分工作通常是在首次提交注册声明到取得SEC审核意见之前这段停滞期内完成的。这样安排的原因在于演示材料的主要信息均来自注册声明书。从时间管理角度说，这同样合情合理，因为IPO交易团队正好可以用好这个等待期。如果公司刚刚为贷款机构进行过贷款展示，或是保留了以前出售股权的并购项目介绍书，那么，其中的部分信息或许有助于路演幻灯片的准备。在路演幻灯片接近定稿时，公司律师和承销商律师将对演示材料进行审查，以确保与招股说明书的信息保持一致。

路演准备。当路演幻灯片即将完成时，公司管理层开始进行排练。投行人员在指导管理层排练的过程中发挥着重要作用。首先，他们要协助确定公司将选派哪些人以及哪些部门参与路演。CEO和CFO当然必不可少，但对其他人员就没有硬性规定了。路演的关键是要始终以投资故事为核心。如果公司技术对于路演的效果至关重要，那么，首席技术官（CTO）自然应该成为路演的重要成员。如果路演的部分主题围绕新产品和新客户展开，则首席营销官就需要参与进来。当然，个别管理者在公开演说和实时处理棘手问题上的能力，也会影响路演团队的组成。

在确定了路演阵容之后，投行人员将与管理层进行反复排练。每次排练中，投行人员都需要对优点、缺陷、需要改进的地方及其他环节做出评价。此外，他们还要为管理者准备好投资者可能会提出的一系列问题，并针对如何回答这些问题提出建议。某些问题可能很基础，但有些问题可能非常具有挑战性。针对与 IPO 故事密切相关的棘手问题，投行人员可能会建议主动在幻灯片中提出这些问题，并做出解答。比如说，直接在幻灯片中提出问题，并对它为什么不会构成主要障碍的理由做出解释。

投行人员会记录每次排练的持续时间（包括整个文稿演示过程和每个环节），以确保管理层能够保持适当的节奏。排练之后是由投行人员主持的问答环节，并对需要分享反馈和建议的关键领域做出总结。这套程序的目的就是帮助管理层在 IPO 准备启动时为路演做好充分准备。此外，考虑到管理层需要在几周的时间内进行数十次路演，这种练习还有助于让他们在体力和记忆力等方面为即将开始的艰苦之举做好准备。

销售机构的宣传示教

路演启动的标志是主账簿管理人销售团队在“启动日”上午召集的启动仪式。这些“示教活动”通常在投行交易大厅进行，由管理团队和证券分析师分别进行单独的推介。启动会的目标就是合理定位销售团队的任务，有效地向目标投资者介绍投资机会，并最终获得投资者的申购订单。此外，这项活动还有助于确保销售团队在投行平台上传递的消息相互一致。

为了提高示教的效果，资本市场部门与投资银行部门需要共同为销售团队编制一份具有深度的销售备忘录，进一步强调关键的 IPO 交易条款。每次示教之后都设有问答环节，以确保销售团队能够正确处理潜在投资者的所有问题和顾虑。

进行路演

拟上市公司在提交注册声明书修订版之后，即可启动路演流程。修订后的注册声明书包含了发行规模和发行价格区间。然后，这个被称为“红鲱鱼”的

“初步招股说明书”（preliminary prospectus）将印刷，并分发给潜在投资者，与此同时在线发布路演的演示文稿。主账簿管理人负责路演的全部日程安排及后勤支持，包括与打印机构合作，确保“初步招股说明书”能及时送达目标投资者。

典型的路演会持续1～3周，具体的时间跨度取决于路演地点的选择和范围以及预期需求。第一场路演通常安排在纽约，一般在宣传示教活动之后即可开始，然后是美国其他主要城市。部分金融中心已成为路演的首选目的地，包括纽约、波士顿、芝加哥、洛杉矶和旧金山。选择丹佛、巴尔的摩、新港滩、达拉斯、休斯敦、堪萨斯城等其他城市作为路演目的地也很常见，但具体还要考虑到发行的规模和性质。国际路演的首选目的地通常包括伦敦、苏黎世、法兰克福、米兰、香港和新加坡等城市。

路演活动始终保持高度的紧张性和计划性，这意味着，IPO团队往往每天需要造访几个城市。根据投资者需求的变化，重新安排或取消路演活动的情况司空见惯，因此，整个活动的时间安排并非固定不变。主动型账簿管理人通常会选派一名投行人员随同公司管理层出行，其任务是协调路演事务，并确保路演按计划进行。此外，投行人员还会参加路演见面会，并随时解答与发行有关的问题。

确定目标投资者。在IPO路演之前，主账簿管理人需要编制一份目标投资者名单。这份名单有助于确定路演的时间跨度和性质。名单需要列示计划进行路演活动的国家和地区。资本市场部门将把掌握的机构投资者的信息提供给销售人员。最终名单涵盖大量的公司，并提供了相关的注意事项，包括：

- 投资策略匹配——譬如增长、收益及高股利策略。
- 行业——公司业务所属的行业。
- 规模——公司及拟IPO的规模。
- “必备”属性——交易必须能吸引到大型机构投资者的关注。
- 同行参照——同业公司在一级市场和二级市场上的主要投资者。

表9-6概括了潜在IPO投资者的主要类型。

表 9-6 潜在 IPO 投资者的主要类型

	潜在 IPO 投资者的主要类型
蓝筹股投资者	■ 最大的机构投资者 ■ 能够大量买入股票 ■ 关注公司基本面
行业投资者	■ 公司所属板块的主动型投资者 ■ 已通过一级市场和二级市场对同行业公司的股票持有仓位 ■ 专注投资于业内一流的公司
追求成长的投资者	■ 成长型投资者 ■ 对行业选择不敏感 ■ 重点关注拥有高成长故事的股票
只追求收益的投资者	■ 以追求收益为导向的投资者 ■ 对行业选择不敏感 ■ 关注投资自由现金流和股息收益率的能力
散户投资者	■ 散户投资者 ■ 通常仅适用于 IPO 账簿管理人的散户客户 ■ 还包括股份定向配股计划（DSP）㊀

根据发行的性质和时机，公司将投资目标设定为基石投资者（cornerstone investor）或锚定投资者（anchor investor）。基石投资者是指在建立簿记之前下单认购的投资者；而锚定投资者则是在簿记过程中参与投资，但并非正式认购㊁。基石投资通常在 IPO 之前的 2 ~ 3 个月开始。在此期间，公司可能与潜在的基石投资者进行详细的尽职调查会议，并分享 IPO 材料。

这一策略可用于在震荡市场中降低 IPO 的风险，或是用于为大规模发行提供支撑。此外，基石投资也适用于最优秀的股票故事，因为这样的 IPO 自然会吸引投资者抢先入驻。在理想的情况下，把握住基石投资者或锚定投资者可以向市场释放一种强大的信号。蓝筹股投资者或“思想领袖”型投资者做出的投资决定，本身就是一种有影响力的背书，可以为其他投资者提供一种导向。此外，它还可以通过减少公司资金需求和增加股票稀缺性来改善供求关系。这显然有助于整个认购过程的顺利进行，提高定价能力。

㊀ 公司可为利益相关者（包括员工、供应商以及亲朋好友）预留少量股份。定向配股计划预留股票的比例通常只有几个百分点。与公司内部人员类似，所有通过该计划获得股票的持股者通常都要面临禁售期的限制，只不过禁售期可能会相对较短。

㊁ 已缴纳出资的认购按私募发行完成，而不作为 IPO 的一部分。

投资者会议。如表9-7所示，为路演会议的基本模式。主账簿管理人在设计路演时间表的时候会综合考虑多种因素。主账簿管理人会优先安排与大型机构投资者及潜在锚定投资者的一对一会面，为他们提供个性化的宣传和答疑。而对优先级较低的投资者则通常安排为集体活动，既可以是相对亲切的早餐会，也可以是大规模的午餐会。

表9-7 路演会议的基本模式

	路演会议的基本模式
大型午餐会	■ 在大型会议室或大厅与几十家机构投资者共进午餐 ■ 采用正式的幻灯片演示，然后是问答环节 ■ 通常为每个主要城市（如纽约或波士顿）安排一场大型集体活动
小型会议	■ 与3～5家机构投资者进行早餐会或午餐会 ■ 主要是问答环节，而不是程序化的管理层演说 ■ 是一对一会面的有效替代方式
一对一会面	■ 针对需优先考虑的大型机构投资者和主要目标客户 ■ 基本以问答形式为主 ■ 与会者包括投资组合经理和分析师
在线路演	■ 在IPO启动之后，在线为机构投资者提供视频形式的管理层演说①
散户路演	■ 在IPO启动之后，在线为散户投资者和公众提供视频形式的管理层演说

① 在线路演和散户路演仅适用于定价之后。

一对一会面针对优先级最好的第一级投资者，会议通常会持续45分钟到1个小时。这就为投资者提供了充足的时间，对IPO中的关键问题寻求解答，同时也让他们在更有亲和力的环境中了解管理层的设想。大型集体会面形式需要进行正式的演讲，并接受大量潜在投资者的提问，因此，这种会议通常持续时间较长，比如90分钟或更长时间。在没有时间和精力与所有人安排一对一会面的情况下，小型集体会议有助于最大限度地影响投资者。

在正式路演会议召开之前，投资者可以在线观看路演的视频资料。这样，他们就可以在管理层路演会议上略过幻灯片演示环节，直接进入更有针对性的讨论问答环节。投资银行可以在线监控路演视频资料的收视率，从而有助于对投资者的投资兴趣和潜在需求做出评估。

在每次正式路演会议之后，首先，账簿管理人的销售团队会跟踪投资者的反应、征求他们的意见、解决问题，并确定投资者的兴趣度。然后，销售团队把这些信息提交给投行、公司管理层和主要股东，这项活动通常采取更新日志的形式。这种反馈不仅有利于实时了解需求动向，发挥账簿管理的优势，而且可以帮助管理层发现投资者关注的问题和担心。最后，管理层把这些洞见纳入随后的路演会议中，并在适当情况下主动解决这些问题。

制作股票认购账簿

认购账簿的流程。路演的目的是锁定并吸引形形色色的投资者，借此创建尽可能多的认购订单账簿（order book）。随着路演的进行，账簿管理人开始收集投资者的正式认购意向，也就是有投资兴趣的需求信息（indications of interest）。这些需求信息最好来自不同的投资者群体，而且数量越多越好。认购账簿的深度对能否取得更有利的发行定价至关重要。

对于典型的路演，认购订单数量最初缓慢积累，而后势头逐渐走强，最终达到巅峰（参见图 9-7）。最初只有来自对冲基金和小客户的认购订单，如涓涓细流一般缓缓而至。而大型机构投资者通常要等到 IPO 后期才会提出认购需求，这就让他们能够动态地评估供需动态，并利用其自身能力取得定价优势。为抵消这些大型机构投资者造成的价格压力，账簿管理人当然要争取尽早取得认购订单，抢先一步，取得有利于发行人的定价优势。

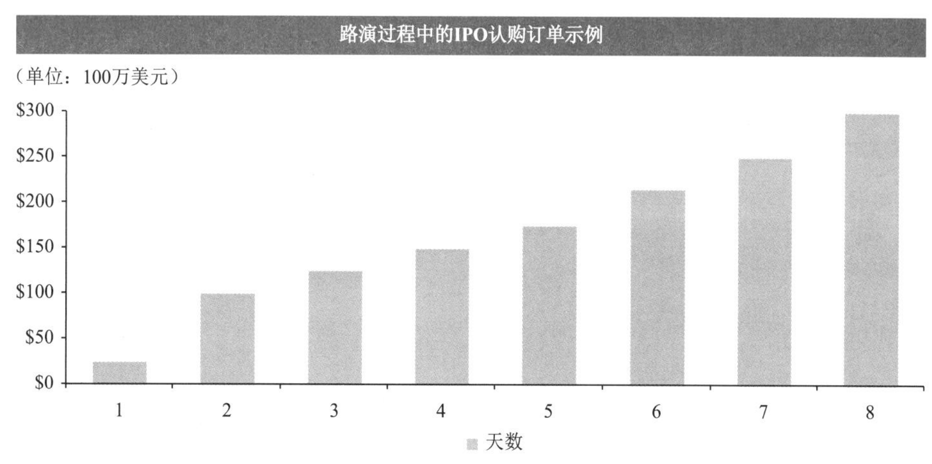

图 9-7 路演过程中的 IPO 认购订单示例

投资者在提交认购需求意向书时，会指定认购类型：

- 无价格限制（市价订单）——购买一定数量股票的认购意向。
- 限价订单——按不超过最高位价格购买一定数量股票的认购意向。比如说，如果IPO价格超过20美元，则不购买股票。
- 阶梯订单——按不同价格购买一定数量股票的认购意向。比如说，按每股18美元的价格购买200万股，按每股19美元的价格购买150万股。

账簿管理人需要最大限度地增加市价订单的数量，以期获得最高定价。如上所述，市价订单不指定最高价格限制。在订单的大小方面，投资者的认购需求通常不会完全满足。考虑到这一点，投资者往往会发出虚高订单，从而满足他们的真实需求。

账簿管理人会密切监视认购账簿的动态，包括投资者发出的订单类型及其对价格的敏感性。随着后期订单的集中到来，账簿管理人开始跟踪命中率（hit rate），即一对一和小组会议所收到的认购意向订单数量占全部会议所收到的认购意向订单总数的比例。较高的命中率应该在60% ~ 80%的范围内。

认购率（subscription rate）是指全部认购订单所对应的股票数量占发行总量的百分比。当订单账簿对应的股票数量超过目标发行规模时，就会出现超额认购（Oversubscription）。虽然超额认购显然有利于发行人，但订单的深度和性质同样很重要。如果超额认购的订单深度不足，而且对应于较低价位，那么，这样的订单同样无助于为发行成功奠定基础。

需求评估（demand assessment）需求评估是指对订单账簿所包含的投资者在数量和质量上进行的评估。IPO的总需求是全体投资者（如机构投资者、对冲基金和散户投资者）对发行股票的需求总量。可分配需求（allocable demand）是指在发行中即将分配给投资者的实际股票数量，这个数量永远小于投资者的需求总量。原因很简单：在实际分配股票时，投资者的订单数量会被按比例缩减，一方面是为IPO后的交易保留市场需求，另一方面也是为了减少所谓的“快钱”或在IPO后可能马上出售股票的短期资金。因此，可分配需求才是评价认购订单健康状况的可靠指标。

图9-8显示了按投资者类型划分的需求结构图。通常，大型机构投资者构成全部认购需求最大的部分，其次是各种中小型基金、通用基金和对冲基金，

剩余部分来自散户投资者，通常为 20% 左右。

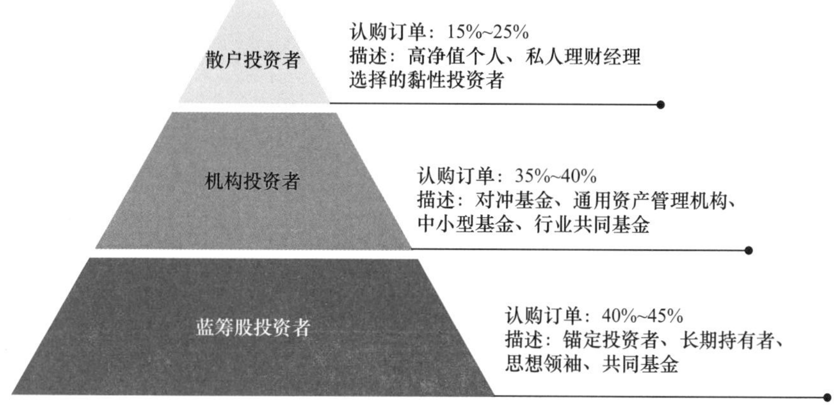

图 9-8 按投资者类型划分的需求结构

定价和分配

- 发行定价
- 向投资者配售股票
- IPO 结束

发行定价

确定 IPO 的价格。开始路演之前的最后一项任务，就是由账簿管理人提出 IPO 的申报价格区间，并在初步招股说明书中予以说明。这个价格区间是根据启动 IPO 以后的估值分析得到的结果，尤其是参考了可比公司和近期已完成 IPO 的发行价格。估值本身是不断更新的，以反映同行的近期业绩以及整个宏观经济和股市形势（参见图 9-9）。账簿管理人设定这个价格区间的前提，就是他们确信交易能在该区间内得到合理定价。“低于区间下限”的 IPO 定价可能会影响公司信誉，并对公司在 IPO 后的交易带来负面影响。

尽管 IPO 定价的基础是股票的供求规律，但账簿管理人还需要在这项科学的工作中充分发挥他们的想象力和创造力。在编制订单账簿并对订单的数量和质量进行评估时，账簿管理人需要收集投资者的反馈意见，分析他们的情绪和偏好。这有助于账簿管理人了解关键的压力点，以及激发市场投资热情的环节。

发行规模也为账簿管理人提供了一个杠杆，他们可以通过调整发行数量去创造 IPO 结果的最优化。

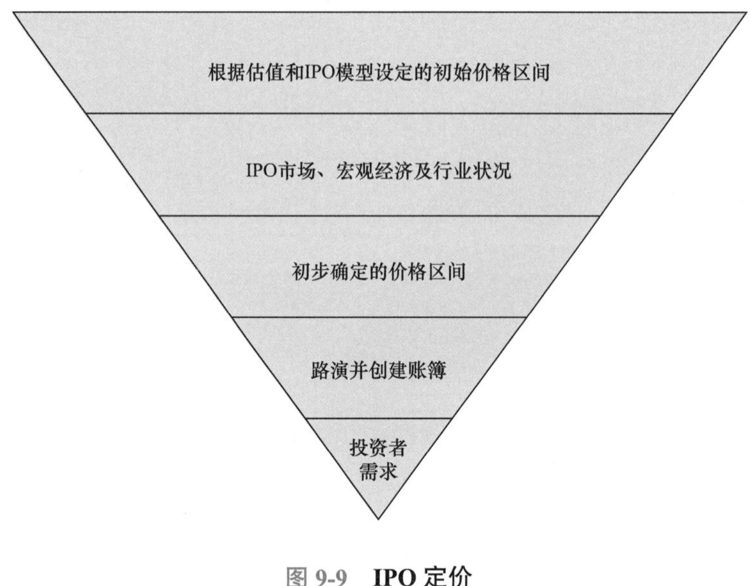

图 9-9　**IPO 定价**

在路演结束时，最终订单的数量已基本确定，此时，主账簿管理人就可以对认购订单和可分配需求开展评估。他们需要审查对应于不同价格水平的股票订单数量，从而确认投资者的价格敏感性。当然，其他因素也会影响他们对最终定价的建议，包括投资者群体的质量和深度。在这个问题上，追求最高定价并非是最佳策略，因为这有可能会导致股票过度集中于追逐"热钱"的投资者群体，他们在 IPO 之后会快速转手变现，这显然无助于打造一个稳定、理性的长期投资者群体。在 IPO 之后，只要股价大涨或遇到麻烦，这些投资者就会迅速清仓、快速变现，这注定会危及 IPO 后的正常交易。

从本质上说，定价研究首先需要解决的问题就是 IPO 的竞价机制，即公司及其股东寻求最高价格，而买方投资者则寻求最佳交易（参见表 9-8）。当然，理想的情况会让双方皆大欢喜。一方面，公司以不乏吸引力的价格出售股票，并筹集到资金；另一方面，投资者也获得了一个合理的买入点，然后欢欣鼓舞地期待股价不断上涨。一旦账簿管理人做出最终定价的决策，他们就会向公司及其董事会或定价委员会提交这个价格建议，并交由后者审批。根据第八章针对直接上市的讨论，这种交易模式在很大程度上就是为了解决传统 IPO 定价中的主观因素和效率低下问题。

表 9-8 发行公司和投资者的 IPO 目标

	发行公司	投资者
总体目标	IPO 价格和收益的最大化	股价表现的最优化
发行价格	最高	最低
股票的后市表现	价格低位徘徊，交易量适中	价格走高，交易量强劲
股东	长期持有型股东	高质量的联合投资者

注册声明书的效力。公司、账簿管理人和律师通常会在 IPO 定价日的下午与 SEC 协调确定注册声明书的生效日期和具体时间。此外，他们还需要确认，SEC 及其他监管机构的所有问题均已得到妥善解决。在 SEC 宣布注册声明书生效之后，账簿管理人向公司提交定价建议。如果公司接受该定价建议，则正式确定 IPO 的最终定价，开始履行承销协议，向承销商发送初步安慰函[⊖]。次日，公司股票开始在交易所公开交易，并向 SEC 提交最终的招股说明书，其中包含了最终的 IPO 价格及其他定价条款。

向投资者配售股票

配售股票的基本原则和方法。正如我们在股票认购账簿和定价阶段所讨论的那样，投资者基础的深度和质量至关重要。账簿管理人希望创建一个高品质的投资者群体，为公司的长期发展奠定基础。为此，他们需要利用排序系统确定针对各类投资者的价格和分配策略。

为此，账簿管理人需要考虑的主要因素包括：

- 质量——投资者的类型和层次、出资规模、声誉、对同行业公司持有的股份、在公司所属板块的历史投资经验。
- 参与性——参加路演、IPO 前会议、后续活动的数量以及参与程度。
- 认购的数量和时间——认购的数量（实际数量和意向数量）、在 IPO 初期认购还是在超额认购之后下单。
- 关系——与账簿管理人或公司以往的交往，在路演期间与管理层是否保持融洽的关系。

⊖ 在定价之前，公司法律顾问和承销商法律顾问需对承销协议进行审查和协商，并敲定安慰函和法律意见书，以避免因此给定价和交易造成任何困扰。

账簿管理人在对投资者排序并考虑最终的股票分配方案时，会与公司及其股东就各种配股策略展开讨论。这意味着，各方需要进行开诚布公、肩并肩式的讨论，因为在IPO后，公司和原始股东需要与这些新的投资者群体共同生存。虽然账簿管理人有义务对此提出建议，但最终决策权还是在公司及其董事会。

账簿管理人的主要目标当然是规模最大、更稳定的第一级投资者。如前所述，这些投资者往往更关注公司的长期发展，他们带来的资金也更稳定，因而更有可能为IPO后的股价奠定坚实的基础。按照同样的逻辑，账簿管理人还要尽可能识别第一级投资者以外的投资者群体：他们认为，这些投资者更有可能成为IPO后市的买入者，因而会相应限制分配给其的股票。这种初步限制有助于建立循序渐进的市场需求，为股票的后市表现提供支持。通常，分配给散户投资者的股票比例不超过20%。尽管散户投资者群体相对稳定，但如果对其配售超过这个比例，往往会被市场视为股票不被机构投资者看好的信号。毕竟，机构投资者更成熟、更稳定、更老练，缺乏其关注，无疑是股票缺乏吸引力的一个重要迹象。

IPO结束

配售通常在路演结束后的第一天或第二天进行。在股票配售完成之后，公司即可随时在证券交易所公开交易这些股票。IPO的正式关闭日期是首个交易日后的三天。在关闭时点，公司需要提交最终的跟进安慰函和法律意见书等各种文件，与此同时，公司收到发行收入，承销商拿到股票。全体IPO团队进行最后一轮跟进尽职调查会议，确认公司自注册声明书生效以来未发生任何重大实质性变化，至此，IPO正式宣告结束。

交易纪念品。与并购交易一样，在IPO结束时，牵头投行的分析师或助理会订购交易纪念品，作为IPO成功完成的纪念，这已成为一个惯例。在这方面，Altrum是业界首选的IPO纪念品供应商。 通常，投行会在闭幕答谢晚宴上向客户管理团队和内部交易团队分发交易纪念品（参见图9-10）。

图 9-10　**Altrum 制作的 IPO 交易纪念品**

后 记

在共同创建阿波罗全球管理有限责任公司（Apollo Global Management，LLC）之前，我在德崇证券（Drexel Burnham Lambert）开始了我的华尔街职业生涯。正是在那里，作为其并购团队的一员，我练就和积累了自己的工作技能和金融知识，同时长时间处理多宗重大交易。我知道如何掌握这些技能，以及它们对在当前市场环境中取得成功的重要性。如今，我也在阿波罗招募的同事们身上寻找同样的能力。我非常有信心，未来新一代金融领袖中的许多人将在罗森鲍姆与珀尔以及他们的畅销书《投资银行》的帮助下学习企业金融的基础知识。

在过去的三十年中，我个人参与了数百项并购和杠杆收购交易的成功执行，我向金融顾问、金融投资家、相关从业人员以及任何对投资交易感兴趣的人推荐本书。罗森鲍姆与珀尔创建了一个全面且非常容易使用的成功投资专业人士的核心技能指南，并特别强调估值分析的内容。

我们生活在一个不确定和充满变化的世界里，市场状况、信贷额度和交易结构可能在几乎没有或根本没有任何警告的情况下迅速变化。在每一个转折点都有无数未知因素和潜在挑战的情况下，我们只能做到自己可控的事情，即坚实的基础分析、财务纪律、缜密的尽职调查和合理准确的判断。在阿波罗公司，这些变量是关键的基石，用来评估公司价值、创造长期股票价值，并为投资者带来行业领先的回报。因此，我推荐罗森鲍姆与珀尔的书《投资银行》并非常赞赏本书在估值和交易关联的金融基础知识方面所做出的突出贡献。

乔舒亚·哈里斯（Joshua Harris）

联合创始人兼高级董事总经理

阿波罗全球管理有限责任公司

参考文献

Almeida, Heitor, and Thomas Philippon. "The Risk-Adjusted Cost of Financial Distress." *Journal of Finance* 62 (2007): 2557–2586.

Alti, Aydogan. "How Persistent Is the Impact of Market Timing on Capital Structure?" *Journal of Finance* 61 (2006): 1681–1710.

Altman, Edward I., ed. *The High-Yield Debt Market: Investment Performance and Economic Impact*. New York: Beard Books, 1998.

Andrade, Gregor, and Steven Kaplan. "How Costly is Financial (Not Economic) Distress? Evidence from Highly Leveraged Transactions that Became Distressed." *Journal of Finance* 53 (1998): 1443–1493.

Baginski, Stephen P., and John M. Hassell. *Management Decisions and Financial Accounting Reports*. 2nd ed. Mason, OH: South-Western College Publishing, 2004.

Bahnson, Paul R., Brian P. McAllister, and Paul B.W. Miller. "Noncontrolling Interest: Much More Than a Name Change." *Journal of Accountancy* (2008).

Baker, Malcolm, and Jeffrey Wurgler. "Market Timing and Capital Structure." *Journal of Finance* 57 (2002): 1–32.

Barnhill, Theodore, Jr., Mark Shenkman, and William Maxwell. *High Yield Bonds: Market Structure, Valuation, and Portfolio Strategies*. New York: McGraw-Hill, 1999.

Barr, Alistair. "Big Leveraged Buyouts Won't Return for Year or More: Lee Equity." *MarketWatch,* April 8, 2008.

Bierman, Harold, Jr. *Private Equity: Transforming Public Stock Into Private Equity to Create Value*. Hoboken, NJ: John Wiley & Sons, 2003.

Boot, Arnoud W. A., Radhakrishnan Goplan, and Anjan V. Thakor. "Market Liquidity, Investor Participation, and Managerial Autonomy: Why Do Firms Go Private?" *Journal of Finance* 63 (2008): 2013–2059.

Bruner, Robert F. *Applied Mergers and Acquisitions*. Hoboken, NJ: John Wiley & Sons, 2004.

Calamos, John P. *Convertible Securities: The Latest Instruments, Portfolio Strategies, and Valuation Analysis*. Rev. ed. New York: McGraw-Hill, 1998.

Carey, Dennis, Robert J. Aiello, Michael D. Watkins, Robert G. Eccles, and Alfred Rappaport. *Harvard Business Review on Mergers & Acquisitions*. Boston: Harvard Business School Press, 2001.

Carney, William J. *Corporate Finance: Principles and Practice*. New York: Foundation Press, 2004.

Carney, William J. *Mergers and Acquisitions: Case and Materials*. New York: Foundation Press, 2000.

Chava, Sudheer, and Michael R. Roberts. "How Does Financing Impact Investment? The Role of Debt Covenants." *Journal of Finance* 63 (2008): 2085–2121.

Chisholm, Andrew. *An Introduction to Capital Markets: Products, Strategies, Participants*. West Sussex, UK: John Wiley & Sons, 2002.

Clements, Philip J., and Philip W. Wisler. *The Standard & Poor's Guide to Fairness Opinions*. New York: McGraw-Hill, 2005.

Copeland, Tom, Tim Koller, Marc Goedhart, and David Wessels. *Valuation: Measuring and Managing the Value of Companies*. 4th ed. Hoboken, NJ: John Wiley & Sons, 2005.

Damodaran, Aswath. *Damodaran on Valuation: Security Analysis for Investment and Corporate Finance*. 2nd ed. Hoboken, NJ: John Wiley & Sons, 2006.

Damodaran, Aswath. *Investment Valuation: Tools and Techniques for Determining the Value of Any Asset*. 2nd ed. New York: John Wiley & Sons, 2002.

Datta, Sudip, Mai Iskandar-Datta, and Kartik Raman. "Managerial Stock Ownership and the Maturity Structure of Corporate Debt." *Journal of Finance* 60 (2005): 2333–2350.

Downes, John, and Jordan Elliot Goodman. *Dictionary of Finance and Investment Terms*. 7th ed. Hauppauge, NY: Barron's Educational Series, 2006.

Ergungor, O. Emre. "Dividends." Federal Reserve Bank of Cleveland, Economic Commentary. 2004.

Evans, Frank C., and David M. Bishop. *Valuation for M&A: Building Value in Private Companies*. New York: John Wiley & Sons, 2001.

Fabozzi, Frank J. *The Handbook of Fixed Income Securities*. 6th ed. New York: McGraw-Hill, 2000.

Fama, Eugene F., and Kenneth R. French. "The Value Premium and the CAPM." *Journal of Finance* 61 (2006): 2163–2185.

Fang, Lily Hua. "Investment Bank Reputation and the Price and Quality of Underwriting Services." *Journal of Finance* 60 (2005): 2729–2761.

Feldman, Stanley J. *Principles of Private Firm Valuation*. Hoboken, NJ: John Wiley & Sons, 2005.

Ferguson, Joy. "LBOs Sponsor-to-Sponsor Deals Raise Eyebrows." *High Yield Report*, August 9, 2004.

Frankel, Michael E. S. *Mergers and Acquisitions Basics: The Key Steps of Acquisitions, Divestitures, and Investments*. Hoboken, NJ: John Wiley & Sons, 2005.

Gaughan, Patrick A. *Mergers, Acquisitions, and Corporate Restructurings*. 4th ed. Hoboken, NJ: John Wiley & Sons, 2007.

Gaughan, Patrick A. *Mergers: What Can Go Wrong and How to Prevent It*. Hoboken, NJ: John Wiley & Sons, 2005.

Gilson, Stuart. "Transactions Costs and Capital Structure Choice: Evidence from Financially Distressed Firms." *Journal of Finance* 52 (1997): 161–196.

Goetzmann, William N., and Roger G. Ibbotson. *The Equity Risk Premium: Essays and Explorations*. New York: Oxford University Press, 2006.

Graham, John R. "How Big Are the Tax Benefits of Debt?" *Journal of Finance* 55 (2000): 1901–1941.

Greenwald, Bruce C. N., Judd Kahn, Paul D. Sonkin, and Michael van Biema. *Value Investing: From Graham to Buffett and Beyond*. Hoboken, NJ: John Wiley & Sons, 2004.

Grinblatt, Mark, and Sheridan Titman. *Financial Markets and Corporate Strategy*. New York: McGraw-Hill, 2008.

Gu, Zhaoyang, and Ting Chen. "Analysts' Treatment of Nonrecurring Items in Street Earnings." Carnegie Mellon University (2004): 1–52.

Haas, Jeffrey J. *Corporate Finance in a Nutshell*. St. Paul, MN: Thomson West, 2003.

Hennessy, Christopher A., and Toni M. Whited. "Debt Dynamics." *Journal of Finance* 60 (2005): 1129–1165.

Hooke, Jeffrey C. *M&A: A Practical Guide to Doing the Deal*. New York: John Wiley & Sons, 1996.

Ibbotson, Roger G., and Rex Sinquefield. *Ibbotson SBBI 2008 Valuation Yearbook*. Chicago: Morningstar, 2007.

Kaback, Hoffer. "Behind the Art of M&A with Bruce Wasserstein." *Directors & Boards*, Spring 1999.

Kaplan, Steven N., and Antoinette Schoar. "Private Equity Performance: Returns, Persistence, and Capital Flows." *Journal of Finance* 60 (2005): 1791–1823.

Kieso, Donald E., Jerry J. Weygandt, and Terry D. Warfield. *Intermediate Accounting*. 12th ed. Hoboken, NJ: John Wiley & Sons, 2007.

Kisgen, Darren J. "Credit Ratings and Capital Structure." *Journal of Finance* 61 (2006): 1035–1072.

Koons, Cynthia. "Strong Loan Market Allowing Riskier Debt." *MarketWatch,* February 14, 2007.

Lajoux, Alexandra Reed. *The Art of M&A Integration: A Guide to Merging Resources, Processes, and Responsibilities*. 2nd ed. New York: McGraw-Hill, 2005.

Lajoux, Alexandra Reed, and Charles M. Elson. *The Art of M&A: Financing and Refinancing*. New York: McGraw-Hill, 1999.

Lajoux, Alexandra Reed, and H. Peter Nesvold. *The Art of M&A Structuring: Techniques for Mitigating Financial, Tax, and Legal Risk*. New York: McGraw-Hill, 2004.

Lajoux, Alexandra Reed, and J. Fred Weston. *The Art of M&A Due Diligence*.New York: McGraw-Hill, 2000.

Latham & Watkins LLP. *The Book of Jargon*. New York: 2013.

Latham & Watkins LLP. *US IPO Guide*. 2019.

Leary, Mark T., and Michael R. Roberts. "Do Firms Rebalance Their Capital Structure?" *Journal of Finance* 60 (2005): 2575–2619.

Leland, Hayne E. "Corporate Debt Value, Bond Covenants, and Optimal Capital Structure." *Journal of Finance* 49 (1994): 1213–1252.

Leland, Hayne E. "Financial Synergies and the Optimal Scope of the Firm: Implications for Mergers, Spinoffs, and Structured Finance." *Journal of Finance* 62 (2007): 765–808.

Lerner, Josh, Felda Hardymon, and Ann Leamon. *Venture Capital and Private Equity: A Casebook*. Hoboken, NJ: John Wiley & Sons, 2007.

Liaw, K. Thomas. *The Business of Investment Banking: A Comprehensive Overview*. Hoboken, NJ: John Wiley & Sons, 2005.

Liaw, K. Thomas. *Capital Markets*. Mason, OH: Thomson South-Western, 2003.

Luo, Yuanzhi. "Do Insiders Learn from Outsiders? Evidence from Mergers and Acquisitions." *Journal of Finance* 60 (2005): 1951–1982.

Marren, Joseph H. *Mergers & Acquisitions: A Valuation Handbook. New* York: McGraw-Hill, 1992.

Metrick, Andrew, and Ayako Yasuda. "The Economics of Private Equity Funds." (Yale University). April 22, 2010.

Milbank, Tweed, Hadley & McCloy LLP, Mark L. Mandel, James H. Ball Jr., Rod Miller, Brett Nadritch, Arnold B. Peinado Ⅲ, and Manan Shah. *The IPO and Public Company Primer: A Practical Guide to Going Public, Raising Capital and Life as a Public Company.* RR Donnelley, 2014.

Miller, Hazel (Orrick, Herrington & Sutcliffe LLP). "2005: Another Strong Year for the Financing of LBOs." *Financier Worldwide*, February 2006.

Mitchell, Mark, Todd Pulvino, and Erik Stafford. "Price Pressure around Mergers." *Journal of Finance* 60 (2004): 31–63.

McCafferty, Joseph. "The Buyout Binge." *CFO Magazine*, April 1, 2007.

Oesterle, Dale A. *Mergers and Acquisitions in a Nutshell*. St. Paul, MN: Thomson West, 2006.

Pereiro, Luis E. *Valuation of Companies in Emerging Markets*. New York: John Wiley & Sons, 2002.

Pratt, Shannon P. *Business Valuation Discounts and Premiums*. New York: John Wiley & Sons, 2001.

Pratt, Shannon P., and Roger J. Grabowski. *Cost of Capital: Estimation and Applications*. 3rd ed. Hoboken, NJ: John Wiley & Sons, 2008.

Rajan, Arvind, Glen McDermott, and Ratul Roy. *The Structured Credit Handbook*. Hoboken, NJ: John Wiley & Sons, 2007.

Reed, Stanley Foster, Alexandra Lajoux, and H. Peter Nesvold. *The Art of M&A: A Merger Acquisition Buyout Guide*. 4th ed. New York: McGraw-Hill, 2007.

Rickertsen, Rick, and Robert E. Gunther. *Buyout: The Insider's Guide to Buying Your Own Company*. New York: AMACOM, 2001.

Rhodes-Kropf, Matthew, and S. Viswanathan. "Market Valuation and Merger Waves." *Journal of Finance* 59 (2004): 2685–2718.

Rosenbloom, Arthur H., ed. *Due Diligence for Global Deal Making: The Definitive Guide to Cross-Border Mergers and Acquisitions (M&A), Joint Ventures, Financings, and Strategic Alliances*. Princeton: Bloomberg Press, 2002.

Rubino, Robert, and Timothy Shoyer. "Why Today's Borrowers & Investors Lean Toward Second Liens." *Bank Loan Report,* March 8, 2004.

Ross, Stephen A., Randolph W. Westerfield, and Jeffrey Jaffe. *Corporate Finance*. 6th ed. New York: McGraw-Hill, 2002.

Salter, Malcolm S., and Joshua N. Rosenbaum. *OAO Yukos Oil Company*. Boston: Harvard Business School Publishing, 2001.

Schneider, Arnold. *Managerial Accounting: Manufacturing and Service Applications*. 5th ed. Mason, OH: Cengage Learning, 2009.

Schwert, G. William. "Hostility in Takeovers: In the Eyes of the Beholder?" *Journal of Finance* 55 (2000): 2599–2640.

Scott, David L. *Wall Street Words: An A to Z Guide to Investment Terms for Today's Investor*. 3rd ed. Boston: Houghton Mifflin, 2003.

Siegel, Jeremy J. *Stocks for the Long Run*. 4th ed. New York: McGraw-Hill, 2007.

Sherman, Andrew J., and Milledge A. Hart. *Mergers & Acquisitions From A to Z*. 2nd ed. New York: AMACOM, 2006.

Slee, Robert T. "Business Owners Choose a Transfer Value." *Journal of Financial Planning* 17, no. 6 (2004): 86–91.

Slee, Robert T. *Private Capital Markets: Valuation, Capitalization, and Transfer of Private Business Interests*. Hoboken, NJ: John Wiley & Sons, 2004.

Standard and Poor's/Leveraged Commentary & Data. *A Guide to the Loan Market.* October 2007.

Standard and Poor's/Leveraged Commentary & Data. *High Yield Bond Market Primer*. 2007.

Strebulaev, Ilya A. "Do Tests of Capital Structure Theory Mean What They Say?" *Journal of Finance* 62 (2007): 1747–1787.

Thompson, Samuel C., Jr. *Business Planning for Mergers and Acquisitions: Corporate, Securities, Tax, Antitrust, International, and Related Aspects*. 3rd ed. Durham, NC: Carolina Academic Press, 2007.

Wachtell, Lipton, Rosen & Katz, Deborah L. Paul, and Michael Sabbah. "Understanding Tax Receivable Agreements." *Practical Law The Journal* (2013).

Wasserstein, Bruce. *Big Deal: Mergers and Acquisitions in the Digital Age*. New York: Warner Books, 2001.

Westenberg, David *A. Initial Public Offerings: A Practical Guide to Going Public.* Practising Law Institute, 2014.

White, Gerald I., Ashwinpaul C. Sondhi, and Dov Fried. *The Analysis and Use of Financial Statements*. 3rd ed. New York: John Wiley & Sons, 2002.

Wilson Sonsini Goodrich & Rosati, Steven E. Boehner, Jon C. Avina, and Calise Y. Cheng. *Guide to the Initial Public Offering*. Merrill Corporation, 2016.

Yago, Glenn, and Susanne Trimbath. *Beyond Junk Bonds: Expanding High Yield Markets*. New York: Oxford University Press, 2003.

Yasuda, Ayako. "Do Bank Relationships Affect the Firm's Underwriter Choice in the Corporate-Bond Underwriting Market?" *Journal of Finance* 60 (2005): 1259–1292.

金多多金融投资译丛

序号	中文书名	英文书名	作者	定价	出版时间
1	公司估值（原书第2版）	The Financial Times Guide to Corporate Valuation, 2nd Edition	David Frykman, Jakob Tolleiyd	59.00	2017年10月
2	并购、剥离与资产重组：投资银行和私募股权实践指南	Mergers, Acquisitions, Divestitures, and Other Restructurings	Paul Pignataro	69.00	2018年1月
3	杠杆收购：投资银行和私募股权实践指南	Leveraged Buyouts, + Website: A Practical Guide to Investment Banking and Private Equity	Paul Pignataro	79.00	2018年4月
4	财务模型：公司估值、兼并与收购、项目融资	Corporate and Project Finance Modeling: Theory and Practice	Edward Bodmer	109.00	2018年3月
5	私募帝国：全球PE巨头统治世界的真相（经典版）	The New Tycoons: Inside the Trillion Dollar Private Equity Industry that Owns Everything	Jason Kelly	69.90	2018年6月
6	证券分析师实践指南（经典版）	Best Practices for Equity Research Analysts: Essentials for Buy-Side and Sell-Side Analysts	James J. Valentine	79.00	2018年6月
7	证券分析师进阶指南	Pitch the Perfect Investment: The Essential Guide to Winning on Wall Street	Paul D. Sonkin, Paul Johnson	139.00	2018年9月
8	天使投资实录	Starup Wealth: How the Best Angel Investors Make Money in Startups	Josh Maher	69.00	2020年5月
9	财务建模：设计、构建及应用的完整指南（原书第3版）	Building Financial Models, 3rd Edition	John S. Tjia	89.00	2019年12月
10	7个财务模型：写给分析师、投资者和金融专业人士	7 Financial Models for Analysts, Investors and Finance Professionals	Paul Lower	69.00	2020年5月
11	财务模型实践指南（原书第3版）	Using Excel for Business and Financial Modeling, 3rd Edition	Danielle Stein Fairhurst	99.00	2020年5月
12	风险投资交易：创业融资及条款清单大揭秘（原书第4版）	Venture Deals: Be Smarter than Your Lawyer and Venture Capitalist, 4th Edition	Brad Feld, Jason Mendelson	79.00	2020年8月

（续）

序号	中文书名	英文书名	作者	定价	出版时间
13	资本的秩序	The Dao of Capital: Austrian Investing in a Distorted World	Mark Spitznagel	99.00	2020 年 12 月
14	公司金融：金融工具、财务政策和估值方法的案例实践（原书第 2 版）	Lessons in Corporate Finance: A Case Studies Approach to Financial Tools, Financial Policies, and Valuation, 2nd Edition	Paul Asquith, Lawrence A. Weiss	119.00	2021 年 10 月
15	投资银行：估值、杠杆收购、兼并与收购、IPO（原书第 3 版）	Investment Banking: Valuation, LBOs, M&A, and IPOs, 3rd Edition	Joshua Rosenbaum Joshua Pearl	199.00	2022 年 8 月
16	亚洲财务黑洞（珍藏版）	Asian Financial Statement Analysis: Detecting Financial Irregularities	ChinHwee Tan, Thomas R. Robinson	88.00	2022 年 9 月
17	投行人生：摩根士丹利副主席的 40 年职业洞见（珍藏版）	Unequaled: Tips for Building a Successful Career through Emotional Intelligence	James A. Runde	68.00	2022 年 9 月
18	并购之王：投行老狐狸深度披露企业并购内幕（珍藏版）	Mergers & Acquisitions: An Insider's Guide to the Purchase and Sale of Middle Market Business Interests	Dennis J. Roberts	99.00	2022 年 9 月
19	投资银行练习手册(原书第 2 版)	Investment Banking: Workbook, 2nd Edition	Joshua Rosenbaum Joshua Pearl	59.00	2023 年 7 月
20	证券分析师生存指南	Survival Kit for an Equity Analyst: The Essentials You Must Know	Shin Horie	58.00	2023 年 9 月
21	泡沫逃生：技术进步与科技投资简史（原书第 2 版）	Engines That Move Markets: Technology Investing from Railroads to the Internet and Beyond, 2nd Edition	Alisdair Nairn	158.00	2023 年 10 月
22	财务模型与估值：投行与私募股权实践指南（原书第 2 版）	Financial Modeling and Valuation: A Practical Guide to Investment Banking and Private Equity, 2nd Edition	Paul Pignataro	99.00	2023 年 10 月